러스트 프로그래밍
공식 가이드 제2판

KB134671

러스트 프로그래밍 공식 가이드(제2판)

1판 1쇄 발행 2019년 11월 28일
2판 1쇄 발행 2024년 2월 23일

지은이 스티브 클라브닉, 캐럴 니컬스
옮긴이 권지용
펴낸이 장성두
펴낸곳 주식회사 제이펍

출판신고 2009년 11월 10일 제406-2009-000087호
주소 경기도 파주시 회동길 159 3층 / **전화** 070-8201-9010 / **팩스** 02-6280-0405
홈페이지 www.jpub.kr / **투고** submit@jpub.kr / **독자문의** help@jpub.kr / **교재문의** textbook@jpub.kr

소통기획부 김정준, 이상복, 김은미, 송영화, 권유라, 송찬수, 박재인, 배인혜, 나준섭
소통지원부 민지환, 이승환, 김정미, 서세원 / **디자인부** 이민숙, 최병찬

진행 이상복 / **교정 · 교열** 김도윤 / **내지 편집** 백지선
용지 타라유통 / **인쇄** 해외정판사 / **제본** 일진제책사

ISBN 979-11-92987-42-2 (93000)
값 40,000원

제이펍은 여러분의 아이디어와 원고를 기다리고 있습니다. 책으로 펴내고자 하는 아이디어나 원고가 있는 분께서는 책의 간단한 개요와 차례, 구성과 지은이/옮긴이 약력 등을 메일(submit@jpub.kr)로 보내주세요.

러스트 프로그래밍
공식 가이드 제2판

러스타시안 커뮤니티가 직접 만든 RUST 2021 공식 가이드북

스티브 클라브닉, 캐럴 니컬스 지음 / 권지용 옮김

no starch press

Jpub 제이펍

차 례

CHAPTER 1   ## 시작해봅시다   1

CHAPTER 2   ## 추리 게임   17

CHAPTER 3   일반적인 프로그래밍 개념   41

CHAPTER 4   소유권 이해하기   79

부록

지은이·감수자·옮긴이 소개

지은이 스티브 클라브닉 Steve Klabnik

모질라의 러스트 커뮤니티 팀 리더로서 공식적인 러스트 커뮤니티 문서를 담당하고 있고 신뢰받는 러스트 커뮤니티 애드버킷이기도 하다. 콘퍼런스에 발표자로 자주 참가하며, 루비 온 레일즈 프로젝트의 최다 기여자 중 한 명이다.

지은이 캐럴 니컬스 Carol Nichols

러스트 커뮤니티 팀의 멤버이고, 이전에는 러스트 코어 팀의 멤버였다. 루비 커뮤니티에서도 활발히 활동 중이며, 2012~2014년 스틸 시티 루비 콘퍼런스의 핵심 주최자였다.

감수자 JT

러스트 코어 팀의 멤버이자 러스트 에러 메시지 포맷, RLS, Nushell의 공동 개발자다. 2011년부터 러스트를 사용했고, 2016년 모질라에 합류하여 풀타임으로 러스트를 연구하며 광범위한 사용 방향 설정에 도움을 주고 있다. 최근에는 프리랜서 러스트 트레이너이자 안전한 시스템 프로그래밍의 애드버킷으로 활동하고 있다.

옮긴이 권지용 rinthel@gmail.com

넥슨 코리아 개발자. 연세대학교 컴퓨터과학과에서 컴퓨터그래픽스로 박사 학위를 받은 후, 수원대학교 정보미디어학과에서 조교수로, 그리고 단국대학교 영화콘텐츠전문대학원에서 연구교수로 잠시 재직했다. 이후 실시간 비디오 처리 관련 스타트업에서 8년간 CTO로 일했다. 캐릭터 애니메이션, 3D 그래픽스, 컴퓨터 비전, 이미지/비디오 처리 기술에 관심이 있고, 최근에는 생성 AI에도 흥미를 느끼고 있다. 보고 듣는 모든 콘텐츠를 사랑하며, (이제는 손가락이 안 따라가지만) 오래전부터 리듬 게임을 플레이했다. 고양이를 좋아한다.

옮긴이 머리말

우선 이 책을 읽으시는 여러분들께 감사의 인사를 드립니다.

2016년경에 인터넷에서 러스트라는 언어에 대한 소개 글을 보았을 때 무척 호기심이 동했던 기억이 납니다. 저는 C++로 그래픽스 관련 프로그래밍을 해왔고, 당연하게도 C++ 코드가 (아마도 제가 잘못 작성하여 생긴) 여러 가지의 문제들을 일으키면서 고통받아왔습니다. 저수준의 프로그래밍 언어로 코드를 유지보수하다 보면, 메모리 붕괴나 세그폴트segfault 등 피곤한 일들을 잔뜩 겪기 마련입니다. 그런데 그런 에러를 컴파일 타임에 미연에 방지할 수 있는 언어가 있다니? 저와 같은 고통을 겪으신 많은 분들에겐 정말 혹할 만한 이야기가 아닐 수 없지요. 언젠가는 C/C++로 된 코드를 러스트로 바꾸고 싶다는 생각을 하면서 '마음속 하고 싶은 일 목록'에 기록해두었지요.

그러다가 2017년 7월경, 러스트가 다시 생각이 나서 이런저런 문서를 살펴보던 중, 당시 최신 러스트 온라인 문서 2판(2015 에디션)이 완전히 새로 작성됐다는 사실을 알게 되었습니다. 그 원서를 읽으면서, 저자 스티브 클라브닉과 캐럴 니컬스의 친절한 어조와 자세한 설명에 깊은 감명을 받았습니다. 이 정도의 글이라면 C/C++같이 직접 메모리 관리를 해야 하는 프로그래밍 언어에 익숙하지 않은 사람이라도 러스트를 쉽게 접할 수 있겠다는 생각이 들었지요. 그래서 생전 해본 적 없는 번역 작업에 발을 들이게 되었습니다.

이 번역 일은 애초에 개인적인 러스트 공부를 겸하여 시작한 것이었습니다. 그런데 번역 작업을 진행하면서 느낀 것은, 프로그래밍 문서의 번역 작업이란 것이 프로그래밍 언어 공부와는 궤가 다르다는 것이었습니다. 그럼에도 기왕 공식 문서 깃허브를 포크하고 원저자에게 이슈를 남긴 이상, 제가 할 수 있는 만큼은 해보고 싶었습니다. 여기에 국내의 수많은 기여자분들이 동참해주셔서, 러스트 공식 온라인 문서 2판을 완역하고 웹으로 게시할 수 있게 되었습니다.

그리고 세월이 흘러 2022년 겨울, 제이펍 출판사로부터 제안을 받아 2021 에디션 번역본을 진행할 기회를 받게 되었습니다. 이 공식 문서가 저 스스로 모두 번역한 것이 아니고, 또한 깃허브를 통한 커뮤니티 기여 및 웹 게시 등의 문제가 걱정이 되어 망설여졌으나, 제이펍 출판사의 이해와 협조 덕분에 번역본을 출간하면서도 웹에 공개된 공식 문서를 함께 개정할 수 있게 되었습니다. 제 담당자인 이상복 팀장님과 장성두 대표님 등 책 출간에 힘써주신 임직원 여러분께 감사의 인사를 전합니다.

번역 작업 초반에 함께했던 스타트업 회사의 직장 동료들, 제가 별도의 번역 작업을 진행하는 것을 긍정적으로 검토해주신 넥슨 코리아의 관계자분들, 저와 같이 일하고 있는 팀원분들, 깃허브 관리 및 웹 공식 문서 링크에 도움을 주신 한국 러스트 사용자 모임 운영자분들에게도 감사의 말씀을 드립니다. 제 가족들, 친구들과 선후배님들, 고양이 맥주와 오랑케, 토토에게도 언제나처럼 감사의 인사를 남깁니다. 끝으로 저와 함께하며 제게 늘 든든한 안식처가 되어주는 재하에게 깊은 고마움을 전합니다.

앞서 말씀드렸듯, 이 책은 온전히 저 혼자의 힘으로는 번역되지 못했을 것입니다. 깃허브를 통해 많은 분이 초벌 번역과 오탈자 수정에 기여해주셨습니다. 감사한 마음을 담아 아래에 기여자 목록(깃허브 ID)을 정리하며 머리말을 마칩니다.

초벌 번역: hoonga(18장), jenix21(6장, 13장), mate(4~11장), ParkHanbum(3장, 12장), plzfday(13장), okms00909(14장, 18장, 20장, 부록), soilSpoon(최신 원문 업데이트), sprinter89(3장), tolskais(2장), YOUNGZOO(5장)

오탈자 수정: 1ncursio, 3794, ajb3296, Alanimdeo, atobaum, baguniz, black7375, Bruce0203, c0wjay, CirnoV, cloud9esc, cola314, copyrat90, cpprhtn, daejungkim, dalinaum, datactor, devsunb, doong-jo, earlbread, Ephemera, ghleokim, gnlckswjd, GrasshopperBears, Haebuk, hard-coders, hhaze, hyp3rflow, ilsubyeega, injuk, iris4865, itsmo1031, jaeheonji, jangjunha, jinto, Kanary159357, khg0712, kination, KMilhan, kurly09, kyuheon-kr, lala7573, lhojun, mingrammer, minty99, neocoin, newpolaris, novemberde, paikwiki, Rakk4403, RbertKo, realmovestar, ryanking13, sh-cho, simnalamburt, So-chiru, sshplendid, suguni, tre2man, trustfarm-dev, utcnow, Xvezda, YeongCheon, yongkyun, yumin-jung, zelon, zerozoo-a

권지용

베타리더 후기 _____

 김동진(한화정밀기계)

러스트를 회사 혹은 개인 프로젝트에 처음 적용하고자 할 때 스텝 바이 스텝으로 책이 필요하다면, 바로 이 책을 책상 옆에 비치해두세요.

김용현(Microsoft MVP)

이 책은 러스트를 배우고자 하는 이들의 필수 도서입니다. 러스트의 언어적 특징을 세밀하게 설명하며, 코드 기반의 이론 내용도 비중 있게 다루어 독자들의 정확한 이해에 중점을 두고 있습니다. 소유권, 대여, 슬라이스 등 러스트만의 독특한 개념에 대한 내용 강조가 돋보이며, 러스트 컴파일러 메시지를 해설하는 명확한 접근 방법은 실무 개발을 준비하는 독자들에게 매우 유익합니다. 이 러스트 공식 가이드북은 단순히 언어를 소개하는 공식 기술 문서가 아니라, 개발자들에게 기술 문서 및 테크니컬 글쓰기의 모범 사례로 손꼽히고 있습니다. 러스트를 준비하는 많은 독자에게 좋은 토대가 되기를 소망합니다!

남주현(카카오)

최신 내용을 반영한 《The Rust Programming Language》의 번역서가 나와 반갑습니다. 상세한 설명과 풍부한 예제, 쉬운 내용부터 꽤 깊이 있는 주제까지 아우르는 이 책은 입문자에게 더할 나위 없는 선택입니다. 러스트의 매력을 더 많은 이가 발견할 수 있기를 기대합니다!

부종민(베이직)

이 책을 통해 러스트를 더 잘 이해할 수 있었습니다. 러스트는 알아가면 알아갈수록 참 좋은 언어란 생각이 드네요.

박태준(둡)

러스트를 배우고자 하는 분들에게 이 책을 추천합니다. 기본 문법부터 동시성 프로그래밍, 그리고 러스트의 특별한 기능들까지 다루고 있습니다. 최신 버전인 러스트 2021을 기반으로 설명하며, 마지막 20장에서는 지금까지 배운 내용을 활용해 멀티스레드 웹서버를 구현하는 방법까지 설명합니다. 이 책 하나만으로도 실무에 적용 가능한 능력을 키울 수 있습니다.

 송창안(한국오라클)

이미 초판부터 재치 넘치는 쉬운 설명이 가득해 초보자들도 쉽게 접근할 수 있는 입문서였으며, 이번 제2판에서도 이는 동일했습니다. 또한 번역한 용어들을 보니 역자의 고민이 많았음을 느꼈고 그 결과에 박수를 보내고 싶습니다. 이제 C 언어나 러스트 언어를 리눅스 커널에 사용하는 것에 공감대가 형성되어 있으며, 현재 러스트 언어는 무한한 가능성을 보여주고 있습니다. 이 책을 러스트 입문서로 추천합니다.

 심주현(삼성전자)

전에 러스트를 배워보려고 몇 번 시도했는데 매번 실패했습니다. 핑계일 수도 있지만 어려웠습니다. 소유권, 라이프타임 등 이해하기 어려운 개념이 많았습니다. 다행히 이번 베타리딩 기회에 차근차근 따라 하면서 러스트의 세계로 입문할 수 있었습니다. 가야 할 길이 아직 남아 있지만 업무에도 조금씩 적용해볼 계획입니다.

 양성모(현대오토에버)

러스트 언어의 소유권과 라이프타임 같은 개념은 생소하고 어려운 것 같습니다. 어려운 개념일수록 제대로 이해하려면 좋은 기본서로 학습하는 것이 중요하다고 생각합니다. 바로 이 책 말입니다. 전반적으로 번역이 너무 잘되어 있어 어색한 문장도 찾기 어려웠고 편하게 읽을 수 있었습니다.

제이펍은 책에 대한 애정과 기술에 대한 열정이 뜨거운 베타리더의 도움으로
출간되는 모든 IT 전문서에 사전 검증을 시행하고 있습니다.

추천사

초판을 처음부터 끝까지 다 읽은 사람으로서, 이번 제2판은 제 기대에 부응할 뿐만 아니라 그 이상이었습니다! 독자에게 러스트의 모든 개념을 소개하는 데 도움이 되도록 잘 집필되었고, 형식 또한 잘 갖추어져 있습니다. 모든 프로그래머의 서재에 놓일 가치가 충분할 만큼 훌륭한 책입니다.

_ 재러드 울프 Jared Wolff (Circuit Dojo 오너)

이번 제2판은 더욱 개선되고 다듬어졌으면서도 여전히 러스트를 입문하는 데 필요한 '단 한 권의' 책입니다. 입문자이든 숙련된 러스타시안이든 러스트의 작동 원리를 익힐 수 있는 귀중한 리소스입니다.

_ 마이클 가토치 Michael Gattozzi (Fastly 수석 소프트웨어 엔지니어)

러스트의 기본을 마스터하기 위한 훌륭한 리소스입니다. 러스트는 소유권 규칙부터 패턴 매칭에 이르기까지 다양한 기능을 충분히 숙지해야 하는 언어이며, 이 책은 이를 달성하기 위한 훌륭한 도구입니다. 러스트를 진지하게 배울 생각이라면 이 책을 꼭 읽어보세요.

_ 애덤 바타니언 Adam Vartanian (Cord 엔지니어링 매니저)

"평결: 추천."

_ 폴 플로이드 Paul Floyd (CVu 매거진)

추천 서문

콕 짚어서 말할 순 없지만, 러스트 프로그래밍 언어는 **권한 부여**empowerment에 근간을 두고 있습니다. 여러분이 지금 어떤 종류의 코드를 작성하고 있건 간에, 러스트는 여러분에게 더 많은 권한을 부여하여 프로그래머가 다양한 분야에서 이전보다 더 자신감 있게 프로그래밍할 수 있도록 도와줍니다.

예를 들어 메모리 관리, 데이터 표현, 동시성 등 저수준을 세부적으로 다루는 '시스템 수준의' 프로그래밍을 생각해봅시다. 예로부터 이 분야는 악명 높은 함정을 피하고자 수년 동안 관련 지식을 쌓아온 소수 정예만이 다가갈 수 있는 난해한 영역으로 여겨져왔습니다. 그리고 이런 사람들마저도 코드가 악용되거나, 망가지거나, 붕괴하지 않도록 심혈을 기울여 작업해야 합니다.

러스트는 이런 오래된 문제를 제거하는 동시에 일반적인 프로그래머에게 친숙하고 세련된 도구를 제공함으로써 이 장벽들을 부숩니다. 저수준 제어에 '살짝만 발을 담글' 필요가 있는 프로그래머들은 까다로운 툴체인의 세세한 특징을 학습할 필요 없이 러스트만으로도 자신의 목적을 달성할 수 있습니다. 더 좋은 점은 이 언어가 속도와 메모리 사용 측면에서 효율적인 신뢰할 수 있는 코드로 자연스럽게 안내하도록 설계되었다는 점입니다.

이전부터 저수준 코드를 작성하던 프로그래머들은 러스트를 사용하여 야망을 키울 수 있습니다. 예를 들면, 러스트에서 병렬화를 도입하는 것은 비교적 위험도가 낮은 작업입니다. 컴파일러가 고전적인 실수를 잡아주거든요. 또한 실수로 인한 충돌이나 취약점을 발생시키지 않을 것이라는 확신을 두고 코드에 대한 더 공격적인 최적화를 수행할 수 있습니다.

러스트는 저수준 시스템 프로그래밍에만 국한되지 않습니다. CLI 앱, 웹서버 및 기타 여러 종류의 코드를 작성할 수 있을 정도로 표현력이 풍부하고 개발자 친화적으로 설계되어 있습니다. 이 책의 뒷부분에서 두 경우에 대한 간단한 예제를 볼 것입니다. 러스트로 작업하면 한 분야에서 구축한 기술을 다른 분야에도 써먹을 수 있게 해줍니다. 웹 앱을 작성하는 것으로 러스트를 배운 다음, 동일한 기술을 라즈베리 파이를 대상으로 적용해볼 수 있지요.

이 책은 러스트의 잠재력을 완전히 담아내어 사용자의 역량을 강화할 수 있도록 노력했습니다. 이 책은 러스트에 대한 지식뿐만 아니라 프로그래머로서의 역량과 자신감도 향상할 수 있도록 친근하고 접근하기 쉬운 텍스트로 구성되어 있습니다. 그럼, 바로 시작해서 배울 준비를 해보죠. 그리고 러스트 커뮤니티에 오신 것을 환영합니다!

_ 니콜라스 마차키스Nicholas Matsakis, 에런 투론Aaron Turon

서문 ─────────────────────────────

이번 판에서는 여러분이 (2023년 2월 9일에 출시된) 러스트 1.67.1 혹은 이후 버전을 사용하여, 모든 프로젝트의 **Cargo.toml** 파일에 edition="2021"을 포함시켜 러스트 2021 에디션 관용구를 사용하도록 구성했다고 가정합니다. 러스트 설치 또는 업데이트에 대한 지침은 '러스트 설치'(1쪽)를, 에디션에 대한 정보는 부록 E(649쪽)를 참조하세요.

러스트 언어 2021 에디션에는 러스트를 더욱 인체공학적으로 만들고 몇 가지 일관성 없는 부분을 수정하는 여러 개선 사항이 포함되어 있습니다. 이러한 개선 사항을 반영하기 위한 일반적인 업데이트 외에도 이번 2판에서는 특정 피드백을 해결하기 위한 여러 개선 사항을 포함했습니다.

- 7장에 모듈을 사용하여 코드를 여러 파일로 구성하는 방법에 대한 새롭고 빠른 참고 자료를 포함시켰습니다.
- 13장에는 캡처, move 키워드, Fn 트레이트를 보다 명확하게 설명하는 새롭게 개선된 클로저 예제가 추가되었습니다.
- 책 전체에 걸쳐 여러 가지 소소한 오류와 부정확한 표현을 수정했습니다. 제보해주신 독자 여러분께 감사드립니다!

이 책의 이전 판에서 컴파일되던 모든 코드는 사용 중인 러스트 컴파일러 버전을 업데이트하더라도 프로젝트의 **Cargo.toml**에서 지정한 에디션으로 계속 컴파일됩니다. 이것이 바로 러스트의 하위 호환성 보장 기능입니다!

감사의 글

필자들은 러스트 언어에 참여한 모든 분께, 책 한 권을 쓸 만한 가치가 있는 놀라운 언어를 만들었다는 점에 대해 감사드립니다. 더 많은 사람을 환영하고 더 많은 사람이 참여할 수 있는 환경을 만들어준 러스트 커뮤니티의 모든 분께도 감사드립니다.

특히 온라인에서 이 책의 초기 버전을 읽고 피드백, 버그 리포트, 풀 리퀘스트를 제공해준 모든 분께 감사드립니다. 기술 리뷰를 제공한 에두아르드-미하이 부르테스쿠(Eduard-Mihai Burtescu), 알렉스 크라이튼(Alex Crichton), JT, 그리고 표지 그림을 제공한 캐런 러스태드 퇼바(Karen Rustad Tölva)에게 특별히 감사드립니다. 이 책을 개선하고 인쇄까지 이끌어준 빌 폴록(Bill Pollock), 리즈 채드윅(Liz Chadwick), 저넬 루더와이즈(Janelle Ludowise)를 비롯한 노스타치의 팀원들에게도 감사드립니다.

필자 중 캐럴은 이 책을 작업할 기회를 얻은 것에 대해 감사를 표합니다. 끊임없는 사랑과 지지를 보내준 가족, 특히 남편 제이크 굴딩(Jake Goulding)과 딸 비비언(Vivian)에게 고마움을 전합니다.

이 책에 대하여

> **NOTE** 이 책은 노스타치 프레스에서 ebook 형태로 무료 제공되는《The Rust Programming Language》(https://nostarch.com/rust-programming-language-2nd-edition)와 동일한 내용을 원작자의 동의하에 번역한 것입니다.

러스트 공식 입문서에 오신 것을 환영합니다. 러스트 프로그래밍 언어는 더 빠르고 안정적인 소프트웨어를 작성하는 데 도움을 줍니다. 지금껏 프로그래밍 언어 디자인에서 저수준(low-level) 제어와 고수준(high-level) 문법은 양립하기 어려웠지만, 러스트는 이러한 충돌에 도전합니다. 강력한 기술적 능력과 뛰어난 개발자 경험 간의 균형을 유지함으로써, 러스트는 (메모리 사용과 같은) 저수준 제어에 전통적으로 동반되는 귀찮은 것들 없이 이를 제어할 수 있게 해줍니다.

대상 독자

러스트는 다양한 사람들에게 이상적입니다. 이유도 각각 다양하나, 대표적인 몇 가지 경우를 살펴보겠습니다.

개발팀

러스트는 시스템 프로그래밍 지식이 적은 사람부터 많은 사람까지 다양하게 구성된 대규모 개발팀 간의 협업을 위한 생산적인 도구로 입증되고 있습니다. 저수준 코드는 다양한 종류의 미묘한 버그가 발생하기 쉬운데, 대부분의 다른 언어에서는 숙련된 개발자에 의해 실행된 대규모 테스트와 면밀한 코드 검토를 통해서만 발견할 수 있습니다. 러스트에서는 컴파일러가 동시성 버그 등 찾기 어려운 버그가 있는 코드의 컴파일을 거부함으로써 수문장 역할을 합니다. 이는 개발팀이 디버깅보다 프로그램 로직 개발에 집중하게 만드는 효과를 가져옵니다.

러스트는 시스템 프로그래밍 세계에 현대적인 개발자 도구를 도입하기도 했습니다.

- 카고(Cargo)라는 기본 구성에 포함된 디펜던시(dependency) 관리자 및 빌드 도구를 통하여 러스트 생태계에서 디펜던시를 고통 없이 일관되게 추가하고, 컴파일하고, 관리할 수 있습니다.
- Rustfmt 포매팅 도구는 개발자들 사이에서 코딩 스타일을 통일시킵니다.
- 러스트 언어 서버(Rust Language Server)는 코드 자동 완성과 인라인 에러 메시지를 결합해 IDE의 편의성을 높입니다.

개발자들은 이 세 가지를 포함한 러스트 생태계의 여러 도구를 이용하여 생산성을 희생하지 않고 저수준 코드를 작성할 수 있습니다.

학생

학생 및 시스템 개념을 공부하려는 분도 환영입니다. 많은 이들이 러스트로 운영체제 개발 등의 주제를 공부해왔으며, 커뮤니티 역시 초보자를 환영하고 질문에 친절히 대답해주는 분위기가 형성되어 있습니다. 러스트 팀은 이 책과 같은 노력을 통해 더 많은 사람, 특히 프로그래밍 입문자들이 시스템 개념에 접근하기 쉬워지길 바랍니다.

회사

회사의 규모를 불문하고, 수많은 회사가 이미 웹 서비스, 데브옵스 도구화 등 다양한 작업에 러스트를 사용하고 있습니다. 이 외에도 러스트는 커맨드 라인 도구, 임베디드 장치, 오디오 및 비디오 분석, 암호화폐, 생물정보학, 검색 엔진, IoT 애플리케이션, 머신러닝, 심지어 파이어폭스 웹브라우저의 핵심 부분을 만드는 데에도 사용됩니다.

오픈소스 개발자

러스트는 여러분의 기여가 절실합니다. 그렇기에 러스트 프로그래밍 언어 자체에 기여할 분이나 커뮤니티 활동, 개발자 도구 제작, 라이브러리 개발 등에 참여할 분께도 정말 적합한 프로젝트입니다.

속도와 안정성을 중시하는 사람

러스트는 속도와 안정성을 중시하는 사람들을 위한 언어입니다(이때의 속도란, 프로그램을 작성하는 속도 및 만들어진 프로그램의 속도를 지칭합니다). 개발자가 불안정한 레거시 코드를 수정하길 꺼리는 타 언어의 컴파일러 검사와는 달리 러스트 컴파일러의 검사는 기능 추가 및 리팩터링 과정에서 안정성을 보장합니다. 또한 비용 없는 추상화, 즉 컴파일러가 생성하는 저수준 코드를 개발자가 직접 작성한 만큼 빠르게 만들 수 있도록 노력하여 안정적인 코드가 곧 빠른 코드도 될 수 있도록 합니다.

앞서 언급해온 대상도 대표적인 이해관계자 중 일부일 뿐입니다. 러스트의 최종 목표는, 기존의 안정성이나 생산성 중 하나를 택하면 나머지 하나를 잃는 것이 당연시되던, 프로그래머들이 여태 받아들여온 절충안을 제거하는 것입니다. 러스트는 안정성과 생산성 두 마리 토끼를 모두 잡고, 마찬가지 취급을 받던 성능과 개발자 친화성(ergonomics)까지 동시에 끌어안았습니다. 한번 러스트를 사용해보고, 이 특성이 여러분과도 잘 맞는지 판단해보세요.

사전 지식

이 책은 여러분이 이미 다른 프로그래밍 언어를 배운 적이 있다는 가정하에 집필되었지만, 어떤 언어를 배웠었는지는 중요하지 않습니다. 이 책에서는 다양한 프로그래밍 배경을 가진 사람들이 폭넓게 접근할 수 있는 자료를 만들기 위해 노력했습니다. 프로그래밍이라는 것이 무엇인지, 어떤 자세로 코드를 작성해야 하는지에 대해서는 길게 설명하지 않을 겁니다. 프로그래밍을 처음 배우는 분이라면 프로그래밍을 구체적으로 소개하는 책을 읽는 것이 좋습니다.

책의 구성

먼저, 이 책은 앞에서 뒤로 순서대로 읽는다는 가정하에 작성되었음을 알려드립니다. 따라서 보통 앞 장에서는 기초 내용을 배우고, 뒷장에서는 앞서 나온 내용을 기반으로 한 심화 내용을 배웁니다.

이 책에는 개념 장과 프로젝트 장의 두 가지 종류가 있습니다. 개념 장에서는 러스트에서의 어떤 개념에 대해 알아봅니다. 프로젝트 장에서는 그간 배운 내용을 적용하여 작은 프로그램을 함께 만들어봅니다. 2장, 12장, 20장이 프로젝트 장이고, 나머지는 개념 장입니다.

1장은 러스트를 설치하고 'Hello, world!' 프로그램을 작성하는 방법, 그리고 러스트의 패키지 매니저 및 빌드 도구인 카고의 사용법을 다룹니다. 2장은 숫자 추리 게임을 직접 작성하면서 러스트로 프로그래밍하는 법을 배웁니다. 이후에 깊이 있게 배울 여러 개념을 추상적으로 다뤄볼 수 있습니다. 자기 손으로 직접 실습해보는 걸 선호하는 분에게 제격입니다. 3장은 다른 프로그래밍 언어와 유사한 러스트 특성을 다루는 내용이며, 4장은 소유권 시스템을 다루는 내용입니다. 이 부분은 여러 방법으로 읽을 수 있습니다. 3장을 건너뛰고 바로 4장 소유권 시스템부터 배우거나, 하나씩 차근차근 배우는 걸 선호하면 2장을 건너뛰고 3장부터 본 후, 2장으로 돌아와 배운 내용을 프로젝트에 적용해볼 수도 있지요.

5장은 구조체 및 메서드를 다루며, 6장은 열거형과 match 표현식, if let 제어 흐름문을 다룹니다. 구조체와 열거형은 앞으로 커스텀 타입을 만드는 데 사용할 겁니다.

7장은 공개 API를 만들 때, 작성한 코드와 해당 API를 체계화하기 위한 모듈 시스템 및 접근 권한 규칙을 다루며, 8장은 벡터, 문자열, 해시 맵 등 표준 라이브러리가 제공하는 일반적인 컬렉션 자료 구조를 다룹니다. 9장에서는 러스트의 에러 처리 철학 및 기법을 알아보겠습니다.

10장은 여러 가지 타입에 적용될 수 있는 코드를 정의하도록 해주는 제네릭, 트레이트, 라이프타임을 다루며, 11장에서는 작성한 프로그램 로직이 잘 작동함을 확인하는 데 필요한 테스트 관련 내용을 다룹니다. 12장에서는 이때까지 배운 수많은 개념을 이용해 커맨드 라인 도구 grep의 기능 일부를 직접 구현해볼 겁니다.

13장은 클로저 및 반복자를 다룹니다. 함수형 프로그래밍 언어에서 유래한 러스트의 기능입니다. 14장은 카고에 대한 심화 내용 및 여러분이 만든 라이브러리를 남들이 쓸 수 있도록 배포하는 방법을 다룹니다. 15장은 표준 라이브러리가 제공하는 스마트 포인터와 스마트 포인터를 구현하는 트레이트를 다룹니다.

16장에서는 여러 동시성 프로그래밍 모델에 대해 돌아보고, 러스트에서는 어떻게 겁 없이 멀티스레드 프로그래밍을 할 수 있는지 이야기하겠습니다. 17장에서는 여러분에게 익숙할 객체 지향 프로그래밍 원칙과 러스트의 표현 양식 간의 차이를 살펴보겠습니다.

18장은 러스트 프로그램 전반에 걸쳐 아이디어를 표현하는 데 강력한 방법인 패턴, 그리고 패턴 매칭을 참고 자료 형식으로 다룹니다. 19장은 안전하지 않은 러스트, 매크로, 라이프타임, 트레이트, 타입, 함수, 클로저 등 다양한 고급 주제를 다룹니다.

20장에서는 저수준 멀티스레드 웹서버를 직접 구현하는 것으로 프로젝트 실습을 마칠 예정입니다.

마지막으로, 부록에는 러스트 관련 유용한 정보를 참고 자료 형식으로 담아두었습니다. **부록 A**에서는 러스트에서 사용하는 키워드들을, **부록 B**에서는 연산자 및 기호를, **부록 C**에서는 표준 라이브러리가 제공하는 파생 가능 트레이트를, **부록 D**에서는 여러 유용한 개발 도구에 대한 내용을, **부록 E**에서는 러스트 에디션을 각각 설명합니다. **부록 F**에서는 이 책의 번역본에 대해서, **부록 G**에서는 러스트와 nightly 러스트가 어떻게 만들어지는지를 다룹니다.

이 책은 어떻게 읽든 상관없습니다. 일단 넘기고 싶은 부분은 넘긴 뒤, 뒷부분을 읽다가 내용이 헷갈릴 때 다시 앞으로 돌아와 읽어도 됩니다. 다만, 자신에게 가장 도움이 되는 방식대로 읽길 권합니다.

러스트를 배우는 과정에서 중요한 부분은 컴파일러가 보여주는 에러 메시지를 읽는 법을 배우는 것입니다. 에러 메시지만 잘 읽어도 코드 속 에러를 고칠 수 있기 때문이지요. 따라서, 여러분이 에러 메시지를 읽는 실력을 자연스럽게 늘릴 수 있도록 컴파일되지 않는 예제 코드와 해당 예제에서 발생하는 에러 메시지를 다양하게 살펴볼 겁니다. 그러니 눈에 보이는 아무 예제나 컴파일을 돌렸더니 에러가 나타나더라도, 일부러 에러가 나타나게 만든 예제일 수 있으니 당황하지 말고 해당 예제 주위의 글을 읽어보세요. 편의를 위해, 오작동하도록 만든 코드에는 페리스(Ferris)가 등장하니 구분하는 데 참고해도 좋습니다.

페리스	의미
	컴파일되지 않는 코드
	패닉이 발생하는 코드
	의도대로 작동하지 않는 코드

덧붙이자면, 컴파일되지 않는 코드가 등장하는 내용 중 대부분은 해당 코드가 잘 작동하도록 수정해나가는 내용입니다.

소스 코드

이 책은 오픈소스입니다. 오류를 발견하면 주저하지 말고 깃허브 저장소(https://github.com/rust-kr/doc.rust-kr.org)에 이슈를 달거나 풀 리퀘스트를 보내주세요. 자세한 내용은 한국어로 작성된 **README.md**를 참고하면 됩니다.

이 책을 만드는 데 사용한 소스 코드 등 원본 파일은 한국어 번역본 깃허브 저장소(https://github.com/rust-kr/doc.rust-kr.org/tree/master/src)에서 찾아볼 수 있습니다.

1

시작해봅시다

앞으로 배울 건 많지만 천 리 길도 한 걸음부터라는 말이 있듯 하나씩 배워보도록 합시다. 이번 장에서 배우는 내용은 다음과 같습니다.

- 각 운영체제(리눅스, macOS, 윈도우)별 러스트 설치법
- Hello, world! 프로그램 작성하기
- 러스트 패키지 매니저 및 빌드 도구인 cargo 사용법

1.1 러스트 설치

우선 러스트를 설치해야겠죠. 설치는 rustup이라는 러스트 버전 및 러스트 관련 도구를 관리하는 커맨드 라인 도구를 이용할 겁니다. 인터넷이 연결되어 있어야 하니 미리 인터넷 연결을 확인해주세요.

1

다음은 러스트 컴파일러 최신 stable 버전을 설치하는 내용입니다. 혹여나 이 책을 읽는 시점에, 이 책에서 사용한 버전이 낮아서 걱정되는 분들을 위해 말하자면, 러스트에는 안정성 보증(stability guarantee)이 적용되어 있습니다. 간혹 에러나 경고 메시지가 변경되는 일이 있기에 출력은 버전마다 조금씩 다를 수 있으나, 이 책에 등장하는 모든 예제는 향후 버전에서도 책 내용에서 설명하는 대로 작동할 겁니다.

커맨드 라인 표기

이번 장을 비롯해 터미널에 명령어를 입력할 일이 많습니다. 입력할 명령어와 출력을 구분할 수 있도록, 명령어에는 각 행 앞에 $가 붙습니다. $가 붙지 않은 행은 보통 앞선 명령어의 결과를 나타낸다고 보면 됩니다. 예외적으로, $ 대신 >가 붙은 예제는 파워셀 한정 예제입니다.

1.1.1 rustup 설치(리눅스 및 macOS)

리눅스나 macOS 사용자는 터미널을 열고 다음 명령어를 입력해주세요.

```
$ curl --proto '=https' --tlsv1.2 https://sh.rustup.rs -sSf | sh
```

최신 stable 버전 러스트를 설치하는 데 사용할 **rustup** 도구를 설치하는 명령어입니다(설치할 때 여러분 비밀번호를 묻는 메시지가 나타날 수 있습니다). 설치가 완료되면 다음 문장이 나타납니다.

```
Rust is installed now. Great!
```

러스트가 컴파일 결과를 하나의 파일로 묶는 데 사용하는 **링커**(linker)도 필요합니다. 링커는 기본으로 설치되나, 러스트 컴파일 시에 링커를 실행할 수 없다는 에러가 나타나면 따로 설치해야 합니다. 이 에러는 C 컴파일러를 설치할 때 같이 설치되는 링커로 해결되므로 플랫폼에 맞는 C 컴파일러를 찾아서 설치하기 바랍니다. 몇 가지 흔히 사용되는 러스트 패키지들이 C 코드를 이용하고 있기 때문에 C 컴파일러가 필요할 수도 있습니다.

macOS에서는 아래와 같이 실행하여 C 컴파일러를 설치할 수 있습니다.

```
$ xcode-select --install
```

리눅스 사용자의 경우 배포판의 문서에 의하면 일반적으로 GCC나 Clang이 설치되어 있습니다. 예를 들어 우분투 사용자라면 build-essential 패키지를 설치할 수 있습니다.

1.1.2 rustup 설치(윈도우)

윈도우 사용자는 https://www.rust-lang.org/tools/install의 안내를 따라주기 바랍니다. 설치 과정에서 Visual Studio 2013 버전 이상의 MSVC 빌드 도구가 필요하다는 메시지가 나타날 것입니다.

빌드 도구를 설치하려면 Visual Studio 2022(https://visualstudio.microsoft.com/downloads/)를 설치할 필요가 있습니다. 구체적으로는 아래와 같은 패키지가 필요합니다.

- C++ 데스크톱 개발
- 윈도우 10 혹은 11 SDK
- 영어 언어팩과 여러분이 선택하고 싶은 다른 언어팩

이후부터는 **cmd.exe**와 파워셸에서 혼용되는 명령어만 사용할 예정이며, 서로 다른 부분이 있을 경우엔 따로 명시하겠습니다.

1.1.3 트러블슈팅

러스트가 제대로 설치되었는지 확인하는 방법은 다음과 같습니다.

```
$ rustc --version
```

최신 릴리스된 stable 버전 정보가 다음 포맷대로 나타나며, 나타난 정보는 순서대로 버전 숫자, 커밋 해시(hash), 커밋 날짜입니다.

```
rustc x.y.z (abcabcabc yyyy-mm-dd)
```

위의 정보가 보이면 러스트가 성공적으로 설치된 것입니다! 정보가 보이지 않는다면 여러분의 %PATH% 환경 변수에 러스트가 포함되어 있는지 확인해주세요.

윈도우 CMD에서는 다음과 같이 확인합니다.

```
> echo %PATH%
```

파워셸에서는 다음과 같이 확인합니다.

```
> echo $env:Path
```

리눅스와 macOS에서는 다음과 같이 확인합니다.

```
$ echo $PATH
```

잘못된 것을 찾을 수 없는데 계속 작동하지 않으면 한국 러스트 사용자 그룹 디스코드(https://discord.gg/uqXGjEz)에 질문해주세요. 영어가 능숙한 분들은 커뮤니티 페이지(https://www.rust-lang.org/community)에서 다른 러스타시안(Rustacean, 러스트 사용자들이 스스로를 부르는 웃긴 별명입니다)들을 만나볼 수 있을 겁니다.

1.1.4 업데이트 및 삭제

rustup으로 러스트를 설치했다면 최신 버전 업데이트도 간편합니다. 셸에 다음 명령어를 입력해주세요.

```
$ rustup update
```

rustup과 러스트를 삭제하는 방법은 다음과 같습니다.

```
$ rustup self uninstall
```

1.1.5 로컬 문서

러스트 설치 시 로컬 문서(local documentation)도 같이 설치됩니다. 오프라인 상태로도 이용할 수 있으며, rustup doc 명령어로 여러분의 브라우저에서 열어볼 수 있습니다.

표준 라이브러리에서 제공하는 타입이나 함수 중 기능이나 사용하는 법을 모르겠다면 API (application programming interface) 문서에서 모르는 내용을 찾아볼 수도 있겠죠?

1.2 Hello, World!

설치도 마쳤으니, 러스트 프로그램을 만들 시간입니다. 새 언어를 배울 때면 늘 그렇듯, 만들어볼 프로그램은 화면에 Hello, world! 문자를 출력하는 간단한 프로그램입니다.

> **NOTE** 이 책은 커맨드 라인 위주로 설명하고 있습니다. 하지만 러스트에는 코드 작성 및 개발 도구 사용환경에 따로 정해진 규정이 없으므로 커맨드 라인 대신 IDE(integrated development environment)를 사용할 분은 애용하는 IDE를 사용해도 좋습니다(요즘은 대부분의 IDE가 러스트를 어느 정도 지원하니 세부 사항은 각 IDE 문서를 참고 바랍니다). 러스트 팀은 rust-analyzer를 통하여 IDE 지원 수준을 높이는 데 집중하고 있습니다. 더 자세한 사항은 부록 D(645쪽)를 참고하세요.

1.2.1 프로젝트 디렉터리 생성하기

작성할 러스트 코드를 저장해둘 디렉터리가 필요하겠죠. 러스트 코드 자체는 어디에 저장하건 실행하는 데에 문제는 없습니다만, 이 책을 보며 연습하는 분들은 편의를 위해 홈 디렉터리 내 **projects** 디렉터리를 생성해 각종 프로젝트를 보관하는 것을 권장합니다.

터미널을 열고 다음 명령어를 입력해 **projects** 디렉터리를 생성한 후, **projects** 내에 'Hello, world!' 프로젝트용 디렉터리를 만들어봅시다.

리눅스, macOS, 윈도우 파워셸에서는 다음 명령어를 입력해주세요.

```
$ mkdir ~/projects
$ cd ~/projects
$ mkdir hello_world
$ cd hello_world
```

윈도우 CMD 사용자는 다음 명령어를 입력해주세요.

```
> mkdir "%USERPROFILE%\projects"
> cd /d "%USERPROFILE%\projects"
> mkdir hello_world
> cd hello_world
```

다음으로 **main.rs** 소스 파일을 만들어봅시다. 러스트 파일은 항상 **.rs** 확장자로 끝납니다. 파일명을 지을 때는 두 단어 이상으로 이루어질 경우에는 **helloworld.rs**와 같이 붙여서 쓰지 않고 **hello_world.rs**처럼 단어 사이에 밑줄(_)을 넣는 것이 관례입니다.

main.rs 파일에 예제 1-1 코드를 입력합시다.

예제 1-1 `Hello, world!`를 출력하는 프로그램   `File` main.rs

```rust
fn main() {
  println!("Hello, world!");
}
```

파일을 저장하고 터미널 창으로 돌아가 **~/projects/hello_world** 디렉터리로 갑니다. 리눅스, macOS 사용자는 다음 명령어를 입력하여 컴파일하고 실행할 수 있습니다.

```
$ rustc main.rs
$ ./main
Hello, world!
```

윈도우의 CMD에서는 **./main**을 **.\main.exe**로 바꿔주면 됩니다.

```
> rustc main.rs
> .\main.exe
Hello, world!
```

사용하는 운영체제와 상관없이 터미널에 `Hello, world!`가 출력되면 정상입니다. 출력되지 않으면 '트러블슈팅'(3쪽) 내용을 참고해 도움을 얻을 방법을 찾아보세요.

문제없이 `Hello, world!`가 출력됐다면, 축하드립니다! 여러분은 공식적으로 러스트 프로그램을 작성했으니 이제 어엿한 러스트 프로그래머입니다!

1.2.3 러스트 프로그램 뜯어보기

방금 만든 'Hello, world!' 프로그램을 자세히 살펴봅시다. 우선 첫 부분은 다음과 같습니다.

```
fn main() {

}
```

이 라인은 러스트에서 main이라는 이름의 함수를 정의합니다. main 함수는 특별한 함수로, 러스트 실행 프로그램에서 항상 가장 먼저 실행되는 함수입니다. 여기서는 매개변수를 받지 않고 아무것도 반환하지 않는 main이라는 함수를 선언합니다. 함수에 매개변수가 있을 때는 괄호, 즉 () 안쪽에 이를 작성해야 합니다.

함수 본문은 {}로 감쌉니다. 러스트에서는 모든 함수에 대해 본문을 감싸는 중괄호({})가 필수입니다. 중괄호는 함수 정의와 같은 줄에 작성하고 그 사이에 공백을 한 칸 넣으면 보기 좋으니 참고하세요.

> **NOTE** 여러분이 러스트 프로젝트의 코드를 표준 스타일로 통일시키고 싶다면, 코드를 특정 스타일로 포매팅해주는 rustfmt라는 이름의 자동 포매팅 도구를 사용할 수 있습니다(더 자세한 사항은 부록 D(645쪽)에 있습니다). 러스트 팀은 이 도구를 rustc처럼 기본 러스트 배포에 포함시켰으므로, 이미 여러분의 컴퓨터에 설치되어 있습니다!

main 함수 내 코드를 살펴봅시다.

```
println!("Hello, world!");
```

화면에 텍스트를 출력하는 코드로, 이 한 라인이 이 자그마한 프로그램의 전부입니다. 하지만 이 단순한 코드에도 눈여겨볼 것이 네 가지 들어 있습니다.

첫 번째로, 러스트에서는 탭 대신 스페이스 4칸을 사용합니다.

두 번째로, println!는 러스트의 매크로(macro) 호출 코드입니다. 이 코드가 함수 호출 코드였다면 ! 없이 println이라고 되어 있었을 것입니다. 매크로는 19장에서 자세히 다루며, 지금은 !가 붙으면 함수가 아니라 매크로 호출 코드이고, 매크로는 함수와 항상 같은 규칙을 따르지는 않는다는 것만 알아두면 됩니다.

세 번째는 println!의 인수로 넘겨준 "Hello, world!" 문자열이 그대로 화면에 나타난 점입니다.

마지막으로, 이 라인은 세미콜론(;)으로 끝납니다. 이는 표현식이 끝났으며 다음 표현식이 시작될 준비가 됐다는 표시지요. 러스트 코드의 거의 모든 라인이 세미콜론으로 끝납니다.

1.2.4 컴파일과 실행은 별개의 과정입니다

앞서 새 프로그램을 만들고 실행한 과정을 세세한 단계로 나누어 검토해봅시다.

러스트 프로그램을 실행하기 전에, 아래와 같이 rustc 명령어에 소스 파일명을 넘겨주어 컴파일해야 하는 과정이 있었습니다.

```
$ rustc main.rs
```

C나 C++을 다뤄보았다면 gcc나 clang 사용 방법과 비슷하다는 걸 눈치챘을지도 모르겠네요. 러스트도 소스 파일 컴파일에 성공하면 실행할 수 있는 바이너리를 만들어냅니다.

리눅스, macOS, 윈도우 파워셸에서는 ls 명령어로 실행 파일을 확인할 수 있습니다.

```
$ ls
main  main.rs
```

리눅스와 macOS에서는 두 개의 파일이 보일 것이고, 파워셸의 경우에는 세 개의 파일이 보일 것입니다. 윈도우 CMD에서는 다음 명령어를 입력해야 합니다.

```
> dir /B %= `/B`는 파일명만 출력하는 옵션입니다 =%
main.exe
main.pdb
main.rs
```

.rs 확장자를 갖는 소스 파일과 실행 파일(타 플랫폼에서는 **main**, 윈도우에서는 **main.exe**입니다)을 확인할 수 있습니다. 윈도우에서는 디버깅 정보가 포함된 **.pdb** 확장자 파일도 볼 수 있네요. 여기서 **main**이나 **main.exe** 를 실행하는 방법은 다음과 같습니다.

```
$ ./main # 윈도우에서는 .\main.exe
```

main.rs가 여러분의 'Hello, world!' 프로그램이라면 터미널에 `Hello, world!`가 출력될 겁니다.

루비, 파이썬, 자바스크립트 등 명령어 한 줄로 프로그램을 컴파일하고 실행할 수 있는 동적 프로그래밍 언어에 익숙한 분들은 컴파일과 실행이 별개의 과정으로 진행되는 게 낯설 겁니다. 하지만 이 언어들은 .rb, .py, .js 파일을 다른 곳에서 실행하려면 해당 언어의 구현체를 설치해야만 합니다. 반면 러스트는 **AOT**(ahead-of-time) 컴파일 언어로, 컴파일과 실행이 별개인 대신 여러분의 프로그래밍을 컴파일하여 만든 실행 파일을 러스트가 설치되지 않은 곳에서도 실행할 수 있습니다. 저마다 장단점이 있는 법이죠.

간단한 프로그램에는 rustc를 사용하는 것도 좋습니다. 다만 프로젝트가 커질수록 관리할 옵션이 많아지고, 코드 배포도 점점 번거로워지겠죠. 곧 소개할 카고(Cargo)가 바로 이러한 문제를 해결하는, 여러분이 앞으로 rustc 대신 사용할 도구입니다.

1.3 카고를 사용해봅시다

카고는 러스타시안이라면 대부분 사용하는 러스트 빌드 시스템 및 패키지 매니저입니다. 이 도구는 코드 빌드나, 코드 작성에 필요한 외부 라이브러리를 다운로드할 때나, 라이브러리를 제작할 때 겪는 귀찮은 일들을 상당수 줄여주는 편리한 도구입니다(앞으로 외부 라이브러리는 **디펜던시** (dependency)라고 지칭하겠습니다).

여태 우리가 작성해본 간단한 러스트 프로그램에는 디펜던시를 추가하지 않았습니다. 카고를 가지고 'Hello, world!' 프로젝트를 만들었다면, 코드 빌드를 처리하는 카고의 기능 일부만을 사용했을 것입니다. 훗날 복잡한 프로그램을 작성하게 되면 디펜던시를 추가하게 될 것이고, 카고를 사용하여 프로젝트를 시작하면 디펜던시를 추가하는 일이 훨씬 더 쉬워질 것입니다.

러스트 프로젝트 대부분이 카고를 사용하고 있기 때문에, 이 책의 이후 내용도 여러분이 카고를 사용한다는 전제로 작성했습니다. '러스트 설치'(1쪽)를 따라 했다면 이미 카고가 설치되어 있을 테니 따로 설치할 필요는 없으나, 다른 방법을 이용하신 경우엔 다음 명령어로 카고가 설치되어 있는지 확인하기 바랍니다.

```
$ cargo --version
```

버전 숫자가 나타나면 정상입니다. command not found 등 에러가 나타날 경우 여러분이 설치하면서 참고한 문서에서 카고를 따로 설치하는 방법을 찾아보세요.

1.3.1 카고로 프로젝트 생성하기

카고로 프로젝트를 생성해보고 앞서 만들었던 'Hello, world!' 프로젝트와 비교해봅시다. **projects** 디렉터리로(다른 곳에 코드를 만드신 분은 해당 위치로) 돌아가 다음 명령어를 실행해보세요.

```
$ cargo new hello_cargo
$ cd hello_cargo
```

첫 번째 명령어는 **hello_cargo**라는 디렉터리를 생성합니다. 우리는 프로젝트의 이름을 **hello_cargo**로 지정했고 카고는 동일한 이름의 디렉터리 안에 파일들을 생성합니다.

hello_cargo 디렉터리로 이동해 파일을 살펴보면 **Cargo.toml** 파일과 **src** 디렉터리를 확인할 수 있으며, **src** 디렉터리 내에는 **main.rs** 파일이 있는 것도 볼 수 있습니다.

그 외에도 **.gitignore** 파일과 함께 새 Git 저장소가 초기화됩니다. 여러분이 이미 Git 저장소가 있는 디렉터리에서 `cargo new`를 실행시킨다면 Git 파일들은 생성되지 않을 것입니다. 이 동작은 `cargo new --vcs=git` 명령을 통해 덮어쓸 수 있습니다.

> **NOTE** Git은 일반적으로 사용하는 버전 관리 시스템입니다. 따라서 기본으로 설정되어 있으며, 이 설정은 `cargo new` 명령어의 `--vcs` 플래그로 변경할 수 있습니다. 그 외의 다른 옵션들은 `cargo new --help`로 확인할 수 있습니다.

이제 텍스트 에디터로 **Cargo.toml**을 열어보세요. 예제 1-2처럼 나오면 정상입니다.

예제 1-2 `cargo new`로 생성한 Cargo.toml 파일의 내용   (File) Cargo.toml

```
[package]
name = "hello_cargo"
version = "0.1.0"
edition = "2021"

# See more keys and their definitions at https://doc.rust-lang.org/cargo/reference/manifest.html

[dependencies]
```

이 파일은 **TOML**(Tom's Obvious, Minimal Language, https://toml.io/) 포맷으로 되어 있고, 이 포맷은 카고 설정에서 사용하는 포맷입니다.

[package]라고 적힌 첫 번째 라인은 섹션 헤더로, 뒤에 패키지 설정 구문들이 따라오는 걸 볼 수 있습니다. 나중에 우리가 이 파일에 내용을 추가하며 새로운 섹션을 만들어볼 겁니다.

다음 세 라인은 카고가 코드를 컴파일하는 데 필요한 설정 정보로, 각각 패키지명, 버전, 작성자, 사용하는 러스트 에디션을 나타냅니다. edition 키에 대한 설명은 부록 E(649쪽)에서 다룹니다.

마지막 라인의 [dependencies]는 프로젝트에서 사용하는 디펜던시 목록입니다. 러스트에서는 코드 패키지를 **크레이트**(crate)라고 부릅니다. 이 프로젝트에는 크레이트가 필요 없지만, 2장 첫 프로젝트에서는 필요하므로 그때 사용해보겠습니다.

이제 **src/main.rs**를 열어 살펴봅시다.

File src/main.rs

```
fn main() {
    println!("Hello, world!");
}
```

카고가 'Hello, world!' 프로그램을 만들어놨네요. 예제 1-1에서 만든 프로젝트와 다른 점은 코드 위치가 **src** 디렉터리라는 점과 최상위 디렉터리에 **Cargo.toml** 설정 파일이 존재한다는 점입니다.

카고는 소스 파일이 **src** 내에 있다고 예상합니다. 최상위 프로젝트 디렉터리는 README, 라이선스, 설정 파일 등 코드 자체와는 관련 없는 파일들을 저장하는 데 사용됩니다. 이처럼 카고는 각각의 파일을 알맞은 위치에 배치하여 여러분이 프로젝트를 조직화하는 걸 돕습니다.

'Hello, world!' 프로젝트에서처럼 프로젝트 생성 시 카고를 사용하지 않았어도, **Cargo.toml** 파일을 알맞게 작성하고 프로젝트 코드를 **src** 디렉터리로 옮기면, 카고를 사용하는 프로젝트로 변경이 가능합니다.

1.3.2 카고로 프로젝트를 빌드하고 실행하기

이제 카고로 생성한 'Hello, world!' 프로그램은 빌드하고 실행했을 때 어떤 점이 다른지 확인해봅시다! **hello_cargo** 디렉터리에서 다음 명령어를 이용해 프로젝트를 빌드해주세요.

```
$ cargo build
   Compiling hello_cargo v0.1.0 (file:///projects/hello_cargo)
    Finished dev [unoptimized + debuginfo] target(s) in 2.85 secs
```

이 명령어는 현재 디렉터리가 아닌 **target/debug/hello_cargo**(윈도우에서는 **target\debug\hello_cargo.exe**)로 실행 파일을 생성합니다. 기본 빌드가 디버그 빌드기 때문에, 카고는 **debug**라는 디렉터리에 바이너리를 생성합니다. 실행 파일은 다음 명령어로 실행할 수 있습니다.

```
$ ./target/debug/hello_cargo # 윈도우에서는 .\target\debug\hello_cargo.exe
Hello, world!
```

터미널에 Hello, world!가 출력되면 제대로 진행된 겁니다. 처음 cargo build 명령어를 실행하면 최상위 디렉터리에 **Cargo.lock** 파일이 생성될 텐데, 이 파일은 프로젝트에서 사용하는 디펜던시의 정확한 버전을 자동으로 기록해두는 파일이니 여러분이 직접 수정할 필요는 없습니다. 물론 이번 프로젝트는 디펜던시를 갖지 않으므로 현재는 파일에 특별한 내용이 없습니다.

방금은 cargo build로 빌드한 후 ./target/debug/hello_cargo 명령어로 실행했지만, 컴파일과 실행을 한 번에 진행하는 cargo run 명령어도 있습니다.

```
$ cargo run
    Finished dev [unoptimized + debuginfo] target(s) in 0.0 secs
     Running `target/debug/hello_cargo`
Hello, world!
```

cargo run을 사용하면 cargo build 실행 후 바이너리 경로를 입력해서 실행하는 것보다 편리하므로, 대부분의 개발자들이 cargo run을 이용합니다.

출력 내용에 hello_cargo를 컴파일 중이라는 내용이 없는 걸 눈치챘나요? 이는 카고가 파일 변경 사항이 없음을 알아채고 기존 바이너리를 그대로 실행했기 때문입니다. 소스 코드를 수정한 뒤 명령어를 다시 실행해보면 다음과 같이 프로젝트를 다시 빌드한 후에 바이너리를 실행함을 알 수 있습니다.

```
$ cargo run
   Compiling hello_cargo v0.1.0 (file:///projects/hello_cargo)
    Finished dev [unoptimized + debuginfo] target(s) in 0.33 secs
```

```
     Running `target/debug/hello_cargo`
Hello, world!
```

카고에는 **cargo check**라는 명령어도 있는데, 이는 실행 파일은 생성하지 않고 작성한 소스가 문제 없이 컴파일되는지만 빠르게 확인하는 명령어입니다.

```
$ cargo check
   Checking hello_cargo v0.1.0 (file:///projects/hello_cargo)
    Finished dev [unoptimized + debuginfo] target(s) in 0.32 secs
```

실행 파일도 생성하지 않는 명령어가 왜 필요할까요? **cargo check**는 실행 파일을 생성하는 단계를 건너뛰기 때문에 **cargo build**보다 훨씬 빠릅니다. 코드를 작성하는 동안 여러분의 프로젝트가 컴파일되는지 지속적으로 검사하려면, **cargo check**가 코드가 계속 컴파일되는지 확인하는 과정을 빠르게 해줄 것입니다! 러스타시안은 대부분 주기적으로 이 명령어를 실행해 코드에서 컴파일 문제가 발생하지 않는지 확인하고, 실행 파일이 필요할 경우에만 **cargo build**를 사용합니다.

지금까지 카고에 대해 배운 내용을 복습해봅시다.

- **cargo new**로 새 프로젝트를 생성할 수 있습니다.
- **cargo build** 명령으로 프로젝트를 빌드할 수 있습니다.
- **cargo run** 명령어는 한 번에 프로젝트를 빌드하고 실행할 수 있습니다.
- **cargo check** 명령으로 바이너리를 생성하지 않고 프로젝트의 에러를 체크할 수 있습니다.
- 빌드로 만들어진 파일은 작성한 소스 코드와 뒤섞이지 않도록 **target/debug** 디렉터리에 저장됩니다.

운영체제에 상관없이 같은 명령어를 사용한다는 것도 카고 사용으로 얻는 추가적인 장점입니다. 따라서 이 시점부터는 운영체제별로 명령어를 따로 살펴보지 않겠습니다.

1.3.3 릴리스 빌드 생성하기

프로젝트를 완성해서 배포(릴리스)할 준비가 끝났다면 **cargo build --release** 명령어를 사용해 릴리스 빌드를 생성할 수 있습니다. 일반 빌드와 차이점은 **target/debug**가 아닌 **target/release**에 실행 파일이 생성된다는 점, 그리고 컴파일 시 최적화를 진행하여 컴파일이 오래 걸리는 대신 러스트 코드가 더 빠르게 작동하는 점입니다. 릴리스 빌드가 더 빠르게 작동한다면, 왜 일반 빌드 시에는 최적화를 진행하지 않을까요? 이에 대한 해답은 빌드가 두 종류로 나뉘게 된 이유이기도 한데, 개발 중에는 빌드가 잦으며 작업의 흐름을 끊지 않기 위해 빌드 속도 또한 빠를수록 좋지만, 배포용 프로그램은 잦은 빌드가 필요 없으며 빌드 속도보단 프로그램의 작동 속도가 더 중요하기 때문입니다. 이와 같은 이유로, 작성한 코드 작동 속도를 벤치마킹할 시에는 릴리스 빌드를 기준으로 해야 한다는 것도 알아두기 바랍니다.

1.3.4 관례로서의 카고

카고는 단순한 프로젝트에서는 그냥 rustc만 사용할 때와 비교하여 큰 값어치를 못 하지만, 프로그램이 더욱 복잡해지면 그 가치를 증명할 것입니다. 여러 개의 파일 혹은 디펜던시를 필요로 하는 복잡한 프로젝트에서는 카고가 빌드를 조정하게 하는 것이 훨씬 쉽습니다.

hello_cargo 프로젝트는 단순하지만, 이미 여러분은 앞으로 러스트를 사용하며 쓰게 될 카고 명령어 중 대부분을 써본 것과 다름없습니다. 실제로 기존에 있던 러스트 프로젝트를 Git으로 가져와서, 해당 디렉터리로 이동하고, 빌드하는 과정은 다음과 같은 명령을 이용하면 됩니다.

```
$ git clone someurl.com/someproject
$ cd someproject
$ cargo build
```

더 자세한 내용은 카고 문서(https://doc.rust-lang.org/cargo/)를 확인하세요.

정리

여러분은 이미 러스트 여정의 위대한 시작을 한 발 내디뎠습니다! 이번 장에서 배운 내용은 다음과 같습니다.

- rustup으로 최신 stable 버전 러스트를 설치하기
- 러스트를 새 버전으로 업데이트하기
- 로컬 설치된 문서 열어보기
- 직접 rustc를 사용해 'Hello, world!' 프로그램을 작성하고 실행해보기
- 일반적인 카고의 사용법으로 프로젝트를 생성하고 실행하기

지금이 바로 좀 더 실질적인 프로그램을 만들어 코드를 읽고 쓰는 데 익숙해지기 좋은 타이밍입니다. 그리하여 2장은 추리 게임 프로그램을 만들어보겠습니다. 러스트에서 사용되는 보편적인 프로그래밍 개념부터 살펴볼 분들은 3장부터 읽고 2장을 읽는 것도 나쁘지 않습니다.

2

추리 게임

실습 프로젝트를 통해 러스트를 사용해봅시다. 이번 장은 실제 프로젝트에서 몇몇 일반적인 러스트의 개념이 어떻게 활용되는지를 소개하려 합니다. 이 과정에서 let, match, 메서드, 연관 함수, 외부 크레이트 등의 활용 방법을 배울 수 있습니다. 이런 개념들은 다음 장들에서 더 자세히 다뤄질 것입니다. 이번 장에서는 여러분이 직접 기초적인 내용을 실습합니다.

여기서는 고전적인 입문자용 프로그래밍 문제인 추리 게임(숫자 맞히기)을 구현해보려 합니다. 먼저 프로그램은 1~100 사이에 있는 임의의 정수를 생성합니다. 다음으로 플레이어가 프로그램에 추리한 정수를 입력합니다. 프로그램은 입력받은 추릿값이 정답보다 높거나 낮음을 알려줍니다. 추릿값이 정답이라면 축하 메시지를 보여주고 종료됩니다.

2.1 새로운 프로젝트 준비하기

새로운 프로젝트를 준비하기 위해 1장에서 생성했던 디렉터리인 **projects**로 이동하고 아래와 같이 카고를 이용하여 새로운 프로젝트를 생성합니다.

```
$ cargo new guessing_game
$ cd guessing_game
```

첫 명령문인 cargo new는 프로젝트의 이름(guessing_game)을 첫 번째 인수로 받습니다. 두 번째 명령문은 작업 디렉터리를 새로운 프로젝트의 디렉터리로 변경합니다.

생성된 **Cargo.toml** 파일을 살펴봅시다.

File Cargo.toml

```
[package]
name = "guessing_game"
version = "0.1.0"
edition = "2021"

# See more keys and their definitions at https://doc.rust-lang.org/cargo/reference/manifest.html

[dependencies]
```

1장에서 보았듯이 cargo new는 여러분을 위해 'Hello, world!' 프로그램을 생성합니다. **src/main.rs** 파일을 살펴보면 다음과 같습니다.

File src/main.rs

```
fn main() {
    println!("Hello, world!");
}
```

이제 **cargo run** 명령문을 이용하여 이 'Hello, world!' 프로그램을 컴파일하고 실행해봅시다.

```
$ cargo run
   Compiling guessing_game v0.1.0 (file:///projects/guessing_game)
    Finished dev [unoptimized + debuginfo] target(s) in 1.50s
     Running `target/debug/guessing_game`
Hello, world!
```

run 명령어는 이번 게임에서처럼 프로젝트를 빠르게 반복해서 실행해야 할 때 유용하며, 다음 반복회차로 넘어가기 전에 빠르게 각 회차를 테스트할 수 있습니다.

src/main.rs를 다시 열어두세요. 이 파일에 모든 코드를 작성할 것입니다.

2.2 추릿값 처리하기

프로그램의 첫 부분에서는 사용자 입력 요청, 입력값의 처리 후 입력값이 기대하던 형식인지 검증합니다. 첫 시작으로 플레이어가 추리한 값을 입력받을 수 있게 할 것입니다. 예제 2-1의 코드를 **src/main.rs**에 작성하세요.

예제 2-1 **사용자가 추리한 값을 입력받아 그대로 출력하는 코드** (File) src/main.rs

```rust
use std::io;

fn main() {
    println!("Guess the number!");

    println!("Please input your guess.");

    let mut guess = String::new();

    io::stdin()
        .read_line(&mut guess)
        .expect("Failed to read line");

    println!("You guessed: {guess}");
}
```

이 코드에 담긴 다양한 정보를 한 줄씩 살펴보겠습니다. 사용자 입력을 받고 결괏값을 표시하기 위해서는 **io** 입출력 라이브러리를 스코프(scope)로 가져와야 합니다.[1] **io** 라이브러리는 **std**라고 불리는 표준 라이브러리에 있습니다.

```rust
use std::io;
```

기본적으로 러스트는 모든 프로그램의 스코프로 가져오는 표준 라이브러리에 정의된 아이템 집합

---

1 옮긴이 프로그램의 **main.rs** 코드 내에서 사용할 수 있도록 한다는 뜻입니다. 4.1.2절에서 스코프에 대해 더 설명합니다.

을 가지고 있습니다. 이 집합을 **프렐루드(prelude)**라고 부르며, 이와 관련한 것은 표준 라이브러리 문서(https://doc.rust-lang.org/std/prelude/index.html)[2]에서 찾아볼 수 있습니다.

만약 여러분이 원하는 타입이 프렐루드에 없다면 use 문을 활용하여 명시적으로 그 타입을 가져 와야 합니다. std::io는 사용자의 입력을 받는 것을 포함하여 io와 관련된 기능들을 제공합니다.

1장에서 보았듯이 main 함수는 프로그램의 진입점입니다.

```
fn main() {
```

fn 문법은 새로운 함수를 선언하며, 괄호 ()는 매개변수가 없음을 나타내고 중괄호 {는 함수 본문 의 시작을 나타냅니다.

1장에서 배웠듯이 println!은 문자열을 화면에 출력하는 매크로입니다.

```
    println!("Guess the number!");

    println!("Please input your guess.");
```

이 코드는 게임에 대해 설명하여 사용자의 입력을 요청하는 프롬프트를 출력하고 있습니다.

2.2.1 변수에 값 저장하기

다음으로, 아래와 같이 사용자의 입력값을 저장할 **변수(variable)**를 생성합니다.

```
    let mut guess = String::new();
```

이제 프로그램이 점점 흥미로워지고 있습니다! 이 짧은 라인에서 여러 일들이 벌어집니다. 변수를 만드는 데에는 let 구문을 사용합니다. 다음 코드도 변수를 선언하는 예시입니다.

```
let apples = 5;
```

---

2   [옮긴이] 책에서 언급하는 모든 러스트 공식 자료는 영문입니다.

이 라인은 apples라는 변수를 만들고 5라는 값을 바인딩합니다(bind). 러스트에서 변수는 기본적으로 불변(immutable)인데, 이는 변수에 어떤 값을 집어넣으면 그 값이 안 바뀔 것이란 뜻입니다. 이 개념에 대한 자세한 내용은 3장의 '변수와 가변성'(42쪽)에서 논의할 예정입니다. 변수의 값을 가변(mutable), 즉 변경 가능하도록 하려면 변수명 앞에 mut를 추가합니다.

```
let apples = 5; // immutable
let mut bananas= 5; // mutable
```

NOTE // 문법은 현재 위치부터 라인의 끝까지 주석임을 나타냅니다. 러스트는 주석의 모든 내용을 무시합니다. 더 자세한 내용은 3장에서 설명할 예정입니다.

추리 게임 프로그램으로 다시 돌아와보면, 이제는 let mut guess가 guess라는 이름의 가변 변수임을 알 수 있습니다. 등호(=)는 지금 해당 변수에 어떤 값을 바인딩하고자 함을 뜻합니다. 등호의 오른쪽에는 guess에 바인딩한 값이 있는데, 이번 예시에서는 함수 String::new의 결괏값인 새로운 String 인스턴스가 바인딩될 대상이 됩니다. String(https://doc.rust-lang.org/std/string/struct.String.html)은 표준 라이브러리에서 제공하는 확장 가능한(growable) UTF-8 인코딩의 문자열 타입입니다.

::new에 있는 ::는 new가 String 타입의 **연관 함수**(associated function)임을 나타냅니다. 연관 함수란 어떤 타입에 구현된 함수고, 위의 경우에는 String 타입에 만들어진 함수입니다. 이 new 함수는 비어 있는 새 문자열을 생성합니다. new는 어떤 새로운 값을 만드는 함수 이름으로 흔히 사용되는 이름이기 때문에, 여러 타입에서 new 함수를 찾아볼 수 있을 겁니다.

요약하자면 let mut guess = String::new(); 라인은 새로운 빈 String 인스턴스를 바인딩한 가변 변수를 생성합니다.

2.2.2 사용자 입력 받기

프로그램 첫 번째 라인에 use std::io;를 이용하여 표준 라이브러리의 입출력 기능을 가져온 것을 상기해보세요. 이제 io 모듈의 연관 함수인 stdin을 호출하는데, 이것으로 사용자의 입력을 처리할 수 있게 됩니다.

```
io::stdin()
```

```
    .read_line(&mut guess)
```

프로그램 시작 지점에서 use std::io를 통해 io 라이브러리를 가져오지 않았더라도, 함수 호출 시 std::io::stdin처럼 작성하는 것으로 이 함수를 이용할 수 있습니다. stdin 함수는 터미널의 표준 입력의 핸들(handle)을 나타내는 타입인 std::io::Stdin(https://doc.rust-lang.org/std/io/struct.Stdin. html)의 인스턴스를 돌려줍니다.

코드의 다음 부분인 .read_line(&mut guess)는 사용자로부터 입력받기 위해 표준 입력 핸들에 서 read_line(https://doc.rust-lang.org/std/io/struct.Stdin.html#method.read_line) 메서드를 호출합니다. 여기에 &mut guess를 read_line의 인수로 전달하여 사용자 입력이 어떤 문자열에 저장될 것인지 알려줍 니다. read_line의 전체 기능은 사용자가 표준 입력 장치에 입력할 때마다 입력된 문자들을 받아 서 문자열에 추가하는 것이므로 문자열을 인수로 넘겨준 것입니다. 메서드가 문자열의 내용물을 바꿀 수 있기 때문에 이 문자열 인수는 가변이어야 합니다.

&(앰퍼샌드)는 코드의 여러 부분에서 데이터를 여러 번 메모리로 복사하지 않고 접근하기 위한 방 법을 제공하는 **참조자**(reference)임을 나타냅니다. 참조는 복잡한 기능이고, 러스트의 큰 이점 중 하나가 바로 참조자를 사용할 때의 안전성과 편의성입니다. 이 프로그램을 작성하기 위해 참조에 대한 자세한 내용을 알 필요는 없습니다. 지금 당장은 참조자가 변수처럼 기본적으로 불변임을 알 기만 하면 됩니다. 따라서 &guess가 아니라 &mut guess로 작성하여 가변으로 만들 필요가 있습니 다(4장에서 참조자에 대해 전체적으로 설명할 것입니다).

2.2.3 Result 타입으로 잠재적 실패 다루기

아직 이 라인에 대해 다 설명하지 않았습니다. 그 코드의 세 번째 라인에 대해서 살펴볼 텐데, 논 리적으로는 한 줄짜리 코드의 일부임을 참고하세요. 바로 다음과 같은 메서드였습니다.

```
    .expect("Failed to read line");
```

위 코드를 아래처럼 쓸 수도 있습니다.

```
io::stdin().read_line(&mut guess).expect("Failed to read line");
```

하지만 하나의 긴 라인은 가독성이 떨어지므로 라인을 나누는 것이 좋습니다. `.method_name()` 문법으로 어떤 메서드를 호출할 때는 개행과 다른 공백 문자로 긴 라인을 쪼개는 것이 보통 현명한 선택입니다. 이제 이 라인이 무슨 일을 하는지 살펴봅시다.

이전에 언급한 것처럼 `read_line`은 우리가 인수로 넘긴 문자열에 사용자가 입력한 것을 저장할 뿐만 아니라 하나의 `Result`값을 돌려줍니다. `Result`(https://doc.rust-lang.org/std/result/enum.Result.html)는 `enum`이라고도 일컫는 **열거형**(enumeration)(133쪽)인데, 여러 개의 가능한 상태 중 하나의 값이 될 수 있는 타입입니다. 이러한 가능한 상탯값을 **배리언트**(variant)라고 부릅니다.

6장(133쪽)에서 열거형에 대해 더 자세히 다루겠습니다. 이 `Result` 타입의 목적은 에러 처리용 정보를 담아내기 위한 것입니다.

`Result`의 배리언트는 `Ok`와 `Err`입니다. `Ok`는 처리가 성공했음을 나타내며 내부에 성공적으로 생성된 결과를 가지고 있습니다. `Err`는 처리가 실패했음을 나타내고 그 이유에 대한 정보를 가지고 있습니다.

다른 타입들처럼 `Result` 타입의 값에도 메서드가 있습니다. `Result` 인스턴스에는 `expect` 메서드 (https://doc.rust-lang.org/std/result/enum.Result.html#method.expect)가 있습니다. 만약 `Result` 인스턴스가 `Err`일 경우 `expect` 메서드는 프로그램의 작동을 멈추고 `expect`에 인수로 넘겼던 메시지를 출력하도록 합니다. 만약 `read_line` 메서드가 `Err`를 돌려줬다면 그 에러는 운영체제로부터 발생한 에러일 경우가 많습니다. 만약 `Result`가 `Ok`값이라면 `expect`는 `Ok`가 가지고 있는 결괏값을 돌려주어 사용할 수 있도록 합니다. 위의 경우 결괏값은 사용자가 표준 입력으로 입력했던 바이트의 개수입니다.

만약 `expect`를 호출하지 않는다면 컴파일은 되지만 경고가 나타납니다.

```
$ cargo build
   Compiling guessing_game v0.1.0 (file:///projects/guessing_game)
warning: unused `Result` that must be used
  --> src/main.rs:10:5
   |
10 |     io::stdin().read_line(&mut guess);
   |     ^^^^^^^^^^^^^^^^^^^^^^^^^^^^^^^^^^
   |
   = note: this `Result` may be an `Err` variant, which should be handled
   = note: `#[warn(unused_must_use)]` on by default
```

```
warning: `guessing_game` (bin "guessing_game") generated 1 warning
    Finished dev [unoptimized + debuginfo] target(s) in 0.59s
```

러스트는 read_line가 돌려주는 Result값을 사용하지 않았음을 경고하며 일어날 수 있는 에러를 처리하지 않았음을 알려줍니다.

이 경고를 없애는 옳은 방법은 에러 처리용 코드를 작성하는 것이지만, 지금의 경우에는 문제가 발생했을 때 프로그램이 종료되는 것을 원하므로 expect를 사용할 수 있습니다. 9장(207쪽)에서 에러를 복구하는 방법에 대해 배우게 될 겁니다.

2.2.4 println! 자리표시자를 이용한 값 출력하기

지금까지 작성한 코드에서 닫는 중괄호 말고도 살펴봐야 하는 코드가 하나 더 있습니다. 내용은 아래와 같습니다.

```
println!("You guessed: {guess}");
```

이 라인은 사용자가 입력한 값을 담고 있는 문자열을 출력합니다. {}는 자리표시자(placeholder) 입니다. {}를 어떤 위치에 값을 자리하도록 하는 작은 집게발이라고 생각하면 됩니다. 어떤 변수의 값을 출력할 때라면 해당 변수 이름이 이 중괄호 안에 넣을 수 있습니다. 어떤 표현식의 결괏값을 출력할 때는 빈 중괄호를 형식 문자열에 위치시키고, 그 뒤에 쉼표로 구분된 표현식들을 나열하여 각 중괄호에 순차적으로 출력하도록 할 수 있습니다. 어떤 변수와 표현식 결괏값을 한 번의 println! 호출로 출력한다면 아래와 같은 형태가 됩니다.

```
let x = 5;
let y = 10;

println!("x = {x} and y + 2 = {}", y + 2);
```

이 코드는 x = 5 and y + 2 = 12를 출력합니다.

추리 게임의 처음 부분을 테스트해봅시다. `cargo run`을 통해 실행할 수 있습니다.

```
$ cargo run
   Compiling guessing_game v0.1.0 (file:///projects/guessing_game)
    Finished dev [unoptimized + debuginfo] target(s) in 6.44s
     Running `target/debug/guessing_game`
Guess the number!
Please input your guess.
6
You guessed: 6
```

지금까지 게임의 첫 번째 부분을 작성해, 키보드로부터 입력받은 다음 그 값을 출력했습니다.

2.3 비밀번호 생성하기

다음으로 사용자가 추리하기 위한 비밀번호를 생성해야 합니다. 게임을 다시 하더라도 재미있도록 비밀번호는 매번 달라야 합니다. 게임이 너무 어렵지 않도록 1에서 100 사이의 임의의 수(난수)를 사용하겠습니다. 러스트는 아직 표준 라이브러리에 임의의 수를 생성하는 기능을 포함시키지 않았습니다. 하지만 러스트 팀에서는 해당 기능을 가지고 있는 rand 크레이트(https://crates.io/crates/rand)를 제공합니다.

2.3.1 크레이트를 사용하여 더 많은 기능 가져오기

크레이트는 러스트 코드 파일들의 모음이라는 점을 기억하세요. 우리가 만들고 있는 프로젝트는 실행이 가능한 **바이너리 크레이트**(binary crate)입니다. rand 크레이트는 자체적으로 실행될 수는 없고 다른 프로그램에서 사용되기 위한 용도인 **라이브러리 크레이트**(library crate)입니다.

카고의 외부 크레이트 조정 기능은 정말 멋진 부분입니다. rand를 사용하는 코드를 작성하기 전에 **Cargo.toml**을 수정하여 rand 크레이트를 디펜던시로 추가해야 합니다. 이 파일을 열고, 카고가 여러분을 위해 만들어둔 [dependencies] 섹션 헤더의 바로 아래에 다음의 내용을 추가하세요. 여기 적혀 있는 대로 rand를 버전 숫자와 함께 정확하게 기입하지 않으면 이 튜토리얼의 예제 코드는 작동하지 않을 수도 있습니다.

File Cargo.toml

```
[dependencies]
rand = "0.8.5"
```

Cargo.toml 파일에서 어떤 섹션 헤더 이후의 모든 내용은 그 섹션에 포함되며 이는 다음 섹션이 나타날 때까지 계속됩니다. [dependencies]에서는 여러분의 프로젝트가 의존하고 있는 외부 크레이트와 각각의 요구 버전을 카고에게 알려주게 됩니다. 지금의 경우에는 rand 크레이트의 유의적 버전인 0.8.5을 지정했습니다. 카고는 버전 명시의 표준인 (종종 **SemVer**라고 불리는) **유의적 버전** (Semantic Versioning, http://semver.org/)을 이해합니다. 지정자 0.8.5는 실제로는 ^0.8.5의 축약형인데, 이는 최소 0.8.5 이상이지만 0.9.0 아래의 모든 버전을 의미합니다.

카고는 이 버전들이 0.8.5와 호환되는 공개 API를 갖추고 있다고 간주하며, 이러한 버전 지정은 이 장의 코드와 함께 컴파일이 되도록 하는 최신 패치판을 받게 될 것임을 보장합니다. 0.9.0 버전 혹은 그 이상의 버전은 이후의 예제에서 사용할 때 동일한 API가 있음을 보장하지 못합니다.

이제 예제 2-2처럼 코드 수정 없이 프로젝트를 빌드해봅시다.

예제 2-2 rand 크레이트를 디펜던시로 추가한 후 cargo build를 실행한 출력 결과

```
$ cargo build
    Updating crates.io index
  Downloaded rand v0.8.5
  Downloaded libc v0.2.127
  Downloaded getrandom v0.2.7
  Downloaded cfg-if v1.0.0
  Downloaded ppv-lite86 v0.2.16
  Downloaded rand_chacha v0.3.1
  Downloaded rand_core v0.6.3
   Compiling libc v0.2.127
   Compiling getrandom v0.2.7
   Compiling cfg-if v1.0.0
   Compiling ppv-lite86 v0.2.16
   Compiling rand_core v0.6.3
   Compiling rand_chacha v0.3.1
   Compiling rand v0.8.5
   Compiling guessing_game v0.1.0 (file:///projects/guessing_game)
    Finished dev [unoptimized + debuginfo] target(s) in 2.53s
```

여러분에게는 다른 버전명이 보이거나(하지만 SemVer 덕분에 현재 코드와 호환될 것입니다) 다른 라인들이 보이거나(운영체제에 따라서 달라질 수 있습니다) 라인의 순서가 다르게 보일 수 있습니다.

외부 디펜던시를 포함시키게 되면, 카고는 crates.io(https://crates.io/) 데이터의 복사본인 **레지스트리** (registry)에서 해당 디펜던시가 필요로 하는 모든 것들의 최신 버전을 가져옵니다. crates.io는 러스트 생태계의 개발자들이 다른 사람들도 이용할 수 있도록 러스트 오픈소스를 공개하는 곳입니다.

레지스트리를 업데이트한 후 카고는 [dependencies] 섹션을 확인하고 아직 다운로드하지 않은 크레이트들을 다운로드합니다. 지금의 경우에는 rand에만 의존한다고 명시했지만 카고는 rand가 작동하기 위해 의존하고 있는 다른 크레이트들도 가져옵니다. 이것들을 다운로드한 후 러스트는 이들을 컴파일한 다음, 사용 가능한 디펜던시와 함께 프로젝트를 컴파일합니다.

만약 아무것도 변경하지 않고 cargo build를 실행한다면 Finished 줄 외엔 어떠한 출력도 나오지 않을 것입니다. 카고는 이미 디펜던시를 다운로드하여 컴파일했음을 알고 있고, 여러분의 **Cargo.toml**이 변경되지 않은 것을 알고 있습니다. 카고는 코드가 변경되지 않은 것도 알고 있으므로 이 또한 다시 컴파일하지 않습니다. 아무것도 할 일이 없기에 그냥 종료될 뿐입니다.

만약 여러분이 **src/main.rs** 파일을 열어 사소한 변경을 하고 저장한 후 다시 빌드를 한다면 두 줄의 출력을 볼 수 있습니다.

```
$ cargo build
   Compiling guessing_game v0.1.0 (file:///projects/guessing_game)
    Finished dev [unoptimized + debuginfo] target(s) in 2.53 secs
```

이 라인은 카고가 **src/main.rs**의 사소한 변경을 반영하여 빌드를 업데이트했음을 보여줍니다. 디펜던시는 변경되지 않았으므로 카고는 이미 다운로드하고 컴파일된 것들을 재사용할 수 있음을 알고 있습니다.

Cargo.lock으로 재현 가능한 빌드 보장하기

카고는 여러분뿐만이 아니라 다른 누구라도 여러분의 코드를 빌드할 경우 같은 산출물이 나오도록 보장하는 방법을 가지고 있습니다. 카고는 여러분이 다른 디펜던시를 추가하기 전까지는 여러분이 명시한 디펜던시를 사용합니다. 예를 들어 rand 크레이트의 다음 버전인 0.8.6에서 중요한 버그가 고쳐졌지만, 여러분의 코드를 망치는 변경점(regression)이 있다고 칩시다. 이러한 문제를 해결하기 위해서 러스트는 여러분이 cargo build를 처음 실행할 때 **guessing_game** 디렉터리에 **Cargo.lock** 파일을 생성해둡니다.

여러분이 처음 프로젝트를 빌드할 때 카고는 기준을 만족하는 모든 디펜던시의 버전을 확인하고 **Cargo.lock**에 이를 기록합니다. 나중에 프로젝트를 빌드하게 되면 카고는 모든 버전을 다시 확인하지 않고 **Cargo.lock** 파일이 존재하는지 확인하여 그 안에 명시된 버전들을 사용합니다. 이는 자동적으로 재현 가능한 빌드를 가능하게 해줍니다. 즉 **Cargo.lock** 덕분에 여러분의 프로젝트는 여러분이 명시적으로 업그레이드하지 않는 이상 0.8.5를 이용합니다. **Cargo.lock** 파일은 재현 가능한 빌드를 위해 중요하기 때문에, 흔히 프로젝트의 코드와 함께 소스 제어 도구에서 확인됩니다.

크레이트를 새로운 버전으로 업데이트하기

만약 여러분이 **정말** 크레이트를 업데이트하고 싶은 경우를 위해 카고는 update 명령어를 제공합니다. 이 명령은 **Cargo.lock** 파일을 무시하고 **Cargo.toml**에 여러분이 명시한 요구 사항에 맞는 최신 버전을 확인합니다. 확인되었다면 카고는 해당 버전을 **Cargo.lock**에 기록합니다. 하지만 카고는 기본적으로 0.8.5보다 크고 0.9.0보다 작은 버전을 찾을 것입니다. 만약 rand 크레이트가 새로운 버전 0.8.6과 0.9.0 두 가지를 배포했다면 여러분이 cargo update를 실행했을 때 다음의 메시지를 볼 것입니다.

```
$ cargo update
    Updating crates.io index
    Updating rand v0.8.5 -> v0.8.6
```

카고는 0.9.0 버전을 무시합니다. 이 시점에서 여러분은 **Cargo.lock** 파일에서 변경이 일어난 것과 앞으로 사용될 rand 크레이트의 버전이 0.8.6임을 확인할 수 있습니다. 0.9.0이나 0.9.x에 해당하는 버전을 사용하고 싶다면 **Cargo.toml**을 다음과 같이 업데이트해야 합니다.

```
[dependencies]
rand = "0.9.0"
```

다음번에 여러분이 cargo build를 실행하면 카고는 사용 가능한 크레이트들의 레지스트리를 업데이트할 것이고 여러분의 rand 요구 사항을 새롭게 명시한 버전에 따라 다시 평가할 것입니다.

카고(http://doc.crates.io/)와 그 생태계(http://doc.crates.io/crates-io.html)에 대한 더 많은 것들은 14장에서 다룰 예정이고, 지금 당장은 이 정도만 알면 됩니다. 카고는 라이브러리의 재사용을 쉽게 하여 러스트 사용자들이 많은 패키지들과 결합된 더 작은 프로젝트들을 작성할 수 있도록 도와줍니다.

2.3.2 임의의 숫자 생성하기

rand를 사용하여 추리할 임의의 숫자를 생성해봅시다. 다음 단계는 **src/main.rs**를 예제 2-3처럼 업데이트하면 됩니다.

예제 2-3 **임의의 숫자를 생성하기 위한 코드 추가하기**　　　　　　　　　　　　　　　File) src/main.rs

```
  use std::io;
❶ use rand::Rng;

  fn main() {
      println!("Guess the number!");

  ❷  let secret_number = rand::thread_rng().gen_range(1..=100);

  ❸  println!("The secret number is: {secret_number}");

      println!("Please input your guess.");

      let mut guess = String::new();

      io::stdin()
          .read_line(&mut guess)
          .expect("Failed to read line");

      println!("You guessed: {guess}");
  }
```

먼저 use rand::Rng; 라인을 추가합니다(❶). Rng는 난수 생성기를 구현한 메서드들을 정의한 트레이트이며 해당 메서드들을 이용하기 위해서는 반드시 스코프 내에 있어야 합니다. 10장에서 트레이트에 대해 더 자세히 다룰 것입니다.

다음에는 중간에 두 개의 라인을 추가합니다. 첫 번째 라인에서(❷)는 우리가 사용할 특정 난수 생성기를 제공하는 rand::thread_rng 함수를 호출합니다. OS가 시드(seed)를 정하고 현재 스레드에서만 사용되는 난수 생성기입니다. 다음으로는 gen_range 메서드를 호출합니다. 이 메서드는 use rand::Rng; 구문을 통해 스코프로 가져온 Rng 트레이트(trait)에 정의되어 있습니다. gen_range 메서드는 범위 표현식을 인수로 받아서 해당 범위 내 임의의 숫자를 생성합니다. 여기서 사용하고자 하는 범위 표현식은 start..=end이고 이는 상한선과 하한선을 포함하므로, 1부터 100 사이의 숫자를 생성하려면 1..=100라고 지정해야 합니다.

어떤 크레이트에서 어떤 트레이트를 사용할지, 그리고 어떤 메서드와 함수를 호출해야 할지 모를 수도 있으므로, 각 크레이트는 사용법을 담고 있는 문서를 갖추고 있습니다. 카고의 또 다른 멋진 기능에는 cargo doc --open 명령어를 사용하여 의존하는 크레이트의 문서를 로컬에서 모두 빌드한 다음, 브라우저에서 열어주는 기능이 있습니다. 예를 들어 rand 크레이트의 다른 기능이 궁금하다면, cargo doc --open을 실행하고 왼쪽 사이드바에서 rand를 클릭해보세요.

코드에 추가한 두 번째 라인(❸)은 비밀번호를 표시합니다. 이 라인은 프로그램을 개발 중 테스트할 때는 유용하지만 최종 버전에서는 삭제할 것입니다. 프로그램이 시작하자마자 답을 출력한다면 게임으로서는 부족하니까요!

이제 프로그램을 몇 번 실행해봅시다.

```
$ cargo run
   Compiling guessing_game v0.1.0 (file:///projects/guessing_game)
    Finished dev [unoptimized + debuginfo] target(s) in 2.53s
     Running `target/debug/guessing_game`
Guess the number!
The secret number is: 7
Please input your guess.
4
You guessed: 4

$ cargo run
    Finished dev [unoptimized + debuginfo] target(s) in 0.02s
     Running `target/debug/guessing_game`
Guess the number!
The secret number is: 83
Please input your guess.
5
You guessed: 5
```

실행할 때마다 1부터 100 사이의 다른 숫자가 나타나야 합니다. 잘했습니다!

2.4 비밀번호와 추릿값 비교하기

이제는 입력값과 임의의 정수를 가지고 있으므로 이 둘을 비교할 수 있습니다. 예제 2-4는 그 단계를 보여주고 있습니다. 이 코드는 아직 컴파일되지 않는데, 그 이유는 곧 설명하겠습니다.

예제 2-4 **두 숫자의 비교에 대한 가능한 반환값 처리하기** (File) src/main.rs

```
  use rand::Rng;
❶ use std::cmp::Ordering;
  use std::io;

  fn main() {
      // --생략--

      println!("You guessed: {guess}");

  ❷match guess.❸cmp(&secret_number) {
          Ordering::Less => println!("Too small!"),
          Ordering::Greater => println!("Too big!"),
          Ordering::Equal => println!("You win!"),
      }
  }
```

먼저 use 구문(❶)을 하나 더 사용하여 표준 라이브러리로부터 std::cmp::Ordering이라는 타입을 가져옵니다. Ordering은 열거형이고 Less, Greater, Equal이라는 배리언트들을 가지고 있습니다. 이들은 여러분이 어떤 두 값을 비교할 때 나올 수 있는 세 가지 결과입니다.

그런 다음에는 Ordering 타입을 이용하는 다섯 줄을 끝부분에 추가했습니다. cmp 메서드(❸)는 두 값을 비교하며 비교 가능한 모든 것들에 대해 호출할 수 있습니다. 이 메서드는 비교하고 싶은 값들의 참조자를 받습니다. 여기서는 guess와 secret_number를 비교하고 있습니다. cmp는 Ordering 열거형을 돌려줍니다. match(142쪽) 표현식(❷)을 이용하여 cmp가 guess와 secret_number를 비교한 결과인 Ordering의 값에 따라 무엇을 할 것인지 결정합니다.

match 표현식은 **갈래(arm)**들로 이루어져 있습니다. 하나의 갈래는 하나의 **패턴(pattern)**과 match 표현식에서 주어진 값이 패턴과 맞는다면 실행할 코드로 이루어져 있습니다. 러스트는 match에 주어진 값을 갈래의 패턴에 맞는지 순서대로 확인합니다. match 생성자와 패턴들은 여러분의 코드가 마주칠 다양한 상황을 표현할 수 있도록 하고 모든 경우의 수를 처리했음을 확신할 수 있도록 도와주는 강력한 특성들입니다. 이 기능들은 6장과 18장에서 각각 더 자세히 다뤄집니다.

여기서 사용된 `match` 표현식에서 무슨 일이 일어나는지 예를 들어 살펴봅시다. 사용자가 50을 예측했고 임의로 생성된 비밀번호는 38이라 칩시다.

50과 38을 비교하면 `cmp` 메서드의 결과는 `Ordering::Greater`입니다. `match` 표현식은 `Ordering::Greater`값을 받아서 각 갈래의 패턴을 확인합니다. 처음으로 마주하는 갈래의 패턴인 `Ordering::Less`는 `Ordering::Greater`와 매칭되지 않으므로 첫 번째 갈래는 무시하고 다음으로 넘어갑니다. 다음 갈래의 패턴인 `Ordering::Greater`는 **확실히** `Ordering::Greater`와 매칭됩니다! 이 갈래와 연관된 코드가 실행될 것이고 Too big!이 출력될 것입니다. 첫 성공적인 매칭 이후 `match` 표현식은 끝나므로, 지금의 시나리오에서는 마지막 갈래를 확인하지 않습니다.

하지만 예제 2-4의 코드는 컴파일되지 않습니다. 한번 시도해봅시다.

```
$ cargo build
   Compiling guessing_game v0.1.0 (file:///projects/guessing_game)
error[E0308]: mismatched types
  --> src/main.rs:22:21
   |
22 |     match guess.cmp(&secret_number) {
   |                 --- ^^^^^^^^^^^^^^ expected struct `String`, found intege|
   |                     arguments to this function are incorrect
   |
   = note: expected reference `&String`
                found reference `&{integer}`
```

에러의 핵심은 **일치하지 않는 타입**(mismatched type)이 있음을 알려주는 것입니다. 러스트는 강한 정적 타입 시스템을 가지고 있습니다. 하지만 타입 추론(type inference)도 수행합니다. 만약 `let guess = String::new()`를 작성한다면 러스트는 `guess`가 `String` 타입이어야 함을 추론할 수 있으므로 타입을 작성하지 않아도 됩니다. 한편 `secret_number`는 정수형입니다. 러스트의 숫자 타입 몇 가지가 1과 100 사이의 값을 가질 수 있습니다. `i32`는 32비트 정수, `u32`는 32비트의 부호 없는 정수, `i64`는 64비트의 정수이며 그 외에도 비슷합니다. 다른 정수형임을 유추할 수 있는 타입 정보를 다른 곳에 추가하지 않는다면 러스트는 기본적으로 숫자들을 i32로 생각합니다. 이 에러의 원인은 러스트가 문자열과 정수형을 비교할 수 없다는 것입니다.

최종적으로는 프로그램이 입력으로 읽은 `String`을 실제 숫자 타입으로 바꿔서 비밀번호와 숫자로 비교할 수 있도록 하고 싶습니다. 이를 위해 `main` 함수의 본문에 아래와 같이 한 줄을 추가합니다.

```
// --생략--

let mut guess = String::new();

io::stdin()
    .read_line(&mut guess)
    .expect("Failed to read line");

let guess: u32 = guess.trim().parse().expect("Please type a number!");

println!("You guessed: {guess}");

match guess.cmp(&secret_number) {
    Ordering::Less => println!("Too small!"),
    Ordering::Greater => println!("Too big!"),
    Ordering::Equal => println!("You win!"),
}
```

추가된 라인은 다음과 같습니다.

```
let guess: u32 = guess.trim().parse().expect("Please type a number!");
```

guess라는 이름의 변수가 만들어졌습니다. 잠깐, 이미 프로그램에서 guess라는 이름의 변수가 생성되지 않았나요? 그렇긴 하지만 러스트는 이전에 있던 guess의 값을 새로운 값으로 가리는 (shadow) 것을 허용합니다. **섀도잉(shadowing)**은, 이를테면 guess_str과 guess와 같은 두 개의 고유한 변수를 만들도록 강제하기보다는 guess라는 변수 이름을 재사용하도록 해줍니다. 3장(41쪽)에서 더 자세한 이야기를 다루겠지만, 지금은 어떤 한 타입의 값을 다른 타입으로 바꾸고 싶을 때 자주 사용되는 기능이라고만 알아두세요.

이 새로운 변수에 guess.trim().parse() 표현식을 묶습니다. 표현식 내에서 guess는 입력값을 문자열로 가지고 있었던 원래 guess를 참조합니다. String 인스턴스의 trim 메서드는 처음과 끝부분의 공백 문자들을 제거하는데, 이는 숫자형 데이터만 저장할 수 있는 u32와 문자열을 비교할 수 있게 하기 위해 꼭 필요합니다. 사용자들은 추릿값을 입력한 뒤 read_line을 끝내기 위해 enter 키를 반드시 눌러야 하고, 이것이 개행문자를 문자열에 추가시킵니다. 예를 들어 사용자가 5를 누르고 enter를 누르면 guess는 5\n처럼 됩니다. \n은 '새로운 라인'을 나타냅니다(윈도우에서 enter는 캐리지 리턴과 개행 문자, 즉 \r\n을 발생시킵니다). trim 메서드는 \n 혹은 \r\n을 제거하고

5만 남도록 처리합니다.

문자열의 parse 메서드(https://doc.rust-lang.org/std/primitive.str.html#method.parse)는 문자열을 다른 타입으로 바꿔줍니다. 여기서는 문자열을 숫자로 바꾸는 데 사용합니다. let guess: u32를 사용하여 필요로 하는 정확한 숫자 타입을 러스트에 알려줄 필요가 있습니다. guess 뒤의 콜론(:)은 변수의 타입을 명시(type annotation)했음을 의미합니다. 러스트는 내장 숫자 타입을 몇 개 가지고 있습니다. u32은 부호가 없는 32비트의 정수입니다. 이 타입은 작은 양수를 표현하기 좋습니다. 3장(41쪽)에서 다른 숫자 타입에 대해 배울 것입니다.

추가로 이 예제 프로그램의 u32 명시와 secret_number와의 비교를 통해 러스트는 secret_number의 타입도 u32이어야 한다고 추론할 수 있습니다. 이제 이 비교는 같은 타입의 두 값 사이에서 이루어집니다!

parse 메서드의 호출은 에러가 발생하기 쉽습니다. 예를 들어 A👍%과 같은 문자열이 포함되어 있다면 정수로 바꿀 방법이 없습니다. parse 메서드는 실패할 수도 있으므로, 'Result 타입으로 잠재적 실패 다루기'(22쪽)에서 다루었던 read_line와 마찬가지로 Result 타입을 반환합니다. 이 Result는 expect 메서드를 사용하여 같은 방식으로 처리하겠습니다. 만약 parse 메서드가 문자열로부터 정수를 만들어낼 수 없어 Err Result 배리언트를 반환한다면, expect 호출은 게임을 멈추고 제공한 메시지를 출력합니다. 만약 parse 메서드가 성공적으로 문자열을 정수로 바꾸었다면 Result의 Ok 배리언트를 돌려받으므로 expect는 우리가 Ok에서 얻고 싶었던 값을 결과로 반환하게 됩니다.

이제 프로그램을 실행해봅시다.

```
$ cargo run
   Compiling guessing_game v0.1.0 (file:///projects/guessing_game)
    Finished dev [unoptimized + debuginfo] target(s) in 0.43s
     Running `target/debug/guessing_game`
Guess the number!
The secret number is: 58
Please input your guess.
  76
You guessed: 76
Too big!
```

좋습니다! 추릿값 앞에 빈칸을 넣더라도 프로그램은 추릿값이 76임을 파악했습니다. 추릿값이 맞을 경우나 너무 클 경우, 혹은 너무 작은 경우 등 여러 종류의 입력값으로 여러 시나리오를 검증해 봅시다.

이제 게임의 대부분이 작동하도록 처리했지만, 사용자는 한 번의 추리만 가능합니다. 반복문을 추가하여 이를 바꿔 봅시다!

2.5 반복문을 이용하여 여러 번의 추리 허용하기

loop 키워드는 무한 루프를 제공합니다. 루프를 추가하여 사용자들에게 숫자를 추리할 기회를 더 주겠습니다.

File src/main.rs

```
// --생략--

println!("The secret number is: {secret_number}");

loop {
    println!("Please input your guess.");

    // --생략--

    match guess.cmp(&secret_number) {
        Ordering::Less => println!("Too small!"),
        Ordering::Greater => println!("Too big!"),
        Ordering::Equal => println!("You win!"),
    }
}
```

보다시피, 추릿값 입력 프롬프트부터 모든 것을 루프로 옮겼습니다. 루프 내부의 줄을 각각 네 칸씩 들여 쓰고 프로그램을 다시 실행하세요. 이제 프로그램이 계속해서 다른 추리를 요청하는 데에는 성공했지만, 새로운 문제가 발생했군요. 사용자가 이 프로그램을 종료할 수 없는 것 같습니다!

사용자는 [ctrl]-[c] 단축키를 이용하여 프로그램을 멈출 수 있습니다. 하지만 '비밀번호와 추릿값 비교하기'(31쪽)에서 parse 메서드에 대해 언급했던 것처럼 이 끝을 모르는 프로그램에서 빠져

나올 다른 방법이 있습니다. 만약 사용자가 숫자가 아닌 답을 적는다면 프로그램이 멈춥니다. 이 점을 활용하면, 사용자는 다음과 같이 종료할 수 있습니다.

```
$ cargo run
   Compiling guessing_game v0.1.0 (file:///projects/guessing_game)
    Finished dev [unoptimized + debuginfo] target(s) in 1.50s
     Running `target/debug/guessing_game`
Guess the number!
The secret number is: 59
Please input your guess.
45
You guessed: 45
Too small!
Please input your guess.
60
You guessed: 60
Too big!
Please input your guess.
59
You guessed: 59
You win!
Please input your guess.
quit
thread 'main' panicked at 'Please type a number!: ParseIntError { kind: InvalidDigit }',
src/main.rs:28:47
note: run with `RUST_BACKTRACE=1` environment variable to display a backtrace
```

quit를 입력하니 게임이 종료되었는데, 곧 살펴보겠지만 숫자가 아닌 다른 입력값에도 게임이 종료됩니다. 정확한 숫자를 맞혔을 때 게임이 종료되기를 원하기 때문에 이는 차선책이라고 할 수 있 겠습니다.

2.5.1 정답을 맞힌 후 종료하기

사용자가 정답을 맞혔을 때 게임이 종료되도록 break문을 추가합니다.

File src/main.rs

```
    // --생략--

    match guess.cmp(&secret_number) {
        Ordering::Less => println!("Too small!"),
        Ordering::Greater => println!("Too big!"),
        Ordering::Equal => {
```

```
            println!("You win!");
            break;
        }
    }
}
}
```

You win! 뒤에 break 라인을 추가하면 사용자가 비밀번호를 맞혔을 때 프로그램이 루프를 종료하
게 됩니다. 루프가 main의 마지막 부분이므로 루프의 종료는 프로그램의 종료를 의미합니다.

2.5.2 잘못된 입력값 처리하기

게임의 동작을 더욱 다듬기 위해 사용자가 숫자가 아닌 값을 입력할 때 프로그램을 종료시키는 대
신 이를 무시하여 사용자가 계속 추릿값을 입력할 수 있도록 만들어봅시다. 예제 2-5에 나온 것처
럼 guess가 String에서 u32로 변환되는 줄을 변경하면 그렇게 할 수 있습니다.

예제 2-5 **숫자가 아닌 추릿값에 대해 프로그램을 종료하는 대신 이를 무시하고 다른 추릿값을 요청하기** (File) src/main.rs

```
        // --생략--

        io::stdin()
            .read_line(&mut guess)
            .expect("Failed to read line");

        let guess: u32 = match guess.trim().parse() {
            Ok(num) => num,
            Err(_) => continue,
        };

        println!("You guessed: {guess}");

        // --생략--
```

expect 메서드 호출을 match 표현식으로 바꾸어 에러 발생 시 즉시 종료가 아닌 에러 처리로 바
꾸었습니다. parse 메서드가 Result 타입을 반환한다는 점, 그리고 Result는 Ok나 Err 배리언트를
가진 열거형임을 기억하세요. 여기서는 cmp 메서드의 Ordering 결과에서와 마찬가지로 match 표
현식을 사용하고 있습니다.

만약 parse가 성공적으로 문자열을 정수로 변환할 수 있으면 결괏값이 들어 있는 Ok를 반환합니
다. 이 Ok값은 첫 번째 갈래의 패턴에 매칭되고, match 표현식은 parse가 생성하여 Ok값 안에 넣어

둔 num값을 반환합니다. 그 값은 새로 만들고 있는 guess 변수에 바로 위치될 것입니다.

만약 parse가 문자열을 정수로 바꾸지 **못한다면**, 에러에 대한 더 많은 정보를 담은 Err를 반환합니다. Err는 첫 번째 갈래의 패턴인 Ok(num)과는 매칭되지 않지만, 두 번째 갈래의 Err(_)과 매칭됩니다. 밑줄(_)은 포괄(catch-all)값이라 합니다.[3] 이는 모든 값에 매칭될 수 있으며, 이 예제에서는 Err 내에 무슨 값이 있든지 상관없이 모든 Err를 매칭하도록 했습니다. 따라서 프로그램은 두 번째 갈래의 코드인 continue를 실행하며, 이는 loop의 다음 반복으로 가서 또 다른 추릿값을 요청하도록 합니다. 따라서, 프로그램은 효과적으로 parse에서 발생할 수 있는 모든 에러를 무시합니다!

이제는 프로그램의 모든 부분이 예상한 대로 작동해야 합니다. 한번 시도해봅시다.

```
$ cargo run
   Compiling guessing_game v0.1.0 (file:///projects/guessing_game)
    Finished dev [unoptimized + debuginfo] target(s) in 4.45s
     Running `target/debug/guessing_game`
Guess the number!
The secret number is: 61
Please input your guess.
10
You guessed: 10
Too small!
Please input your guess.
99
You guessed: 99
Too big!
Please input your guess.
foo
Please input your guess.
61
You guessed: 61
You win!
```

멋집니다! 마지막 미세 조정만 추가하여 추리 게임을 마무리하겠습니다. 프로그램이 여전히 비밀번호를 출력하고 있다는 것을 떠올리세요. 테스트 때는 괜찮지만 게임을 망치게 됩니다. 비밀번호를 출력하는 println!을 삭제합시다. 예제 2-6은 최종 코드를 보여줍니다.

3　[옮긴이] 6.2.4절(148쪽)에서 다시 살펴봅니다.

```rust
use rand::Rng;
use std::cmp::Ordering;
use std::io;

fn main() {
    println!("Guess the number!");

    let secret_number = rand::thread_rng().gen_range(1..=100);

    loop {
        println!("Please input your guess.");

        let mut guess = String::new();

        io::stdin()
            .read_line(&mut guess)
            .expect("Failed to read line");

        let guess: u32 = match guess.trim().parse() {
            Ok(num) => num,
            Err(_) => continue,
        };

        println!("You guessed: {guess}");

        match guess.cmp(&secret_number) {
            Ordering::Less => println!("Too small!"),
            Ordering::Greater => println!("Too big!"),
            Ordering::Equal => {
                println!("You win!");
                break;
            }
        }
    }
}
```

이 시점에서 여러분은 성공적으로 추리 게임을 만들었습니다! 축하합니다!

정리

이 프로젝트는 let, match, 메서드, 연관 함수, 외부 크레이트 사용과 같이 많은 새로운 러스트 개념들을 소개하기 위한 실습이었습니다. 다음 장들에서는 이 개념들의 세부적인 내용을 배울 것입니다. 3장은 대부분의 프로그래밍 언어들이 가지고 있는 변수, 데이터 타입, 함수를 소개하고 러스트에서의 사용법을 다룹니다. 4장에서는 다른 프로그래밍 언어와 차별화된 러스트의 특성인 소유권을 다룹니다. 5장에서는 구조체와 메서드 문법을 다루며 6장에서는 열거형에 대해 다룹니다.

3

일반적인 프로그래밍 개념

이 장에서는 거의 모든 프로그래밍 언어에 등장하는 개념들과 그 개념들이 러스트에서 어떻게 작동하는지 소개합니다. 대다수 프로그래밍 언어들의 핵심에는 많은 공통점이 있습니다. 이 장에서 소개하는 개념 중 러스트 고유의 개념은 없지만, 러스트의 맥락에서 논의하고 이러한 개념 사용과 관련된 규칙을 설명하겠습니다.

특히 변수, 기본 타입, 함수, 주석, 그리고 제어 흐름에 대해서 배우게 됩니다. 이러한 기초는 모든 러스트 프로그램에 사용될 것이며, 이를 일찍 배우면 강력한 기반을 바탕으로 시작할 수 있게 됩니다.

키워드

러스트 언어는 대부분의 다른 언어들과 마찬가지로 이 언어만 사용 가능한 **키워드**(keyword)라는 집합이 있습니다. 키워드는 함수명이나 변수명으로 사용할 수 없음을 알아두세요. 대부분의 키워드들은 특별한 의미가 있으며, 러스트 프로그램의 다양한 일들을 처리하기 위해 사용할 것입니다. 몇몇은 아직 아무 기능도 없지만 차후에 추가될 기능들을 위해 예약되어 있습니다. 키워드 목록은 부록 A(630쪽)에서 확인할 수 있습니다.

3.1 변수와 가변성

'변수에 값 저장하기'(20쪽)에서 언급했듯이, 변수는 기본적으로 불변(immutable)입니다. 이것은 러스트가 제공하는 안정성과 쉬운 동시성을 활용하는 방식으로 코드를 작성할 수 있도록 하는 너지(nudge, 슬며시 선택을 유도하기) 중 하나입니다. 하지만 여러분은 여전히 변수를 가변(mutable)으로 만들 수 있습니다. 어떻게 하는지 살펴보고 왜 러스트가 불변성을 권하는지와 어떨 때 가변성을 써야 하는지 알아봅시다.

변수가 불변일 때, 어떤 이름에 한번 값이 묶이면 그 값은 바꿀 수 없습니다. 이를 표현하기 위해, cargo new variables로 **projects** 디렉터리 안에 **variables**라는 프로젝트를 만들어봅시다.

그리고, 새 **variables** 디렉터리의 **src/main.rc** 파일을 열어서 다음의 코드로 교체하세요(아직은 컴파일되지 않습니다).

File src/main.rs

```
fn main() {
    let x = 5;
    println!("The value of x is: {x}");
    x = 6;
    println!("The value of x is: {x}");
}
```

저장하고 cargo run으로 프로그램을 실행해보세요. 다음의 출력처럼 불변성 에러에 관한 에러 메시지를 받을 것입니다.

```
$ cargo run
   Compiling variables v0.1.0 (file:///projects/variables)
error[E0384]: cannot assign twice to immutable variable `x`
 --> src/main.rs:4:5
  |
2 |     let x = 5;
  |         -
  |         |
  |         first assignment to `x`
  |         help: consider making this binding mutable: `mut x`
3 |     println!("The value of x is: {x}");
4 |     x = 6;
  |     ^^^^^ cannot assign twice to immutable variable
```

이 예시는 컴파일러가 프로그램의 에러 찾기를 어떻게 도와주는지 보여줍니다. 컴파일러 에러가 실망스러울 수도 있겠지만, 컴파일러는 그저 여러분의 프로그램이 아직은 원하는 대로 안전하게 작동하지 않는다고 할 뿐입니다. 컴파일러는 여러분이 좋은 프로그래머가 아니라고 한 적이 **없습니다!** 경험이 많은 러스타시안조차 컴파일러 에러를 발생시킵니다.

cannot assign twice to immutable variable `x`(불변 변수 `x`에 두 번 값을 할당할 수 없습니다)라는 내용의 에러 메시지를 받았습니다. 불변 변수 x에 두 번째 값을 할당하려고 했기 때문이죠.

불변으로 지정한 값을 변경하려고 하는 바로 이 상황이 버그로 이어질 수 있기 때문에, 컴파일 타임 에러가 발생하는 것은 중요합니다. 만약 코드의 한 부분이 변숫값은 변하지 않는다는 전제하에 작동하고 코드의 다른 부분이 그 값을 바꾼다면, 앞부분의 코드는 원래 지정된 일을 못 할 가능성이 생깁니다. 이런 류의 버그는 발생 후 추적하는 것이 어려운데, 특히 코드의 두 번째 부분이 값을 **가끔씩만** 바꿀 때 그렇습니다. 값이 바뀌지 않을 것이라고 여러분이 지정하면 러스트 컴파일러는 실제로 그렇게 되도록 보증합니다. 이 말은 코드를 읽고 쓸 때 값이 어디서 어떻게 바뀔지 추적할 필요가 없다는 것입니다. 따라서 여러분의 코드는 흐름을 따라가기 쉬워집니다.

하지만 가변성은 아주 유용할 수 있고, 코드 작성을 더 편하게 해줍니다. 변수는 기본적으로 불변이더라도, 여러분이 2장(17쪽)에서 했던 것처럼 변수명 앞에 mut을 붙여서 가변으로 만들 수 있습니다. mut를 추가하는 것은 또한 미래에 코드를 읽는 이들에게 코드의 다른 부분에서 이 변수의 값이 변할 것이라는 의도를 전달합니다.

예를 들어, **src/main.rs**를 다음과 같이 바꿉시다.

File src/main.rs

```rust
fn main() {
    let mut x = 5;
    println!("The value of x is: {x}");
    x = 6;
    println!("The value of x is: {x}");
}
```

지금 이 프로그램을 실행하면, 다음의 출력을 얻습니다.

```
$ cargo run
   Compiling variables v0.1.0 (file:///projects/variables)
```

```
      Finished dev [unoptimized + debuginfo] target(s) in 0.30s
       Running `target/debug/variables`
The value of x is: 5
The value of x is: 6
```

mut를 사용해 x의 값을 5에서 6으로 바꿀 수 있었습니다. 궁극적으로 가변성을 사용할지 말지는 여러분의 몫이고, 특정 상황에서 가장 명확하다고 생각하는 것이 어떤 것이냐에 따라 달라집니다.

3.1.1 상수

상수(constant)는 불변 변수와 비슷한데, 어떤 이름에 묶여 있는 값이고 값을 바꾸는 것이 허용되지 않지만, 변수와는 약간 다른 점들이 있습니다.

먼저, 상수는 mut와 함께 사용할 수 없습니다. 상수는 기본적으로 불변인 것이 아니고, 항상 불변입니다. 상수는 let 키워드 대신 const 키워드로 선언하며, 값의 타입은 **반드시** 명시되어야 합니다. 다음 절 '데이터 타입'(47쪽)에서 타입과 타입 명시에 대해 다룰 예정이므로, 자세한 사항은 아직 걱정하지 않아도 됩니다. 항상 타입 명시를 해야 한다는 것만 알아두세요.

상수는 전역 스코프를 포함한 어떤 스코프에서도 선언 가능하므로 코드의 많은 부분에서 알 필요가 있는 값에 유용합니다.

마지막 차이점은, 상수는 반드시 상수 표현식으로만 설정될 수 있도록 하고 런타임에서만 계산될 수 있는 결괏값으로는 안 된다는 것입니다.

아래에 상수 선언의 예제가 있습니다.

```
const THREE_HOURS_IN_SECONDS: u32 = 60 * 60 * 3;
```

상수의 이름은 THREE_HOURS_IN_SECONDS이고 값은 60(분당 초의 개수), 60(시간당 분의 개수), 3(이 프로그램에서 알아둘 필요가 있는 시간의 숫자)를 모두 곱한 값입니다. 러스트의 이름 짓기 관례에서 상수는 단어 사이에 밑줄을 사용하고 모든 글자를 대문자로 쓰는 것입니다. 컴파일러는 컴파일 타임에 제한된 연산을 평가할 수 있는데, 이런 상숫값을 10,800으로 쓰는 대신 이해하고 검사하기 더 쉽게 작성할 방법을 제공해줍니다. 러스트 참고 자료 문서의 '상숫값 평가' 절(https://doc.rust-lang.org/reference/const_eval.html)에서 상수 선언에 사용될 수 있는 연산이 어떤 것이 있는지 더 많은 정보를 찾을 수 있습니다.

상수는 선언된 스코프 내에서 프로그램이 작동하는 전체 시간 동안 유효합니다. 이러한 특성은, 플레이어가 얻을 수 있는 점수의 최댓값이라든가 빛의 속도와 같이, 프로그램의 여러 부분에서 알 필요가 있는 값들에 유용합니다.

전체 프로그램에 하드코딩된 값에 상수로서 이름을 붙이는 것은 미래의 코드 관리자에게 그 값의 의미를 전달하는 데 유용합니다. 또한 나중에 업데이트될 하드코딩된 값을 단 한 군데에서 변경할 수 있게 해줍니다.

3.1.2 섀도잉

2장(17쪽)에서 다루었던 추리 게임에서 보았듯이, 새 변수를 이전 변수명과 같은 이름으로 선언할 수 있습니다. 러스타시안들은 첫 번째 변수가 두 번째 변수에 의해 **가려졌다**(shadowed)고 표현하며, 이는 해당 변수의 이름을 사용할 때 컴파일러가 두 번째 변수를 보게 될 것이라는 의미입니다. 사실상 두 번째 변수는 첫 번째 것을 가려서, 스스로를 다시 가리거나 스코프가 끝날 때까지 변수명의 사용을 가져가버립니다. 아래와 같이 똑같은 변수명과 `let` 키워드의 반복으로 변수를 가릴 수 있습니다.

File src/main.rs

```
fn main() {
    let x = 5;

    let x = x + 1;

    {
        let x = x * 2;
        println!("The value of x in the inner scope is: {x}");
    }

    println!("The value of x is: {x}");
}
```

이 프로그램은 먼저 x에 5라는 값을 바인딩합니다. 다음으로 `let x =` 을 반복해 새로운 변수 x를 만들고, 원래 값에 1을 더한 값을 대입해서 x의 값은 이제 6이 됩니다. 그 후 중괄호를 사용하여 만들어진 안쪽 스코프 내에 있는 세 번째 `let` 구문 또한 x를 가리고 새로운 변수를 만드는데, 이전 값에 2를 곱해 x에 할당해서 x의 최종값은 12가 됩니다. 이 스코프가 끝나면 안쪽의 섀도잉은 끝나서 x는 다시 6으로 돌아옵니다. 우리가 이 프로그램을 실행하면 다음과 같이 출력될 것입니다.

```
$ cargo run
   Compiling variables v0.1.0 (file:///projects/variables)
    Finished dev [unoptimized + debuginfo] target(s) in 0.31s
     Running `target/debug/variables`
The value of x in the inner scope is: 12
The value of x is: 6
```

섀도잉은 변수를 mut로 표시하는 것과는 다릅니다. 실수로 let 키워드 없이 변수에 값을 재할당하려고 한다면 컴파일 타임 에러가 발생하기 때문입니다. let을 사용하면, 값을 변형하면서 변형이 완료된 후에는 불변으로 유지할 수 있습니다.

mut과 섀도잉의 또 다른 차이점은 다시금 let 키워드를 사용하여 새로운 변수를 만드는 것이기 때문에 같은 변수명으로 다른 타입의 값을 저장할 수 있다는 것입니다. 예를 들어, 프로그램이 사용자에게 어떤 텍스트 사이에 몇 개의 공백을 넣고 싶은지 공백 문자를 입력하도록 요청하고, 이 값을 숫자로 저장하고 싶다고 칩시다.[1]

```
let spaces = "   ";
let spaces = spaces.len();
```

첫 번째 spaces는 문자열 타입이고 두 번째 spaces는 숫자 타입입니다. 따라서 섀도잉은 spaces_str과 spaces_num같이 구분되는 변수명을 쓸 필요가 없도록 여유를 줍니다. 즉, 더 간단한 spaces라는 이름을 재사용할 수 있게 해줍니다. 그런데 여기에서 mut을 사용하려 한다면, 보다시피 컴파일 타임 에러가 발생합니다.

```
let mut spaces = "   ";
spaces = spaces.len();
```

에러는 변수의 타입을 바꿀 수 없다고 알려줍니다.

1 　옮긴이　책에서 이렇게 들여쓰기가 되어 있는 코드 조각은 첫 줄에 fn main() {, 마지막 줄에 }가 생략되어 있다고 생각하면 됩니다.

```
$ cargo run
   Compiling variables v0.1.0 (file:///projects/variables)
error[E0308]: mismatched types
 --> src/main.rs:3:14
  |
2 |     let mut spaces = "   ";
  |                      ----- expected due to this value
3 |     spaces = spaces.len();
  |              ^^^^^^^^^^^^ expected `&str`, found `usize`
```

변수가 어떻게 작동하는지 알아보았으니, 변수가 가질 수 있는 더 많은 타입들에 대해 알아봅시다.

3.2 데이터 타입

러스트의 모든 값은 특정한 **데이터 타입**(data type)을 가지며, 이는 러스트가 해당 데이터로 작업하는 방법을 알 수 있도록 어떤 종류의 데이터가 지정되고 있는지 알려줍니다. 여기서는 타입을 스칼라 타입과 복합 타입, 두 가지 부분 집합으로 나누어보겠습니다.

러스트는 **정적 타입**(statically typed) 언어라는 점을 기억하세요. 이게 의미하는 바는 모든 변수의 타입이 컴파일 시점에 반드시 정해져 있어야 한다는 겁니다. 보통 컴파일러는 우리가 값을 어떻게 사용하는지에 따라 타입을 추측할 수 있습니다. 2장의 '비밀번호와 추릿값 비교하기'(31쪽)에서 String에 parse를 사용하여 숫자로 변환했던 경우처럼 여러 가지 타입이 가능한 경우에는 다음과 같이 반드시 타입 명시를 추가해야 합니다.

```
let guess: u32 = "42".parse().expect("Not a number!");
```

여기에 : u32라는 타입 명시를 하지 않으면 러스트는 아래와 같은 에러를 출력하는데, 이는 사용하고자 하는 타입이 무엇인지에 대한 추가적인 정보가 컴파일러에 필요하다는 뜻입니다.

```
$ cargo build
   Compiling no_type_annotations v0.1.0 (file:///projects/no_type_annotations)
error[E0282]: type annotations needed
 --> src/main.rs:2:9
  |
2 |     let guess = "42".parse().expect("Not a number!");
  |         ^^^^^
  |
```

```
help: consider giving `guess` an explicit type
  |
2 |     let guess: _ = "42".parse().expect("Not a number!");
  |r more information about this error, try `rustc --explain E0282`.
error: could not compile `no_type_annotations` due to previous error
```

다양한 데이터 타입들의 타입 명시를 살펴보겠습니다.

3.2.1 스칼라 타입

스칼라(scalar) 타입은 하나의 값을 표현합니다. 러스트는 정수, 부동소수점 숫자, 불리언(Boolean), 문자, 이렇게 네 가지 스칼라 타입을 갖고 있습니다. 아마 다른 프로그래밍 언어에서도 이런 걸 본 적이 있을 겁니다. 러스트에서는 이들이 어떤 식으로 작동하는지 살펴보도록 합시다.

정수형

정수형(integer)은 소수점이 없는 숫자입니다. 2장에서 정수형 중 하나인 u32 타입을 사용했었죠. 해당 타입의 선언은 부호 없는 32비트 변수임을 나타냅니다(부호 있는 타입은 u 대신 i로 시작합니다). 표 3-1은 러스트에서 사용되는 정수형들을 보여줍니다. 이 변형 중 어떤 것이라도 정숫값의 타입 선언에 사용할 수 있습니다.

표 3-1 러스트의 정수형 타입들

길이	부호 있음 (signed)	부호 없음 (unsigned)
8-bit	i8	u8
16-bit	i16	u16
32-bit	i32	u32
64-bit	i64	u64
128-bit	i128	u128
arch	isize	usize

각각의 타입은 부호 있는(signed) 혹은 부호 없는(unsigned) 타입이며 명시된 크기를 갖습니다. 부호 혹은 부호 없음의 의미는, 이 타입이 음수를 다룰 수 있는지를 나타냅니다. 다르게 말하면, 숫자가 부호를 가져야 하는 경우(부호 있는 타입)인지 혹은 오직 양수만을 가질 것이기에 부호 없이 표현 가능한 경우(부호 없는 타입)인지 나타냅니다. 종이에 숫자를 적는 것과 같습니다. 부호와 함께 다뤄야 하는 경우 숫자는 덧셈이나 뺄셈 기호와 함께 표시하지요. 하지만 숫자가 양수라고 가정

해도 문제없는 상황에는 부호가 없이 표시합니다. 부호 있는 숫자는 2의 보수(https://ko.wikipedia.org/wiki/2의_보수) 형태를 사용하여 저장됩니다.

부호 있는 타입의 변수는 $-(2^{n-1})$부터 2^{n-1}까지의 값을 저장할 수 있습니다. 여기서 n은 사용되는 타입의 비트 수입니다. 따라서 i8은 $-(2^7)$에서 $2^7 - 1$까지의 값, 즉 -128에서 127 사이의 값을 저장할 수 있습니다. 부호 없는 타입은 0에서 $2^n - 1$까지의 값을 저장할 수 있습니다. 그래서 u8 타입은 0에서 $2^8 - 1$ 다시 말해, 0에서 255까지의 값을 저장할 수 있습니다.

추가로, isize와 usize 타입은 여러분의 프로그램이 작동하는 컴퓨터 환경에 따라 결정되는데, 위 테이블에는 'arch'라고 적시되어 있습니다. 64-bit 아키텍처면 64비트를, 32-bit 아키텍처면 32 비트를 갖게 됩니다.

정수형 리터럴(literal)은 표 3-2에서 보이는 것과 같은 형태로 작성할 수 있습니다. 여러 숫자 타입이 될 수 있는 숫자 리터럴에는 57u8과 같은 타입 접미사를 사용하여 타입을 지정할 수 있습니다. 1_000처럼 시각적인 구분으로 읽기 쉽게 하기 위해서 _을 사용할 수 있는데, 이는 1000이라고 쓴 것과 똑같은 값이 됩니다.

표 3-2 러스트의 정수형 리터럴

숫자 리터럴	예
십진	98_222
16진	0xff
8진	0o77
2진	0b1111_0000
바이트 (u8만)	b'A'

그러면 어떤 타입의 정수를 사용해야 하는지는 어떻게 알아낼까요? 확실히 정해진 경우가 아니라면 러스트의 기본값인 i32가 일반적으로 좋은 시작 지점이 됩니다. isize나 usize는 주로 어떤 컬렉션 종류의 인덱스에 사용됩니다.

부동소수점 타입

러스트에도 소수점을 갖는 숫자를 가리키는 **부동소수점**(floating-point) 숫자의 기본 타입이 두 가지 있습니다. 러스트의 부동소수점 타입은 f32와 f64로, 각각 32비트와 64비트의 크기를 갖습니다. 기본 타입은 f64인데, 그 이유는 현대의 CPU상에서 f64가 f32와 대략 비슷한 속도를 내면서도 더 정밀하기 때문입니다. 모든 부동소수점 타입은 부호가 있습니다.

다음은 부동소수점 숫자의 용례입니다.

File src/main.rs

```rust
fn main() {
    let x = 2.0; // f64

    let y: f32 = 3.0; // f32
}
```

부동소수점 숫자는 IEEE-754 표준을 따릅니다. f32 타입은 1배수 정밀도(single-precision)인 부동소수점이고, f64는 2배수 정밀도(double-precision)입니다.

수치 연산

러스트는 모든 숫자 타입에 대해서 여러분이 예상할 수 있는 기본 수학 연산 기능을 제공합니다. 더하기, 빼기, 곱하기, 나누기 등등을 말이죠. 정수 나눗셈은 가장 가까운 정숫값으로 버림을 합니다. 아래 코드는 let 구문 내에서 각 연산을 어떻게 사용하는지를 보여줍니다.

File src/main.rs

```rust
fn main() {
    // 덧셈
    let sum = 5 + 10;

    // 뺄셈
    let difference = 95.5 - 4.3;

    // 곱셈
    let product = 4 * 30;

    // 나눗셈
    let quotient = 56.7 / 32.2;
    let truncated = -5 / 3; // 결괏값은 -1입니다.

    // 나머지 연산
    let remainder = 43 % 5;
}
```

위의 구문에서 각 표현식은 수학 연산자를 사용하여 값을 평가한 뒤, 그 값을 변수에 바인딩합니다. 부록 B(634쪽)에 러스트가 제공하는 모든 연산자 목록이 있습니다.

불리언 타입

대부분의 다른 언어들처럼, 러스트에서의 불리언 타입도 true와 false 두 값을 가질 수 있습니다. 불리언값은 1바이트 크기입니다. 러스트에서 불리언 타입은 bool로 명시됩니다.

File src/main.rs

```rust
fn main() {
    let t = true;
```

```
    let f: bool = false; // 명시적인 타입 애너테이션
}
```

불리언값을 사용하는 주요 방식은 if 표현식과 같은 조건문에서 사용하는 것입니다. 러스트에서 if 표현식이 작동하는 방식에 대해서는 '제어 흐름'(66쪽)에서 다루겠습니다.

문자 타입

러스트의 char는 이 언어의 가장 기본적인 알파벳 타입입니다. 다음 코드는 char값을 선언하는 몇 가지 예시입니다.

(File) src/main.rs

```
fn main() {
    let c = 'z';
    let z: char = 'ℤ'; // 명시적인 타입 애너테이션
    let heart_eyed_cat = '😻';
}
```

문자열 리터럴이 큰따옴표를 쓰는 반면, char 타입은 작은따옴표를 쓰는 점에 주목하세요. 러스트의 char 타입은 4바이트 크기이며 유니코드 스칼라값을 표현하며, 이는 ASCII보다 훨씬 더 많은 값을 표현할 수 있다는 의미입니다. 억양 표시가 있는 문자, 한국어/중국어/일본어 문자, 이모지, 넓이가 0인 공백 문자 모두가 러스트에서는 유효한 char값입니다. 유니코드 스칼라값의 범위는 U+0000에서 U+D7FF, 그리고 U+E000에서 U+10FFFF입니다. 하지만 '문자'는 유니코드를 위한 개념이 아니기 때문에, '문자'에 대한 여러분의 직관은 char와 들어맞지 않을지도 모릅니다. 8장의 '문자열에 UTF-8 텍스트 저장하기'(188쪽)에서 이 주제에 대해 자세히 다루겠습니다.

3.2.2 복합 타입

복합 타입(compound type)은 여러 값을 하나의 타입으로 묶을 수 있습니다. 러스트에는 튜플과 배열, 두 가지 기본 복합 타입이 있습니다.

튜플 타입

튜플(tuple)은 다양한 타입의 여러 값을 묶어 하나의 복합 타입으로 만드는 일반적인 방법입니다. 튜플은 고정된 길이를 갖습니다. 즉, 한번 선언되면 그 크기를 늘리거나 줄일 수 없습니다.

괄호 안에 쉼표로 구분하여 값들의 목록을 작성하면 튜플을 만들 수 있습니다. 튜플 내의 각 위치는 타입을 갖고, 이 튜플 내의 타입들은 서로 달라도 됩니다. 다음은(안 써도 괜찮지만) 타입을 명시해본 예제입니다.

File src/main.rs

```rust
fn main() {
    let tup: (i32, f64, u8) = (500, 6.4, 1);
}
```

튜플은 하나의 복합 요소로 취급되므로 변수 tup은 튜플 전체가 바인딩됩니다. 튜플로부터 개별 값을 얻어오려면 아래와 같이 패턴 매칭을 하여 튜플값을 해체해서 사용하면 됩니다.

File src/main.rs

```rust
fn main() {
    let tup = (500, 6.4, 1);

    let (x, y, z) = tup;

    println!("The value of y is: {y}");
}
```

이 프로그램은 먼저 튜플을 만든 후 이를 변수 tup에 바인딩시킵니다. 그다음 let을 이용하는 패턴을 사용하여 tup을 세 개의 분리된 변수 x, y, 그리고 z로 바꿉니다. 이것을 **구조 해체(destructuring)**라고 부르는 이유는 하나의 튜플을 세 부분으로 나누기 때문입니다. 최종적으로 프로그램은 y의 값을 출력할 것이고 이는 6.4입니다.

점(.) 뒤에 접근하고자 하는 값의 인덱스를 쓰는 방식으로도 튜플 요소에 접근할 수 있습니다. 예를 들면 다음과 같이 사용할 수 있습니다.

File src/main.rs

```rust
fn main() {
    let x: (i32, f64, u8) = (500, 6.4, 1);

    let five_hundred = x.0;

    let six_point_four = x.1;
```

```
    let one = x.2;
}
```

위의 프로그램은 튜플 x를 만들고, 인덱스를 사용하여 이 튜플의 각 요소에 접근합니다. 대부분의 언어가 그렇듯이 튜플의 첫 번째 인덱스는 0입니다.

아무 값도 없는 튜플은 **유닛**(unit)이라는 특별한 이름을 갖습니다. 이 값과 타입은 모두 ()로 작성되고 빈 값이나 비어 있는 반환 타입을 나타냅니다. 표현식이 어떠한 값도 반환하지 않는다면 암묵적으로 유닛 값을 반환하게 됩니다.

배열 타입

여러 값의 집합체를 만드는 다른 방법으로는 **배열**(array)이 있습니다. 튜플과는 달리 배열의 모든 요소는 모두 같은 타입이어야 합니다. 몇몇 다른 언어들과는 달리 러스트의 배열은 고정된 길이를 갖습니다.

대괄호 안에 쉼표로 구분한 값들을 나열해서 배열을 만들 수 있습니다.

(File) src/main.rs

```
fn main() {
    let a = [1, 2, 3, 4, 5];
}
```

여러분이 힙보다는 스택에 데이터를 할당하고 싶을 때나(힙과 스택은 4장(79쪽)에서 더 다루겠습니다) 항상 고정된 개수의 요소로 이루어진 경우라면 배열이 유용합니다. 하지만 배열은 벡터 타입처럼 유연하지는 않습니다. 벡터는 표준 라이브러리가 제공하는 배열과 유사한 컬렉션 타입인데 크기를 늘리거나 줄일 수 있습니다. 배열을 이용할지 벡터를 이용할지 잘 모르겠다면, 아마도 벡터를 사용해야 할 겁니다. 8장(181쪽)에서 벡터에 대해 더 자세히 다룰 예정입니다.

그러나 요소의 개수가 바뀔 필요가 없다는 것을 알고 있을 때라면 배열이 더 유용합니다. 한 가지 예로, 프로그램에서 달의 이름을 이용하려고 한다면, 이것이 언제나 12개의 요소만 가지고 있을 것이라는 사실을 알고 있으므로, 아마도 벡터보다는 배열을 사용할 것입니다.

```
let months = ["January", "February", "March", "April", "May", "June", "July",
              "August", "September", "October", "November", "December"];
```

다음과 같이 대괄호 안에 요소의 타입을 쓰고 세미콜론을 쓴 뒤 요소의 개수를 적는 식으로 배열의 타입을 작성할 수도 있습니다.

```
let a: [i32; 5] = [1, 2, 3, 4, 5];
```

여기서 i32는 각 요소의 타입입니다. 세미콜론 뒤의 숫자 5는 배열이 5개의 요소를 갖고 있음을 나타냅니다.

또한 다음과 같이 대괄호 안에 초깃값과 세미콜론을 쓴 다음 배열의 길이를 적는 방식을 사용하여 모든 요소가 동일한 값으로 채워진 배열을 초기화할 수도 있습니다.

```
let a = [3; 5];
```

a라는 이름의 배열은 모두 3으로 채워진 5개의 요소를 갖게 될 것입니다. 이는 let a = [3, 3, 3, 3, 3];이라고 쓴 것과 똑같지만 좀 더 편리한 방식입니다.

배열 요소에 접근하기

배열은 스택에 할당될 수 있는 계산 가능한 고정된 크기의 단일 메모리 뭉치입니다. 아래와 같이 인덱스를 통해 배열 요소에 접근할 수 있습니다.

File src/main.rs

```
fn main() {
    let a = [1, 2, 3, 4, 5];

    let first = a[0];
    let second = a[1];
}
```

이 예제에서 first로 명명된 변수는 배열에서 0번 인덱스([0])의 값이므로 1이 될 것입니다. second로 명명된 변수는 배열의 [1] 인덱스로부터 얻어진 값 2가 되겠죠.

유효하지 않은 배열 요소에 대한 접근

만약 배열의 끝을 넘어선 요소에 접근하려고 하면 어떤 일이 벌어지는지 알아봅시다. 사용자로부터 배열 인덱스를 입력받기 위해서 2장의 추리 게임과 유사한 아래 코드를 실행한다 칩시다.

```rust
use std::io;

fn main() {
    let a = [1, 2, 3, 4, 5];

    println!("Please enter an array index.");

    let mut index = String::new();

    io::stdin()
        .read_line(&mut index)
        .expect("Failed to read line");

    let index: usize = index
        .trim()
        .parse()
        .expect("Index entered was not a number");

    let element = a[index];

    println!("The value of the element at index {index} is: {element}");
}
```

이 코드는 성공적으로 컴파일됩니다. cargo run으로 코드를 실행한 뒤 0, 1, 2, 3, 4를 입력한다면 프로그램은 그 인덱스에 해당하는 배열값을 출력할 것입니다. 그 대신에 이 배열의 끝을 넘어서는 10 같은 숫자를 입력하면, 아래와 같은 출력을 보게 될 것입니다.

```
thread 'main' panicked at 'index out of bounds: the len is 5 but the index is 10',
src/main.rs:19:19
note: run with `RUST_BACKTRACE=1` environment variable to display a backtrace
```

프로그램은 인덱스 연산에서 잘못된 값을 사용한 시점에서 **런타임** 에러를 발생시켰습니다. 이 프로그램은 에러 메시지와 함께 종료되고 마지막 println! 구문을 실행하지 못했습니다. 인덱스를 이용하여 요소에 접근을 시도하는 경우, 러스트는 여러분이 명시한 인덱스가 배열 길이보다 작은지 검사할 것입니다. 인덱스가 배열 길이보다 크거나 같을 경우 러스트는 패닉(panic)을 일으킵니다. 특히 위의 경우 이러한 검사는 런타임에서 일어나야 하는데, 이는 사용자가 코드를 실행한 뒤에 어떤 값을 입력할지 컴파일러로서는 알 수 없기 때문입니다.

이 예제는 러스트의 안전성 원칙이 작동하는 하나의 예입니다. 많은 저수준 언어에서는 이러한 검사가 이루어지지 않고, 여러분이 잘못된 인덱스를 제공하면 유효하지 않은 메모리에 접근이 가능합니다. 러스트는 이런 메모리 접근을 허용하고 계속 실행하는 대신 즉시 실행을 종료함으로써 이런 종류의 에러로부터 여러분을 보호합니다. 러스트의 에러 처리 및 패닉을 일으키지 않으면서 유효하지 않은 메모리 접근도 허용하지 않는 읽기 쉽고 안전한 코드를 작성하는 방법에 대해서는 9장에서 더 자세히 다루겠습니다.

3.3 함수

러스트 코드는 온통 함수로 가득합니다. 여러분은 이미 이 언어에서 매우 중요한 함수 중 하나를 살펴보았습니다. 바로 많은 프로그램의 시작점인 main 함수를 말이죠. 또한 새로운 함수를 선언하도록 해주는 fn 키워드도 살펴보았습니다.

러스트 코드는 함수나 변수 이름을 위한 관례로 **스네이크 케이스(snake case)** 방식을 이용하는데, 이는 모든 글자를 소문자로 쓰고 밑줄(underscore)로 단어를 구분하는 방식을 말합니다. 다음은 예시로 함수를 정의한 프로그램입니다.

File src/main.rs

```rust
fn main() {
    println!("Hello, world!");

    another_function();
}

fn another_function() {
    println!("Another function.");
}
```

러스트에서는 fn 뒤에 함수 이름과 괄호를 붙여서 함수를 정의합니다. 중괄호는 함수 본문의 시작과 끝을 컴파일러에게 알려줍니다.

함수의 이름 뒤에 괄호 묶음을 쓰면 우리가 정의해둔 어떤 함수든 호출할 수 있습니다. another_function이 프로그램 내에 정의되어 있으므로, main 함수에서 해당 함수를 호출할 수 있습니다. 소스 코드 내에서 another_function이 main 함수 **이후에** 정의되어 있다는 점에 주목하세요. 이 함수를 main 함수 앞에서 정의할 수도 있습니다. 러스트는 여러분의 함수 위치를 고려하지 않으며, 호출하는 쪽에서 볼 수 있는 스코프 어딘가에 정의만 되어 있으면 됩니다.

함수에 대해 좀 더 알아보기 위해서 **functions**라는 이름의 새 바이너리 프로젝트를 시작해봅시다. another_function 예제를 **src/main.rs**에 넣고 실행해보면 다음과 같은 결과를 보게 될 것입니다.

```
$ cargo run
   Compiling functions v0.1.0 (file:///projects/functions)
    Finished dev [unoptimized + debuginfo] target(s) in 0.28s
     Running `target/debug/functions`
Hello, world!
Another function.
```

main 함수 안의 내용이 순서대로 수행됩니다. 먼저 "Hello, world!" 메시지가 출력된 다음, another_function이 호출되고 그 안의 메시지가 출력됩니다.

3.3.1 매개변수

함수는 **매개변수**(parameter)를 갖도록 정의될 수 있으며, 이는 함수 시그니처(function signature)의 일부인 특별한 변수입니다. 함수가 매개변수를 갖고 있으면 이 매개변수에 대한 구체적인 값을 전달할 수 있습니다. 엄밀하게는 이러한 구체적인 값을 **인수**(argument)라고 부르지만, 일상적인 대화에서는 보통 함수 정의부 내의 변수나 함수를 호출할 때 전달되는 구체적인 값에 대해 **매개변수**와 **인수**라는 용어를 혼용하는 경향이 있습니다.

아래의 another_function에는 매개변수가 추가되었습니다.

(File) src/main.rs

```rust
fn main() {
    another_function(5);
}

fn another_function(x: i32) {
    println!("The value of x is: {x}");
}
```

이 프로그램을 실행하면 다음과 같은 결과를 볼 수 있습니다.

```
$ cargo run
   Compiling functions v0.1.0 (file:///projects/functions)
    Finished dev [unoptimized + debuginfo] target(s) in 1.21s
     Running `target/debug/functions`
The value of x is: 5
```

another_function 선언을 보면 x라는 이름의 매개변수를 하나 가지고 있습니다. x의 타입은 i32
로 명시되어 있습니다. 5가 another_function으로 전달되면, println! 매크로는 포맷 문자열 내
중괄호 쌍의 위치에 5를 집어넣습니다.

함수 시그니처에서는 각 매개변수의 타입을 **반드시** 선언해야 합니다. 이는 러스트를 설계하면서 신
중하게 내린 결정 사항입니다. 함수의 정의에 타입 명시를 강제하면 이 함수를 다른 코드에서 사
용할 때 여러분이 의도한 타입을 컴파일러가 추측하지 않아도 되게 됩니다. 컴파일러는 또한 함수
가 기대한 타입이 무엇인지 알고 있으면 더욱 유용한 에러 메시지를 제공할 수 있습니다.

여러 매개변수를 정의하려면 아래처럼 쉼표 기호로 매개변수 정의를 구분하세요.

File) src/main.rs

```rust
fn main() {
    print_labeled_measurement(5, 'h');
}

fn print_labeled_measurement(value: i32, unit_label: char) {
    println!("The measurement is: {value}{unit_label}");
}
```

이 예제에서는 두 개의 매개변수를 갖는 함수 print_labeled_measurement를 생성합니다. 첫 번
째 매개변수 이름은 value이고 i32 타입입니다. 두 번째는 unit_label이라는 이름이고 char 타입
입니다. 이 함수는 value와 unit_label을 담고 있는 텍스트를 출력합니다.

한번 코드를 실행해봅시다. 여러분의 **function** 프로젝트의 **src/main.rs** 내용을 위의 예제로 변경
한 뒤에, cargo run으로 실행시키면 됩니다.

```
$ cargo run
   Compiling functions v0.1.0 (file:///projects/functions)
    Finished dev [unoptimized + debuginfo] target(s) in 0.31s
     Running `target/debug/functions`
The measurement is: 5h
```

value에는 5를, unit_label에는 h를 넣어 함수를 호출했으므로, 이 값들이 프로그램의 출력에 들어갔습니다.

3.3.2 **구문과 표현식**

함수 본문은 필요에 따라 표현식(expression)으로 끝나는 구문(statement)의 나열로 구성됩니다. 지금까지 우리가 다룬 함수들은 표현식으로 끝나지 않았지만, 표현식이 구문의 일부분으로 쓰인 건 보았습니다. 러스트는 표현식 기반의 언어이므로, 구문과 표현식의 구분은 러스트를 이해하는 데 중요합니다. 다른 언어들은 이런 구분이 없으므로, 구문과 표현식이 무엇이며 둘 간의 차이가 함수의 본문에 어떤 영향을 주는지 살펴보겠습니다.

- **구문**은 어떤 동작을 수행하고 값을 반환하지 않는 명령입니다.
- **표현식**은 결괏값을 평가합니다. 몇 가지 예제를 살펴봅시다.

우리는 실제로는 이미 구문과 표현식을 사용해봤습니다. let 키워드로 변수를 만들고 값을 할당하는 것은 구문입니다. 예제 3-1의 let y = 6;은 구문입니다.

예제 3-1 **구문 하나로 되어 있는** main **함수** `File` src/main.rs

```
fn main() {
    let y = 6;
}
```

또한 함수 정의도 구문입니다. 위 예제는 그 자체로 구문에 해당됩니다.

구문은 값을 반환하지 않습니다. 따라서 아래와 같이 let 구문을 다른 변수에 할당하려고 하면 에러가 납니다.

`File` src/main.rs

```
fn main() {
    let x = (let y = 6);
}
```

이 프로그램을 실행하면 다음과 같은 에러를 보게 됩니다.

```
$ cargo run
   Compiling functions v0.1.0 (file:///projects/functions)
error: expected expression, found `let` statement
 --> src/main.rs:2:14
  |
2 |     let x = (let y = 6);
  |              ^^^

error: expected expression, found statement (`let`)
 --> src/main.rs:2:14
  |
2 |     let x = (let y = 6);
  |              ^^^^^^^^^
  |
  = note: variable declaration using `let` is a statement

error[E0658]: `let` expressions in this position are unstable
 --> src/main.rs:2:14
  |
2 |     let x = (let y = 6);
  |              ^^^^^^^^^
  |
  = note: see issue #53667 <https://github.com/rust-lang/rust/issues/53667> for more information

warning: unnecessary parentheses around assigned value
 --> src/main.rs:2:13
  |
2 |     let x = (let y = 6);
  |             ^         ^
  |
  = note: `#[warn(unused_parens)]` on by default
help: remove these parentheses
  |
2 -     let x = (let y = 6);
2 +     let x = let y = 6;
  |
```

let y = 6 구문은 값을 반환하지 않으므로 x에 바인딩시킬 것이 없습니다. 이것이 C나 루비 같은
다른 언어와의 차이점인데, 이 언어들은 할당문이 할당된 값을 반환하죠. 이런 언어들에서는 x = y
= 6라고 작성하여 x와 y에 모두 6을 대입할 수 있지만, 러스트에서는 그렇지 않습니다.

여러분이 작성하는 러스트 코드의 대부분은 표현식이며, 이는 어떤 값을 평가합니다. 5 + 6과 같은
간단한 수학 연산을 살펴봅시다. 이 수식은 11이라는 값을 평가하는 표현식입니다. 표현식은 구문
의 일부일 수 있습니다. 예제 3-1의 let y = 6;이라는 구문에서 6은 6이라는 값을 평가하는 표현식

입니다. 함수를 호출하는 것도, 매크로를 호출하는 것도 표현식입니다. 아래 예제처럼 중괄호로 만들어진 새로운 스코프 블록도 표현식입니다.

File src/main.rs

```
fn main() {
❶ let y = {❷
        let x = 3;
    ❸ x + 1
    };

    println!("The value of y is: {y}");
}
```

아래의 부분이 4를 평가하는 코드 블록입니다(❷).

```
{
    let x = 3;
    x + 1
}
```

이 값이 let 구문의 일부로서 y에 바인딩됩니다(❶). 여러분이 지금까지 봐온 것과 다르게 x + 1 줄의 마지막이 세미콜론으로 끝나지 않은 점에 주목하세요(❸). 표현식은 종결을 나타내는 세미콜론을 쓰지 않습니다. 만약 표현식 끝에 세미콜론을 추가하면, 표현식은 구문으로 변경되고 값을 반환하지 않게 됩니다. 이 점을 상기하면서 이후부터 함수의 반환값과 표현식을 살펴보길 바랍니다.

3.3.3 반환값을 갖는 함수

함수는 호출한 코드에 값을 반환할 수 있습니다. 반환되는 값을 명명해야 할 필요는 없지만, 그 값의 타입은 화살표(->) 뒤에 선언되어야 합니다. 러스트에서 함수의 반환값은 함수 본문의 마지막 표현식의 값과 동일합니다. return 키워드와 값을 지정하여 함수로부터 일찍 값을 반환할 수 있지만, 대부분의 함수들은 암묵적으로 마지막 표현식값을 반환합니다. 값을 반환하는 함수의 예를 보겠습니다.

```
fn five() -> i32 {
    5
}

fn main() {
    let x = five();

    println!("The value of x is: {x}");
}
```

five 함수에는 함수 호출, 매크로, 심지어 let 구문도 없이 그저 5란 숫자 하나만 있습니다. 러스트에서는 이게 완벽하게 유효한 함수입니다. 함수 반환값의 타입도 -> i32로 명시되어 있다는 점에 주목하세요. 결과는 아래와 같이 나와야 합니다.

```
$ cargo run
   Compiling functions v0.1.0 (file:///projects/functions)
    Finished dev [unoptimized + debuginfo] target(s) in 0.30s
     Running `target/debug/functions`
The value of x is: 5
```

5는 five 함수의 반환값이며, 이 때문에 반환 타입을 i32으로 한 것이지요. 좀 더 자세히 보자면, 중요한 지점이 두 곳 있습니다. 첫 번째로, let x = five(); 라인은 함수의 반환값을 변수의 초깃값으로 사용하는 것을 보여줍니다. five의 반환값이 5이기 때문에 해당 라인은 다음과 동일합니다.

```
let x = 5;
```

두 번째로, five 함수는 매개변수 없이 반환 타입만 정의되어 있지만 본문에는 5만이 세미콜론 없이 외롭게 있는데, 그 이유는 이 값이 반환하려는 값에 대한 표현식이기 때문입니다.

다른 예제도 살펴봅시다.

```
fn main() {
    let x = plus_one(5);
```

```
        println!("The value of x is: {x}");
}

fn plus_one(x: i32) -> i32 {
    x + 1
}
```

이 코드를 실행하면 The value of x is: 6이 출력됩니다. 만일 x + 1 끝에 세미콜론이 추가되어 표현식이 구문으로 변경되면 에러가 발생합니다.

File src/main.rs

```
fn main() {
    let x = plus_one(5);

    println!("The value of x is: {x}");
}

fn plus_one(x: i32) -> i32 {
    x + 1;
}
```

이 코드를 컴파일하면 다음과 같은 에러가 나타납니다.

```
$ cargo run
   Compiling functions v0.1.0 (file:///projects/functions)
error[E0308]: mismatched types
 --> src/main.rs:7:24
  |
7 | fn plus_one(x: i32) -> i32 {
  |    --------               ^^^ expected `i32`, found `()`
  |    |
  |    implicitly returns `()` as its body has no tail or `return` expression
8 |     x + 1;
  |          - help: remove this semicolon to return this value
```

주 에러 메시지 mismatched types는 이 코드의 핵심 문제를 보여줍니다. plus_one 함수의 정의에는 i32값을 반환한다고 되어 있지만, 구문은 값을 평가하지 않기에 ()로 표현되는 유닛 타입으로 표현됩니다. 따라서 아무것도 반환되지 않아 함수가 정의된 내용과 상충하게 되어 에러가 발생됩니다. 위의 출력 결과에서 러스트는 이 문제를 바로잡는 데 도움이 될 수 있는 메시지를 제공합니다. 바로 세미콜론을 제거하면 에러가 수정될 것이란 제안이지요.

3.4 주석

모든 프로그래머들은 쉽게 이해되는 코드를 작성하기 위해 노력하지만, 종종 부연 설명이 필요할 때도 있습니다. 그런 경우 프로그래머들은 **주석**(comment)을 코드에 남겨서, 컴파일러는 이를 무시하지만 코드를 읽는 사람들은 유용한 정보를 얻을 수 있게끔 합니다.

간단한 주석의 예를 봅시다.

```
// hello, world
```

러스트에서 주석은 두개의 슬래시로 시작하며, 이 주석은 해당 줄의 끝까지 계속됩니다. 한 줄을 넘기는 주석의 경우에는 아래처럼 각 줄마다 //를 추가하면 됩니다.

```
// 그러니까 여기서는 여러 줄의 주석을 달 필요가 있을 정도로
// 복잡한 작업을 하고 있습니다! 휴! 이 주석으로 무슨 일이
// 일어나고 있는지 이해할 수 있기를 바랍니다.
```

또한 주석은 코드의 뒷부분에 위치할 수도 있습니다.

File src/main.rs

```
fn main() {
    let lucky_number = 7; // 오늘 운이 좋은 느낌이에요.
}
```

하지만 아래와 같이 코드 윗줄에 따로 주석을 작성한 형태를 더 자주 보게 될 겁니다.

File src/main.rs

```
fn main() {
    // 오늘 운이 좋은 느낌이에요.
    let lucky_number = 7;
}
```

러스트는 문서화 주석(documentation comment)이라고 불리는 또 다른 주석 형태를 가지고 있는데, 14장의 'crates.io에 크레이트 배포하기'(375쪽)에서 다루겠습니다.

3.5 제어 흐름

어떤 조건이 참인지에 따라 특정 코드를 실행하고, 어떤 조건을 만족하는 동안 특정 코드를 반복 수행하는 기능은 대부분의 프로그래밍 언어에서 기본 재료로 사용됩니다. 러스트 코드의 실행 흐름을 제어하도록 해주는 가장 일반적인 재료는 if 표현식과 반복문입니다.

3.5.1 if 표현식

if 표현식은 여러분의 코드가 조건에 따라 분기할 수 있도록 해줍니다. 조건을 제공한 뒤 다음과 같이 기술하는 식이죠. '만약 조건을 만족하면, 이 코드 블록을 실행하세요. 그렇지 않다면 코드 블록을 실행하지 마세요.'

if 표현식을 알아보기 위해서 여러분의 **projects** 디렉터리에 **branches**라는 새 프로젝트를 생성합시다. **src/main.rs** 파일에 다음을 입력하세요.

File src/main.rs

```
fn main() {
    let number = 3;

    if number < 5 {
        println!("condition was true");
    } else {
        println!("condition was false");
    }
}
```

모든 if 표현식은 if라는 키워드로 시작하고 그 뒤에 조건이 옵니다. 위의 경우 조건은 변수 number가 5보다 작은 값인지 검사합니다. 조건이 참일 때 실행하는 코드 블록은 조건 바로 뒤 중괄호로 된 블록에 배치됩니다. if 표현식의 조건과 관련된 코드 블록은 2장의 '비밀번호와 추릿값 비교하기'(31쪽)에서 다뤘던 match 식의 **갈래(arm)**와 마찬가지로 갈래로 불리기도 합니다.

추가로 위의 경우처럼 else 표현식을 붙일 수도 있는데, 이는 프로그램에게 해당 조건이 거짓일 경우 실행되는 코드 블록을 제공합니다. else 표현식이 없고 조건식이 거짓이라면, 프로그램은 if 블록을 생략하고 다음 코드로 넘어갑니다.

이 코드를 실행해보면 다음과 같은 결과를 얻을 수 있습니다.

```
$ cargo run
   Compiling branches v0.1.0 (file:///projects/branches)
    Finished dev [unoptimized + debuginfo] target(s) in 0.31s
     Running `target/debug/branches`
condition was true
```

조건을 false로 만들기 위해 number값을 변경하면 어떤 일이 일어나는지 봅시다.

```
    let number = 7;
```

프로그램을 다시 실행시키면 다음과 같은 결과를 보게 됩니다.

```
$ cargo run
   Compiling branches v0.1.0 (file:///projects/branches)
    Finished dev [unoptimized + debuginfo] target(s) in 0.31s
     Running `target/debug/branches`
condition was false
```

또한 이 코드의 조건식이 **반드시** bool이어야 한다는 점에 주목할 가치가 있습니다. 조건식이 bool이 아니면 에러가 발생합니다. 예를 들자면 아래 코드를 실행해보세요.

File src/main.rs

```
fn main() {
    let number = 3;

    if number {
        println!("number was three");
    }
}
```

이 경우에는 if 조건식의 결과가 3이고, 러스트는 에러를 발생시킵니다.

```
$ cargo run
   Compiling branches v0.1.0 (file:///projects/branches)
error[E0308]: mismatched types
 --> src/main.rs:4:8
  |
4 |     if number {
  |        ^^^^^^ expected `bool`, found integer
```

이 에러는 러스트가 bool을 예상했으나 정숫값을 받았다는 것을 알려줍니다. 루비나 자바스크립트 같은 언어와 달리 러스트는 불리언 타입이 아닌 값을 불리언 타입으로 자동 변환하지 않습니다. if문에는 항상 명시적으로 불리언 타입의 조건식을 제공해야 합니다. 예를 들어 어떤 숫자가 0이 아닌 경우에만 if 코드 블록을 실행시키고자 한다면, 다음과 같이 if 표현식을 바꾸면 됩니다.

(File) src/main.rs

```
fn main() {
    let number = 3;

    if number != 0 {
        println!("number was something other than zero");
    }
}
```

이 코드를 실행시키면 number was something other than zero가 출력될 것입니다.

else if로 여러 조건식 다루기

if와 else 사이에 else if를 조합하면 여러 조건식을 사용할 수 있습니다.

(File) src/main.rs

```
fn main() {
    let number = 6;

    if number % 4 == 0 {
        println!("number is divisible by 4");
    } else if number % 3 == 0 {
        println!("number is divisible by 3");
    } else if number % 2 == 0 {
        println!("number is divisible by 2");
    } else {
        println!("number is not divisible by 4, 3, or 2");
    }
}
```

이 프로그램은 분기 가능한 4개의 경로가 있습니다. 실행하면 다음과 같은 결과를 보게 됩니다.

```
$ cargo run
   Compiling branches v0.1.0 (file:///projects/branches)
    Finished dev [unoptimized + debuginfo] target(s) in 0.31s
     Running `target/debug/branches`
number is divisible by 3
```

이 프로그램을 실행하면 각각의 if 표현식을 순차적으로 검사하고, 조건이 참일 때의 첫 번째 본문을 실행합니다. 6이 2로 나누어 떨어지지만, number is divisible by 2나 number is not divisible by 4, 3, or 2와 같은 else 블록의 텍스트가 출력되지 않는다는 점에 주목하세요. 이는 러스트가 처음으로 true인 조건의 본문을 실행하고 나면 나머지는 검사도 하지 않기 때문입니다.

else if 표현식을 너무 많이 사용하면 코드가 복잡해질 수 있으므로, 표현식이 두 개 이상이면 코드를 리팩터링하는 것이 좋습니다. 6장에서는 이런 경우에 적합한 match라는 러스트의 강력한 분기 구조에 대해 설명합니다.

let 구문에서 if 사용하기

if는 표현식이기 때문에 예제 3-2처럼 변수에 결과를 할당하기 위하여 let 구문의 우변에 사용할 수 있습니다.

예제 3-2 **if 표현식의 결과를 변수에 할당하기**   (File) src/main.rs

```
fn main() {
    let condition = true;
    let number = if condition { 5 } else { 6 };

    println!("The value of number is: {number}");
}
```

변수 number에는 if 표현식을 계산한 결괏값이 바인딩될 것입니다. 코드를 실행해서 무슨 일이 벌어지는지 봅시다.

```
$ cargo run
   Compiling branches v0.1.0 (file:///projects/branches)
    Finished dev [unoptimized + debuginfo] target(s) in 0.30s
     Running `target/debug/branches`
```

```
The value of number is: 5
```

코드 블록은 블록 안의 마지막 표현식을 계산하고, 숫자는 그 자체로 표현식임을 기억하세요. 위의 경우 전체 if 표현식의 값은 실행되는 코드 블록에 따라 결정됩니다. 그렇기에 if 표현식의 각 갈래의 결괏값은 같은 타입이어야 합니다. 예제 3-2에서 if 갈래와 else 갈래는 모두 i32 정숫값입니다. 하지만 만약 다음 예제처럼 타입이 다르면 어떻게 될까요?

File) src/main.rs

```rust
fn main() {
    let condition = true;

    let number = if condition { 5 } else { "six" };

    println!("The value of number is: {number}");
}
```

이 코드를 컴파일하려고 하면 에러가 발생합니다. if와 else 갈래의 값의 타입이 호환되지 않고, 러스트는 프로그램의 어느 지점에 문제가 있는지 정확히 알려줍니다.

```
$ cargo run
   Compiling branches v0.1.0 (file:///projects/branches)
error[E0308]: `if` and `else` have incompatible types
 --> src/main.rs:4:44
  |
4 |     let number = if condition { 5 } else { "six" };
  |                                   -          ^^^^^ expected integer, found `&str`
  |                                   |
  |                                   expected because of this
```

if 블록은 정숫값을 계산하는 표현식이고 else 블록은 문자열로 평가되는 표현식입니다. 이런 형태의 코드가 작동하지 않는 이유는 변수가 가질 수 있는 타입이 오직 하나이기 때문입니다. 러스트는 컴파일 시점에 number 변수의 타입이 무엇인지 확실히 알 필요가 있습니다. 그래야 컴파일 시점에 number가 사용되는 모든 곳에서 해당 타입이 유효한지 검증할 수 있으니까요. 러스트에서는 number의 타입이 런타임에 정의되도록 할 수 없습니다. 컴파일러가 어떤 변수에 대해 여러 타입에 대한 가정값을 추적해야 한다면 컴파일러는 더 복잡해지고 보장할 수 있는 것들이 줄어들 것입니다.

3.5.2 반복문을 이용한 반복

코드 블록을 한 번 이상 수행하는 일은 자주 쓰입니다. 반복 작업을 위해서, 러스트는 몇 가지 **반복문(loop)**을 제공하는데 이는 루프 본문의 시작부터 끝까지 수행한 뒤 다시 처음부터 수행합니다. 반복문을 실험해보기 위해 **loops**라는 이름의 새 프로젝트를 만듭시다.

러스트에는 loop, while, 그리고 for라는 세 종류의 반복문이 있습니다. 하나씩 써봅시다.

loop로 코드 반복하기

loop 키워드는 여러분이 그만두라고 명시적으로 알려주기 전까지, 혹은 영원히 코드 블록을 반복 수행하도록 해줍니다.

일례로 **loops** 디렉터리의 **src/main.rs** 코드를 다음과 같이 바꿔보세요.

(File) src/main.rs

```rust
fn main() {
    loop {
        println!("again!");
    }
}
```

이 프로그램을 실행시키면, 우리가 프로그램을 강제로 정지시키기 전까지 again!이 계속 반복적으로 출력되는 것을 보게 됩니다. 대부분의 터미널은 단축키 [ctrl]-[c]를 눌러서 무한 루프에 빠진 프로그램을 정지시키는 기능을 지원합니다. 한번 시도해보세요.

```
$ cargo run
   Compiling loops v0.1.0 (file:///projects/loops)
    Finished dev [unoptimized + debuginfo] target(s) in 0.29s
     Running `target/debug/loops`
again!
again!
again!
again!
^Cagain!
```

기호 ^C는 우리가 [ctrl]-[c]를 누른 지점을 표시합니다. 코드가 정지 신호를 받은 시점에 따라 ^C 이후에 again!이 출력될 수도 안 될 수도 있습니다.

다행히 러스트에서는 코드를 사용하여 루프에서 벗어나는 방법도 제공합니다. 루프 안에 break 키워드를 집어넣으면 루프를 멈춰야 하는 시점을 프로그램에게 알려줄 수 있습니다. 2장의 '정답을 맞힌 후 종료하기'(36쪽)의 추리 게임 코드에서 사용자가 정답을 추리하여 게임에서 이겼을 경우 프로그램을 종료하기 위해 했던 일을 상기해보세요.

추리 게임에서는 continue도 사용했었는데, 이는 프로그램에게 이번 회차에서 루프에 남은 코드를 넘겨버리고 다음 회차로 넘어가라고 알려줍니다.

반복문에서 값 반환하기

loop의 용례 중 하나는 어떤 스레드가 실행 완료되었는지 검사하는 등 실패할지도 모르는 연산을 재시도할 때입니다. 여기서 해당 연산의 결과를 이후의 코드에 전달하고 싶을 수도 있습니다. 이를 위해서는 루프 정지를 위해 사용한 break 표현식 뒤에 반환하고자 하는 값을 넣으면 됩니다. 해당 값은 아래와 같이 반복문 밖으로 반환되어 사용 가능하게 됩니다.

```
fn main() {
    let mut counter = 0;

    let result = loop {
        counter += 1;

        if counter == 10 {
            break counter * 2;
        }
    };

    println!("The result is {result}");
}
```

반복문 전에 counter라는 이름의 변수를 선언하여 0으로 초기화했습니다. 그다음 result라는 변수를 선언하여 반복문으로부터 반환된 값을 저장하도록 했습니다. 반복문의 매 회차마다 counter 변수에 1을 더한 후 값이 10과 같은지 검사합니다. 그런 경우 break 키워드와 counter * 2값을 사용하였습니다. 루프 뒤에는 result에 값을 할당하는 구문을 끝내기 위해 세미콜론을 붙였습니다. 결과적으로 result의 값이 20으로 출력됩니다.

루프 라벨로 여러 반복문 사이에 모호함 없애기

만일 루프 안에 루프가 있다면, break와 continue는 해당 지점의 바로 바깥쪽 루프에 적용됩니다.

루프에 **루프 라벨**(loop label)을 추가적으로 명시하면 break나 continue와 함께 이 키워드들이 바로 바깥쪽 루프 대신 라벨이 적힌 특정한 루프에 적용되도록 할 수 있습니다. 루프 라벨은 반드시 작은따옴표로 시작해야 합니다. 아래에 루프가 두 개 중첩된 예제가 있습니다.

```rust
fn main() {
    let mut count = 0;
    'counting_up: loop {
        println!("count = {count}");
        let mut remaining = 10;

        loop {
            println!("remaining = {remaining}");
            if remaining == 9 {
                break;
            }
            if count == 2 {
                break 'counting_up;
            }
            remaining -= 1;
        }

        count += 1;
    }
    println!("End count = {count}");
}
```

바깥쪽 루프는 'counting_up이라는 라벨이 붙어 있고, 0에서부터 2까지 카운트합니다. 라벨이 없는 안쪽 루프는 10에서 9까지 거꾸로 카운트합니다. 라벨이 명시되지 않은 첫 번째 break는 안쪽 루프만 벗어납니다. break 'counting_up; 구문은 바깥쪽 루프를 탈출할 것입니다. 이 코드는 다음을 출력합니다.

```
count = 0
remaining = 10
remaining = 9
count = 1
remaining = 10
remaining = 9
count = 2
remaining = 10
End count = 2
```

while을 이용한 조건 반복문

반복문 내에서 조건을 검사하는 작업도 자주 사용됩니다. 조건문이 true인 동안에는 계속 반복하는 형태죠. 조건문이 true가 아니게 될 때 프로그램은 break를 호출하여 반복을 종료합니다. 이러한 반복문 형태는 loop, if, else와 break의 조합으로 구현할 수 있습니다. 여러분이 원한다면 그렇게 시도해볼 수 있습니다. 하지만 이러한 패턴은 매우 흔하기 때문에 러스트에서는 while 반복문이라 일컫는 구조가 내장되어 있습니다. 예제 3-3은 while을 사용하여 코드를 3번 반복 실행하면서 매번 카운트를 감소하고 난 다음, 반복문 후에 다른 메시지를 출력하고 종료합니다.

예제 3-3 while 반복문을 사용하여 조건이 참인 동안 코드를 반복 실행하기   (File) src/main.rs

```rust
fn main() {
    let mut number = 3;

    while number != 0 {
        println!("{number}!");

        number -= 1;
    }

    println!("LIFTOFF!!!");
}
```

이 구조는 loop, if, else 및 break를 사용할 때 필요하게 될 많은 중첩 구조를 제거하고 코드를 더 깔끔하게 만듭니다. 조건식이 true로 계산되는 동안 코드가 실행되고, 그렇지 않으면 반복문을 벗어납니다.

for를 이용한 컬렉션에 대한 반복문

while를 사용하여 배열과 같은 컬렉션의 각 요소에 대한 반복문을 작성할 수 있습니다. 한 가지 예로 예제 3-4의 반복문은 a라는 배열의 각 요소를 출력합니다.

예제 3-4 while 반복문을 사용하여 컬렉션의 각 요소 순회하기   (File) src/main.rs

```rust
fn main() {
    let a = [10, 20, 30, 40, 50];
    let mut index = 0;

    while index < 5 {
        println!("the value is: {}", a[index]);
```

```
        index += 1;
    }
}
```

위의 코드는 배열의 요소들을 훑기 위해 숫자를 셉니다. 인덱스 0을 시작으로 배열의 마지막 인덱스에 도달할 때까지 반복합니다(위의 경우 index < 5가 true가 아닐 때까지입니다). 이 코드를 실행하면 배열의 모든 요소가 출력될 것입니다.

```
$ cargo run
   Compiling loops v0.1.0 (file:///projects/loops)
    Finished dev [unoptimized + debuginfo] target(s) in 0.32s
     Running `target/debug/loops`
the value is: 10
the value is: 20
the value is: 30
the value is: 40
the value is: 50
```

기대한 대로 배열의 다섯 개의 값이 모두 터미널에 출력됩니다. index가 어떤 시점에서 5에 도달하더라도 반복문은 이 배열로부터 6번째 값을 얻어오기 전에 실행 종료됩니다.

하지만 이런 접근 방식은 에러가 발생하기 쉽습니다. 즉 인덱스의 길이가 부정확하면 패닉을 발생시키는 프로그램이 될 수 있습니다. 예를 들어, a 배열이 네 개의 요소를 갖도록 정의 부분을 변경했는데 while index < 4의 조건문을 고치는 것을 잊어버린다면 코드는 패닉을 일으킬 것입니다. 또한 컴파일러가 루프의 매 반복 회차마다 인덱스가 범위 안에 있는지에 대한 조건문 검사를 수행하는 코드를 붙이기 때문에 느려집니다.

좀 더 간편한 대안으로 for 반복문을 사용하여 컬렉션의 각 아이템에 대하여 임의의 코드를 수행시킬 수 있습니다. for 반복문은 예제 3-5의 코드처럼 생겼습니다.

예제 3-5 for **반복문을 이용하여 콜렉션의 각 요소 순회하기**　　　　　　　　　　(File) src/main.rs

```rust
fn main() {
    let a = [10, 20, 30, 40, 50];

    for element in a {
        println!("the value is: {element}");
    }
}
```

이 코드를 실행하면 예제 3-4의 결과와 동일한 결과를 보게 됩니다. 그보다 더 중요한 것은 이렇게 함으로써 코드의 안전성이 강화되고, 배열의 끝을 넘어서거나 끝까지 가지 못해서 몇 개의 아이템을 놓쳐서 발생할 수도 있는 버그의 가능성을 제거했다는 것입니다.

for 루프를 사용하면 여러분이 배열 내 값의 개수를 변경시키더라도 수정해야 할 다른 코드를 기억해둘 필요가 없어질 겁니다.

이러한 안전성과 간편성 덕분에 for 반복문은 러스트에서 가장 흔하게 사용되는 반복문 구성 요소가 되었습니다. 심지어 while 반복문을 사용했던 예제 3-3의 카운트다운 예제처럼 어떤 코드를 몇 번 정도 반복하고 싶은 경우라도, 대부분의 러스타시안들은 for 반복문을 이용할 겁니다. 표준 라이브러리가 제공하는 Range 타입을 이용하면 특정 횟수만큼의 반복문을 구현할 수 있는데, Range는 어떤 숫자에서 시작하여 다른 숫자 종료 전까지의 모든 숫자를 차례로 생성해줍니다.

for 반복문을 이용한 카운트다운 구현은 아래처럼 생겼습니다. 여기서 아직 살펴보지 않았던 rev 메서드는 범윗값을 역순으로 만들어줍니다.

File) src/main.rs

```rust
fn main() {
    for number in (1..4).rev() {
        println!("{number}!");
    }
    println!("LIFTOFF!!!");
}
```

이 코드가 좀 더 괜찮죠?

정리

해냈군요! 정말 긴 장이었습니다. 여러분은 변수, 스칼라 타입 및 복합 타입, 함수, 주석, if 표현식, 그리고 루프에 대해 배웠습니다! 이 장에서 다룬 개념들을 연습하고 싶다면 아래 프로그램 만들기에 도전해보세요.

- 화씨 온도와 섭씨 온도 간 변환하기
- n번째 피보나치 수 생성하기

- 크리스마스 캐럴 <The Twelve Days of Christmas> 노래의 반복성을 활용하여 가사 출력해보기

다음으로 넘어갈 준비가 되었다면, 이번에는 다른 프로그래밍 언어에는 **흔치 않은** 러스트의 개념인 소유권에 대해 알아보겠습니다.

CHAPTER 4

소유권 이해하기

소유권은 러스트에서 가장 독특한 기능이며 언어 전반에 깊은 영향을 끼칩니다. 소유권은 러스트가 가비지 컬렉터 없이 메모리 안정성을 보장하도록 해주므로, 소유권이 어떻게 작동하는지를 이해하는 것은 중요합니다. 이 장에서는 소유권을 비롯해 소유권과 관련된 대여(borrowing), 슬라이스(slice), 그리고 러스트에서 데이터를 메모리에 저장하는 방법에 대해 알아보겠습니다.

4.1 소유권이 뭔가요?

소유권(ownership)은 러스트 프로그램의 메모리 관리법을 지배하는 규칙 모음입니다. 모든 프로그램은 작동하는 동안 컴퓨터의 메모리 사용 방법을 관리해야 합니다. 몇몇 언어는 가비지 컬렉션으로 프로그램에서 더 이상 사용하지 않는 메모리를 정기적으로 찾는 방식을 채택했고, 다른 언어는 프로그래머가 직접 명시적으로 메모리를 할당하고 해제하는 방식을 택했습니다. 이때 러스트는 제3의 방식을 택했습니다. 소유권이라는 시스템을 만들고, 컴파일러가 컴파일 중에 검사할 여러 규칙을 정해 메모리를 관리하는 방식이지요. 이 규칙 중 하나라도 위반하면 프로그램은 컴파일 되지 않습니다. 소유권의 어떠한 특성도 프로그램 실행 속도를 느리게 하지 않습니다.

소유권은 상당히 생소한 개념이기 때문에 이해하고 사용하는 데 시간이 좀 걸릴 겁니다. 하지만 여러분이 러스트라는 언어와 소유권 시스템 규칙에 익숙해질수록, 더 안정적이고 더 효율적인 코드를 쉽게 작성하는 방법을 찾게 될 테니, 포기하지 마세요!

소유권을 이해하고 나면, 러스트라는 언어를 특별한 존재로 만드는 나머지 기능들도 이해할 수 있을 겁니다. 이번 장에서는 일반적인 자료 구조인 문자열 위주의 예제를 통해 소유권을 배워보겠습니다.

스택 영역과 힙 영역

대부분의 프로그래밍 언어에서는 스택, 힙 영역을 주제로 고민할 필요가 많지 않습니다. 하지만 러스트 같은 시스템 프로그래밍 언어에서는 값을 스택에 저장하느냐 힙에 저장하느냐의 차이가 프로그램의 작동 및 프로그래머의 의사 결정에 훨씬 큰 영향을 미칩니다. 소유권과 스택, 힙을 엮은 설명은 후술했으므로 여기서는 각 영역에 대해서만 간략히 설명하겠습니다.

스택, 힙 둘 다 여러분이 작성한 프로그램이 런타임에 이용하게 될 메모리 영역이라는 공통점이 있지만, 구조는 각기 다릅니다. 스택은 값이 들어온 순서대로 저장하고, 역순으로 제거합니다. 이를 **후입선출**(last in, first out)이라 하지요. 쌓여 있는 접시로 예를 들어보겠습니다. 여러분이 접시 더미에 접시를 추가할 땐 접시 더미의 꼭대기에 쌓고, 반대로 접시를 꺼낼 땐 꼭대기에서 한 장 꺼낼 겁니다. 중간이나 맨 아래에 끼워 넣는 건 쉽지 않겠죠. 이런 식으로 접시 더미, 즉 스택에 데이터를 추가하는 행위를 **푸시**(push)라고 하며, 반대로 스택에서 데이터를 제거하는 행위는 **팝**(pop)이라 합니다. 스택에 저장되는 데이터는 모두 명확하고 크기가 정해져 있어야 합니다. 컴파일 타임에 크기를 알 수 없거나, 크기가 변경될 수 있는 데이터는 스택 대신 힙에 저장되어야 합니다.

힙은 스택보다 복잡합니다. 데이터를 힙에 넣을 때 먼저 저장할 공간이 있는지 운영체제에 물어봅니다. 그러면 메모리 할당자는 커다란 힙 영역 안에서 어떤 빈 지점을 찾고, 이 지점은 사용 중이라고 표시한 뒤 해당 지점을 가리키는 **포인터**(pointer)를 우리에게 반환합니다. 이 과정을 **힙 공간 할당**(allocating on the heap), 줄여서 **할당**(allocation)이라 합니다(스택에 값을 푸시하는 것은 할당이라 부르지 않습니다). 포인터는 크기가 정해져 있어 스택에 저장할 수 있으나, 포인터가 가리키는 실제 데이터를 사용하고자 할 때는 포인터를 참조해 해당 포인터가 가리키는 위치로 이동하는 과정을 거쳐야 합니다. 힙 구조는 레스토랑에서 자리에 앉는 과정으로 비교할 수 있습니다. 레스토랑에 입장하면, 직원에게 인원수를 알립니다. 그러면 직원은 인원수에 맞는 빈 테이블을 찾아 안내하겠죠. 이후에 온 일행이 우리 테이블을 찾을 땐 직원에게 물어 안내받을 겁니다.

스택 영역은 데이터에 접근하는 방식상 힙 영역보다 속도가 빠릅니다. 메모리 할당자가 새로운 데이터를 저장할 공간을 찾을 필요가 없이 항상 스택의 가장 위에 데이터를 저장하면 되기 때문이죠. 반면에 힙에 공간을 할당하는 작업은 좀 더 많은 작업을 요구하는데, 메모리 할당자가 데이터를 저장하기 충분한 공간을 먼저 찾고 다음 할당을 위한 준비를 위해 예약을 수행해야 하기 때문입니다.

힙 영역은 포인터가 가리키는 곳을 찾아가는 과정으로 인해 느려집니다. 현대 프로세서는 메모리 내부를 이리

저리 왔다 갔다 하는 작업이 적을수록 속도가 빨라지는데, 힙에 있는 데이터들은 서로 멀리 떨어져 있어 프로세서가 계속해서 돌아다녀야 하기 때문이죠. 앞서 예로 든 레스토랑을 다시 한번 생각해봅시다. 여러분이 웨이터라면, 다른 테이블로 이동하기 전에 지금 있는 테이블의 주문을 모두 다 받고 나서 이동하는 게 가장 효율적일 겁니다. 반대로 A 테이블에서 하나 주문받고, B 테이블로 이동해서 하나 주문받고, 다시 A로, 다시 B로 이동해가며 주문받으면 훨씬 느려지겠죠. 프로세서도 마찬가지입니다. 힙 영역처럼 데이터가 서로 멀리 떨어져 있으면 작업이 느려지고, 반대로 스택 영역처럼 데이터가 서로 붙어 있으면 작업이 빨라집니다.

여러분이 함수를 호출하면, 호출한 함수에 넘겨준 값(값 중엔 힙 영역의 데이터를 가리키는 포인터도 있을 수 있습니다)과 해당 함수의 지역 변수들이 스택에 푸시됩니다. 그리고 이 데이터들은 함수가 종료될 때 팝됩니다.

코드 어느 부분에서 힙의 어떤 데이터를 사용하는지 추적하고, 힙에서 중복되는 데이터를 최소화하고, 쓰지 않는 데이터를 힙에서 정리해 영역을 확보하는 등의 작업은 모두 소유권과 관련되어 있습니다. 반대로 말하면 여러분이 소유권을 한번 이해하고 나면 스택, 힙 영역으로 고민할 일이 줄어들 거란 뜻이지만, 소유권의 주요 목표가 힙 데이터의 관리라는 점을 알고 있으면 소유권의 작동 방식을 이해하는 데 도움이 됩니다.

4.1.1 소유권 규칙

소유권 규칙부터 알아보겠습니다. 앞으로 나올 내용을 보는 동안 다음 규칙을 명심하세요.

- 러스트에서, 각각의 값은 **소유자**(owner)가 정해져 있습니다.
- 한 값의 소유자는 동시에 여럿 존재할 수 없습니다.
- 소유자가 스코프 밖으로 벗어날 때, 값은 버려집니다(dropped).

4.1.2 변수의 스코프

기본 문법은 이미 살펴봤으므로, 앞으로의 예제에서는 fn main() { 코드를 생략하겠습니다. 따라서 앞으로 예제를 따라할 때는 직접 main 함수에 코드를 작성해야 하니 주의해주세요. 결과적으로 예제가 간략해져서 보일러플레이트 코드가 아닌 실제 세부 사항에 집중하게끔 해줄 것입니다.

소유권 첫 예제로는 변수의 **스코프**(scope)를 다뤄보겠습니다. 스코프란, 프로그램 내에서 아이템이 유효한 범위를 말합니다. 다음과 같은 변수가 있다고 가정해봅시다.

```
let s = "hello";
```

변수 s는 문자열 리터럴(string literal)을 나타내며, 문자열 리터럴의 값은 코드 내에 하드코딩되어 있습니다. 이 변수는 선언된 시점부터 현재의 **스코프**를 벗어날 때까지 유효합니다. 예제 4-1에 변수 s가 유효한 지점을 주석으로 표시한 예제입니다.

```
{                        // s는 아직 선언되지 않아서 여기서는 유효하지 않습니다.
    Let s = "hello";     // 이 지점부터 s가 유효합니다.

    // s로 어떤 작업을 합니다.
}                        // 이 스코프가 종료되었고, s가 더 이상 유효하지 않습니다.
```

중요한 점은 두 가지입니다.

1. s가 스코프 **내에** 나타나면 유효합니다.
2. 유효 기간(생명주기)은 스코프 **밖으로** 벗어나기 전까지입니다.

여기까지 보면 변수의 유효성과 스코프는 다른 프로그래밍 언어와 비슷합니다. 이제, String 타입을 탐구해가며 본격적으로 소유권을 이해해봅시다.

4.1.3 String 타입

소유권 규칙을 설명하려면 3장의 '데이터 타입'(47쪽)에서 다룬 타입보다 복잡한 타입이 필요합니다. 앞서 다룬 것들은 명확한 크기를 가지고 있어서, 전부 스택에 저장되고 스코프를 벗어날 때 제거되며, 코드의 다른 쪽에서 별도의 스코프 내에서 같은 값을 사용하려 할 때 새 독립적인 인스턴스를 빠르고 간단하게 만들어 낼 수 있습니다. 하지만 이번에 필요한 건 힙에 저장되면서 러스트의 데이터 정리 과정을 알아보는 데 적합한 타입이지요. String 타입이 좋은 예입니다.

여기서는 String의 소유권과 관련된 부분에만 집중하겠습니다. 이러한 관점은 표준 라이브러리가 제공하는 다른 타입들이나 여러분이 만들 복잡한 데이터 타입에도 적용됩니다. String 타입은 8장(181쪽)에서 더 자세히 다루겠습니다.

여태 보아온 문자열은 코드 내에 하드코딩하는 방식의 문자열 리터럴이었습니다. 문자열 리터럴은 쓰기 편리하지만, 만능은 아닙니다. 그 이유는 문자열 리터럴이 불변성(immutable)을 지니기에 변경할 수 없다는 점과, 프로그램에 필요한 모든 문자열을 우리가 프로그래밍하는 시점에 알 수는 없다는 점 때문입니다. 사용자한테 문자열을 입력받아 저장하는 기능 등을 만들어야 하는 상황에서는 문자열 리터럴을 사용할 수 없죠. 따라서 러스트는 또 다른 문자열 타입인 String을 제공합니다. 이 타입은 힙에 할당된 데이터를 다루기 때문에, 컴파일 타임에 크기를 알 수 없는 텍스트도 저장할 수 있습니다. String 타입은 다음과 같이 from 함수와 문자열 리터럴을 이용해 생성 가능합니다.

```
let s = String::from("hello");
```

이중 콜론 ::은 우리가 함수를 사용할 때 string_from 같은 함수명을 사용하지 않고 String 타입에 있는 특정된 from 함수라는 것을 지정할 수 있게 해주는 네임스페이스 연산자입니다. 메서드 관련 문법은 5장 '메서드 문법'(126쪽)에서 자세히 다루며, 모듈 및 네임스페이스는 7장 '경로를 사용하여 모듈 트리의 아이템 참조하기'(160쪽)에서 다루고 있습니다.

이 String 문자열은 변경이 가능합니다.

```
let mut s = String::from("hello");

s.push_str(", world!"); // push_str()이 문자열에 리터럴을 추가합니다.

println!("{}", s); // 이 줄이 `hello, world!`를 출력합니다.
```

하지만 문자열 리터럴과 String에 무슨 차이가 있길래 어떤 것은 변경할 수 있고 어떤 것은 변경할 수 없을까요? 차이점은 각 타입의 메모리 사용 방식에 있습니다.

4.1.4 메모리와 할당

문자열 리터럴은 컴파일 타임에 내용을 알 수 있으므로, 텍스트가 최종 실행 파일에 하드코딩 됩니다. 이 방식은 빠르고 효율적이지만, 문자열이 변하지 않을 경우에만 사용할 수 있습니다. 컴파일 타임에 크기를 알 수 없고 실행 중 크기가 변할 수도 있는 텍스트는 바이너리 파일에 집어넣을 수 없죠.

반면 String 타입은 힙에 메모리를 할당하는 방식을 사용하기 때문에 텍스트 내용 및 크기를 변경할 수 있습니다. 하지만 이는 다음을 의미하기도 합니다.

- 실행 중 메모리 할당자로부터 메모리를 요청해야 합니다.
- String 사용을 마쳤을 때 메모리를 해제할(즉, 할당자에게 메모리를 반납할) 방법이 필요합니다.

이 중 첫 번째는 이미 우리 손으로 해결했습니다. String::from 호출 시, 필요한 만큼 메모리를 요청하도록 구현되어 있거든요. 프로그래밍 언어 사이에서 일반적으로 사용하는 방식이죠.

하지만 두 번째는 다릅니다. **가비지 컬렉터**(garbage collector, GC)를 갖는 언어에서는 GC가 사용하지 않는 메모리를 찾아 없애주므로 프로그래머가 신경 쓸 필요 없습니다. GC가 없는 대부분의 언어에서는 할당받은 메모리가 필요 없어지는 지점을 프로그래머가 직접 찾아 메모리 해제 코드를 작성해야 합니다. 이 작업은 역사적으로 어려운 프로그래밍 문제였습니다. 프로그래머가 놓친 부분이 있다면 메모리 낭비가 발생하고, 메모리 해제 시점을 너무 일찍 잡으면 유효하지 않은 변수가 생깁니다. 두 번 해제할 경우도 마찬가지로 버그가 발생합니다. 따라서 allocate(할당)과 free(해제)가 하나씩 짝지어지도록 만들어야 합니다.

러스트에서는 이 문제를 변수가 자신이 소속된 스코프를 벗어나는 순간 자동으로 메모리를 해제하는 방식으로 해결했습니다. 예시로 살펴보죠. 예제 4-1에서 문자열 리터럴을 String으로 바꿔봤습니다.

```
{
    let s = String::from("hello"); // s는 이 지점부터 유효합니다.

    // s를 가지고 무언가 합니다.
}                              // 이 스코프가 종료되었고, s는 더 이상
                               // 유효하지 않습니다.
```

코드를 보면 String에서 사용한 메모리를 자연스럽게 해제하는 지점이 있습니다. s가 스코프 밖으로 벗어날 때인데, 러스트는 변수가 스코프 밖으로 벗어나면 drop이라는 특별한 함수를 호출합니다(https://doc.rust-lang.org/std/ops/trait.Drop.html#tymethod.drop). 이 함수는 해당 타입을 개발한 개발자가 직접 메모리 해제 코드를 작성해 넣을 수 있게 되어 있으며, 위의 경우 String 개발자가 작성한 메모리 해제 코드가 실행되겠죠. drop은 닫힌 중괄호 }가 나타나는 지점에서 자동으로 호출됩니다.

> **NOTE** C++에서는 이런 식으로 아이템의 수명이 끝나는 시점에 리소스를 해제하는 패턴을 **RAII**(resource acquisition is initialization)라 합니다. RAII 패턴에 익숙한 분들이라면 러스트의 drop 함수가 친숙할지도 모르겠네요.

이 패턴은 러스트 코드를 작성하는 데 깊은 영향을 미칩니다. 지금은 단순해 보이지만, 힙 영역을 사용하는 변수가 많아져 상황이 복잡해지면 코드가 예기치 못한 방향으로 작동할 수도 있죠. 그러면 지금부터 그런 복잡한 상황들을 더 알아보도록 합시다.

변수와 데이터 간 상호작용 방식: 이동

러스트에서는 동일한 데이터에 여러 변수가 서로 다른 방식으로 상호작용할 수 있습니다. 정수형을 이용한 예제로 살펴보겠습니다.

예제 4-2 **변수 x의 정숫값을 y에 대입하기**

```
let x = 5;
let y = x;
```

대충 어떤 일이 일어날지 예상되네요. '5를 x에 바인딩하고, x값의 복사본을 만들어 y에 바인딩하시오.' 그럼 x, y 두 변수가 생길 겁니다. 각각의 값은 5가 되겠죠. 실제로도 이와 같은데, 정수형 값은 크기가 정해진 단순한 값이기 때문입니다. 이는 다시 말해, 두 5값은 스택에 푸시된다는 뜻입니다.

이번엔 앞선 예제를 String으로 바꿔보았습니다.

```
let s1 = String::from("hello");
let s2 = s1;
```

이전 코드와 매우 비슷하니, 작동 방식도 같을 것으로 생각할 수도 있습니다. 두 번째 줄에서 s1의 복사본을 생성해 s2에 바인딩하는 식으로 말이죠. 하지만 이번엔 전혀 다른 방식으로 작동합니다.

그림 4-1을 참고해주세요. String은 그림 좌측에 표시된 것처럼 세 부분으로 이루어져 있습니다. 문자열 내용이 들어 있는 메모리를 가리키는 포인터, 문자열 길이, 메모리 용량입니다. 이 데이터는 스택에 저장됩니다. 우측은 문자열 내용이 들어 있는 힙 메모리입니다.

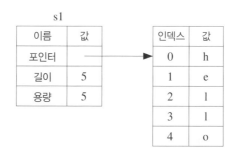

그림 4-1 s1에 바인딩된, "hello"값을 저장하고 있는 String의 메모리 속 모습

문자열 길이와 메모리 용량이 무슨 차이인가 궁금한 분들을 위해 간단히 설명하자면, 문자열 길이는 String의 내용이 현재 사용하고 있는 메모리를 바이트 단위로 나타낸 것이고, 메모리 용량은 메모리 할당자가 String에 할당한 메모리의 양을 뜻합니다. 지금의 맥락에서는 길이, 용량 사이의 차이는 중요한 내용이 아니니, 이해가 잘 안 되면 용량의 값은 무시해도 좋습니다.

s2에 s1을 대입하면 String 데이터가 복사됩니다. 이때 데이터는 스택에 있는 데이터, 즉 포인터와 길이, 용량값을 말하며, 포인터가 가리키는 힙 영역의 데이터는 복사되지 않습니다. 즉, 다음과 같은 메모리 구조를 갖게 됩니다.

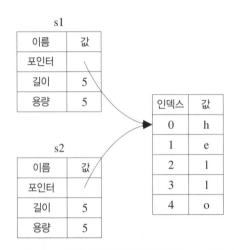

그림 4-2 변수 s2가 s1의 포인터, 길이, 용량값을 복사했을 때 나타나는 메모리 구조

아래의 그림 4-3은 힙 메모리의 데이터까지 복사했을 경우 나타날 구조로, **실제로는 이와 다릅니다.** 만약 러스트가 이런 식으로 작동한다면, 힙 내 데이터가 커질수록 s2 = s1 연산은 굉장히 느려질 겁니다.

그림 4-3 러스트에서 힙 데이터까지 복사할 경우의 s2 = s1 연산 결과

앞서 언급한 내용 중 변수가 스코프 밖으로 벗어날 때 러스트에서 자동으로 drop 함수를 호출하여 해당 변수가 사용하는 힙 메모리를 제거한다는 내용이 있었습니다. 하지만 그림 4-2처럼 두 포인터가 같은 곳을 가리킬 경우에는 어떻게 될까요? s2, s1이 스코프 밖으로 벗어날 때 각각 메모리를 해제하게 되면 **중복 해제**(double free) 에러가 발생할 겁니다. 이는 메모리 안전성에 영향을 줄 수 있는 버그 중 하나이며, 보안을 취약하게 만드는 메모리 손상의 원인입니다.

메모리 안정성을 보장하기 위해서, 러스트는 let s2 = s1; 라인 뒤로는 s1이 더 이상 유효하지 않다고 판단합니다. 이로써 러스트는 s1이 스코프를 벗어나더라도 아무것도 해제할 필요가 없어집니다. s2가 만들어진 이후에 s1을 사용하는 경우 어떤 일이 생기는지 확인해보면, 작동하지 않음을 알 수 있습니다.

```
let s1 = String::from("hello");
let s2 = s1;

println!("{}, world!", s1);
```

보다시피 유효하지 않은 참조자의 사용을 감지했다는 에러가 발생할 겁니다.

```
error[E0382]: borrow of moved value: `s1`
 --> src/main.rs:5:28
  |
2 |     let s1 = String::from("hello");
  |         -- move occurs because `s1` has type `String`, which does not implement the `Copy` trait
3 |     let s2 = s1;
  |              -- value moved here
4 |
5 |     println!("{}, world!", s1);
  |                            ^^ value borrowed here after move
```

여러분이 다른 프로그래밍 언어에서 **얕은 복사**(shallow copy), **깊은 복사**(deep copy)라는 용어를 들어봤다면, 힙 데이터를 복사하지 않고 포인터, 길이, 용량값만 복사하는 것을 얕은 복사라고 생각했을 수도 있지만, 러스트에서는 기존의 변수를 무효화하기 때문에 이를 얕은 복사가 아닌 **이동**(move)이라 하고, 따라서 앞선 코드는 s1이 s2로 **이동되었다**라고 표현합니다.

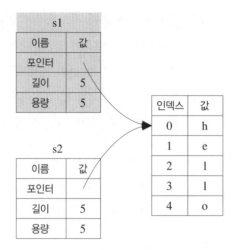

s1	
이름	값
포인터	
길이	5
용량	5

인덱스	값
0	h
1	e
2	l
3	l
4	o

s2	
이름	값
포인터	
길이	5
용량	5

그림 4-4 s1이 무효화된 후의 메모리 구조

이로써 문제가 사라졌네요! s2만이 유효하니, 스코프 밖으로 벗어났을 때 자신만 메모리를 해제할 것이고, 문제가 해결됩니다.

덧붙이자면, 러스트는 절대 자동으로 '깊은' 복사로 데이터를 복사하는 일이 없습니다. 따라서, 러스트가 **자동으로** 수행하는 모든 복사는 런타임 성능 측면에서 효율적이라 할 수 있습니다.

변수와 데이터 간 상호작용 방식: 클론

String의 힙 데이터까지 깊이 복사하고 싶을 땐 clone이라는 공용 메서드를 사용할 수 있습니다. 메서드 문법은 5장에서 다룰 예정이지만, 메서드라는 개념은 대부분의 프로그래밍 언어가 갖는 특성이기 때문에 여러분은 이미 다뤄봤을 겁니다.

다음은 clone 메서드의 사용 예제입니다.

```
let s1 = String::from("hello");
let s2 = s1.clone();

println!("s1 = {}, s2 = {}", s1, s2);
```

이 코드의 실행 결과는 힙 데이터까지 복사됐을 때의 메모리 구조를 나타낸 그림 4-3과 정확히 일치합니다.

이 코드에서 clone의 호출을 보고, 이 지점에서 성능에 영향이 갈 수도 있는 코드가 실행될 것을 알 수 있습니다. 즉, clone은 해당 위치에서 무언가 다른 일이 수행될 것을 알려주는 시각적인 표시이기도 합니다.

스택에만 저장되는 데이터: 복사

아직 다루지 않은 부분이 있습니다. 다음 코드는 앞서 예제 4-2에서 본 정수형을 이용하는 코드입니다(정상적으로 작동합니다).

```
let x = 5;
let y = x;

println!("x = {}, y = {}", x, y);
```

하지만 이 코드는 방금 우리가 배운 내용과 맞지 않는 것처럼 보이네요. clone을 호출하지도 않았는데 x는 계속해서 유효하며 y로 이동되지도 않았습니다.

이유는 정수형 등 컴파일 타임에 크기가 고정되는 타입은 모두 스택에 저장되기 때문입니다. 스택에 저장되니, 복사본을 빠르게 만들 수 있고, 따라서 굳이 y를 생성하고 나면 x를 무효화할 필요가 없습니다. 다시 말해 이런 경우엔 깊은 복사와 얕은 복사 간에 차이가 없습니다. 여기선 clone을 호출해도 얕은 복사와 차이가 없으니 생략해도 상관없죠.

러스트에는 정수형처럼 스택에 저장되는 타입에 붙여놓을(place) 수 있는 Copy 트레이트가 있습니다(트레이트는 10장(231쪽)에서 자세히 다룹니다). 만약 어떤 타입에 이 Copy 트레이트가 구현되어 있다면, 이 타입의 변수는 사용되어도 이동되지 않고 자명하게 복사되고, 대입 연산 후에도 사용할 수 있죠.

하지만 구현하려는 타입이나, 구현하려는 타입 중 일부분에 Drop 트레이트가 구현된 경우엔 Copy 트레이트를 애너테이션(annotation)할 수 없습니다. 즉, 스코프 밖으로 벗어났을 때 특정 동작이 요구되는 타입에 Copy 애너테이션을 추가하면 컴파일 에러가 발생합니다. 여러분이 만든 타입에 Copy 애너테이션을 추가하는 방법은 부록 C(640쪽)를 참고 바랍니다.

그래서, Copy 가능한 타입은 뭘까요? 타입마다 문서를 뒤져 정보를 찾아보고 확신을 얻을 수도 있겠지만, 일반적으로 단순한 스칼라값의 묶음은 Copy 가능하고, 할당이 필요하거나 리소스의 일종인 경우엔 불가능합니다. Copy 가능한 타입 목록 중 일부를 살펴보겠습니다.

- 모든 정수형 타입(예: u32)

- true, false값을 갖는 논리 자료형 bool

- 모든 부동소수점 타입(예: f64)

- 문자 타입 char

- Copy 가능한 타입만으로 구성된 튜플(예를 들어, (i32, i32)는 Copy 가능하지만 (i32, String)은 불가능합니다)

4.1.5 소유권과 함수

함수로 값을 전달하는 메커니즘은 변수에 값을 대입할 때와 유사합니다. 함수에 변수를 전달하면 대입 연산과 마찬가지로 이동이나 복사가 일어나기 때문이죠. 예제 4-3에 변수가 스코프를 벗어나는 부분을 주석으로 표시해보았습니다.

예제 4-3 **소유권, 스코프가 주석으로 표시된 함수**　　　　　　　　　　　　　　　File src/main.rs

```
fn main() {
    let s = String::from("hello");  // s가 스코프 안으로 들어옵니다.

    takes_ownership(s);             // s의 값이 함수로 이동됩니다...
                                    // ... 따라서 여기서는 더 이상 유효하지 않습니다.

    let x = 5;                      // x가 스코프 안으로 들어옵니다.

    makes_copy(x);                  // x가 함수로 이동될 것입니다만,
                                    // i32는 Copy이므로 앞으로 계속 x를
                                    // 사용해도 좋습니다.

} // 여기서 x가 스코프 밖으로 벗어나고 s도 그렇게 됩니다. 그러나 s의 값이 이동되었으므로
  // 별다른 일이 발생하지 않습니다.

fn takes_ownership(some_string: String) { // some_string이 스코프 안으로 들어옵니다.
    println!("{}", some_string);
} // 여기서 some_string이 스코프 밖으로 벗어나고 `drop`이 호출됩니다.
  // 메모리가 해제됩니다.

fn makes_copy(some_integer: i32) { // some_integer가 스코프 안으로 들어옵니다.
    println!("{}", some_integer);
} // 여기서 some_integer가 스코프 밖으로 벗어납니다. 별다른 일이 발생하지 않습니다.
```

러스트는 takes_ownership 함수를 호출한 이후에 s를 사용하려 할 경우, 컴파일 타임 에러를 발

생시킵니다. 이런 정적 검사들이 프로그래머의 여러 실수를 방지해주죠. 어느 지점에서 변수를 사용할 수 있고, 어느 지점에서 소유권 규칙이 여러분을 제재하는지 확인해보려면 main 함수에 s, x 변수를 사용하는 코드를 여기저기 추가해보세요.

4.1.6 반환값과 스코프

소유권은 값을 반환하는 과정에서도 이동합니다. 앞서 본 예제 4-3과 비슷한 주석이 달린, 어떤 값을 반환하는 함수에 대한 예제 4-4를 살펴봅시다.

예제 4-4 **반환값으로 일어나는 소유권 이동**　　　　　　　　　　　　　　　⊡ src/main.rs

```
fn main() {
    let s1 = gives_ownership();         // gives_ownership이 자신의 반환값을 s1로
                                        // 이동시킵니다.

    let s2 = String::from("hello");     // s2가 스코프 안으로 들어옵니다.

    let s3 = takes_and_gives_back(s2);  // s2는 takes_and_gives_back으로 이동되는데,
                                        // 이 함수 또한 자신의 반환값을 s3으로
                                        // 이동시킵니다.
} // 여기서 s3가 스코프 밖으로 벗어나면서 버려집니다. s2는 이동되어서 아무 일도
  // 일어나지 않습니다. s1은 스코프 밖으로 벗어나고 버려집니다.

fn gives_ownership() -> String {            // gives_ownership은 자신의 반환값을
                                            // 자신의 호출자 함수로 이동시킬
                                            // 것입니다.

    let some_string = String::from("yours"); // some_string이 스코프 안으로 들어옵니다.

    some_string                             // some_string이 반환되고
                                            // 호출자 함수 쪽으로
                                            // 이동합니다.
}

// 이 함수는 String을 취하고 같은 것을 반환합니다.
fn takes_and_gives_back(a_string: String) -> String { // a_string이 스코프 안으로
                                                      // 들어옵니다.

    a_string  // a_string이 반환되고 호출자 함수 쪽으로 이동합니다.
}
```

상황은 다양할지라도, 변수의 소유권 규칙은 언제나 동일합니다. 어떤 값을 다른 변수에 대입하면 값이 이동하고, 힙에 데이터를 갖는 변수가 스코프를 벗어나면, 사전에 해당 데이터가 이동하여 소

유권이 다른 변수에 이동되지 않은 이상 drop에 의해 데이터가 제거됩니다.

이런 방식도 작동하기는 하지만, 모든 함수가 소유권을 가졌다가 반납해야 한다면 조금 번거롭습니다. 함수에 넘겨줄 값을 함수 호출 이후에도 쓰고 싶은데, 그렇다고 해서 함수로부터 얻고자 하는 결과에 더해서 이후 다시 쓰고 싶은 변수까지 같이 반환받아야 한다면 본말전도나 다름없죠. 그럼, 함수가 값을 사용할 수 있도록 하되 소유권은 가져가지 않도록 하고 싶다면 어떻게 해야 할까요?

러스트에서는 예제 4-5에서처럼 튜플을 사용하여 여러 값을 반환하는 것이 가능합니다.

예제 4-5 매개변수의 소유권을 되돌려주는 방법   (File) src/main.rs

```
fn main() {
    let s1 = String::from("hello");

    let (s2, len) = calculate_length(s1);

    println!("The length of '{}' is {}.", s2, len);
}

fn calculate_length(s: String) -> (String, usize) {
    let length = s.len(); // len()은 String의 길이를 반환합니다.

    (s, length)
}
```

하지만 이런 식은 일반적인 컨셉이 되기엔 너무 거추장스럽고 많은 작업량이 수반됩니다. 다행히도, 러스트에는 소유권 이동 없이 값을 사용할 수 있는 **참조자**라는 기능을 가지고 있습니다.

4.2 참조와 대여

앞 절 마지막에 등장한 예제 4-5에서는 String이 calculate_length로 이동해버린 것 때문에 calculate_length를 호출한 함수로 String을 반환하여, 함수 호출 이후에도 String을 사용할 수 있게 하였습니다. 이렇게 하는 대신 String값의 참조자를 만들 수 있습니다. **참조자(reference)**는 해당 주소에 저장된 데이터에 접근할 수 있도록 해주는 주솟값에 해당하는, 포인터와 같은 것입니다. 그 데이터는 다른 어떤 변수가 소유하고 있죠. 포인터와는 달리, 참조자는 살아 있는 동안 특정 타입에 대한 유효한 값을 가리킴을 보장해줍니다.

이번에는 값의 소유권을 넘기는 대신 개체의 참조자를 넘겨주는 방법을 소개하겠습니다. 다음은
참조자를 매개변수로 받도록 구현한 `calculate_length` 함수의 정의 및 용례입니다.

File src/main.rs

```
fn main() {
    let s1 = String::from("hello");

    let len = calculate_length(&s1);

    println!("The length of '{}' is {}.", s1, len);
}

fn calculate_length(s: &String) -> usize {
    s.len()
}
```

먼저, 변수 선언부와 함수 반환값에 위치하던 튜플 코드가 전부 사라진 것을 볼 수 있습니다. 또한
`calculate_length` 함수에 s1 대신 &s1을 전달하고, 함수 정의에 `String` 대신 `&String`을 사용했
네요. 이 앰퍼샌드(&) 기호가 **참조자**를 나타내고, 어떤 값의 소유권을 가져오지 않고 해당 값을 참
조할 수 있도록 해줍니다. 그림 4-5는 이 개념을 도식화한 것입니다.

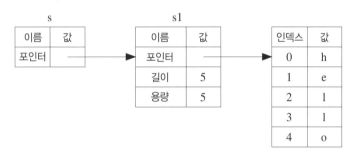

그림 4-5 &String s는 String s1을 가리킴

> **NOTE** &를 이용한 참조의 반대는 **역참조**(dereferencing)라 합니다. 역참조 기호는 *이며, 8장에서 몇 번 다뤄보
> 고 15장에서 자세한 내용을 배울 예정입니다.

함수 호출부를 좀 더 자세히 살펴봅시다.

```
    let s1 = String::from("hello");

    let len = calculate_length(&s1);
```

s1에 &를 붙인 &s1 구문은 s1 값을 참조하지만 해당 값을 소유하지 않는 참조자를 생성합니다. 값을 소유하지 않으므로 이 참조자가 가리킨 값은 참조자가 사용되지 않을 때까지 버려지지 않습니다.

마찬가지로 함수 시그니처에도 &를 사용하여 매개변수 s가 참조자 타입임을 나타냅니다. 주석으로 살펴보겠습니다.

```
fn calculate_length(s: &String) -> usize { // s는 String의 참조자입니다.
    s.len()
} // 여기서 s가 스코프 밖으로 벗어납니다. 하지만 참조하는 것을 소유하고 있진 않으므로,
  // 버려지지는 않습니다.
```

변수 s가 유효한 스코프는 여타 함수의 매개변수에 적용되는 스코프와 같습니다. 하지만 s에는 소유권이 없으므로 s가 더 이상 사용되지 않을 때도 이 참조자가 가리킨 값이 버려지지 않습니다. 함수가 실젯값 대신 참조자를 매개변수로 쓴다면 애초에 소유권이 없으니까 이 소유권을 돌려주기 위한 값 반환도 필요 없어집니다.

또한, 이처럼 참조자를 만드는 행위를 **대여**(borrowing)라고 합니다. 현실에서도 여러분이 다른 사람이 소유하고 있는 뭔가를 빌리고, 용무가 끝나면 돌려주는 것처럼요. 여러분의 소유가 아니니까요.

그럼 빌린 값을 수정하면 어떻게 될까요? 예제 4-6 코드를 실행해보면 알 수 있으나, 미리 말하자면 이 코드는 작동하지 않습니다.

예제 4-6 **빌린 값을 수정해보는 코드**   (File) src/main.rs

```
fn main() {
    let s = String::from("hello");

    change(&s);
}

fn change(some_string: &String) {
    some_string.push_str(", world");
}
```

나타나는 에러는 다음과 같습니다.

```
error[E0596]: cannot borrow `*some_string` as mutable, as it is behind a `&` reference
 --> src/main.rs:8:5
  |
7 | fn change(some_string: &String) {
  |                        ------- help: consider changing this to be a mutable reference:
`&mut String`
8 |     some_string.push_str(", world");
  |     ^^^^^^^^^^^^^^^^^^^^^^^^^^^^^^^^ `some_string` is a `&` reference, so
the data it refers to cannot be borrowed as mutable
```

변수가 기본적으로 불변성을 지니듯, 참조자도 마찬가지로 참조하는 것을 수정할 수 없습니다.

4.2.1 가변 참조자

가변 참조자(mutable reference)를 사용하는 식으로 예제 4-6을 살짝만 수정하면 에러를 없앨 수 있습니다.

File src/main.rs

```rust
fn main() {
    let mut s = String::from("hello");

    change(&mut s);
}

fn change(some_string: &mut String) {
    some_string.push_str(", world");
}
```

우선 s를 mut로 변경합니다. 그런 다음 change 함수를 호출하는 곳에서 &mut s로 가변 참조자를 생성하고, 이 함수에서 가변 참조자를 전달받도록 some_string: &mut String으로 수정합니다. 이는 change 함수가 빌린 값을 수정할 수 있음을 매우 명확하게 해줍니다.

가변 참조자는 한 가지 큰 제약이 있습니다. 어떤 값에 대한 가변 참조자가 있다면, 그 값에 대한 참조자는 더 이상 만들 수 없습니다. 아래의 코드는 s에 대한 두 개의 가변 참조자 생성을 시도하는 코드로, 작동하지 않습니다.

```
let mut s = String::from("hello");

let r1 = &mut s;
let r2 = &mut s;

println!("{}, {}", r1, r2);
```

에러는 다음과 같습니다.

```
error[E0499]: cannot borrow `s` as mutable more than once at a time
 --> src/main.rs:5:14
  |
4 |     let r1 = &mut s;
  |              ------ first mutable borrow occurs here
5 |     let r2 = &mut s;
  |              ^^^^^^ second mutable borrow occurs here
6 |
7 |     println!("{}, {}", r1, r2);
  |                        -- first borrow later used here
```

이 에러는 s를 가변으로 두 번 이상 빌려올 수 없기 때문에 코드가 유효하지 않다고 말해줍니다. 첫 번째 가변 대여는 r1에 있고, println!에서 사용될 때까지 남아 있어야 하지만, 이 가변 참조자의 생성과 사용 사이에서 r1과 같은 데이터를 빌리는 r2의 가변 참조자를 만들려고 있습니다.

같은 데이터에 대하여 동시에 여러 가변 참조자의 사용을 막는 이러한 제약은 값의 변경에 대한 제어가 원활하도록 해줍니다. 대부분의 언어들이 언제든 값 변경을 허용하기 때문에, 러스트에 갓 입문한 사람들에게는 장애물처럼 다가올 수 있습니다. 하지만 이 제약 덕분에 러스트에서는 컴파일 타임에 **데이터 경합(data race)**을 방지할 수 있습니다. 데이터 경합이란 다음 세 가지 상황이 겹칠 때 일어나는 특수한 경합 조건(race condition)입니다.

- 둘 이상의 포인터가 동시에 같은 데이터에 접근
- 포인터 중 하나 이상이 데이터에 쓰기 작업을 수행
- 데이터 접근 동기화 메커니즘이 없음

데이터 경합은 정의되지 않은 동작을 일으키며, 런타임에 추적하려고 할 때 문제 진단 및 수정이 어렵습니다. 하지만 러스트에서는 데이터 경합이 발생할 가능성이 있는 코드의 컴파일을 거부하는 것으로 이 문제를 막아줍니다!

중괄호로 새로운 스코프를 만들어, 가변 참조자를 여러 개 만들면서 **동시에** 존재하는 상황을 회피하는 방법이 있습니다.

```
let mut s = String::from("hello");

{
    let r1 = &mut s;
} // 여기서 r1이 스코프 밖으로 벗어나며, 따라서 아무 문제 없이 새 참조자를 만들 수 있습니다.

let r2 = &mut s;
```

가변 참조자와 불변 참조자를 혼용할 때도 유사한 규칙이 적용됩니다. 다음 코드는 컴파일 에러가 발생합니다.

```
let mut s = String::from("hello");

let r1 = &s; // 문제없음
let r2 = &s; // 문제없음
let r3 = &mut s; // 큰 문제

println!("{}, {}, and {}", r1, r2, r3);
```

에러는 다음과 같습니다.

```
error[E0502]: cannot borrow `s` as mutable because it is also borrowed as immutable
 --> src/main.rs:6:14
  |
4 |     let r1 = &s; // no problem
  |              -- immutable borrow occurs here
5 |     let r2 = &s; // no problem
6 |     let r3 = &mut s; // BIG PROBLEM
  |              ^^^^^^ mutable borrow occurs here
7 |
8 |     println!("{}, {}, and {}", r1, r2, r3);
  |                               -- immutable borrow later used here
```

휴우! 어떤 값에 대한 불변 참조자가 있는 동안 같은 값의 가변 참조자를 만드는 것 **또한** 불가능합니다.

불변 참조자를 사용하는 쪽에서는 사용 중 값이 중간에 변경되리라 예상하지 않으니까요. 반면 데이터를 읽기만 하는 기능으로는 다른 쪽에서 값을 읽는 기능에 영향을 주지 않으므로, 여러 개의 불변 참조자를 만드는 것은 가능합니다.

참조자는 정의된 지점부터 시작하여 해당 참조자가 마지막으로 사용된 부분까지 유효합니다. 즉, 다음 코드는 불변 참조자가 마지막으로 사용되는 println! 이후에 가변 참조자의 정의가 있으므로 컴파일 에러가 발생하지 않습니다.

```
let mut s = String::from("hello");

let r1 = &s; // 문제없음
let r2 = &s; // 문제없음
println!("{} and {}", r1, r2);
// 이 지점 이후로 변수 r1과 r2는 사용되지 않습니다.

let r3 = &mut s; // 문제없음
println!("{}", r3);
```

불변 참조자 r1, r2의 스코프는 자신들이 마지막으로 사용된 println! 이후로 종료되고, 해당 println!은 가변 참조자 r3가 생성되기 전이니 서로 스코프가 겹치지 않아서 이 코드는 문제가 없는 것이죠. 컴파일러는 이 참조자가 어떤 지점 이후로 스코프 끝까지 사용되지 않음을 알 수 있습니다.

이러한 제약 때문에 좀 골치 아플 수도 있습니다만, 이는 러스트 컴파일러가 코드에 숨어 있는 버그를 런타임이 아닌 컴파일 타임에 일찌감치 찾아내어 어느 부분이 문제인지 정확히 짚어주는 기능이란 점을 기억해주세요. 이렇게 하면 원하는 데이터가 나오지 않는 원인을 하나하나 추적하지 않아도 됩니다.

4.2.2 댕글링 참조

댕글링 포인터(dangling pointer)란, 어떤 메모리를 가리키는 포인터가 남아 있는 상황에서 일부 메모리를 해제해버림으로써, 다른 개체가 할당받았을지도 모르는 메모리를 참조하게 된 포인터를 말합니다. 포인터가 있는 언어에서는 자칫 잘못하면 이 댕글링 포인터를 만들기 쉽죠. 하지만 러스트에서는 어떤 데이터의 참조자를 만들면, 해당 참조자가 스코프를 벗어나기 전에 데이터가 먼저 스코프를 벗어나는지 컴파일러에서 확인하여 댕글링 참조가 생성되지 않도록 보장합니다.

댕글링 참조를 만들어서 러스트가 어떤 식으로 이것을 컴파일 타임에 방지하는지 살펴봅시다.

(File) src/main.rs

```rust
fn main() {
    let reference_to_nothing = dangle();
}

fn dangle() -> &String {
    let s = String::from("hello");

    &s
}
```

에러는 다음과 같습니다.

```
error[E0106]: missing lifetime specifier
 --> src/main.rs:5:16
  |
5 | fn dangle() -> &String {
  |                ^ expected named lifetime parameter
  |
  = help: this function's return type contains a borrowed value, but there is no value
for it to be borrowed from
help: consider using the `'static` lifetime
  |
5 | fn dangle() -> &'static String {
  |                 +++++++
```

아직 다루지 않은 라이프타임(lifetime)이라는 내용이 에러 메시지에 등장하는데, 라이프타임은 10장에서 다룰 예정이니 일단 무시하겠습니다. 이 코드가 문제가 되는 이유를 알려주는 핵심 내용은 다음과 같습니다.

```
this function's return type contains a borrowed value, but there is no value
for it to be borrowed from.
(해석: 이 함수는 빌린 값을 반환하고 있으나, 빌린 실젯값이 존재하지 않습니다.)
```

dangle 함수에서 어떤 일이 일어나는지 단계별로 알아봅시다.

```
fn dangle() -> &String { // dangle은 String의 참조자를 반환합니다.

    let s = String::from("hello"); // s는 새로운 String입니다.

    &s // String s의 참조자를 반환합니다.
} // 여기서 s는 스코프 밖으로 벗어나고 버려집니다. 해당 메모리는 해제됩니다.
  // 위험합니다!
```

s는 dangle 함수 내에서 생성됐기 때문에, 함수가 끝날 때 할당 해제됩니다. 하지만 코드에서는 &s를 반환하려 했고, 이는 유효하지 않은 String을 가리키는 참조자를 반환하는 행위이기 때문에 에러가 발생합니다.

따라서, 이런 경우엔 String을 직접 반환해야 합니다.

```
fn no_dangle() -> String {
    let s = String::from("hello");

    s
}
```

이 코드는 정상적으로 작동합니다. 소유권은 이동되며, 할당 해제되지도 않죠.

4.2.3 참조자 규칙

참조자에 대해 배운 내용을 정리해봅시다.

- 여러분은 단 하나의 가변 참조자만 갖거나, 여러 개의 불변 참조자를 가질 수 있습니다.
- 참조자는 항상 유효해야 합니다.

다음으로 알아볼 것은 참조자의 또 다른 종류인 슬라이스입니다.

4.3 슬라이스 타입

슬라이스(slice)는 컬렉션(collection)을 통째로 참조하는 것이 아닌, 컬렉션의 연속된 일련의 요소를 참조하도록 해줍니다. 슬라이스는 참조자의 일종으로서 소유권을 갖지 않습니다.

한번 간단한 함수를 만들어봅시다. 공백 문자로 구분된 단어들의 문자열을 입력받아서 해당 문자열의 첫 번째 단어를 반환하는 함수를요. 공백 문자를 찾을 수 없으면 문자열 전체가 하나의 단어라는 뜻이니 전체 문자열을 반환하도록 합시다.

이 문제를 슬라이스로 해결할 수 있음을 이해해보기 위해서, 먼저 슬라이스 없이 이 함수의 시그니처를 어떻게 작성할지부터 생각해봅시다.

```
fn first_word(s: &String) -> ?
```

first_word 함수는 소유권을 가질 필요가 없으니 &String을 매개변수로 갖게 했습니다. 그런데 뭘 반환해야 할까요? 문자열 **일부분**을 나타내는 법을 모르겠네요. 일단 예제 4-7처럼 공백 문자를 가리키는 단어 끝부분의 인덱스를 반환하도록 만들어보겠습니다.

예제 4-7 String 매개변수의 바이트 인덱스 값을 반환하는 first_word 함수   (File) src/main.rs

```
fn first_word(s: &String) -> usize {
❶ let bytes = s.as_bytes();

    for (❷i, &item) in ❸bytes.iter().enumerate() {
     ❹ if item == b' ' {
            return i;
        }
    }

❺ s.len()
}
```

이 코드는 나눠서 살펴보겠습니다. 우선 String을 하나하나 쪼개서 해당 요소가 공백값인지 확인해야 하므로, as_bytes 메서드를 이용해 바이트 배열로 변환했습니다(❶).

```
    let bytes = s.as_bytes();
```

그다음, 바이트 배열에 사용할 반복자(iterator)를 iter 메서드로 생성했습니다(❸).

```
    for (i, &item) in bytes.iter().enumerate() {
```

반복자는 13장(345쪽)에서 자세히 알아볼 예정이니, 일단 iter 메서드는 컬렉션의 각 요소를 반환하고, enumerate 메서드는 iter의 각 결괏값을 튜플로 감싸 반환한다는 것만 알아두도록 합시다. 이때 반환하는 튜플은 첫 번째 요소가 인덱스, 두 번째 요소가 해당 요소의 참조자로 이루어져 있습니다. 덕분에 인덱스를 직접 계산할 필요는 없어 편리합니다.

enumerate 메서드가 반환한 튜플은 패턴을 이용해 해체하였습니다. 패턴에 대해서는 6장(133쪽)에서 더 자세히 다루겠습니다. for 루프 내에서 i는 튜플 요소 중 인덱스에 대응하고, &item은 바이트에 대응됩니다(❷). 이때 패턴에 &를 사용하는 이유는 iter().enumerate()에서 얻은 요소의 참조자가 필요하기 때문입니다.

for 반복문 내에서는 바이트 리터럴 문법으로 공백 문자를 나타내는 바이트를 찾고(❹), 찾으면 해당 위치를 반환합니다. 찾지 못했을 땐 s.len()으로 문자열의 길이를 반환합니다(❺).

```
        if item == b' ' {
            return i;
        }
    }

    s.len()
```

이제 문자열에서 첫 번째 단어 끝의 인덱스를 찾는 방법이 생겼지만, 문제가 있습니다. usize를 반환하고 있는데, 이는 &String의 콘텍스트에서만 의미 있는 숫자일 뿐입니다. 바꿔 말하면, String과는 별개의 값이기 때문에 향후에도 유효하다는 보장이 없습니다. 예제 4-7의 first_word 함수를 사용하는 예제 4-8의 프로그램을 살펴봅시다.

예제 4-8 first_word 함수의 결과를 저장했으나, 이후에 String의 내용물이 변경된 상황　Ⓕⁱˡᵉ src/main.rs

```
fn main() {
    let mut s = String::from("hello world");

    let word = first_word(&s); // word는 값 5를 받습니다.

    s.clear(); // 이 코드는 String을 비워서 ""으로 만듭니다.

    // 여기서 word에는 여전히 5가 들어 있지만, 이 5를 의미 있게 쓸 수 있는
    // 문자열은 더 이상 없습니다. word는 이제 전혀 유효하지 않습니다!
}
```

이 코드는 문법적으로 전혀 문제없고, 정상적으로 컴파일됩니다. s.clear()를 호출한 후에 word를

사용하는 코드를 작성하더라도, word는 s와 분리되어 있으니 결과는 마찬가지죠. 하지만 word에 담긴 값 5를 본래 목적대로 s에서 첫 단어를 추출하는 데 사용할 경우, 버그를 유발할 수도 있습니다. s의 내용물은 변경되었으니까요.

그렇다고, 혹여나 word값이 s의 데이터 변경을 제때 반영하지 못했을까 전전긍긍할 순 없는 노릇이죠. 심지어 second_word 함수를 추가로 만들어야 한다면 어떨까요? 다음과 같은 함수를 정의하고 나면, 관리할 인덱스가 한둘이 아닐 겁니다.

```
fn second_word(s: &String) -> (usize, usize) {
```

두 번째 단어이니 시작과 끝, 두 개의 인덱스가 필요할 것이고, 이는 앞선 예제 4-8의 word처럼 어떠한 데이터의 특정 상태에만 의존하는 값들이 늘어남을 의미합니다. 그러면 여러분은 3개의 관련 없는 변수들을 계속 동기화해야겠죠.

다행히도, 러스트에는 문자열 슬라이스라는 적절한 대안이 존재합니다.

4.3.1 문자열 슬라이스

문자열 슬라이스(string slice)는 String의 일부를 가리키는 참조자를 말합니다.

```
let s = String::from("hello world");

let hello = &s[0..5];
let world = &s[6..11];
```

만드는 방식은 String 참조자와 유사하지만, hello는 추가적인 [0..5]으로 명시된 String의 일부분을 가리키는 참조자입니다. [starting_index..ending_index]는 starting_index부터 시작해 ending_index 직전, 즉 ending_index에서 1을 뺀 위치까지 슬라이스를 생성한다는 의미입니다. 슬라이스는 내부적으로 시작 위치, 길이를 데이터 구조에 저장하며, 길이는 ending_index값에서 starting_index값을 빼서 계산합니다. 따라서 let world = &s[6..11];의 world는 시작 위치로 s의 (1부터 시작하여) 7번째 바이트를 가리키는 포인터와, 길이가 5인 슬라이스가 되겠죠.

그림 4-6는 위 내용을 다이어그램으로 그린 것입니다.

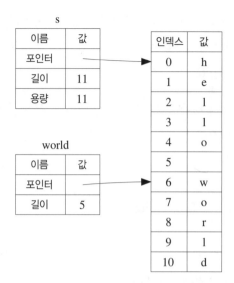

그림 4-6 String 일부를 참조하는 문자열 슬라이스

.. 범위 표현법은 인덱스 0부터 시작하는 경우, 앞의 값을 생략할 수 있습니다. 즉 다음 코드에 등장하는 두 슬라이스 표현은 동일합니다.

```
let s = String::from("hello");

let slice = &s[0..2];
let slice = &s[..2];
```

마찬가지로, String 맨 마지막 바이트까지 포함하는 슬라이스는 뒤의 값을 생략할 수 있습니다. 다음 코드에 등장하는 두 슬라이스 표현은 동일합니다.

```
let s = String::from("hello");

let len = s.len();

let slice = &s[3..len];
let slice = &s[3..];
```

앞뒤 모두 생략할 경우, 전체 문자열이 슬라이스로 생성됩니다. 다음 코드에 등장하는 두 슬라이스 표현은 동일합니다.

```
let s = String::from("hello");

let len = s.len();

let slice = &s[0..len];
let slice = &s[..];
```

> **NOTE** 본 내용은 문자열 슬라이스를 소개할 목적이기에 ASCII 문자만 사용하여 문제가 발생하지 않았지만, UTF-8 문자열 슬라이스 생성 시 인덱스는 반드시 올바른 UTF-8 문자 경계로 지정되어야 합니다. 멀티바이트 문자의 중간 부분에 슬라이스를 생성할 경우, 프로그램은 에러와 함께 강제 종료됩니다. UTF-8 문자를 다루는 방법은 8장 '문자열에 UTF-8 텍스트 저장하기'(188쪽)에서 자세히 알아보겠습니다.

여태 다룬 내용을 잘 기억해두고, `first_word` 함수가 슬라이스를 반환하도록 재작성해봅시다. 문자열 슬라이스를 나타내는 타입은 `&str`로 작성합니다.

File src/main.rs

```
fn first_word(s: &String) -> &str {
    let bytes = s.as_bytes();

    for (i, &item) in bytes.iter().enumerate() {
        if item == b' ' {
            return &s[0..i];
        }
    }

    &s[..]
}
```

예제 4-7과 같은 방법으로 단어의 끝부분 인덱스를 알아내되, 공백 문자 발견 시 해당 인덱스를 그대로 반환하는 것이 아니라 문자열 맨 앞부터 알아낸 위치까지 문자열 슬라이스를 생성하여 반환합니다.

이제 `first_word`가 반환하는 값은 원래 데이터와 분리된 값이 아닙니다. 이 값은 원래 데이터에서 슬라이스 시작 위치를 가리키는 참조자와, 슬라이스 요소 개수로 구성되어 있습니다.

`second_word` 함수도 슬라이스를 반환하도록 바꿔보겠습니다.

```
fn second_word(s: &String) -> &str {
```

사용법이 훨씬 직관적이지 않나요? 또한 예제 4-8에서 말한 첫 단어의 끝부분 인덱스를 찾은 이후 문자열이 비워지면 찾아낸 인덱스가 쓸모없어지는 문제도 해결했습니다. 이제는 컴파일러가 String을 가리키는 참조자의 유효함을 보증하니까요. 기존 코드는 논리적으로 맞지 않음에도 불구하고 에러가 나타나지 않았습니다. 비어 있는 문자열에서 첫 번째 단어의 인덱스를 이용할 때가 되어서야 에러가 나타났죠. 하지만 슬라이스를 사용하면 이런 버그를 미리 방지하고, 발생할지도 모를 문제마저 사전에 알 수 있습니다. 이제 슬라이스로 만든 first_word를 잘못된 방법으로 사용했을 때 컴파일 에러가 제대로 나타나는지 확인해보죠.

File src/main.rs

```
fn main() {
    let mut s = String::from("hello world");

    let word = first_word(&s);

    s.clear(); // 에러!

    println!("the first word is: {}", word);
}
```

컴파일러 에러는 다음과 같습니다.

```
error[E0502]: cannot borrow `s` as mutable because it is also borrowed as immutable
  --> src/main.rs:18:5
   |
16 |     let word = first_word(&s);
   |                           -- immutable borrow occurs here
17 |
18 |     s.clear(); // error!
   |     ^^^^^^^^^ mutable borrow occurs here
19 |
20 |     println!("the first word is: {}", word);
   |                                       ---- immutable borrow later used here
```

이전 절에서 배운 대여 규칙 중에서 특정 대상의 불변 참조자가 이미 존재할 경우에는 가변 참조자를 만들 수 없다는 규칙이 있었죠. clear 함수는 String의 길이를 변경해야 하니 가변 참조자가 필요합니다. clear 호출 이후 println!는 word의 참조자를 사용하므로, 이 불변 참조자는 이 지점까지 계속 활성화되어 있어야 합니다. 러스트는 clear 내의 가변 참조자와 word의 불변 참조자가 같은 시점에 존재하는 것을 허용하지 않으므로 컴파일 에러가 발생합니다. 이런 식으로 러스트는 우리가 더 간단히 사용할 수 있는 API를 만들도록 도와주고, 다양한 에러를 컴파일 타임에 제거해줍니다.

슬라이스로서의 문자열 리터럴

앞서, 문자열 리터럴은 바이너리 내에 저장된다는 이야기를 잠깐 언급했는데, 기억하나요? 슬라이스를 배웠으니, 문자열 리터럴도 제대로 이해해봅시다.

```
let s = "Hello, world!";
```

여기서 s는 바이너리의 특정 지점을 가리키는 슬라이스입니다. &str 타입이죠. &str은 불변 참조자이므로, 문자열 리터럴은 왜 변경할 수 없는지에 대한 의문도 풀립니다.

문자열 슬라이스를 매개변수로 사용하기

리터럴과 String의 슬라이스를 만들 수 있다는 걸 알고 나면 first_word 함수 정의를 다음과 같이 작성할 수 있습니다.

```
fn first_word(s: &String) -> &str {
```

좀 더 경험이 많은 러스타시안은 다음 예제 4-9처럼 &String값과 &str값 모두 사용 가능한 함수를 작성할 것입니다.

예제 4-9 매개변수 s를 문자열 슬라이스 타입으로 변경하여 first_word 함수 개선하기

```
fn first_word(s: &str) -> &str {
```

문자열 슬라이스라면 이를 바로 인수로써 전달할 수 있습니다. String이라면 String의 슬라이스 혹은 String에 대한 참조자를 전달할 수 있습니다. 이러한 유연성은 **역참조 강제**(deref coercion) 기능을 이용하는데, 15장의 '함수와 메서드를 이용한 암묵적 역참조 강제'(412쪽)에서 다룰 것입니다.

String에 대한 참조자 대신에 문자열 슬라이스를 매개변수로 하는 함수를 정의하면 기능 면에서 손해보지 않으면서 API를 더 일반적이고 유용하게 만들어줍니다.

File src/main.rs

```rust
fn main() {
    let my_string = String::from("hello world");

    // `first_word`는 `String`의 일부 혹은 전체 슬라이스에 대해 작동합니다.
    let word = first_word(&my_string[0..6]);
    let word = first_word(&my_string[..]);
    // 또한 `first_word`는 `String`의 전체 슬라이스와 동일한 `String`의
    // 참조자에 대해서도 작동합니다.
    let word = first_word(&my_string);

    let my_string_literal = "hello world";

    // `first_word`는 문자열 리터럴의 일부 혹은 전체 슬라이스에 대해 작동합니다.
    let word = first_word(&my_string_literal[0..6]);
    let word = first_word(&my_string_literal[..]);

    // 문자열 리터럴은 *곧* 문자열 슬라이스이므로,
    // 아래의 코드도 슬라이스 문법 없이 작동합니다!
    let word = first_word(my_string_literal);
}
```

4.3.2 그 외 슬라이스

짐작했겠지만, 문자열 슬라이스는 문자열에만 특정되어 있습니다. 하지만 더 범용적인 슬라이스 타입도 존재합니다. 아래 배열을 봅시다.

```rust
let a = [1, 2, 3, 4, 5];
```

문자열 일부를 참조할 때처럼 다음과 같이 배열 일부를 참조하고 싶다면 다음과 같이 할 수 있습니다.

```rust
let a = [1, 2, 3, 4, 5];

let slice = &a[1..3];

assert_eq!(slice, &[2, 3]);
```

이 슬라이스는 &[i32] 타입입니다. 작동 방식은 문자열 슬라이스와 동일합니다. 슬라이스의 첫 번째 요소를 참조하는 참조자와 슬라이스의 길이를 저장하여 작동하죠. 이런 슬라이스는 모든 컬렉션에 사용 가능합니다. 컬렉션은 8장에서 자세히 알아볼 예정입니다.

정리

소유권, 대여, 슬라이스는 러스트가 컴파일 타임에 메모리 안정성을 보장하는 비결입니다. 여타 시스템 프로그래밍 언어처럼 프로그래머에게 메모리 사용 제어 권한을 주면서, 어떠한 데이터의 소유자가 스코프를 벗어날 경우 자동으로 해당 데이터를 정리하는 것이 가능하죠. 또한 제어 코드를 추가 작성하고 디버깅할 필요가 사라지니 프로그래머의 일이 줄어드는 결과도 가져옵니다.

소유권은 수많은 러스트 요소의 동작 방법에 영향을 미치는 개념인 만큼 이후 내용에서도 계속해서 다룰 예정입니다. 그러면 이제 5장에서 struct로 여러 데이터를 묶는 방법을 알아보죠.

5

구조체로 연관된 데이터 구조화하기

구조체(struct)는 여러 값을 묶고 이름을 지어서 의미 있는 묶음을 정의하는 데에 사용합니다. 객체 지향 언어에 익숙하다면, **구조체**란 객체의 데이터 속성 (attribute)과 비슷한 것입니다. 이번 장에서는 앞서 배운 튜플과 구조체를 비교, 대조하여 어떤 경우에 구조체로 데이터를 묶는 것이 더 좋은지 보여줄 것입니다.

우선 구조체를 정의하고 생성하는 방법을 살펴봅니다. 그리고 구조체의 데이터와 연관된 동작을 표현하는 연관 함수인 **메서드**의 정의 방법을 다루겠습니다. 구조체와 열거형(6장에서 설명할 예정입니다)은 프로그램 도메인에 새로운 타입을 만들어서 러스트의 컴파일 시점 타입 검사 기능을 최대한 활용하기 위한 기본 구성 요소입니다.

5.1 구조체 정의 및 인스턴스화

구조체는 여러 개의 연관된 값을 가질 수 있다는 측면에서 볼 때 '튜플 타입'(52쪽)에서 살펴본 튜플과 비슷합니다. 튜플처럼 구조체의 구성 요소들은 각각 다른 타입이 될 수 있습니다. 그리고 여기에 더해서, 구조체는 각각의 구성 요소에 이름을 붙일 수 있습니다. 따라서 각 요소가 더 명확한 의미를 갖게 되고, 특정 요소에 접근할 때 순서에 의존할 필요도 사라지게 되어 튜플보다 유연하게 사용할 수 있습니다.

구조체를 정의하려면 struct 키워드와 해당 구조체에 지어줄 이름을 입력합니다. 이때 구조체명은 함께 묶을 데이터의 의미에 맞도록 지어주세요. 이후 중괄호 안에서는 **필드**(field)라고 부르는 각 구성 요소의 이름 및 타입을 정의합니다. 다음 예제 5-1은 사용자 계정 정보를 저장하는 구조체입니다.

예제 5-1 **사용자 계정 정보를 저장하는** User **구조체 정의**   File src/main.rs

```
struct User {
    active: bool,
    username: String,
    email: String,
    sign_in_count: u64,
}
```

정의한 구조체를 사용하려면 해당 구조체의 각 필드에 대한 구체적인 값을 정하여 구조체의 **인스턴스**(instance)를 생성해야 합니다. 인스턴스를 생성하려면 먼저 구조체의 이름을 적고, 중괄호를 열고, 그 안에 필드의 이름(key)과 해당 필드에 저장할 값(value)을 **키: 값** 쌍의 형태로 추가해야 합니다. 이때 필드의 순서는 구조체를 정의했을 때와 동일하지 않아도 됩니다. 바꿔 말하면, 구조체 정의는 해당 타입에 대한 일반 양식 같은 것이며, 인스턴스는 그 양식에 실젯값을 넣은 것으로 생각하면 됩니다. 예를 들면 어떤 특정 사용자를 예제 5-2처럼 선언할 수 있습니다.

예제 5-2 User **구조체의 인스턴스 생성**   File src/main.rs

```
fn main() {
    let user1 = User {
        active: true,
        username: String::from("someusername123"),
        email: String::from("someone@example.com"),
        sign_in_count: 1,
    };
}
```

구조체 내 특정 값은 점(.) 표기법으로 얻어올 수 있습니다. 예를 들어 사용자의 이메일 주소를 가져오려면 user1.email처럼 사용할 수 있습니다. 가변 인스턴스라면 같은 방식으로 특정 필드의 값을 변경할 수도 있습니다. 다음 예제 5-3은 가변 인스턴스의 email 필드값을 변경하는 예시입니다.

예제 5-3 User 인스턴스의 email 필드값 변경   File src/main.rs

```
fn main() {
    let mut user1 = User {
        active: true,
        username: String::from("someusername123"),
        email: String::from("someone@example.com"),
        sign_in_count: 1,
    };

    user1.email = String::from("anotheremail@example.com");
}
```

가변성은 해당 인스턴스 전체가 지니게 됩니다. 일부 필드만 가변으로 만들 수는 없으니, 기억해두기 바랍니다. 다른 표현식과 마찬가지로, 함수의 마지막 표현식에 구조체의 새 인스턴스를 생성하는 표현식을 써서 해당 인스턴스를 암묵적으로 반환할 수 있습니다.

예제 5-4에서는 build_user 함수가 사용자 이메일과 이름을 전달받은 다음 active, sign_in_count를 각각 true, 1로 설정한 User 인스턴스를 반환하는 모습을 보여줍니다.

예제 5-4 사용자의 이메일과 이름을 전달받고 User 인스턴스를 반환하는 build_user 함수   File src/main.rs

```
fn build_user(email: String, username: String) -> User {
    User {
        active: true,
        username: username,
        email: email,
        sign_in_count: 1,
    }
}
```

특별히 나쁜 부분은 없지만, 매개변수명과 구조체 필드명이 email, username으로 동일한데 굳이 반복해서 작성하는 건 귀찮은 감이 있군요. 구조체의 필드 개수가 많아지면 많아질수록 이런 귀찮음은 커질 겁니다. 한번 축약법을 사용해볼까요?

필드 초기화 축약법 사용하기

예제 5-4처럼 변수명과 구조체 필드명이 같을 땐, **필드 초기화 축약법**(field init shorthand)을 사용해서 더 적은 타이핑으로 같은 기능을 구현할 수 있습니다. 다음 예제 5-5는 email, username을 반복 작성하는 대신 필드 초기화 축약법을 사용한 예제입니다.

예제 5-5 **변수명과 필드명이 같은** username, email**에 필드 초기화 축약법을 적용한** build_user **함수**　(File) src/main.rs

```rust
fn build_user(email: String, username: String) -> User {
    User {
        active: true,
        username,
        email,
        sign_in_count: 1,
    }
}
```

이번에는 build_user 함수에서 User 구조체의 인스턴스를 생성할 때 email: email처럼 작성하는 대신, 변수명과 필드명이 같다는 점을 이용해 email로만 작성한 모습입니다. 물론 함수는 이전과 같이 잘 작동합니다.

5.1.2 기존 인스턴스를 이용해 새 인스턴스를 만들 때 구조체 업데이트 문법 사용하기

다른 인스턴스에서 대부분의 값을 유지한 채로 몇 개의 값만 바꿔 새로운 인스턴스를 생성하게 되는 경우가 간혹 있습니다. 그럴 때 유용한 게 바로 **구조체 업데이트 문법**(struct update syntax)입니다.

먼저 예제 5-6에서는 구조체 업데이트 문법을 사용하지 않고 새로운 User 인스턴스 user2를 만드는 방법을 보여줍니다. email에는 새로운 값을 설정했지만, 나머지 값들은 예제 5-2에서 만들었던 user1의 값과 동일합니다.

예제 5-6 user1**의 값 중 하나를 다르게 한 새로운 User 인스턴스 생성하기**　(File) src/main.rs

```rust
fn main() {
    // --생략--

    let user2 = User {
        active: user1.active,
        username: user1.username,
```

```
        email: String::from("another@example.com"),
        sign_in_count: user1.sign_in_count,
    };
}
```

구조체 업데이트 문법을 사용하면 다음 예제 5-7처럼 더 적은 코드로 같은 효과를 낼 수 있습니다. .. 문법은 따로 명시된 필드를 제외한 나머지 필드를 주어진 인스턴스의 필드값으로 설정합니다.

예제 5-7 새로운 email값으로 User 구조체의 인스턴스를 생성하되, 나머지 필드는 구조체 업데이트 문법으로 user1의
필드값을 사용하기
(File) src/main.rs

```
fn main() {
    // --생략--

    let user2 = User {
        email: String::from("another@example.com"),
        ..user1
    };
}
```

예제 5-7의 코드 또한 email값이 다른 user2 인스턴스를 생성하지만 username, active, sign_in_count는 user1의 필드와 같은 값을 갖게 합니다. user1의 값들과 동일한 값들로 나머지를 채우려면 ..user1를 제일 끝에 적어야 하지만, 다른 필드들은 구조체의 정의 내에 있는 필드들의 순서와는 상관없이 우리 마음대로 몇 개든 임의 순서로 적을 수 있습니다.

구조체 업데이트 문법은 대입과 마찬가지로 =을 이용한다는 점에 주목하세요. '변수와 데이터 간 상호작용 방식: 이동'(85쪽)에서 본 것처럼, 이 구문은 데이터를 이동시킵니다. 이 예제에서 user2를 생성한 이후에는 user1를 더 이상 사용할 수 없는데, 이는 user1의 username 필드의 String이 user2로 이동하기 때문입니다. user2에 email과 username의 String 모두를 제공하고 user1에서는 active와 sign_in_count값만 사용한다면, user2를 만든 이후에도 user1는 유효합니다. active와 sign_in_count 모두 Copy 트레이트를 구현한 타입이므로, '스택에만 저장되는 데이터: 복사'(89쪽)에서 살펴본 동작이 적용됩니다.

5.1.3 명명된 필드 없는 튜플 구조체를 사용하여 다른 타입 만들기

러스트는 튜플과 유사한 형태의 **튜플 구조체**(tuple struct)도 지원합니다. 튜플 구조체는 구조체 자체에는 이름을 지어 의미를 주지만, 이를 구성하는 필드에는 이름을 붙이지 않고 타입만 적어 넣은 형태입니다. 튜플 구조체는 튜플 전체에 이름을 지어주거나 특정 튜플을 다른 튜플과 구분하고는 싶은데, 그렇다고 각 필드명을 일일이 정해 일반적인 구조체 형태로 만들면 너무 장황하거나 불필요한 경우 유용합니다.

튜플 구조체의 정의는 일반적인 구조체처럼 struct 키워드와 구조체명으로 시작되나, 그 뒤에는 타입들로 이루어진 튜플이 따라옵니다. 예시로 살펴볼까요? 다음은 각각 Color, Point라는 두 개의 튜플 구조체 정의 및 사용 예시입니다.

File src/main.rs

```
struct Color(i32, i32, i32);
struct Point(i32, i32, i32);

fn main() {
    let black = Color(0, 0, 0);
    let origin = Point(0, 0, 0);
}
```

black, origin이 서로 다른 튜플 구조체의 인스턴스이므로, 타입이 서로 달라진다는 점이 중요합니다. 구조체 내 필드 구성이 같더라도 각각의 구조체는 별도의 타입이기 때문이죠. 즉, Color 타입과 Point 타입은 둘 다 i32값 3개로 이루어진 타입이지만, Color 타입을 매개변수로 받는 함수에 Point 타입을 인수로 넘겨주는 건 불가능합니다. 앞서 말한 점을 제외하면 튜플처럼 사용할 수 있습니다. 여러 부분으로 해체할 수도 있고, .과 인덱스로 개별 값에 접근할 수도 있죠.

5.1.4 필드가 없는 유사 유닛 구조체

필드가 아예 없는 구조체를 정의할 수도 있습니다. 이는 '튜플 타입'(52쪽)에서 다룬 유닛 타입과 비슷하게 작동하므로 **유사 유닛 구조체**(unit-like struct)라 지칭합니다. 유사 유닛 구조체는 어떤 타입에 대해 트레이트를 구현하고 싶지만 타입 내부에 어떤 데이터를 저장할 필요는 없을 경우 유용합니다. 트레이트에 대해서는 10장에서 자세히 다루겠습니다. 아래는 AlwaysEqual이라는 이름의 유닛 구조체를 선언하고 생성하는 예제입니다.

```rust
struct AlwaysEqual;

fn main() {
    let subject = AlwaysEqual;
}
```

AlwaysEqual을 정의하기 위해서 `struct` 키워드 뒤에 이름을 쓰고 바로 세미콜론을 붙였습니다. 중괄호나 괄호도 필요 없습니다! 그런 다음 `subject` 변수에 `AlwaysEqual` 인스턴스를 만들어 넣을 때도 비슷한 방식을 사용합니다. 정의한 이름을 적어 넣고, 중괄호나 괄호는 안 썼습니다. 나중에 `AlwaysEqual`의 모든 인스턴스는 언제나 다른 모든 타입의 인스턴스와 같도록 하는 동작을 구현하여, 이미 알고 있는 결괏값의 테스트 용도로 사용한다고 가정해봅시다. 이런 동작에는 데이터가 필요 없을 것입니다! 유사 유닛 구조체를 포함하여 임의의 타입에 대한 트레이트를 정의하고 구현하는 방법은 10장에서 다룰 것입니다.

구조체 데이터의 소유권

예제 5-1의 User 구조체 정의에서는 의도적으로 &str 문자열 슬라이스 대신 구조체가 소유권을 갖는 String 타입을 사용했습니다. 구조체 인스턴스가 유효한 시간 동안 각 인스턴스 내의 모든 데이터가 유효하도록 만들기 위해서죠.

참조자를 이용해 구조체가 소유권을 갖지 않는 데이터도 저장할 수는 있지만, 이는 10장에서 배울 **라이프타임**을 활용해야 합니다. 라이프타임을 사용하면 구조체가 존재하는 동안에 구조체 내의 참조자가 가리키는 데이터의 유효함을 보장받을 수 있기 때문이죠. 만약 라이프타임을 명시하지 않고 참조자를 저장하고자 하면 다음처럼 문제가 발생합니다.

```rust
struct User {
    active: bool,
    username: &str,
    email: &str,
    sign_in_count: u64,
}

fn main() {
    let user1 = User {
        active: true,
        username: "someusername123",
```

```
        email: "someone@example.com",
        sign_in_count: 1,
    };
}
```

라이프타임이 명시돼야 한다며 컴파일러가 에러를 일으킬 겁니다.

```
$ cargo run
    Compiling structs v0.1.0 (file:///projects/structs)
error[E0106]: missing lifetime specifier
 --> src/main.rs:3:15
  |
3 |     username: &str,
  |               ^ expected named lifetime parameter
  |
help: consider introducing a named lifetime parameter
  |
1 ~ struct User<'a> {
2 |     active: bool,
3 ~     username: &'a str,
  |

error[E0106]: missing lifetime specifier
 --> src/main.rs:4:12
  |
4 |     email: &str,
  |            ^ expected named lifetime parameter
  |
help: consider introducing a named lifetime parameter
  |
1 ~ struct User<'a> {
2 |     active: bool,
3 |     username: &str,
4 ~     email: &'a str,
  |
```

위 에러를 해결하여 구조체에 참조자를 저장하는 방법은 10장에서 알아보겠습니다. 지금 당장은 &str 대신 String을 사용하는 것으로 넘어가도록 하죠.

5.2 구조체를 사용한 예제 프로그램

어떤 때 구조체를 사용하면 좋을지 이해해보기 위해 사각형 넓이를 계산하는 프로그램을 작성해 봅시다. 단일 변수로만 구성된 프로그램으로 시작해서 구조체를 사용하기까지 리팩터링하면서 말이죠.

카고를 사용해 **rectangles**라는 새로운 바이너리 프로젝트를 만들어줍시다. 이 프로그램은 픽셀 단위로 지정된 너비와 높이로 사각형의 넓이를 계산할 겁니다. 예제 5-8은 **src/main.rs**에 이 기능을 간단하게 구현한 모습입니다.

예제 5-8 **각 변수에 지정된 너비와 높이로 사각형 넓이 계산하기**   (File) src/main.rs

```
fn main() {
    let width1 = 30;
    let height1 = 50;

    println!(
        "The area of the rectangle is {} square pixels.",
        area(width1, height1)
    );
}

fn area(width: u32, height: u32) -> u32 {
    width * height
}
```

cargo run으로 실행해보죠.

```
The area of the rectangle is 1500 square pixels.
```

위 코드는 각 치수의 값으로 area 함수를 호출하여 사각형의 면적을 성공적으로 계산합니다만, 몇 가지 작업을 더하여 코드를 더 명료하고 읽기 쉽게 만들 수 있습니다.

area 함수의 시그니처를 보면 개선해야 할 점이 여실히 드러납니다.

```
fn area(width: u32, height: u32) -> u32 {
```

area 함수는 하나의 사각형의 면적을 계산하는 것을 가정하고 있지만 두 개의 매개변수를 받고 있으며, 이 두 값이 서로 연관되어 있다는 것을 명확하게 표현하는 부분은 찾아볼 수 없군요. 두 값을 하나로 묶어버리면 코드의 가독성도 높아지고 관리하기도 쉬워질 겁니다. 3장 '튜플 타입' (52쪽)에서 배운 튜플로 해결해볼까요?

5.2.1 튜플로 리팩터링하기

다음 예제 5-9는 튜플을 사용한 모습입니다.

예제 5-9 **사각형의 너비와 높이를 튜플로 명시하는 코드** (File) src/main.rs

```rust
fn main() {
    let rect1 = (30, 50);

    println!(
        "The area of the rectangle is {} square pixels.",
     ❶ area(rect1)
    );
}

fn area(dimensions: (u32, u32)) -> u32 {
 ❷ dimensions.0 * dimensions.1
}
```

튜플을 사용함으로써 더 짜임새 있는 코드가 됐고, 인수도 단 하나만 넘기면 된다는 점에서는(❶) 프로그램이 발전했다고 볼 수 있습니다. 하지만 각 요소에 이름이 없는 튜플의 특성 때문에 값을 인덱스로 접근해야 해서(❷) 계산식이 불명확해졌네요.

다행히 넓이를 계산할 땐 어떤 값이 너비이고 어떤 값이 높이인지 구분하지 못해도 별 문제가 없습니다. 하지만 만들어야 할 프로그램이 화면에 사각형을 그리는 프로그램이라고 가정해보면 어떨까요? 너비 width가 튜플 인덱스 0에 위치하고 높이 height는 튜플 인덱스 1에 위치한다는 걸 꼭 기억하고 있어야 할 겁니다. 혹여나 다른 사람이 이 코드로 작업할 일이 생기면 그 사람도 이 점을 알아내서 기억해야 하겠죠. 코드 내에 데이터의 의미를 전달하지 못하므로 에러가 발생하기 더 쉬워집니다.

5.2.2 구조체로 리팩터링하여 코드에 더 많은 의미를 담기

구조체는 데이터에 이름표를 붙여서 의미를 나타낼 수 있습니다. 예제 5-10처럼, 기존에 사용하던 튜플을 구조체로 바꿔 각 구성 요소에 이름을 지어줍시다.

```rust
❶ struct Rectangle {
  ❷ width: u32,
     height: u32,
  }

  fn main() {
  ❸ let rect1 = Rectangle {
         width: 30,
         height: 50,
     };

     println!(
         "The area of the rectangle is {} square pixels.",
         area(&rect1)
     );
  }

❹ fn area(rectangle: &Rectangle) -> u32 {
  ❺ rectangle.width * rectangle.height
  }
```

Rectangle이라는 구조체를 정의하고(❶), 중괄호 안에 width, height 필드를 u32 타입으로 정의
했습니다(❷). 이후 main에서는 너비 30, 높이 50짜리 Rectangle 구조체의 인스턴스를 생성했습니
다(❸).

area 함수의 매개변수는 이제 rectangle 하나뿐입니다(❹). 단, 구조체의 소유권을 가져와버리면
main 함수에서 area 함수 호출 이후에 rect1을 더 사용할 수 없으므로, rectangle 매개변수의 타
입을 불변 참조자 타입으로 정하여 소유권을 빌려오기만 하도록 만들었습니다. 불변 참조자 타입
이니 함수 시그니처와 호출 부분에 &를 붙입니다.

area 함수는 Rectangle 인스턴스(❺)의 width, height 필드에 접근합니다(빌린 구조체 인스턴스의
필드에 접근하는 것은 필드값을 이동시키지 않으며, 이것이 구조체의 대여를 자주 보게 되는 이유임을 기억
해두세요). area 함수의 시그니처는 이제 의미하는 바를 정확히 알려줍니다. Rectangle의 width와
height 필드를 사용하여 넓이를 계산하라는 뜻이지요. width, height가 서로 연관된 값이라는 것
도 알 수 있고, 0이나 1 대신 서술적인 필드명을 제공합니다. 명료성 측면에서 승리입니다.

트레이트 파생으로 유용한 기능 추가하기

프로그램을 디버깅하는 동안 Rectangle 인스턴스 내 모든 필드값을 출력해서 확인할 수 있다면 좋을 것 같군요. 예제 5-11는 앞서 다뤄본 println! 매크로(https://doc.rust-lang.org/std/macro.println.html)를 사용해본 예시이나, 작동하진 않습니다.

예제 5-11 Rectangle **인스턴스 출력을 시도해본 모습** (File) src/main.rs

```rust
struct Rectangle {
    width: u32,
    height: u32,
}

fn main() {
    let rect1 = Rectangle {
        width: 30,
        height: 50,
    };

    println!("rect1 is {}", rect1);
}
```

이 코드를 컴파일하면 다음과 같은 메시지가 나타납니다.

```
error[E0277]: `Rectangle` doesn't implement `std::fmt::Display`
```

println! 매크로에는 여러 출력 형식을 사용할 수 있습니다. 그리고 기본 형식인 {}로 지정할 땐 Display라는, 최종 사용자를 위한 출력 형식을 사용하죠. 여태 사용했던 기본 타입들은 Display가 기본적으로 구현되어 있었습니다. 1 같은 기본 타입들을 사용자에게 보여줄 수 있는 형식은 딱 한 가지 뿐이니까요. 하지만 구조체라면 이야기가 달라집니다. 중간중간 쉼표를 사용하거나, 중괄호를 출력하거나, 필드 일부를 생략하는 등 여러 가지가 가능합니다. 러스트는 이런 애매한 상황에 우리가 원하는 걸 임의로 예상해서 제공하려 들지 않기 때문에, 구조체에는 println! 및 {}(자리 표시자)와 함께 사용하기 위한 Display 구현체가 기본 제공되지 않습니다.

에러를 더 읽다 보면 다음과 같은 도움말을 찾을 수 있습니다.

```
= help: the trait `std::fmt::Display` is not implemented for `Rectangle`
= note: in format strings you may be able to use `{:?}` (or {:#?} for pretty-print)
```

{} 대신 {:?}를 사용해보라는군요. 한번 해보죠. println! 매크로 호출을 println!("rect1 is {:?}", rect1);으로 바꿔봅시다. {} 내에 :?를 추가하는 건 println!에 Debug라는 출력 형식을 사용하고 싶다고 전달하는 것과 같습니다. 이 Debug라는 트레이트는 최종 사용자가 아닌, 개발자에게 유용한 방식으로 출력하여 디버깅하는 동안 값을 볼 수 있게 해주는 트레이트입니다.

변경하고 나서 다시 컴파일해보면, 어째서인지 여전히 에러가 발생하네요.

```
error[E0277]: `Rectangle` doesn't implement `Debug`
```

그런데 컴파일러가 또 무언가를 알려주네요.

```
= help: the trait `Debug` is not implemented for `Rectangle`
= note: add `#[derive(Debug)]` to `Rectangle` or manually `impl Debug for Rectangle`
```

러스트는 디버깅 정보를 출력하는 기능을 **자체적으로 가지고 있습니다**. 하지만 우리가 만든 구조체에 해당 기능을 적용하려면 명시적인 동의가 필요하므로, 예제 5-12처럼 구조체 정의 바로 이전에 #[derive(Debug)] 외부 속성(outer attribute)을 작성해주어야 합니다.

예제 5-12 디버깅용으로 Rectangle 인스턴스를 출력하기 위해, 속성을 추가하여 Debug 트레이트 파생(derive)하기

(File) src/main.rs

```rust
#[derive(Debug)]
struct Rectangle {
    width: u32,
    height: u32,
}

fn main() {
    let rect1 = Rectangle {
        width: 30,
        height: 50,
    };

    println!("rect1 is {:?}", rect1);
}
```

이제 프로그램을 실행해보면 더 이상 에러가 나타나지 않고, 다음과 같은 출력이 나타날 겁니다.

```
rect1 is Rectangle { width: 30, height: 50 }
```

좋습니다! 가장 예쁜 출력 형태라 할 수는 없지만, 인스턴스 내 모든 필드값을 보여주므로 디버깅하는 동안에는 확실히 유용할 겁니다. 필드가 더 많은 구조체라면 이보다 더 읽기 편한 형태가 필요할 텐데요, 그럴 땐 `println!` 문자열 내에 `{:?}` 대신 `{:#?}`를 사용하면 됩니다. `{:#?}`를 사용했을 때의 출력 예시는 다음과 같습니다.

```
rect1 is Rectangle {
    width: 30,
    height: 50,
}
```

Debug 포맷을 사용하여 값을 출력하는 그 밖의 방법은 `dbg!` 매크로(https://doc.rust-lang.org/std/macro.dbg.html)를 사용하는 것인데, 이는 표현식의 소유권을 가져와서(참조자를 사용하는 `println!`과는 다릅니다), 코드에서 `dbg!` 매크로를 호출한 파일 및 라인 번호를 결괏값과 함께 출력하고 다시 소유권을 반환합니다.

> **NOTE** `dbg!` 매크로의 호출은 표준 에러 콘솔 스트림(stderr)에 출력을 하는데, 이는 표준 출력 콘솔 스트림(stdout)에 출력하는 `println!`과는 상반됩니다. stderr와 stdout에 대한 정보는 12장의 '표준 출력 대신 표준 에러로 에러 메시지 작성하기'(341쪽)에서 더 이야기하겠습니다.

아래는 `rect`의 전체 구조체의 필드값뿐만 아니라 `width` 필드에 대입되는 값에 관심이 있는 경우에 대한 예시입니다.

```
#[derive(Debug)]
struct Rectangle {
    width: u32,
    height: u32,
}

fn main() {
    let scale = 2;
    let rect1 = Rectangle {
     ❶ width: dbg!(30 * scale),
        height: 50,
    };
```

```
❷ dbg!(&rect1);
}
```

표현식 30 * scale을 dbg!로 감쌌는데(❶), 이는 dbg!가 표현식의 소유권을 반환하면서 dbg! 호출을 하지 않았을 때와 같은 값이 width 필드에 입력되기 때문입니다. dbg!가 rect1의 소유권을 가져가는 것은 원치 않으므로, 그다음의 호출에서는 rect1에 대한 참조자를 사용하였습니다(❷). 위 예제의 출력 결과는 아래와 같습니다.

```
[src/main.rs:10] 30 * scale = 60
[src/main.rs:14] &rect1 = Rectangle {
    width: 60,
    height: 50,
}
```

첫 번째 출력 결과는 현재 디버깅 중인 30 * scale 표현식이 있는 **src/main.rs**의 10행(❶)에서 나온 것이며 그 결과는 60임을 알 수 있습니다(정수형을 위한 Debug 형식은 그냥 그 값을 출력하는 것으로 되어 있습니다). **src/main.rs**의 14번째 라인에 있는 dbg! 호출은 Rectangle 구조체인 &rect1의 결과를 출력합니다. 이 출력 결과는 Rectangle 타입에 대한 보기 좋은 Debug 포맷을 이용합니다. dbg! 매크로는 여러분의 코드가 어떤 일을 하고 있는지 알아볼 때 매우 유용할 수 있습니다!(❷)

러스트에서는 이처럼 Debug 트레이트 말고도 derive 속성으로 직접 만든 타입에 유용한 동작을 추가할 수 있는 트레이트를 여럿 제공합니다. 이들 목록 및 각각의 동작은 부록 C(640쪽)에서 확인할 수 있으니 참고해주세요. 또한, 여러분만의 트레이트를 직접 만들고, 이런 트레이트의 동작을 커스터마이징해서 구현하는 방법은 10장에서 배울 예정입니다. 또한 derive 외에도 여러 가지 속성들이 있습니다. 더 많은 정보는 러스트 참고 자료 문서의 '속성' 절(https://doc.rust-lang.org/reference/attributes.html)을 살펴보세요.

만들어진 area 함수는 사각형의 면적만을 계산합니다. Rectangle 구조체를 제외한 다른 타입으로는 작동하지 않으니 Rectangle 구조체와 더 밀접하게 묶는 편이 더 유용할 겁니다. 다음에는 area 함수를 Rectangle 타입 내에 **메서드**(method) 형태로 정의하여 코드를 리팩터링하는 방법을 알아보겠습니다.

5.3 메서드 문법

메서드(method)는 함수와 유사합니다. fn 키워드와 함수명으로 선언하고, 매개변수와 반환값을 가지며, 다른 어딘가로부터 호출될 때 실행됩니다. 하지만 메서드는 함수와 달리 구조체 콘텍스트에 정의되고(열거형이나 트레이트 객체(trait object) 안에 정의되기도 하며, 이는 각각 6장(133쪽), 17장(475쪽)에서 알아보겠습니다), 첫 번째 매개변수가 항상 self라는 차이점이 있습니다. self 매개변수는 메서드를 호출하고 있는 구조체 인스턴스를 나타냅니다.

5.3.1 메서드 정의하기

기존의 Rectangle 매개변수를 갖던 area 함수를 수정하여 예제 5-13처럼 Rectangle 구조체에 정의된 area 메서드로 바꿔봅시다.

예제 5-13 Rectangle 구조체에 area 메서드 정의하기 　　　　　　　　　　　　　　 (File) src/main.rs

```
#[derive(Debug)]
struct Rectangle {
    width: u32,
    height: u32,
}

❶ impl Rectangle {
  ❷ fn area(&self) -> u32 {
        self.width * self.height
    }
}

fn main() {
    let rect1 = Rectangle {
        width: 30,
        height: 50,
    };

    println!(
        "The area of the rectangle is {} square pixels.",
      ❸ rect1.area()
    );
}
```

Rectangle의 콘텍스트에 함수를 정의하기 위해서, Rectangle에 대한 impl(implementation, 구현) 블록을 만드는 것으로 시작합니다(❶). 이 impl 블록 내의 모든 것은 Rectangle 타입과 연관됩니다. 그런 다음 area 함수를 impl의 중괄호 안으로 옮기고(❷) 함수 시그니처의 첫 번째 매개변수를(이번 경우는 유일한 매개변수군요) self로 변경하고 본문 내의 나머지 모든 부분도 변경합니다. 그리고 main 함수 내에서는 rect1을 인수로 전달하여 area 함수를 호출했는데, 그 대신 **메서드 문법**(method syntax)을 사용해 Rectangle 인스턴스의 area 메서드를 호출할 수 있습니다(❸). 메서드 문법은 차례대로 인스턴스, 점(.), 메서드명, 괄호 및 인수로 구성됩니다.

area 시그니처에서는 rectangle: &Rectangle 대신 &self를 사용했습니다. &self는 실제로는 self: &Self를 줄인 것입니다. impl 블록 내에서 Self는 impl 블록의 대상이 되는 타입의 별칭입니다. 메서드는 Self 타입의 self라는 이름의 매개변수를 첫 번째 매개변수로 가져야 하는데, 그렇게 해야 첫 번째 매개변수 자리에 적어 넣은 self 형태의 축약형을 사용할 수 있습니다. rectangle: &Rectangle에서 그랬던 것처럼 이 메서드가 Self의 인스턴스를 빌려온다는 것을 나타내기 위해서는 self 축약형 앞에 &를 계속 붙여둘 필요가 있음에 주목하세요. 메서드는 다른 매개변수가 그런 것처럼 self의 소유권을 가져올 수도, 지금처럼 self를 불변으로 빌려올 수도, 가변으로 빌려올 수도 있습니다.

여기서 &self를 선택한 이유는 기존의 함수 버전에서 &Rectangle을 사용했던 이유와 같습니다. 지금 원하는 것이 소유권을 가져오는 것도, 데이터를 쓰는 것도 아닌, 데이터를 읽는 것뿐이니까요. 만약 메서드에서 작업 중 호출한 인스턴스를 변경하고 싶다면, 첫 번째 매개변수로 &mut self를 사용하면 됩니다. self라고만 작성하여 인스턴스의 소유권을 가져오도록 만드는 일은 거의 없습니다. 이러한 기법은 보통 해당 메서드가 self를 다른 무언가로 변환하고 그 이후에는 원본 인스턴스의 사용을 막고자 할 때 사용됩니다.

함수 대신 메서드를 사용하는 주된 이유는 메서드 구문을 제공하고 모든 메서드 시그니처 내에서 self 타입을 반복할 필요가 없다는 것 외에도 코드를 더 조직적으로 만들기 위해서입니다. 향후 우리가 제공한 라이브러리를 사용할 사람들이 Rectangle의 기능과 관련된 코드를 라이브러리 곳곳에서 찾아내야 하는 것보다는, 하나의 impl 블록 내에 이 타입의 인스턴스로 할 수 있는 모든 것들을 모아두는 것이죠.

구조체의 필드 이름과 동일한 이름의 메서드를 만들 수도 있습니다. 예를 들면, width라는 중복된 이름의 메서드를 Rectangle상에 정의할 수 있지요.

```rust
impl Rectangle {
    fn width(&self) -> bool {
        self.width > 0
    }
}

fn main() {
    let rect1 = Rectangle {
        width: 30,
        height: 50,
    };

    if rect1.width() {
        println!("The rectangle has a nonzero width; it is {}", rect1.width);
    }
}
```

여기서는 인스턴스의 width 필드가 0보다 크면 true를 반환하고 0이면 false를 반환하는 메서드의 이름으로 width를 선택했습니다. 같은 이름의 메서드 내에서 필드를 어떤 목적으로든 사용할 수 있습니다. main에서 rect1.width 뒤에 괄호를 붙이면 러스트는 width 메서드를 의도한다는 것을 인지합니다. 괄호를 사용하지 않으면 러스트는 width 필드를 의미한다는 것으로 봅니다.

필드와 동일한 이름의 메서드를 만드는 경우는 해당 필드의 값을 얻어오는 것 말고는 아무 것도 하지 않는 경우가 대부분이긴 합니다. 이러한 메서드를 **게터**(**getter**)라고 부르는데, 러스트는 다른 언어들처럼 구조체 필드에 대한 게터를 자동으로 만들지 않습니다. 필드를 비공개(private)로 하고 메서드는 공개(public)로 만들 수 있기 때문에 게터는 어떤 타입의 공개 API로써 어떤 필드에 대해 읽기 전용 접근만 허용하고자 하는 경우 유용합니다. 공개와 비공개가 무엇이고, 필드 혹은 메서드를 공개 혹은 비공개로 만드는 방법에 대해서는 7장(153쪽)에서 다루겠습니다.

-> 연산자는 없나요?

C 나 C++ 언어에서는 메서드 호출에 두 종류의 연산자가 쓰입니다. 어떤 객체의 메서드를 직접 호출할 땐 .를 사용하고, 어떤 객체의 포인터를 이용해 메서드를 호출하는 중이라서 역참조가 필요할 땐 ->를 사용하죠. 예를 들어서 object라는 포인터가 있다면, object->something()는 (*object).something()로 나타낼 수 있습니다.

이 -> 연산자와 동일한 기능을 하는 연산자는 러스트에 없습니다. 러스트에는 **자동 참조 및 역참조**(**automatic referencing and dereferencing**)라는 기능이 있고, 메서드 호출에 이 기능이 포함되어 있기 때문입니다.

여러분이 object.something() 코드로 메서드를 호출하면, 러스트에서 자동으로 해당 메서드의 시그니처에 맞도록 &, &mut, *를 추가합니다. 즉, 다음 두 표현은 서로 같은 표현입니다.

```
p1.distance(&p2);
(&p1).distance(&p2);
```

첫 번째 표현이 더 깔끔하죠? 이런 자동 참조 동작은 메서드의 수신자(self의 타입을 말합니다)가 명확하기 때문에 가능합니다. 수신자와 메서드명을 알면 해당 메서드가 인스턴스를 읽기만 하는지(&self), 변경하는지(&mut self), 소비하는지(self) 러스트가 알아낼 수 있거든요. 또한 메서드의 수신자를 러스트에서 암묵적으로 빌린다는 점은 실제로 소유권을 인체공학적으로 만드는 중요한 부분입니다.

5.3.2 더 많은 매개변수를 가진 메서드

Rectangle 구조체의 두 번째 메서드를 구현하여 메서드 사용법을 연습해봅시다. 이번에 만들 새로운 메서드는 다른 Rectangle 인스턴스를 받아서, self 사각형(첫 번째 Rectangle) 면적 내에 두 번째 사각형 Rectangle 인스턴스가 완전히 들어갈 수 있다면 true를 반환하고, 못 들어가면 false를 반환할 겁니다. 즉, can_hold 메서드를 정의하여 다음 예제 5-14에 나오는 프로그램이 작동하도록 만들겠습니다.

예제 5-14 can_hold 메서드를 작성하고 나면 작동할 코드   (File) src/main.rs

```
fn main() {
    let rect1 = Rectangle {
        width: 30,
        height: 50,
    };
    let rect2 = Rectangle {
        width: 10,
        height: 40,
    };
    let rect3 = Rectangle {
        width: 60,
        height: 45,
    };

    println!("Can rect1 hold rect2? {}", rect1.can_hold(&rect2));
    println!("Can rect1 hold rect3? {}", rect1.can_hold(&rect3));
}
```

rect2는 너비와 높이 둘 다 rect1보다 작지만, rect3는 rect1보다 너비가 넓으므로 출력은 다음과 같을 겁니다.

```
Can rect1 hold rect2? true
Can rect1 hold rect3? false
```

메서드의 정의는 impl Rectangle 블록 내에 위치할 것이고, 메서드명은 can_hold, 매개변수는 Rectangle을 불변 참조자로 받겠죠. 이때 매개변수 타입은 메서드를 호출하는 코드를 보면 알아낼 수 있습니다. rect1.can_hold(&rect2)에서 Rectangle 인스턴스 rect2의 불변 참조자인 &rect2를 전달했으니까요. rect2를 읽을 수만 있으면 되기 때문에 가변으로 빌려올 필요도 없으며, rect2의 소유권을 main에 남겨두지 않을 이유도 없으니, 논리적으로도 불변 참조자가 가장 적합합니다. 반환값은 불리언 타입이 될 것이고, self의 너비, 높이가 다른 Rectangle의 너비, 높이보다 큰지 검사하는 형태로 구현될 겁니다. 그럼 이제 예제 5-13의 impl 블록에 can_hold 메서드를 새로 추가해보죠! 추가하고 난 모습은 다음 예제 5-15와 같습니다.

예제 5-15 다른 Rectangle 인스턴스를 매개변수로 갖는 can_hold 메서드를 Rectangle에 구현 (File) src/main.rs

```rust
impl Rectangle {
    fn area(&self) -> u32 {
        self.width * self.height
    }

    fn can_hold(&self, other: &Rectangle) -> bool {
        self.width > other.width && self.height > other.height
    }
}
```

이제 예제 5-14에서 본 main 함수를 실행하면 원하던 결과가 나올 겁니다. 이처럼 메서드는 self 매개변수 뒤에 여러 매개변수를 가질 수 있으며, 이 매개변수는 함수에서의 매개변수와 동일하게 기능합니다.

5.3.3 연관 함수

impl 블록 내에 구현된 모든 함수를 **연관 함수**(associated function)라고 부르는데, 이는 impl 뒤에 나오는 타입과 모두 연관된 함수이기 때문입니다. 작동하는 데 해당 타입의 인스턴스가 필요하지 않다면 self를 첫 매개변수로 갖지 않는 (따라서 메서드가 아닌) 연관 함수를 정의할 수도 있습니다.

우리는 이미 String 타입에 정의되어 있는 String::from 함수처럼 이런 종류의 함수를 사용해봤습니다.

메서드가 아닌 연관 함수는 구조체의 새 인스턴스를 반환하는 생성자로 자주 활용됩니다. 이 함수들은 보통 new라고 명명되는데, new는 이 언어에서 특별한 이름 혹은 키워드가 아닙니다. 생성자의 예시로, Rectangle로 정사각형을 만들 때 너비, 높이에 같은 값을 두 번 지정하지 않고 치수 하나를 매개변수로 받아서 해당 치수로 너비와 높이를 설정하는 연관 함수 square를 만들어서, 더 간단하게 정사각형을 만드는 기능을 제공해보겠습니다.

File src/main.rs

```
impl Rectangle {
    fn square(size: u32) -> ❶ Self {
      ❷ Self {
            width: size,
            height: size,
        }
    }
}
```

반환 타입(❶) 및 함수 본문(❷)의 Self 키워드는 impl 키워드 뒤에 적혀 있는 타입의 별칭으로서, 여기서는 Rectangle이 되겠습니다.

연관 함수를 호출할 땐 let sq = Rectangle::square(3);처럼 구조체명에 :: 구문을 붙여서 호출합니다. 연관 함수는 구조체의 네임스페이스 안에 있기 때문이죠. :: 구문은 7장(153쪽)에서 알아볼 모듈에 의해 생성되는 네임스페이스에도 사용됩니다.

5.3.4 여러 개의 impl 블록

각 구조체는 여러 개의 impl 블록을 가질 수 있습니다. 다음 예제 5-16은 예제 5-15에 나온 코드를 변경해 impl 블록을 여러 개로 만든 모습입니다.

예제 5-16 **예제 5-15를 여러 impl 블록을 사용하도록 재작성하기**

```
impl Rectangle {
    fn area(&self) -> u32 {
        self.width * self.height
    }
}
```

```
impl Rectangle {
    fn can_hold(&self, other: &Rectangle) -> bool {
        self.width > other.width && self.height > other.height
    }
}
```

위 코드에서는 `impl` 블록을 여러 개로 나눠야 할 이유가 전혀 없지만, `impl` 블록을 반드시 하나만 작성해야 할 필요는 없음을 보여주는 예시로 작성했습니다. 여러 `impl` 블록을 유용하게 사용하는 경우는 제네릭(generic) 타입 및 트레이트 내용을 다루는 10장에서 볼 수 있습니다.

정리

구조체를 사용하면 도메인에 의미 있는 커스텀 타입을 만들 수 있습니다. 또한, 구조체를 사용함으로써 서로 관련 있는 데이터들을 하나로 묶어 관리할 수 있으며, 각 데이터 조각에 이름을 붙여 코드를 더 명확하게 만들 수 있습니다. `impl` 블록 내에서는 여러분의 타입에 대한 연관 함수들, 그리고 연관 함수의 일종인 메서드를 정의하여 여러분의 구조체 인스턴스가 가질 동작들을 명시할 수 있습니다.

하지만 구조체로만 커스텀 타입을 만들 수 있는 건 아닙니다. 다음에는 열거형을 배워서 여러분이 쓸 수 있는 도구를 하나 더 늘려보도록 합시다.

6

열거형과 패턴 매칭

이번 장에서는 **열거형**(enumeration, 줄여서 enum)에 대해 살펴보겠습니다. 열거형은 하나의 타입이 가질 수 있는 **배리언트**(variant)들을 열거함으로써 타입을 정의할 수 있도록 합니다. 먼저 하나의 열거형을 정의하고 사용해봄으로써, 어떻게 열거형이 데이터와 함께 의미를 담을 수 있는지 살펴보겠습니다. 다음으로, 값이 어떤 것일 수도 있고 아무것도 아닐 수도 있음을 표현하는 Option이라고 하는 특히 유용한 열거형을 자세히 보겠습니다. 그다음으로 match 표현식의 패턴 매칭을 통해 열거형의 값에 따라 다른 코드를 쉽게 실행할 수 있는 방법을 살펴보겠습니다. 마지막으로 코드에서 열거형을 편하고 간결하게 다루기 위한 관용 표현인 if let 구문을 다루겠습니다.

6.1 열거형 정의하기

Rectangle이 width와 height를 가지고 있는 것처럼 구조체가 서로 연관된 필드 및 데이터를 묶는 방법을 제공한다면, 열거형은 어떤 값이 여러 개의 가능한 값의 집합 중 하나라는 것을 나타내는 방법을 제공합니다. 예를 들면 Rectangle이 Circle과 Triangle을 포함하는 다양한 모양들의 집합 중 하나라고 표현하고 싶을 수도 있습니다. 이렇게 하기 위해서 러스트는 가능한 것들을 열거형으로 나타내게 해줍니다.

IP 주소를 다루는 프로그램을 만들어보면서, 어떤 상황에서 열거형이 구조체보다 유용하고 적절한지 알아보겠습니다. 현재 사용되는 IP 주소 표준은 IPv4, IPv6 두 종류입니다(앞으로 v4, v6로 표기하겠습니다). 우리가 만들 프로그램에서 다룰 IP 종류는 이 두 가지가 전부이므로, 이처럼 가능한 모든 배리언트를 **열거할** 수 있는데, 이 때문에 열거형이라는 이름이 붙은 것입니다.

IP 주소는 반드시 v4나 v6 중 하나만 될 수 있는데, 이러한 특성은 열거형 자료 구조에 적합합니다. 왜냐하면, 열거형의 값은 여러 배리언트 중 하나만 될 수 있기 때문입니다. v4, v6는 근본적으로 IP 주소이기 때문에, 이 둘은 코드에서 모든 종류의 IP 주소에 적용되는 상황을 다룰 때 동일한 타입으로 처리되는 것이 좋습니다.

IpAddrKind이라는 열거형을 정의하면서 포함할 수 있는 IP 주소인 V4과 V6를 나열함으로써 이 개념을 코드로 표현할 수 있습니다. 이것들을 열거형의 배리언트라고 합니다.

```
enum IpAddrKind {
    V4,
    V6,
}
```

이제 IpAddrKind은 코드 어디에서나 쓸 수 있는 커스텀 데이터 타입이 되었습니다.

6.1.1 열거형 값

아래처럼 IpAddrKind의 두 개의 배리언트에 대한 인스턴스를 만들 수 있습니다.

```
let four = IpAddrKind::V4;
let six = IpAddrKind::V6;
```

열거형을 정의할 때의 식별자로 네임스페이스가 만들어져서, 각 배리언트 앞에 이중 콜론(::)을 붙여야 한다는 점을 주의하세요. 이 방식은 IpAddrKind::V4, IpAddrKind::V6가 모두 IpAddrKind 타입이라는 것을 표현할 수 있기 때문에 유용합니다. 이제 IpAddrKind 타입을 인수로 받는 함수를 정의해봅시다.

```
fn route(ip_kind: IpAddrKind) {}
```

그리고, 배리언트 중 하나를 사용해서 함수를 호출할 수 있습니다.

```
route(IpAddrKind::V4);
route(IpAddrKind::V6);
```

열거형을 사용하면 더 많은 이점이 있습니다. IP 주소 타입에 대해 더 생각해보면, 지금으로서는 실제 IP 주소 **데이터**를 저장할 방법이 없고 어떤 **종류**인지만 알 수 있습니다. 5장에서 구조체에 대해 배웠다면, 이 문제를 예제 6-1처럼 구조체를 사용하여 해결하고 싶을 수 있겠습니다.

예제 6-1 struct를 사용해서 IP 주소의 데이터와 IpAddrKind 배리언트 저장하기

```
❶ enum IpAddrKind {
      V4,
      V6,
  }

❷ struct IpAddr {
  ❸ kind: IpAddrKind,
  ❹ address: String,
  }

❺ let home = IpAddr {
      kind: IpAddrKind::V4,
      address: String::from("127.0.0.1"),
  };

❻ let loopback = IpAddr {
      kind: IpAddrKind::V6,
      address: String::from("::1"),
  };
```

여기서는 IpAddrKind(이전에 정의한 열거형❶) 타입인 kind 필드(❸)와 String 타입인 address 필드(❹)를 갖는 IpAddr(❷)를 정의했습니다. 그리고 이 구조체의 인스턴스 두 개를 생성했습니다. 첫 번째 home(❺)은 kind의 값으로 IpAddrKind::V4을, 연관된 주소 데이터로 127.0.0.1를 갖습니다. 두 번째 loopback(❻)은 IpAddrKind의 다른 배리언트인 V6을 값으로 갖고, 연관된 주소로 ::1를 갖습니다. kind와 address의 값을 함께 사용하기 위해 구조체를 사용했습니다. 그렇게 함으로써 배리언트가 연관된 값을 갖게 되었습니다.

각 열거형 배리언트에 데이터를 직접 넣는 방식을 사용해서 열거형을 구조체의 일부로 사용하는 방식보다 더 간결하게 동일한 개념을 표현할 수 있습니다. IpAddr 열거형의 새로운 정의에서 V4와 V6 배리언트는 둘 다 연관된 String 타입의 값을 갖게 됩니다.

```
enum IpAddr {
    V4(String),
    V6(String),
}

let home = IpAddr::V4(String::from("127.0.0.1"));

let loopback = IpAddr::V6(String::from("::1"));
```

열거형의 각 배리언트에 직접 데이터를 붙임으로써, 구조체를 사용할 필요가 없어졌습니다. 또한 여기서 열거형의 동작에 대한 다른 세부 사항을 살펴보기가 좀 더 쉬워졌습니다. 각 열거형 배리언트의 이름이 해당 열거형 인스턴스의 생성자 함수처럼 된다는 것이죠. 즉, IpAddr::V4()는 String 인수를 입력받아서 IpAddr 타입의 인스턴스를 결과를 만드는 함수입니다. 열거형을 정의한 결과로써 이러한 생성자 함수가 자동적으로 정의됩니다.

구조체 대신 열거형을 사용하면 또 다른 장점이 있습니다. 각 배리언트는 다른 타입과 다른 양 amount의 연관된 데이터를 가질 수 있습니다. V4 IP 주소는 항상 0~255 사이의 숫자 4개로 된 구성 요소를 갖게 될 것입니다. V4 주소에 4개의 u8값을 저장하길 원하지만, V6 주소는 하나의 String값으로 표현되길 원한다면, 구조체로는 이렇게 할 수 없습니다. 열거형은 이런 경우를 쉽게 처리합니다.

```
enum IpAddr {
    V4(u8, u8, u8, u8),
    V6(String),
}

let home = IpAddr::V4(127, 0, 0, 1);

let loopback = IpAddr::V6(String::from("::1"));
```

두 가지 다른 종류의 IP 주소를 저장하기 위해 코드에 열거형을 정의하는 몇 가지 방법을 살펴봤습니다. 그러나, 누구나 알듯이 IP 주소와 그 종류를 저장하는 것은 흔하기 때문에, 표준 라이브러리에 정의된 것을 사용할 수 있습니다(https://doc.rust-lang.org/std/net/enum.IpAddr.html)! 표준 라이브러리에서 `IpAddr`를 어떻게 정의하고 있는지 살펴봅시다. 위에서 정의하고 사용했던 것과 동일한 열거형과 배리언트를 갖고 있지만, 배리언트에 포함된 주소 데이터는 두 가지 다른 구조체로 되어 있으며, 각 배리언트마다 다르게 정의하고 있습니다.

```rust
struct Ipv4Addr {
    // --생략--
}

struct Ipv6Addr {
    // --생략--
}

enum IpAddr {
    V4(Ipv4Addr),
    V6(Ipv6Addr),
}
```

이 코드로 알 수 있듯, 열거형 배리언트에는 어떤 종류의 데이터라도 넣을 수 있습니다. 문자열, 숫자 타입, 구조체 등은 물론, 다른 열거형마저도 포함할 수 있죠! 이건 여담이지만, 러스트의 표준 라이브러리 타입은 여러분의 생각보다 단순한 경우가 꽤 있습니다.

현재 스코프에 표준 라이브러리를 가져오지 않았기 때문에, 표준 라이브러리에 `IpAddr`의 정의가 있더라도 동일한 이름의 타입을 만들고 사용할 수 있음을 주의하세요. 타입을 스코프로 가져오는 것에 대해서는 7장에서 더 살펴보겠습니다.

예제 6-2에 있는 열거형의 다른 예제를 살펴봅시다. 이 예제에서는 각 배리언트에 다양한 종류의 타입들이 포함되어 있습니다.

예제 6-2 Message **열거형은 각 배리언트가 다른 타입과 다른 양의 값을 저장합니다**

```rust
enum Message {
    Quit,
    Move { x: i32, y: i32 },
    Write(String),
    ChangeColor(i32, i32, i32),
}
```

이 열거형에는 다른 데이터 타입을 갖는 네 개의 배리언트가 있습니다.

- Quit은 연관된 데이터가 전혀 없습니다.

- Move은 구조체처럼 이름이 있는 필드를 갖습니다.

- Write은 하나의 String을 가집니다.

- ChangeColor는 세 개의 i32를 가집니다.

예제 6-2에서처럼 배리언트로 열거형을 정의하는 것은 다른 종류의 구조체들을 정의하는 것과 비슷합니다. 열거형과 다른 점은 struct 키워드를 사용하지 않는다는 것과 모든 배리언트가 Message 타입으로 묶인다는 것입니다. 아래 구조체들은 이전 열거형의 배리언트가 갖는 것과 동일한 데이터를 가질 수 있습니다.

```
struct QuitMessage; // 유닛 구조체
struct MoveMessage {
    x: i32,
    y: i32,
}
struct WriteMessage(String); // 튜플 구조체
struct ChangeColorMessage(i32, i32, i32); // 튜플 구조체
```

각기 다른 타입을 갖는 여러 개의 구조체를 사용한다면, 이 메시지 중 어떤 한 가지를 인수로 받는 함수를 정의하기 힘들 것입니다. 예제 6-2에 정의한 Message 열거형은 하나의 타입으로 이것이 가능합니다.

열거형과 구조체는 한 가지 더 유사한 점이 있습니다. 구조체에 impl을 사용해서 메서드를 정의한 것처럼, 열거형에도 정의할 수 있습니다. 여기 Message 열거형에 정의한 call이라는 메서드가 있습니다.

```
    impl Message {
        fn call(&self) {
        ❶ // 메서드 본문이 여기 정의될 것입니다.
        }
    }

❷ let m = Message::Write(String::from("hello"));
    m.call();
```

메서드 본문에서는 self를 사용하여 호출한 열거형의 값을 가져올 것입니다. 이 예제에서 생성한

변수 m은 Message::Write(String::from("hello"))값을 갖게 되고(❷), 이 값은 m.call()이 실행될 때 call 메서드 안에서 self가 될 것입니다(❶).

이제 표준 라이브러리에 포함된 열거형 중에서 굉장히 유용하고 자주 사용되는 Option 열거형을 살펴봅시다.

6.1.2 Option 열거형이 널값보다 좋은 점들

이번 절에서는 표준 라이브러리에서 열거형으로 정의된 또 다른 타입인 Option에 대한 사용 예를 살펴보겠습니다. Option 타입은 값이 있거나 없을 수 있는 아주 흔한 상황을 나타냅니다.

예를 들어 비어 있지 않은 리스트의 첫 번째 아이템을 요청한다면 값을 얻을 수 있을 것입니다. 그렇지만 비어 있는 리스트로부터 첫 번째 아이템을 요청한다면 아무 값도 얻을 수 없을 것입니다. 이 개념을 타입 시스템으로 표현한다는 것은 처리해야 하는 모든 경우를 처리했는지 컴파일러가 확인할 수 있다는 의미입니다. 이러한 기능은 다른 프로그래밍 언어에서 매우 흔하게 발생하는 버그를 방지해줍니다.

프로그래밍 언어 디자인은 가끔 어떤 기능들이 포함되었는지의 관점에서 생각되기도 하지만, 어떤 기능을 포함하지 않을 것이냐도 중요합니다. 러스트는 다른 언어들에서 흔하게 볼 수 있는 널 개념이 없습니다. **널**(null)은 값이 없음을 표현하는 하나의 값입니다. 널 개념이 존재하는 언어에서, 변수의 상태는 둘 중 하나입니다. 널인 경우와, 널이 아닌 경우죠.

널을 고안한 토니 호어(Tony Hoare)는 그의 2009년 발표 '널 참조: 10억 달러짜리 실수(Null References: The Billion Dollar Mistake)'에서 다음과 같이 말합니다.

> 저는 그걸 10억 달러짜리 실수라고 부릅니다. 저는 그 당시 객체 지향 언어에서 참조를 위한 첫 포괄적인 타입 시스템을 디자인하고 있었습니다. 제 목표는 컴파일러에 의해 자동으로 수행되는 체크를 통해 모든 참조자의 사용이 절대로 안전함을 보장하는 것이었습니다. 하지만 구현이 무척 간단하다는 단순한 이유로 널 참조를 넣고 싶은 유혹을 참을 수 없었습니다. 이는 수없이 많은 에러와 취약점, 시스템 종료를 유발했고, 아마도 지난 40년간 10억 달러 수준의 고통과 손실을 초래해왔습니다.

널값으로 발생하는 문제는, 널값을 널이 아닌 값처럼 사용하려고 할 때 여러 종류의 에러가 발생할 수 있다는 것입니다. 널이나 널이 아닌 속성은 어디에나 있을 수 있고, 너무나도 쉽게 이런 종류의 에러를 만들어냅니다.

하지만 '현재 어떠한 이유로 인해 유효하지 않거나, 존재하지 않는 하나의 값'이라는, 널이 표현하려고 하는 개념은 여전히 유용합니다.

널의 문제는 실제 개념에 있기보다, 특정 구현에 있습니다. 이처럼 러스트에는 널이 없지만, 값의 존재 혹은 부재의 개념을 표현할 수 있는 열거형이 있습니다. 그 열거형이 바로 Option<T>이며, 다음과 같이 표준 라이브러리에 정의되어 있습니다(https://doc.rust-lang.org/std/option/enum.Option.html).

```
enum Option<T> {
    None,
    Some(T),
}
```

Option<T> 열거형은 너무나 유용하기 때문에, 러스트에서 기본으로 임포트하는 목록인 프렐루드에도 포함되어 있습니다. 이것의 배리언트 또한 프렐루드에 포함되어 있습니다. 따라서 Some, None 배리언트 앞에 Option::도 붙이지 않아도 됩니다. 하지만 Option<T>는 여전히 그냥 일반적인 열거형이며, Some(T)와 None도 여전히 Option<T>의 배리언트입니다.

<T> 문법은 아직 다루지 않은 러스트의 기능입니다. 이것은 제네릭 타입 매개변수(generic type parameter)이며, 제네릭에 대해서는 10장에서 더 자세히 다룰 것입니다. 지금은 <T>라는 것이 Option 열거형의 Some 배리언트가 어떤 타입의 데이터라도 담을 수 있게 한다는 것, 그리고 T의 자리에 구체적인 타입을 집어넣는 것이 전체 Option<T> 타입을 모두 다른 타입으로 만든다는 것만 알아두면 됩니다. 아래에 숫자 타입과 문자열 타입을 갖는 Option값에 대한 예제가 있습니다.

```
    let some_number = Some(5);
    let some_char = Some('e');

    let absent_number: Option<i32> = None;
```

some_number의 타입은 Option<i32>입니다. some_char의 타입은 Option<char>이고 둘은 서로 다른 타입입니다. Some 배리언트 내에 어떤 값을 명시했기 때문에 러스트는 이 타입들을 추론할 수 있습니다. absent_number에 대해서는 전반적인 Option 타입을 명시하도록 해야 합니다. None값만 봐서는 동반되는 Some 배리언트가 어떤 타입의 값을 가질지 컴파일러가 추론할 수 없기 때문입니다. 위 예제에서는 absent_number가 Option<i32> 타입임을 명시했습니다.

Some값을 얻게 되면, 값이 존재한다는 것과 해당 값이 Some 내에 있다는 것을 알 수 있습니다. None값을 얻게 되면, 얻은 값이 유효하지 않다는, 어떤 면에서는 널과 같은 의미를 갖습니다. 그렇다면 왜 Option<T>가 널보다 나을까요?

간단하게 말하면, Option<T>와 T(T는 어떤 타입이든 될 수 있음)가 다른 타입이기 때문에, 컴파일러는 Option<T>값을 명백하게 유효한 값처럼 사용하지 못하도록 합니다. 예를 들면, 아래 코드는 Option<i8>에 i8을 더하려고 하고 있으므로 컴파일되지 않습니다.

```
let x: i8 = 5;
let y: Option<i8> = Some(5);

let sum = x + y;
```

이 코드를 실행하면, 아래와 같은 에러 메시지가 출력됩니다.

```
error[E0277]: cannot add `Option<i8>` to `i8`
 --> src/main.rs:5:17
  |
5 |     let sum = x + y;
  |                   ^ no implementation for `i8 + Option<i8>`
  |
  = help: the trait `Add<Option<i8>>` is not implemented for `i8`
```

주목하세요! 실제로 이 에러 메시지는 러스트가 Option<i8>과 i8를 어떻게 더해야 하는지 모른다는 것을 의미하는데, 둘은 다른 타입이기 때문입니다. 러스트에서 i8과 같은 타입의 값을 가질 때, 컴파일러는 항상 유효한 값을 갖고 있다는 것을 보장할 것입니다. 값을 사용하기 전에 널인지 확인할 필요도 없이 자신 있게 사용할 수 있습니다. 오직 Option<i8>(혹은 어떤 타입이건 간에)을 사용할 경우에만 값이 있을지 없을지에 대해 걱정할 필요가 있으며, 컴파일러는 값을 사용하기 전에 이런 경우가 처리되었는지 확인해줄 것입니다.

바꿔 말하면, T에 대한 연산을 수행하기 전에 Option<T>를 T로 변환해야 합니다. 이런 방식은 널로 인해 발생하는 가장 흔한 문제인, 실제로는 널인데 널이 아니라고 가정하는 상황을 발견하는 데 도움이 됩니다.

널이 아닌 값을 갖는다는 가정을 놓치는 경우에 대한 위험 요소가 제거되면, 코드에 더 확신을 갖게 됩니다. 널일 수 있는 값을 사용하기 위해서는 명시적으로 값의 타입을 Option<T>로 만들어 줘야 합니다. 그다음엔 값을 사용할 때 명시적으로 널인 경우를 처리해야 합니다. 값의 타입이 Option<T>가 아닌 모든 곳은 값이 널이 아니라고 안전하게 **가정할 수 있습니다.** 이것은 널을 너무 많이 사용하는 문제를 제한하고 러스트 코드의 안정성을 높이기 위해 의도된 러스트의 디자인 결정 사항입니다.

그래서, Option<T> 타입인 값을 사용할 때 Some 배리언트에서 T값을 가져오려면 어떻게 해야 하냐고요? Option<T> 열거형이 가진 메서드는 많고, 저마다 다양한 상황에서 유용하게 쓰일 수 있습니다. 그러니 한번 문서(https://doc.rust-lang.org/std/option/enum.Option.html)에서 여러분에게 필요한 메서드를 찾아보세요. Option<T>의 여러 메서드를 익혀두면 앞으로의 러스트 프로그래밍에 매우 많은 도움이 될 겁니다.

일반적으로, Option<T>값을 사용하기 위해서는 각 배리언트를 처리할 코드가 필요할 겁니다. Some(T)값일 때만 실행돼서 내부의 T값을 사용하는 코드도 필요할 테고, None값일 때만 실행될, T값을 쓸 수 없는 코드도 필요할 겁니다. match 표현식은 열거형과 함께 사용할 때 이런 작업을 수행하는 제어 흐름 구조로, 열거형의 배리언트에 따라 다른 코드를 실행하고 매칭되는 값 내부의 데이터를 해당 코드에서 사용할 수 있습니다.

6.2 match 제어 흐름 구조

러스트는 match라고 불리는 매우 강력한 제어 흐름 연산자를 가지고 있는데 이는 일련의 패턴에 대해 어떤 값을 비교한 뒤 어떤 패턴에 매칭되었는지를 바탕으로 코드를 수행하도록 해줍니다. 패턴은 리터럴값, 변수명, 와일드카드(wildcard) 등 다양한 것으로 구성될 수 있으며, 전체 종류 및 각각의 역할은 18장(503쪽)에서 배울 예정입니다. match의 힘은 패턴의 표현성으로부터 오며 컴파일러는 모든 가능한 경우가 처리되는지 검사합니다.

match 표현식을 동전 분류기와 비슷한 종류로 생각해보세요. 동전들은 다양한 크기의 구멍들이 있는 트랙으로 미끄러져 내려가고, 각 동전은 그것에 맞는 첫 번째 구멍을 만났을 때 떨어집니다. 동일한 방식으로, 값들은 match 내의 각 패턴을 통과하고, 해당 값에 '맞는' 첫 번째 패턴에서, 그 값은 실행 중에 사용될 연관된 코드 블록 안으로 떨어질 것입니다.

동전 이야기가 나왔으니, `match`를 이용한 예제로 동전들을 이용해봅시다! 예제 6-3에서 보는 바와 같이, 어떤 미국 동전을 입력받아서, 동전 계수기와 동일한 방식으로 그 동전이 어떤 것이고 얼마인지 센트로 해당 값을 반환하는 함수를 작성할 수 있습니다.

예제 6-3 열거형과 열거형의 배리언트를 패턴으로 사용하는 `match` 표현식

```
❶ enum Coin {
      Penny,
      Nickel,
      Dime,
      Quarter,
  }

  fn value_in_cents(coin: Coin) -> u8 {
  ❷   match coin {
      ❸   Coin::Penny => 1,
          Coin::Nickel => 5,
          Coin::Dime => 10,
          Coin::Quarter => 25,
      }
  }
```

`value_in_cents` 함수 내의 `match`를 쪼개서 봅시다. 먼저 `match` 키워드 뒤에 표현식을 써줬는데, 위의 경우에는 `coin`값입니다(❷). 이는 `if`에서 사용하는 조건식과 매우 유사하지만, 큰 차이점이 있습니다. `if`를 사용할 경우에는 조건문에서 불리언값을 반환해야 하지만, 여기서는 어떤 타입이든 가능합니다. 위 예제에서 `coin`의 타입은 첫째 줄에서 정의했던 `Coin` 열거형입니다(❶).

그다음은 `match` 갈래입니다. 하나의 갈래는 패턴과 코드 두 부분으로 이루어져 있습니다. 여기서의 첫 번째 갈래에는 값 `Coin::Penny`로 되어 있는 패턴이 있고, 그 뒤에 패턴과 실행되는 코드를 구분해주는 `=>` 연산자가 있습니다(❸). 위의 경우에서 코드는 그냥 값 1입니다. 각 갈래는 그다음 갈래와는 쉼표로 구분합니다.

`match` 표현식이 실행될 때, 결괏값을 각 갈래의 패턴에 대해서 순차적으로 비교합니다. 만일 어떤 패턴이 그 값과 매칭되면, 그 패턴과 연관된 코드가 실행됩니다. 만일 그 패턴이 값과 매칭되지 않는다면, 동전 분류기와 비슷하게 다음 갈래로 실행을 계속합니다.

각 갈래와 연관된 코드는 표현식이고, 이 매칭 갈래에서의 표현식의 결과로서 생기는 값은 전체 `match` 표현식에 대해 반환되는 값입니다.

각 갈래가 그냥 값을 반환하는 예제 6-3에서처럼 매치 갈래의 코드가 짧다면, 중괄호는 보통 사용하지 않습니다. 만일 매치 갈래 내에서 여러 줄의 코드를 실행시키고 싶다면 중괄호를 사용하고, 그렇게 되면 갈래 뒤에 붙이는 쉼표는 옵션이 됩니다. 예를 들어, 아래의 코드는 `Coin::Penny`와 함께 메서드가 호출될 때마다 'Lucky penny!'를 출력하지만, 여전히 해당 블록의 마지막 값인 1을 반환할 것입니다.

```
fn value_in_cents(coin: Coin) -> u8 {
    match coin {
        Coin::Penny => {
            println!("Lucky penny!");
            1
        }
        Coin::Nickel => 5,
        Coin::Dime => 10,
        Coin::Quarter => 25,
    }
}
```

6.2.1 값을 바인딩하는 패턴

매치 갈래의 또 다른 유용한 기능은 패턴과 매칭된 값들의 일부분을 바인딩할 수 있다는 것입니다. 이것이 열거형의 배리언트로부터 어떤 값들을 추출할 수 있는 방법입니다.

한 가지 예로, 열거형 배리언트 중 하나가 내부에 값을 들고 있도록 바꿔봅시다. 1999년부터 2008년까지, 미국은 각 50개 주마다 한쪽 면의 디자인이 다른 쿼터 동전을 주조했습니다. 다른 동전들은 주의 디자인을 갖지 않고, 따라서 오직 쿼터 동전들만 이 특별한 값을 갖습니다. 이 정보를 Quarter 배리언트 내에 UsState값을 담도록 enum을 변경하여 추가할 수 있는데, 이는 예제 6-4와 같습니다.

예제 6-4 Quarter 배리언트가 UsState값도 담고 있는 Coin 열거형

```
#[derive(Debug)] // 상태를 바로 확인할 수 있도록
enum UsState {
    Alabama,
    Alaska,
    // --생략--
}

enum Coin {
    Penny,
```

```
    Nickel,
    Dime,
    Quarter(UsState),
}
```

한 친구가 모든 50개 주 쿼터 동전을 모으기를 시도하는 중이라고 상상해봅시다. 동전의 종류에 따라 동전을 분류하는 동안 각 쿼터 동전에 연관된 주의 이름을 외치기도 해서, 만일 그것이 친구가 가지고 있지 않은 것이라면, 그 친구는 자기 컬렉션에 그 동전을 추가할 수 있겠지요.

이 코드를 위한 매치 표현식 내에서는 배리언트 Coin::Quarter의 값과 매칭되는 패턴에 state라는 이름의 변수를 추가합니다. Coin::Quarter이 매치될 때, state 변수는 그 쿼터 동전의 주에 대한 값에 바인딩될 것입니다. 그러면 우리는 다음과 같이 해당 갈래에서의 코드 내에서 state를 사용할 수 있습니다.

```
fn value_in_cents(coin: Coin) -> u8 {
    match coin {
        Coin::Penny => 1,
        Coin::Nickel => 5,
        Coin::Dime => 10,
        Coin::Quarter(state) => {
            println!("State quarter from {:?}!", state);
            25
        }
    }
}
```

만일 우리가 value_in_cents(Coin::Quarter(UsState::Alaska))를 호출했다면, coin은 Coin::Quarter(UsState::Alaska)가 되겠지요. 각각의 매치 갈래와 이 값을 비교하면, Coin::Quarter(state)에 도달할 때까지 무엇과도 매칭되지 않습니다. 이 시점에서, state에 대한 바인딩은 값 UsState::Alaska가 될 것입니다. 그러면 이 바인딩을 println! 표현식에서 사용할 수 있고, 따라서 Quarter에 대한 Coin 열거형 배리언트로부터 주에 대한 내부 값을 얻었습니다.

6.2.2 Option\<T\>를 이용하는 매칭

이전 절에서 Option<T>값을 사용하려면 Some일 때 실행돼서, Some 내의 T값을 얻을 수 있는 코드가 필요하다고 했었죠. 이제 Coin 열거형을 다뤘던 것처럼 Option<T>도 match로 다뤄보겠습니다.

동전들을 비교하는 대신 Option<T>의 배리언트를 비교하겠지만, match 표현식이 작동하는 방식은 동일합니다.

Option<i32>를 매개변수로 받아서, 내부에 값이 있으면 그 값에 1을 더하는 함수를 작성하고 싶다고 칩시다. 만일 내부에 값이 없으면, 이 함수는 None을 반환하고 다른 어떤 연산도 수행하는 시도를 하지 않아야 합니다.

match 덕분에 이 함수는 예제 6-5처럼 매우 작성하기 쉬워집니다.

예제 6-5 Option<i32>상에서 match를 이용하는 함수

```
fn plus_one(x: Option<i32>) -> Option<i32> {
    match x {
        ❶ None => None,
        ❷ Some(i) => Some(i + 1),
    }
}

let five = Some(5);
let six = plus_one(five); ❸
let none = plus_one(None); ❹
```

plus_one의 첫 번째 실행을 좀 더 자세히 시험해봅시다. plus_one(five)가 호출될 때(❸), plus_one의 본문 안에 있는 변수 x는 값 Some(5)를 갖게 될 것입니다. 그런 다음 각각의 매치 갈래에 대하여 이 값을 비교합니다.

```
None => None,
```

Some(5)값은 패턴 None과 매칭되지 않으므로(❶), 다음 갈래로 계속 갑니다.

```
Some(i) => Some(i + 1),
```

Some(5)가 Some(i)랑 매칭되나요(❷)? 그렇습니다! 동일한 배리언트를 갖고 있습니다. Some 내부에 담긴 값은 i에 바인딩되므로, i는 값 5를 갖습니다. 그런 다음 매치 갈래 내의 코드가 실행되므로, i의 값에 1을 더한 다음 최종적으로 6을 담은 새로운 Some값을 생성합니다.

이제 x가 None인 예제 6-5에서의 plus_one의 두 번째 호출을 살펴봅시다(❹). match 안으로 들어

와서 첫 번째 갈래와 비교합니다(❶).

```
None => None,
```

매칭되었군요! 더할 값이 없으므로, 프로그램은 멈추고 =>의 우측 편에 있는 None값을 반환합니다. 첫 번째 갈래에 매칭되었으므로, 다른 갈래와는 비교하지 않습니다.

match와 열거형을 조합하는 것은 다양한 경우에 유용합니다. 여러분은 러스트 코드에서 이러한 패턴을 많이 보게 될 겁니다. 열거형에 대한 match, 내부의 데이터에 변수 바인딩, 그런 다음 그에 대한 수행 코드 말이지요. 처음에는 약간 까다롭지만, 일단 익숙해지면 이를 모든 언어에서 쓸 수 있게 되기를 바랄 것입니다. 이것은 꾸준히 사용자들이 가장 좋아하는 기능입니다.

6.2.3 match는 철저합니다

우리가 논의할 필요가 있는 match의 다른 관점이 있습니다. 갈래의 패턴들은 모든 가능한 경우를 다루어야 합니다. plus_one 함수의 아래 버전을 고려해봅시다. 버그가 있고 컴파일되지 않지만요.

```rust
fn plus_one(x: Option<i32>) -> Option<i32> {
    match x {
        Some(i) => Some(i + 1),
    }
}
```

여기서는 None 케이스를 다루지 않았고, 따라서 이 코드는 버그를 일으킬 것입니다. 다행히도 러스트는 이 버그를 어떻게 잡는지 알고 있습니다. 이 코드의 컴파일을 시도하면, 아래와 같은 에러를 얻게 됩니다.

```
error[E0004]: non-exhaustive patterns: `None` not covered
 --> src/main.rs:3:15
  |
3 |         match x {
  |               ^ pattern `None` not covered
  |
note: `Option<i32>` defined here
 --> /rustc/d5a82bbd26e1ad8b7401f6a718a9c57c96905483/library/core/src/option.rs:518:1
  |
  = note:
```

```
/rustc/d5a82bbd26e1ad8b7401f6a718a9c57c96905483/library/core/src/option.rs:522:5:
not covered
  = note: the matched value is of type `Option<i32>`
help: ensure that all possible cases are being handled by adding a match arm with
a wildcard pattern or an explicit pattern as shown
  |
4 ~            Some(i) => Some(i + 1),
5 ~            None => todo!(),
  |
```

러스트의 매치는 **철저합니다**(exhaustive). 발생할 수 있는 경우 중 놓친 게 있음을 아는 것은 물론, 어떤 패턴을 놓쳤는가도 알고 있죠. 따라서 유효한 코드를 만들려면 모든 가능성을 샅샅이 다루어야 합니다. 이로써 발생하는 장점은 Option<T> 에서도 드러납니다. None 케이스를 다루는 것을 깜박하더라도 러스트가 알아채고 알려주기 때문에, 앞서 말했던 널일지도 모를 값을 가지고 있어서 발생할 수 있는 수십억 달러짜리 실수를 불가능하게 만듭니다.

6.2.4 포괄 패턴과 _ 자리표시자

열거형을 사용하면서 특정한 몇 개의 값들에 대해 특별한 동작을 하지만, 그 외의 값들에 대해서는 기본 동작을 취하도록 할 수도 있습니다. 어떤 게임을 구현하는 중인데 주사위를 굴려서 3이 나오면 플레이어는 움직이는 대신 새 멋진 모자를 얻고, 7을 굴리면 플레이어는 그 모자를 잃게 된다고 생각해봅시다. 그 외의 값들에 대해서는 게임판 위에서 해당 숫자만큼 칸을 움직입니다. 이러한 로직을 구현한 match를 볼 것인데, 실제로 이를 구현하는 것은 이 예제의 범위를 벗어나므로 임의의 값 대신 하드코딩된 주사위 눈의 결과를 사용하고, 그 밖의 로직들은 본문 없는 함수로 작성하겠습니다.

```
let dice_roll = 9;
match dice_roll {
    3 => add_fancy_hat(),
    7 => remove_fancy_hat(),
 ❶ other => move_player(other),
}

fn add_fancy_hat() {}
fn remove_fancy_hat() {}
fn move_player(num_spaces: u8) {}
```

처음 두 갈래에서의 패턴은 3과 7 리터럴값입니다. 나머지 모든 가능한 값을 다루는 마지막 갈래에 대한 패턴은 other라는 이름을 가진 변수입니다(❶). other 갈래 쪽의 코드는 이 변숫값을 move_player 함수에 넘기는 데 사용합니다.

u8이 가질 수 있는 모든 값을 나열하지 않았음에도 이 코드는 컴파일이 되는데, 그 이유는 특별하게 나열되지 않은 나머지 모든 값에 대해 마지막 패턴이 매칭될 것이기 때문입니다. 이러한 **포괄**(catch-all) 패턴은 match의 철저함을 만족시킵니다. 패턴들은 순차적으로 평가되므로 마지막에 포괄적인 갈래를 위치시켜야 한다는 점을 기억해둡시다. 포괄적인 갈래를 이보다 앞에 두면 그 뒤에 있는 갈래는 결코 실행될 수 없으므로, 만약 포괄 패턴 뒤에 갈래를 추가하면 러스트는 이에 대해 경고를 줍니다!

포괄 패턴이 필요한데 그 포괄 패턴의 값을 사용할 필요는 없는 경우에 쓸 수 있는 패턴도 있습니다. _(포괄값)은 어떠한 값이라도 매칭되지만, 그 값을 바인딩하지는 않는 특별한 패턴입니다.[1] 이는 러스트에 해당 값을 사용하지 않겠다는 것을 알려주므로, 러스트는 사용되지 않는 변수에 대한 경고를 띄우지 않을 것입니다.

게임의 규칙을 바꿔봅시다. 이제부터 주사위를 굴려 3 혹은 7 이외의 숫자가 나왔다면 주사위를 다시 굴립니다. 그러면 더 이상 포괄값을 사용할 필요가 없으므로, other라는 이름의 변수 대신 _을 사용하여 코드를 고칠 수 있습니다.

```
let dice_roll = 9;
match dice_roll {
    3 => add_fancy_hat(),
    7 => remove_fancy_hat(),
    _ => reroll(),
}

fn add_fancy_hat() {}
fn remove_fancy_hat() {}
fn reroll() {}
```

이 예제 또한 철저함에 대한 요구 사항을 충족하는데, 마지막 갈래에서 나머지 모든 값에 대해 명시적으로 무시하기 때문입니다.

---

1   옮긴이 2.5.2절(37쪽)에서 언급한 적이 있습니다.

마지막으로, 게임의 규칙을 한 번 더 바꿔서 3이나 7 이외의 숫자를 굴리게 되면 아무 일도 일어나지 않도록 해보겠습니다. 이는 _ 갈래에 ('튜플 타입'(52쪽)에서 다루었던) 유닛값을 사용하여 표현할 수 있습니다.

```
let dice_roll = 9;
match dice_roll {
    3 => add_fancy_hat(),
    7 => remove_fancy_hat(),
    _ => (),
}

fn add_fancy_hat() {}
fn remove_fancy_hat() {}
```

여기에서는 러스트에게 명시적으로 앞의 갈래에 매칭되지 않은 어떠한 값도 사용하지 않을 것이며, 어떠한 코드도 실행하지 않기를 원한다고 명시적으로 알려준 것입니다.

패턴과 매칭에 관한 더 많은 내용이 18장(503쪽)에 있습니다. 지금은 match 표현식이 좀 장황할 경우에 유용한 if let 문법으로 넘어가겠습니다.

6.3 if let을 사용한 간결한 제어 흐름

if let 문법은 if와 let을 조합하여 하나의 패턴만 매칭시키고 나머지 경우는 무시하도록 값을 처리하는 간결한 방법을 제공합니다. 예제 6-6의 프로그램은 config_max 변수의 어떤 Option<u8> 값을 매칭하지만 그 값이 Some 배리언트일 경우에만 코드를 실행시키고 싶어하는 예제를 보여줍니다.

예제 6-6 **어떤 값이** Some **일 때에만 코드를 실행하도록 하는** match

```
let config_max = Some(3u8);
match config_max {
    Some(max) => println!("The maximum is configured to be {}", max),
    _ => (),
}
```

이 값이 Some이면 패턴 내에 있는 max에 Some 배리언트의 값을 바인딩하고 출력합니다. None값에 대해서는 아무 처리도 하지 않으려고 합니다. match 표현식을 만족시키려면 딱 하나의 배리언트 처리 후 _ => ()를 붙여야 하는데, 이는 다소 성가신 보일러플레이트 코드입니다.

그 대신, if let을 이용하여 이 코드를 더 짧게 쓸 수 있습니다. 아래의 코드는 예제 6-6에서의 match와 동일하게 작동합니다.

```
let config_max = Some(3u8);
if let Some(max) = config_max {
    println!("The maximum is configured to be {}", max);
}
```

if let은 =로 구분된 패턴과 표현식을 입력받습니다. 이는 match와 동일한 방식으로 작동하는데, 여기서 표현식은 match에 주어지는 것이고 패턴은 이 match의 첫 번째 갈래와 같습니다. 위의 경우 패턴은 Some(max)이고 max는 Some 내에 있는 값에 바인딩됩니다. 그렇게 되면 match의 갈래 안에서 max를 사용했던 것과 같은 방식으로 if let 본문 블록 내에서 max를 사용할 수 있습니다.

if let을 이용하면 여러분이 덜 타이핑하고, 덜 들여쓰기하고, 보일러플레이트 코드를 덜 쓰게 됩니다. 하지만 match가 강제했던 철저한 검사를 안 하게 되었습니다. match와 if let 사이에서 선택하는 것은 여러분의 특정 상황에서 여러분이 하고 있는 것에 따라, 그리고 간결함을 얻는 것이 철저한 검사를 안 하게 되는 것에 대한 적절한 거래인지에 따라 달린 문제입니다.

즉, if let은 한 패턴에 매칭될 때만 코드를 실행하고 다른 경우는 무시하는 match 문을 작성할 때 사용하는 문법 설탕(syntax sugar)이라고 생각하면 됩니다.

if let과 함께 else를 포함시킬 수 있습니다. else 뒤에 나오는 코드 블록은 match 표현식에서 _ 케이스 뒤에 나오는 코드 블록과 동일합니다. 예제 6-4에서 Quarter 배리언트가 UsState값도 들고 있었던 Coin 열거형 정의부를 상기해보세요. 만일 쿼터가 아닌 모든 동전을 세고 싶은 동시에 쿼터 동전일 경우도 알려주고 싶다면, 아래와 같이 match 문을 쓸 수도 있을 겁니다.

```
let mut count = 0;
match coin {
    Coin::Quarter(state) => println!("State quarter from {:?}!", state),
    _ => count += 1,
}
```

혹은 아래와 같이 if let과 else 표현식을 이용할 수도 있겠지요.

```
let mut count = 0;
if let Coin::Quarter(state) = coin {
    println!("State quarter from {:?}!", state);
} else {
    count += 1;
}
```

만일 여러분의 프로그램이 match로 표현하기에는 너무 장황한 로직을 가지고 있는 경우라면, 러스트 도구 상자에 if let도 있음을 기억하세요.

정리

지금까지 열거형을 사용하여 열거한 값의 집합 중에서 하나가 될 수 있는 커스텀 타입을 만드는 방법에 대해 알아보았습니다. 표준 라이브러리의 Option<T> 타입이 타입 시스템을 사용하여 에러를 방지하는 데 어떻게 도움이 되는지도 살펴봤습니다. 열거형 값에 데이터가 있는 경우, 처리해야 하는 경우의 수에 따라 match나 if let을 사용하여 해당 값을 추출하여 사용할 수 있습니다.

여러분은 이제 구조체와 열거형을 이용해 원하는 개념을 표현할 수 있습니다. 또한, 여러분의 API 내에 커스텀 타입을 만들어서 사용하면, 작성한 함수가 원치 않는 값으로 작동하는 것을 컴파일러가 막아주기 때문에 타입 안정성도 보장받을 수 있습니다.

여러분의 사용자에게 사용하기 직관적이고 필요로 하는 것만 정확하게 노출된, 잘 조직된 API를 제공하기 위해서, 이제 러스트의 모듈로 넘어갑시다.

7

커져가는 프로젝트를 패키지, 크레이트, 모듈로 관리하기

거대한 프로그램을 작성할 때는 코드의 구조화가 무척 중요해집니다. 코드에서 연관된 기능을 묶고 서로 다른 기능을 분리해두면 이후 특정 기능을 구현하는 코드를 찾거나 변경할 때 헤매지 않게 됩니다.

앞서 작성한 프로그램들은 하나의 모듈, 하나의 파일로 이루어져 있었지만, 프로젝트 규모가 커지면 코드를 여러 모듈, 여러 파일로 나누어 관리해야 합니다. 한 패키지에는 여러 개의 바이너리 크레이트와 (원할 경우) 라이브러리 크레이트를 포함될 수 있으므로, 커진 프로젝트의 각 부분을 크레이트로 나눠서 외부 라이브러리처럼 쓸 수 있습니다. 이번 장에서 이러한 기법을 배웁니다. 상호연관된 패키지들로 이루어진 대규모 프로젝트의 경우에는 14장의 '카고 작업 공간'(388쪽)에서 다룰 예정인, 카고에서 제공하는 **작업 공간**(workspace) 기능을 이용합니다.

또한 세부 구현을 캡슐화하여 더 고수준에서 코드를 재사용할 수 있는 방법에 대해서도 설명합니다. 일단 어떤 연산을 구현하면 그 구현체의 작동 방식을 몰라도 다른 코드에서 공개 인터페이스를 통해 해당 코드를 호출할 수 있습니다. 코드를 작성하는 방식에 따라 다른 코드가 사용할 수 있는 공개 부분과 변경 권한을 작성자에게 남겨두는 비공개 구현 세부 사항이 정의됩니다. 이는 머릿속에 기억해둬야 하는 세부 사항의 양을 제한하는 또 다른 방법입니다.

스코프 개념도 관련되어 있습니다. 중첩된 콘텍스트에 작성한 코드는 '스코프 내에' 정의된 다양한 이름들이 사용됩니다. 프로그래머나 컴파일러가 코드를 읽고, 쓰고, 컴파일할 때는 특정 위치의 특정 이름이 무엇을 의미하는지 알아야 합니다. 해당 이름이 변수인지, 함수인지, 열거형인지, 모듈인지, 상수인지, 그 외 아이템인지 말이죠. 스코프를 생성하고 스코프 안 혹은 바깥에 있는 이름을 변경할 수 있습니다. 동일한 스코프 내에는 같은 이름을 가진 아이템이 둘 이상 있을 수 없으며, 이름 충돌을 해결하는 도구를 사용할 수 있습니다.

러스트에는 코드 조직화에 필요한 기능이 여럿 있습니다. 어떤 세부 정보를 외부에 노출할지, 비공개로 둘지, 프로그램의 스코프 내 어떤 이름이 있는지 등 다양합니다. 이를 통틀어 **모듈 시스템**(module system)이라 하며, 다음 기능들이 포함됩니다.

- **패키지:** 크레이트를 빌드하고, 테스트하고, 공유하는 데 사용하는 카고 기능입니다.
- **크레이트:** 라이브러리나 실행 가능한 모듈로 구성된 트리 구조입니다.
- **모듈 및 use:** 구조, 스코프를 제어하고, 조직 세부 경로를 감추는 데 사용합니다.
- **경로:** 구조체, 함수, 모듈 등의 이름을 지정합니다.

이번 장에서는 이 기능들을 모두 다뤄보면서 이 기능들이 상호작용하는 방식을 논의하고 이를 사용하여 스코프를 관리하는 방법을 설명하겠습니다. 이번 장을 마치고 나면 모듈 시스템을 확실히 이해하고 프로처럼 스코프를 다룰 수 있을 겁니다!

7.1 패키지와 크레이트

여기서 다룰 모듈 시스템의 첫 부분은 패키지와 크레이트입니다.

크레이트(crate)는 러스트가 한 번의 컴파일 시에 고려하는 가장 작은 코드 단위입니다(1장의 '러스트 프로그램 작성하고 실행하기'(6쪽)에서 했던 것처럼). cargo 대신 rustc를 실행하여 단일 소스 코드 파일을 넘겨주더라도, 컴파일러는 그 파일이 크레이트라고 생각합니다. 크레이트는 여러 모듈을 담을 수 있고, 다음 절에서 곧 알게 되겠지만 모듈은 이 크레이트와 함께 컴파일되는 다른 파일들에 정의되어 있을 수도 있습니다.

크레이트는 바이너리일 수도 있고, 라이브러리일 수도 있습니다. **바이너리 크레이트**(binary crate)는 커맨드 라인 프로그램이나 서버처럼 실행 가능한 실행 파일로 컴파일할 수 있는 프로그램입니다. 바이너리 크레이트는 실행 파일이 실행되면 무슨 일이 일어나는지를 정의한 `main` 함수를 포함하고 있어야 합니다. 여태껏 만들어본 모든 크레이트는 바이너리 크레이트였습니다.

라이브러리 크레이트(library crate)는 `main` 함수를 가지고 있지 않고 실행 파일 형태로 컴파일되지 않습니다. 그 대신, 여러 프로젝트에서 공용될 의도로 만들어진 기능들이 정의되어 있습니다. 예를 들어, 2장(17쪽)에서 사용한 `rand` 크레이트는 난수를 생성하는 기능을 제공합니다. 러스타시안들이 '크레이트'라고 말하면 대부분은 이 라이브러리 크레이트를 의미하는 것이고, '크레이트'라는 단어는 일반적인 프로그래밍 개념에서의 '라이브러리'와 혼용됩니다.

크레이트 루트(crate root)는 러스트 컴파일러가 컴파일을 시작하는 소스 파일이고, 크레이트의 루트 모듈을 구성합니다(모듈은 '모듈을 정의하여 스코프 및 공개 여부 제어하기'(158쪽)에서 알아볼 예정입니다).

패키지(package)는 일련의 기능을 제공하는 하나 이상의 크레이트로 구성된 번들입니다. 패키지에는 이 크레이트들을 빌드하는 법이 설명된 **Cargo.toml** 파일이 포함되어 있습니다. 카고는 실제로 코드를 빌드하는 데 사용하는 커맨드 라인 도구의 바이너리 크레이트가 포함된 패키지입니다. 카고 패키지에는 또한 이 바이너리 크레이트가 의존하고 있는 라이브러리 패키지도 포함되어 있습니다. 다른 프로젝트도 카고의 라이브러리 크레이트에 의존하여 카고의 커맨드 라인 도구가 사용하는 것과 동일한 로직을 사용할 수 있습니다.

패키지에는 여러 개의 바이너리 크레이트가 원하는 만큼 포함될 수 있지만, 라이브러리 크레이트는 하나만 넣을 수 있습니다. 패키지에는 적어도 하나 이상의 크레이트가 포함되어야 하며, 이는 라이브러리든 바이너리든 상관없습니다.

패키지를 생성할 때 어떤 일이 일어나는지 살펴봅시다. 먼저 `cargo new` 명령어를 입력합니다.

```
$ cargo new my-project
    Created binary (application) `my-project` package
$ ls my-project
Cargo.toml
src
$ ls my-project/src
main.rs
```

cargo new를 실행한 후 ls 명령을 사용하여 카고가 만든 것들을 살펴봅니다. 프로젝트 디렉터리에는 **Cargo.toml** 파일이 있는데, 이것이 패키지를 만들어줍니다. **main.rs** 파일을 가지고 있는 **src**라는 디렉터리도 있습니다. **Cargo.toml**을 텍스트 편집기로 열어보면 **src/main.rs**가 따로 적시되진 않음을 알 수 있습니다. 카고는 패키지명과 같은 이름의 바이너리 크레이트는 **src/main.rs**가 크레이트 루트라는 관례를 준수합니다. 마찬가지로, 패키지 디렉터리에 **src/lib.rs** 파일이 존재할 경우, 카고는 해당 패키지가 패키지명과 같은 이름의 라이브러리 크레이트를 포함하고 있다고 판단합니다. 그리고 그 라이브러리 크레이트의 크레이트 루트는 **src/lib.rs**입니다. 카고는 라이브러리 혹은 바이너리를 빌드할 때 이 크레이트 루트 파일을 rustc에게 전달합니다.

현재 패키지는 **src/main.rs**만 포함하고 있으므로 이 패키지는 my-project라는 이름의 바이너리 크레이트만으로 구성되어 있습니다. 만약 어떤 패키지가 **src/main.rs**와 **src/lib.rs**를 가지고 있다면 해당 패키지는 패키지와 같은 이름의 바이너리, 라이브러리 크레이트를 포함하게 됩니다. **src/bin** 디렉터리 내에 파일을 배치하면 각각의 파일이 바이너리 크레이트가 되어, 여러 바이너리 크레이트를 패키지에 포함할 수 있습니다.

모듈 치트 시트

모듈과 경로에 대한 자세한 내용을 살펴보기 전에, 모듈, 경로, use, pub 키워드가 컴파일러에서 작동하는 방법과 대부분의 개발자가 코드를 구성하는 방법에 대한 빠른 참고 자료가 여기 있습니다. 이 장을 거치면서 각각의 규칙에 대한 예제를 살펴볼 것이지만, 모듈의 작동 방법을 기억하는 데에는 이게 좋은 참고 자료가 될 겁니다.

- **크레이트 루트부터 시작**: 크레이트를 컴파일할 때 컴파일러는 먼저 크레이트 루트 파일을 봅니다(보통은 라이브러리 크레이트의 경우 **src/lib.rs** 혹은 바이너리 크레이트의 경우 **src/main.rs**입니다).

- **모듈 선언**: 크레이트 루트 파일에는 새로운 모듈을 선언할 수 있습니다. mod garden;이라는 코드로 garden 모듈을 선언할 수 있습니다. 컴파일러는 아래의 장소에서 이 모듈의 코드가 있는지 살펴볼 것입니다.

  - mod garden 뒤에 세미콜론 대신 중괄호를 써서 안쪽에 코드를 적은 인라인

  - **src/garden.rs** 파일 안

  - **src/garden/mod.rs** 파일 안

- **서브모듈 선언**: 크레이트 루트가 아닌 다른 파일에서는 서브모듈(submodule)을 선언할 수 있습니다. 예를 들면 **src/garden.rs** 안에 mod vegetables;를 선언할 수도 있습니다. 컴파일러는 부모 모듈 이름의 디렉터리 안쪽에 위치한 아래의 장소들에서 이 서브모듈의 코드가 있는지 살펴볼 것입니다.

  - mod vegetables 뒤에 세미콜론 대신 중괄호를 써서 안쪽에 코드를 적은 인라인

  - **src/garden/vegetables.rs** 파일 안

  - **src/garden/vegetables/mod.rs** 파일 안

- **모듈 내 코드로의 경로**: 일단 모듈이 크레이트의 일부로서 구성되면, 공개 규칙이 허용하는 한도 내에서라면 해당 코드의 경로를 사용하여 동일한 크레이트의 어디에서든 이 모듈의 코드를 참조할 수 있게 됩니다. 예를 들면, garden vegetables 모듈 안에 있는 Asparagus 타입은 `crate::garden::vegetables::Asparagus`로 찾아 쓸 수 있습니다.

- **비공개 vs 공개**: 모듈 내의 코드는 기본적으로 부모 모듈에게 비공개(private)입니다. 모듈을 공개(public)로 만들려면, mod 대신 pub mod를 써서 선언하세요. 공개 모듈의 아이템들을 공개하려면 마찬가지로 그 선언 앞에 pub을 붙이세요.

- **use 키워드**: 어떤 스코프 내에서 use 키워드는 긴 경로의 반복을 줄이기 위한 어떤 아이템으로의 단축경로를 만들어줍니다. `crate::garden::vegetables::Asparagus`를 참조할 수 있는 모든 스코프에서 `use crate::garden::vegetables::Asparagus;`로 단축경로를 만들 수 있으며, 그 이후부터는 스코프에서 이 타입을 사용하려면 Asparagus만 작성해주면 됩니다.

위의 규칙들을 보여주는 backyard라는 이름의 바이너리 크레이트를 만들어보았습니다. 디렉터리명 또한 backyard로서, 아래의 파일들과 디렉터리들로 구성되어 있습니다.

```
backyard
├── Cargo.lock
├── Cargo.toml
└── src
    ├── garden
    │   └── vegetables.rs
    ├── garden.rs
    └── main.rs
```

지금의 경우 크레이트 루트 파일은 **src/main.rs**이고, 내용은 아래와 같습니다.

(File) src/main.rs

```
use crate::garden::vegetables::Asparagus;

pub mod garden;

fn main() {
    let plant = Asparagus {};
    println!("I'm growing {:?}!", plant);
}
```

`pub mod garden;` 라인이 컴파일러에게 **src/garden.rs**에 있는 코드를 포함할 것을 알려줍니다. **src/garden.rs**는 아래와 같습니다.

(File) src/garden.rs

```
pub mod vegetables;
```

여기 `pub mod vegetables;`은 **src/garden/vegetables.rs**의 코드 또한 포함되어야 함을 의미합니다. 해당 파일의 코드는 아래와 같습니다.

```
#[derive(Debug)]
pub struct Asparagus {}
```

이제 위 규칙들의 세부 사항으로 넘어가서 실제로 해보면서 확인합시다!

7.2 모듈을 정의하여 스코프 및 공개 여부 제어하기

이제 모듈에 대해, 그리고 아이템의 이름을 지정하는 **경로**(path), 스코프에 경로를 가져오는 use 키워드, 아이템을 공개하는 데 사용하는 pub 키워드 등 모듈 시스템을 구성하는 요소들에 대해 살펴보겠습니다. as 키워드, 외부 패키지, 글롭(glob) 연산자 등도 다룰 예정입니다.

모듈(module)은 크레이트의 코드를 읽기 쉽고 재사용하기도 쉽게끔 구조화를 할 수 있게 해줍니다. 모듈 내의 코드는 기본적으로 비공개이므로, 모듈은 아이템의 **공개 여부**(privacy)를 제어하도록 해주기도 합니다. 비공개 아이템은 외부에서의 사용이 허용되지 않는 내부의 세부 구현입니다. 모듈과 모듈 내 아이템을 선택적으로 공개할 수 있는데, 이렇게 하여 외부의 코드가 모듈 및 아이템을 의존하고 사용할 수 있도록 노출해줍니다.

예시로, 레스토랑 기능을 제공하는 라이브러리 크레이트를 작성한다고 가정해보죠. 코드 구조에 집중할 수 있도록 실제 코드로 구현하지는 않고, 본문은 비워둔 함수 시그니처만 정의하겠습니다.

레스토랑 업계에서는 레스토랑을 크게 접객 부서(front of house)와 지원 부서(back of house)로 나눕니다. 접객 부서는 호스트가 고객을 안내하고, 웨이터가 주문 접수 및 결제를 담당하고, 바텐더가 음료를 만들어주는 곳입니다. 지원 부서는 셰프, 요리사, 주방보조가 일하는 주방과 매니저가 행정 업무를 하는 곳입니다.

중첩(nested) 모듈 안에 함수를 집어넣어 구성하면 크레이트 구조를 실제 레스토랑이 일하는 방식과 동일하게 구성할 수 있습니다. cargo new --lib restaurant 명령어를 실행하여 restaurant라는 새 라이브러리를 생성하고, 예제 7-1 코드를 **src/lib.rs**에 작성하여 모듈, 함수 시그니처를 정의합시다. 아래는 접객 부서 쪽 코드입니다.

```rust
mod front_of_house {
    mod hosting {
        fn add_to_waitlist() {}

        fn seat_at_table() {}
    }

    mod serving {
        fn take_order() {}

        fn serve_order() {}

        fn take_payment() {}
    }
}
```

`mod` 키워드와 모듈 이름(위의 경우 `front_of_house`)을 지정하여 모듈을 정의합니다. 모듈의 본문은 중괄호로 감싸져 있습니다. `hosting`, `serving` 모듈처럼, 모듈 내에는 다른 모듈을 넣을 수 있습니다. 모듈에는 구조체, 열거형, 상수, 트레이트, 함수(예제 7-1처럼) 등의 아이템 정의 또한 넣을 수 있습니다.

모듈을 사용함으로써 관련된 정의들을 하나로 묶고 어떤 연관성이 있는지 이름을 지어줄 수 있습니다. 모듈화된 코드를 사용하는 프로그래머가 자신에게 필요한 어떠한 정의를 찾을 때, 모든 정의를 읽어 내릴 필요 없이 그룹 기반으로 탐색할 수 있으므로 훨씬 쉽게 찾아낼 수 있죠. 코드에 새로운 기능을 추가하려는 프로그래머도 자신이 어디에 코드를 작성해야 프로그램 구조가 그대로 유지되는지 파악할 수 있습니다.

앞서 **src/main.rs**와 **src/lib.rs**는 크레이트 루트라고 부른다고 언급했습니다. 이 두 파일이 그런 이름을 갖게 된 이유는 **모듈 트리**(module tree)라고 불리는 크레이트 모듈 구조에서 최상위에 `crate`라는 이름을 갖는 일종의 모듈로 형성되기 때문입니다.

예제 7-2는 예제 7-1의 구조를 모듈 트리로 나타낸 모습입니다.

```
crate
 └── front_of_house
      ├── hosting
      │    ├── add_to_waitlist
      │    └── seat_at_table
      └── serving
           ├── take_order
           ├── serve_order
           └── take_payment
```

트리는 모듈이 서로 어떻게 중첩되어 있는지 보여줍니다. 예를 들어 hosting 모듈은 front_of_house 내에 위치합니다. 이 트리는 또한 어떤 모듈이 서로 **형제**(sibling) 관계에 있는지 나타내기도 하는데, 이는 동일한 모듈 내에 정의되어 있음을 말합니다. hosting과 serving은 front_of_house 모듈 내에 정의된 형제입니다. 모듈 A가 모듈 B 안에 있으면, 모듈 A는 모듈 B의 **자식**(child)이며, 모듈 B는 모듈 A의 **부모**(parent)라고 말합니다. 전체 모듈 트리 최상위에 crate라는 모듈이 암묵적으로 위치한다는 점을 기억해두세요.

모듈 트리에서 컴퓨터 파일시스템의 디렉터리 트리를 연상했다면, 적절한 비유입니다! 파일시스템의 디렉터리처럼, 여러분은 모듈로 코드를 조직화합니다. 또한 디렉터리에서 파일을 찾는 것처럼, 우리는 모듈을 찾아낼 방법이 필요하죠.

7.3 경로를 사용하여 모듈 트리의 아이템 참조하기

러스트 모듈 트리에서 아이템을 찾는 방법은, 파일시스템에서 경로를 사용하는 방법과 동일합니다. 함수를 호출하려면 그 함수의 경로를 알아야 합니다.

경로는 두 가지 형태가 존재합니다.

- **절대 경로**(absolute path)는 크레이트 루트로부터 시작되는 전체 경로입니다. 외부 크레이트로부터의 코드에 대해서는 해당 크레이트 이름으로 절대 경로가 시작되고 현재의 크레이트로부터의 코드에 대해서는 crate 리터럴로부터 시작됩니다.

- **상대 경로**(relative path)는 현재의 모듈을 시작점으로 하여 self, super 혹은 현재 모듈 내의 식별자를 사용합니다.

절대 경로와 상대 경로 뒤에는 ::으로 구분된 식별자가 하나 이상 따라옵니다.

예제 7-1로 돌아와서, add_to_waitlist 함수를 호출하고 싶다고 칩시다. 이는 'add_to_waitlist 함수의 경로는 무엇일까요?'라는 질문과 같습니다. 예제 7-3은 예제 7-1의 일부 모듈과 함수를 제거한 내용을 담고 있습니다.

예제는 크레이트 루트에 정의된 eat_at_restaurant라는 새로운 함수에서 add_to_waitlist 함수를 호출하는 두 가지 방법을 보여줍니다. 두 경로 모두 맞지만, 이 예제를 이대로 컴파일되지 못하게 하는 다른 문제가 남아 있습니다. 무슨 이유인지는 곧 설명하겠습니다.

eat_at_restaurant 함수는 우리가 만든 라이브러리 크레이트의 공개 API 중 하나입니다. 따라서 pub 키워드로 지정되어 있습니다. pub에 대해서는 'pub 키워드로 경로 노출하기'(163쪽)에서 자세히 알아볼 예정입니다.

예제 7-3 **절대 경로와 상대 경로로** add_to_waitlist **함수 호출하기** File src/lib.rs

```
mod front_of_house {
    mod hosting {
        fn add_to_waitlist() {}
    }
}

pub fn eat_at_restaurant() {
    // 절대 경로
    crate::front_of_house::hosting::add_to_waitlist();

    // 상대 경로
    front_of_house::hosting::add_to_waitlist();
}
```

eat_at_restaurant 함수에서 처음 add_to_waitlist 함수를 호출할 때는 절대 경로를 사용했습니다. add_to_waitlist 함수는 eat_at_restaurant 함수와 동일한 크레이트에 정의되어 있으므로, 절대 경로의 시작점에 crate 키워드를 사용할 수 있습니다. 그 뒤로는 add_to_waitlist 함수에 도달할 때까지의 이어지는 모듈을 포함시켰습니다. 같은 구조의 파일시스템을 생각해볼 수 있습니다. /front_of_house/hosting/add_to_waitlist 경로를 써서 add_to_waitlist 프로그램을 실행했군요. crate를 작성해 크레이트 루트를 기준으로 사용하는 것은 셸(shell)에서 /로 파일시스템의 최상위 디렉터리를 기준으로 사용하는 것과 같습니다.

eat_at_restaurant 함수에서 두 번째로 add_to_waitlist 함수를 호출할 때는 상대 경로를 사용했습니다. 경로는 모듈 트리에서 eat_at_restaurant 함수와 동일한 위치에 정의되어 있는 front_of_house 모듈로 시작합니다. 파일시스템으로 비유하자면 front_of_house/hosting/add_to_waitlist가 되겠네요. 모듈 이름으로 시작한다는 것은, 즉 상대 경로를 의미합니다.

상대 경로와 절대 경로 중 무엇을 사용할지는 프로젝트에 따라, 그리고 아이템을 정의하는 코드와 아이템을 사용하는 코드를 분리하고 싶은지, 혹은 같이 두고 싶은지에 따라 여러분이 결정해야 할 사항입니다. 예를 들어, front_of_house 모듈과 eat_at_restaurant 함수를 customer_experience라는 모듈 내부로 이동시켰다고 가정해보죠. add_to_waitlist 함수를 절대 경로로 작성했다면 코드를 수정해야 하지만, 상대 경로는 수정할 필요가 없습니다. 반면, eat_at_restaurant 함수를 분리하여 dining이라는 모듈 내부로 이동시켰다면, add_to_waitlist 함수를 가리키는 절대 경로는 수정할 필요가 없지만 상대 경로는 수정해야 합니다. 일반적으로 선호하는 경로는 절대 경로입니다. 아이템을 정의하는 코드와 호출하는 코드는 분리되어 있을 가능성이 높기 때문입니다.

이제 예제 7-3이 컴파일되지 않는 이유를 알아봅시다! 컴파일 시 나타나는 에러는 예제 7-4와 같습니다.

예제 7-4 예제 7-3 코드 컴파일 시 발생하는 에러

```
$ cargo build
   Compiling restaurant v0.1.0 (file:///projects/restaurant)
error[E0603]: module `hosting` is private
 --> src/lib.rs:9:28
  |
9 |     crate::front_of_house::hosting::add_to_waitlist();
  |                            ^^^^^^^ private module
  |
note: the module `hosting` is defined here
 --> src/lib.rs:2:5
  |
2 |     mod hosting {
  |     ^^^^^^^^^^^

error[E0603]: module `hosting` is private
  --> src/lib.rs:12:21
   |
12 |     front_of_house::hosting::add_to_waitlist();
   |                     ^^^^^^^ private module
   |
note: the module `hosting` is defined here
```

```
 --> src/lib.rs:2:5
  |
2 |     mod hosting {
  |     ^^^^^^^^^^^
```

에러 메시지는 hosting 모듈이 비공개(private)라는 내용입니다. hosting 모듈과 add_to_waitlist 함수의 경로를 정확히 명시했지만, 해당 영역은 비공개 영역이기 때문에 러스트가 접근을 허용하지 않습니다. 러스트에서는 함수, 메서드, 구조체, 열거형, 모듈, 그리고 상수 등 모든 아이템이 기본적으로 부모 모듈에 대해 비공개입니다. 함수나 구조체 같은 아이템을 비공개로 하고 싶다면 모듈에 넣으면 됩니다.

부모 모듈 안에 있는 아이템은 자식 모듈 내 비공개 아이템을 사용할 수 없지만, 자식 모듈 내 아이템은 조상(ancestor) 모듈 내 아이템을 사용할 수 있습니다. 그 이유는 자식 모듈의 세부 구현은 감싸져서 숨겨져 있지만, 자식 모듈 내에서는 자신이 정의된 콘텍스트를 볼 수 있기 때문입니다. 레스토랑 비유로 돌아와, 비공개 규칙을 레스토랑의 지원 부서로 생각해보죠. 레스토랑 고객들은 내부에서 진행되는 일을 알 수 없지만, 사무실 관리자는 자신이 운영하는 레스토랑의 모든 것을 보고, 행동할 수 있습니다.

러스트 모듈 시스템은 내부의 세부 구현을 기본적으로 숨기도록 되어 있습니다. 이로써, 여러분은 외부 코드의 동작을 망가뜨릴 걱정 없이 수정할 수 있는 코드가 어느 부분인지 알 수 있죠. 그렇지만 러스트에서는 pub 키워드를 사용하여 자식 모듈의 내부 구성 요소를 공개(public)함으로써 외부의 상위 모듈로 노출할 방법을 제공합니다.

7.3.1 pub 키워드로 경로 노출하기

hosting 모듈이 비공개라고 했던 예제 7-4 에러로 돌아와 보죠. 부모 모듈 안에 있는 eat_at_restaurant 함수가 자식 모듈 내 add_to_waitlist 함수에 접근해야 하니, hosting 모듈에 pub 키워드를 추가했습니다. 작성한 모습은 예제 7-5와 같습니다.

예제 7-5 **eat_at_restaurant 함수에서 hosting 모듈을 사용할 수 있도록 pub으로 선언** (File) src/lib.rs

```
mod front_of_house {
    pub mod hosting {
        fn add_to_waitlist() {}
    }
}

pub fn eat_at_restaurant() {
    // 절대 경로
    crate::front_of_house::hosting::add_to_waitlist();

    // 상대 경로
    front_of_house::hosting::add_to_waitlist();
}
```

안타깝게도, 예제 7-5 코드 또한 예제 7-6과 같은 에러가 발생합니다.

예제 7-6 **예제 7-5 코드 컴파일 시 발생하는 에러**

```
$ cargo build
   Compiling restaurant v0.1.0 (file:///projects/restaurant)
error[E0603]: function `add_to_waitlist` is private
 --> src/lib.rs:9:37
  |
9 |     crate::front_of_house::hosting::add_to_waitlist();
  |                                     ^^^^^^^^^^^^^^^ private function
  |
note: the function `add_to_waitlist` is defined here
 --> src/lib.rs:3:9
  |
3 |         fn add_to_waitlist() {}
  |         ^^^^^^^^^^^^^^^^^^^^^

error[E0603]: function `add_to_waitlist` is private
  --> src/lib.rs:12:30
  |
12 |     front_of_house::hosting::add_to_waitlist();
  |                              ^^^^^^^^^^^^^^^ private function
  |
note: the function `add_to_waitlist` is defined here
  --> src/lib.rs:3:9
  |
3 |         fn add_to_waitlist() {}
  |         ^^^^^^^^^^^^^^^^^^^^^
```

어떻게 된 걸까요? `mod hosting` 앞에 `pub` 키워드를 추가하여 모듈이 공개되었습니다. 따라서, `front_of_house`에 접근할 수 있다면 `hosting` 모듈에도 접근할 수 있죠. 하지만 `hosting` 모듈의 **내용**은 여전히 비공개입니다. 모듈을 공개했다고 해서 내용까지 공개되지는 않습니다. 모듈의 `pub` 키워드는 상위 모듈이 해당 모듈을 가리킬 수 있도록 할 뿐, 그 내부 코드에 접근하도록 하는 것은 아닙니다. 모듈은 단순한 컨테이너이기 때문에 모듈을 공개하는 것만으로 할 수 있는 것은 별로 없으며, 여기에 더해서 모듈이 가지고 있는 아이템도 마찬가지로 공개해야 합니다.

예제 7-6의 에러는 `add_to_waitlist` 함수가 비공개라는 내용입니다. 비공개 규칙은 구조체, 열거형, 함수, 메서드, 모듈 모두에게 적용됩니다.

예제 7-7처럼 `add_to_waitlist` 함수도 정의에 `pub` 키워드를 추가하여 공개해봅시다.

예제 7-7 `mod hosting`, `fn add_to_waitlist`에 `pub` 키워드를 추가해 `eat_at_restaurant` 함수에서 호출 가능하도록 만들기

(File) src/lib.rs

```
mod front_of_house {
    pub mod hosting {
        pub fn add_to_waitlist() {}
    }
}

pub fn eat_at_restaurant() {
    // 절대 경로
    crate::front_of_house::hosting::add_to_waitlist();

    // 상대 경로
    front_of_house::hosting::add_to_waitlist();
}
```

드디어 코드를 컴파일할 수 있습니다! `pub` 키워드를 추가하는 것이 어째서 비공개 규칙과 관련하여 `add_to_waitlist`에서 이러한 경로를 사용할 수 있게 하는지 알아보기 위해서, 절대 경로와 상대 경로를 살펴봅시다.

절대 경로는 크레이트 모듈 트리의 최상위인 `crate`로 시작합니다. `front_of_house` 모듈은 크레이트 루트 내에 정의되어 있습니다. `front_of_house` 모듈은 공개가 아니지만, `eat_at_restaurant` 함수와 `front_of_house` 모듈은 같은 모듈 내에 정의되어 있으므로(즉, 서로 형제 관계이므로) `eat_at_restaurant` 함수에서 `front_of_house` 모듈을 참조할 수 있습니다. 다음은 `pub` 키워드가 지정된 `hosting` 모듈입니다. `hosting`의 부모 모듈에 접근할 수 있으니, `hosting`에도 접근할 수 있습니

다. 마지막 add_to_waitlist 함수 또한 pub 키워드가 지정되어 있고, 부모 모듈에 접근할 수 있으니, 호출 가능합니다!

상대 경로는 첫 번째 과정을 제외하면 절대 경로와 동일합니다. 상대 경로는 크레이트 루트에서 시작하지 않고, front_of_house로 시작합니다. front_of_house 모듈은 eat_at_restaurant 함수와 동일한 모듈 내에 정의되어 있으므로, eat_at_restaurant 함수가 정의되어 있는 모듈에서 시작하는 상대 경로를 사용할 수 있습니다. 이후 hosting, add_to_waitlist은 pub으로 지정되어 있으므로 나머지 경로도 문제없습니다. 따라서 이 함수 호출도 유효합니다!

다른 프로젝트에서 여러분의 코드를 사용할 수 있도록 라이브러리 크레이트를 공유할 계획이라면, 여러분의 공개 API는 크레이트의 사용자가 코드와 상호작용하는 방법을 결정하는 계약입니다. 사람들이 여러분의 크레이트에 더 쉽게 의존할 수 있도록 하기 위해서는 공개 API의 변경을 관리할 때 고려해야 할 사항이 많습니다. 이러한 고려 사항은 이 책의 범위를 벗어납니다. 이 주제에 관심이 있다면 러스트 API 가이드라인(https://rust-lang.github.io/api-guidelines/)을 참조하세요.

> ### 바이너리와 라이브러리가 함께 있는 패키지를 위한 최고의 예제
>
> 패키지에는 **src/main.rs** 바이너리 크레이트 루트뿐만 아니라 **src/lib.rs** 라이브러리 크레이트 루트도 같이 집어넣을 수 있음을 언급했었고, 두 크레이트 모두 기본적으로 같은 이름을 갖게 됩니다. 통상적으로 이렇게 라이브러리와 바이너리 크레이트 모두를 가지는 패턴의 패키지들은 라이브러리 크레이트에 있는 코드를 호출하여 실행 파일을 시작하기 위한 양만큼의 코드가 바이너리 크레이트에 담긴 형태가 됩니다. 라이브러리 크레이트의 코드가 공유될 수 있으므로, 이렇게 하는 것으로 패키지가 제공하는 대부분의 기능을 다른 프로젝트에서 사용할 수 있도록 해줍니다.
>
> 모듈 트리는 **src/lib.rs** 내에 정의되어야 합니다. 그러면 바이너리 크레이트 내에서는 패키지 이름으로 시작하는 경로를 사용함으로써 모든 공개 아이템을 사용할 수 있습니다. 바이너리 크레이트는 완전히 외부에 있는 다른 크레이트가 이 라이브러리 크레이트를 사용하는 식과 동일하게 이 라이브러리 크레이트의 사용자가 됩니다. 즉 공개 API만 사용할 수 있습니다. 이는 여러분이 좋은 API를 설계하는 데 도움을 줍니다. 여러분이 저자일 뿐만 아니라, 고객도 겸하게 되니까요!
>
> 12장(307쪽)에서는 바이너리 크레이트와 라이브러리 크레이트를 모두 가지고 있는 커맨드 라인 프로그램을 작성해보면서 이와 같은 구조에 대한 예제를 살펴보겠습니다.

7.3.2 super로 시작하는 상대 경로

super로 시작하면 현재 모듈 혹은 크레이트 루트 대신 자기 부모 모듈부터 시작되는 상대 경로를 만들 수 있습니다. 이는 파일시스템 경로에서 ..으로 시작하는 것과 동일합니다. super를 사용하

면 부모 모듈에 위치하고 있음을 알고 있는 아이템을 참조하도록 해주고, 이는 모듈이 부모 모듈과 밀접한 관련이 있지만 부모 모듈은 나중에 모듈 트리의 다른 어딘가로 옮겨질지도 모르는 경우 모듈 트리의 재조정을 편하게 만들어줍니다.

예제 7-8은 셰프가 잘못된 주문을 수정하여 고객에게 직접 전달하는 상황을 묘사한 코드입니다. back_of_house 모듈에 정의된 fix_incorrect_order 함수는 super로 시작하는 deliver_order로의 경로를 특정하는 것으로 부모 모듈에 정의된 deliver_order 함수를 호출합니다.

예제 7-8 super로 시작하는 상대 경로를 사용해 함수 호출하기   File src/lib.rs

```
fn deliver_order() {}

mod back_of_house {
    fn fix_incorrect_order() {
        cook_order();
        super::deliver_order();
    }

    fn cook_order() {}
}
```

fix_incorrect_order 함수는 back_of_house 모듈 내에 위치하므로, super는 back_of_house의 부모 모듈, 즉 루트를 의미합니다. 그리고 해당 위치에 deliver_order가 존재하니 호출은 성공합니다. back_of_house 모듈과 deliver_order 함수는 크레이트 모듈 구조 변경 시 서로의 관계를 유지한 채 함께 이동될 가능성이 높습니다. 그러므로 super를 사용하면, 차후에 다른 모듈에 이동시키더라도 수정해야 할 코드를 줄일 수 있습니다.

7.3.3 구조체, 열거형을 공개하기

pub 키워드로 구조체와 열거형을 공개할 수도 있지만, 이를 활용하기 전에 알아두어야 할 추가사항이 몇 가지 있습니다. 구조체 정의에 pub를 쓰면 구조체는 공개되지만, 구조체의 필드는 비공개로 유지됩니다. 공개 여부는 각 필드마다 정할 수 있습니다. 예제 7-9는 공개 구조체 back_of_house::Breakfast를 정의하고 toast 필드는 공개하지만 seasonal_fruit 필드는 비공개로 둔 예제입니다. 이는 레스토랑에서 고객이 식사와 같이 나올 빵 종류를 선택하고, 셰프가 계절과 재고 상황에 맞춰서 식사에 포함할 과일을 정하는 상황을 묘사한 예제입니다. 과일은 빈번히 변경되므로, 고객은 직접 과일을 선택할 수 없으며 어떤 과일을 받을지도 미리 알 수 없습니다.

```rust
mod back_of_house {
    pub struct Breakfast {
        pub toast: String,
        seasonal_fruit: String,
    }

    impl Breakfast {
        pub fn summer(toast: &str) -> Breakfast {
            Breakfast {
                toast: String::from(toast),
                seasonal_fruit: String::from("peaches"),
            }
        }
    }
}

pub fn eat_at_restaurant() {
    // 호밀(Rye) 토스트를 곁들인 여름철 조식 주문하기
    let mut meal = back_of_house::Breakfast::summer("Rye");
    // 먹고 싶은 빵 바꾸기
    meal.toast = String::from("Wheat");
    println!("I'd like {} toast please", meal.toast);

    // 다음 라인의 주석을 해제하면 컴파일되지 않습니다.
    // 식사와 함께 제공되는 계절 과일은 조회나 수정이 허용되지 않습니다.
    // meal.seasonal_fruit = String::from("blueberries");
}
```

back_of_house::Breakfast 구조체의 toast 필드는 공개 필드이기 때문에 eat_at_restaurant 함수에서 점 표기법으로 toast 필드를 읽고 쓸 수 있습니다. 반면, seasonal_fruit 필드는 비공개 필드이기 때문에 eat_at_restaurant 함수에서 사용할 수 없습니다. seasonal_fruit 필드를 수정하는 코드의 주석을 한번 해제하여 어떤 에러가 발생하는지 확인해보세요!

또한, back_of_house::Breakfast 구조체는 비공개 필드를 갖고 있기 때문에, Breakfast 인스턴스를 생성할 공개 연관 함수(예제에서는 summer 함수입니다)를 반드시 제공해야 합니다. 만약 Breakfast 구조체에 그런 함수가 존재하지 않을 경우, eat_at_restaurant 함수에서 Breakfast 인스턴스를 생성할 수 없습니다. eat_at_restaurant 함수에서는 비공개 필드인 seasonal_fruit 필드의 값을 지정할 방법이 없기 때문입니다.

반대로, 열거형은 공개로 지정할 경우 모든 배리언트가 공개됩니다. 열거형을 공개하는 방법은

enum 키워드 앞에 pub 키워드만 작성하면 됩니다. 작성한 모습은 예제 7-10과 같습니다.

예제 7-10 **열거형과 열거형의 모든 배리언트를 공개로 지정하기** (File) src/lib.rs

```
mod back_of_house {
    pub enum Appetizer {
        Soup,
        Salad,
    }
}

pub fn eat_at_restaurant() {
    let order1 = back_of_house::Appetizer::Soup;
    let order2 = back_of_house::Appetizer::Salad;
}
```

Appetizer 열거형을 공개하였으니, eat_at_restaurant 함수에서 Soup, Salad 배리언트를 사용할 수 있습니다.

열거형은 그 배리언트가 공개되지 않는다면 큰 쓸모가 없습니다. 열거형의 모든 배리언트에 대해 전부 pub을 붙이는 것은 귀찮은 일이 될 것이므로, 열거형의 배리언트는 기본적으로 공개입니다. 구조체의 경우 필드를 공개로 하지 않는 것이 종종 유용하므로, 구조체 필드는 pub을 명시하지 않는 한 기본적으로 모든 것이 비공개라는 일반적인 규칙을 따릅니다.

남은 pub 키워드 관련 내용은 모듈 시스템의 마지막 기능인 use 키워드입니다. 먼저 use 키워드 단독 사용법을 다루고, 그다음 use와 pub을 연계하여 사용하는 방법을 다루겠습니다.

7.4 use 키워드로 경로를 스코프 안으로 가져오기

함수 호출을 위해서 경로를 작성하는 것은 불편하고 반복적인 느낌을 줄 수 있습니다. 예제 7-7에서는 절대 경로를 사용하건 상대 경로를 사용하건 add_to_waitlist를 호출할 때마다 front_of_house, hosting 모듈을 매번 지정해줘야 했죠. 다행히도 이 과정을 단축할 방법이 있습니다. use 키워드를 한번 사용하면 어떤 경로의 단축경로(shortcut)를 만들 수 있고, 그러면 스코프 안쪽 어디서라도 짧은 이름을 사용할 수 있습니다.

예제 7-11은 crate::front_of_house::hosting 모듈을 eat_at_restaurant 함수가 존재하는 스코프로 가져와, eat_at_restaurant 함수 내에서 add_to_waitlist 함수를 hosting::add_to_ waitlist 경로만으로 호출하는 예제입니다.

예제 7-11 use 키워드로 모듈을 스코프 안으로 가져오기 　　File src/lib.rs

```
mod front_of_house {
    pub mod hosting {
        pub fn add_to_waitlist() {}
    }
}

use crate::front_of_house::hosting;

pub fn eat_at_restaurant() {
    hosting::add_to_waitlist();
}
```

스코프에 use 키워드와 경로를 작성하는 건 파일시스템에서 심벌릭 링크(symbolic link)를 생성하는 것과 유사합니다. 크레이트 루트에 use crate::front_of_house::hosting를 작성하면 해당 스코프에서 hosting 모듈을 크레이트 루트에 정의한 것처럼 사용할 수 있습니다. use 키워드로 가져온 경우도 다른 경로와 마찬가지로 비공개 규칙이 적용됩니다.

use가 사용된 특정한 스코프에서만 단축경로가 만들어진다는 점을 주의하세요. 예제 7-12에서는 eat_at_restaurant 함수를 새로운 자식 모듈 customer로 옮겼는데, 이러면 use 구문과 다른 스코프가 되므로, 이 함수는 컴파일되지 않습니다.

예제 7-12 use 구문은 사용된 스코프 내에서만 적용됩니다 　　File src/lib.rs

```
mod front_of_house {
    pub mod hosting {
        pub fn add_to_waitlist() {}
    }
}

use crate::front_of_house::hosting;

mod customer {
    pub fn eat_at_restaurant() {
        hosting::add_to_waitlist();
    }
}
```

컴파일러는 customer 모듈 내에 더 이상 단축경로가 적용되지 않음을 알려줍니다.

```
warning: unused import: `crate::front_of_house::hosting`
 --> src/lib.rs:7:5
  |
7 | use crate::front_of_house::hosting;
  |     ^^^^^^^^^^^^^^^^^^^^^^^^^^^^^^^
  |
  = note: `#[warn(unused_imports)]` on by default

error[E0433]: failed to resolve: use of undeclared crate or module `hosting`
  --> src/lib.rs:11:9
   |
11 |         hosting::add_to_waitlist();
   |         ^^^^^^^ use of undeclared crate or module `hosting`
```

use가 해당 스코프 안에서 더 이상 사용되지 않는다는 경고도 있음에 주목하세요! 이 문제를 해결하려면 use도 customer 모듈 안쪽으로 옮기거나, customer 모듈 내에서 super::hosting를 써서 부모 모듈로의 단축경로를 참조하면 됩니다.

7.4.1 보편적인 use 경로 작성법

예제 7-11에서 add_to_waitlist 함수까지 경로를 전부 작성하지 않고, use crate::front_of_house::hosting까지만 작성한 뒤 hosting::add_to_waitlist 코드로 함수를 호출하는 점이 의아할 수도 있습니다. 예제 7-13처럼 작성하면 안 되는 걸까요?

예제 7-13 use 키워드로 add_to_waitlist 함수를 직접 가져오기(보편적이지 않은 작성 방식)　　　(File) src/lib.rs

```rust
mod front_of_house {
    pub mod hosting {
        pub fn add_to_waitlist() {}
    }
}

use crate::front_of_house::hosting::add_to_waitlist;

pub fn eat_at_restaurant() {
    add_to_waitlist();
}
```

예제 7-11과 7-13의 동작은 동일하지만, 예제 7-11 코드가 use 키워드로 스코프에 함수를 가져올 때의 관용적인 코드입니다. 함수의 부모 모듈을 use 키워드로 가져오면 함수를 호출할 때 부모 모듈을 특정해야 합니다. 함수 호출 시 부모 모듈을 특정하면 전체 경로를 반복하는 것을 최소화하면서도 함수가 로컬에 정의되어 있지 않음을 명백히 보여주게 됩니다. 예제 7-13의 코드는 `add_to_waitlist`가 어디에 정의되어 있는지 불분명합니다.

한편, use 키워드로 구조체나 열거형 등의 타 아이템을 가져올 시에는 전체 경로를 작성하는 것이 보편적입니다. 예제 7-14는 HashMap 표준 라이브러리 구조체를 바이너리 크레이트의 스코프로 가져오는 관용적인 코드 예시입니다.

예제 7-14 **보편적인 방식으로 HashMap을 스코프로 가져오기** (File) src/main.rs

```rust
use std::collections::HashMap;

fn main() {
    let mut map = HashMap::new();
    map.insert(1, 2);
}
```

이러한 관용이 탄생하게 된 명확한 이유는 없습니다. 어쩌다 보니 관습이 생겼고, 사람들이 이 방식대로 러스트 코드를 읽고 쓰는 데에 익숙해졌을 뿐입니다.

하지만, 동일한 이름의 아이템을 여럿 가져오는 경우는 이 방식을 사용하지 않습니다. 러스트가 허용하지 않기 때문이죠. 예제 7-15는 각각 다른 모듈 내에 위치하지만 이름이 같은 두 개의 Result 타입을 스코프로 가져와 사용하는 예시입니다.

예제 7-15 **이름이 같은 두 개의 타입을 동일한 스코프에 가져오려면 부모 모듈을 반드시 명시해야 합니다** (File) src/lib.rs

```rust
use std::fmt;
use std::io;

fn function1() -> fmt::Result {
    // --생략--
}

fn function2() -> io::Result<()> {
    // --생략--
}
```

보다시피 부모 모듈을 명시하여 두 개의 Result 타입을 구별하고 있습니다. 만약 use std::fmt:: Result, use std::io::Result로 작성한다면, 동일한 스코프 내에 두 개의 Result 타입이 존재하므로 러스트는 우리가 어떤 Result 타입을 사용했는지 알 수 없습니다.

7.4.2 as 키워드로 새로운 이름 제공하기

use 키워드로 동일한 이름의 타입을 스코프로 여러 개 가져올 경우의 또 다른 해결 방법이 있습니다. 경로 뒤에 as 키워드를 작성하고, 새로운 이름이나 타입 별칭을 작성하면 됩니다. 예제 7-16은 as 키워드를 이용해 예제 7-15 코드의 Result 타입 이름 중 하나를 변경한 예제입니다.

예제 7-16 **스코프 안으로 가져온 타입의 이름을** as **키워드로 변경하기**　　　　　(File) src/lib.rs

```rust
use std::fmt::Result;
use std::io::Result as IoResult;

fn function1() -> Result {
    // --생략--
}

fn function2() -> IoResult<()> {
    // --생략--
}
```

두 번째 use 구문에서는, 앞서 스코프 안으로 가져온 std::fmt의 Result와 충돌을 방지하기 위해 std::io::Result 타입의 이름을 IoResult로 새롭게 지정합니다. 예제 7-15, 예제 7-16은 둘 다 관용적인 방식이므로, 원하는 방식을 선택하면 됩니다!

7.4.3 pub use로 다시 내보내기

use 키워드로 이름을 가져올 경우, 해당 이름은 새 위치의 스코프에서 비공개가 됩니다. pub과 use를 결합하면 우리 코드를 호출하는 코드가 해당 스코프에 정의된 것처럼 해당 이름을 참조할 수 있습니다. 이 기법은 아이템을 스코프로 가져오는 동시에 다른 곳에서 아이템을 가져갈 수 있도록 만들기 때문에, **다시 내보내기**(re-exporting)라고 합니다.

예제 7-17은 예제 7-11 코드의 use를 pub use로 변경한 예제입니다.

예제 7-17 **다른 스코프의 코드에서 사용할 수 있도록** pub use **사용**　　　　　(File) src/lib.rs

```rust
mod front_of_house {
    pub mod hosting {
        pub fn add_to_waitlist() {}
    }
}

pub use crate::front_of_house::hosting;
```

```
pub fn eat_at_restaurant() {
    hosting::add_to_waitlist();
}
```

위와 같이 변경하기 전이라면 외부 코드에서는 `add_to_waitlist` 함수를 호출하기 위해 `restaurant::front_of_house::hosting::add_to_waitlist()`라는 경로를 사용해야 할 것입니다. 위의 pub use가 루트 모듈로부터 hosting 모듈을 다시 내보냈으므로, 이제 외부 코드는 `restaurant::hosting::add_to_waitlist()` 경로를 대신 사용할 수 있습니다.

다시 내보내기 기법은 작성한 코드의 구조 내부와 그 코드를 사용할 프로그래머들이 예상할 법한 해당 분야의 구조가 서로 다를 때 유용합니다. 레스토랑 비유 예제를 예로 들어보죠. 레스토랑을 운영하는 직원들의 머릿속에서는 '접객 부서'와 '지원 부서'가 나뉘어 있습니다. 하지만 레스토랑을 방문하는 고객들은 레스토랑의 부서를 그런 용어로 나누어 생각하지 않겠죠. pub use를 사용하면 코드를 작성할 때의 구조와, 노출할 때의 구조를 다르게 만들 수 있습니다. 라이브러리를 제작하는 프로그래머와, 라이브러리를 사용하는 프로그래머 모두를 위한 라이브러리를 구성하는 데 큰 도움이 되죠. pub use에 대한 또 다른 예제, 그리고 이것이 여러분의 크레이트 문서에 어떤 영향을 주는지에 대해서는 14장의 'pub use로 편리한 공개 API 내보내기'(379쪽)에서 살펴보겠습니다.

7.4.4 외부 패키지 사용하기

2장에서는 난수 생성을 위해 rand라는 외부 패키지를 사용하는 추리 게임 프로젝트를 만들었습니다. rand 패키지를 프로젝트에서 사용하기 위해서 **Cargo.toml**에 다음 줄을 추가했었죠.

File Cargo.toml

```
rand = "0.8.5"
```

Cargo.toml에 rand를 디펜던시로 추가하면 카고가 crates.io에서 rand 패키지를 비롯한 모든 디펜던시를 다운로드하고 프로젝트에서 rand 패키지를 사용할 수 있게 됩니다.

그 후, 구현하고 있는 패키지의 스코프로 rand 정의를 가져오기 위해 use 키워드와 크레이트 이름인 rand를 쓰고 가져올 아이템을 나열했습니다. 2장 '임의의 숫자 생성하기'(29쪽)를 다시 떠올려보죠. Rng 트레이트를 스코프로 가져오고 rand::thread_rng 함수를 호출했었습니다.

```
use rand::Rng;

fn main() {
    let secret_number = rand::thread_rng().gen_range(1..=100);
}
```

러스트 커뮤니티 구성원들이 crates.io에서 이용 가능한 다양한 패키지를 만들어왔고, 이들 모두 같은 단계를 거쳐서 여러분 패키지에 가져올 수 있습니다. 패키지의 **Cargo.toml** 파일에 추가하고, use 키워드를 사용해 스코프로 가져오면 됩니다.

알아두어야 할 것이 있다면 std 표준 라이브러리도 마찬가지로 외부 크레이트라는 겁니다. 러스트 언어에 포함되어 있기 때문에 **Cargo.toml**에 추가할 필요는 없지만, 표준 라이브러리에서 우리가 만든 패키지의 스코프로 가져오려면 use 문을 작성해야 합니다. 예를 들어, HashMap을 가져오는 코드는 다음과 같습니다.

```
use std::collections::HashMap;
```

위는 표준 라이브러리 크레이트의 이름인 std로 시작하는 절대 경로입니다.

7.4.5 중첩 경로를 사용하여 대량의 use 나열을 정리하기

동일한 크레이트나 동일한 모듈 내에 정의된 아이템을 여럿 사용할 경우, 각 아이템당 한 줄씩 코드를 나열하면 수직 방향으로 너무 많은 영역을 차지합니다. 예시를 살펴봅시다. 추리 게임의 예제 2-4에서 작성했던 다음 두 use문은 std 내 아이템을 스코프로 가져옵니다.

File src/main.rs

```
// --생략--
use std::cmp::Ordering;
use std::io;
// --생략--
```

그 대신 중첩 경로를 사용하여 동일한 아이템을 한 줄로 가져올 수 있습니다. 경로의 공통된 부분을 작성하고 콜론 두 개를 붙인 다음, 중괄호 내에 경로가 다른 부분을 나열합니다. 예시는 예제 7-18과 같습니다.

```
// --생략--
use std::{cmp::Ordering, io};
// --생략--
```

규모가 큰 프로그램이라면, 동일한 크레이트나 모듈에서 여러 아이템을 가져올 때 중첩 경로를 사용함으로써 많은 use 구문을 줄일 수 있습니다!

중첩 경로는 경로의 아무 단계에서 사용할 수 있으며, 하위 경로가 동일한 use 구문이 많을 때 특히 빛을 발합니다. 다음 예제 7-19는 두 use 구문의 예시입니다. 하나는 std::io를 스코프로 가져오고, 다른 하나는 std::io::Write를 스코프로 가져옵니다.

예제 7-19 하위 경로가 같은 두 use 구문 (File) src/lib.rs

```
use std::io;
use std::io::Write;
```

두 경로에서 중복되는 부분은 std::io입니다. 또한 std::io는 첫 번째 경로 그 자체이기도 합니다. 중첩 경로에 self를 작성하면 두 경로를 하나의 use 구문으로 합칠 수 있습니다.

예제 7-20 예제 7-19의 두 경로를 use 구문 하나로 합치기 (File) src/lib.rs

```
use std::io::{self, Write};
```

이 한 줄로 std::io와 std::io::Write 둘 다 스코프로 가져올 수 있습니다.

7.4.6 글롭 연산자

경로에 글롭(glob) 연산자 *를 붙이면 경로 안에 정의된 **모든** 공개 아이템을 가져올 수 있습니다.

```
use std::collections::*;
```

이 use 구문은 std::collections 내에 정의된 모든 공개 아이템을 현재 스코프로 가져옵니다. 하지만 글롭 연산자는 코드에 사용된 어떤 이름이 어느 곳에 정의되어 있는지 파악하기 어렵게 만들 수 있으므로, 사용에 주의해야 합니다.

글롭 연산자는 테스트할 모든 아이템을 tests 모듈로 가져오는 용도로 자주 사용됩니다(11장 '테스트 작성 방법'(274쪽)에서 다룰 예정입니다). 또한 프렐루드 패턴의 일부로 사용되기도 하며, 자세한 내용은 표준 라이브러리 문서(https://doc.rust-lang.org/std/prelude/index.html#other-preludes)를 참고 바랍니다.

7.5 별개의 파일로 모듈 분리하기

이번 장에서 여태 나온 모든 예제는 하나의 파일에 여러 모듈을 정의했습니다. 큰 모듈이라면, 정의를 여러 파일로 나누어 코드를 쉽게 찾아갈 수 있도록 만들어야겠죠.

예를 들어 여러 개의 레스토랑 관련 모듈을 가지고 있는 예제 7-17 코드로 시작해봅시다. 크레이트 루트 파일에 모든 모듈이 정의되는 형태 대신 이 모듈들을 파일로 추출해보겠습니다. 이 경우 크레이트 루트 파일은 **src/lib.rs**지만, 이러한 절차는 크레이트 루트 파일이 **src/main.rs**인 바이너리 크레이트에서도 작동합니다.

먼저 front_of_house 모듈을 파일로 추출하겠습니다. front_of_house 모듈에 대한 중괄호 내부의 코드를 지우고 mod front_of_house; 선언 부분만 남겨서, **src/lib.rs**가 예제 7-21의 코드만 있도록 해봅시다. 예제 7-22의 **src/front_of_house.rs** 파일을 만들기 전까지는 컴파일되지 않음을 유의하세요.

예제 7-21 본문이 src/front_of_house.rs에 위치할 front_of_house 모듈 선언하기 Ⓕᵢₗₑ src/lib.rs

```
mod front_of_house;

pub use crate::front_of_house::hosting;

pub fn eat_at_restaurant() {
    hosting::add_to_waitlist();
}
```

다음으로 예제 7-22처럼 **src/front_of_house.rs**라는 새 파일을 만들어 중괄호 안에 있던 코드를 위치시킵니다. 크레이트 루트에 front_of_house라는 이름의 모듈 선언이 나왔으므로 컴파일러는 이 파일을 살펴봐야 한다는 것을 알게 됩니다.

```
pub mod hosting {
    pub fn add_to_waitlist() {}
}
```

모듈 트리에서 `mod` 선언을 이용해 파일을 로드하는 것은 **한 번만** 하면 됩니다. 일단 그 파일이 프로젝트의 일부란 것을 컴파일러가 파악하면 (그래서 모듈 트리 내 `mod` 구문을 집어넣은 곳 옆에 코드가 있음을 알게 되면), '경로를 사용하여 모듈 트리의 아이템 참조하기'(160쪽)에서 다루었던 것처럼 프로젝트의 다른 파일들은 선언된 위치의 경로를 사용하여 로드된 파일의 코드를 참조해야 합니다. 즉, `mod`는 다른 프로그래밍 언어에서 볼 수 있는 '포함하기(include)' 연산이 **아닙니다**.

다음으로 `hosting` 모듈을 파일로 추출하겠습니다. `hosting`이 루트 모듈이 아니라 `front_of_house`의 자식 모듈이기 때문에 과정이 약간 다릅니다. `hosting`의 파일을 모듈 트리 내 부모의 이름이 될 새 디렉터리, 즉 이 경우에는 **src/front_of_house/**에 위치시키겠습니다.

`hosting`을 옮기는 작업을 시작하기 위하여, **src/front_of_house.rs**에는 `hosting` 모듈의 선언만 있도록 수정합니다.

Ⓕ src/front_of_house.rs

```
pub mod hosting;
```

그다음 **src/front_of_house** 디렉터리를 만들고 그 안에 **hosting.rs** 파일을 생성한 다음 `hosting` 모듈 내용을 작성합니다.

Ⓕ src/front_of_house/hosting.rs

```
pub fn add_to_waitlist() {}
```

hosting.rs를 **src/front_of_house** 대신 **src** 디렉터리에 넣으면 컴파일러는 **hosting.rs** 코드가 `front_of_house` 모듈의 하위에 선언되지 않고 크레이트 루트에 선언된 `hosting` 모듈에 있을 것으로 예상합니다. 어떤 파일에서 어떤 모듈의 코드를 확인할지에 대한 컴파일러의 규칙은 디렉터리와 파일이 모듈 트리와 더 밀접하게 일치한다는 것을 의미합니다.

각 모듈의 코드를 별도의 파일로 옮겼고, 모듈 트리는 동일한 상태로 남아 있습니다. `eat_at_restaurant` 내의 함수 호출은 그 정의가 다른 파일들에 있다 하더라도 아무 수정 없이 작동할 것입니다. 이러한 기술은 모듈의 크기가 증가했을 때 이를 새로운 파일로 옮기도록 해줍니다.

src/lib.rs 파일의 `pub use crate::front_of_house::hosting` 구문을 변경하지 않았으며, `use` 구문이 크레이트의 일부로 컴파일되는 파일에 영향을 주지 않는다는 점도 주목해주세요. `mod` 키워드는 모듈을 선언하고, 러스트는 모듈과 같은 이름의 파일에서 해당 모듈에 들어가는 코드를 찾습니다.

정리

러스트에서는 패키지를 여러 크레이트로 나누고, 크레이트를 여러 모듈로 나누어 한 모듈에 정의된 아이템을 다른 모듈에서 참조할 수 있게 해줍니다. 절대 경로나 상대 경로를 지정하면 이를 수행할 수 있습니다. 이러한 경로는 `use` 구문을 사용해 스코프 안으로 가져올 수 있으므로 해당 스코프에 있는 아이템을 여러 번 사용해야 할 때 더 짧은 경로를 사용할 수 있습니다. 모듈 코드는 기본적으로 비공개지만, `pub` 키워드를 추가해 정의를 공개할 수 있습니다.

다음 장에서는 이렇게 깔끔하게 구성된 여러분의 코드에서 사용할 수 있는 표준 라이브러리의 컬렉션 자료구조를 몇 가지 살펴보겠습니다.

8

일반적인 컬렉션

러스트의 표준 라이브러리에는 **컬렉션(collection)**이라 불리는 매우 유용한 데이터 구조들이 여러 개 포함되어 있습니다. 대부분의 다른 데이터 타입은 단일한 특정 값을 나타내지만, 컬렉션은 다수의 값을 담을 수 있습니다. 내장된 배열이나 튜플 타입과는 달리, 이 컬렉션들이 가리키고 있는 데이터들은 힙에 저장되는데, 이는 즉 데이터의 양이 컴파일 타임에 결정되지 않아도 되며 프로그램 실행 중에 늘어나거나 줄어들 수 있다는 의미입니다. 각 컬렉션 종류는 서로 다른 크기와 비용을 가지고 있으며, 현재의 상황에 따라 적절한 컬렉션을 선택하는 것은 장시간에 걸쳐 발전시켜야 하는 기술입니다. 이번 장에서는 러스트 프로그램에서 굉장히 자주 사용되는 세 가지 컬렉션에 대해 다뤄보겠습니다.

- **벡터(vector)**는 여러 개의 값을 서로 붙어 있게 저장할 수 있도록 해줍니다.
- **문자열(string)**은 문자(character)의 모음입니다. String 타입은 전에도 다루었지만, 이번 장에서 더 깊이 있게 이야기해보겠습니다.
- **해시 맵(hash map)**은 어떤 값을 특정한 키와 연관지어주도록 해줍니다. 이는 **맵(map)**이라 일컫는 좀 더 일반적인 데이터 구조의 특정한 구현 형태입니다.

표준 라이브러리가 제공하는 다른 컬렉션에 대해 알고 싶다면, 문서(https://doc.rust-lang.org/std/collections/index.html)를 봐주세요.

이제부터 벡터, 문자열, 해시 맵을 만들고 업데이트하는 방법뿐만 아니라 무엇이 각 컬렉션을 특별하게 해주는지에 대해 논의해보겠습니다.

8.1 벡터에 여러 값의 목록 저장하기

첫 번째로 살펴볼 컬렉션 타입은 **벡터**(vector)라고도 하는 Vec<T>입니다. 벡터를 사용하면 메모리에서 모든 값을 서로 이웃하도록 배치하는 단일 데이터 구조에 하나 이상의 값을 저장할 수 있습니다. 벡터는 같은 타입의 값만을 저장할 수 있습니다. 벡터는 파일 내의 텍스트 라인들이나 장바구니의 품목 가격 같은 아이템 목록을 저장하는 상황일 때 유용합니다.

8.1.1 새 벡터 만들기

비어 있는 새 벡터를 만들려면 다음 예제 8-1과 같이 Vec::new 함수를 호출합니다.

예제 8-1 i32 타입의 값을 가질 수 있는 비어 있는 새 벡터 생성

```
    let v: Vec<i32> = Vec::new();
```

위에서 타입 명시가 추가된 것에 주목하세요. 이 벡터에 어떠한 값도 집어넣지 않았기 때문에, 러스트는 저장하고자 하는 요소가 어떤 타입인지 알지 못합니다. 이는 중요한 포인트입니다. 벡터는 제네릭을 이용하여 구현됐습니다. 제네릭을 이용하여 여러분만의 타입을 만드는 방법은 10장에서 다룰 것입니다. 지금 당장은 표준 라이브러리가 제공하는 Vec 타입은 어떠한 타입의 값이라도 저장할 수 있다는 것만 기억해둡시다. 특정한 타입의 값을 저장할 벡터를 만들 때는 부등호 괄호(<>) 안에 해당 타입을 지정합니다. 예제 8-1에서는 v의 Vec이 i32 타입의 요소를 갖는다고 러스트에 알려주었습니다.

대부분의 경우는 초깃값들과 함께 Vec<T>를 생성하고 러스트는 저장하고자 하는 값의 타입을 대부분 유추할 수 있으므로, 이런 타입 명시를 할 필요가 거의 없습니다. 러스트는 편의를 위해 vec! 매크로를 제공하는데, 이 매크로는 제공된 값들을 저장한 새로운 Vec을 생성합니다. 예제 8-2는 1, 2, 3을 저장한 새로운 Vec<i32>을 생성할 것입니다. 3장의 '데이터 타입'(47쪽)에서 본 것처럼, 기본 정수형이 i32이기 때문에 여기서도 타입은 i32입니다.

예제 8-2 **값을 저장하고 있는 새로운 벡터 생성하기**

```
let v = vec![1, 2, 3];
```

러스트는 i32값이 초깃값으로 설정된 것을 이용해, v의 타입을 Vec<i32>로 추론할 수 있습니다. 따라서 타입 명시는 필요 없습니다. 다음으로는 벡터를 수정하는 방법을 살펴보겠습니다.

8.1.2 벡터 업데이트하기

벡터를 만들고 여기에 요소를 추가하기 위해서는 다음 예제 8-3처럼 push 메서드를 사용할 수 있습니다.

예제 8-3 **push 메서드를 사용하여 벡터에 값을 추가하기**

```
let mut v = Vec::new();

v.push(5);
v.push(6);
v.push(7);
v.push(8);
```

3장에서 설명한 것처럼, 어떤 변수의 값을 변경하려면 mut 키워드를 사용하여 해당 변수를 가변으로 만들어야 합니다. 또한 Vec<i32> 타입 명시를 붙이지 않아도 되는 이유는, 집어넣은 숫자가 모두 i32 타입인 점을 통하여 러스트가 v의 타입을 추론하기 때문입니다.

8.1.3 벡터 요소 읽기

벡터에 저장된 값을 참조하는 방법은 인덱싱과 get 메서드 두 가지가 있습니다. 다음 예제에서는 명료한 전달을 위해 각 함수들이 반환하는 값의 타입을 명시했습니다.

예제 8-4는 인덱싱 문법과 get 메서드를 가지고 벡터의 값에 접근하는 두 방법을 모두 보여줍니다.

예제 8-4 **인덱싱 문법 혹은 get 메서드를 사용하여 벡터 내의 아이템에 접근하기**

```
    let v = vec![1, 2, 3, 4, 5];

❶  let third: &i32 = &v[2];
    println!("The third element is {third}");

❷  let third: Option<&i32> = v.get(2);
    match third {
```

```
            Some(third) => println!("The third element is {third}"),
            None => println!("There is no third element."),
    }
```

여기서 주의할 세부 사항이 몇 가지 있습니다. 벡터의 인덱스는 0부터 시작하므로, 세 번째 값을 얻어오기 위해서는 인덱스값 2를 사용합니다(❶). &와 []를 사용하면 인덱스값에 위치한 요소의 참조자를 얻게 됩니다. get 함수에 인덱스를 매개변수로 넘기면(❷), match를 통해 처리할 수 있는 Option<&T>를 얻게 됩니다.

러스트가 벡터 요소를 참조하는 방법을 두 가지 제공하는 이유는 벡터에 없는 인덱스값을 사용하고자 했을 때 프로그램이 어떻게 작동할 것인지 선택할 수 있도록 하기 위해서입니다. 예를 들어, 아래의 예제 8-5와 같이 5개의 요소를 가지고 있는 벡터가 있고 100 인덱스에 있는 요소에 접근을 시도하는 경우 어떤 일이 생기는지 확인해봅시다.

예제 8-5 **5개의 요소를 가진 벡터의 100 인덱스에 있는 요소에 접근하기**

```
let v = vec![1, 2, 3, 4, 5];

let does_not_exist = &v[100];
let does_not_exist = v.get(100);
```

이 프로그램을 실행하면, 첫 번째의 [] 메서드는 패닉을 일으키는데, 이는 존재하지 않는 요소를 참조하기 때문입니다. 이 방법은 프로그램이 벡터의 끝을 넘어서는 요소에 접근하는 방법이므로, 프로그램이 죽게 만들고 싶은 경우에 시도하면 가장 좋습니다.

get 함수에 벡터 범위를 벗어난 인덱스가 주어지면 패닉 없이 None이 반환됩니다. 일반적인 상황에서 벡터의 범위 밖에 있는 요소에 접근하는 일이 종종 발생할 수도 있다면 이 방법을 사용할 만합니다. 이 방법을 사용한다면 6장에서 본 것처럼 Some(&element) 혹은 None에 대해 처리하는 로직이 있어야 합니다. 예를 들어 인덱스는 사람이 직접 번호를 입력하는 것으로 들어올 수도 있습니다. 만일 사용자가 잘못하여 너무 큰 숫자를 입력하여 프로그램이 None값을 받았을 경우라면 사용자에게 현재 Vec에 몇 개의 아이템이 있으며 유효한 값을 입력할 기회를 다시 한번 줄 수도 있습니다. 이렇게 하는 편이 오타 때문에 프로그램이 죽는 것보다는 더 사용자 친화적이겠죠?

프로그램에 유효한 참조자가 있다면, 대여 검사기(borrow checker)가 (4장에서 다루었던) 소유권 및 대여 규칙을 집행하여 이 참조자와 벡터의 내용물로부터 얻은 다른 참조자들이 계속 유효하게 남아 있도록 보장합니다. 같은 스코프에서는 가변 참조자와 불변 참조자를 가질 수 없다는 규칙을 상기하세요. 이 규칙은 아래 예제에서도 적용되는데, 예제 8-6에서는 벡터의 첫 번째 요소에 대한 불변 참조자를 얻은 뒤 벡터의 끝에 요소를 추가하는 시도를 합니다. 함수 끝에서 해당 요소에 대한 참조까지 시도한다면 이 프로그램은 작동하지 않을 것입니다.

예제 8-6 아이템의 참조자를 가지고 있는 상태에서 벡터에 새로운 요소 추가 시도하기

```
let mut v = vec![1, 2, 3, 4, 5];

let first = &v[0];

v.push(6);

println!("The first element is: {first}");
```

이 예제를 컴파일하면 아래와 같은 에러가 발생합니다.

```
$ cargo run
   Compiling collections v0.1.0 (file:///projects/collections)
error[E0502]: cannot borrow `v` as mutable because it is also borrowed as immutable
 --> src/main.rs:6:5
  |
4 |     let first = &v[0];
  |                  - immutable borrow occurs here
5 |
6 |     v.push(6);
  |     ^^^^^^^^^ mutable borrow occurs here
7 |
8 |     println!("The first element is: {first}");
  |                                      ----- immutable borrow later used here
```

예제 8-6의 코드는 작동해야 할 것처럼 보일 수도 있겠습니다. 첫 번째 요소의 참조자가 벡터 끝 부분의 변경이랑 무슨 상관일까요? 이를 이해하기 위해, 잠시 벡터의 동작 방법을 알아보겠습니다. 벡터는 모든 요소가 서로 붙어서 메모리에 저장됩니다. 그리고 새로운 요소를 벡터 끝에 추가할 경우, 현재 벡터 메모리 위치에 새로운 요소를 추가할 공간이 없다면, 다른 넉넉한 곳에 메모리를 새로 할당하고 기존 요소를 새로 할당한 공간에 복사합니다. 이 경우, 기존 요소의 참조자는 해제된 메모리를 가리키게 되기 때문에, 이러한 상황을 대여 규칙으로 막아둔 것이죠.

8.1.4 벡터값에 대해 반복하기

벡터 내의 각 요소를 차례대로 접근하기 위해서는 인덱스를 사용하여 한 번에 하나의 값에 접근하기보다는 모든 요소에 대한 반복 처리를 합니다. 예제 8-7은 for 루프를 사용하여 i32의 벡터에 있는 각 요소에 대한 불변 참조자를 얻어서 이를 출력하는 방법을 보여줍니다.

예제 8-7 for **루프로 벡터의 요소들에 대해 반복하여 각 요소를 출력하기**

```
let v = vec![100, 32, 57];
for i in &v {
    println!("{i}");
}
```

모든 요소를 변경하기 위해서는 가변 벡터의 각 요소에 대한 가변 참조자로 반복 작업을 할 수도 있습니다. 예제 8-8의 for 루프는 각 요소에 50을 더할 것입니다.

예제 8-8 **벡터의 요소에 대한 가변 참조자로 반복하기**

```
let mut v = vec![100, 32, 57];
for i in &mut v {
    *i += 50;
}
```

가변 참조자가 가리키는 값을 수정하려면, += 연산자를 쓰기 전에 * 역참조 연산자로 i의 값을 얻어야 합니다. 역참조 연산자는 15장 '포인터를 따라가서 값 얻기'(408쪽)에서 자세히 알아볼 예정입니다.

벡터에 대한 반복 처리는 불변이든 가변이든 상관없이 대여 검사 규칙에 의해 안전합니다. 만일 예제 8-7과 예제 8-8의 for 루프 본문에서 아이템을 추가하거나 지우는 시도를 했다면 예제 8-6의 코드에서 본 것과 유사한 컴파일 에러가 발생하게 됩니다. for 루프가 가지고 있는 벡터에 대한 참조자는 전체 벡터가 동시다발적으로 수정되는 것을 막습니다.

8.1.5 열거형을 이용해 여러 타입 저장하기

벡터는 같은 타입을 가진 값들만 저장할 수 있습니다. 이는 불편할 수 있습니다. 다른 타입의 아이템들에 대한 리스트를 저장해야 하는 상황도 분명히 있으니까요. 다행히도, 열거형의 배리언트는 같은 열거형 타입 내에 정의가 되므로, 벡터 내에 다른 타입의 값들을 저장할 필요가 있다면 열거형을 정의하여 사용할 수 있습니다!

예를 들어, 스프레드시트의 행으로부터 값들을 가져오고 싶은데, 여기서 어떤 열은 정수를, 어떤 열은 실수를, 어떤 열은 문자열을 갖고 있다고 해봅시다. 다양한 타입의 값을 갖는 배리언트를 보유한 열거형을 정의할 수 있고, 모든 열거형 배리언트들은 해당 열거형 타입과 같은 타입으로 간주됩니다. 그러면 해당 열거형을 담을 벡터를 생성하여 궁극적으로 다양한 타입을 담을 수 있습니다. 예제 8-9에서 이를 보여주고 있습니다.

예제 8-9 **열거형을 정의하여 벡터 내에 다른 타입의 데이터를 담을 수 있도록 하기**

```
enum SpreadsheetCell {
    Int(i32),
    Float(f64),
    Text(String),
}

let row = vec![
    SpreadsheetCell::Int(3),
    SpreadsheetCell::Text(String::from("blue")),
    SpreadsheetCell::Float(10.12),
];
```

러스트가 컴파일 타임에 벡터 내에 저장될 타입이 무엇인지 알아야 하는 이유는 각 요소를 저장하기 위해 얼마만큼의 힙 메모리가 필요한지 알아야 하기 때문입니다. 또한 이 벡터가 담을 수 있는 타입을 명시적으로 보여줘야 합니다. 만일 러스트가 어떠한 타입이든 담을 수 있는 벡터를 허용한다면, 벡터의 각 요소마다 수행되는 연산에 대해 하나 혹은 그 이상의 타입이 에러를 발생시킬 수도 있습니다. 열거형과 `match` 표현식을 사용한다는 것은 6장에서 설명한 것처럼 러스트가 컴파일 타임에 가능한 모든 경우를 처리함을 보장해준다는 뜻입니다.

런타임에 프로그램이 벡터에 저장할 모든 타입 집합을 알지 못하면 열거형을 이용한 방식은 사용할 수 없을 것입니다. 대신 트레이트 객체를 이용할 수 있는데, 이건 17장에서 다룰 예정입니다.

지금까지 벡터를 이용하는 가장 일반적인 방식 몇 가지를 논의했는데, 표준 라이브러리의 Vec에 정의된 유용한 메서드들이 많이 있으니 API 문서(https://doc.rust-lang.org/std/vec/struct.Vec.html)를 꼭 살펴보기 바랍니다. 예를 들면, push에 더해서, pop 메서드는 제일 마지막 요소를 반환하고 지워줍니다.

8.1.6 벡터가 버려지면 벡터의 요소도 버려집니다

struct와 마찬가지로, 예제 8-10에 주석으로 표시된 것처럼 벡터는 스코프를 벗어날 때 해제됩니다.

예제 8-10 벡터와 요소들이 버려지는 위치를 표시

```
{
    let v = vec![1, 2, 3, 4];

    // v를 가지고 작업하기
} // <- 여기서 v가 스코프 밖으로 벗어나고 해제됩니다.
```

벡터가 버려질 때 벡터의 내용물도 전부 버려집니다. 즉, 벡터가 가지고 있던 정수들의 메모리도 정리됩니다. 대여 검사기는 벡터의 내용물에 대한 참조자의 사용이 해당 벡터가 유효할 때만 발생했는지 확인합니다.

이제 다음 컬렉션 타입인 String으로 넘어갑시다!

8.2 문자열에 UTF-8 텍스트 저장하기

4장에서도 문자열을 다뤄봤지만, 이번에는 좀 더 깊이 살펴보겠습니다. 갓 입문한 러스타시안은 보통 세 가지 이유의 조합에 의해 문자열 부분에서 막힙니다. 발생할 수 있는 에러를 최대한 표시하는 러스트의 성향, 많은 프로그래머의 예상보다 문자열이 복잡한 자료구조라는 점, 그리고 UTF-8이 그 이유입니다. 이 때문에 다른 언어를 사용하다 넘어오면 러스트의 문자열은 어려워 보이죠.

문자열이 컬렉션 장에 있는 이유는 문자열이 바이트의 컬렉션으로 구현되어 있고, 이 바이트들을 텍스트로 통역할 때 유용한 기능을 제공하는 여러 메서드들을 구현해두었기 때문입니다. 이번 절에서는 생성, 업데이트, 값 읽기와 같은 모든 컬렉션 타입이 가지고 있는, String에서의 연산에 대해 이야기해보겠습니다. 또한 String을 다른 컬렉션들과 다르게 만드는 부분, 즉 사람과 컴퓨터가

String 데이터를 통역하는 방식 간의 차이로 인해 생기는 String 인덱싱의 복잡함을 논의해보겠습니다.

8.2.1 문자열이 뭔가요?

먼저 **문자열**이라는 용어가 정확히 무엇을 뜻하는 것인지 정의해보겠습니다. 러스트 언어의 핵심 기능에서는 딱 한 가지의 문자열 타입만 제공하는데, 그것은 바로 참조자 형태인 &str을 통해 많이 봤던 문자열 슬라이스 str입니다. 4장에서는 **문자열 슬라이스**에 대해 얘기했고, 이는 UTF-8으로 인코딩되어 다른 어딘가에 저장된 문자열 데이터의 참조자입니다. 예를 들어, 문자열 리터럴은 프로그램의 바이너리 결과물 안에 저장되어 있으며, 그러므로 문자열 슬라이스입니다.

String 타입은 언어의 핵심 기능에 구현된 것이 아니고 러스트의 표준 라이브러리를 통해 제공되며, 커질 수 있고, 가변적이며, 소유권을 갖고 있고, UTF-8으로 인코딩된 문자열 타입입니다. 러스타시안들이 '문자열'에 대해 이야기할 때는 보통 String과 문자열 슬라이스 &str 타입 둘 중 무언가를 이야기하는 것이지, 특정한 하나를 뜻하는 것은 아닙니다. 이번 절은 대부분 String에 관한 것이지만, 두 타입 모두 러스트 표준 라이브러리에서 매우 많이 사용되며 String과 문자열 슬라이스 모두 UTF-8으로 인코딩되어 있습니다.

8.2.2 새로운 문자열 생성하기

Vec<T>에서 쓸 수 있는 연산 다수가 String에서도 똑같이 쓸 수 있는데, 이는 String이 실제로 바이트 벡터에 더하여 몇 가지 보장, 제한, 기능들을 추가한 래퍼(wrapper)로 구현되어 있기 때문입니다. Vec<T>와 String이 같은 방식으로 작동한다는 함수의 예시로 예제 8-11과 같이 새 인스턴스를 생성하는 new 함수가 있습니다.

예제 8-11 **비어 있는 새로운 String 생성하기**

```
let mut s = String::new();
```

이 라인은 어떤 데이터를 담을 수 있는 s라는 빈 문자열을 만들어줍니다. 종종 시작 지점에서 저장해둘 문자열의 초깃값을 가지고 있을 것입니다. 그럴 때는 to_string 메서드를 이용하는데, 이는 Display 트레이트가 구현된 어떤 타입이든 사용 가능하며, 문자열 리터럴도 이 트레이트를 구현하고 있습니다. 예제 8-12에서 두 가지 예제를 보여주고 있습니다.

```
let data = "initial contents";

let s = data.to_string();

// 이 메서드는 리터럴에서도 바로 작동합니다.
let s = "initial contents".to_string();
```

이 코드는 initial contents를 담고 있는 문자열을 생성합니다.

또한 문자열 리터럴로부터 String을 생성하기 위해서 String::from 함수를 이용할 수도 있습니다. 예제 8-13의 코드는 to_string을 사용하는 예제 8-12의 코드와 동일합니다.

예제 8-13 String::from 함수를 사용하여 문자열 리터럴로부터 String 생성하기

```
let s = String::from("initial contents");
```

문자열이 매우 다양한 용도로 사용되기 때문에, 문자열에 다양한 제네릭 API들을 사용할 수 있으며, 이를 통해 다양한 옵션들을 제공할 수 있습니다. 몇몇은 중복되어 보일 수 있지만, 다 사용할 곳이 있습니다! 지금의 경우 String::from과 to_string은 동일한 작업을 수행하므로, 어떤 것을 사용하는가는 스타일과 가독성의 문제입니다.

문자열이 UTF-8으로 인코딩되었음을 기억하세요. 즉, 아래의 예제 8-14처럼 적합하게 인코딩된 모든 데이터를 집어넣을 수 있습니다.

예제 8-14 문자열에 다양한 언어로 인사말 저장하기

```
let hello = String::from("السلام عليكم");
let hello = String::from("Dobrý den");
let hello = String::from("Hello");
let hello = String::from("שלום");
let hello = String::from("नमस्ते");
let hello = String::from("こんにちは");
let hello = String::from("안녕하세요");
let hello = String::from("你好");
let hello = String::from("Olá");
let hello = String::from("Здравствуйте");
let hello = String::from("Hola");
```

위의 문자열 모두가 유효한 String값입니다.

8.2.3 문자열 업데이트하기

String은 Vec의 내용물처럼 더 많은 데이터를 집어넣으면 크기가 커지고 내용물은 변경될 수 있습니다. 또한 + 연산자나 format! 매크로를 사용하여 편리하게 String값들을 이어붙일 수 있습니다.

push_str과 push를 이용하여 문자열 추가하기

예제 8-15처럼 push_str 메서드를 사용하여 문자열 슬라이스를 추가하는 것으로 String을 키울 수 있습니다.

예제 8-15 push_str 메서드를 사용하여 String에 문자열 슬라이스 추가하기

```
let mut s = String::from("foo");
s.push_str("bar");
```

위의 두 줄이 실행된 후 s에는 foobar가 들어 있을 것입니다. push_str 메서드는 문자열 슬라이스를 매개변수로 갖는데 이는 매개변수의 소유권을 가져올 필요가 없기 때문입니다. 예를 들어, 예제 8-16의 코드에서는 s2의 내용물을 s1에 추가한 후 s2를 쓰려고 합니다.

예제 8-16 문자열 슬라이스를 String에 붙인 이후에 문자열 슬라이스를 사용하기

```
let mut s1 = String::from("foo");
let s2 = "bar";
s1.push_str(s2);
println!("s2 is {s2}");
```

만일 push_str 함수가 s2의 소유권을 가져갔다면, 마지막 줄에서 이 값을 출력할 수 없었을 것입니다. 하지만 이 코드는 기대했던 대로 작동합니다!

push 메서드는 한 개의 글자를 매개변수로 받아서 String에 추가합니다. 예제 8-17은 push 메서드를 사용하여 String에 'l'을 추가하고 있습니다.

예제 8-17 push를 사용하여 String값에 한 글자 추가하기

```
let mut s = String::from("lo");
s.push('l');
```

위의 코드를 실행한 결과로 s는 lol을 담고 있을 것입니다.

+ 연산자나 format! 매크로를 이용한 접합

가지고 있는 두 개의 문자열을 조합하고 싶은 경우도 종종 있습니다. 예제 8-18에 표시된 것처럼 + 연산자를 사용하는 것이 한 가지 방법입니다.

예제 8-18 + **연산자를 사용하여 두** String**값을 하나의 새로운** String**값으로 조합하기**

```
let s1 = String::from("Hello, ");
let s2 = String::from("world!");
let s3 = s1 + &s2; // s1은 여기로 이동되어 더 이상 사용할 수 없음에 주의하세요.
```

문자열 s3는 Hello, world!를 담게 될 것입니다. s1이 더하기 연산 이후에 더 이상 유효하지 않은 이유와 s2의 참조자가 사용되는 이유는 + 연산자를 사용했을 때 호출되는 함수의 시그니처와 맞춰야 하기 때문입니다. + 연산자는 add 메서드를 사용하는데, 이 메서드의 시그니처는 아래처럼 생겼습니다.

```
fn add(self, s: &str) -> String {
```

표준 라이브러리에는 add가 제네릭과 연관 타입을 사용하여 정의되어 있습니다. 여기서는 제네릭에 구체 타입(concrete type)을 대입하였고, 이는 String값으로 이 메서드를 호출했을 때 발생합니다. 제네릭에 대한 내용은 10장에서 다룰 것입니다. 이 시그니처는 + 연산자의 까다로운 부분을 이해하는 데 필요한 단서를 줍니다.

먼저 s2에는 &가 있는데, 즉 첫 번째 문자열에 두 번째 문자열의 **참조자**를 더하고 있음을 뜻합니다. 이는 add 함수의 s 매개변수 때문입니다. String에는 &str만 더할 수 있고, 두 String끼리는 더하지 못합니다. 아니, 잠깐만요. &s2의 타입은 &String이지, add의 두 번째 매개변수에 지정된 &str은 아니죠. 어째서 예제 8-18가 컴파일되는 걸까요?

&s2를 add 호출에 사용할 수 있는 이유는 &String 인수가 &str로 **강제**(coerce)될 수 있기 때문입니다. add 함수가 호출되면, 러스트는 **역참조 강제**를 사용하는데, 이것이 add 함수 내에서 사용되는 &s2를 &s2[..]로 바꿉니다. 역참조 강제는 15장에서 더 자세히 다루겠습니다. add가 매개변수의 소유권을 가져가지는 않으므로, s2는 이 연산 이후에도 계속 유효한 String일 것입니다.

두 번째로, 시그니처에서 add가 self의 소유권을 가져가는 것을 볼 수 있는데, 이는 self가 &를 **안 가지고** 있기 때문입니다. 즉 예제 8-18에서 s1이 add 호출로 이동되어 이후에는 더 이상 유효하지 않을 것이라는 의미입니다. 따라서 let s3 = s1 + &s2;가 마치 두 문자열을 복사하여 새로운 문자열을 만들 것처럼 보일지라도, 실제로 이 구문은 s1의 소유권을 가져다가 s2의 내용물의 복사본을 추가한 다음, 결과물의 소유권을 반환합니다. 바꿔 말하면, 이 구문은 여러 복사본을 만드는 것처럼 보여도 그렇지 않습니다. 이러한 구현은 복사보다 더 효율적입니다.

만일 여러 문자열을 서로 붙이고자 한다면, +의 동작은 다루기 불편해집니다.

```
let s1 = String::from("tic");
let s2 = String::from("tac");
let s3 = String::from("toe");

let s = s1 + "-" + &s2 + "-" + &s3;
```

이 시점에서 s는 tic-tac-toe가 될 것입니다. +와 " 문자가 많으면 어떤 결과가 나올지 확인이 어렵습니다. 더 복잡한 문자열 조합에는 대신 format! 매크로를 사용할 수 있습니다.

```
let s1 = String::from("tic");
let s2 = String::from("tac");
let s3 = String::from("toe");

let s = format!("{s1}-{s2}-{s3}");
```

이 코드 또한 s에 tic-tac-toe를 설정합니다. format! 매크로는 println!처럼 작동하지만, 화면에 결과를 출력하는 대신 결과가 담긴 String을 반환해줍니다. format!을 이용한 버전이 훨씬 읽기 쉽고, format! 매크로로 만들어진 코드는 참조자를 이용하므로 이 호출은 아무 매개변수의 소유권도 가져가지 않습니다.

8.2.4 문자열 내부의 인덱싱

다른 많은 프로그래밍 언어에서, 인덱스를 이용한 참조를 통해 문자열 내부의 개별 문자에 접근하는 것은 유효하고 범용적인 연산에 속합니다. 그러나 러스트에서 인덱싱 문법을 이용하여 String의 부분에 접근하고자 하면 에러를 얻게 됩니다. 아래 예제 8-19와 같은 코드를 생각해봅시다.

```
let s1 = String::from("hello");
let h = s1[0];
```

이 코드는 아래와 같은 에러를 출력합니다.

```
error[E0277]: the type `String` cannot be indexed by `{integer}`
 --> src/main.rs:3:13
  |
3 |     let h = s1[0];
  |             ^^^^^ `String` cannot be indexed by `{integer}`
  |
  = help: the trait `Index<{integer}>` is not implemented for `String`
```

에러 설명을 보니 알겠네요. 러스트 문자열은 인덱싱을 지원하지 않는다고 하는군요. 그런데 왜 안되는 걸까요? 이 질문에 답하기 위해서는 러스트가 문자열을 메모리에 저장하는 방법에 관해 설명해야 합니다.

내부적 표현

String은 Vec<u8>을 감싼 것입니다. 예제 8-14에서 보았던 적합하게 인코딩된 UTF-8 예제 문자을 몇 가지를 살펴봅시다. 첫 번째로, 이것입니다.

```
let hello = String::from("Hola");
```

이 경우 len은 4가 되는데, 이는 문자열 'Hola'를 저장하고 있는 Vec이 4바이트 길이라는 뜻입니다. UTF-8으로 인코딩되면 각각의 글자들이 1바이트씩 차지한다는 것이죠. 그러나 다음 줄은 아마도 여러분을 놀라게 할 수도 있습니다(맨 앞의 문자는 아라비아 숫자 3이 아닌, 키릴 문자 Ze입니다).

```
let hello = String::from("Здравствуйте");
```

이 문자열의 길이가 얼마인지 묻는다면, 여러분은 12라고 답할지도 모릅니다. 실제 러스트의 대답은 24입니다. 이는 "Здравствуйте"를 UTF-8으로 인코딩한 바이트들의 크기인데, 각각의 유니코드 스칼라값이 저장소의 2바이트를 차지하기 때문입니다. 따라서, 문자열의 바이트 안의 인덱스는 유효한 유니코드 스칼라값과 항상 대응되지는 않을 것입니다. 이를 설명하기 위해 다음과 같은 유효하지 않은 러스트 코드를 고려해보겠습니다.

```
let hello = "Здравствуйте";
let answer = &hello[0];
```

여러분은 이미 answer가 첫 번째 글자인 3이 아닐 것이란 점을 알고 있습니다. UTF-8로 인코딩된 3의 첫 번째 바이트는 208이고, 두 번째는 151이므로, answer의 첫 번째 글자의 값은 사실 208이 되어야 하지만, 208은 그 자체로는 유효한 문자가 아닙니다. 208을 반환하는 것은 우리가 문자열의 첫 번째 글자를 요청했을 때 예상한 답이 아닙니다. 하지만 그게 러스트가 인덱스 0에 가지고 있는 유일한 실제 데이터죠. 라틴 글자들만 있는 경우일지라도, 일반적으로 바이트값의 반환이 사용자들이 원하는 것은 아닐 겁니다. &"hello"[0]는 h가 아니라 104를 반환합니다.

따라서 예상치 못한 값을 반환하고 즉시 발견되지 않을 수 있는 버그를 방지하기 위해서, 러스트는 이러한 코드를 전혀 컴파일하지 않고 이러한 오해들을 개발 과정 내에서 일찌감치 방지한다는 것이 정답입니다.

바이트와 스칼라값과 문자소 클러스터! 이런!

UTF-8에 대한 또 다른 요점은, 실제로는 러스트의 관점에서 문자열을 보는 세 가지 관련 방식이 있다는 것입니다. 바이트, 스칼라값, 그리고 문자소 클러스터(grapheme cluster, 우리가 **글자**라고 부르는 것과 가장 근접한 것)입니다.

데바나가리(Devanagari) 글자로 쓰인 힌디어 '**नमस्ते**'를 보면, 이것은 궁극적으로 아래와 같은 u8값들의 Vec으로 저장됩니다.

```
[224, 164, 168, 224, 164, 174, 224, 164, 184, 224, 165, 141, 224, 164, 164,224, 165, 135]
```

이건 18바이트이고 이것이 실제로 컴퓨터가 이 데이터를 저장하는 방법입니다. 만일 이를 유니코드 스칼라값, 즉 러스트의 char 타입인 형태로 본다면, 아래와 같이 보이게 됩니다.

```
['न', 'म', 'स', '्', 'त', 'े']
```

여섯 개의 char값이 있지만, 네 번째와 여섯 번째는 글자가 아닙니다. 그 자체로는 이해할 수 없는 발음 구별 부호입니다. 마지막으로, 이 문자열을 문자소 클러스터로 본다면, 이 힌디 단어를 구성하는 네 글자를 알아낼 수 있습니다.

```
["न", "म", "स्", "ते"]
```

러스트는 컴퓨터가 저장하는 원시 문자열(raw string)을 번역하는 다양한 방법을 제공하여, 데이터가 담고 있는 것이 무슨 언어든 상관없이 각 프로그램이 필요로 하는 통역방식을 선택할 수 있도록 합니다.

러스트가 String을 인덱스로 접근하여 문자를 얻지 못하도록 하는 마지막 이유는 인덱스 연산이 언제나 상수 시간(O(1))에 실행될 것으로 기대받기 때문입니다. 그러나 String을 가지고 그러한 성능을 보장하는 것은 불가능한데, 그 이유는 러스트가 문자열 내에 유효한 문자가 몇 개 있는지 알아내기 위해 내용물을 시작 지점부터 인덱스로 지정된 곳까지 훑어야 하기 때문입니다.

8.2.5 문자열 슬라이싱하기

문자열 인덱싱의 반환 타입이 어떤 것이(바이트값인지, 캐릭터인지, 문자소 클러스터인지, 혹은 문자열 슬라이스인지) 되어야 하는지 명확하지 않기 때문에 문자열의 인덱싱은 종종 좋지 않은 생각이 됩니다. 따라서 문자열 슬라이스를 만들기 위해 정말로 인덱스를 사용하고자 한다면 러스트는 좀 더 구체적인 지정을 요청합니다.

[]에 숫자 하나를 사용하는 인덱싱이 아니라 []와 범위를 사용하여 특정 바이트들이 담고 있는 문자열 슬라이스를 만들 수 있습니다.

```
let hello = "Здравствуйте";

let s = &hello[0..4];
```

여기서 s는 문자열의 첫 4바이트를 담고 있는 &str가 됩니다. 앞서 우리는 이 글자들이 각각 2바이트를 차지한다고 언급했으므로, 이는 s가 'Зд'가 될 것이란 뜻입니다.

만약에 &hello[0..1]처럼 문자 바이트의 일부를 슬라이스를 얻으려고 한다면, 러스트는 벡터 내에 유효하지 않은 인덱스에 접근했을 때와 동일한 방식으로 런타임에 패닉을 발생시킬 것입니다.

```
thread 'main' panicked at 'byte index 1 is not a char boundary; it is inside '3' (bytes 0..2)
of `Здравствуйте`', src/main.rs:4:14
```

범위를 지정하여 문자열 슬라이스를 생성하는 것은 프로그램을 죽게 만들 수도 있기 때문에 주의 깊게 사용해야 합니다.

8.2.6 문자열에 대한 반복을 위한 메서드

문자열 조각에 대한 연산을 하는 가장 좋은 방법은 명시적으로 문자를 원하는 것인지 아니면 바이트를 원하는 것인지 지정하는 것입니다. 개별적인 유니코드 스칼라값에 대해서는 chars 메서드를 사용하세요. '3д'에 대해 chars 함수를 호출하면 각각을 분리하여 char 타입의 두 개의 값을 반환하고, 이 결과에 대한 반복을 통하여 각 요소에 접근할 수 있습니다.

```
for c in "3д".chars() {
    println!("{c}");
}
```

이 코드는 다음을 출력할 것입니다.

```
3
д
```

다른 방법으로 bytes 메서드는 각 원시 바이트를 반환하는데, 문제의 도메인이 무엇인가에 따라 적절할 수도 있습니다.

```
for b in "3д".bytes() {
    println!("{b}");
}
```

위의 코드는 이 문자열을 구성하는 네 개의 바이트를 출력합니다.

```
208
151
208
180
```

하지만 유효한 유니코드 스칼라값이 하나 이상의 바이트로 구성될지도 모른다는 것을 확실히 기억해주세요.

데바나가리 문서와 같은 문자열로부터 문자소 클러스터를 얻는 방법은 복잡해서, 이 기능은 표준 라이브러리를 통해 제공되지 않습니다. 여러분이 원하는 기능이 이것이라면 crates.io에 사용 가능한 크레이트가 있습니다.

8.2.7 문자열은 그렇게 단순하지 않습니다

요약하자면, 문자열은 복잡합니다. 프로그래밍 언어마다 이러한 복잡성을 프로그래머에게 표현하는 방법에 대해 다른 선택을 합니다. 러스트는 `String` 데이터의 올바른 처리를 모든 러스트 프로그램의 기본 동작으로 선택했는데, 이는 프로그래머가 UTF-8 데이터를 처리할 때 미리 더 많은 생각을 해야 함을 의미합니다. 이러한 절충안은 다른 프로그래밍 언어보다 문자열의 복잡성을 더 많이 노출시키지만, 한편으로는 여러분의 개발 생명주기 후반에 ASCII 아닌 문자와 관련된 에러를 처리해야 할 필요가 없도록 해줍니다.

좋은 소식은 표준 라이브러리에 이런 복잡한 상황을 올바르게 처리하는 데 도움이 될 `String` 및 `&str` 타입 기반의 기능을 다양하게 제공한다는 점입니다. 문자열 검색을 위한 `contains`와 문자열 일부를 다른 문자열로 바꾸는 `replace` 같은 유용한 메서드들에 대해 알아보려면 꼭 문서를 확인해보세요.

8.3 해시 맵에 서로 연관된 키와 값 저장하기

마지막으로 볼 일반적인 컬렉션은 **해시 맵**입니다. `HashMap<K, V>` 타입은 K 타입의 키와 V 타입의 값에 대해 **해시 함수**(hashing function)를 사용하여 매핑한 것을 저장하는데, 이 해시 함수는 이 키와 값을 메모리 어디에 저장할지 결정합니다. 수많은 다른 프로그래밍 언어도 이러한 종류의 데이터 구조를 지원하지만, 종종 해시, 맵, 오브젝트, 해시 테이블, 혹은 연관(associative) 배열 등과 같이 이름만 다르게 사용됩니다.

해시 맵은 벡터에서처럼 인덱스를 이용하는 것이 아니라 임의의 타입으로 된 키를 이용하여 데이터를 찾고 싶을 때 유용합니다. 예를 들면, 게임에서 각 팀의 점수를 해시 맵에 유지할 수 있는데, 여기서 키는 팀의 이름이고 값은 팀의 점수가 됩니다. 팀의 이름을 제공하면 그 팀의 점수를 조회할 수 있습니다.

이번 절에서는 해시 맵의 기본 API를 다룰 것이지만, 표준 라이브러리의 HashMap에 정의되어 있는 함수 중에는 더 많은 좋은 것들이 숨어 있습니다. 항상 말했듯이, 더 많은 정보를 원한다면 표준 라이브러리 문서를 확인하세요.

8.3.1 새로운 해시 맵 생성하기

빈 해시 맵을 생성하는 한 가지 방법으로는 new를 사용한 뒤 insert를 이용하여 요소를 추가하는 것이 있습니다. 예제 8-20에서는 팀 이름이 각각 블루와 옐로인 두 팀의 점수를 관리하고 있습니다. 블루 팀은 10점, 옐로 팀은 50점으로 시작할 것입니다.

예제 8-20 **새로운 해시 맵을 생성하여 몇 개의 키와 값을 집어넣기**

```
use std::collections::HashMap;

let mut scores = HashMap::new();

scores.insert(String::from("Blue"), 10);
scores.insert(String::from("Yellow"), 50);
```

먼저 표준 라이브러리의 컬렉션 부분으로부터 HashMap을 use로 가져와야 할 필요가 있음에 주목하세요. 이 장에서 보고 있는 세 가지 일반적인 컬렉션 중 해시 맵이 제일 적게 사용되는 것이기 때문에, 프렐루드의 자동으로 가져오는 기능에는 포함되어 있지 않습니다. 또한 해시 맵은 표준 라이브러리로부터의 지원을 덜 받습니다. 예를 들면 해시 맵을 생성하는 기본 제공 매크로가 없습니다.

벡터와 마찬가지로, 해시 맵도 데이터를 힙에 저장합니다. 이 HashMap은 String 타입의 키와 i32 타입의 값을 갖습니다. 벡터와 비슷하게 해시 맵도 동질적입니다. 모든 키는 서로 같은 타입이어야 하고, 모든 값도 같은 타입이여야 합니다.

8.3.2 해시 맵의 값 접근하기

예제 8-21처럼 get 메서드에 키를 제공하여 해시 맵으로부터 값을 얻어올 수 있습니다.

예제 8-21 **해시 맵 내에 저장된 블루 팀의 점수 접근하기**

```
use std::collections::HashMap;

let mut scores = HashMap::new();

scores.insert(String::from("Blue"), 10);
scores.insert(String::from("Yellow"), 50);
```

```
let team_name = String::from("Blue");
let score = scores.get(&team_name).copied().unwrap_or(0);
```

여기서 score는 블루 팀과 연관된 값을 갖게 될 것이고, 결괏값은 10일 것입니다. get 메서드는 Option<&V>를 반환합니다. 만일 이 해시 맵에 해당 키에 대한 값이 없다면 get은 None을 반환할 것입니다. 이 프로그램에서는 copied를 호출하여 Option<&i32>가 아닌 Option<i32>를 얻어온 다음, unwrap_or를 써서 scores가 해당 키에 대한 아이템을 가지고 있지 않을 경우 score에 0을 설정하도록 처리합니다.

벡터에서와 유사한 방식으로 for 루프를 사용하여 해시 맵 내의 키/값 쌍에 대한 반복 작업을 수행할 수 있습니다.

```
use std::collections::HashMap;

let mut scores = HashMap::new();

scores.insert(String::from("Blue"), 10);
scores.insert(String::from("Yellow"), 50);

for (key, value) in &scores {
    println!("{key}: {value}");
}
```

이 코드는 각각의 쌍을 임의의 순서로 출력할 것입니다.

```
Yellow: 50
Blue: 10
```

8.3.3 해시 맵과 소유권

i32처럼 Copy 트레이트를 구현한 타입의 값은 해시 맵 안으로 복사됩니다. String처럼 소유권이 있는 값의 경우, 아래의 예제 8-22와 같이 값들이 이동되어 해시 맵이 그 값의 소유자가 됩니다.

예제 8-22 키와 값이 삽입되는 순간 이들이 해시 맵의 소유가 되는 것을 보여주는 예

```
use std::collections::HashMap;
```

```
let field_name = String::from("Favorite color");
let field_value = String::from("Blue");

let mut map = HashMap::new();
map.insert(field_name, field_value);
// field_name과 field_value는 이 시점부터 유효하지 않습니다.
// 사용을 시도해보고 어떤 컴파일러 에러가 발생하는지 알아보세요!
```

insert를 호출하여 field_name과 field_value를 해시 맵으로 이동시킨 후에는 더 이상 이 둘을 사용할 수 없습니다.

해시 맵에 값들의 참조자들을 삽입한다면, 이 값들은 해시 맵으로 이동되지 않을 것입니다. 하지만 참조자가 가리키고 있는 값은 해시 맵이 유효할 때까지 계속 유효해야 합니다. 이와 관련하여 10장의 '라이프타임으로 참조자의 유효성 검증하기'(256쪽)에서 더 자세히 이야기할 것입니다.

8.3.4 해시 맵 업데이트하기

키와 값 쌍의 개수는 늘어날 수 있을지라도, 각각의 유일한 키는 연관된 값을 딱 하나만 가질 수 있습니다(그 역은 성립하지 않습니다. 예를 들면 블루 팀과 옐로 팀 모두 scores 해시 맵에 10점을 저장할 수도 있습니다).

해시 맵의 데이터를 변경하고 싶을 때는 키에 이미 값이 할당되어 있을 경우에 대한 처리 방법을 결정해야 합니다. 예전 값을 완전히 무시하면서 새 값으로 대신할 수도 있습니다. 혹은 예전 값을 계속 유지하면서 새 값은 무시하고, 해당 키에 값이 할당되어 있지 **않을** 경우에만 새 값을 추가하는 방법을 선택할 수도 있습니다. 또는 예전 값과 새 값을 조합할 수도 있습니다. 각각의 경우를 어떻게 할지 살펴봅시다!

값을 덮어쓰기

해시 맵에 어떤 키와 값을 삽입하고, 그 후 똑같은 키에 다른 값을 삽입하면, 해당 키에 연관된 값은 새 값으로 대체될 것입니다. 아래 예제 8-23의 코드가 insert를 두 번 호출함에도, 해시 맵은 딱 하나의 키/값 쌍을 담게 되는데 그 이유는 두 번 모두 블루 팀의 키에 대한 값을 삽입하고 있기 때문입니다.

예제 8-23 **특정한 키로 저장된 값을 덮어쓰기**
```
use std::collections::HashMap;
```

```
let mut scores = HashMap::new();

scores.insert(String::from("Blue"), 10);
scores.insert(String::from("Blue"), 25);

println!("{:?}", scores);
```

이 코드는 {"Blue": 25}를 출력할 것입니다. 원래의 값 10은 덮어쓰였습니다.

키가 없을 때만 키와 값 추가하기

해시 맵 내에 특정 키가 이미 있는지 검사한 뒤, 다음과 같은 동작을 하는 경우는 흔합니다. 만일 키가 해시 맵 내에 존재하면, 해당 값은 그대로 둬야 합니다. 만일 키가 없다면, 키와 그에 대한 값을 추가합니다.

해시 맵은 이를 위해 entry라고 하는 특별한 API를 가지고 있는데, 이는 검사하려는 키를 매개변수로 받습니다. entry 함수의 반환값은 열거형 Entry인데, 해당 키가 있는지 혹은 없는지를 나타냅니다. 옐로 팀에 대한 키에 대한 값이 있는지 검사하고 싶다고 해봅시다. 만일 없다면 값 50을 삽입하고, 블루 팀에 대해서도 똑같이 하려고 합니다. entry API를 사용한 코드는 아래의 예제 8-24와 같습니다.

예제 8-24 entry 메서드를 이용하여 어떤 키가 값을 이미 갖고 있지 않을 경우에만 추가하기

```
use std::collections::HashMap;

let mut scores = HashMap::new();
scores.insert(String::from("Blue"), 10);

scores.entry(String::from("Yellow")).or_insert(50);
scores.entry(String::from("Blue")).or_insert(50);

println!("{:?}", scores);
```

Entry의 or_insert 메서드는 해당 키가 존재할 경우 Entry 키에 대한 연관된 값을 반환하도록 정의되어 있고, 그렇지 않은 경우 매개변수로 제공된 값을 해당 키에 대한 새 값으로 삽입하고 수정된 Entry에 대한 값을 반환합니다. 이 방법은 직접 로직을 작성하는 것보다 훨씬 깔끔하고, 게다가 대여 검사기와 잘 어울려 작동합니다.

예제 8-24의 코드를 실행하면 {"Yellow": 50, "Blue": 10}를 출력할 것입니다. 첫 번째 entry 호출은 옐로 팀에 대한 키에 대하여 값 50을 삽입하는데, 이는 옐로 팀이 값을 가지고 있지 않기 때문입니다. 두 번째 entry 호출은 해시 맵을 변경하지 않는데, 왜냐하면 블루 팀은 이미 값 10을 가지고 있기 때문입니다.

예전 값에 기초하여 값을 업데이트하기

해시 맵에 대한 또 다른 일반적인 사용 방식은 키에 대한 값을 찾아서 예전 값에 기초하여 값을 업데이트하는 것입니다. 예를 들어, 예제 8-25는 어떤 텍스트 내에 각 단어가 몇 번이나 나왔는지를 세는 코드를 보여줍니다. 단어를 키로 사용하는 해시 맵을 이용하여 해당 단어가 몇 번이나 나왔는지 추적하기 위해 값을 증가시켜줍니다. 처음 본 단어라면, 값 0을 삽입할 것입니다.

예제 8-25 **단어와 횟수를 저장하는 해시 맵을 사용하여 단어의 등장 횟수 세기**

```
use std::collections::HashMap;

let text = "hello world wonderful world";

let mut map = HashMap::new();

for word in text.split_whitespace() {
    let count = map.entry(word).or_insert(0);
    *count += 1;
}

println!("{:?}", map);
```

이 코드는 {"world": 2, "hello": 1, "wonderful": 1}를 출력할 것입니다. 이러한 키/값 쌍의 출력 순서가 다를 수도 있습니다. '해시 맵의 값 접근하기'(199쪽)에서 해시 맵에 대한 반복 처리가 임의의 순서로 일어난다고 한 것을 상기해봅시다.

split_whitespace 메서드는 text의 값을 공백 문자로 나눈 서브 슬라이스에 대한 반복자를 반환합니다. or_insert 메서드는 실제로는 해당 키에 대한 값의 가변 참조자(&mut V)를 반환합니다. 여기서는 count 변수에 가변 참조자를 저장하였고, 여기에 값을 할당하기 위해 먼저 별표(*)를 사용하여 count를 역참조해야 합니다. 가변 참조자는 for 루프의 끝에서 스코프 밖으로 벗어나고, 따라서 모든 값의 변경은 안전하며 대여 규칙에 위배되지 않습니다.

기본적으로 HashMap은 해시 테이블과 관련된 서비스 거부 공격(DoS attack)에 저항 기능을 제공할 수 있는 **SipHash**라 불리는 해시 함수를 사용합니다.[1] 이는 가장 빠른 해시 알고리즘은 아니지만, 성능이 다소 낮더라도 대신 보안이 더 강하다면 사용할 가치가 있습니다. 만일 여러분의 코드를 프로파일링해보니 기본 해시 함수가 여러분의 목적에 사용되기엔 너무 느리다면, 다른 해셔를 지정하여 다른 함수로 바꿀 수 있습니다. **해셔(hasher)**는 BuildHasher 트레이트를 구현한 타입을 말합니다. 트레이트와 이를 구현하는 방법에 대해서는 10장에서 다룰 것입니다. 여러분의 해셔를 바닥부터 새로 구현해야 할 필요는 없습니다. crates.io에는 수많은 범용적인 해시 알고리즘을 구현한 해셔를 제공하는 공유 라이브러리가 있습니다.

정리

벡터, 문자열, 해시 맵은 프로그램에서 여러분이 데이터를 저장하고, 접근하고, 수정하고 싶은 곳에 필요한 수많은 기능들을 제공해줄 것입니다. 이제 여러분이 풀 준비가 되어 있어야 할 만한 몇 가지 연습문제를 소개합니다.

1. 정수 리스트가 주어졌을 때, 벡터를 이용하여 이 리스트의 중간값(median, 정렬했을 때 가장 가운데 위치한 값), 그리고 최빈값(mode, 가장 많이 발생한 값. 해시 맵이 여기서 도움이 될 것입니다)을 반환해보세요.

2. 문자열을 피그 라틴(pig Latin)으로 변경해보세요. 각 단어의 첫 번째 자음은 단어의 끝으로 이동하고 'ay'를 붙이므로, 'first'는 'irst-fay'가 됩니다. 모음으로 시작하는 단어는 대신 끝에 'hay'를 붙이므로 'apple'은 'apple-hay'가 됩니다. UTF-8 인코딩에 대한 세부 사항을 명심하세요!

3. 해시 맵과 벡터를 이용하여 사용자가 회사 부서의 직원 이름을 추가할 수 있도록 하는 텍스트 인터페이스를 만들어보세요. 예를 들어 'Add Sally to Engineering'이나 'Add Amir to Sales' 같은 방식으로요. 그 후 사용자가 모든 사람에 대해 알파벳 순으로 정렬된 목록이나 부서별 모든 사람에 대한 목록을 조회할 수 있도록 해보세요.

---

1   옮긴이 https://en.wikipedia.org/wiki/SipHash

표준 라이브러리 API 문서는 이 연습문제들에 도움될 만한 벡터, 문자열, 해시 맵의 메서드를 설명해줍니다!

연산이 실패할 수 있는 더 복잡한 프로그램이 등장하고 있는 상황입니다. 따라서, 다음은 에러 처리에 대해 다룰 완벽한 시간이란 뜻이죠!

9

에러 처리

소프트웨어에서 에러는 삶의 일부이므로, 러스트는 뭔가 잘못되는 상황을 처리하기 위한 기능을 몇 가지 갖추고 있습니다. 대부분의 경우 러스트에서는 코드가 컴파일되기 전에 에러의 가능성을 인지하고 조치를 취해야 합니다. 이러한 요구 사항은 여러분의 코드를 프로덕션 환경에 배포하기 전에 에러를 발견하고 적절히 조치할 것을 보장하여 여러분의 프로그램을 더 견고하게 해줍니다!

러스트는 에러를 **복구 가능한(recoverable)** 에러와 **복구 불가능한(unrecoverable)** 에러 두 가지 범주로 묶습니다. '파일을 찾을 수 없음' 에러 같은 복구 가능한 에러에 대해서는 대부분의 경우 그저 사용자에게 문제를 보고하고 명령을 재시도하도록 하길 원합니다. 복구 불가능한 에러는 배열 끝을 넘어선 위치에 접근하는 경우처럼 언제나 버그 증상이 나타나는 에러이며, 따라서 프로그램을 즉시 멈추기를 원합니다.

대부분의 언어는 예외(exception) 처리와 같은 메커니즘을 이용하여 이 두 종류의 에러를 구분하지 않고 같은 방식으로 처리합니다. 러스트에는 예외 처리 기능이 없습니다. 대신, 복구 가능한 에러를 위한 Result<T, E> 타입과 복구 불가능한 에러가 발생했을 때 프로그램을 종료하는 panic! 매크로가 있습니다. 이번 장에서는 panic!을 호출하는 것을 먼저 다룬 뒤, Result<T, E>값을 반환하는 것에 대해 이야기하겠습니다. 또한 에러로부터 복구를 시도할지 아니면 실행을 멈출지를 결정할 때의 고려 사항을 탐구해보겠습니다.

9.1 panic!으로 복구 불가능한 에러 처리하기

가끔은 코드에서 나쁜 일이 일어나고, 이에 대해 여러분이 할 수 있는 것이 없을 수도 있습니다. 이런 경우를 위해 러스트에는 panic! 매크로가 있습니다. 실제로 패닉을 일으키는 두 가지 방법이 있습니다. (배열 끝부분을 넘어선 접근과 같이) 코드가 패닉을 일으킬 동작을 하는 것 혹은 panic! 매크로를 명시적으로 호출하는 것이죠. 두 경우 모두 프로그램에 패닉을 일으킵니다. 기본적으로 이러한 패닉은 실패 메시지를 출력하고, 되감고(unwind), 스택을 청소하고, 종료합니다. 패닉이 발생했을 때 그 패닉의 근원을 쉽게 추적하기 위해 환경 변수를 통하여 러스트가 호출 스택을 보여주도록 할 수 있습니다.

---

panic!에 대응하여 스택을 되감거나 그만두기

기본적으로, panic!이 발생하면, 프로그램은 **되감기(unwinding)**를 시작하는데, 이는 러스트가 패닉을 발생시킨 각 함수로부터 스택을 거꾸로 훑어가면서 데이터를 청소한다는 뜻입니다. 하지만 이 되감기와 청소 작업은 간단한 작업이 아닙니다. 그래서 러스트에서는 프로그램이 데이터 정리 작업 없이 즉각 종료되는 대안인 **그만두기(aborting)**를 선택할 수도 있습니다.

프로그램이 사용하고 있던 메모리는 운영체제가 청소해주어야 합니다. 프로젝트 내에서 결과 바이너리를 가능한 한 작게 만들고 싶다면, **Cargo.toml** 내에서 적합한 [profile] 섹션에 panic = 'abort'를 추가하여 되감기를 그만두기로 바꿀 수 있습니다. 예를 들어, 여러분이 릴리스 모드에서는 패닉 시 그만두기 방식을 쓰고 싶다면, 다음을 추가하세요.

```
[profile.release]
panic = 'abort'
```

간단한 프로그램에서 panic!을 호출해봅시다.

 File src/main.rs

```
fn main() {
    panic!("crash and burn");
}
```

프로그램을 실행하면, 다음과 같은 내용이 나타납니다.

```
thread 'main' panicked at 'crash and burn', src/main.rs:2:5
note: run with `RUST_BACKTRACE=1` environment variable to display a backtrace
```

panic!의 호출이 마지막 두 줄의 에러 메시지를 일으킵니다. 첫 번째 줄은 작성해둔 패닉 메시지와 패닉이 발생한 소스 코드 지점을 보여줍니다. **src/main.rs:2:5**는 **src/main.rs** 파일의 두 번째 줄 다섯 번째 문자를 나타냅니다.

이 예제에서는 표시된 줄이 직접 작성한 코드 부분이고, 해당 라인에서 panic! 매크로 호출을 눈으로 직접 볼 수 있습니다. 그 외의 경우, 우리가 호출한 외부 코드에서 panic! 호출이 있을 수도 있습니다. 에러 메시지에 의해 보고되는 파일 이름과 라인 번호는 panic! 매크로가 호출된 다른 누군가의 코드일 것이며, 궁극적으로 panic!을 발생시킨 것이 우리 코드 라인이 아닐 것입니다. 문제를 일으킨 코드 조각을 발견하기 위해서 panic! 호출이 발생한 함수에 대한 백트레이스(backtrace)를 사용할 수 있습니다. 백트레이스에 대해서는 뒤에 더 자세히 다룰 것입니다.

9.1.1 panic! 백트레이스 이용하기

직접 매크로를 호출하는 대신 우리 코드의 버그 때문에 라이브러리로부터 panic! 호출이 발생할 때는 어떻게 되는지 다른 예제를 통해서 살펴봅시다. 예제 9-1은 유효한 범위를 넘어서는 인덱스로 벡터에 접근을 시도하는 코드입니다.

예제 9-1 panic!을 일으키도록 벡터의 끝을 넘어서는 요소에 대한 접근 시도 　　　　　　　　　(File) src/main.rs

```rust
fn main() {
    let v = vec![1, 2, 3];

    v[99];
}
```

여기서는 벡터의 100번째 요소(0부터 시작하므로 99입니다)에 접근하기를 시도하고 있지만, 이 벡터는 단 3개의 요소만 가지고 있습니다. 이 경우 러스트는 패닉을 일으킬 것입니다. []의 사용은 어떤 요소의 반환을 가정하지만, 유효하지 않은 인덱스를 넘기게 되면 러스트가 반환할 올바른 요소가 없습니다.

C에서 데이터 구조의 끝을 넘어서 읽는 시도는 정의되지 않은 동작입니다. 메모리가 해당 데이터 구조의 소유가 아닐지라도, 그 데이터 구조의 해당 요소에 상응하는 메모리 위치에 있는 모든 값을 가져올 수 있습니다. 이를 **버퍼 오버리드**(buffer overread)라 합니다. 접근이 허용되어서는 안 되는 데이터를 읽기 위해 어떤 공격자가 배열 뒤에 저장된 데이터를 읽어낼 요량으로 인덱스를 다루게 된다면, 이는 보안 취약점으로 이어질 수 있습니다.

이러한 취약점으로부터 프로그램을 보호하기 위해서, 존재하지 않는 인덱스에서의 요소를 읽으려 시도한다면, 러스트는 실행을 멈추고 계속하기를 거부할 것입니다. 한번 시도해봅시다.

```
$ cargo run
   Compiling panic v0.1.0 (file:///projects/panic)
    Finished dev [unoptimized + debuginfo] target(s) in 0.27s
     Running `target/debug/panic`
thread 'main' panicked at 'index out of bounds: the len is 3 but the index is 99',
src/main.rs:4:5
note: run with `RUST_BACKTRACE=1` environment variable to display a backtrace
```

위 에러는 99 인덱스로 접근을 시도한 **main.rs** 4번째 줄을 가리키고 있습니다. 그다음 줄은 RUST_BACKTRACE 환경 변수를 설정하여 에러의 원인이 무엇인지 정확하게 백트레이스할 수 있다고 말해주고 있습니다. **백트레이스**(backtrace)란 어떤 지점에 도달하기까지 호출한 모든 함수의 목록을 말합니다. 러스트의 백트레이스는 다른 언어들과 마찬가지로 작동합니다. 백트레이스를 읽는 요령은 위에서부터 시작하여 여러분이 작성한 파일이 보일 때까지 읽는 것입니다. 그곳이 바로 문제를 일으킨 지점입니다. 여러분의 파일이 나타난 줄보다 위에 있는 줄은 여러분의 코드가 호출한 코드이고, 아래의 코드는 여러분의 코드를 호출한 코드입니다. 이 전후의 줄에는 핵심 러스트 코드, 표준 라이브러리, 여러분이 이용하고 있는 크레이트가 포함될 수 있습니다. 한번 RUST_BACKTRACE 환경 변수를 0이 아닌 값으로 설정하여 백트레이스를 읽어봅시다. 예제 9-2는 여러분이 보게 될 것과 유사한 출력을 나타냅니다.

예제 9-2 환경 변수 RUST_BACKTRACE가 설정되었을 때 panic!의 호출에 의해 발생하는 백트레이스 출력

```
$ RUST_BACKTRACE=1 cargo run
thread 'main' panicked at 'index out of bounds: the len is 3 but the index is 99', src/main.rs:4:5
stack backtrace:
   0: rust_begin_unwind
             at /rustc/e092d0b6b43f2de967af0887873151bb1c0b18d3/library/std/src/panicking.rs:584:5
   1: core::panicking::panic_fmt
```

```
                at /rustc/e092d0b6b43f2de967af0887873151bb1c0b18d3/library/core/src/panicking.rs:142:14
   2: core::panicking::panic_bounds_check
                at /rustc/e092d0b6b43f2de967af0887873151bb1c0b18d3/library/core/src/panicking.rs:84:5
   3: <usize as core::slice::index::SliceIndex<[T]>>::index
                at /rustc/e092d0b6b43f2de967af0887873151bb1c0b18d3/library/core/src/slice/index.rs:242:10
   4: core::slice::index::<impl core::ops::index::Index<I> for [T]>::index
                at /rustc/e092d0b6b43f2de967af0887873151bb1c0b18d3/library/core/src/slice/index.rs:18:9
   5: <alloc::vec::Vec<T,A> as core::ops::index::Index<I>>::index
                at /rustc/e092d0b6b43f2de967af0887873151bb1c0b18d3/library/alloc/src/vec/mod.rs:2591:9
   6: panic::main
                at ./src/main.rs:4:5
   7: core::ops::function::FnOnce::call_once
                at /rustc/e092d0b6b43f2de967af0887873151bb1c0b18d3/library/core/src/ops/function.rs:248:5
note: Some details are omitted, run with `RUST_BACKTRACE=full` for a verbose backtrace.Some details
are omitted, run with `RUST_BACKTRACE=full` for a verbose backtrace.
```

출력이 엄청 많군요! 여러분이 보는 실제 출력값은 운영체제 및 러스트 버전에 따라 다를 수 있습니다. 이러한 정보로 백트레이스를 얻기 위해서는 디버그 심벌이 활성화되어 있어야 합니다. 디버그 심벌은 여기서처럼 여러분이 cargo build나 cargo run을 --release 플래그 없이 실행했을 때 기본적으로 활성화됩니다.

예제 9-2 출력 내용에서는 백트레이스의 6번 라인이 문제를 일으킨 이 프로젝트 **src/main.rs**의 4번째 라인을 가리키고 있습니다. 프로그램이 패닉에 빠지지 않도록 하려면 직접 작성한 파일이 언급된 첫 줄부터 조사해야 합니다. 고의로 패닉을 일으키도록 코드를 작성한 예제 9-1에서 패닉을 고칠 방법은 범위를 벗어난 벡터 인덱스로 요소를 요청하지 않도록 하는 것입니다. 추후 여러분의 코드에서 패닉이 발생할 때는 어떤 코드가 패닉을 일으키는지, 코드를 어떻게 고쳐야 하는지 알아야 합니다.

다음은 에러가 발생했을 때 Result를 이용하여 복구하는 방법을 살펴보겠습니다. 언제 panic!을 써야 하는지, 혹은 쓰지 말아야 하는지에 대해서는 뒤에 나올 'panic!이냐, panic!이 아니냐, 그것이 문제로다'(224쪽)에서 알아볼 예정입니다.

9.2 Result로 복구 가능한 에러 처리하기

대부분 에러는 프로그램을 전부 중단해야 할 정도로 심각하진 않습니다. 때때로 어떤 함수가 실패할 경우는 쉽게 해석하고 대응할 수 있는 원인 때문입니다. 예를 들어 어떤 파일을 열려고 했는데 해당 파일이 존재하지 않아서 실패했다면, 프로세스를 종료해버리는 대신 파일을 생성하는 것을 원할지도 모르죠.

2장의 'Result 타입으로 잠재적 실패 다루기'(22쪽)에서 Result 열거형은 다음과 같이 Ok와 Err라는 두 개의 배리언트를 갖도록 정의되어 있음을 상기해봅시다.

```
enum Result<T, E> {
    Ok(T),
    Err(E),
}
```

T와 E는 제네릭 타입 매개변수입니다. 제네릭은 10장에서 자세히 다루겠습니다. 지금 당장은 T는 성공한 경우에 Ok 배리언트 안에 반환될 값의 타입을 나타내고 E는 실패한 경우에 Err 배리언트 안에 반환될 에러의 타입을 나타낸다는 점만 알아둡시다. Result가 이러한 제네릭 타입 매개변수를 갖기 때문에, 반환하고자 하는 성공적인 값과 에러 값이 달라질 수 있는 다양한 상황에서 Result 타입 및 이에 정의된 함수들을 사용할 수 있습니다.

실패할 가능성이 있으니 Result값을 반환하는 함수를 한번 호출해봅시다. 예제 9-3은 파일을 열어보는 코드입니다.

예제 9-3 **파일 열기**　　　　　　　　　　　　　　　　　　　　　　　(File) src/main.rs

```
use std::fs::File;

fn main() {
    let greeting_file_result = File::open("hello.txt");
}
```

File::open의 반환 타입은 Result<T, E>입니다. 제네릭 매개변수 T는 File::open의 구현부에 성공 값인 파일 핸들 std::fs::File로 채워져 있습니다. 에러 값에 사용된 E의 타입은 std::io::Error입니다. 이 반환 타입은 File::open의 호출이 성공하여 읽거나 쓸 수 있는 파일 핸들을 반환할 수도 있음을 뜻합니다. 이 함수 호출은 실패할 수도 있습니다. 예를 들면 해당 파일이 존재하지 않거나, 파일 접근을 위한 권한이 없을지도 모릅니다. File::open 함수는 함수가 성공하거나 실패할 수 있음을 알려주면서도 파일 핸들 혹은 에러 정보를 제공할 방법이 필요합니다. 이러한 정보는 정확하게 Result 열거형이 전달하는 것입니다.

File::open이 성공한 경우에는 greeting_file_result 변수의 값이 파일 핸들을 가지고 있는 Ok 인스턴스가 될 것입니다. 실패한 경우 greeting_file_result는 발생한 에러의 종류에 관한 더 자세한 정보가 담긴 Err 인스턴스가 될 것입니다.

예제 9-3 코드에 File::open 반환값에 따라 다르게 작동하는 코드를 추가해봅시다. 예제 9-4는 6장에서 다뤘던 match 표현식을 이용하여 Result를 처리하는 한 가지 방법을 보여줍니다.

예제 9-4 match **표현식을 사용하여 반환 가능한** Result **배리언트들을 처리하기**　(File) src/main.rs

```
use std::fs::File;

fn main() {
    let greeting_file_result = File::open("hello.txt");

    let greeting_file = match greeting_file_result {
        Ok(file) => file,
        Err(error) => panic!("Problem opening the file: {:?}", error),
    };
}
```

Option 열거형과 같이 Result 열거형과 배리언트들은 프렐루드로부터 가져온다는 점을 주의하세요. 따라서 match 갈래의 Ok와 Err 앞에 Result::라고 지정하지 않아도 됩니다.

결과가 Ok일 때 이 코드는 Ok 배리언트 내부의 file값을 반환하고, 그 후 이 파일 핸들 값을 변수 greeting_file에 대입합니다. match 후에는 이 파일 핸들을 읽거나 쓰는 데에 사용할 수 있습니다.

match의 다른 갈래는 File::open으로부터 Err를 받은 경우를 처리합니다. 이 예제에서는 panic! 매크로를 호출하는 방법을 택했습니다. 디렉터리 내에 **hello.txt**라는 이름의 파일이 없는 경우 이 코드를 실행하면, panic! 매크로로부터 다음과 같은 출력을 보게 될 것입니다.

```
thread 'main' panicked at 'Problem opening the file: Os { code: 2, kind: NotFound,
message: "No such file or directory" }', src/main.rs:8:23
```

늘 그렇듯, 이 출력은 어떤 것이 잘못되었는지 정확하게 알려줍니다.

9.2.1 서로 다른 에러에 대해 매칭하기

예제 9-4의 코드는 `File::open`이 실패한 원인이 무엇이든 간에 `panic!`을 일으킵니다. 하지만 우리는 어떠한 이유로 실패했느냐에 따라 다른 조치를 취하도록 하려고 합니다. 파일이 없어서 `File::open`이 실패했다면 새로운 파일을 만들어서 핸들을 반환하겠습니다. 그 밖의 이유로(예를 들어 파일을 열 권한이 없다거나 하는 이유로) 실패했다면 예제 9-4처럼 `panic!`을 일으키고요. `match`에 내용을 추가한 예제 9-5를 살펴봅시다.

예제 9-5 **다른 종류의 에러를 다른 방식으로 처리하기**　　　　　　　　　　　File src/main.rs

```rust
use std::fs::File;
use std::io::ErrorKind;

fn main() {
    let greeting_file_result = File::open("hello.txt");

    let greeting_file = match greeting_file_result {
        Ok(file) => file,
        Err(error) => match error.kind() {
            ErrorKind::NotFound => match File::create("hello.txt") {
                Ok(fc) => fc,
                Err(e) => panic!("Problem creating the file: {:?}", e),
            },
            other_error => {
                panic!("Problem opening the file: {:?}", other_error);
            }
        },
    };
}
```

`File::open`이 반환하는 `Err` 배리언트 값의 타입은 `io::Error`인데, 이는 표준 라이브러리에서 제공하는 구조체입니다. 이 구조체가 제공하는 `kind` 메서드를 호출하여 `io::ErrorKind`값을 얻을 수 있습니다. 표준 라이브러리가 제공하는 `io::ErrorKind`는 io 연산으로부터 발생할 수 있는 다양한 종류의 에러를 나타내는 배리언트가 있는 열거형입니다. 여기서 사용하고자 하는 배리언트는 `ErrorKind::NotFound`이며, 열고자 하는 파일이 아직 존재하지 않음을 나타냅니다. 따라서 `greeting_file_result` 매칭 안에 `error.kind()`에 대한 내부 매칭이 하나 더 생겼습니다.

내부 매치에서는 error.kind()가 반환한 값이 ErrorKind 열거형의 NotFound 배리언트가 맞는지 확인하고, 맞는다면 File::create로 파일을 생성합니다. 하지만 File::create도 실패할 수 있으니, 내부 match 표현식의 두 번째 갈래 또한 작성해야 합니다. 파일을 생성하지 못한 경우에는 별도의 에러 메시지가 출력됩니다. 외부 match의 두 번째 갈래 또한 동일하므로, 파일을 찾을 수 없는 에러인 경우 외에는 모두 패닉이 발생합니다.

Result<T, E>와 match 사용에 대한 대안

match가 정말 많군요! match 표현식은 매우 유용하지만 굉장히 원시적이기도 합니다. 13장에서는 클로저(closure)에 대해서 배워볼 텐데, Result<T, E> 타입에는 클로저를 사용하는 여러 메서드가 있습니다. 이 메서드들로 Result<T, E>값들을 처리하면 match보다 더 간결하게 만들 수 있습니다.

예를 들면, 예제 9-5와 동일한 로직을 작성한 다른 방법이 아래 있는데, 이번에는 unwrap_or_else 메서드와 클로저를 사용했습니다.

```
use std::fs::File;
use std::io::ErrorKind;

fn main() {
    let greeting_file = File::open("hello.txt").unwrap_or_else(|error| {
        if error.kind() == ErrorKind::NotFound {
            File::create("hello.txt").unwrap_or_else(|error| {
                panic!("Problem creating the file: {:?}", error);
            })
        } else {
            panic!("Problem opening the file: {:?}", error);
        }
    });
}
```

이 코드는 예제 9-5와 완벽하게 똑같이 작동하지만, match 표현식을 전혀 사용하지 않았으며 더 깔끔하게 읽힙니다. 13장을 읽고 이 예제로 돌아와서, 표준 라이브러리 문서에서 unwrap_or_else 메서드를 찾아보세요. 에러를 다룰 때 이런 메서드를 사용하면 거대하게 중첩된 match 표현식 덩어리를 제거할 수 있습니다.

에러 발생 시 패닉을 위한 숏컷: unwrap과 expect

match의 사용은 충분히 잘 작동하지만, 살짝 장황하기도 하고 의도를 항상 잘 전달하는 것도 아닙니다. Result<T, E> 타입은 다양한 특정 작업을 수행하기 위해 정의된 수많은 도우미 메서드를 가지고 있습니다. unwrap 메서드는 예제 9-4에서 작성한 match 구문과 비슷한 구현을 한 숏컷 메서드입니다. 만일 Result값이 Ok 배리언트라면, unwrap은 Ok 내의 값을 반환할 것입니다. 만일 Result가 Err 배리언트라면 unwrap은 panic! 매크로를 호출해줄 것입니다. 아래에 unwrap이 작동하는 예가 있습니다.

(File) src/main.rs

```
use std::fs::File;

fn main() {
    let greeting_file = File::open("hello.txt").unwrap();
}
```

hello.txt 파일이 없는 상태에서 이 코드를 실행시키면, unwrap 메서드에 의해 호출된 panic!으로부터의 에러 메시지를 보게 될 것입니다.

```
thread 'main' panicked at 'called `Result::unwrap()` on an `Err` value: Os {
code: 2, kind: NotFound, message: "No such file or directory" }',
src/main.rs:4:49
```

이와 비슷한 expect는 panic! 에러 메시지도 선택할 수 있도록 해줍니다. unwrap 대신 expect를 이용하고 좋은 에러 메시지를 제공하면 여러분의 의도를 전달하면서 패닉의 근원을 추적하는 걸 쉽게 해줍니다. expect의 문법은 아래와 같이 생겼습니다.

(File) src/main.rs

```
use std::fs::File;

fn main() {
    let greeting_file = File::open("hello.txt")
        .expect("hello.txt should be included in this project");
}
```

unwrap과 똑같이 파일 핸들을 반환하거나 panic! 매크로를 호출하도록 하는 데에 **expect**를 사용했습니다. unwrap은 panic!의 기본 메시지가 출력되지만, expect는 매개변수로 전달한 에러 메시지를 출력합니다. 다음과 같은 형태로 나타납니다.

```
thread 'main' panicked at 'hello.txt should be included in this project: Os {
code: 2, kind: NotFound, message: "No such file or directory" }',
src/main.rs:5:10
```

프로덕션 품질의 코드에서 대부분의 러스타시안은 unwrap보다 expect를 선택하여 해당 연산이 항시 성공한다고 기대하는 이유에 대한 더 많은 맥락을 제공합니다. 이렇게 하면 가정이 틀렸다는 것이 입증될 경우 디버깅에 사용할 더 많은 정보를 확보할 수 있습니다.

9.2.2 에러 전파하기

함수의 구현체에서 실패할 수도 있는 무언가를 호출할 때, 이 함수에서 에러를 처리하는 대신 이 함수를 호출하는 코드 쪽으로 에러를 반환하여 그쪽에서 수행할 작업을 결정하도록 할 수 있습니다. 이를 **에러 전파하기**(error propagation)라고 하며 호출하는 코드 쪽에 더 많은 제어권을 주는 것인데, 호출하는 코드 쪽에는 에러를 어떻게 처리해야 하는지 결정하는 정보와 로직이 여러분의 코드 콘텍스트 내에서 활용할 수 있는 것보다 더 많이 있을 수도 있기 때문입니다.

예를 들면, 예제 9-6은 파일로부터 사용자 이름을 읽는 함수를 작성한 것입니다. 만일 파일이 존재하지 않거나 읽을 수 없다면, 이 함수는 호출하는 코드 쪽으로 해당 에러를 반환할 것입니다.

예제 9-6 match를 이용하여 호출 코드 쪽으로 에러를 반환하는 함수　　　　　File src/main.rs

```
use std::fs::File;
use std::io::{self, Read};

❶ fn read_username_from_file() -> Result<String, io::Error> {
❷    let username_file_result = File::open("hello.txt");

❸    let mut username_file = match username_file_result {
❹        Ok(file) => file,
❺        Err(e) => return Err(e),
      };

❻    let mut username = String::new();

❼    match username_file.read_to_string(&mut username) {
❽        Ok(_) => Ok(username),
```

```
    ❾ Err(e) => Err(e),
    }
}
```

이 함수는 더 간결하게 작성할 수 있지만, 에러 처리를 배우기 위해 과정을 하나씩 직접 작성해보고, 간결한 버전은 마지막에 살펴보겠습니다. 함수의 반환 타입인 Result<String, io::Error>부터 먼저 살펴봅시다(❶). 함수가 Result<T, E> 타입의 값을 반환하는데 제네릭 매개변수 T는 구체 타입인 String으로 채워져 있고, 제네릭 타입 E는 구체 타입인 io::Error로 채워져 있다는 뜻입니다.

만일 이 함수가 문제없이 성공하면, 함수를 호출한 코드는 String(이 함수가 파일로부터 읽어 들인 사용자 이름이겠지요)을 담은 Ok값을 받을 것입니다(❽). 만일 어떤 문제가 발생한다면, 이 함수를 호출한 코드는 문제가 뭐였는지에 대한 더 많은 정보를 담고 있는 io::Error의 인스턴스를 담은 Err값을 받을 것입니다. 이 함수의 반환 타입으로 io::Error를 선택했는데, 그 이유는 이 함수 내부에서 호출하는 실패할 수 있는 연산 File::open 함수(❷)와 read_to_string 메서드(❼) 두 가지가 모두 io::Error 타입의 에러값을 반환하기 때문입니다.

함수의 본문은 File::open 함수를 호출하면서 시작합니다(❷). 그다음에는 예제 9-4에서 본 match와 유사하게 match를 이용하여 Result값을 처리합니다. 만약 File::open이 성공하면 패턴 변수 file의 파일 핸들(❹)은 가변 변수 username_file(❸)의 값이 되고 함수는 계속됩니다. Err의 경우에는 panic!을 호출하는 대신 return 키워드를 사용하여 함수 전체를 일찍 끝내고 호출한 코드 쪽에 File::open으로부터 얻은(지금의 경우 패턴 변수 e에 있는) 에러값을 이 함수의 에러값처럼 넘깁니다(❺).

그래서 username_file에 파일 핸들을 얻게 되면, 함수는 username 변수에 새로운 String을 생성하고(❻) username_file의 파일 핸들에 대해 read_to_string 메서드를 호출하여 파일의 내용물을 username으로 읽어들입니다(❼). File::open이 성공하더라도 read_to_string 메서드가 실패할 수도 있으므로 Result를 반환합니다. 따라서 이 Result를 처리하기 위한 또 다른 match가 필요합니다. read_to_string이 성공하면, 이 함수는 성공한 것이고, 이제는 username에 있는 파일로부터 읽은 사용자 이름을 Ok로 감싸서 반환합니다. read_to_string이 실패하면, File::open의 반환값을 처리했던 match의 에러값 반환과 똑같은 방식으로 에러값을 반환합니다. 하지만 이 함수의 마지막 표현식이기 때문에 명시적으로 return이라고 적을 필요는 없습니다(❾).

그러면 이 코드를 호출하는 코드는 사용자 이름이 있는 Ok값 혹은 io::Error를 담은 Err값을 처리하게 될 것입니다. 이 값을 가지고 어떤 일을 할지에 대한 결정은 호출하는 코드 쪽에 달려 있습니다. 만일 그쪽에서 Err값을 얻었다면, 이를테면 panic!을 호출하여 프로그램을 종료시키는 선택을 할 수도 있고, 기본 사용자 이름을 사용할 수도 있으며, 혹은 파일이 아닌 다른 어딘가에서 사용자 이름을 찾을 수도 있습니다. 호출하는 코드가 정확히 어떤 것을 시도하려 하는지에 대한 충분한 정보가 없기 때문에, 모든 성공 혹은 에러 정보를 위로 전파하여 호출하는 코드가 적절하게 처리하도록 합니다.

러스트에서는 에러를 전파하는 패턴이 너무 흔하여 이를 더 쉽게 해주는 물음표 연산자 ?를 제공합니다.

에러를 전파하기 위한 숏컷: ? 연산자

예제 9-7은 예제 9-6과 같은 기능을 가진 read_username_from_file의 구현체인데, 이번 구현에서는 ?(물음표) 연산자를 이용합니다.

예제 9-7 **? 연산자를 이용하여 에러를 호출 코드 쪽으로 반환하는 함수**　　　　　　　(File) src/main.rs

```
use std::fs::File;
use std::io::{self, Read};

fn read_username_from_file() -> Result<String, io::Error> {
    let mut username_file = File::open("hello.txt")?;
    let mut username = String::new();
    username_file.read_to_string(&mut username)?;
    Ok(username)
}
```

Result값 뒤의 ?는 예제 9-6에서 Result값을 다루기 위해 정의했던 match 표현식과 거의 같은 방식으로 작동하게끔 정의되어 있습니다. 만일 Result의 값이 Ok라면, Ok 안의 값이 얻어지고 프로그램이 계속됩니다. 만일 값이 Err라면, return 키워드로 에러값을 호출하는 코드에게 전파하는 것처럼 Err의 값이 반환될 것입니다.

예제 9-6의 match 표현식과 ? 연산자의 차이점은, ? 연산자를 사용할 때의 에러값은 from 함수를 거친다는 것입니다. from 함수는 표준 라이브러리 내의 From 트레이트에 정의되어 있으며 어떤 값의 타입을 다른 타입으로 변환하는 데에 사용합니다. ? 연산자가 from 함수를 호출하면, ? 연산자가 얻게 되는 에러를 ? 연산자가 사용된 현재 함수의 반환 타입에 정의된 에러 타입으로 변환합니다. 이는 어떤 함수가 다양한 종류의 에러로 인해 실패할 수 있지만, 모든 에러를 하나의 에러 타입으로 반환할 때 유용합니다.

예를 들면 예제 9-7의 read_username_from_file 함수가 직접 정의한 OurError라는 이름의 커스텀 에러 타입을 반환하도록 고칠 수 있겠습니다. impl From<io::Error> for OurError도 정의하여 io::Error로부터 OurError를 생성하도록 한다면, read_username_from_file 본문에 있는 ? 연산자 호출은 다른 코드를 추가할 필요 없이 from을 호출하여 에러 타입을 변환할 것입니다.

예제 9-7의 콘텍스트에서 File::open 호출 부분의 끝에 있는 ?는 Ok의 값을 변수 username_file에게 반환해줄 것입니다. 만일 에러가 발생하면 ?는 함수로부터 일찍 빠져나와 호출하는 코드에게 어떤 Err값을 줄 것입니다. read_to_string 호출의 끝부분에 있는 ?도 같은 방식이 적용됩니다.

?는 많은 양의 보일러플레이트를 제거해주고 함수의 구현을 더 단순하게 만들어줍니다. 심지어는 예제 9-8과 같이 ? 뒤에 바로 메서드 호출을 연결하는 식으로 이 코드를 더 줄일 수도 있습니다.

예제 9-8 ? 연산자 뒤에 메서드 호출을 연결하기　　　　　　　　　　　　　　File src/main.rs

```rust
use std::fs::File;
use std::io::{self, Read};

fn read_username_from_file() -> Result<String, io::Error> {
    let mut username = String::new();

    File::open("hello.txt")?.read_to_string(&mut username)?;

    Ok(username)
}
```

새로운 String을 만들어 username에 넣는 부분을 함수의 시작 부분으로 옮겼습니다. 이 부분은 달라진 것이 없습니다. username_file 변수를 만드는 대신, File::open("hello.txt")?의 결과 바로 뒤에 read_to_string의 호출을 연결했습니다. read_to_string 호출의 끝에는 여전히 ?가 남아 있고, File::open과 read_to_string이 모두 에러를 반환하지 않고 성공했을 때 username 안의 사용자 이름을 담은 Ok를 반환하는 것도 여전합니다. 함수의 기능 또한 예제 9-6과 예제 9-7의 것과 동일하고, 다만 더 인체공학적인 작성 방법이라는 차이만 있을 뿐입니다.

예제 9-9에는 `fs::read_to_string`을 사용하여 더 짧게 만든 예시가 있습니다.

예제 9-9 파일을 열고, 읽는 대신 `fs::read_to_string`을 사용하기 ⓕ File src/main.rs

```rust
use std::fs;
use std::io;

fn read_username_from_file() -> Result<String, io::Error> {
    fs::read_to_string("hello.txt")
}
```

파일에서 문자열을 읽는 코드는 굉장히 흔하게 사용되기 때문에, 표준 라이브러리에서는 파일을 열고, 새 `String`을 생성하고, 파일 내용을 읽고, 내용을 `String`에 집어넣고 반환하는 `fs::read_to_string`라는 편리한 함수를 제공합니다. 다만 `fs::read_to_string`을 사용해버리면 에러를 다루는 법을 자세히 설명할 수 없으니 긴 코드로 먼저 설명했습니다.

? 연산자가 사용될 수 있는 곳

`?`는 `?`이 사용된 값과 호환 가능한 반환 타입을 가진 함수에서만 사용될 수 있습니다. 이는 `?` 연산자가 예제 9-6에서 정의한 `match` 표현식과 동일한 방식으로 함수를 일찍 끝내면서 값을 반환하는 동작을 수행하도록 정의되어 있기 때문입니다. 예제 9-6에서 `match`는 `Result`값을 사용하고 있었고, 빠른 반환 갈래는 `Err(e)`값을 반환했습니다. 이 함수의 반환 타입이 `Result`여야 이 `return`과 호환 가능합니다.

만일 `?`가 사용된 값의 타입과 호환되지 않는 반환 타입을 가진 `main` 함수에서 `?` 연산자를 사용하면 어떤 에러를 얻게 되는지 예제 9-10에서 살펴보도록 합시다.

예제 9-10 `()`를 반환하는 `main`에서의 `?` 연산자 사용 시도는 컴파일되지 않습니다 ⓕ File src/main.rs

```rust
use std::fs::File;

fn main() {
    let greeting_file = File::open("hello.txt")?;
}
```

이 코드는 파일을 열려고 시도하지만 실패할 수도 있습니다. `?` 연산자는 `File::open`에 의해 반환되는 `Result`값을 따르지만, `main` 함수는 반환 타입이 `Result`가 아니라 `()`입니다. 이 코드를 컴파일하면 다음과 같은 에러 메시지를 얻게 됩니다.

```
error[E0277]: the `?` operator can only be used in a function that returns `Result` or
`Option` (or another type that implements `FromResidual`)
 --> src/main.rs:4:48
  |
3 | fn main() {
  | --------- this function should return `Result` or `Option` to accept `?`
4 |     let greeting_file = File::open("hello.txt")?;
  |                                                ^ cannot use the `?` operator in a
function that returns `()`
  |
  = help: the trait `FromResidual<Result<Infallible, std::io::Error>>` is not implemented
for `()`
```

이 에러는 ? 연산자가 Result, Option 혹은 FromResidual을 구현한 타입을 반환하는 함수에서만 사용될 수 있음을 지적하고 있습니다.

이 에러를 고치기 위해서는 두 가지 선택지가 있습니다. 첫 번째는 ? 연산자가 사용되는 곳의 값과 호환되게 함수의 반환 타입을 수정하는 것인데, 이러한 수정을 막는 제약 사항이 없는 한에서 가능합니다. 다른 방법은 Result<T, E>를 적절한 식으로 처리하기 위해 match 혹은 Result<T, E>의 메서드 중 하나를 사용하는 것입니다.

또한 에러 메시지는 ? 연산자가 Option<T>값에 대해서도 사용될 수 있음을 알려주었습니다. Result에 ? 연산자를 사용할 때와 마찬가지로, 함수가 Option를 반환하는 경우에는 Option에서만 ? 연산자를 사용할 수 있습니다. Option<T>에서 호출되었을 때 ? 연산자의 동작은 Result<T, E>에서 호출되었을 때의 동작과 비슷합니다. None값인 경우 그 함수의 해당 지점으로부터 None값을 일찍 반환할 것입니다. Some값이라면 Some 안에 있는 값이 이 표현식의 결괏값이 되면서 함수가 계속됩니다. 예제 9-11은 주어진 텍스트에서 첫 번째 줄의 마지막 문자를 찾는 함수의 예제를 보여줍니다.

예제 9-11 Option<T>값에 대한 ? 연산자의 사용

```
fn last_char_of_first_line(text: &str) -> Option<char> {
    text.lines().next()?.chars().last()
}
```

이 함수는 문자가 있을 수도, 없을 수도 있기 때문에 Option<char>를 반환합니다. 이 코드는 text 문자열 슬라이스 인수를 가져와서 lines 메서드를 호출하는데, 이는 해당 문자열의 라인에 대한 반복자를 반환합니다. 첫 번째 줄의 검사가 필요하므로, 반복자의 next를 호출하여 첫 번째 값을

얻어옵니다. 만일 text가 빈 문자열이라면 next 호출은 None을 반환하는데, 여기서 ? 연산자를 사용하여 last_char_of_first_line의 실행을 멈추고 None을 반환합니다. 만약 text가 빈 문자열이 아니라면 next는 text의 첫 번째 줄의 문자열 슬라이스를 담고 있는 Some의 값을 반환합니다.

? 연산자가 문자열 슬라이스를 추출하고, 이 문자열 슬라이스의 chars를 호출하여 문자들에 대한 반복자를 얻어올 수 있습니다. 이 첫 번째 라인의 마지막 문자에 관심이 있으므로, last를 호출하여 이 반복자의 마지막 아이템을 얻어옵니다. "\nhi"처럼 빈 줄로 시작하지만 다른 줄에는 문자가 담겨 있는 경우처럼, 첫 번째 라인이 빈 문자열일 수 있으므로 반복자의 결과는 Option입니다. 만약 첫 번째 라인에 마지막 문자가 있다면 Some 배리언트를 반환할 것입니다. 가운데의 ? 연산자가 이러한 로직을 표현할 간단한 방식을 제공하여 이 함수를 한 줄로 작성할 수 있도록 해줍니다. 만일 Option에 대하여 ? 연산자를 이용할 수 없었다면 더 많은 메서드 호출 혹은 match 표현식을 사용하여 이 로직을 구현했어야 할 것입니다.

Result를 반환하는 함수에서는 Result에서 ? 연산자를 사용할 수 있고, Option을 반환하는 함수에서는 Option에 대해 ? 연산자를 사용할 수 있지만, 이를 섞어서 사용할 수는 없음에 주목하세요. ? 연산자는 자동으로 Result를 Option으로 변환하거나 혹은 그 반대를 할 수 없습니다. 그러한 경우에는 Result의 ok 메서드 혹은 Option의 ok_or 메서드 같은 것을 통해 명시적으로 변환을 할 수 있습니다.

여태껏 다뤄본 main 함수는 모두 ()를 반환했습니다. main 함수는 실행 프로그램의 시작점이자 종료점이기 때문에 특별하며, 프로그램이 기대한 대로 작동하게 하려면 반환 타입의 종류에 대한 제약이 있습니다.

다행히도 main은 Result<(), E>도 반환할 수 있습니다. 예제 9-12는 예제 9-10의 코드에서 main의 반환 타입을 Result<(), Box<dyn Error>>로 변경하고 함수 마지막에 반환값 Ok(())를 추가한 것입니다. 이 코드는 이제 컴파일될 것입니다.

예제 9-12 main이 Result<(), E>를 반환하도록 하여 Result값에 대한 ? 사용 가능하게 하기

```
use std::error::Error;
use std::fs::File;

fn main() -> Result<(), Box<dyn Error>> {
    let greeting_file = File::open("hello.txt")?;

    Ok(())
}
```

Box<dyn Error> 타입은 **트레이트 객체**인데, 17장의 '트레이트 객체를 사용하여 다른 타입의 값 허용하기'(480쪽)에서 다룰 예정입니다. 지금은 Box<dyn Error>가 '어떠한 종류의 에러'를 의미한다고 읽으면 됩니다. 반환할 에러 타입이 Box<dyn Error>인 Result이면 어떠한 Err값을 일찍 반환할수 있으므로 main에서의 ? 연산자 사용이 허용됩니다. main 함수의 구현 내용이 std::io::Error 타입의 에러만 반환하겠지만, 이 함수 시그니처에 Box<dyn Error>라고 명시하면 이후 main의 구현체에 다른 에러들을 반환하는 코드가 추가되더라도 계속 올바르게 작동할 것입니다.

main 함수가 Result<(), E>를 반환하게 되면, 실행 파일은 main이 Ok(())를 반환할 경우 0 값으로 종료되고, main이 Err값을 반환할 경우 0이 아닌 값으로 종료됩니다. C로 작성된 실행 파일은 종료될 때 정숫값을 반환합니다. 성공적으로 종료된 프로그램은 정수 0을 반환하고, 에러가 발생한 프로그램은 0이 아닌 어떤 정숫값을 반환합니다. 러스트 또한 이러한 규칙과 호환될 목적으로 실행 파일이 정숫값을 반환합니다.

main 함수가 std::process::Termination 트레이트(https://doc.rust-lang.org/std/process/trait.Termination.html)를 구현한 타입을 반환할 수도 있는데, 이는 ExitCode를 반환하는 report라는 함수를 가지고 있습니다. 여러분이 만든 타입에 대해 Termination 트레이트를 구현하려면 표준 라이브러리 문서에서 더 많은 정보를 찾아보세요.

panic! 호출하기와 Result 반환하기에 대한 세부 내용을 논의했으니, 어떤 경우에 어떤 방법을 사용하는 것이 적절한지 결정하는 방법에 대한 주제로 돌아갑시다.

9.3 panic!이냐, panic!이 아니냐, 그것이 문제로다

그러면 언제 panic!을 써야 하고 언제 Result를 반환할지는 어떻게 결정해야 할까요? 코드가 패닉을 일으킬 때는 복구할 방법이 없습니다. 복구 가능한 방법이 있든 없든 간에 에러 상황에 대해 panic!을 호출할 수 있지만, 그렇게 되면 호출하는 코드를 대신하여 현 상황은 복구 불가능한 것이라고 결정을 내리는 꼴이 됩니다. Result값을 반환하는 선택을 한다면 호출하는 쪽에게 옵션을 제공하는 것입니다. 호출하는 코드 쪽에서는 상황에 적합한 방식으로 복구를 시도할 수도 있고, 혹은 현재 상황의 Err은 복구 불가능하다고 결론을 내리고 panic!을 호출하여 복구 가능한 에러를 복구 불가능한 것으로 바꿔놓을 수도 있습니다. 그러므로 실패할지도 모르는 함수를 정의할 때는 기본적으로 Result를 반환하는 것이 좋은 선택입니다.

예제, 프로토타입, 테스트 같은 상황에서는 Result를 반환하는 대신 패닉을 일으키는 코드가 더 적절합니다. 왜 그런지 탐구해보고, 사람인 여러분이라면 실패할 리 없는 코드라는 것을 알 수 있지만, 컴파일러는 이유를 파악할 수 없는 경우에 대해서도 논의해봅시다. 그리고 라이브러리 코드에 패닉을 추가해야 할지 말지를 어떻게 결정할까에 대한 일반적인 가이드라인을 제시하면서 결론짓겠습니다.

9.3.1 예제, 프로토타입 코드, 그리고 테스트

어떤 개념을 묘사하기 위한 예제를 작성 중이라면, 견고한 에러 처리 코드를 포함시키는 것이 오히려 예제의 명확성을 떨어뜨릴 수도 있습니다. 예제 코드 내에서는 panic!을 일으킬 수 있는 unwrap 같은 메서드의 호출이 애플리케이션의 에러 처리가 필요한 곳을 뜻하는 방식으로 해석될 수 있는데, 이러한 에러 처리는 코드의 나머지 부분이 하는 일에 따라 달라질 수 있습니다.

비슷한 상황으로 에러를 어떻게 처리할지 결정할 준비가 되기 전이라면, unwrap과 expect 메서드가 프로토타이핑할 때 매우 편리합니다. 이 함수들은 코드를 더 견고하게 만들 준비가 되었을 때를 위해서 명확한 표시를 남겨 둡니다.

만일 테스트 내에서 메서드 호출이 실패한다면, 해당 메서드가 테스트 중인 기능이 아니더라도 전체 테스트를 실패시키도록 합니다. panic!이 테스트의 실패를 표시하는 방식이므로, unwrap이나 expect의 호출이 정확히 그렇게 만들어줍니다.

9.3.2 여러분이 컴파일러보다 더 많은 정보를 가지고 있을 때

Result가 Ok값을 가지고 있을 거라 확신할 만한 논리적 근거가 있지만, 컴파일러가 그 논리를 이해할 수 없는 경우라면, unwrap 혹은 expect를 호출하는 것이 적절할 수 있습니다. 어떤 연산이든 간에 특정한 상황에서는 논리적으로 불가능할지라도 기본적으로는 실패할 가능성을 가지고 있는 코드를 호출하는 것이므로, 처리가 필요한 Result값이 나오게 됩니다. 손수 코드를 조사하여 Err 배리언트가 나올 리 없음을 확신할 수 있다면 unwrap을 호출해도 아무런 문제가 없으며, expect의 문구에 Err 배리언트가 있으면 안 될 이유를 적어주는 것이 더 좋을 것입니다. 아래에 예제가 있습니다.

```
use std::net::IpAddr;

let home: IpAddr = "127.0.0.1"
    .parse()
    .expect("Hardcoded IP address should be valid");
```

여기서는 하드코딩된 문자열을 파싱하여 IpAddr 인스턴스를 만드는 중입니다. 127.0.0.1이 유효한 IP 주소라는 사실을 알 수 있으므로, 여기서는 expect의 사용이 허용됩니다. 하지만 하드코딩된 유효한 문자열이라는 사실이 parse 메서드의 반환 타입을 변경해주지는 않습니다. 여전히 Result값이 나오고, 컴파일러는 마치 Err 배리언트가 나올 가능성이 여전히 있는 것처럼 Result를 처리하도록 요청할 것인데, 그 이유는 이 문자열이 항상 유효한 IP 주소라는 사실을 알 수 있을 만큼 컴파일러가 똑똑하지 않기 때문입니다. 만일 IP 주소 문자열이 프로그램에 하드코딩된 것이 아니라 사용자로부터 입력되었다면, 그래서 실패할 가능성이 **생겼다면**, 더 견고한 방식으로 Result를 처리할 필요가 분명히 있습니다. expect에 이 IP 주소가 하드코딩되었다는 가정을 언급하는 것은 향후에 IP 주소가 다른 곳으로부터 가져올 필요가 생길 경우 expect를 더 나은 에러 처리 코드로 수정하도록 재촉할 것입니다.

9.3.3 에러 처리를 위한 가이드라인

코드가 결국 나쁜 상태에 처하게 될 가능성이 있을 때는 코드에 panic!을 넣는 것이 바람직합니다. 이 글에서 말하는 **나쁜 상태**란 어떤 가정, 보장, 계약, 혹은 불변성이 깨질 때를 뜻하는 것으로, 이를테면 유효하지 않은 값이나 모순되는 값, 혹은 찾을 수 없는 값이 코드에 전달되는 경우를 말합니다. 아래에 쓰인 상황 중 하나 혹은 그 이상일 경우라면 말이죠.

- 여기에서 말하는 나쁜 상태란 것은 예기치 못한 무언가이며, 이는 사용자가 입력한 데이터가 잘못된 형식과 같이 흔히 발생할 수 있는 것과는 반대되는 것입니다.
- 그 시점 이후의 코드는 매번 해당 문제에 대한 검사를 하는 것이 아니라, 이 나쁜 상태에 있지 않아야만 할 필요가 있습니다.
- 여러분이 사용하고 있는 타입 내에 이 정보를 집어넣을 만한 뾰족한 수가 없습니다. 이것의 의미에 대한 예제를 17장의 '상태와 동작을 타입으로 인코딩하기'(498쪽)에서 살펴볼 것입니다.

만일 어떤 사람이 여러분의 코드를 호출하고 타당하지 않은 값을 집어넣었다면, 가능한 에러를 반환하여 라이브러리의 사용자들이 이러한 경우에 대해 어떤 동작을 원하는지 결정할 수 있도록 하는 것이 가장 좋습니다. 그러나 계속 실행하는 것이 보안상 좋지 않거나 해를 끼치는 경우라면

panic!을 써서 여러분의 라이브러리를 사용하고 있는 사람에게 자신의 코드에 있는 버그를 알려줘서 개발 중에 이를 고칠 수 있게끔 하는 것이 최선책일 수도 있습니다. 비슷한 식으로, 여러분의 제어권에서 벗어난 외부 코드를 호출하고 있고, 이것이 고칠 방법이 없는 유효하지 않은 상태를 반환한다면, panic!이 종종 적절합니다.

하지만 실패가 충분히 예상되는 경우라면 panic!을 호출하는 것보다 Result를 반환하는 것이 여전히 더 적절합니다. 이에 대한 예는 잘못된 데이터가 제공된 파서나, 속도 제한에 도달했음을 나타내는 상태를 반환하는 HTTP 요청 등이 있습니다. 이럴 때 Result를 반환하면 호출자가 처리 방법을 결정해야 하는 실패 가능성이 예상된다는 것을 나타낼 수 있습니다.

코드가 유효하지 않은 값에 대해 호출되면 사용자를 위험에 빠뜨릴 수 있는 연산을 수행할 때, 그 코드는 해당 값이 유효한지를 먼저 검사하고, 만일 그렇지 않다면 panic!을 호출해야 합니다. 이는 주로 보안상의 이유 때문입니다. 유효하지 않은 데이터에 어떤 연산을 시도하는 것은 코드를 취약점에 노출시킬 수 있습니다. 이것이 범위를 벗어난 메모리 접근을 시도했을 경우 표준 라이브러리가 panic!을 호출하는 주된 이유입니다. 현재 사용하는 데이터 구조가 소유하지 않은 메모리에 접근을 시도하는 것은 흔한 보안 문제입니다. 종종 함수에는 입력이 특정 요구 사항을 만족시킬 경우에만 함수의 행동이 보장되는 **계약**이 있습니다. 이 계약을 위반했을 때는 패닉을 발생시키는 것이 이치에 맞는데, 그 이유는 계약 위반이 항상 호출하는 쪽의 버그임을 나타내고, 이는 호출하는 코드가 명시적으로 처리해야 하는 종류의 버그가 아니기 때문입니다. 사실 호출하는 쪽의 코드가 복구시킬 합리적인 방법은 존재하지 않고, 호출하는 **프로그래머**가 그 코드를 고칠 필요가 있습니다. 함수에 대한 계약은, 특히 계약 위반이 패닉의 원인이 될 때는, 그 함수에 대한 API 문서에 설명되어야 합니다.

하지만 모든 함수 내에서 수많은 에러 검사를 한다는 것은 장황하고 짜증나는 일일 것입니다. 다행히도 러스트의 타입 시스템이 (그리고 컴파일러에 의한 타입 검사 기능이) 여러분을 위해 수많은 검사를 해줄 수 있습니다. 함수에 특정한 타입의 매개변수가 있는 경우 컴파일러가 이미 유효한 값을 확인했으므로 코드 로직을 계속 진행할 수 있습니다. 예를 들면, 만약 Option이 아닌 어떤 타입을 갖고 있다면, 여러분의 프로그램은 **아무것도 아닌 것**이 아닌 **무언가**를 갖고 있음을 예측합니다. 그러면 코드는 Some과 None 배리언트에 대한 두 경우를 처리하지 않아도 됩니다. 분명히 값을 가지고 있는 하나의 경우만 있을 것입니다. 함수에 아무것도 넘기지 않는 시도를 하는 코드는 컴파일조차 되지 않을 것이므로, 그 함수에서는 그런 경우에 대한 런타임 검사가 필요 없습니다. 또 다른 예로는 u32와 같은 부호 없는 정수의 사용이 있는데, 이는 매개변수가 절대 음수가 아님을 보장합니다.

9.3.4 유효성을 위한 커스텀 타입 생성하기

러스트의 타입 시스템을 사용해 유효한 값을 보장하는 아이디어에서 한 발 더 나가서, 유효성 검사를 위한 커스텀 타입을 생성하는 방법을 살펴봅시다. 2장의 추리 게임을 상기해보면, 사용자에게 1부터 100 사이의 숫자를 추측하도록 요청했었죠. 사용자의 추릿값을 비밀번호와 비교하기 전에 추릿값이 양수인지만 확인했을 뿐, 해당 값이 유효한지는 확인하지 않았습니다. 이 경우에는 결과가 그렇게 끔찍하지는 않았습니다. 'Too high'나 'Too low'라고 표시했던 출력이 여전히 정확했기 때문입니다. 하지만 사용자가 올바른 추측을 할 수 있도록 안내하고, 사용자가 범위를 벗어난 숫자를 입력했을 때와 사용자가 숫자가 아닌 문자 등을 입력했을 때 다른 동작을 하는 건 꽤 괜찮은 개선일 겁니다.

이를 위한 한 가지 방법은 u32 대신 i32로 추릿값을 파싱하여 음수가 입력될 가능성을 허용하고, 그다음에는 숫자가 범위 내에 있는지에 대한 검사를 아래와 같이 추가하는 것입니다.

```
loop {
    // --생략--

    let guess: i32 = match guess.trim().parse() {
        Ok(num) => num,
        Err(_) => continue,
    };

    if guess < 1 || guess > 100 {
        println!("The secret number will be between 1 and 100.");
        continue;
    }

    match guess.cmp(&secret_number) {
        // --생략--
}
```

if 표현식은 값이 범위 밖에 있는지 혹은 그렇지 않은지 검사하고, 사용자에게 문제점을 말해주고, continue를 호출하여 루프의 다음 반복을 시작하고 다른 추릿값을 요청해줍니다. if 표현식 이후에는 guess가 1과 100 사이의 값임을 확인한 상태에서 guess와 비밀 숫자의 비교를 진행할 수 있습니다.

하지만 이는 이상적인 해결책이 아닙니다. 만약 프로그램이 오직 1과 100 사이의 값에서만 작동한다는 점이 굉장히 중요한 사항이고 많은 함수가 동일한 요구 사항을 가지고 있다면, 모든 함수 내에서 이런 검사를 하는 것은 지루한 일일 겁니다(게다가 성능에 영향을 줄지도 모릅니다).

그 대신 새로운 타입을 만들어서 그 타입의 인스턴스를 생성하는 함수에서 유효성을 확인하는 방식으로 유효성 확인을 모든 곳에서 반복하지 않게 할 수 있습니다. 이렇게 하면 함수가 새로운 타입을 시그니처에 사용하여 받은 값을 자신 있게 사용할 수 있어 안전합니다. 예제 9-13은 new 함수가 1과 100 사이의 값을 받았을 때만 인스턴스를 생성하는 Guess 타입을 정의하는 한 가지 방법을 보여줍니다.

예제 9-13 1과 100 사이의 값일 때만 실행을 계속하는 Guess 타입

```
❶ pub struct Guess {
       value: i32,
   }

   impl Guess {
   ❷ pub fn new(value: i32) -> Guess {
       ❸ if value < 1 || value > 100 {
           ❹ panic!("Guess value must be between 1 and 100, got {}.", value);
           }

       ❺ Guess { value }
       }

   ❻ pub fn value(&self) -> i32 {
           self.value
       }
   }
```

먼저 i32를 갖는 value라는 이름의 필드를 가진 Guess라는 이름의 구조체를 선언하였습니다(❶). 이것이 숫자가 저장될 곳입니다.

그다음 Guess값의 인스턴스를 생성하는 new라는 이름의 연관 함수를 구현하였습니다(❷). new 함수는 i32 타입의 값인 value를 매개변수로 받아서 Guess를 반환하도록 정의되었습니다. new 함수의 본문에 있는 코드는 value가 1부터 100 사이의 값인지 확인하는 테스트를 합니다(❸). 만일 value가 이 테스트에 통과하지 못하면 panic!을 호출하며(❹), 이는 이 코드를 호출하는 프로그래머에게 고쳐야 할 버그가 있음을 알려주는데, 범위 밖의 value로 Guess를 생성하는 것은 Guess::new가 요구하는 계약을 위반하기 때문입니다. Guess::new가 패닉을 일으킬 수 있는 조건은 공개 API 문서에서 다뤄져야 합니다. 여러분이 만드는 API 문서에서 panic!의 가능성을 가리키는 것에 대한 문서 관례는 14장에서 다룰 것입니다. 만일 value가 테스트를 통과한다면, value 매

개변수로 value 필드를 설정한 새로운 Guess를 생성하여 이를 반환합니다(❺).

다음으로, self를 빌리고, 매개변수를 갖지 않으며, i32를 반환하는 value라는 이름의 메서드를 구현했습니다(❻). 이러한 종류의 메서드를 종종 **게터**(getter)라고 부르는데, 그 이유는 이런 함수의 목적이 객체의 필드로부터 어떤 데이터를 가져와서 반환하는 것이기 때문입니다. 이 공개 메서드가 필요한 이유는 Guess 구조체의 value 필드가 비공개이기 때문입니다. value 필드가 비공개이기 때문에 Guess 구조체를 사용하는 코드는 value를 직접 설정할 수 없다는 것은 중요합니다. 모듈 밖의 코드는 **반드시** Guess::new 함수로 새로운 Guess의 인스턴스를 생성해야 하며, 이를 통해 Guess가 Guess::new 함수의 조건에 의해 확인되지 않은 value를 가질 수 없음을 보장합니다.

이제 1에서 100 사이의 숫자를 매개변수로 쓰거나 반환하는 함수에서 i32 대신 Guess를 사용하면 함수의 본문에서 추가로 확인할 필요가 없습니다.

정리

러스트의 에러 처리 기능은 여러분이 더 견고한 코드를 작성하는 데 도움을 주도록 설계되었습니다. panic! 매크로는 프로그램이 처리 불가능한 상태에 놓여 있음에 대한 신호를 주고 유효하지 않거나 잘못된 값으로 계속 진행을 시도하는 대신 실행을 멈추게끔 해줍니다. Result 열거형은 러스트의 타입 시스템을 이용하여 복구할 수 있는 방법으로, 코드의 연산이 실패할 수도 있음을 알려줍니다. 또한 Result를 이용하면 여러분의 코드를 호출하는 코드에 잠재적인 성공이나 실패를 처리해야 할 필요가 있음을 알려줄 수 있습니다. panic!과 Result를 적절한 상황에서 사용하는 것은 여러분의 코드가 불가피한 문제에 직면했을 때도 더 신뢰할 수 있도록 해줄 것입니다.

이제 Option과 Result 열거형을 가지고 표준 라이브러리의 유용한 제네릭 사용 방식들을 보았으니, 제네릭이 어떤 식으로 작동하고 여러분의 코드에 어떻게 이용할 수 있는지에 대해 이야기해보겠습니다.

10

제네릭 타입, 트레이트, 라이프타임

모든 프로그래밍 언어는 중복되는 개념을 효율적으로 처리하기 위한 도구를 가지고 있습니다. 러스트에서는 **제네릭**(generic)이 그 역할을 맡습니다. 제네릭은 구체(concrete) 타입 혹은 기타 속성에 대한 추상화된 대역입니다. 컴파일과 실행 시점에 제네릭들이 실제로 무슨 타입으로 채워지는지 알 필요 없이 제네릭의 동작이나 다른 제네릭과의 관계를 표현할 수 있습니다.

함수가 어떤 값이 들어 있을지 모르는 매개변수를 전달받아서 동일한 코드를 다양한 구체적 값으로 실행되는 것처럼, 함수는 i32, String 같은 구체 타입 대신 제네릭 타입의 매개변수를 전달받을 수 있습니다. 사실은 이미 여러 제네릭을 사용해봤습니다. 6장에서는 Option<T>, 8장에서는 Vec<T>와 HashMap<K, V>, 9장에서는 Result<T, E> 제네릭을 사용했죠. 이번 장에서는 제네릭을 사용해 자체 타입, 함수, 메서드를 정의하는 방법을 살펴보겠습니다.

우선, 함수로 추출하여 중복되는 코드를 제거하는 방법을 살펴볼 겁니다. 그다음 매개변수의 타입만 다른 두 함수가 생기면 제네릭 함수를 사용해 코드 중복을 한 번 더 줄여보겠습니다. 또한, 제네릭 타입을 구조체 및 열거형 정의에 사용하는 방법도 살펴보겠습니다.

다음으로는 **트레이트**를 이용해 동작을 제네릭한 방식으로 정의하는 법을 배워보겠습니다. 트레이트를 제네릭 타입과 함께 사용하면, 아무 타입이나 허용하는 것이 아니라 특정 동작을 하는 타입만 허용할 수 있습니다.

마지막으로는 **라이프타임**을 살펴보겠습니다. 라이프타임은 제네릭의 일종이며, 컴파일러에게 참조자들이 서로 어떤 관계에 있는지를 알려주는 데에 사용합니다. 라이프타임은 빌린 값들에 대한 정보를 컴파일러에 충분히 제공하여 작성자의 추가적인 도움 없이도 참조자의 여러 가지 상황에 대한 유효성 검증을 할 수 있게 해줍니다.

〔10.1〕 함수로 추출하여 중복 없애기

제네릭은 여러 가지 타입을 나타내는 자리표시자의 위치에 특정 타입을 집어넣는 것으로 코드 중복을 제거할 수 있게 해줍니다. 제네릭 문법을 배우기 전에, 먼저 제네릭 타입을 이용하지 않고 여러 가지 값을 나타내는 자리표시자로 특정 값을 대체하는 함수로 추출하는 방식으로 중복되는 코드를 없애는 요령을 알아보겠습니다. 그다음 동일한 기법을 이용하여 제네릭 함수로 추출해보겠습니다! 함수로 추출할 수 있는 중복 코드를 찾아보다 보면 제네릭을 사용할 수 있는 중복되는 코드들이 인식되기 시작할 것입니다.

예제 10-1과 같이 리스트에서 가장 큰 숫자를 찾아내는 간단한 프로그램부터 시작하겠습니다.

예제 10-1 숫자 리스트에서 가장 큰 수 찾기　　　　　　　　　　　　　(File) src/main.rs

```
fn main() {
❶ let number_list = vec![34, 50, 25, 100, 65];

❷ let mut largest = &number_list[0];

❸ for number in &number_list {
❹     if number > largest {
❺         largest = number;
        }
    }

    println!("The largest number is {}", largest);
}
```

number_list 변수에는 정수 리스트를 저장하고(❶), largest 변수에 리스트의 첫 번째 숫자에 대한 참조자를 집어넣습니다(❷). 그리고 리스트 내 모든 숫자를 순회하는데(❸), 만약 현재 값이 largest에 저장된 값보다 크다면(❹) largest의 값을 현재 값으로 변경합니다(❺). 현재 값이 여태까지 본 가장 큰 값보다 작다면 largest의 값은 바뀌지 않습니다. 리스트 내 모든 숫자를 돌아보고 나면 largest는 가장 큰 값을 갖게 되며, 위의 경우에는 100이 됩니다.

이번에는 두 개의 다른 숫자 리스트에서 가장 큰 숫자를 찾으라는 일감을 받았습니다. 그렇게 하려면 예제 10-2처럼 예제 10-1의 코드를 프로그램 내 다른 곳에 복사하여 동일한 로직을 이용할 수도 있습니다.

예제 10-2 두 개의 숫자 리스트에서 가장 큰 숫자를 찾는 코드   (File) src/main.rs

```
fn main() {
    let number_list = vec![34, 50, 25, 100, 65];

    let mut largest = &number_list[0];

    for number in &number_list {
        if number > largest {
            largest = number;
        }
    }

    println!("The largest number is {}", largest);

    let number_list = vec![102, 34, 6000, 89, 54, 2, 43, 8];

    let mut largest = &number_list[0];

    for number in &number_list {
        if number > largest {
            largest = number;
        }
    }

    println!("The largest number is {}", largest);
}
```

이 코드는 잘 작동하지만, 중복된 코드를 생성하는 일은 지루하고 에러가 발생할 가능성도 커집니다. 또한, 로직을 바꾸고 싶을 때 수정해야 할 부분이 여러 군데임을 기억해야 한다는 의미이기도 합니다.

이러한 중복을 제거하기 위해서, 정수 리스트를 매개변수로 전달받아 작동하는 함수를 정의하여 추상화할 것입니다. 이렇게 하면 코드가 더 명확해지고 목록에서 가장 큰 숫자를 찾는다는 개념을 추상적으로 표현할 수 있습니다.

예제 10-3에서는 가장 큰 수를 찾는 코드를 largest라는 이름의 함수로 추출합니다. 그다음 예제 10-2에 있는 두 리스트에서 가장 큰 수를 찾기 위해 이 함수를 호출합니다. 나중에 있을지 모를 다른 어떤 i32값의 리스트에 대해서라도 이 함수를 사용할 수 있겠습니다.

예제 10-3 **두 리스트에서 가장 큰 수를 찾는 추상화된 코드**　　　　　　　　　　File src/main.rs

```rust
fn largest(list: &[i32]) -> &i32 {
    let mut largest = &list[0];

    for item in list {
        if item > largest {
            largest = item;
        }
    }

    largest
}

fn main() {
    let number_list = vec![34, 50, 25, 100, 65];

    let result = largest(&number_list);
    println!("The largest number is {}", result);

    let number_list = vec![102, 34, 6000, 89, 54, 2, 43, 8];

    let result = largest(&number_list);
    println!("The largest number is {}", result);
}
```

largest 함수는 list 매개변수를 갖는데, 이는 함수로 전달될 임의의 i32값 슬라이스를 나타냅니다. 실제로 largest 함수가 호출될 때는 전달받은 구체적인 값으로 실행됩니다.

예제 10-2에서부터 예제 10-3까지 거친 과정을 요약하면 다음과 같습니다.

1. 중복된 코드를 식별합니다.

2. 중복된 코드를 함수의 본문으로 분리하고, 함수의 시그니처 내에 해당 코드의 입력값 및 반환

값을 명시합니다.

3. 중복됐던 두 지점의 코드를 함수 호출로 변경합니다.

다음에는 제네릭으로 이 과정을 그대로 진행하여 중복된 코드를 제거해보겠습니다. 함수 본문이 특정한 값 대신 추상화된 list로 작동하는 것처럼, 제네릭을 이용한 코드는 추상화된 타입으로 작동합니다.

만약 i32 슬라이스에서 최댓값을 찾는 함수와 char 슬라이스에서 최댓값을 찾는 함수를 따로 가지고 있다면 어떨까요? 이런 중복은 어떻게 제거해야 할지 한번 알아봅시다!

10.2 제네릭 데이터 타입

제네릭을 사용하면 함수 시그니처나 구조체의 아이템에 다양한 구체적 데이터 타입을 사용할 수 있도록 정의할 수 있습니다. 함수, 구조체, 열거형, 메서드를 제네릭으로 정의하는 방법을 알아보고, 제네릭이 코드 성능에 미치는 영향을 알아보겠습니다.

10.2.1 제네릭 함수 정의

제네릭 함수를 정의할 때는, 함수 시그니처 내 매개변수와 반환값의 데이터 타입 위치에 제네릭을 사용합니다. 이렇게 작성된 코드는 더 유연해지고, 이 함수를 호출하는 쪽에서 더 많은 기능을 사용할 수 있도록 하며 코드 중복 또한 방지합니다.

largest 함수를 이용해 계속해보겠습니다. 예제 10-4는 슬라이스에서 가장 큰 값을 찾는 두 함수를 보여줍니다. 제네릭을 사용하여 이 함수들을 하나의 함수로 합쳐보겠습니다.

예제 10-4 **이름과 타입 시그니처만 다른 두 함수** ⓕ src/main.rs

```
fn largest_i32(list: &[i32]) -> &i32 {
    let mut largest = &list[0];

    for item in list {
        if item > largest {
            largest = item;
        }
    }

    largest
}
```

```rust
fn largest_char(list: &[char]) -> &char {
    let mut largest = &list[0];

    for item in list {
        if item > largest {
            largest = item;
        }
    }

    largest
}

fn main() {
    let number_list = vec![34, 50, 25, 100, 65];

    let result = largest_i32(&number_list);
    println!("The largest number is {}", result);

    let char_list = vec!['y', 'm', 'a', 'q'];

    let result = largest_char(&char_list);
    println!("The largest char is {}", result);
}
```

함수 `largest_i32`는 예제 10-3에서 봤던 슬라이스에서 가장 큰 i32를 찾는 함수이고, `largest_char` 함수는 슬라이스에서 가장 큰 char를 찾는 함수입니다. 이 두 함수의 본문은 완벽히 동일하니, 제네릭을 이용해 이 두 함수를 하나로 만들어서 코드 중복을 제거해보겠습니다.

새 단일 함수의 시그니처 내의 타입을 매개변수화하려면 타입 매개변수의 이름을 지어줄 필요가 있습니다. 방법은 함수 매개변수와 비슷합니다. 타입 매개변수의 이름에는 아무 식별자나 사용할 수 있지만, 여기서는 T를 사용하겠습니다. 러스트에서는 타입 이름을 지어줄 때는 대문자로 시작하는 카멜 표기법(UpperCamelCase)을 따르고, 타입 매개변수의 이름은 짧게(한 글자로만 된 경우도 종종 있습니다) 짓는 것이 관례이기 때문에, 대부분의 러스트 프로그래머는 'type'을 줄인 T를 사용합니다.

함수 본문에서 매개변수를 사용하려면 함수 시그니처에 매개변수의 이름을 선언하여 컴파일러에 해당 이름이 무엇을 의미하는지 알려주어야 하는 것처럼, 타입 매개변수를 사용하기 전에도 타입 매개변수의 이름을 선언해야 합니다. 예를 들어, 제네릭 `largest` 함수를 정의하려면 아래와 같이 함수명과 매개변수 목록 사이의 부등호 기호(<>)에 타입 매개변수 이름을 선언해야 합니다.

```
fn largest<T>(list: &[T]) -> &T {
```

러스트 컴파일러는 이 정의를 'largest 함수는 어떤 타입 T에 대한 제네릭 함수'라고 읽습니다. 이 함수는 T 타입값의 슬라이스인 list 매개변수를 가지고 있고, 동일한 T 타입의 값에 대한 참조자를 반환합니다.

예제 10-5는 제네릭 데이터 타입을 사용해 하나로 통합한 largest 함수 정의를 나타냅니다. 코드에서 볼 수 있듯, 이 함수를 i32값들의 슬라이스로 호출할 수도 있고 char값들의 슬라이스로도 호출할 수 있습니다. 이 코드는 아직 컴파일되지 않음에 주의하고, 고치는 건 나중에 하겠습니다.

예제 10-5 제네릭 타입 매개변수를 이용한 largest 함수. 아직 컴파일되지는 않습니다   File src/main.rs

```
fn largest<T>(list: &[T]) -> &T {
    let mut largest = &list[0];

    for item in list {
        if item > largest {
            largest = item;
        }
    }

    largest
}

fn main() {
    let number_list = vec![34, 50, 25, 100, 65];

    let result = largest(&number_list);
    println!("The largest number is {}", result);

    let char_list = vec!['y', 'm', 'a', 'q'];

    let result = largest(&char_list);
    println!("The largest char is {}", result);
}
```

이 코드를 지금 바로 컴파일해보면 다음과 같은 에러가 발생합니다.

```
error[E0369]: binary operation `>` cannot be applied to type `&T`
 --> src/main.rs:5:17
  |
5 |         if item > largest {
```

```
    |                  ---- ^ ------- &T
    |                       |
    |                      &T
    |
help: consider restricting type parameter `T`
    |
1 | fn largest<T: std::cmp::PartialOrd>(list: &[T]) -> &T {
    |               +++++++++++++++++++++++
```

도움말에서 **트레이트** `std::cmp::PartialOrd`가 언급되는데, 트레이트는 다음 절에서 살펴볼 것입니다. 지금은 이 에러가 'largest의 본문이 T가 될 수 있는 모든 타입에 대해 작동할 수 없음'을 뜻한다는 정도만 알아둡시다. 함수 본문에서 T 타입값들에 대한 비교가 필요하므로, 여기에는 값을 정렬할 수 있는 타입에 대해서만 작동할 수 있습니다. 타입값을 비교할 수 있도록, 표준 라이브러리는 임의의 타입에 대해 구현 가능한 `std::cmp::PartialOrd` 트레이트를 제공합니다(이 트레이트에 대한 더 자세한 사항은 부록 C를 보세요). 도움말의 제안을 따라서 T가 `PartialOrd`를 구현한 것일 때만 유효하도록 제한을 두면 이 예제는 컴파일되는데, 이는 표준 라이브러리가 `i32`와 `char` 둘 모두에 대한 `PartialOrd`를 구현하고 있기 때문입니다.

10.2.2 제네릭 구조체 정의

`<>` 문법으로 구조체 필드에서 제네릭 타입 매개변수를 사용하도록 구조체를 정의할 수도 있습니다. 예제 10-6은 임의의 타입으로 된 x, y를 갖는 Point<T> 구조체를 정의합니다.

예제 10-6 **T 타입의 값 x, y를 갖는 Point<T> 구조체**   (File) src/main.rs

```
❶ struct Point<T> {
  ❷ x: T,
  ❸ y: T,
  }

  fn main() {
      let integer = Point { x: 5, y: 10 };
      let float = Point { x: 1.0, y: 4.0 };
  }
```

문법은 함수 정의에서 제네릭을 사용하는 것과 유사합니다. 먼저 구조체명 바로 뒤 부등호 기호에 타입 매개변수 이름을 선언하고(❶), 구조체 정의 내 구체적 데이터 타입을 지정하던 곳에 제네릭 타입을 대신 사용합니다(❷❸).

Point<T> 선언에 하나의 제네릭 타입만 사용했으므로, 이 선언은 Point<T>가 어떤 타입 T에 대한 제네릭이며 x, y 필드는 실제 타입이 무엇이건 간에 **둘 다** 동일한 타입이라는 것을 의미합니다. 만약 예제 10-7처럼 서로 다른 타입의 값을 갖는 Point<T> 인스턴스를 생성하려고 할 경우, 코드는 컴파일되지 않습니다.

예제 10-7 x와 y 필드는 둘 다 동일한 제네릭 데이터 타입 T이므로 같은 타입이어야 합니다 (File) src/main.rs

```rust
struct Point<T> {
    x: T,
    y: T,
}

fn main() {
    let wont_work = Point { x: 5, y: 4.0 };
}
```

컴파일러는 x에 정숫값 5를 대입할 때 Point<T> 인스턴스의 제네릭 타입 T를 정수 타입으로 인지합니다. 그다음에는 y에 4.0을 지정했는데, y는 x와 동일한 타입을 갖도록 정의되었으므로 컴파일러는 타입 불일치 에러를 발생시킵니다.

```
error[E0308]: mismatched types
 --> src/main.rs:7:38
  |
7 |     let wont_work = Point { x: 5, y: 4.0 };
  |                                      ^^^ expected integer, found floating-point number
```

제네릭 Point 구조체의 x, y가 서로 다른 타입일 수 있도록 정의하고 싶다면 여러 개의 제네릭 타입 매개변수를 사용해야 합니다. 예제 10-8에서는 x는 T 타입으로, y는 U 타입으로 정의한 제네릭 Point 정의를 나타냅니다.

예제 10-8 두 타입의 제네릭을 사용하여, x와 y가 서로 다른 타입의 값이 될 수 있는 Point<T, U> (File) src/main.rs

```rust
struct Point<T, U> {
    x: T,
    y: U,
}

fn main() {
    let both_integer = Point { x: 5, y: 10 };
    let both_float = Point { x: 1.0, y: 4.0 };
```

```
    let integer_and_float = Point { x: 5, y: 4.0 };
}
```

이제 위와 같이 모든 Point 인스턴스를 생성할 수 있습니다! 제네릭 타입 매개변수는 원하는 만큼
여러 개를 정의할 수 있지만, 많으면 많아질수록 코드 가독성은 떨어집니다. 만약 코드에서 많은
수의 제네릭 타입이 필요하다면 코드를 리팩터링해서 작은 부분들로 나누는 것을 고려해야 할 수
도 있겠습니다.

10.2.3 제네릭 열거형 정의

구조체처럼, 열거형도 배리언트에 제네릭 데이터 타입을 갖도록 정의할 수 있습니다. 6장에서 사용
했었던 표준 라이브러리의 Option<T> 열거형을 다시 살펴봅시다.

```
enum Option<T> {
    Some(T),
    None,
}
```

이제는 이 코드를 이해할 수 있습니다. 보다시피 Option<T> 열거형은 T 타입에 대한 제네릭이
며, T 타입을 들고 있는 Some 배리언트와 아무런 값도 들고 있지 않은 None 배리언트를 갖습니다.
Option<T> 열거형을 사용함으로써 옵션값에 대한 추상화된 개념을 표현할 수 있고, Option<T> 열
거형이 제네릭으로 되어 있는 덕분에 옵션값이 어떤 타입이건 상관없이 추상화하여 사용할 수 있죠.

열거형에서도 여러 개의 제네릭 타입을 이용할 수 있습니다. 9장에서 사용했던 Result 열거형의
정의가 대표적인 예시입니다.

```
enum Result<T, E> {
    Ok(T),
    Err(E),
}
```

Result 열거형은 T, E 두 타입을 이용한 제네릭이며, T 타입값을 갖는 Ok와 E 타입값을 갖는 Err 배
리언트를 갖습니다. 제네릭으로 정의되어 있는 덕분에, 연산이 성공할지(T 타입값을 반환할지) 실패
할지(E 타입값을 반환할지) 알 수 없는 어느 곳이든 Result 열거형을 편리하게 사용할 수 있습니다.

예제 9-3에서 파일을 열 때도 사용했었죠. 이때는 파일을 여는 데 성공하면 T는 std::fs::File 타입이 되고, 파일을 열다가 문제가 생기면 E는 std::io::Error 타입이 됐었습니다.

작성한 코드에서 보유하는 값의 타입만 다른 구조체나 열거형이 여러 개 있음을 발견했을 때는 제네릭 타입을 사용해 코드 중복을 제거할 수 있습니다.

10.2.4 제네릭 메서드 정의

5장에서 했던 것처럼 구조체나 열거형에 메서드를 구현할 때도 제네릭 타입을 이용해 정의할 수 있습니다. 예제 10-9는 예제 10-6에서 정의했던 Point<T> 구조체에 x 메서드를 구현한 모습입니다.

예제 10-9 **T 타입의 x 필드에 대한 참조자를 반환하는 x 메서드를 Point<T>에 정의** ⒻＩＬＥ src/main.rs

```rust
struct Point<T> {
    x: T,
    y: T,
}

impl<T> Point<T> {
    fn x(&self) -> &T {
        &self.x
    }
}

fn main() {
    let p = Point { x: 5, y: 10 };

    println!("p.x = {}", p.x());
}
```

x 필드 데이터의 참조자를 반환하는 x 메서드를 Point<T>에 정의해보았습니다.

impl 바로 뒤에 T를 선언하여 Point<T> 타입에 메서드를 구현한다고 명시했음을 주의하세요. 이 렇게 하면 러스트는 Point의 부등호 기호 내 타입이 구체적인 타입이 아닌 제네릭 타입임을 인지 합니다. 구조체 정의에 선언된 제네릭 매개변수와는 다른 제네릭 매개변수를 선택할 수도 있었겠 지만, 같은 이름을 사용하는 것이 관례입니다. 제네릭 타입이 선언된 impl 안에 작성된 메서드는 이 제네릭 타입에 어떤 구체 타입을 집어넣을지와는 상관없이 어떠한 타입의 인스턴스에라도 정의 될 것입니다.

이 타입의 메서드를 정의할 때 제네릭 타입에 대한 제약을 지정할 수도 있습니다. 예를 들면, 임의의 제네릭 타입 Point<T> 인스턴스가 아닌 Point<f32> 인스턴스에 대한 메서드만을 정의할 수 있습니다. 예제 10-10에서는 구체적 타입 f32를 사용하였는데, impl 뒤에는 어떤 타입도 선언하지 않았습니다.

예제 10-10 **구조체의 제네릭 타입 매개변수 T가 특정 구체적 타입인 경우에만 적용되는 impl 블록**   (File) src/main.rs

```rust
impl Point<f32> {
    fn distance_from_origin(&self) -> f32 {
        (self.x.powi(2) + self.y.powi(2)).sqrt()
    }
}
```

이 코드에서 Point<f32> 타입 인스턴스는 distance_from_origin 메서드를 갖게 될 것입니다. T가 f32 타입이 아닌 Point<T> 인스턴스는 이 메서드가 정의되지 않습니다. 이 메서드는 생성된 점이 원점(0.0, 0.0)으로부터 떨어진 거리를 측정하며 부동소수점 타입에서만 사용 가능한 수학적 연산을 이용합니다.

구조체 정의에서 사용한 제네릭 타입 매개변수와, 구조체의 메서드 시그니처 내에서 사용하는 제네릭 타입 매개변수가 항상 같은 것은 아닙니다. 예제 10-11을 보면 예제를 명료하게 만들기 위해 Point 구조체에 대해서는 X1와 Y1이라는 제네릭 타입을, 그리고 mixup 메서드에 대해서는 X2와 Y2라는 제네릭 타입을 사용했습니다. 이 메서드는 self Point의 (X1 타입인) x값과 매개변수로 넘겨받은 Point의 (Y2 타입인) y값으로 새로운 Point 인스턴스를 생성합니다.

예제 10-11 **구조체 정의와 다른 제네릭 타입을 사용하는 메서드**   (File) src/main.rs

```rust
struct Point<X1, Y1> {
    x: X1,
    y: Y1,
}

❶ impl<X1, Y1> Point<X1, Y1> {
    ❷ fn mixup<X2, Y2>(self, other: Point<X2, Y2>) -> Point<X1, Y2> {
        Point {
            x: self.x,
            y: other.y,
        }
    }
}

fn main() {
```

```
❸ let p1 = Point { x: 5, y: 10.4 };
❹ let p2 = Point { x: "Hello", y: 'c' };

❺ let p3 = p1.mixup(p2);

❻ println!("p3.x = {}, p3.y = {}", p3.x, p3.y);
}
```

main에서는 i32 타입 x(5)와 f64 타입 y(10.4)를 갖는 Point를 정의했습니다(❸). p2는 문자열 슬라이스 타입 x("Hello")와 char 타입 y(c)를 갖는 Point입니다(❹). p3는 p1에서 mixup 메서드를 p2를 인수로 호출하여 반환된 값입니다(❺). p3의 x는 p1에서 온 i32 타입이며, y는 p2에서 온 char 타입입니다. println! 매크로로는 p3.x = 5, p3.y = c를 출력합니다(❻).

이 예제는 제네릭 매개변수 중 일부가 impl에 선언되고 일부는 메서드 정의에 선언되는 경우를 보여주기 위한 예제입니다. 여기서 제네릭 매개변수 X1, Y1는 구조체 정의와 한 묶음이니 impl 뒤에 선언했지만(❶), 제네릭 매개변수 X2, Y2는 mixup 메서드에만 연관되어 있으므로 fn mixup 뒤에 선언합니다(❷).

10.2.5 제네릭 코드의 성능

제네릭 타입 매개변수를 사용하면 런타임 비용이 발생하는지 궁금해할지도 모르겠습니다. 좋은 소식은, 제네릭 타입의 사용이 구체적인 타입을 사용했을 때와 비교해서 전혀 느려지지 않는다는 것입니다.

러스트는 컴파일 타임에 제네릭을 사용하는 코드를 **단형성화**(monomorphization)합니다. 단형성화란 제네릭 코드를 실제 구체 타입으로 채워진 특정한 코드로 바꾸는 과정을 말합니다. 이 과정에서, 컴파일러는 예제 10-5에서 제네릭 함수를 만들 때 거친 과정을 정반대로 수행합니다. 즉 컴파일러는 제네릭 코드가 호출된 곳을 전부 찾고, 제네릭 코드가 호출할 때 사용된 구체 타입으로 코드를 생성합니다.

표준 라이브러리의 Option 열거형을 사용하는 예제를 통해 알아봅시다.

```
let integer = Some(5);
let float = Some(5.0);
```

러스트는 이 코드를 컴파일할 때 단형성화를 수행합니다. 이 과정 중 컴파일러는 Option<T> 인스턴스에 사용된 값을 읽고, i32, f64 두 종류의 Option<T>가 있다는 것을 인지합니다. 그리고 제네릭 정의를 i32와 f64에 대해 특성화시킨 정의로 확장함으로써, 제네릭 정의를 이 구체적인 것들로 대체합니다.

단형성화된 코드는 다음과 비슷합니다(여기 사용된 이름은 예시를 위한 것이며 컴파일러에 의해 생성되는 이름은 다릅니다).

File src/main.rs

```rust
enum Option_i32 {
    Some(i32),
    None,
}

enum Option_f64 {
    Some(f64),
    None,
}

fn main() {
    let integer = Option_i32::Some(5);
    let float = Option_f64::Some(5.0);
}
```

제네릭 Option<T>가 컴파일러에 의해 특정한 정의들로 대체되었습니다. 러스트 컴파일러가 제네릭 코드를 각 인스턴스의 명시적인 타입으로 변경해주는 덕분에, 굳이 런타임 비용을 줄이기 위해 수동으로 직접 타입마다 중복된 코드를 작성할 필요가 없습니다. 단형성화 과정은 러스트 제네릭을 런타임에 극도로 효율적으로 만들어줍니다.

10.3 트레이트로 공통된 동작 정의하기

트레이트(trait)는 특정한 타입이 가지고 있으면서 다른 타입과 공유할 수 있는 기능을 정의합니다. 트레이트를 사용하면 공통된 기능을 추상적으로 정의할 수 있습니다. **트레이트 바운드(trait bound)**를 이용하면 어떤 제네릭 타입 자리에 특정한 동작을 갖춘 타입이 올 수 있음을 명시할 수 있습니다.

NOTE 약간의 차이는 있으나, 트레이트는 다른 언어에서 흔히 **인터페이스(interface)**라고 부르는 기능과 유사합니다.

10.3.1 트레이트 정의하기

타입의 동작은 해당 타입에서 호출할 수 있는 메서드로 구성됩니다. 만약 다양한 타입에서 동일한 메서드를 호출할 수 있다면, 이 타입들은 동일한 동작을 공유한다고 표현할 수 있을 겁니다. 트레이트 정의는 메서드 시그니처를 그룹화하여 특정 목적을 달성하는 데 필요한 일련의 동작을 정의하는 것입니다.

예를 들어 다양한 종류 및 분량의 텍스트를 갖는 여러 가지 구조체가 있다고 칩시다. NewsArticle 구조체는 특정 지역에서 등록된 뉴스 기사를 저장하고, Tweet 구조체는 최대 280자의 콘텐츠와 해당 트윗이 새 트윗인지, 리트윗인지, 다른 트윗의 대답인지를 나타내는 메타데이터를 저장합니다.

NewsArticle이나 Tweet 인스턴스에 저장된 데이터를 종합해 보여주는 종합 미디어 라이브러리 크레이트 aggregator를 만든다고 가정합시다. 이를 위해서는 각 타입의 요약 정보를 얻어와야 하는데, 인스턴스에서 summarize 메서드를 호출하여 이 요약 정보를 가져오려고 합니다. 예제 10-12는 이 동작을 공개 Summary 트레이트 정의로 표현합니다.

예제 10-12 summarize 메서드가 제공하는 동작으로 구성된 Summary 트레이트 · File src/lib.rs

```
pub trait Summary {
    fn summarize(&self) -> String;
}
```

trait 키워드 다음 트레이트의 이름 Summary를 작성해 트레이트를 선언했습니다. 또한 몇몇 예제에서 보게 될 것처럼 트레이트를 pub으로 선언하여 이 크레이트에 의존하는 다른 크레이트가 이 트레이트를 사용할 수 있도록 하였습니다. 중괄호 안에는 이 트레이트를 구현할 타입의 동작을 묘사하는 메서드 시그니처를 선언했는데, 위의 경우는 fn summarize(&self) -> String입니다.

메서드 시그니처 뒤에는 중괄호로 시작하여 메서드를 구현하는 대신 세미콜론을 집어넣었습니다. 이 트레이트를 구현하는 각 타입이 메서드에 맞는 동작을 직접 제공해야 합니다. 컴파일러는 Summary 트레이트가 있는 모든 타입에 정확히 이와 같은 시그니처의 summarize 메서드를 가지고 있도록 강제할 것입니다.

트레이트는 본문에 여러 메서드를 가질 수 있습니다. 메서드 시그니처는 한 줄에 하나씩 나열되며, 각 줄은 세미콜론으로 끝납니다.

10.3.2 특정 타입에 트레이트 구현하기

Summary 트레이트의 메서드 시그니처를 원하는 대로 정의했으니, 종합 미디어 크레이트의 각 타입에 Summary 트레이트를 구현해봅시다. 예제 10-13은 NewsArticle 구조체에 헤드라인, 저자, 지역 정보를 사용하여 summarize의 반환값을 만드는 Summary 트레이트를 구현한 모습입니다. Tweet 구조체에는 트윗 내용이 이미 280자로 제한되어 있음을 가정하고, 사용자명과 해당 트윗의 전체 텍스트를 가져오도록 summarize를 정의했습니다.

예제 10-13 NewsArticle과 Tweet 타입에 Summary 트레이트 구현하기　　　　　(File) src/lib.rs

```
pub struct NewsArticle {
    pub headline: String,
    pub location: String,
    pub author: String,
    pub content: String,
}

impl Summary for NewsArticle {
    fn summarize(&self) -> String {
        format!("{}, by {} ({})", self.headline, self.author, self.location)
    }
}

pub struct Tweet {
    pub username: String,
    pub content: String,
    pub reply: bool,
    pub retweet: bool,
}

impl Summary for Tweet {
    fn summarize(&self) -> String {
        format!("{}: {}", self.username, self.content)
    }
}
```

어떤 타입에 대한 트레이트를 구현하는 것은 평범한 메서드를 구현하는 것과 비슷합니다. 다른 점은 impl 뒤에 구현하고자 하는 트레이트 이름을 적고, 그다음 for 키워드와 트레이트를 구현할 타입명을 명시한다는 점입니다. impl 블록 안에는 트레이트 정의에서 정의된 메서드 시그니처를 집어 넣되, 세미콜론 대신 중괄호를 사용하여 메서드 본문에 원하는 특정한 동작을 채워 넣습니다.

라이브러리가 NewsArticle과 Tweet에 대한 Summary 트레이트를 구현했으니, 크레이트 사용자는 NewsArticle과 Tweet 인스턴스에 대하여 보통의 메서드를 호출하는 것과 같은 방식으로 트레이트 메서드를 호출할 수 있습니다. 유일한 차이점은 크레이트 사용자가 타입뿐만 아니라 트레이트도 스코프로 가져와야 한다는 점입니다. 바이너리 크레이트가 aggregator 라이브러리 크레이트를 사용하는 방법에 대한 예제가 아래에 있습니다.

```
use aggregator::{Summary, Tweet};

fn main() {
    let tweet = Tweet {
        username: String::from("horse_ebooks"),
        content: String::from(
            "of course, as you probably already know, people",
        ),
        reply: false,
        retweet: false,
    };

    println!("1 new tweet: {}", tweet.summarize());
}
```

이 코드는 1 new tweet: horse_ebooks: of course, as you probably already know, people를 출력합니다.

aggregator 크레이트에 의존적인 다른 크레이트 또한 Summary 트레이트를 스코프로 가져와서 자신의 타입에 대해 Summary를 구현할 수 있습니다. 트레이트 구현에는 한 가지 제약이 있는데, 이는 트레이트나 트레이트를 구현할 타입 둘 중 하나는 반드시 자신의 크레이트의 것이어야 해당 타입에 대한 트레이트를 구현할 수 있다는 점입니다. 예를 들어, 우리가 만든 aggregator 크레이트의 일부 기능으로 Tweet 타입에 표준 라이브러리 트레이트인 Display 등을 구현할 수 있습니다. Tweet 타입이 우리가 만든 aggregator 크레이트의 타입이기 때문입니다. 또한 aggregator 크레이트에서 Vec<T> 타입에 Summary 트레이트를 구현할 수도 있습니다. 마찬가지로 Summary 트레이트가 우리가 만든 aggregator 크레이트의 트레이트이기 때문입니다.

하지만 외부 타입에 외부 트레이트를 구현할 수는 없습니다. 예를 들어, 우리가 만든 aggregator 크레이트에서는 Vec<T>에 대한 Display 트레이트를 구현할 수 없습니다. Vec<T>, Display 둘 다 우리가 만든 크레이트가 아닌 표준 라이브러리에 정의되어 있기 때문입니다. 이 제약은 프로그램의 특성 중 하나인 **일관성**(coherence), 자세히는 **고아 규칙**(orphan rule)에서 나옵니다(부모 타입이 존재하지 않기 때문에 고아 규칙이라고 부릅니다). 이 규칙으로 인해 다른 사람의 코드가 여러분의 코드를 망가뜨릴 수 없으며 반대의 경우도 마찬가지입니다. 이 규칙이 없다면 두 크레이트가 동일한 타입에 동일한 트레이트를 구현할 수 있게 되고, 러스트는 어떤 구현체를 이용해야 할지 알 수 없게 됩니다.

`10.3.3` 기본 구현

타입에 트레이트를 구현할 때마다 모든 메서드를 구현할 필요는 없도록 트레이트의 메서드에 기본 동작을 제공할 수도 있습니다. 이러면 특정한 타입에 트레이트를 구현할 때 기본 동작을 유지할지 혹은 오버라이딩(overriding)할지 선택할 수 있습니다.

예제 10-14는 예제 10-12에서 Summary 트레이트에 메서드 시그니처만 정의했던 것과는 달리 summarize 메서드에 기본 문자열을 명시하였습니다.

예제 10-14 summarize 메서드의 기본 구현이 있는 Summary 트레이트 정의하기   (File) src/lib.rs

```
pub trait Summary {
    fn summarize(&self) -> String {
        String::from("(Read more...)")
    }
}
```

NewsArticle 인스턴스에 기본 구현을 사용하려면 impl Summary for NewsArticle {}처럼 비어 있는 impl 블록을 명시합니다.

NewsArticle에 summarize 메서드를 직접적으로 정의하지는 않았지만, NewsArticle은 Summary 트레이트를 구현하도록 지정되어 있으며, Summary 트레이트는 summarize 메서드의 기본 구현을 제공합니다. 결과적으로 아래처럼 NewsArticle 인스턴스에서 summarize 메서드를 여전히 호출할 수 있습니다.

```
    let article = NewsArticle {
```

```
        headline: String::from("Penguins win the Stanley Cup Championship!"),
        location: String::from("Pittsburgh, PA, USA"),
        author: String::from("Iceburgh"),
        content: String::from(
            "The Pittsburgh Penguins once again are the best \
             hockey team in the NHL.",
        ),
    };

    println!("New article available! {}", article.summarize());
```

이 코드는 New article available! (Read more...)를 출력합니다.

기본 구현을 생성한다고 해서 예제 10-13 코드의 Tweet의 Summary 구현을 변경할 필요는 없습니다. 기본 구현을 오버라이딩하는 문법과 기본 구현이 없는 트레이트 메서드를 구현하는 문법은 동일하기 때문입니다.

기본 구현 안쪽에서 트레이트의 다른 메서드를 호출할 수도 있습니다. 호출할 다른 메서드가 기본 구현을 제공하지 않는 메서드여도 상관없습니다. 이런 방식으로 트레이트는 구현자에게 작은 부분만 구현을 요구하면서 유용한 기능을 많이 제공할 수 있습니다. 예시로 알아봅시다. Summary 트레이트에 summarize_author 메서드를 추가하고, summarize 메서드의 기본 구현 내에서 summarize_author 메서드를 호출하도록 만들어보았습니다.

```
pub trait Summary {
    fn summarize_author(&self) -> String;

    fn summarize(&self) -> String {
        format!("(Read more from {}...)", self.summarize_author())
    }
}
```

이 Summary를 어떤 타입에 구현할 때는 summarize_author만 정의하면 됩니다.

```
impl Summary for Tweet {
    fn summarize_author(&self) -> String {
        format!("@{}", self.username)
    }
}
```

summarize_author를 정의하고 나면 Tweet 인스턴스에서 summarize를 호출할 수 있습니다. 이러면 summarize 기본 구현이 직접 정의한 summarize_author 메서드를 호출할 겁니다. summarize_author만 구현하고 추가적인 코드를 전혀 작성하지 않았지만, Summary 트레이트는 summarize 메서드의 기능도 제공해주는 것을 알 수 있습니다.

```
let tweet = Tweet {
    username: String::from("horse_ebooks"),
    content: String::from(
        "of course, as you probably already know, people",
    ),
    reply: false,
    retweet: false,
};

println!("1 new tweet: {}", tweet.summarize());
```

이 코드는 1 new tweet: (Read more from @horse_ebooks...)를 출력합니다.

어떤 메서드를 오버라이딩하는 구현을 하면 해당 메서드의 기본 구현을 호출할 수는 없다는 점을 주의하세요.

10.3.4 매개변수로서의 트레이트

트레이트를 정의하고 구현하는 방법을 알아보았으니, 트레이트를 이용하여 어떤 함수가 다양한 타입으로 작동하게 만드는 법을 알아봅시다. 예제 10-13에서 NewsArticle, Tweet 타입에 구현한 Summary 트레이트를 사용하여, Summary 트레이트를 구현하는 어떤 타입의 item 매개변수에서 summarize 메서드를 호출하는 notify 함수를 정의하겠습니다. 이렇게 하려면 아래와 같이 impl Trait 문법을 사용합니다.

```
pub fn notify(item: &impl Summary) {
    println!("Breaking news! {}", item.summarize());
}
```

item 매개변수의 구체적 타입을 명시하는 대신 impl 키워드와 트레이트 이름을 명시했습니다. 이 매개변수에는 지정된 트레이트를 구현하는 타입이라면 어떤 타입이든 전달받을 수 있습니다. notify 본문 내에서는 item에서 summarize와 같은 Summary 트레이트의 모든 메서드를 호출할 수 있습니다. notify는 NewsArticle 인스턴스로도, Tweet 인스턴스로도 호출할 수 있습니다. 만약 Summary 트레이트를 구현하지 않는 String, i32 등의 타입으로 notify 함수를 호출하는 코드를 작성한다면 컴파일 에러가 발생합니다.

트레이트 바운드 문법

impl Trait 문법은 간단하지만, 이는 **트레이트 바운드**(trait bound)로 알려진, 좀 더 기다란 형식의 문법 설탕입니다. 트레이트 바운드는 다음과 같이 생겼습니다.

```
pub fn notify<T: Summary>(item: &T) {
    println!("Breaking news! {}", item.summarize());
}
```

앞서 본 예시와 동일한 코드지만, 더 장황합니다. 트레이트 바운드는 부등호 기호 안의 제네릭 타입 매개변수 선언에 붙은 콜론(:) 뒤에 위치합니다.

impl Trait 문법이 단순한 상황에서는 편리하고 코드를 더 간결하게 만들어주는 반면, 트레이트 바운드 문법은 더 복잡한 상황을 표현할 수 있습니다. 예를 들어, Summary를 구현하는 두 매개변 수를 전달받는 함수를 구현할 때, impl Trait 문법으로 표현하면 다음과 같은 모양이 됩니다.

```
pub fn notify(item1: &impl Summary, item2: &impl Summary) {
```

item1과 item2가 (둘 다 Summary를 구현하는 타입이되) 서로 다른 타입이어도 상관없다면 impl Trait 문법 사용도 적절합니다. 하지만 만약 두 매개변수가 같은 타입으로 강제되어야 한다면, 이 는 아래와 같이 트레이트 바운드를 사용해야 합니다.

```
pub fn notify<T: Summary>(item1: &T, item2: &T) {
```

item1 및 item2 매개변수의 타입으로 지정된 제네릭 타입 T는 함수를 호출할 때 item1, item2 인 수의 구체적인 타입이 반드시 동일하도록 제한합니다.

+ 구문으로 트레이트 바운드를 여럿 지정하기

트레이트 바운드는 여러 개 지정될 수도 있습니다. notify에서 item의 summarize 메서드뿐만 아 니라 출력 포매팅까지 사용하고 싶다고 가정해봅시다. 즉 notify의 정의를 할 때 item이 Display,

Summary를 모두 구현해야 하도록 지정해야 합니다. + 문법을 사용하면 트레이트를 여러 개 지정할 수 있습니다.

```
pub fn notify(item: &(impl Summary + Display)) {
```

+ 구문은 제네릭 타입의 트레이트 바운드에도 사용할 수 있습니다.

```
pub fn notify<T: Summary + Display>(item: &T) {
```

두 개의 트레이트 바운드가 지정됐으니, notify 본문에서는 item의 summarize 메서드를 호출할 수도 있고 item을 {}로 포매팅할 수도 있습니다.

where 절로 트레이트 바운드 정리하기

트레이트 바운드가 너무 많아지면 문제가 생깁니다. 제네릭마다 트레이트 바운드를 갖게 되면, 여러 제네릭 타입 매개변수를 사용하는 함수는 함수명과 매개변수 사이에 너무 많은 트레이트 바운드 정보를 담게 될 가능성이 있습니다. 이는 가독성을 해치기 때문에, 러스트는 트레이트 바운드를 함수 시그니처 뒤의 where 절에 명시하는 대안을 제공합니다. 즉, 다음과 같이 + 구문을 사용하여 작성하는 대신,

```
fn some_function<T: Display + Clone, U: Clone + Debug>(t: &T, u: &U) -> i32 {
```

다음과 같이 where 절을 사용할 수 있습니다.

```
fn some_function<T, U>(t: &T, u: &U) > i32
where
    T: Display + Clone,
    U: Clone + Debug,
{
```

트레이트 바운드로 도배되지 않고, 평범한 함수처럼 함수명과 매개변수 목록, 반환 타입이 붙어 있으니, 함수 시그니처를 읽기 쉬워집니다.

10.3.5 트레이트를 구현하는 타입을 반환하기

아래처럼 impl Trait 문법을 반환 타입 위치에 써서 어떤 트레이트를 구현한 타입의 값을 반환시키는 데에도 사용할 수 있습니다.

```
fn returns_summarizable() -> impl Summary {
    Tweet {
        username: String::from("horse_ebooks"),
        content: String::from(
            "of course, as you probably already know, people",
        ),
        reply: false,
        retweet: false,
    }
}
```

반환 타입에 구체적인 타입명이 아닌 impl Summary를 작성하여 returns_summarizable 함수는 Summary 트레이트를 구현하는 타입을 반환한다고 명시했습니다. 위의 경우 returns_summarizable는 Tweet을 반환하지만, 이 함수를 호출하는 쪽의 코드에서는 구체적인 타입을 알 필요가 없습니다.

구현되는 트레이트로 반환 타입을 명시하는 기능은 13장에서 다룰 클로저 및 반복자의 콘텍스트에서 굉장히 유용합니다. 클로저와 반복자는 컴파일러만 아는 타입이나, 직접 명시하기에는 굉장히 긴 타입을 생성합니다. impl Trait 문법을 사용하면 굉장히 긴 타입을 직접 작성할 필요 없이 Iterator 트레이트를 구현하는 어떤 타입이라고 간결하게 지정할 수 있습니다.

하지만, impl Trait 문법을 쓴다고 해서 다양한 타입을 반환할 수는 없습니다. 다음은 반환형을 impl Summary로 지정하고 NewsArticle, Tweet 중 하나를 반환하는 코드 예시입니다. 이 코드는 컴파일할 수 없습니다.

```
fn returns_summarizable(switch: bool) -> impl Summary {
    if switch {
        NewsArticle {
            headline: String::from(
                "Penguins win the Stanley Cup Championship!",
            ),
            location: String::from("Pittsburgh, PA, USA"),
            author: String::from("Iceburgh"),
```

```
                content: String::from(
                    "The Pittsburgh Penguins once again are the best \
                    hockey team in the NHL.",
                ),
            }
        } else {
            Tweet {
                username: String::from("horse_ebooks"),
                content: String::from(
                    "of course, as you probably already know, people",
                ),
                reply: false,
                retweet: false,
            }
        }
    }
}
```

NewsArticle, Tweet 중 하나를 반환하는 행위는 impl Trait 문법이 컴파일러 내에 구현된 방식으로 인한 제약 때문에 허용되지 않습니다. 함수가 이런 식으로 작동하도록 만드는 방법은 17장의 '트레이트 객체를 사용하여 다른 타입의 값 허용하기'(480쪽)에서 알아볼 예정입니다.

10.3.6 트레이트 바운드를 사용해 조건부로 메서드 구현하기

제네릭 타입 매개변수를 사용하는 impl 블록에 트레이트 바운드를 이용하면, 지정된 트레이트를 구현하는 타입에 대해서만 메서드를 구현할 수도 있습니다. 예를 들어, 예제 10-15의 Pair<T> 타입은 언제나 새로운 Pair<T> 인스턴스를 반환하는 new 함수를 구현합니다(5장의 '메서드 정의하기'(126쪽)에서 다룬 것처럼 Self는 impl 블록에 대한 타입의 별칭이고, 지금의 경우에는 Pair<T>라는 점을 상기합시다). 하지만 그다음의 impl 블록에서는 어떤 T 타입이 비교를 가능하게 해주는 PartialOrd 트레이트와 출력을 가능하게 만드는 Display 트레이트를 모두 구현한 타입인 경우에 대해서만 cmp_display 메서드를 구현하고 있습니다.

예제 10-15 트레이트 바운드를 이용해 제네릭 타입에 조건부로 메서드 구현하기　　　(File) src/lib.rs

```
use std::fmt::Display;

struct Pair<T> {
    x: T,
    y: T,
}
```

```
impl<T> Pair<T> {
    fn new(x: T, y: T) -> Self {
        Self { x, y }
    }
}

impl<T: Display + PartialOrd> Pair<T> {
    fn cmp_display(&self) {
        if self.x >= self.y {
            println!("The largest member is x = {}", self.x);
        } else {
            println!("The largest member is y = {}", self.y);
        }
    }
}
```

타입이 특정 트레이트를 구현하는 경우에만 해당 타입에 트레이트를 구현할 수도 있습니다. 트레이트 바운드를 만족하는 모든 타입에 대해 트레이트를 구현하는 것을 **포괄 구현**(blanket implementation)이라 하며, 이는 러스트 표준 라이브러리 내에서 광범위하게 사용됩니다. 예를 들어, 표준 라이브러리는 Display 트레이트를 구현하는 모든 타입에 ToString 트레이트도 구현합니다. 표준 라이브러리의 impl 블록은 다음과 비슷하게 생겼습니다.

```
impl<T: Display> ToString for T {
    // --생략--
}
```

Display 트레이트가 구현된 모든 타입에서 (ToString 트레이트에 정의된) to_string() 메서드를 호출할 수 있는 건 표준 라이브러리의 이 포괄 구현 덕분입니다. 예를 들어, 정수는 Display를 구현하므로 String값으로 변환할 수 있습니다.

```
let s = 3.to_string();
```

포괄 구현을 알고 싶다면, 트레이트 문서마다 하단에 있는 구현자(Implementors) 섹션을 보면 됩니다.

트레이트와 트레이트 바운드를 사용하면 제네릭 타입 매개변수로 코드 중복을 제거하면서 특정 동작을 하는 제네릭 타입이 필요하다는 사실을 컴파일러에 전달할 수 있습니다. 컴파일러는 트레이트 바운드를 이용하여 코드에 사용된 구체적인 타입들이 올바른 동작을 제공하는지 검사합니다. 동적 타입 언어에서는 해당 타입이 정의하지 않은 메서드를 호출하면 런타임에 에러가 발생합니다. 하지만 러스트는 컴파일 시점에 에러를 발생시켜 코드를 실행하기도 전에 문제를 해결하도록 강제합니다. 따라서 런타임에 해당 동작을 구현하는지 검사하는 코드를 작성할 필요가 없습니다. 컴파일 시점에 이미 다 확인했기 때문이죠. 러스트는 제네릭의 유연성과 성능 둘 다 놓치지 않습니다.

10.4 라이프타임으로 참조자의 유효성 검증하기

라이프타임은 이미 사용해본 적 있는 또 다른 종류의 제네릭입니다. 라이프타임은 어떤 타입이 원하는 동작이 구현되어 있음을 보장하기보다는, 어떤 참조자가 필요한 기간 동안 유효함을 보장하도록 합니다.

4장 '참조와 대여'(92쪽)에서 다루지 않은 내용이 있습니다. 러스트의 모든 참조자는 **라이프타임**(lifetime, 수명)이라는 참조자의 유효성을 보장하는 범위를 갖습니다. 대부분의 상황에서 타입이 암묵적으로 추론되듯, 라이프타임도 암묵적으로 추론됩니다. 하지만 여러 타입이 가능한 상황에서는 타입을 명시해주어야 하듯, 참조자의 수명이 여러 방식으로 서로 연관될 수 있는 경우에는 라이프타임을 명시해주어야 합니다. 러스트에서 런타임에 사용되는 실제 참조자가 반드시 유효할 것임을 보장하려면 제네릭 라이프타임 매개변수로 이 관계를 명시해야 합니다.

라이프타임을 명시하는 것은 다른 프로그래밍 언어에서는 찾아보기 어려운 개념이며, 따라서 친숙하지 않은 느낌이 들 것입니다. 이번 장에서 라이프타임의 모든 것을 다루지는 않겠지만, 라이프타임이라는 개념에 익숙해질 수 있도록 여러분이 접하게 될 일반적인 방식의 라이프타임 문법만 다루겠습니다.

10.4.1 라이프타임으로 댕글링 참조 방지하기

라이프타임의 주목적은 **댕글링 참조**(dangling reference) 방지입니다. 댕글링 참조는 프로그램이 참조하려고 한 데이터가 아닌 엉뚱한 데이터를 참조하게 되는 원인입니다. 예제 10-16처럼 안쪽 스코프와 바깥쪽 스코프를 갖는 프로그램을 생각해봅시다.

스코프 밖으로 벗어난 값을 참조하는 코드

```
fn main() {
 ❶ let r;

    {
     ❷ let x = 5;
     ❸ r = &x;
 ❹ }

 ❺ println!("r: {}", r);
}
```

> **NOTE** 예제 10-16, 10-17, 10-23 예제는 변수를 초깃값 없이 선언하여, 스코프 밖에 변수명을 위치시킵니다. 널값을 갖지 않는 러스트가 이런 형태의 코드를 허용하는 게 이상하다고 생각할 수도 있지만, 만약 값을 넣기 전에 변수를 사용하는 코드를 실제로 작성할 경우에는 러스트가 컴파일 에러를 발생시킵니다. 널값이 허용되는 것은 아닙니다.

바깥쪽 스코프에서는 변수 r을 초깃값 없이 선언하고(❶) 안쪽 스코프에서는 변수 x를 초깃값 5로 선언합니다(❷). 안쪽 스코프에서는 r값에 x 참조자를 대입합니다(❸). 안쪽 스코프가 끝나면(❹) r 값을 출력합니다(❺). 이 코드는 컴파일되지 않습니다. r이 참조하는 값이 사용하려는 시점에 이미 자신의 스코프를 벗어났기 때문입니다. 에러 메시지는 다음과 같습니다.

```
error[E0597]: `x` does not live long enough
 --> src/main.rs:6:13
  |
6 |        r = &x;
  |            ^^ borrowed value does not live long enough
7 |    }
  |    - `x` dropped here while still borrowed
8 |
9 |    println!("r: {}", r);
  |                      - borrow later used here
```

변수 x가 '충분히 오래 살지 못했습니다(does not live long enough).' x는 안쪽 스코프가 끝나는 7번째 줄에서 스코프를 벗어나지만, r은 바깥쪽 스코프에서 유효하기 때문입니다. 스코프가 더 클수록 '더 오래 산다(lives longer)'고 표현합니다. 만약 러스트가 이 코드의 작동을 허용하면 r은 x가 스코프를 벗어날 때 할당 해제된 메모리를 참조할 테고, r을 이용하는 모든 작업은 제대로 작동하지 않을 것입니다. 그렇다면 러스트는 이 코드가 유효한지를 어떻게 검사할까요? 정답은 대여 검사기를 이용하는 것입니다.

10.4.2 대여 검사기

러스트 컴파일러는 **대여 검사기**(borrow checker)로 스코프를 비교하여 대여의 유효성을 판단합니다. 예제 10-17은 예제 10-16 코드의 변수 라이프타임을 주석으로 표시한 모습입니다.

예제 10-17 r, x의 라이프타임을 각각 'a, 'b로 표현한 주석

```
fn main() {
    let r;                // ---------+-- 'a
                          //          |
    {                     //          |
        let x = 5;        // -+-- 'b  |
        r = &x;           //  |       |
    }                     // -+       |
                          //          |
    println!("r: {}", r); //          |
}                         // ---------+
```

r의 라이프타임은 'a, x의 라이프타임은 'b로 표현했습니다. 보다시피 안쪽 'b 블록은 바깥쪽 'a 라이프타임 블록보다 작습니다. 러스트는 컴파일 타임에 두 라이프타임의 크기를 비교하고, 'a 라이프타임을 갖는 r이 'b 라이프타임을 갖는 메모리를 참조하고 있음을 인지합니다. 하지만 'b가 'a보다 짧으니, 즉 참조 대상이 참조자보다 오래 살지 못하니 러스트 컴파일러는 이 프로그램을 컴파일하지 않습니다.

예제 10-18은 댕글링 참조를 만들지 않고 정상적으로 컴파일되도록 수정한 코드입니다.

예제 10-18 데이터의 라이프타임이 참조자의 라이프타임보다 길어서 문제없는 코드

```
fn main() {
    let x = 5;            // ----------+-- 'b
                          //           |
    let r = &x;           // --+-- 'a  |
                          //   |       |
    println!("r: {}", r); //   |       |
                          // --+       |
}                         // ----------+
```

여기서 x의 라이프타임 'b는 'a보다 더 깁니다. 러스트는 참조자 r이 유효한 동안에는 x도 유효하다는 것을 알고 있으므로, r은 x를 참조할 수 있습니다.

참조자의 라이프타임이 무엇인지, 러스트가 어떻게 라이프타임을 분석하여 참조자의 유효성을 보장하는지 알아보았습니다. 이제 함수 매개변수와 반환값에 대한 제네릭 라이프타임을 알아봅시다.

10.4.3 함수에서의 제네릭 라이프타임

두 문자열 슬라이스 중 긴 쪽을 반환하는 함수를 작성해보겠습니다. 이 함수는 두 문자열 슬라이스를 전달받고 하나의 문자열 슬라이스를 반환합니다. longest 함수를 구현하고 나면 예제 10-19 코드로 The longest string is abcd가 출력되어야 합니다.

예제 10-19 **두 문자열 슬라이스 중 긴 쪽을 찾기 위해 longest 함수를 호출하는 main 함수** (File) src/main.rs

```
fn main() {
    let string1 = String::from("abcd");
    let string2 = "xyz";

    let result = longest(string1.as_str(), string2);
    println!("The longest string is {}", result);
}
```

longest 함수가 매개변수의 소유권을 얻지 않도록, 문자열 대신 참조자인 문자열 슬라이스를 전달한다는 점에 주목하세요. 어째서 예제 10-19처럼 문자열을 매개변수로 전달하는지는 4장의 '문자열 슬라이스를 매개변수로 사용하기'(107쪽)를 참고해주세요.

예제 10-20처럼 longest 함수를 구현할 경우, 컴파일 에러가 발생합니다.

예제 10-20 **두 문자열 슬라이스 중 긴 쪽을 반환하는 longest 함수(컴파일되지 않음)** (File) src/main.rs

```
fn longest(x: &str, y: &str) -> &str {
    if x.len() > y.len() {
        x
    } else {
        y
    }
}
```

나타나는 에러는 라이프타임과 관련되어 있습니다.

```
error[E0106]: missing lifetime specifier
 --> src/main.rs:9:33
  |
9 | fn longest(x: &str, y: &str) -> &str {
  |               ----     ----     ^ expected named lifetime parameter
  |
  = help: this function's return type contains a borrowed value, but the signature does not
say whether it is borrowed from `x` or `y`
help: consider introducing a named lifetime parameter
  |
9 | fn longest<'a>(x: &'a str, y: &'a str) -> &'a str {
  |           ++++    ++          ++            ++
```

이 도움말은 반환 타입에 제네릭 라이프타임 매개변수가 필요하다는 내용입니다. 반환할 참조자가 x인지, y인지 러스트가 알 수 없기 때문입니다. 사실 우리도 알 수 없죠. if 블록에서는 x 참조자를 반환하고 else 블록에서는 y 참조자를 반환하니까요.

이 함수를 정의하는 시점에서는 함수가 전달받을 구체적인 값을 알 수 없으니, if의 경우가 실행될지 else의 경우가 실행될지 알 수 없습니다. 전달받은 참조자의 구체적인 라이프타임도 알 수 없습니다. 그러니 예제 10-17, 예제 10-18에서처럼 스코프를 살펴보는 것만으로는 반환할 참조자의 유효성을 보장할 수 없습니다. 대여 검사기도 x, y의 라이프타임이 반환값의 라이프타임과 어떤 연관이 있는지 알지 못하니 마찬가지입니다. 따라서, 참조자 간의 관계를 제네릭 라이프타임 매개변수로 정의하여 대여 검사기가 분석할 수 있도록 해야 합니다.

10.4.4 라이프타임 명시 문법

라이프타임을 명시한다고 해서 참조자의 수명이 바뀌진 않습니다. 그보다는 여러 참조자에 대한 수명에 영향을 주지 않으면서 서로 간 수명의 관계가 어떻게 되는지에 대해 기술하는 것입니다. 함수 시그니처에 제네릭 타입 매개변수를 작성하면 어떤 타입이든 전달할 수 있는 것처럼, 함수에 제네릭 라이프타임 매개변수를 명시하면 어떠한 라이프타임을 갖는 참조자라도 전달할 수 있습니다.

라이프타임 명시 문법은 약간 독특합니다. 라이프타임 매개변수의 이름은 아포스트로피(')로 시작해야 하며, 보통은 제네릭 타입처럼 매우 짧은 소문자로 정합니다. 대부분의 사람들은 첫 번째 라이프타임을 명시할 때 'a를 사용합니다. 라이프타임 매개변수는 참조자의 & 뒤에 위치하며, 공백을 한 칸 입력하여 참조자의 타입과 분리합니다.

다음은 순서대로 라이프타임 매개변수가 없는 i32 참조자, 라이프타임 매개변수 'a가 있는 i32 참조자, 마찬가지로 라이프타임 매개변수 'a가 있는 가변 참조자에 대한 예시입니다.

```
&i32        // 참조자
&'a i32     // 명시적인 라이프타임이 있는 참조자
&'a mut i32 // 명시적인 라이프타임이 있는 가변 참조자
```

자신의 라이프타임 명시 하나만 있는 것으로는 큰 의미가 없습니다. 라이프타임 명시는 러스트에게 여러 참조자의 제네릭 라이프타임 매개변수가 서로 어떻게 연관되어 있는지 알려주는 용도이기 때문입니다. longest 함수의 콘텍스트에서 라이프타임 명시가 서로에게 어떤 식으로 연관 짓는지 실험해봅시다.

10.4.5 함수 시그니처에서 라이프타임 명시하기

라이프타임 명시를 함수 시그니처에서 사용하기 위해서는 제네릭 **타입** 매개변수를 사용할 때처럼 함수명과 매개변수 목록 사이의 부등호 기호 안에 제네릭 **라이프타임** 매개변수를 선언할 필요가 있습니다.

시그니처에서는 다음과 같은 제약을 표현하려고 합니다. 두 매개변수의 참조자 모두가 유효한 동안에는 반환된 참조자도 유효할 것이라는 점이지요. 이는 매개변수들과 반환값 간의 라이프타임 관계입니다. 예제 10-21과 같이 이 라이프타임에 'a라는 이름을 붙여 각 참조자에 추가하겠습니다.

예제 10-21 **시그니처 내의 모든 참조자가 동일한 라이프타임 'a를 가져야 함을 나타낸 longest 함수 정의**

File src/main.rs

```
fn longest<'a>(x: &'a str, y: &'a str) -> &'a str {
    if x.len() > y.len() {
        x
    } else {
        y
    }
}
```

이 코드는 정상적으로 컴파일되며, 예제 10-19의 main 코드로 실행하면 우리가 원했던 결과가 나옵니다.

이 함수 시그니처는 러스트에게, 함수는 두 매개변수를 갖고 둘 다 적어도 라이프타임 'a만큼 살아 있는 문자열 슬라이스이며, 반환하는 문자열 슬라이스도 라이프타임 'a만큼 살아 있다는 정보를 알려줍니다. 이것의 실제 의미는, longest 함수가 반환하는 참조자의 라이프타임은 함수 인수로서 참조된 값들의 라이프타임 중 작은 것과 동일하다는 것입니다. 이러한 관계가 바로 러스트가 이 코드를 분석할 때 사용하도록 만들고 싶었던 것입니다.

함수 시그니처에 라이프타임 매개변수를 지정한다고 해서, 전달되는 값이나 반환값의 라이프타임이 변경되는 건 아니라는 점을 기억해두세요. 어떤 값이 제약 조건을 지키지 않았을 때 대여 검사기가 불합격 판정을 내릴 수 있도록 명시할 뿐입니다. longest 함수는 x와 y가 얼마나 오래 살지 정확히 알 필요는 없고, 이 시그니처를 만족하는 어떤 스코프를 'a로 대체할 수 있다는 점만 알면 됩니다.

라이프타임을 함수에 명시할 때는 함수 본문이 아닌, 함수 시그니처에 적습니다. 라이프타임 명시는 함수 시그니처의 타입들과 마찬가지로 함수에 대한 계약서의 일부가 됩니다. 함수 시그니처가 라이프타임 계약을 가지고 있다는 것은 러스트 컴파일러가 수행하는 분석이 좀 더 단순해질 수 있음을 의미합니다. 만일 함수가 명시된 방법이나 함수가 호출된 방법에 문제가 있다면, 컴파일러 에러가 해당 코드의 위치와 제약을 좀 더 정밀하게 짚어낼 수 있습니다. 그렇게 하는 대신 러스트 컴파일러가 라이프타임 간의 관계에 대해 개발자가 의도한 바를 더 많이 추론했다면, 컴파일러는 문제의 원인에서 몇 단계 떨어진 코드의 사용만을 짚어내는 것밖에는 할 수 없을지도 모릅니다.

longest 함수에 구체적인 참조자들이 넘겨질 때 'a에 대응되는 구체적인 라이프타임은 x 스코프와 y 스코프가 겹치는 부분입니다. 바꿔 말하면, x 라이프타임과 y 라이프타임 중 더 작은 쪽이 제네릭 라이프타임 'a의 구체적인 라이프타임이 됩니다. 반환하는 참조자도 동일한 라이프타임 매개변수 'a를 명시했으므로, x와 y 중 더 작은 라이프타임 내에서는 longest가 반환한 참조자의 유효함을 보장할 수 있습니다.

서로 다른 구체적인 라이프타임을 가진 참조자를 longest 함수에 넘겨보고, 라이프타임 명시가 어떤 효과를 내는지 알아봅시다. 예제 10-22에 간단한 예제가 있습니다.

예제 10-22 서로 다른 구체적인 라이프타임을 가진 String값의 참조자로 longest 함수 호출하기   File src/main.rs

```
fn main() {
    let string1 = String::from("long string is long");
```

```
    {
        let string2 = String::from("xyz");
        let result = longest(string1.as_str(), string2.as_str());
        println!("The longest string is {}", result);
    }
}
```

string1은 바깥쪽 스코프가 끝나기 전까지, string2는 안쪽 스코프가 끝나기 전까지 유효합니다. result는 안쪽 스코프가 끝나기 전까지 유효한 무언가를 참조합니다. 대여 검사기는 이 코드를 문제 삼지 않습니다. 실행하면 The longest string is long string is long이 출력됩니다.

다음은 두 인수 중 하나의 라이프타임이 result 참조자의 라이프타임보다 작을 경우입니다. result 변수의 선언을 안쪽 스코프에서 밖으로 옮기고, 값의 대입은 string2가 있는 안쪽 스코프에 남겨보겠습니다. 그리고 result를 사용하는 println! 구문을 안쪽 스코프가 끝나고 난 이후의 바깥쪽 스코프로 옮겨보겠습니다. 이렇게 수정한 예제 10-23 코드는 컴파일할 수 없습니다.

예제 10-23 string2가 스코프 밖으로 벗어나고 나서 result 사용해보기 (File) src/main.rs

```
fn main() {
    let string1 = String::from("long string is long");
    let result;
    {
        let string2 = String::from("xyz");
        result = longest(string1.as_str(), string2.as_str());
    }
    println!("The longest string is {}", result);
}
```

컴파일하면 다음과 같은 에러가 발생합니다.

```
error[E0597]: `string2` does not live long enough
 --> src/main.rs:6:44
  |
6 |         result = longest(string1.as_str(), string2.as_str());
  |                                            ^^^^^^^^^^^^^^^^^ borrowed value
does not live long enough
7 |     }
  |     - `string2` dropped here while still borrowed
8 |     println!("The longest string is {}", result);
  |                                          ------ borrow later used here
```

이 에러는 println! 구문에서 result가 유효하려면 string2가 바깥쪽 스코프가 끝나기 전까지 유효해야 한다는 내용입니다. 함수 매개변수와 반환값에 모두 동일한 라이프타임 매개변수 'a를 명시했으므로, 러스트는 문제를 정확히 파악할 수 있습니다.

사실 우리 눈으로 보기에는 코드에 문제가 없어 보입니다. string1의 문자열이 string2 보다 더 기니까 result는 string1을 참조하게 될 테고, println! 구문을 사용하는 시점에 string1의 참조자는 유효하니까요. 하지만 컴파일러는 이 점을 알아챌 수 없습니다. 러스트가 전달받은 것은 'longest 함수가 반환할 참조자의 라이프타임은 매개변수의 라이프타임 중 작은 것과 동일하다'라는 내용이었으니, 대여 검사기는 예제 10-23 코드가 잠재적으로 유효하지 않은 참조자를 가질 수도 있다고 판단합니다.

longest 함수에 다양한 값, 다양한 라이프타임의 참조자를 넘겨보고, 반환한 참조자를 여러 방식으로 사용해보세요. 컴파일하기 전에 코드가 대여 검사기를 통과할 수 있을지 혹은 없을지 예상해보고, 여러분의 생각이 맞았는지 확인해보세요!

10.4.6 라이프타임의 측면에서 생각하기

라이프타임 매개변수 명시의 필요성은 함수가 어떻게 작동하는지에 따라서 달라집니다. 예를 들어, longest 함수를 제일 긴 문자열 슬라이스를 반환하는 게 아니라, 항상 첫 번째 매개변수를 반환하도록 바꾸었다고 가정해봅시다. 그러면 이제 y 매개변수에는 라이프타임을 지정할 필요가 없습니다. 다음 코드는 정상적으로 컴파일됩니다.

File src/main.rs

```
fn longest<'a>(x: &'a str, y: &str) -> &'a str {
    x
}
```

매개변수 x와 반환 타입에만 라이프타임 매개변수 'a가 지정되어 있습니다. y의 라이프타임은 x나 반환값의 라이프타임과 전혀 관계없으므로, 매개변수 y에는 'a를 지정하지 않았습니다.

참조자를 반환하는 함수를 작성할 때는 반환 타입의 라이프타임 매개변수가 함수 매개변수 중 하나와 일치해야 합니다. 반환할 참조자가 함수 매개변수중 하나를 참조하지 **않을** 유일한 가능성은 함수 내부에서 만들어진 값의 참조자를 반환하는 경우입니다. 하지만 이 값은 함수가 끝나는 시점에 스코프를 벗어나므로 댕글링 참조가 될 것입니다. 다음과 같이 longest 함수를 구현하면 컴파일할 수 없습니다.

(File) src/main.rs

```rust
fn longest<'a>(x: &str, y: &str) -> &'a str {
    let result = String::from("really long string");
    result.as_str()
}
```

반환 타입에 'a를 지정했지만, 반환값의 라이프타임이 그 어떤 매개변수와도 관련 없으므로 컴파일할 수 없습니다. 나타나는 에러 메시지는 다음과 같습니다.

```
error[E0515]: cannot return reference to local variable `result`
  --> src/main.rs:11:5
   |
11 |       result.as_str()
   |       ^^^^^^^^^^^^^^^ returns a reference to data owned by the current function
```

result는 longest 함수가 끝나면서 스코프를 벗어나 정리되는데, 함수에서 result의 참조자를 반환하려고 하니 문제가 발생합니다. 여기서 댕글링 참조가 발생하지 않도록 라이프타임 매개변수를 지정할 방법은 없습니다. 그리고 러스트 컴파일러는 댕글링 참조를 생성하는 코드를 눈감아주지 않죠. 이런 상황을 해결하는 가장 좋은 방법은 참조자 대신 값의 소유권을 갖는 데이터 타입을 반환하여 함수를 호출한 함수 측에서 값을 정리하도록 하는 것입니다.

라이프타임 문법의 근본적인 역할은 함수의 다양한 매개변수와 반환값의 라이프타임을 연결하는 데에 있습니다. 한번 라이프타임을 연결해주고 나면, 러스트는 해당 정보를 이용해 댕글링 포인터 생성을 방지하고, 메모리 안전 규칙을 위배하는 연산을 배제합니다.

10.4.7 구조체 정의에서 라이프타임 명시하기

여태껏 정의해본 구조체들은 모두 소유권이 있는 타입을 들고 있었습니다. 구조체가 참조자를 들고 있도록 할 수도 있지만, 이 경우 구조체 정의 내 모든 참조자에 라이프타임을 명시해야 합니다. 예제 10-24는 문자열 슬라이스를 보유하는 ImportantExcerpt 구조체를 나타냅니다.

```
❶ struct ImportantExcerpt<'a> {
  ❷ part: &'a str,
  }

  fn main() {
  ❸ let novel = String::from("Call me Ishmael. Some years ago...");
  ❹ let first_sentence = novel.split('.').next().expect("Could not find a '.'");
  ❺ let i = ImportantExcerpt {
          part: first_sentence,
      };
  }
```

이 구조체에는 문자열 슬라이스를 보관하는 part 참조자 필드가 하나 있습니다(❷). 구조체의 제네릭 라이프타임 매개변수의 선언 방법은 제네릭 데이터 타입과 마찬가지로, 제네릭 라이프타임 매개변수의 이름을 구조체명 뒤에 부등호 기호 내에 선언하고 구조체 정의 본문에서 라이프타임 매개변수를 이용합니다(❶). 이러한 라이프타임 명시는 'ImportantExcerpt 인스턴스는 part 필드가 보관하는 참조자의 라이프타임보다 오래 살 수 없다'라는 의미입니다.

main 함수에서는 novel 변수(❸)가 소유하는 String의 첫 문장에 대한 참조자(❹)로 Important Excerpt 구조체(❺)를 생성합니다. novel 데이터는 ImportantExcerpt 인스턴스가 생성되기 전부터 존재하며, ImportantExcerpt 인스턴스가 스코프를 벗어나기 전에는 novel이 스코프를 벗어나지도 않으니, ImportantExcerpt 인스턴스는 유효합니다.

10.4.8 라이프타임 생략

모든 참조자는 라이프타임을 가지며, 참조자를 사용하는 함수나 구조체는 라이프타임 매개변수를 명시해야 함을 배웠습니다. 하지만 4장에서 본 예제 4-9의 함수는, 예제 10 25에서 다시 살펴보겠지만, 라이프타임 명시가 없었는데도 컴파일을 할 수 있었습니다.

예제 10-25 **4장에서 정의했던, 매개변수와 반환 타입이 참조자인데도 라이프타임 명시 없이 컴파일 가능한 함수**

(File) src/lib.rs

```
fn first_word(s: &str) -> &str {
    let bytes = s.as_bytes();

    for (i, &item) in bytes.iter().enumerate() {
        if item == b' ' {
            return &s[0..i];
```

```
            }
        }
    }
    &s[..]
}
```

이 함수에 라이프타임을 명시하지 않아도 컴파일 할 수 있는 이유는 러스트의 역사에서 찾아볼 수 있습니다. 초기 버전(1.0 이전) 러스트에서는 이 코드를 컴파일할 수 없었습니다. 모든 참조자는 명시적인 라이프타임이 필요했었죠. 그 당시 함수 시그니처는 다음과 같이 작성했습니다.

```
fn first_word<'a>(s: &'a str) -> &'a str {
```

수많은 러스트 코드를 작성하고 난 후, 러스트 팀은 러스트 프로그래머들이 특정한 상황에서 똑같은 라이프타임 명시를 계속 똑같이 작성하고 있다는 걸 알아냈습니다. 이 상황들은 예측 가능한 상황들이었으며, 몇 가지 결정론적(deterministic) 패턴을 따르고 있었습니다. 따라서 러스트 팀은 컴파일러 내에 이 패턴들을 프로그래밍하여, 이러한 상황에서는 라이프타임을 명시하지 않아도 대여 검사기가 추론할 수 있도록 하였습니다.

앞으로 더 많은 결정론적 패턴이 컴파일러에 추가될 가능성이 있다는 사실은 이러한 러스트의 역사와 관련되어 있습니다. 나중에는 라이프타임 명시가 필요한 상황이 더욱 적어질지도 모르지요.

러스트의 참조자 분석 기능에 프로그래밍된 이 패턴들을 **라이프타임 생략 규칙**(lifetime elision rules)이라고 부릅니다. 이 규칙은 프로그래머가 따라야 하는 규칙이 아닙니다. 그저 컴파일러가 고려하는 특정한 사례의 모음이며, 여러분의 코드가 이에 해당할 경우 라이프타임을 명시하지 않아도 될 따름입니다.

생략 규칙이 완전한 추론 기능을 제공하는 것은 아닙니다. 만약 러스트가 이 규칙들을 적용했는데도 라이프타임이 모호한 참조자가 있다면, 컴파일러는 이 참조자의 라이프타임을 추측하지 않습니다. 컴파일러는 추측 대신 에러를 발생시켜서, 여러분이 라이프타임 명시를 추가하여 문제를 해결하도록 할 것입니다.

먼저 몇 가지를 정의하겠습니다. 함수나 메서드 매개변수의 라이프타임은 **입력 라이프타임**(input lifetime)이라 하며, 반환값의 라이프타임은 **출력 라이프타임**(output lifetime)이라 합니다.

라이프타임 명시가 없을 때 컴파일러가 참조자의 라이프타임을 알아내는 데 사용하는 규칙은 세 개입니다. 첫 번째 규칙은 입력 라이프타임에 적용되고, 두 번째 및 세 번째 규칙은 출력 라이프타임에 적용됩니다. 세 가지 규칙을 모두 적용했음에도 라이프타임을 알 수 없는 참조자가 있다면 컴파일러는 에러와 함께 작동을 멈춥니다. 이 규칙은 fn 정의는 물론 impl 블록에도 적용됩니다.

첫 번째 규칙은, 컴파일러가 참조자인 매개변수 각각에게 라이프타임 매개변수를 할당한다는 것입니다. fn foo<'a>(x: &'a i32)처럼 매개변수가 하나인 함수는 하나의 라이프타임 매개변수를 갖고, fn foo<'a, 'b>(x: &'a i32, y: &'b i32)처럼 매개변수가 두 개인 함수는 두 개의 개별 라이프타임 매개변수를 갖는 식입니다.

두 번째 규칙은, 만약 입력 라이프타임 매개변수가 딱 하나라면, 해당 라이프타임이 모든 출력 라이프타임에 대입된다는 것입니다. fn foo<'a>(x: &'a i32) -> &'a i32처럼 말이지요.

세 번째 규칙은, 입력 라이프타임 매개변수가 여러 개인데, 그중 하나가 &self나 &mut self라면, 즉 메서드라면 self의 라이프타임이 모든 출력 라이프타임 매개변수에 대입됩니다. 이 규칙은 메서드 코드를 깔끔하게 만드는 데 기여합니다.

한번 우리가 컴파일러라고 가정해보고, 예제 10-25의 first_word 함수 시그니처 속 참조자의 라이프타임을 이 규칙들로 알아내봅시다. 시그니처는 참조자에 관련된 어떤 라이프타임 명시도 없이 시작됩니다.

```
fn first_word(s: &str) -> &str {
```

첫 번째 규칙을 적용해, 각각의 매개변수에 라이프타임을 지정해봅시다. 평범하게 'a라고 해보죠. 시그니처는 이제 다음과 같습니다.

```
fn first_word<'a>(s: &'a str) -> &str {
```

입력 라이프타임이 딱 하나밖에 없으니 두 번째 규칙을 적용합니다. 두 번째 규칙대로 출력 라이프타임에 입력 매개변수의 라이프타임을 대입하고 나면, 시그니처는 다음과 같습니다.

```
fn first_word<'a>(s: &'a str) -> &'a str {
```

함수 시그니처의 모든 참조자가 라이프타임을 갖게 됐으니, 컴파일러는 프로그래머에게 이 함수의 라이프타임 명시를 요구하지 않고도 계속 코드를 분석할 수 있습니다.

이번엔 다른 예제로 해보죠. 예제 10-20에서의 아무런 라이프타임 매개변수가 없는 `longest` 함수를 이용해보겠습니다.

```
fn longest(x: &str, y: &str) -> &str {
```

첫 번째 규칙을 적용해, 각각의 매개변수에 라이프타임을 지정해봅시다. 이번에는 매개변수가 두 개니, 두 개의 라이프타임이 생깁니다.

```
fn longest<'a, 'b>(x: &'a str, y: &'b str) -> &str {
```

입력 라이프타임이 하나가 아니므로 두 번째 규칙은 적용하지 않습니다. `longest` 함수는 메서드가 아니니, 세 번째 규칙도 적용할 수 없습니다. 세 가지 규칙을 모두 적용했는데도 반환 타입의 라이프타임을 알아내지 못했습니다. 예제 10-20의 코드를 컴파일하면 에러가 발생하는 이유가 바로 이 때문입니다. 컴파일러가 라이프타임 생략 규칙을 적용해보았지만, 이 시그니처 안에 있는 모든 참조자의 라이프타임을 알아내지 못했습니다.

세 번째 규칙은 메서드 시그니처에만 적용되니, 메서드에서의 라이프타임을 살펴보고, 왜 세 번째 규칙 덕분에 메서드 시그니처의 라이프타임을 자주 생략할 수 있는지 알아봅시다.

10.4.9 메서드 정의에서 라이프타임 명시하기

라이프타임을 갖는 메서드를 구조체에 구현하는 문법은 예제 10-11에서 본 제네릭 타입 매개변수 문법과 같습니다. 라이프타임 매개변수의 선언 및 사용 위치는 구조체 필드나 메서드 매개변수 및 반환값과 연관이 있느냐 없느냐에 따라 달라집니다.

라이프타임이 구조체 타입의 일부가 되기 때문에, 구조체 필드의 라이프타임 이름은 `impl` 키워드 뒤에 선언한 다음 구조체명 뒤에 사용해야 합니다.

`impl` 블록 안에 있는 메서드 시그니처의 참조자들은 구조체 필드에 있는 참조자의 라이프타임과 관련되어 있을 수도 있고, 독립적일 수도 있습니다. 또한 라이프타임 생략 규칙으로 인

해 메서드 시그니처에 라이프타임을 명시하지 않아도 되는 경우도 있습니다. 예제 10-24의 ImportantExcerpt 구조체로 예시를 들어보겠습니다.

먼저 level이라는 메서드가 있습니다. 이 메서드의 매개변수는 self 참조자 하나뿐이며, 반환값은 참조자가 아닌 그냥 i32값입니다.

```
impl<'a> ImportantExcerpt<'a> {
    fn level(&self) -> i32 {
        3
    }
}
```

impl 뒤에서 라이프타임 매개변수를 선언하고 타입명 뒤에서 사용하는 과정은 필수적이지만, 첫 번째 생략 규칙으로 인해 self 참조자의 라이프타임을 명시할 필요는 없습니다.

다음은 세 번째 라이프타임 생략 규칙이 적용되는 예시입니다.

```
impl<'a> ImportantExcerpt<'a> {
    fn announce_and_return_part(&self, announcement: &str) -> &str {
        println!("Attention please: {}", announcement);
        self.part
    }
}
```

두 개의 입력 라이프타임이 있으니, 러스트는 첫 번째 라이프타임 생략 규칙대로 &self, announcement에 각각의 라이프타임을 부여합니다. 그다음, 매개변수 중 하나가 &self이니 반환 타입에 &self의 라이프타임을 부여합니다. 이제 모든 라이프타임이 추론되었네요.

10.4.10 정적 라이프타임

정적 라이프타임(static lifetime), 즉 'static이라는 특별한 라이프타임을 다뤄봅시다. 'static 라이프타임은 해당 참조자가 프로그램의 전체 생애주기 동안 살아 있음을 의미합니다. 모든 문자열 리터럴은 'static 라이프타임을 가지며, 다음과 같이 명시할 수 있습니다.

```
let s: &'static str = "I have a static lifetime.";
```

이 문자열의 텍스트는 프로그램의 바이너리 내에 직접 저장되기 때문에 언제나 이용할 수 있습니다. 따라서 모든 문자열 리터럴의 라이프타임은 'static입니다.

'static 라이프타임을 이용하라는 제안이 담긴 에러 메시지를 보게 될 수도 있습니다. 하지만 어떤 참조자를 'static으로 지정하기 전에 해당 참조자가 반드시 프로그램의 전체 라이프타임동안 유지되어야만 하는 참조자인지, 그리고 그것이 진정 원하는 것인지 고민해보라고 당부하고 싶습니다. 'static 라이프타임을 제안하는 에러 메시지는 대부분의 경우 댕글링 참조를 만들다가 발생하거나, 사용할 수 있는 라이프타임이 잘못 짝지어져서 발생합니다. 이러한 경우 바람직한 해결책은 그런 문제를 고치는 것이지, 'static 라이프타임을 사용하는 것이 아닙니다.

10.5 제네릭 타입 매개변수, 트레이트 바운드, 라이프타임을 한 곳에 사용해보기

제네릭 타입 매개변수, 트레이트 바운드, 라이프타임 문법이 함수 하나에 전부 들어간 모습을 살펴봅시다!

```
use std::fmt::Display;

fn longest_with_an_announcement<'a, T>(
    x: &'a str,
    y: &'a str,
    ann: T,
) -> &'a str
where
    T: Display,
{
    println!("Announcement! {}", ann);
    if x.len() > y.len() {
        x
    } else {
        y
    }
}
```

예제 10-21에서 본 두 개의 문자열 슬라이스 중 긴 쪽을 반환하는 longest 함수입니다. 하지만 이번에는 where 구문에 명시한 바와 같이 Display 트레이트를 구현하는 제네릭 타입 T에 해당하는 ann 매개변수를 추가했습니다. 이 추가 매개변수는 {}를 사용하여 출력될 것인데, 이 때문에

`Display` 트레이트 바운드가 필요합니다. 라이프타임은 제네릭의 일종이므로, 함수명 뒤의 부등호 기호 안에는 라이프타임 매개변수 `'a` 선언과 제네릭 타입 매개변수 T가 함께 나열되어 있습니다.

정리

이번 장에서는 정말 많은 내용을 배웠네요! 여러분은 제네릭 타입 매개변수, 트레이트, 트레이트 바운드, 제네릭 라이프타임 매개변수를 배웠습니다. 이제 다양한 상황에 맞게 작동하는 코드를 중복 없이 작성할 수 있겠군요. 제네릭 타입 매개변수로는 다양한 타입으로 작동하는 코드를 작성할 수 있고, 트레이트와 트레이트 바운드로는 제네릭 타입을 다루면서도 코드에서 필요한 특정 동작을 보장할 수 있습니다. 라이프타임을 명시하면 이런 유연한 코드를 작성하면서도 댕글링 참조가 발생할 일이 없습니다. 그리고, 이 모든 것들은 컴파일 타임에 분석되어 런타임 성능에 전혀 영향을 주지 않습니다!

이번 장에서 다룬 주제들에서 더 배울 내용이 남았다고 하면 믿어지시나요? 17장에서는 트레이트를 사용하는 또 다른 방법인 트레이트 객체를 다룰 예정입니다. 매우 고급 시나리오 상에서만 필요하게 될, 라이프타임 명시에 관한 더 복잡한 시나리오도 있습니다. 이와 관련해서는 러스트 참고 자료 문서(https://doc.rust-lang.org/reference/trait-bounds.html)를 읽어야 합니다. 하지만 일단 다음 장에서는 러스트에서 여러분의 코드가 원하는 대로 작동함을 보장할 수 있도록 해주는 코드 테스트 작성 방법을 배워보도록 하죠.

11

자동화 테스트 작성하기

에츠허르 데이크스트라(Edsger W. Dijkstra)는 1972년 자신의 에세이 '겸손한 프로그래머(The Humble Programmer)'에서 "프로그램 테스트는 버그의 존재를 보여주는 데에는 매우 효율적인 방법일 수 있지만, 버그의 부재를 보여주기에는 절망적으로 부적절하다"라고 말했습니다. 그렇다고 해서 가능한 많은 테스트를 시도하지 말아야 한다는 뜻은 아닙니다!

프로그램의 정확성은 곧 '프로그램이 얼마나 의도한 대로 작동하는가'와 같습니다. 러스트는 프로그램의 정확성에 굉장히 신경을 써서 설계된 언어지만, 정확성을 증명하기란 어렵고 복잡합니다. 러스트 타입 시스템이 이 역할의 큰 부담을 해소해주고 있으나 타입 시스템만으로 모든 문제를 잡아내지는 못합니다. 따라서 러스트는 언어 자체적으로 자동화된 소프트웨어 테스트 작성을 지원합니다.

전달받은 숫자에 2를 더하는 `add_two` 함수를 작성한다고 칩시다. 함수 시그니처는 매개변수로 정수를 전달받고, 결과로 정수를 반환합니다. 이 함수를 구현하고 컴파일할 때 러스트는 앞서 배운 타입 검사 및 대여 검사를 수행합니다. 함수에 String값이나 유효하지 않은 참조자가 전달될 일이 없도록 보장해주죠. 하지만 러스트는 함수가 의도대로 작동하는지에 대해서는 검사할 수 **없습니다.** 함수가 매개변수에 2를 더하지 않고, 10을 더하거나 50을 빼서 반환해도 모를 일입니다! 이런 경우에 테스트를 도입합니다.

예를 들어 add_two 함수에 3을 전달하면 5가 반환될 것임을 단언(assert)하는 테스트를 작성하고 코드를 수정할 때마다 테스트를 실행하면, 제대로 작동하던 기존 코드에 문제가 생기지 않았을지 걱정할 필요가 없습니다.

테스트는 복잡한 기술입니다. 이번 장에서 좋은 테스트를 작성하는 방법에 대한 모든 것을 전부 다룰 수는 없습니다. 이번 장은 러스트의 테스트 메커니즘을 설명합니다. 테스트 작성 시 사용하는 애너테이션, 매크로를 배우고, 테스트 실행 시의 기본 동작과 실행 옵션, 유닛 테스트와 통합 테스트를 조직화하는 방법을 배워보도록 하죠.

11.1 테스트 작성 방법

테스트란, 테스트할 코드가 의도대로 기능하는지 검증하는 함수입니다. 테스트 함수는 보통 본문에서 세 가지 동작을 수행합니다.

1. 필요한 데이터나 상태 설정
2. 테스트할 코드 실행
3. 의도한 결과가 나오는지 확인

test 속성, 몇 가지 매크로, should_panic 속성을 포함하여 위 세 가지 동작을 수행하는 테스트를 위해 러스트가 특별히 제공하는 기능을 살펴봅시다.

11.1.1 테스트 함수 파헤치기

간단히 말해서, 러스트에서 테스트란 test 속성이 애너테이션된 함수입니다. 속성은 러스트 코드 조각에 대한 메타데이터입니다. 앞서 5장에서 구조체에 사용했던 derive도 속성 중 하나입니다. 함수의 fn 이전 줄에 #[test]를 추가하면 테스트 함수로 변경됩니다. 테스트는 cargo test 명령어로 실행되며, 이 명령을 실행하면 러스트는 속성이 표시된 함수를 실행하고 결과를 보고하는 테스트 실행 바이너리를 빌드합니다.

카고로 새 라이브러리 프로젝트를 생성할 때마다 테스트 함수가 포함된 테스트 모듈이 자동 생성됩니다. 이 모듈이 테스트 작성을 위한 템플릿을 제공하므로, 새 프로젝트를 시작할 때마다 정확한 구조 및 테스트 함수 문법을 찾아볼 필요는 없습니다. 테스트 모듈과 테스트 함수는 여러분이 원하는 만큼 추가할 수 있습니다!

어떤 코드를 실제로 테스트해보기 전에, 먼저 이 템플릿 테스트를 실험해보면서 테스트가 어떻게 작동하는지 알아보겠습니다. 그다음 실제로 우리가 작성한 코드가 제대로 작동하는지 확인하는 테스트를 직접 작성해보겠습니다.

두 숫자를 더하는 adder라는 라이브러리 프로젝트를 생성해봅시다.

```
$ cargo new adder --lib
    Created library `adder` project
$ cd adder
```

adder 라이브러리의 **src/lib.rs** 파일 내용은 다음과 같습니다.

예제 11-1 `cargo new` **명령어로 자동 생성된 테스트 모듈과 함수**   (File) src/lib.rs

```
#[cfg(test)]
mod tests {
  ❶ #[test]
    fn it_works() {
        let result = 2 + 2;
      ❷ assert_eq!(result, 4);
    }
}
```

맨 위의 두 줄은 무시하고 함수에 집중합시다. #[test] 애너테이션에 주목해주세요(❶). 이 속성은 해당 함수가 테스트 함수임을 표시하며, 테스트 실행기는 이 표시를 보고 해당 함수를 테스트로 다룰 수 있게 됩니다. tests 모듈 내에는 테스트 함수뿐만 아니라, 일반적인 시나리오를 설정하거나 자주 쓰이는 연산을 수행하는 일반 함수도 작성하기도 하므로, 어떤 함수가 테스트 함수인지 항상 표시해줘야 합니다.

예제 함수 본문에서는 assert_eq! 매크로를 사용하여(❷) result에 대한 단언을 했는데, 이 변수의 내용물이 2와 2를 더한 결과인 4와 같다는 것입니다. 이 단언 코드는 일반적인 테스트 형식 예제로 제공됩니다. 한번 테스트를 실행해 이 테스트가 통과되는지 확인해보죠.

cargo test 명령어는 프로젝트 내 모든 테스트를 실행합니다. 결과는 예제 11-2처럼 나타납니다.

예제 11-2 자동 생성된 테스트 실행 결과

```
$ cargo test
   Compiling adder v0.1.0 (file:///projects/adder)
    Finished test [unoptimized + debuginfo] target(s) in 0.57s
     Running unittests src/lib.rs (target/debug/deps/adder-92948b65e88960b4)

❶ running 1 test
❷ test tests::it_works ... ok

❸ test result: ok. 1 passed; 0 failed; 0 ignored; 0 measured; 0 filtered out; finished in 0.00s

   ❹ Doc-tests adder

running 0 tests

test result: ok. 0 passed; 0 failed; 0 ignored; 0 measured; 0 filtered out; finished in 0.00s
```

카고가 테스트를 컴파일하고 실행했습니다. running 1 test 줄이 보입니다(❶). 그다음 줄에는 생성된 테스트 함수의 이름 it_works와 테스트 실행 결과 ok가 표시됩니다(❷). 그다음 줄은 전체 요약으로 test result: ok.는 모든 테스트가 통과됐다는 뜻이고(❸), 1 passed; 0 failed라는 부분은 통과하거나 실패한 테스트 개수를 종합해서 표시한 것입니다.

어떤 테스트를 무시하도록 표시하여 특정 인스턴스에서는 실행되지 않도록 할 수도 있습니다. 이에 대해서는 이 장의 '특별 요청이 없다면 일부 테스트 무시하기'(297쪽)에서 다루겠습니다. 이번 예제에는 그런 게 없었으므로, 요약에는 0 ignored가 표시됩니다. 또한 cargo test에 인수를 넘겨서 어떤 문자열과 이름이 일치하는 테스트만 실행하도록 할 수도 있습니다. 이것을 **필터링**(filtering)이라고 하고, '이름을 지정해 일부 테스드민 실행하기'(295쪽)에서 디룰 예정입니다. 지금의 테스트에서는 필터링도 없었으므로, 요약의 끝부분에 0 filtered out이 표시됩니다.

0 measured 통계는 성능 측정 벤치마크 테스트용입니다. 이 내용이 작성된 시점을 기준으로, 벤치마크 테스트는 러스트 nightly에서만 사용 가능합니다. 자세한 내용은 벤치마크 테스트 문서 (https://doc.rust-lang.org/unstable-book/library-features/test.html)를 참고해주세요.

테스트 출력 결과 중 Doc-tests adder로 시작하는 부분은 문서 테스트 결과를 나타냅니다(❹). 아직 문서 테스트를 작성해보진 않았지만, 러스트는 API 문서에 작성해놓은 예제 코드도 컴파일할 수 있습니다. 러스트의 이 기능은 작성한 코드와 문서의 내용이 달라지지 않도록 유지보수하는 데에 매우 유용하답니다! 문서 테스트 작성 방법은 14장의 '테스트로서의 문서화 주석'(378쪽)에서 배울 예정입니다. 지금은 일단 Doc-tests 출력을 무시하겠습니다.

현재의 요구 사항에 맞게 테스트의 커스터마이징을 시작해봅시다. 먼저 다음과 같이 it_works 함수의 이름을 exploration 같은 다른 이름으로 변경해봅시다.

(File) src/lib.rs

```
#[cfg(test)]
mod tests {
    #[test]
    fn exploration() {
        assert_eq!(2 + 2, 4);
    }
}
```

cargo test를 다시 실행하면 출력 결과에 it_works 대신 exploration이 나타납니다.

```
running 1 test
test tests::exploration ... ok

test result: ok. 1 passed; 0 failed; 0 ignored; 0 measured; 0 filtered out; finished in 0.00s
```

이제 다른 테스트를 추가하는데, 이번엔 테스트가 실패하도록 만들어보죠! 테스트 함수 내에서 패닉이 발생하면 테스트는 실패합니다. 각각의 테스트는 새로운 스레드에서 실행되며, 메인 스레드에서 테스트 스레드가 죽은 것을 알게 되면 해당 테스트는 실패한 것으로 처리됩니다. 9장에서, 가장 쉽게 패닉을 일으키는 방법은 panic 매크로를 호출하는 것이라고 이야기했습니다. 예제 11-3처럼 **src/lib.rs** 파일에 another라는 테스트를 새로 추가해봅시다.

예제 11-3 panic! 매크로를 호출하여 실패하도록 만든 테스트 추가　　　　　(File) src/lib.rs

```
#[cfg(test)]
mod tests {
    #[test]
    fn exploration() {
        assert_eq!(2 + 2, 4);
    }
```

```
    #[test]
    fn another() {
        panic!("Make this test fail");
    }
}
```

cargo test를 다시 실행해보죠. 출력 결과는 예제 11-4처럼 exploration 테스트는 통과하고 another 테스트는 실패했다고 나타날 겁니다.

예제 11-4 테스트 하나는 통과하고 다른 하나는 실패했을 때의 테스트 결과

```
running 2 tests
❶ test tests::another ... FAILED
test tests::exploration ... ok

❷ failures:

---- tests::another stdout ----
thread 'tests::another' panicked at 'Make this test fail', src/lib.rs:10:9
note: run with `RUST_BACKTRACE=1` environment variable to display a backtrace

❸ failures:
    tests::another

❹ test result: FAILED. 1 passed; 1 failed; 0 ignored; 0 measured; 0 filtered out; finished
in 0.00s

error: test failed, to rerun pass `--lib`
```

test tests::another 줄은 ok가 아니라 FAILED로 표시됩니다(❶). 개별 결과와 요약 사이에 새로운 절이 두 개 나타났네요. 첫 번째 절은 테스트가 실패한 자세한 이유를 보여줍니다(❷). 위의 경우 another 테스트는 panicked at 'Make this test fail'이라는 이유로 실패했으며, **src/lib.rs** 파일 10번째 줄에서 발생했다는 세부 사항을 알게 되었습니다. 다음 절은 실패한 테스트의 이름을 목록으로 보여줍니다(❸). 이는 테스트가 많아지고 테스트 실패 사유 출력량도 많아졌을 때 유용합니다. 실패한 테스트의 이름을 이용해 해당 테스트만 실행하면 쉽게 디버깅할 수 있습니다. 테스트를 실행하는 각종 방식은 '테스트 실행 방법 제어하기'(292쪽)에서 다룰 예정입니다.

요약 줄은 마지막에 출력됩니다(❹). 종합적인 테스트 결과는 FAILED군요. 테스트 하나는 통과했지만, 테스트 하나가 실패했습니다.

각 상황에서 테스트 실행 결과가 어떻게 나타나는지 살펴봤으니, panic! 이외에 테스트에서 유용하게 쓰이는 매크로를 알아봅시다.

11.1.2 assert! 매크로로 결과 검사하기

어떤 조건이 true임을 보장하는 테스트를 작성할 땐 표준 라이브러리가 제공하는 assert! 매크로가 유용합니다. assert! 매크로는 불리언값으로 평가되는 인수를 전달받습니다. true값일 경우, 아무 일도 일어나지 않고 테스트는 통과합니다. false값일 경우, assert! 매크로는 panic! 매크로를 호출하여 테스트를 실패하도록 만듭니다. assert! 매크로를 사용하면 작성한 코드가 의도대로 기능하는지 검사하는 데에 유용합니다.

5장 예제 5-15에서 Rectangle 구조체랑 can_hold 메서드를 사용했었죠(예제 11-5에서 다시 소개합니다). 이 코드를 **src/lib.rs** 파일에 작성하고, 그다음 assert! 매크로로 테스트를 작성해봅시다.

예제 11-5 **5장 Rectangle 구조체와 can_hold 메서드** (File) src/lib.rs

```
#[derive(Debug)]
struct Rectangle {
    width: u32,
    height: u32,
}

impl Rectangle {
    fn can_hold(&self, other: &Rectangle) -> bool {
        self.width > other.width && self.height > other.height
    }
}
```

can_hold 메서드는 불리언값을 반환하니 assert! 매크로 사용 예시로 쓰기에 딱 알맞습니다. 예제 11-6은 can_hold 메서드를 시험하는 테스트를 작성한 모습입니다. 너비 8, 높이 7 Rectangle 인스턴스를 생성하고, 이 인스턴스는 너비 5, 높이 1 Rectangle 인스턴스를 포함할 수 있음을 단언합니다.

예제 11-6 **큰 사각형이 작은 사각형을 정말로 포함할 수 있는지 검사하는 can_hold 메서드 테스트** (File) src/lib.rs

```
#[cfg(test)]
mod tests {
❶ use super::*;

    #[test]
```

```
❷ fn larger_can_hold_smaller() {
    ❸ let larger = Rectangle {
          width: 8,
          height: 7,
      };
      let smaller = Rectangle {
          width: 5,
          height: 1,
      };

    ❹ assert!(larger.can_hold(&smaller));
    }
}
```

tests 모듈에 use super::*; 줄이 추가되었습니다(❶). tests 모듈 또한 7장 '경로를 사용하여 모듈 트리의 아이템 참조하기'(160쪽)에서 다룬 가시성 규칙을 따르는 평범한 모듈입니다. 따라서, 내부 모듈인 tests 모듈에서 외부 모듈의 코드를 테스트하려면 먼저 내부 스코프로 가져와야 합니다. tests 모듈에서는 글롭(*)을 사용해 외부 모듈에 정의된 걸 전부 사용할 수 있도록 하였습니다.

테스트 이름은 larger_can_hold_smaller로 정하고(❷), 필요한 Rectangle 인스턴스를 두 개 생성하고(❸), larger.can_hold(&smaller) 호출 결과를 전달하여 assert! 매크로를 호출하였습니다(❹). larger.can_hold(&smaller) 표현식은 true를 반환할 테니 테스트는 성공하겠죠. 확인해봅시다!

```
running 1 test
test tests::larger_can_hold_smaller ... ok

test result: ok. 1 passed; 0 failed; 0 ignored; 0 measured; 0 filtered out; finished in 0.00s
```

통과됐네요! 이번에는 작은 사각형이 큰 사각형을 포함할 수 없음을 단언하는 테스트를 추가해봅시다.

File src/lib.rs

```
#[cfg(test)]
mod tests {
    use super::*;

    #[test]
    fn larger_can_hold_smaller() {
```

```
        // --생략--
    }

    #[test]
    fn smaller_cannot_hold_larger() {
        let larger = Rectangle {
            width: 8,
            height: 7,
        };
        let smaller = Rectangle {
            width: 5,
            height: 1,
        };

        assert!(!smaller.can_hold(&larger));
    }
}
```

이번에는 can_hold 함수가 false를 반환하는 게 맞으므로, assert! 매크로에 전달하기 전에 논리 부정 연산자를 사용했습니다. 결과적으로, 이 테스트는 can_hold 함수에서 false값을 반환하면 성공합니다.

```
running 2 tests
test tests::larger_can_hold_smaller ... ok
test tests::smaller_cannot_hold_larger ... ok

test result: ok. 2 passed; 0 failed; 0 ignored; 0 measured; 0 filtered out; finished in 0.00s
```

두 테스트를 모두 통과했습니다! 그러면 이제 코드에 버그가 있으면 테스트 결과가 어떻게 되는지 알아보죠. can_hold 메서드 구현부 중 너비 비교 부분의 큰 부등호를 작은 부등호로 바꿔보겠습니다.

```
// --생략--
impl Rectangle {
    fn can_hold(&self, other: &Rectangle) -> bool {
        self.width < other.width && self.height > other.height
    }
}
```

테스트 실행 결과는 다음과 같습니다.

```
running 2 tests
test tests::larger_can_hold_smaller ... FAILED
test tests::smaller_cannot_hold_larger ... ok

failures:

---- tests::larger_can_hold_smaller stdout ----
thread 'tests::larger_can_hold_smaller' panicked at 'assertion failed:
larger.can_hold(&smaller)', src/lib.rs:28:9
note: run with `RUST_BACKTRACE=1` environment variable to display a backtrace


failures:
    tests::larger_can_hold_smaller

test result: FAILED. 1 passed; 1 failed; 0 ignored; 0 measured; 0 filtered out;
finished in 0.00s
```

테스트로 버그를 찾아냈네요! `larger.width`는 8이고 `smaller.width`는 5인데 `can_hold`의 너비 비교 결과는 `false`(`larger.width`가 `smaller.width` 보다 작음)를 반환합니다. 8이 5보다 작진 않죠.

11.1.3 assert_eq!, assert_ne! 매크로를 이용한 동등 테스트

기능성 검증의 일반적인 방법은 테스트 코드의 결괏값이 예상한 값과 같은지 확인하는 것입니다. 이는 `assert!` 매크로에 `==` 연산자를 사용한 표현식을 전달하는 식으로도 가능하지만, 러스트는 이런 테스트에 더 알맞은 매크로를 따로 제공합니다. `assert_eq!`, `assert_ne!` 매크로는 각각 두 인수를 비교하고 동등한지(equality) 그렇지 않은지(inequality) 판단합니다. 단언 코드가 실패하면 두 값을 출력하여 테스트의 **실패 사유**를 더 알기 쉽게 보여줍니다. `assert!` 매크로는 `==` 표현식이 `false`값임을 알려줄 뿐, 어떤 값으로 인해 `false`값이 나왔는지 출력하지는 않습니다.

예제 11-7은 매개변수에 2를 더하는 `add_two` 함수를 작성한 다음, `assert_eq!` 매크로를 이용해 테스트하는 예제입니다.

예제 11-7 assert_eq! 매크로를 이용한 add_two 함수 테스트   `File` src/lib.rs

```rust
pub fn add_two(a: i32) -> i32 {
    a + 2
}

#[cfg(test)]
mod tests {
```

```
    use super::*;

    #[test]
    fn it_adds_two() {
        assert_eq!(4, add_two(2));
    }
}
```

테스트를 통과하는지 확인해봅시다!

```
running 1 test
test tests::it_adds_two ... ok

test result: ok. 1 passed; 0 failed; 0 ignored; 0 measured; 0 filtered out; finished in 0.00s
```

assert_eq!에 4를 인수로 넘겼는데, 이는 add_two(2) 호출 결과와 같습니다. 출력 중 테스트에 해당하는 줄은 test tests::it_adds_two ... ok이고, ok는 테스트가 통과했다는 뜻이죠!

코드에 버그를 집어넣어서 assert_eq!가 실패했을 때는 어떤 식으로 보이는지 확인해봅시다. add_two 함수가 3을 더하도록 구현을 변경해봅시다.

```
pub fn add_two(a: i32) -> i32 {
    a + 3
}
```

테스트를 다시 실행해보죠.

```
running 1 test
test tests::it_adds_two ... FAILED

failures:

---- tests::it_adds_two stdout ----
❶ thread 'tests::it_adds_two' panicked at 'assertion failed: `(left == right)`
❷  left: `4`,
❸  right: `5`', src/lib.rs:11:9
note: run with `RUST_BACKTRACE=1` environment variable to display a backtrace


failures:
    tests::it_adds_two
```

```
test result: FAILED. 0 passed; 1 failed; 0 ignored; 0 measured; 0 filtered out; finished
in 0.00s
```

테스트가 버그를 찾아냈습니다! it_adds_two 테스트가 실패했고, 실패한 단언은 assertion failed: `(left == right)`이며❶ left(❷), right(❸)의 값은 각각 4, 5였다는 것을 메시지에서 알 수 있습니다. 이 메시지로 assert_eq!의 left 인수는 4였는데 right 인수(add_two(2))는 5였다는 내용을 알 수 있기 때문에, 디버깅을 시작하는 데 도움이 됩니다. 수많은 테스트가 있을 때라면 특히 유용할 것임을 짐작할 수 있습니다.

몇몇 프로그래밍 언어, 프레임워크에서는 동등 단언 함수의 매개변수를 expected, actual이라고 지칭하며, 코드를 작성할 때 인수의 순서를 지켜야 합니다. 하지만 러스트에서는 left, right라고 지칭할 뿐, 예상값과 테스트 코드로 만들어진 값의 순서는 상관없습니다. 테스트 코드를 assert_eq!(add_two(2), 4)로 작성할 수도 있습니다. 이 경우에도 실패 메시지는 똑같이 assertion failed: `(left == right)`라고 나타납니다.

assert_ne! 매크로로는 전달한 두 값이 서로 같지 않으면 통과하고, 동등하면 실패합니다. **어떤 값이 될지**는 확신할 수 없지만, 적어도 **이 값은 되지 않아야 함**을 알고 있는 경우에 유용합니다. 예를 들어, 테스트할 함수가 입력값을 어떤 방식으로든 변경한다는 것은 확실하지만, 테스트를 실행하는 요일에 따라 함수의 입력값이 달라진다면, 입력값과 함수 출력이 동일하면 안 된다고 테스트를 작성하는 게 가장 좋을 겁니다.

내부적으로 assert_eq!, assert_ne! 매크로는 각각 ==, != 연산자를 사용합니다. 단언에 실패할 경우, 매크로는 인수를 디버그 형식으로 출력하는데, 즉 assert_eq!, assert_ne! 매크로로 비교할 값은 PartialEq, Debug 트레이트를 구현해야 합니다. 모든 기본 타입 및 대부분의 표준 라이브러리 타입은 이 두 트레이트를 구현합니다. 직접 정의한 구조체나 열거형의 경우에는 PartialEq 트레이트를 구현하여 해당 타입의 값이 같음을 단언할 수 있도록 할 필요가 있습니다. 또한 단언 실패 시 값이 출력될 수 있도록 Debug 트레이트도 구현해야 합니다. 5장 예제 5-12에서 설명했듯 두 트레이트 모두 파생 가능한 트레이트이기 때문에, 구조체, 열거형 정의에 #[derive(PartialEq, Debug)]를 애너테이션하는 것이 일반적입니다. 이에 대한 추가 내용 및 파생 가능한 나머지 트레이트는 부록 C(640쪽)를 참고해주세요.

11.1.4 커스텀 실패 메시지 추가하기

assert!, assert_eq!, assert_ne! 매크로에 추가 인수로 실패 메시지에 출력될 내용을 추가할 수 있습니다. 필수적인 인수들 이후의 인수는 format! 매크로로 전달됩니다(format! 매크로는 8장의 '+ 연산자나 format! 매크로를 이용한 접합'(192쪽)에서 다루었습니다). 따라서 {} 자리표시자가 들어 있는 포맷 문자열과 자리표시자에 들어갈 값을 전달할 수 있습니다. 커스텀 메시지는 테스트 단언의 의미를 서술하는 데에 유용합니다. 테스트가 실패할 경우 코드의 문제점이 무엇인지 알아내기 더 수월해지죠.

예를 들어 이름을 불러 사람을 환영하는 함수가 있고, 함수에게 전달한 이름이 결과에 나타나는지 확인하는 테스트를 작성한다고 칩시다.

File src/lib.rs

```rust
pub fn greeting(name: &str) -> String {
    format!("Hello {}!", name)
}

#[cfg(test)]
mod tests {
    use super::*;

    #[test]
    fn greeting_contains_name() {
        let result = greeting("Carol");
        assert!(result.contains("Carol"));
    }
}
```

아직 프로그램의 요구 사항이 정해지지 않아서, 분명히 Hello 텍스트 부분이 나중에 변경될 거라고 치죠. 프로그램 요구 사항이 바뀔 때 테스트 코드도 고치고 싶지는 않으니 greeting 함수의 정확한 반환값을 검사하는 대신, 출력값에 입력 매개변수로 전달한 텍스트가 포함되어 있는지만 확인하려고 합니다.

이제 기본 테스트 실패 시 출력을 살펴보기 위해, greeting 함수 결괏값에서 name이 빠지도록 변경하여 버그를 만들어보았습니다.

```
pub fn greeting(name: &str) -> String {
    String::from("Hello!")
}
```

테스트 결과는 다음과 같습니다.

```
running 1 test
test tests::greeting_contains_name ... FAILED

failures:

---- tests::greeting_contains_name stdout ----
thread 'tests::greeting_contains_name' panicked at 'assertion failed:
result.contains(\"Carol\")', src/lib.rs:12:9
note: run with `RUST_BACKTRACE=1` environment variable to display a backtrace


failures:
    tests::greeting_contains_name
```

출력 결과는 단언이 실패했다는 것과 몇 번째 줄에서 실패했는지만 표시합니다. 실패 메시지에서 greeting 함수의 반환값을 출력해주면 더 유용하겠죠. 테스트 함수에 커스텀 실패 메시지를 추가해봅시다. greeting 함수가 반환하는 실젯값으로 채워지게 될 자리표시자가 들어 있는 포맷 문자열을 작성해보죠.

```
#[test]
fn greeting_contains_name() {
    let result = greeting("Carol");
    assert!(
        result.contains("Carol"),
        "Greeting did not contain name, value was `{}`",
        result
    );
}
```

이제 에러 메시지를 보고 더 많은 정보를 얻을 수 있습니다. 테스트를 다시 실행해보죠.

```
---- tests::greeting_contains_name stdout ----
thread 'tests::greeting_contains_name' panicked at 'Greeting did not contain name,
value was `Hello!`', src/lib.rs:12:9
note: run with `RUST_BACKTRACE=1` environment variable to display a backtrace
```

실제 테스트 결괏값을 볼 수 있으니 의도했던 것과 무엇이 다른지 알 수 있어, 디버깅하는 데 도움이 됩니다.

11.1.5 should_panic 매크로로 패닉 발생 검사하기

코드의 반환값을 검사하는 것에 더하여, 예상한 대로 에러 조건을 잘 처리하는지 검사하는 것도 중요합니다. 예를 들어 9장의 예제 9-10에서 만들었던 Guess 타입을 생각해보세요. Guess 타입을 사용하는 다른 코드는 Guess 인스턴스가 1에서 100 사이의 값임을 보장하는 기능에 의존합니다. 이런 경우, 범위를 벗어난 값으로 Guess 인스턴스를 만들면 패닉이 발생하는지 검사하는 테스트를 작성하면 이를 확실하게 보장할 수 있습니다.

패닉 검사 테스트 함수에는 should_panic 속성을 추가합니다. 이 테스트는 내부에서 패닉이 발생해야 통과되고, 패닉이 발생하지 않으면 실패합니다.

예제 11-8은 Guess::new의 에러 조건이 의도대로 작동하는지 검사하는 테스트를 보여줍니다.

예제 11-8 panic! 발생 테스트   File src/lib.rs

```rust
pub struct Guess {
    value: i32,
}

impl Guess {
    pub fn new(value: i32) -> Guess {
        if value < 1 || value > 100 {
            panic!("Guess value must be between 1 and 100, got {}.", value);
        }

        Guess { value }
    }
}

#[cfg(test)]
mod tests {
    use super::*;

    #[test]
    #[should_panic]
    fn greater_than_100() {
        Guess::new(200);
    }
}
```

#[should_panic] 속성은 #[test] 속성과 적용할 함수 사이에 위치시켰습니다. 테스트 성공 시 결과를 살펴봅시다.

```
running 1 test
test tests::greater_than_100 - should panic ... ok

test result: ok. 1 passed; 0 failed; 0 ignored; 0 measured; 0 filtered out; finished in 0.00s
```

괜찮아 보이네요! 이제 new 함수의 패닉 발생 조건 중 100보다 큰 값일 때의 조건을 지워서 버그를 만들어보죠.

```
// --생략--
impl Guess {
    pub fn new(value: i32) -> Guess {
        if value < 1 {
            panic!("Guess value must be between 1 and 100, got {}.", value);
        }

        Guess { value }
    }
}
```

예제 11-8 테스트를 실행하면 다음과 같이 실패합니다.

```
running 1 test
test tests::greater_than_100 - should panic ... FAILED

failures:

---- tests::greater_than_100 stdout ----
note: test did not panic as expected

failures:
    tests::greater_than_100

test result: FAILED. 0 passed; 1 failed; 0 ignored; 0 measured; 0 filtered out;
finished in 0.00s
```

에러 메시지는 그다지 유용하지 않지만, 테스트 함수를 살펴보면 #[should_panic]으로 애너테이션된 함수라는 걸 알 수 있습니다. 즉, 테스트 함수에서 패닉이 발생하지 않아서 실패했다는 뜻이죠.

should_panic을 사용하는 테스트는 정확하지 않을 수 있습니다. 의도한 것과는 다른 이유로 패닉이 발생하더라도 should_panic 테스트는 통과할 것입니다. should_panic 속성에 expected 매개변수를 추가해, 포함되어야 하는 실패 메시지를 지정하면 더 꼼꼼한 should_panic 테스트를 작성할 수 있습니다. 예제 11-9는 new 함수에서 값이 너무 작은 경우와 큰 경우에 서로 다른 메시지로 panic!을 발생시키도록 수정한 Guess 코드입니다.

예제 11-9 특정한 부분 문자열을 포함하는 패닉 메시지를 사용한 panic!에 대한 테스트   (File) src/lib.rs

```rust
// --생략--

impl Guess {
    pub fn new(value: i32) -> Guess {
        if value < 1 {
            panic!(
                "Guess value must be greater than or equal to 1, got {}.",
                value
            );
        } else if value > 100 {
            panic!(
                "Guess value must be less than or equal to 100, got {}.",
                value
            );
        }

        Guess { value }
    }
}

#[cfg(test)]
mod tests {
    use super::*;

    #[test]
    #[should_panic(expected = "less than or equal to 100")]
    fn greater_than_100() {
        Guess::new(200);
    }
}
```

should_panic 속성의 expected 매개변숫값이 Guess::new 함수에서 발생한 패닉 메시지 문자열의 일부이므로 테스트는 통과합니다. 발생해야 하는 패닉 메시지 전체를 명시할 수도 있습니다. 이 경우 Guess value must be less than or equal to 100, got 200.이 되겠죠. expected 매개변수에 명시할 내용은 패닉 메시지가 얼마나 고유한지 혹은 동적인지, 그리고 테스트에 요구되는 정확성에 따라 달라집니다. 이번 경우에는, 패닉 메시지 문자열 일부만으로도 실행된 함수 코드가 else if value > 100 상황에 해당함을 확신할 수 있으니 충분합니다.

expected 메시지를 지정한 should_panic 테스트가 실패하면 어떻게 되는지 알아보죠. if value < 1 코드 단락과 else if value > 100 코드 단락을 서로 바꾸어 버그를 만들어보았습니다.

```rust
if value < 1 {
    panic!(
        "Guess value must be less than or equal to 100, got {}.",
        value
    );
} else if value > 100 {
    panic!(
        "Guess value must be greater than or equal to 1, got {}.",
        value
    );
}
```

이번에는 should_panic 테스트가 실패합니다.

```
running 1 test
test tests::greater_than_100 - should panic ... FAILED

failures:

---- tests::greater_than_100 stdout ----
thread 'tests::greater_than_100' panicked at 'Guess value must be greater than or equal to 1,
got 200.', src/lib.rs:13:13
note: run with `RUST_BACKTRACE=1` environment variable to display a backtrace
note: panic did not contain expected string
      panic message: `"Guess value must be greater than or equal to 1, got 200."`,
 expected substring: `"less than or equal to 100"`

failures:
    tests::greater_than_100

test result: FAILED. 0 passed; 1 failed; 0 ignored; 0 measured; 0 filtered out;
finished in 0.00s
```

테스트에서 패닉이 발생하긴 했지만, 지정한 "less than or equal to 100" 문자열이 패닉 메시지에 포함되어 있지 않다는 것을 알려줍니다. 실제로 발생한 패닉 메시지는 Guess value must be greater than or equal to 1, got 200.입니다. 이제 이 메시지를 단서로 버그를 찾아낼 수 있습니다!

11.1.6 Result<T, E>를 이용한 테스트

지금까지는 실패 시 패닉을 발생시키는 테스트만 작성했습니다. 테스트는 Result<T, E>를 사용해 작성할 수도 있습니다. 다음은 예제 11-1 테스트를 Result<T, E>를 사용하도록 수정한 예시입니다. 패닉을 발생시키는 대신 Err을 반환합니다.

```
#[cfg(test)]
mod tests {
    #[test]
    fn it_works() -> Result<(), String> {
        if 2 + 2 == 4 {
            Ok(())
        } else {
            Err(String::from("two plus two does not equal four"))
        }
    }
}
```

이제 it_works 함수는 Result<(), String> 타입을 반환합니다. 함수 본문에서는 assert_eq! 매크로를 호출하는 대신, 테스트 성공 시에는 Ok(())를 반환하고 실패 시에는 String을 갖는 Err을 반환합니다.

Result<T, E>를 반환하는 테스트에서는 ? 연산자를 사용할 수 있기 때문에, 내부 작업이 Err를 반환할 경우 실패해야 하는 테스트를 작성하기 편리합니다.

Result<T, E> 테스트에서는 #[should_panic] 애너테이션을 사용할 수 없습니다. 연산이 Err 배리언트를 반환하는 것을 단언하기 위해서는 Result<T, E>값에 ? 연산자를 **사용하지 마세요**. 대신 assert!(value.is_err())를 사용하세요.

여러 테스트 작성 방법을 배웠으니, 테스트를 실행할 때 어떤 일들이 일어나는지 알아보고 cargo test 명령어 옵션을 살펴봅시다.

11.2 테스트 실행 방법 제어하기

cargo run 명령어가 코드를 컴파일하고 생성된 바이너리를 실행하는 것과 마찬가지로, cargo test 명령어는 코드를 테스트 모드에서 컴파일하고 생성된 바이너리를 실행합니다. cargo test에 의해 생성된 바이너리의 기본 동작은 모든 테스트를 병렬로 실행하고 테스트가 수행되는 동안 발생된 출력을 캡처하는 것으로, 출력이 표시되는 것을 막고 테스트 결과와 관련된 출력을 읽기 편하게 해줍니다. 하지만 커맨드 라인 옵션을 지정하여 이러한 기본 동작을 변경할 수 있습니다.

명령어 옵션은 cargo test에 전달되는 것도 있고, 테스트 바이너리에 전달되는 것도 있습니다. 이 둘을 구분하기 위해 cargo test에 전달할 인수를 먼저 나열하고, -- 구분자(separator)를 쓰고, 그 뒤에 테스트 바이너리에게 전달할 인수를 나열합니다. cargo test --help 명령어는 cargo test 명령어에 사용 가능한 옵션을 표시하고, cargo test -- --help 명령어는 구분자 이후에 사용 가능한 옵션을 표시합니다.

11.2.1 테스트를 병렬 혹은 순차적으로 실행하기

여러 테스트를 실행할 때는 기본적으로 스레드를 사용해 병렬 실행되는데, 이는 테스트를 더 빨리 끝내서 피드백을 더 빠르게 얻기 위함입니다. 여러 테스트가 동시에 실행되므로, 각 테스트가 공유 상태(공유 자원, 현재 작업 디렉터리, 환경 변수 등)를 갖거나 다른 테스트에 의존해서는 안 됩니다.

예시를 생각해보죠. 각 테스트가 **test-output.txt** 파일을 생성하고 그 파일에 어떤 데이터를 작성하는 코드를 실행하도록 만들었습니다. 각 테스트는 파일의 데이터를 읽고, 파일이 특정 값을 포함하고 있는지 확인하며, 특정 값은 테스트마다 다릅니다. 여러 테스트가 동시에 실행되므로, 어떤 테스트가 파일에 작성하고 읽는 사이에 다른 테스트가 파일의 내용을 덮어쓸 수도 있습니다. 이 경우 방해받은 테스드는 실패할 겁니다. 코드에 문제가 있어서가 아니라, 병렬 실행되는 **도중 방해** 받아서 말이죠. 한 가지 해결책은 각 테스트가 서로 다른 파일에 작성하도록 만드는 것일 테고, 다른 해결책은 테스트를 한 번에 하나씩 실행하는 것입니다.

테스트를 병렬로 실행하고 싶지 않거나, 사용할 스레드의 개수에 대한 미세 조정이 필요한 경우에는 --test-threads 플래그와 함께 테스트 바이너리에서 사용할 스레드 개수를 지정할 수 있습니다. 다음과 같이 사용합니다.

```
$ cargo test -- --test-threads=1
```

스레드 개수를 1로 설정하여 프로그램이 어떠한 병렬 처리도 사용하지 않도록 하였습니다. 스레드 하나만 사용해 테스트를 실행하면 병렬 실행에 비해 더 느려지겠지만, 서로 상태를 공유하는 테스트가 방해받을 일이 사라집니다.

11.2.2 함수 출력 표시하기

기본적으로, 러스트 테스트 라이브러리는 성공한 테스트의 모든 표준 출력(standard output)을 캡처합니다. 테스트에서 println! 매크로를 호출해도, 해당 테스트가 성공하면 터미널에서 println!의 출력을 찾아볼 수 없습니다. 해당 테스트가 성공했다고 표시된 줄만 볼 수 있죠. 테스트가 실패하면 표준 출력으로 출력됐던 모든 내용이 실패 메시지 아래에 표시됩니다.

예제 11-10은 매개변수를 출력하고 10을 반환하는 단순한 함수와, 성공하는 테스트와 실패하는 테스트를 작성한 예시입니다.

예제 11-10 println!을 호출하는 함수 테스트   (File) src/lib.rs

```rust
fn prints_and_returns_10(a: i32) -> i32 {
    println!("I got the value {}", a);
    10
}

#[cfg(test)]
mod tests {
    use super::*;

    #[test]
    fn this_test_will_pass() {
        let value = prints_and_returns_10(4);
        assert_eq!(10, value);
    }

    #[test]
    fn this_test_will_fail() {
        let value = prints_and_returns_10(8);
        assert_eq!(5, value);
    }
}
```

cargo test 명령어를 실행하면 다음 결과가 나타납니다.

```
running 2 tests
test tests::this_test_will_fail ... FAILED
test tests::this_test_will_pass ... ok

failures:

---- tests::this_test_will_fail stdout ----
I got the value 8
thread 'tests::this_test_will_fail' panicked at 'assertion failed: `(left == right)`
  left: `5`,
 right: `10`', src/lib.rs:19:9
note: run with `RUST_BACKTRACE=1` environment variable to display a backtrace


failures:
    tests::this_test_will_fail

test result: FAILED. 1 passed; 1 failed; 0 ignored; 0 measured; 0 filtered out;
finished in 0.00s
```

성공한 테스트에서 출력했던 I got the value 4는 캡처되었으므로 찾아볼 수 없습니다. 실패한 테스트에서 출력한 I got the value 8은 테스트 실패 원인과 함께 테스트 출력 요약 절에 나타납니다 (❶).

성공한 테스트에서 출력한 내용도 보고 싶다면, 러스트에게 --show-output 옵션을 전달하여 성공한 테스트의 출력도 표시하도록 할 수 있습니다.

```
$ cargo test -- --show-output
```

예제 11-10의 테스트를 --show-output 플래그로 실행한 결과는 다음과 같습니다.

```
running 2 tests
test tests::this_test_will_fail ... FAILED
test tests::this_test_will_pass ... ok

successes:

---- tests::this_test_will_pass stdout ----
I got the value 4
```

```
successes:
    tests::this_test_will_pass

failures:

---- tests::this_test_will_fail stdout ----
I got the value 8
thread 'tests::this_test_will_fail' panicked at 'assertion failed: `(left == right)`
  left: `5`,
 right: `10`', src/lib.rs:19:9
note: run with `RUST_BACKTRACE=1` environment variable to display a backtrace


failures:
    tests::this_test_will_fail

test result: FAILED. 1 passed; 1 failed; 0 ignored; 0 measured; 0 filtered out;
finished in 0.00s
```

11.2.3 이름을 지정해 일부 테스트만 실행하기

간혹 테스트 모음을 전부 실행하는 데 시간이 오래 걸리기도 합니다. 코드의 특정한 부분에 대한 작업 중이라면 해당 부분의 코드에 관련된 테스트만 실행하고 싶을 수도 있습니다. cargo test 명령어에 테스트의 이름을 인수로 넘겨 어떤 테스트를 실행할지 선택할 수 있습니다.

일부 테스트만 실행하는 법을 알아보기 위해, 먼저 예제 11-11처럼 add_two 함수에 대한 세 가지 테스트를 작성하고 하나만 골라 실행해보겠습니다.

```rust
pub fn add_two(a: i32) -> i32 {
    a + 2
}

#[cfg(test)]
mod tests {
    use super::*;

    #[test]
    fn add_two_and_two() {
        assert_eq!(4, add_two(2));
    }

    #[test]
    fn add_three_and_two() {
        assert_eq!(5, add_two(3));
    }

    #[test]
    fn one_hundred() {
        assert_eq!(102, add_two(100));
    }
}
```

앞서 살펴본 것처럼, 테스트를 아무 인수도 없이 실행하면 모든 테스트가 병렬로 실행됩니다.

```
running 3 tests
test tests::add_three_and_two ... ok
test tests::add_two_and_two ... ok
test tests::one_hundred ... ok

test result: ok. 3 passed; 0 failed; 0 ignored; 0 measured; 0 filtered out; finished in 0.00s
```

테스트 하나만 실행하기

cargo test 명령어에 테스트 함수 이름을 전달하여 해당 테스트만 실행할 수 있습니다.

```
$ cargo test one_hundred
   Compiling adder v0.1.0 (file:///projects/adder)
    Finished test [unoptimized + debuginfo] target(s) in 0.69s
     Running unittests src/lib.rs (target/debug/deps/adder-92948b65e88960b4)
```

```
running 1 test
test tests::one_hundred ... ok

test result: ok. 1 passed; 0 failed; 0 ignored; 0 measured; 2 filtered out; finished in 0.00s
```

one_hundred 테스트만 실행되었습니다. 나머지 두 테스트는 이름이 맞지 않아 실행되지 않았습니다. 테스트 결과는 마지막 요약 라인에서 2 filtered out을 표시하여, 실행한 테스트 이외에도 다른 테스트가 존재함을 알려줍니다.

이 방법으로 테스트 이름을 여러 개 지정할 수는 없습니다. cargo test 명령어는 첫 번째 값만 사용합니다. 하지만 여러 테스트를 실행하는 방법이 없지는 않습니다.

테스트를 필터링하여 여러 테스트 실행하기

테스트 이름의 일부만 지정하면 해당 값에 맞는 모든 테스트가 실행됩니다. 예를 들어, cargo test add 명령어를 실행하면 우리가 작성한 세 개의 테스트 중 add가 포함된 두 개가 실행됩니다.

```
$ cargo test add
   Compiling adder v0.1.0 (file:///projects/adder)
    Finished test [unoptimized + debuginfo] target(s) in 0.61s
     Running unittests src/lib.rs (target/debug/deps/adder-92948b65e88960b4)

running 2 tests
test tests::add_three_and_two ... ok
test tests::add_two_and_two ... ok

test result: ok. 2 passed; 0 failed; 0 ignored; 0 measured; 1 filtered out; finished in 0.00s
```

이 명령어는 add가 이름에 포함된 모든 테스트를 실행하고, one_hundred 테스트를 필터링했습니다. 테스트가 위치한 모듈도 테스트 이름의 일부로 나타나는 점을 기억해두세요. 모듈 이름으로 필터링하면 해당 모듈 내 모든 테스트를 실행할 수 있습니다.

11.2.4 특별 요청이 없다면 일부 테스트 무시하기

간혹 몇몇 특정 테스트는 실행하는 데 굉장히 오랜 시간이 걸려서, cargo test 실행 시 이런 테스트는 제외하고 싶을 수도 있습니다. 그럴 때는 실행할 모든 테스트를 인수로 열거할 필요 없이 시간이 오래 걸리는 테스트에 ignore 속성을 애너테이션하면 됩니다.

```
#[test]
fn it_works() {
    assert_eq!(2 + 2, 4);
}

#[test]
#[ignore]
fn expensive_test() {
    // 실행에 오랜 시간이 걸리는 코드
}
```

제외할 테스트의 #[test] 다음 줄에 #[ignore] 줄을 추가했습니다. 이제 테스트를 실행하면 it_works 테스트는 실행되지만, expensive_test 테스트는 실행되지 않습니다.

```
$ cargo test
   Compiling adder v0.1.0 (file:///projects/adder)
    Finished test [unoptimized + debuginfo] target(s) in 0.60s
     Running unittests src/lib.rs (target/debug/deps/adder-92948b65e88960b4)

running 2 tests
test expensive_test ... ignored
test it_works ... ok

test result: ok. 1 passed; 0 failed; 1 ignored; 0 measured; 0 filtered out; finished in 0.00s
```

expensive_test 테스트는 ignored로 표시되었습니다. cargo test -- --ignored 명령어를 사용하면 무시된 테스트만 실행할 수 있습니다.

```
$ cargo test -- --ignored
   Compiling adder v0.1.0 (file:///projects/adder)
    Finished test [unoptimized + debuginfo] target(s) in 0.61s
     Running unittests src/lib.rs (target/debug/deps/adder-92948b65e88960b4)

running 1 test
test expensive_test ... ok

test result: ok. 1 passed; 0 failed; 0 ignored; 0 measured; 1 filtered out; finished in 0.00s
```

실행할 테스트를 선별하여 cargo test 결과는 빨리 확인할 수 있습니다. 무시한 테스트의 결과를 확인해야 할 때가 되었고 그 결과를 기다릴 시간이 있다면 cargo test -- --ignored 명

령어를 실행합니다. 무시되었건 말건 간에 모든 테스트를 실행하고 싶다면 cargo test --
--include-ignored를 실행할 수 있습니다.

11.3 테스트 조직화

이번 장의 시작 부분에서 언급했듯, 테스트는 복잡한 분야입니다. 사람들은 저마다 다른 용어와 구조를 사용합니다. 러스트 커뮤니티는 테스트를 크게 유닛 테스트(단위 테스트), 통합 테스트 두 종류로 나눕니다. **유닛 테스트**(unit test)는 작고 더 집중적입니다. 한 번에 하나의 모듈만 테스트하며, 모듈의 비공개 인터페이스도 테스트할 수 있습니다. **통합 테스트**(integration test)는 완전히 라이브러리 외부에 위치하며, 따라서 여러분이 작성한 라이브러리를 외부 코드에서 사용할 때와 똑같은 방식을 사용합니다. 하나의 테스트에서 잠재적으로 여러 모듈이 사용되기도 합니다.

여러분의 라이브러리의 각 부분이 따로 사용될 때와 함께 사용될 때의 모든 경우에서 예상한 대로 작동할 것을 보장하려면 두 종류의 테스트 모두 작성해야 합니다.

11.3.1 유닛 테스트

유닛 테스트의 목적은 각 코드 단위를 나머지 코드와 분리하여, 제대로 작동하지 않는 코드가 어느 부분인지 빠르게 파악하는 것입니다. 유닛 테스트는 src 디렉터리 내의 각 파일에 테스트 대상이 될 코드와 함께 작성합니다. 각 파일에 tests 모듈을 만들고 cfg(test)를 애너테이션하는 게 일반적인 관례입니다.

테스트 모듈과 #[cfg(test)]

테스트 모듈에 애너테이션하는 #[cfg(test)]은 이 코드가 cargo build 명령어가 아닌 cargo test 명령어 실행 시에만 컴파일 및 실행될 것이라는 점을 러스트에 전달합니다. 라이브러리 빌드 시 테스트 코드는 제외되므로, 컴파일 소요 시간이 짧아지고, 컴파일 결과물 크기도 줄어듭니다. 이후에 알게 되겠지만, 통합 테스트는 별도의 디렉터리에 위치하기 때문에 #[cfg(test)] 애너테이션이 필요 없습니다. 하지만 유닛 테스트는 일반 코드와 같은 파일에 위치하기 때문에, #[cfg(test)] 애너테이션을 작성해 컴파일 결과물에 포함되지 않도록 명시해야 합니다.

이번 장 첫 번째 절에서 adder 프로젝트를 생성했을 때 카고가 생성했던 코드를 다시 살펴봅시다.

```
#[cfg(test)]
mod tests {
    #[test]
    fn it_works() {
        let result = 2 + 2;
        assert_eq!(result, 4);
    }
}
```

이 코드는 자동으로 생성된 테스트 모듈입니다. cfg 속성은 **설정**(configuration)을 의미하며, 러스트는 이 아이템을 특정 설정 옵션 적용 시에만 포함합니다. 이 경우 옵션값은 러스트에서 테스트를 컴파일, 실행하기 위해 제공하는 test입니다. cfg 속성을 사용하면 카고는 cargo test 명령어를 실행할 때만 테스트 코드를 컴파일합니다. 여기에는 #[test] 애너테이션된 함수뿐만 아니라 모듈 내 도우미 함수도 포함됩니다.

비공개 함수 테스트하기

비공개 함수도 직접 테스트해야 하는지에 대해서는 많은 논쟁이 있습니다. 다른 언어에서는 비공개 함수를 테스트하기 어렵거나, 불가능하게 만들어 두었습니다. 여러분의 테스트 철학이 어떤지는 모르겠지만, 러스트의 비공개 규칙은 비공개 함수를 테스트하도록 허용합니다. 예제 11-12는 비공개 함수 internal_adder를 보여줍니다.

예제 11-12 **비공개 함수 테스트하기**

```
pub fn add_two(a: i32) -> i32 {
    internal_adder(a, 2)
}

fn internal_adder(a: i32, b: i32) -> i32 {
    a + b
}

#[cfg(test)]
mod tests {
    use super::*;

    #[test]
    fn internal() {
        assert_eq!(4, internal_adder(2, 2));
    }
}
```

internal_adder 함수는 pub으로 표시되지 않았습니다. 테스트는 그냥 러스트 코드이며 tests 모듈도 그저 또 다른 모듈일 뿐입니다. '경로를 사용하여 모듈 트리의 아이템 참조하기'(160쪽)에서 논의한 바와 같이, 자식 모듈 내의 아이템은 자기 조상 모듈에 있는 아이템을 사용할 수 있습니다. 이 테스트에서는 use super::*를 사용하여 test 모듈의 부모에 있는 아이템을 모두 스코프 안으로 가져오고 있고, 따라서 테스트가 internal_adder를 호출할 수 있습니다. 혹시 여러분이 비공개 함수를 테스트해서는 안 된다는 주의라면, 러스트가 이를 강요하지는 않습니다.

11.3.2 통합 테스트

통합 테스트는 여러분이 만든 라이브러리와 완전히 분리되어 있습니다. 통합 테스트는 외부 코드와 마찬가지로, 여러분이 만든 라이브러리의 공개 API만 호출 가능합니다. 통합 테스트의 목적은 라이브러리의 여러 부분을 함께 사용했을 때 제대로 작동하는지 확인하는 것입니다. 각각 따로 사용했을 때 잘 작동하는 코드도 함께 사용할 때는 문제가 발생할 수 있기 때문에 통합 테스트도 중요합니다. 통합 테스트를 작성하려면 먼저 **tests** 디렉터리를 만들어야 합니다.

tests 디렉터리

프로젝트 디렉터리 최상위, 다시 말해 **src** 옆에 **tests** 디렉터리를 생성합니다. 카고는 디렉터리 내 통합 테스트 파일을 자동으로 인식합니다. 그런 다음에는 원하는 만큼 통합 테스트 파일을 만들 수 있고, 카고는 각 파일을 개별 크레이트로 컴파일합니다.

통합 테스트를 직접 만들어봅시다. 예제 11-12 코드를 **src/lib.rs**에 작성한 채로 **tests** 디렉터리를 만들고, **tests/integration_test.rs** 파일을 생성합니다. 디렉터리 구조는 다음과 같이 보일 것입니다.

```
adder
├── Cargo.lock
├── Cargo.toml
├── src
│   └── lib.rs
└── tests
    └── integration_test.rs
```

tests/integration_test.rs 파일에 예제 11-13의 코드를 입력합시다.

adder 크레이트 내 함수를 테스트하는 통합 테스트

```rust
use adder;

#[test]
fn it_adds_two() {
    assert_eq!(4, adder::add_two(2));
}
```

tests 디렉터리의 각 파일은 별개의 크레이트이므로, 각각의 테스트 크레이트의 스코프로 우리가
만든 라이브러리를 가져올 필요가 있습니다. 이러한 이유로 코드 최상단에 use adder를 추가했는
데, 이는 유닛 테스트에서는 필요 없던 것이지요.

tests/integration_test.rs 내의 코드는 #[cfg(test)]가 필요 없습니다. 카고는 tests 디렉터리를
특별 취급하여, 디렉터리 내 파일을 cargo test 시에만 컴파일합니다. cargo test를 다시 실행해
보죠.

```
$ cargo test
   Compiling adder v0.1.0 (file:///projects/adder)
    Finished test [unoptimized + debuginfo] target(s) in 1.31s
     Running unittests src/lib.rs (target/debug/deps/adder-1082c4b063a8fbe6)

❶ running 1 test
test tests::internal ... ok

test result: ok. 1 passed; 0 failed; 0 ignored; 0 measured; 0 filtered out; finished in 0.00s

   ❷ Running tests/integration_test.rs (target/debug/deps/integration_test-1082c4b063a8fbe6)

running 1 test
❸ test it_adds_two ... ok

❹ test result: ok. 1 passed; 0 failed; 0 ignored; 0 measured; 0 filtered out; finished in 0.00s

   Doc-tests adder

running 0 tests

test result: ok. 0 passed; 0 failed; 0 ignored; 0 measured; 0 filtered out; finished in 0.00s
```

출력에 유닛 테스트, 통합 테스트, 문서 테스트 세 가지 절이 만들어졌네요. 어떤 절 안에 어떠한
테스트라도 실패하면, 그다음 절은 실행되지 않음을 유의하세요. 예를 들어 유닛 테스트가 실패하

면, 통합 테스트와 문서 테스트는 모든 유닛 테스트가 통과되어야만 실행되기 때문에 이와 관련한 어떠한 출력도 없을 것입니다.

첫 번째 절인 유닛 테스트는 앞에서 본 것과 같습니다(❶). 유닛 테스트가 한 줄씩(internal은 예제 11-12에서 추가했었습니다) 출력되고, 유닛 테스트 결과 요약 줄이 출력됩니다.

통합 테스트 절은 Running tests/integration_test.rs 줄로 시작합니다(❷). 그다음 통합 테스트 내 각각의 테스트 함수가 한 줄씩 출력되고(❸), 통합 테스트 결과 요약은 Doc-tests adder 절이 시작하기 직전에 출력됩니다(❹).

각각의 통합 테스트 파일은 별도의 출력 절을 생성하므로, **tests** 디렉터리에 파일을 추가하면 통합 테스트 절이 더 만들어질 것입니다.

통합 테스트도 마찬가지로 **cargo test** 명령어에 테스트 함수명을 인수로 전달해 특정 통합 테스트 함수를 실행할 수 있습니다. 특정 통합 테스트 파일의 모든 테스트를 실행하려면, **cargo test** 명령어에 **--test** 인수로 파일명을 전달하면 됩니다.

```
$ cargo test --test integration_test
    Finished test [unoptimized + debuginfo] target(s) in 0.64s
     Running tests/integration_test.rs (target/debug/deps/integration_test-82e7799c1bc62298)

running 1 test
test it_adds_two ... ok

test result: ok. 1 passed; 0 failed; 0 ignored; 0 measured; 0 filtered out; finished in 0.00s
```

이 명령어는 **tests/integration_test.rs** 파일 내의 테스트만 실행합니다.

통합 테스트 내 서브 모듈

통합 테스트를 추가하다 보면, 조직화를 위해 **tests** 디렉터리에 더 많은 파일이 필요할 수도 있습니다. 예를 들어, 테스트 함수가 테스트하는 기능별로 그룹화할 수도 있죠. 앞서 말했듯, **tests** 내 각 파일은 각각의 크레이트로 컴파일되는데, 이는 각 통합 테스트 파일이 각각의 크레이트로 취급된다는 점 때문에 여러분이 만든 크레이트를 사용할 실제 사용자처럼 분리된 스코프를 만들어내는 데에는 유용합니다. 하지만 이는 7장에서 배운 것처럼 **src** 디렉터리에서 코드를 모듈과 파일로 분리하여 동일한 동작을 공유하는 것을 **tests** 디렉터리 내 파일에서는 할 수 없음을 의미합니다.

여러 통합 테스트 파일에서 유용하게 사용할 도우미 함수 묶음을 7장 '별개의 파일로 모듈 분리하기'(177쪽)의 과정대로 공통 모듈로 분리하려 할 때, **tests** 디렉터리 파일의 작동 방식은 걸림돌이 됩니다. 예를 들어 **tests/common.rs** 파일을 생성하고, 여러 테스트 파일의 테스트 함수에서 호출하려는 setup 함수를 작성한다고 가정해봅시다.

File tests/common.rs

```
pub fn setup() {
    // 여기에 라이브러리 테스트와 관련된 설정 코드를 작성하고자 합니다.
}
```

이제 테스트를 실행하면, 결과 출력에 새로운 절이 **common.rs** 파일 때문에 생성된 모습을 볼 수 있습니다. **common.rs** 파일은 어떤 테스트 함수도 담고 있지 않고, 다른 곳에서 setup 함수를 호출하지도 않았는데 말이죠.

```
running 1 test
test tests::internal ... ok

test result: ok. 1 passed; 0 failed; 0 ignored; 0 measured; 0 filtered out; finished in 0.00s

     Running tests/common.rs (target/debug/deps/common-92948b65e88960b4)

running 0 tests

test result: ok. 0 passed; 0 failed; 0 ignored; 0 measured; 0 filtered out; finished in 0.00s

     Running tests/integration_test.rs (target/debug/deps/integration_test-92948b65e88960b4)

running 1 test
test it_adds_two ... ok

test result: ok. 1 passed; 0 failed; 0 ignored; 0 measured; 0 filtered out; finished in 0.00s

   Doc-tests adder

running 0 tests

test result: ok. 0 passed; 0 failed; 0 ignored; 0 measured; 0 filtered out; finished in 0.00s
```

우리가 원하는 것은 다른 통합 테스트 파일에서 사용할 코드를 공유하는 것이지, 테스트 출력 결과에 common과 running 0 tests이 출력되는 게 아니었죠.

테스트 출력 결과에서 common을 제외하려면 **tests/common.rs** 파일 대신 **tests/common/mod.rs** 파일을 생성해야 합니다. 프로젝트 디렉터리는 이제 아래와 같은 모양이 됩니다.

```
├── Cargo.lock
├── Cargo.toml
├── src
│   └── lib.rs
└── tests
    ├── common
    │   └── mod.rs
    └── integration_test.rs
```

이는 7장의 '대체 파일 경로'(179쪽)에서 언급했던 러스트에서 사용 가능한 예전 명명 규칙입니다. 이러한 방식의 파일명 규칙을 따르는 파일은 통합 테스트 파일로 취급하지 않습니다. setup 함수를 **tests/common/mod.rs** 파일로 옮기고 **tests/common.rs** 파일을 삭제하면 더 이상 테스트 결과 출력에 common이 나타나지 않습니다. **tests** 디렉터리의 서브 디렉터리 내 파일은 별도 크레이트로 컴파일되지 않고, 테스트 결과 출력에서 별도의 출력 절이 생성되지도 않습니다.

tests/common/mod.rs 파일을 생성하고 나면 다른 통합 테스트 파일에서 모듈처럼 사용할 수 있습니다. 다음은 **tests/integration_test.rs** 파일 내 `it_adds_two` 테스트에서 setup 함수를 호출하는 예시입니다.

File) tests/integration_test.rs

```rust
use adder;

mod common;

#[test]
fn it_adds_two() {
    common::setup();
    assert_eq!(4, adder::add_two(2));
}
```

예제 7-21에서 배운 모듈 선언대로 `mod common;`을 선언했습니다. 선언하고 나면 `common::setup()` 함수를 호출할 수 있습니다.

바이너리 크레이트에서의 통합 테스트

src/lib.rs 파일이 없고 src/main.rs 파일만 있는 바이너리 크레이트라면, **tests** 디렉터리에 통합 테스트를 만들어서 src/main.rs 파일에 정의된 함수를 use 구문으로 가져올 수 없습니다. 다른 크레이트에서 사용할 수 있도록 함수를 노출하는 건 라이브러리 크레이트 뿐입니다. 바이너리 크레이트는 자체적으로 실행되게 되어 있습니다.

바이너리를 제공하는 러스트 프로젝트들이 src/main.rs 파일은 간단하게 작성하고, 로직은 src/lib.rs 파일에 위치시키는 이유 중 하나가 이 때문입니다. 이런 구조로 작성하면 중요 기능을 통합 테스트에서 use 구문으로 가져와 **테스트할 수 있습니다.** 중요 기능이 제대로 작동하면 src/main.rs 파일 내 소량의 코드도 작동할 테니, 이 소량의 코드는 테스트하지 않아도 됩니다.

정리

러스트의 테스트 기능을 사용하면 코드가 어떻게 작동해야 하는지 명시하여, 코드를 변경하더라도 계속하여 의도대로 작동함을 보장할 수 있습니다. 유닛 테스트는 비공개 세부 구현을 포함한 라이브러리의 각 부분이 별도로 잘 작동하는지 확인합니다. 통합 테스트는 외부 코드가 라이브러리를 사용하는 것과 동일한 방식으로 라이브러리 공개 API를 이용하여 라이브러리의 여러 부분이 함께 사용될 때 제대로 작동하는지 확인합니다. 러스트의 타입 시스템과 소유권 규칙이 일부 버그를 방지해주긴 하지만, 여러분이 작성한 코드가 의도대로 작동하지 않는 논리 버그를 제거하려면 테스트도 마찬가지로 중요합니다.

이번 장과 이전 장에서 배운 지식을 결합하여 프로젝트를 진행해봅시다!

12

I/O 프로젝트: 커맨드 라인 프로그램 만들기

이번 장에서는 여러분이 지금까지 배운 여러 기술들을 요약하고 표준 라이브 러리의 기능을 몇 가지 더 탐색해보겠습니다. 파일 및 커맨드 입출력을 통해 상 호작용하는 커맨드 라인 도구를 만들면서 이제는 여러분이 이해하고 있을 러스트 개 념 몇 가지를 연습해볼 것입니다.

속도, 안정성, 단일 바이너리 출력, 크로스 플랫폼 지원 덕분에 러스트는 커맨드 라인 도구를 만들 기 위한 이상적인 언어입니다. 프로젝트를 위해 고전적인 커맨드 라인 검색 도구인 grep(globally search a regular expression and print)을 직접 구현한 버전을 만들어보려고 합니다. 가장 단순한 예 시로 grep은 어떤 특정한 파일에서 특정한 문자열을 검색합니다. 이를 위해 grep은 파일 경로와 문자열을 인수로 받습니다. 그다음 파일을 읽고, 그 파일에서 문자열 인수를 포함하고 있는 라인 을 찾고, 그 라인들을 출력합니다.

그런 와중에 수많은 다른 커맨드 라인 도구들이 사용하는 터미널의 기능을 우리의 커맨드 라인 도구도 사용할 수 있게 하는 방법을 알아보겠습니다. 먼저 환경 변수의 값을 읽어서 사용자가 커맨드 라인 도구의 동작을 설정하도록 할 것입니다. 또한 표준 출력 콘솔 스트림(stdout) 대신 표준 에러 콘솔 스트림(stderr)에 에러 메시지를 출력하여, 예를 들자면 사용자가 화면을 통해 에러 메시지를 보는 동안에도 성공적인 출력을 파일로 리디렉션할 수 있게끔 할 것입니다.

러스트 커뮤니티 멤버 일원인 앤드루 갤런트(Andrew Gallant)가 이미 ripgrep이라는 이름의, 모든 기능을 가진 grep의 매우 빠른 버전을 만들었습니다. 그에 비해서 지금 만들어볼 버전은 꽤 단순할 예정이지만, 이 장은 여러분에게 ripgrep과 같은 실제 프로젝트를 이해하는 데 필요한 배경 지식을 제공할 것입니다.

이 grep 프로젝트는 지금까지 배운 여러 개념을 조합할 것입니다.

- 코드 조직화하기(7장(153쪽)에서 모듈에 대해 배운 것들을 사용)
- 벡터와 문자열 사용하기(8장(181쪽)의 컬렉션)
- 에러 처리하기(9장(207쪽))
- 적절한 곳에 트레이트와 라이프타임 사용하기(10장(231쪽))
- 테스트 작성하기(11장(273쪽))

아울러 13장(345쪽)과 17장(475쪽)에서 자세히 다루게 될 클로저, 반복자, 트레이트 객체에 대해서도 간략히 소개하겠습니다.

12.1 커맨드 라인 인수 받기

언제나처럼 cargo new로 새 프로젝트를 만들어봅시다. 여러분의 시스템에 이미 설치되어 있을지도 모를 grep 도구와 구분하기 위하여, 우리 프로젝트 이름은 minigrep으로 하겠습니다.

```
$ cargo new minigrep
     Created binary (application) `minigrep` project
$ cd minigrep
```

minigrep을 만들기 위한 첫 과제는 두 개의 커맨드 라인 인수를 받는 것입니다. 바로 검색할 파일 경로와 문자열이지요. 그 말인즉슨, 다음과 같이 프로그램을 실행하기 위해 cargo run과 cargo 대신 우리 프로그램을 위한 인수가 나올 것임을 알려주는 두 개의 하이픈, 검색을 위한 문자열, 그리고 검색하길 원하는 파일을 사용할 수 있도록 하고 싶다는 것입니다.

```
$ cargo run -- searchstring example-filename.txt
```

현재 cargo new로 생성된 프로그램은 입력된 인수를 처리할 수 없습니다. crates.io에 있는 몇 가지 라이브러리가 커맨드 라인 인수를 받는 프로그램 작성에 도움이 되겠지만, 지금은 이 개념을 막 배우는 중이므로 직접 이 기능을 구현해봅시다.

12.1.1 인수 읽기

minigrep이 커맨드 라인 인수로 전달된 값들을 읽을 수 있도록 하기 위해서는 러스트의 표준 라이브러리가 제공하는 std::env::args 함수를 사용할 필요가 있겠습니다. 이 함수는 minigrep으로 넘겨진 커맨드 라인 인수의 반복자를 반환합니다. 반복자에 대한 모든 것은 13장(345쪽)에서 다룰 예정입니다. 지금은 반복자에 대한 두 가지 세부 사항만 알면 됩니다. 반복자는 일련의 값들을 생성하고, 반복자의 collect 메서드를 호출하여 반복자가 생성하는 모든 요소를 담고 있는 벡터 같은 컬렉션으로 바꿀 수 있다는 것입니다.

예제 12-1의 코드는 minigrep 프로그램이 넘겨진 어떤 커맨드 라인 인수들을 읽은 후, 그 값들을 벡터로 모아주도록 해줍니다.

예제 12-1 **커맨드 라인 인수들을 벡터로 모으고 출력하기** (File) src/main.rs

```
use std::env;

fn main() {
    let args: Vec<String> = env::args().collect();
    dbg!(args);
}
```

먼저 use를 사용하여 std::env 모듈을 스코프로 가져와서 args 함수를 사용할 수 있게 합니다. std::env::args 함수는 중첩된 모듈에 있는 점에 주목하세요. 7장(153쪽)에서 논의한 것처럼, 하나 이상의 모듈로 중첩된 곳에 원하는 함수가 있는 경우에는, 함수가 아닌 그 부모 모듈을 스코프로 가져오는 선택을 했습니다. 이렇게 하면 std::env의 다른 함수들도 쉽게 사용할 수 있습니다. 또한 use std::env::args를 추가하고 args만으로 함수를 호출하는 것보다 이렇게 하는 것이 명료한데, 이는 args가 현재의 모듈 내에 정의된 다른 함수로 오해받기 쉽기 때문입니다.

main의 첫째 줄에서는 env::args를 호출한 즉시 collect를 사용하여 반복자에 의해 만들어지는 모든 값을 담고 있는 벡터로 바꿉니다. collect 함수를 사용하여 다양한 종류의 컬렉션을 만들 수 있으므로, 문자열의 벡터가 필요하다는 것을 명시하기 위해 args의 타입을 명시적으로 표기하였습니다. 러스트에서는 타입을 명시할 필요가 거의 없지만, 러스트가 여러분이 원하는 종류의 컬렉션을 추론할 수는 없으므로 collect는 타입 표기가 자주 필요한 함수 중 하나입니다.

마지막으로 디버그 매크로를 사용하여 벡터를 출력합니다. 먼저 인수 없이 코드를 실행해보고, 그다음 인수 두 개를 넣어 실행해봅시다.

```
$ cargo run
--생략--
[src/main.rs:5] args = [
    "target/debug/minigrep",
]
$ cargo run -- needle haystack
--생략--
[src/main.rs:5] args = [
    "target/debug/minigrep",
    "needle",
    "haystack",
]
```

벡터의 첫 번째 값이 "target/debug/minigrep", 즉 이 바이너리 파일의 이름인 점에 주목하세요. 이는 C에서의 인수 리스트의 동작과 일치하며, 프로그램이 실행될 때 호출된 이름을 사용할 수 있게 해줍니다. 프로그램의 이름에 접근하는 것은 메시지에 이름을 출력하고 싶을 때라든가 프로그램을 호출할 때 사용된 커맨드 라인 별칭이 무엇이었는지에 기반하여 프로그램의 동작을 바꾸고 싶을 때 종종 편리하게 이용됩니다. 하지만 이 장의 목적을 위해서 지금은 이를 무시하고 현재 필요한 두 인수만 저장하겠습니다.

인수들을 변수에 저장하기

이제 프로그램은 커맨드 라인 인수로 지정된 값들에 접근할 수 있습니다. 이제는 두 인수을 변수에 저장할 필요가 있는데, 그렇게 하면 프로그램의 나머지 부분에서 이 값들을 사용할 수 있겠습니다. 예제 12-2에서 이 동작을 수행합니다.

예제 12-2 **질의(query) 인수와 파일 경로 인수를 담은 변수 생성하기** `File` src/main.rs

```rust
use std::env;

fn main() {
    let args: Vec<String> = env::args().collect();

    let query = &args[1];
    let file_path = &args[2];

    println!("Searching for {}", query);
    println!("In file {}", file_path);
}
```

벡터를 출력할 때 본 것처럼 프로그램의 이름이 벡터의 첫 번째 값 `args[0]`을 사용하므로, 인덱스 1에 있는 인수부터 시작하고 있습니다. `minigrep`이 취하는 첫 번째 인수는 검색하고자 하는 문자열이므로, 첫 번째 인수의 참조자를 `query` 변수에 집어넣습니다. 두 번째 인수는 파일 경로가 될 것이므로, 두 번째 인수의 참조자를 `file_path`에 집어넣습니다.

우리 의도대로 코드가 작동하는지 검증하기 위해 이 변수의 값들을 임시로 출력하겠습니다. `test`와 `sample.txt`를 인수로 하여 이 프로그램을 다시 실행해봅시다.

```
$ cargo run -- test sample.txt
   Compiling minigrep v0.1.0 (file:///projects/minigrep)
    Finished dev [unoptimized + debuginfo] target(s) in 0.0s
     Running `target/debug/minigrep test sample.txt`
Searching for test
In file sample.txt
```

프로그램이 훌륭하게 작동하네요! 필요로 하는 인수들이 올바른 변수에 저장되고 있습니다. 나중에는 사용자가 아무런 인수를 제공했을 때처럼 에러가 발생할 수 있는 특정한 경우를 처리하기 위한 에러 처리 기능을 몇 가지 추가할 것입니다. 지금은 그런 경우를 무시하고 파일 읽기 기능을 추가하는 작업으로 넘어가겠습니다.

12.2 파일 읽기

이제는 file_path 인수에 명시된 파일을 읽는 기능을 추가해보겠습니다. 우선 테스트에 사용할 샘플 파일이 필요합니다. 여러 줄의 몇 개의 반복된 단어들로 구성된 작은 양의 텍스트로 된 파일을 사용하겠습니다. 예제 12-3은 이러한 용도에 딱 맞게 사용될 에밀리 디킨슨(Emily Dickinson)의 시입니다! 프로젝트의 루트 레벨에 **poem.txt**라는 이름의 파일을 만들고, 디킨슨의 시 <I'm Nobody! Who are you?>를 입력하세요.

예제 12-3 에밀리 디킨슨의 시는 좋은 테스트 케이스입니다   (File) poem.txt

```
I'm nobody! Who are you?
Are you nobody, too?
Then there's a pair of us - don't tell!
They'd banish us, you know.

How dreary to be somebody!
How public, like a frog
To tell your name the livelong day
To an admiring bog!
```

텍스트를 채워 넣었다면 예제 12-4처럼 **src/main.rs**에 파일을 읽는 코드를 추가하세요.

예제 12-4 두 번째 인수로 명시된 파일의 내용물 읽기   (File) src/main.rs

```
use std::env;
❶ use std::fs;

fn main() {
    // --생략--
    println!("In file {}", file_path);

  ❷ let contents = fs::read_to_string(file_path)
        .expect("Should have been able to read the file");

  ❸ println!("With text:\n{contents}");
}
```

먼저 use 구문을 사용하여 표준 라이브러리의 연관된 부분을 가져옵니다. 파일을 다루기 위해서는 std::fs가 필요하죠(❶).

main에서 새로운 구문 fs::read_to_string이 file_path를 받아서 그 파일을 열고, 파일 내용물의 std::io::Result<String>을 반환합니다(❷).

그다음 다시 한번 임시로 println! 구문을 추가하여 파일을 읽은 후 contents의 값을 출력하는 것으로 현재까지의 프로그램이 잘 작동하는지 확인합니다(❸).

첫 번째 커맨드 라인 인수에는 아무 문자열이나 넣고 (아직 검색 부분은 구현하지 않았으므로) 두 번째 인수에는 **poem.txt** 파일을 넣어서 이 코드를 실행해봅시다.

```
$ cargo run -- the poem.txt
   Compiling minigrep v0.1.0 (file:///projects/minigrep)
    Finished dev [unoptimized + debuginfo] target(s) in 0.0s
     Running `target/debug/minigrep the poem.txt`
Searching for the
In file poem.txt
With text:
I'm nobody! Who are you?
Are you nobody, too?
Then there's a pair of us - don't tell!
They'd banish us, you know.

How dreary to be somebody!
How public, like a frog
To tell your name the livelong day
To an admiring bog!
```

훌륭해요! 코드가 파일의 내용물을 읽은 뒤 출력했습니다. 하지만 이 코드에는 몇 가지 결점이 있습니다. 현재 main 함수는 여러 가지 일을 수행하고 있습니다. 일반적으로 함수 하나당 단 하나의 아이디어에 대한 기능을 구현할 때 함수가 더 명료해지고 관리하기 쉬워집니다. 또 한 가지 문제는 처리할 수 있는 수준의 에러 처리를 안 하고 있다는 점입니다. 프로그램은 아직 작고, 따라서 이러한 결점이 큰 문제는 아니지만, 프로그램이 커지면 이 문제들을 깔끔하게 고치기 어려워질 것입니다. 작은 양의 코드를 리팩터링하는 것이 훨씬 쉽기 때문에, 프로그램을 개발할 때 일찍 리팩터링하는 것은 좋은 습관입니다. 이걸 바로 다음에 하겠습니다.

12.3 모듈성과 에러 처리 향상을 위한 리팩터링

프로그램을 개선하기 위해서 프로그램의 구조 및 잠재적 에러를 처리하는 방식과 관련된 네 가지 문제를 고치려고 합니다. 첫 번째로는 main 함수가 지금 두 가지 일을 수행한다는 것입니다. 인수 파싱과 파일을 읽는 작업 말입니다. 이 프로그램이 커짐에 따라 main 함수에서 처리하는 개별 작업의 개수는 증가할 것입니다. 어떤 함수가 책임 소재를 계속 늘려나가면, 이 함수는 어떤 기능인지 추론하기 어려워지고, 테스트하기도 힘들어지고, 기능 일부분을 깨뜨리지 않으면서 고치기도 어려워집니다. 기능을 나누어 각각의 함수가 하나의 작업에 대한 책임만 지는 것이 최선입니다.

이 주제는 두 번째 문제와도 엮입니다. query와 file_path가 프로그램의 설정 변수이지만, contents 같은 변수는 프로그램 로직을 수행하기 위해 사용됩니다. main이 점점 길어질수록 필요한 변수들이 더 많이 스코프 안에 있게 되고, 스코프 안에 더 많은 변수가 있을수록 각 변수의 목적을 추적하는 것이 더 어려워집니다. 설정 변수들을 하나의 구조체로 모아서 목적을 분명히 하는 것이 가장 좋습니다.

세 번째 문제는 파일 읽기 실패 시 에러 메시지 출력을 위해서 expect를 사용했는데, 이 에러 메시지가 겨우 Should have been able to read the file이나 출력한다는 것입니다. 파일을 읽는 작업은 여러 가지 방식으로 실패할 수 있습니다. 이를테면 파일을 못 찾았거나, 파일을 열 권한이 없었다든가 하는 식이죠. 현재로서는 상황과는 관계없이 모든 에러에 대해 동일한 에러 메시지를 출력하고 있는데, 이는 사용자에게 어떠한 정보도 제공할 수 없을 것입니다!

네 번째로, expect가 서로 다른 에러를 처리하기 위해 반복적으로 사용되는데, 만일 사용자가 실행되기 충분한 인수를 지정하지 않고 프로그램을 실행한다면, 사용자는 러스트의 index out of bounds 에러를 얻게 될 것이고 이 에러는 문제를 명확하게 설명하지 못합니다. 모든 에러 처리 코드가 한 곳에 있어서 미래에 코드를 유지보수할 사람이 에러 처리 로직을 변경하기를 원할 경우 찾아봐야 하는 코드가 한군데에만 있는 것이 가장 좋을 것입니다. 모든 에러 처리 코드를 한 곳에 모아두면 최종 사용자에게 의미 있는 메시지를 출력할 수 있습니다.

이 프로젝트를 리팩터링하여 위의 네 가지 문제를 해결해봅시다.

12.3.1 바이너리 프로젝트에 대한 관심사 분리

여러 작업에 대한 책임을 main 함수에 떠넘기는 조직화 문제는 많은 바이너리 프로젝트에서 흔한 일입니다. 이에 따라 러스트 커뮤니티는 main이 커지기 시작할 때 이 바이너리 프로그램의 별도 관심사를 나누기 위한 가이드라인을 개발했습니다. 이 프로세스는 다음의 단계로 구성되어 있습니다.

* 프로그램을 **main.rs**와 **lib.rs**로 분리하고 프로그램 로직을 **lib.rs**로 옮기세요.

- 커맨드 라인 파싱 로직이 작은 동안에는 **main.rs**에 남을 수 있습니다.
- 커맨드 라인 파싱 로직이 복잡해지기 시작하면, **main.rs**로부터 추출하여 **lib.rs**로 옮기세요.

이 과정을 거친 후 main 함수에 남아 있는 책임 소재는 다음으로 한정되어야 합니다.

- 인수을 가지고 커맨드 라인 파싱 로직 호출하기
- 그 밖의 설정
- **lib.rs**의 run 함수 호출
- run이 에러를 반환할 때 에러 처리하기

이 패턴은 관심사 분리에 관한 것입니다. **main.rs**는 프로그램의 실행을 다루고, **lib.rs**는 당면한 작업의 모든 로직을 처리합니다. main 함수를 직접 테스트할 수 없으므로, 이 구조는 **lib.rs** 내의 함수 형태로 테스트를 옮기게 하여 여러분의 모든 프로그램 로직을 테스트하게끔 합니다. **main.rs**에 남겨진 코드는 정확한지 검증할 때 읽는 것만으로도 충분할 정도로 작아질 것입니다. 이 프로세스를 따르는 것으로 프로그램 작업을 다시 해봅시다.

인수 파서 추출

커맨드 라인 파싱 로직을 **src/lib.rs**로 옮기기 위한 준비 단계로 인수를 파싱하기 위한 기능을 main이 호출할 함수로 추출하겠습니다. 예제 12-5는 새로 시작하는 main과 호출되는 새로운 함수 parse_config를 보여주는데, 여기서는 잠깐 **src/main.rs**에 정의하겠습니다.

예제 12-5 main**으로부터** parse_config **함수 추출**　　　　　　　　　(File) src/main.rs

```rust
fn main() {
    let args: Vec<String> = env::args().collect();

    let (query, file_path) = parse_config(&args);

    // --생략--
}

fn parse_config(args: &[String]) -> (&str, &str) {
    let query = &args[1];
    let file_path = &args[2];

    (query, file_path)
}
```

여전히 커맨드 라인 인수는 벡터로 모으지만, main 함수 내에서 인덱스 1번의 인수을 query 변수에 할당하고 인덱스 2번의 인수을 file_path 변수에 할당하는 대신, 전체 벡터를 parse_config 함수에 넘깁니다. 그러면 parse_config 함수는 어떤 인수가 어떤 변수에 들어갈지 정하는 로직을 담고 있고 이 값들을 main에게 다시 넘겨줍니다. 여전히 query와 file_path 변수는 main 안에서 만들지만, main은 더 이상 커맨드 라인 인수와 변수들이 어떻게 대응되는지를 결정할 책임이 없습니다.

이러한 재작업은 우리의 작은 프로그램에 대해서는 지나쳐 보일지도 모르겠으나, 우리는 작게, 점진적인 단계로 리팩터링을 하는 중입니다. 이 변경 후에 프로그램을 다시 실행하여 인수 파싱이 여전히 작동하는지 검증하세요. 진행률을 자주 체크하는 것은 좋은 일이며, 문제가 발생했을 때 그 원인을 식별하는 데 도움이 됩니다.

설정값 묶기

parse_config 함수를 더욱 개선하기 위해 작은 단계를 하나 더 진행할 수 있습니다. 현재는 튜플을 반환하는 중인데, 이 튜플을 개별 부분으로 즉시 다시 쪼개고 있습니다. 이는 아직 적절한 추상화가 이루어지지 않았다는 신호일 수 있습니다.

개선의 여지가 남아 있음을 보여주는 또 다른 지표는 parse_config의 config 부분인데, 이는 반환하는 두 값이 연관되어 있고 둘 모두 하나의 설정값을 이루는 부분임을 의미합니다. 현재 두 값을 튜플로 묶는 것 말고는 데이터의 구조에서 이러한 의미를 전달하지 못하고 있습니다. 그래서 이 두 값을 하나의 구조체에 넣고 구조체 필드에 각각 의미가 있는 이름을 부여하려고 합니다. 그렇게 하는 것이 미래에 이 코드를 유지보수하는 사람에게 이 서로 다른 값들이 어떻게 연관되어 있고 이 값들의 목적은 무엇인지를 더 쉽게 이해하도록 만들어 줄 것입니다.

예제 12-6은 parse_config 함수에 대한 개선을 보여줍니다.

예제 12-6 Config **구조체의 인스턴스를 반환하도록 하는** parse_config **리팩터링** ⒻⒾⓁⒺ src/main.rs

```
fn main() {
    let args: Vec<String> = env::args().collect();

❶ let config = parse_config(&args);

    println!("Searching for {}", ❷ config.query);
    println!("In file {}", ❸ config.file_path);
```

```
        let contents = fs::read_to_string(❹config.file_path)
            .expect("Should have been able to read the file");

        // --생략--
    }

❺  struct Config {
        query: String,
        file_path: String,
    }

❻  fn parse_config(args: &[String]) -> Config {
    ❼  let query = args[1].clone();
    ❽  let file_path = args[2].clone();

        Config { query, file_path }
    }
```

query와 file_path라는 이름의 필드를 갖도록 정의된 Config라는 이름의 구조체를 추가했습니다(❺). parse_config의 시그니처는 이제 Config값을 반환함을 나타냅니다(❻). parse_config 본문에서는 원래 args의 String값들을 참조하는 문자열 슬라이스를 반환했는데, 이제는 String값을 소유한 Config를 정의했습니다. main 안에 있는 args 변수는 인숫값들의 소유자이고 parse_config 함수에게는 이 값을 빌려주고 있을 뿐인데, 이는 즉 Config가 args의 값에 대한 소유권을 가져가려고 하면 러스트의 대여 규칙을 위반하게 된다는 의미입니다.

String 데이터를 관리하는 방법은 다양하며, 가장 쉬운 방법은 (다소 비효율적이지만) 그 값에서 clone 메서드를 호출하는 것입니다(❼❽). 이는 데이터의 전체 복사본을 만들어 Config 인스턴스가 소유할 수 있게 해주는데, 이는 문자열 데이터에 대한 참조자를 저장하는 것에 비해 더 많은 시간과 메모리를 소비합니다. 그러나 값의 복제는 참조자의 라이프타임을 관리할 필요가 없어지기 때문에 코드를 매우 직관적으로 만들어주기도 하므로, 이러한 환경에서 약간의 성능을 포기하고 단순함을 얻는 것은 가치 있는 절충안입니다.

main을 업데이트하여 parse_config가 반환한 Config 인스턴스를 config라는 이름의 변수에 위치시켰고(❶), 이전에 별개로 사용된 query와 file_path 대신 이제는 Config 구조체의 필드를 이용합니다(❷❸❹).

이제 코드가 query와 file_path가 서로 연관되어 있고 이들의 목적이 프로그램의 동작 방법을 설정하기 위함임을 더 명료하게 전달합니다. 이러한 값을 사용하는 모든 코드는 config 인스턴스에서 목적에 맞게 명명된 필드값을 찾을 수 있습니다.

Config를 위한 생성자 만들기

여기까지 해서 main으로부터 커맨드 라인 인수 파싱을 책임지는 로직을 추출하여 parse_config 함수에 위치시켰습니다. 그렇게 하면 query와 file_path값이 연관되어 있고 이 관계가 코드로부터 전달된다는 것을 알기 쉽게 해주었습니다. 그다음 query와 file_path의 목적에 연관된 이름을 갖고 parse_config 함수로부터 반환되는 값을 구조체 필드값이 되도록 하기 위해 Config 구조체를 추가하였습니다.

따라서 이제 parse_config 함수의 목적이 Config 인스턴스를 생성하는 것이 되었으므로, parse_config를 일반 함수에서 Config 구조체와 연관된 new라는 이름의 함수로 바꿀 수 있겠습니다. 이러한 변경이 코드를 더 자연스럽게 만들어 줄 것입니다. String 같은 표준 라이브러리 타입의 인스턴스 생성은 String::new를 호출하는 것으로 할 수 있습니다. 비슷하게 parse_config를 Config와 연관된 함수 new로 변경함으로써 Config 인스턴스의 생성을 Config::new의 호출로 할 수 있을 것입니다. 예제 12-7은 이를 위한 변경점을 보여줍니다.

```
fn main() {
    let args: Vec<String> = env::args().collect();

❶   let config = Config::new(&args);

    // --생략--
}

// --생략--

❷ impl Config {
❸   fn new(args: &[String]) -> Config {
        let query = args[1].clone();
        let file_path = args[2].clone();

        Config { query, file_path }
    }
}
```

원래 parse_config를 호출하고 있던 main 부분을 Config::new 호출로 바꿨습니다(❶).
parse_config의 이름은 new로 변경되었고(❸) impl 블록에 옮겨졌는데(❷), 이것이 Config와 new
함수를 연관시켜줍니다. 이 코드를 다시 한번 컴파일하여 잘 작동하는지 확인하세요.

12.3.2 에러 처리 수정

이제부터는 에러 처리 기능을 수정할 겁니다. args 벡터에 3개보다 적은 아이템이 들어 있는 경우
에는 인덱스 1이나 2의 값에 접근을 시도하는 것이 프로그램의 패닉을 일으킬 것이라는 점을 상기
합시다. 아무런 인수 없이 프로그램을 실행해보세요. 아래처럼 나올 것입니다.

```
$ cargo run
   Compiling minigrep v0.1.0 (file:///projects/minigrep)
    Finished dev [unoptimized + debuginfo] target(s) in 0.0s
     Running `target/debug/minigrep`
thread 'main' panicked at 'index out of bounds: the len is 1 but the index is 1',
src/main.rs:27:21
note: run with `RUST_BACKTRACE=1` environment variable to display a backtrace
```

index out of bounds: the len is 1 but the index is 1 줄은 프로그래머를 위한 에러 메시지입니
다. 최종 사용자는 이런 메시지를 봐도 달리 어떻게 해야 할지 이해할 수 없을 것입니다. 이제 수정

해봅시다.

에러 메시지 개선

예제 12-8에서는 인덱스 1과 2에 접근하기 전에 슬라이스의 길이가 충분한지 검증하는 기능을 new 함수에 추가했습니다. 만일 슬라이스가 충분히 길지 않다면, 프로그램은 패닉을 일으키고 더 나은 에러 메시지를 보여줍니다.

예제 12-8 **인수의 개수 검사 추가** (File) src/main.rs

```
// --생략--
fn new(args: &[String]) -> Config {
    if args.len() < 3 {
        panic!("not enough arguments");
    }
    // --생략--
```

이 코드는 예제 9-13(229쪽)에서 작성했었던 Guess::new 함수와 비슷한데, 거기서는 value 인수가 유효한 값의 범위 밖인 경우 panic!을 호출했었지요. 여기서는 값의 범위를 검사하는 대신, args의 길이가 최소 3이고 이 조건을 만족하는 가정 아래에서 함수의 나머지 부분이 작동할 수 있음을 검사하고 있습니다. 만일 args가 아이템을 세 개보다 적게 가지고 있다면 이 조건은 참이 되고, panic! 매크로를 호출하여 프로그램을 즉시 종료시킵니다.

new에 이렇게 몇 줄을 추가한 다음, 다시 한번 아무 인수 없이 프로그램을 실행하여 이제 에러가 어떤 식으로 보이는지 살펴봅시다.

```
$ cargo run
   Compiling minigrep v0.1.0 (file:///projects/minigrep)
    Finished dev [unoptimized + debuginfo] target(s) in 0.0s
     Running `target/debug/minigrep`
thread 'main' panicked at 'not enough arguments', src/main.rs:26:13
note: run with `RUST_BACKTRACE=1` environment variable to display a backtrace
```

이번 출력이 더 좋습니다. 이제는 적절한 에러 메시지가 되었습니다. 하지만 사용자들에게 제공할 필요 없는 추가적인 정보도 제공하고 있습니다. 어쩌면 예제 9-13에서 사용했던 기술을 여기에 써먹는 것이 최선은 아닌가 봅니다. 9장에서도 얘기했지만, panic!을 호출하는 것은 사용의 문제보다는 프로그램의 문제에 더 적합합니다. 대신에 여러분이 9장에서 배웠던 다른 기술, 즉 성공인지 혹은 에러인지를 나타내는 Result를 반환하는(212쪽) 기술을 사용해보겠습니다.

panic! 호출 대신 Result 반환하기

성공하면 Config를 담고 있고 에러가 난 경우에는 문제를 설명해줄 Result값을 반환시킬 수 있습니다. 또한 new라는 함수 이름은 build로 변경할 것인데, 이는 많은 프로그래머가 new 함수가 절대 실패하지 않으리라 예상하기 때문입니다. Config::build가 main과 소통하고 있을 때 Result 타입을 사용하여 문제에 대한 신호를 줄 수 있습니다. 그러면 main을 수정하여 Err 배리언트를 사용자에게 더 실용적인 에러 메시지로 변경할 수 있고, 이는 panic!의 호출로 인한 thread 'main' 과 RUST_BACKTRACE에 대해 감싸져 있는 텍스트를 없앨 수 있겠습니다.

예제 12-9는 이제 Config::build라고 하는 함수의 반환값과 Result를 반환할 필요가 있는 함수 본문을 위해서 필요한 변경점을 보여줍니다. main도 마찬가지로 수정하지 않으면 컴파일되지 않는다는 점을 유의하세요. 이건 다음에 하겠습니다.

예제 12-9 Config::build로부터 Result 반환하기   (File) src/main.rs

```
impl Config {
    fn build(args: &[String]) -> Result<Config, &'static str> {
        if args.len() < 3 {
            return Err("not enough arguments");
        }

        let query = args[1].clone();
        let file_path = args[2].clone();

        Ok(Config { query, file_path })
    }
}
```

우리의 build 함수는 성공한 경우 Config를, 에러가 난 경우 &'static str을 갖는 Result를 반환합니다. 에러값은 언제나 'static 라이프타임을 갖는 문자열 리터럴일 것입니다.

함수 본문에는 두 가지 변경점이 있었습니다. 사용자가 충분한 인수를 넘기지 않았을 때 panic!을 호출하는 대신 이제 Err값을 반환하며, 반환값 Config를 Ok로 감쌌습니다. 이러한 변경점이 함수의 새로운 타입 시그니처에 맞도록 합니다.

Config::build로부터 Err값을 반환하는 것은 main 함수가 build 함수로부터 반환된 Result값을 처리하여 에러가 난 경우 프로세스를 더 깔끔하게 종료하도록 해줍니다.

Config::build 호출과 에러 처리

에러가 발생한 경우를 처리하여 사용자 친화적인 메시지를 출력하기 위해서는, 예제 12-10처럼 main을 수정하여 Config::build에 의해 반환되는 Result를 처리할 필요가 있습니다. 또한 panic!으로부터 벗어나서 직접 0이 아닌 에러 코드로 커맨드 라인 도구를 종료하도록 구현할 것입니다. 0이 아닌 종료 상탯값을 사용하는 것은 프로그램을 호출한 프로세스에게 프로그램이 에러 상태로 종료되었음을 알려주는 관례입니다.

예제 12-10 Config 생성이 실패했을 경우 에러 코드와 함께 종료하기   (File) src/main.rs

```
❶ use std::process;

fn main() {
    let args: Vec<String> = env::args().collect();

❷ let config = Config::build(&args).❸unwrap_or_else(|❹err| {
    ❺ println!("Problem parsing arguments: {err}");
    ❻ process::exit(1);
    });

    // --생략--
```

위의 코드에서는 아직 상세히 다루지 않은 unwrap_or_else 메서드를 사용했는데, 이는 표준 라이브러리의 Result<T, E>에 구현되어 있습니다(❷). unwrap_or_else을 사용하면 커스터마이징된 (panic!이 아닌) 에러 처리를 정의할 수 있습니다. 만일 Result가 Ok값이라면 이 메서드의 동작은 unwrap과 유사합니다. 즉 Ok가 감싸고 있는 안쪽의 값을 반환합니다. 하지만 값이 Err값이라면, 이 메서드는 **클로저** 안의 코드를 호출하는데, 이는 unwrap_or_else(❸)의 인수로 넘겨준 우리가 정의한 익명 함수입니다. 클로저에 대해서는 13장(345쪽)에서 더 자세히 다루겠습니다. 지금은 그저 unwrap_or_else가 Err의 내부 값을 클로저의 세로 파이프(|) 사이에 있는 err 인수(❹)로 넘겨주는데, 이번 경우 그 값은 예제 12-9에 추가한 정적 문자열 "not enough arguments"이라는 정도만 알면 됩니다. 그러면 실행했을 때 클로저 내의 코드가 Err값을 사용할 수 있게 됩니다.

새로 추가된 use 줄은 표준 라이브러리로부터 process를 스코프 안으로 가져옵니다(❶). 에러가 난 경우 실행될 클로저 내의 코드는 딱 두 줄입니다. Err값을 출력한 다음(❺) process::exit를 호출하는 것이지요(❻). process::exit 함수는 프로그램을 즉시 멈추고 넘겨진 숫자를 종료 상태 코드로서 반환하게 될 것입니다. 이는 예제 12-8에서 사용했던 panic! 기반의 처리와 비슷하지만, 이제는 추가 출력문들이 사라지게 됩니다. 한번 시도해봅시다.

```
$ cargo run
   Compiling minigrep v0.1.0 (file:///projects/minigrep)
    Finished dev [unoptimized + debuginfo] target(s) in 0.48s
     Running `target/debug/minigrep`
Problem parsing arguments: not enough arguments
```

훌륭하군요! 이 출력문이 사용자들에게 훨씬 친숙합니다.

12.3.3 main으로부터 로직 추출하기

이제 설정값 파싱의 리팩터링을 끝냈으니, 프로그램 로직으로 돌아와봅시다. '바이너리 프로젝트에 대한 관심사 분리'(314쪽)에서 기술한 바와 같이, 현재 main 함수에 있는 로직 중 설정값이나에러 처리와는 관련되지 않은 모든 로직을 run이라는 함수로 추출하겠습니다. 그렇게 하고 나면 main은 간결하고 검사하기 쉬워질 것이며, 나머지 모든 로직에 대한 테스트를 작성할 수 있게 될것입니다.

예제 12-11은 추출된 run 함수를 보여줍니다. 지금은 함수 추출에 대한 작고 점진적인 개선만 하고있습니다. 여전히 함수는 **src/main.rs**에 정의되어 있습니다.

예제 12-11 나머지 프로그램 로직을 담는 run 함수 추출   (File) src/main.rs

```rust
fn main() {
    // --생략--

    println!("Searching for {}", config.query);
    println!("In file {}", config.file_path);

    run(config);
}

fn run(config: Config) {
    let contents = fs::read_to_string(config.file_path)
        .expect("Should have been able to read the file");

    println!("With text:\n{contents}");
}

// --생략--
```

run 함수는 이제 파일을 읽는 부분부터 시작되는, main으로부터 남은 모든 로직을 담고 있습니다. run 함수는 Config 인스턴스를 인수로 취합니다.

run 함수로부터 에러 반환하기

run 함수로 분리된 남은 프로그램 로직에 대하여, 예제 12-9에서 Config::build에 했던 것처럼 에러 처리 기능을 개선할 수 있습니다. run 함수는 뭔가 잘못되면 expect를 호출하여 프로그램이 패닉이 되도록 하는 대신 Result<T, E>를 반환할 것입니다. 이를 통해 에러 처리에 관한 로직을 사용자 친화적인 방식으로 main 안에 더욱 통합시킬 수 있습니다. 예제 12-12는 run의 시그니처와 본문에 필요한 변경점을 보여줍니다.

예제 12-12 run 함수가 Result를 반환하도록 변경하기 (File) src/main.rs

```
❶ use std::error::Error;

   // --생략--

❷ fn run(config: Config) -> Result<(), Box<dyn Error>> {
       let contents = fs::read_to_string(config.file_path)❸?;

       println!("With text:\n{contents}");

     ❹ Ok(())
   }
```

여기서는 세 가지 중요한 변경점이 있습니다. 첫 번째로, run 함수의 반환 타입이 Result<(), Box<dyn Error>>으로 변경되었습니다(❷). 이 함수는 원래 유닛 타입 ()를 반환했었는데, Ok인 경우에 반환될 값으로서 계속 유지하고 있습니다.

에러 타입에 대해서는 **트레이트 객체** Box<dyn Error>를 사용했습니다(그리고 상단에 use 구분을 사용하여 std::error::Error를 스코프로 가져왔습니다❶). 트레이트 객체에 대해서는 17장(475쪽)에서 다룰 예정입니다. 지금은 그저 Box<dyn Error>는 이 함수가 Error 트레이트를 구현한 어떤 타입을 반환하는데, 그 반환값이 구체적으로 어떤 타입인지는 특정하지 않아도 된다는 것을 의미한다는 정도만 알면 됩니다. 이는 서로 다른 에러의 경우에서 서로 다른 타입이 될지도 모를 에러값을 반환하는 유연성을 제공합니다. dyn 키워드는 '동적(dynamic)'의 줄임말입니다.

두 번째로 9장(207쪽)에서 이야기했던 ? 연산자를 활용하여 expect의 호출을 제거했습니다(❸). ? 연산자는 에러 상황에서 panic! 대신 호출하는 쪽이 처리할 수 있도록 현재의 함수로부터 에러

값을 반환할 것입니다.

세 번째로 run 함수는 이제부터 성공한 경우 Ok값을 반환합니다(❹). run 함수의 성공 타입은 시그니처 상에서 ()로 선언되었는데, 이는 유닛 타입값을 Ok값으로 감쌀 필요가 있다는 의미입니다. 이 Ok(()) 문법은 처음엔 좀 이상하게 보일지도 모릅니다만, 이렇게 ()를 사용하는 것은 run을 호출하여 부작용에 대해서만 처리하겠다는 것을 가리키는 자연스러운 방식입니다. 즉 반환값이 필요 없는 경우입니다.

이 코드를 실행시키면, 컴파일은 되지만 다음과 같은 경고가 나타날 것입니다.

```
warning: unused `Result` that must be used
  --> src/main.rs:19:5
   |
19 |     run(config);
   |     ^^^^^^^^^^^
   |
   = note: this `Result` may be an `Err` variant, which should be handled
   = note: `#[warn(unused_must_use)]` on by default
```

러스트가 우리에게 Result값이 무시되고 있으며 Result값이 에러가 발생했음을 나타낼지도 모른다고 알려주는군요. 그렇지만 에러가 있는지 없는지 알아보는 검사를 하지 않고 있고, 그래서 어떤 에러 처리 코드를 의도했었던 것은 아닌지를 상기시켜줍니다! 이제 이 문제를 바로잡아봅시다.

main에서 run으로부터 반환된 에러 처리하기

이제 예제 12-10의 Config::build에 사용했던 것과 비슷한 기술을 사용하여 에러를 검사하고 이를 처리해볼 것인데, 약간 다른 점이 있습니다.

File src/main.rs

```rust
fn main() {
    // --생략--

    println!("Searching for {}", config.query);
    println!("In file {}", config.file_path);

    if let Err(e) = run(config) {
        println!("Application error: {e}");
        process::exit(1);
    }
}
```

run이 Err값을 반환했는지 검사하고 만일 그렇다면 process::exit(1)를 호출하기 위해 사용한 unwrap_or_else 대신 if let이 사용되었습니다. run 함수가 반환한 값은 Config 인스턴스를 반환하는 Config::build과 동일한 방식대로 unwrap을 하지 않아도 됩니다. run이 성공한 경우 ()를 반환하기 때문에 에러를 찾는 것만 신경 쓰면 되므로, 고작 ()나 들어 있을 값을 반환하기 위해 unwrap_or_else를 쓸 필요는 없어집니다.

if let과 unwrap_or_else 함수의 본문은 동일합니다. 즉, 에러를 출력하고 종료합니다.

12.3.4 라이브러리 크레이트로 코드 쪼개기

여기까지의 minigrep 프로젝트는 괜찮아 보이는군요! 이제 **src/main.rs** 파일을 쪼개어 코드 일부를 **src/lib.rs** 파일에 넣을 것입니다. 그렇게 하여 코드를 테스트할 수 있고 **src/main.rs** 파일의 책임 소재를 더 적게 할 수 있습니다.

main 함수가 아닌 모든 코드를 **src/main.rs**에서 **src/lib.rs**로 옮깁시다.

- run 함수 정의 부분
- 이와 관련된 use 구문들
- Config 정의 부분
- Config::build 함수 정의 부분

src/lib.rs의 내용은 예제 12-13과 같은 시그니처를 가지고 있어야 합니다(간결성을 위해 함수의 본문은 생략하였습니다). **src/main.rs**를 예제 12-14처럼 수정하기 전까지는 컴파일이 되지 않음을 유의하세요.

예제 12-13 Config와 run을 src/lib.rs 안으로 옮기기   (File) src/lib.rs

```
use std::error::Error;
use std::fs;

pub struct Config {
    pub query: String,
    pub file_path: String,
}

impl Config {
    pub fn build(args: &[String]) -> Result<Config, &'static str> {
        // --생략--
```

```
        }
    }

    pub fn run(config: Config) -> Result<(), Box<dyn Error>> {
        // --생략--
    }
```

pub 키워드를 자유롭게 사용했습니다. Config와 이 구조체의 각 필드 및 build 메서드, 그리고
run 함수에 대해 사용했지요. 이제 우리는 테스트해볼 수 있는 공개 API를 갖춘 라이브러리 크레
이트를 가지게 되었습니다!

이제는 예제 12-14처럼 **src/lib.rs**로 옮겨진 코드를 **src/main.rs** 내의 바이너리 크레이트 스코프 쪽
으로 가져올 필요가 생겼습니다.

예제 12-14 **src/main.rs**에서 minigrep 라이브러리 크레이트 사용하기   (File) src/main.rs

```
use std::env;
use std::process;

use minigrep::Config;

fn main() {
    // --생략--
    if let Err(e) = minigrep::run(config) {
        // --생략--
    }
}
```

use minigrep::Config 줄을 추가하여 라이브러리 크레이트로부터 바이너리 크레이트 스코프로
Config 타입을 가져오고, run 함수 앞에는 크레이트 이름을 붙였습니다. 이제 모든 기능이 연결되
어 작동해야 합니다. cargo run으로 프로그램을 실행하여 모든 것이 정상적으로 작동하는지 확인
하세요.

휴우! 작업이 참 많았습니다만, 우리는 미래의 성공을 위한 기반을 닦았습니다. 이제 에러를 처리
하기도 훨씬 쉽고, 코드도 훨씬 모듈화되었습니다. 이제부터는 거의 모든 작업이 **src/lib.rs** 내에서
완료될 것입니다.

이전 코드에서는 어려웠지만 새 코드에서는 쉬운 작업을 수행하여 이 새로운 모듈성의 이점을 활
용해봅시다. 테스트를 작성해보겠습니다!

12.4 테스트 주도 개발로 라이브러리 기능 개발하기

로직을 **src/lib.rs**로 추출하고 인수 모으기와 에러 처리는 **src/main.rs**에 남겨두었으니, 이제는 코드의 핵심 기능에 대한 테스트를 작성하기 무척 쉽습니다. 커맨드 라인에서 바이너리를 호출할 필요 없이 다양한 인수로 함수를 직접 호출하여 반환값을 검사해볼 수 있습니다.

이 절에서는 아래의 단계를 따르는 테스트 주도 개발(test-driven development, TDD) 프로세스를 사용하여 minigrep 프로그램의 검색 로직을 추가해보겠습니다.

1. 실패하는 테스트를 작성하고 실행하여, 여러분이 예상한 이유대로 실패하는지 확인합니다.
2. 이 새로운 테스트를 통과하기 충분한 정도의 코드만 작성하거나 수정하세요.
3. 추가하거나 변경한 코드를 리팩터링하고 테스트가 계속 통과하는지 확인하세요.
4. 1단계로 돌아가세요!

그저 소프트웨어 작성의 수많은 방식 중 하나일 뿐이지만, TDD는 코드 설계를 주도하는 데 도움이 됩니다. 테스트를 통과하도록 해줄 코드를 작성하기 전에 테스트 먼저 작성하는 것은 프로세스 전체에 걸쳐 높은 테스트 범위를 유지하는 데 도움을 줍니다.

실제로 파일 내용에서 질의 문자열을 찾아보고 질의와 일치하는 라인의 목록을 생성하는 기능의 구현을 테스트 주도적으로 해볼 것입니다. 이 기능을 search라는 이름의 함수에 추가해보겠습니다.

12.4.1 실패하는 테스트 작성하기

프로그램 동작을 확인하기 위해 사용되었던 **src/lib.rs**와 **src/main.rs**의 println! 구문들은 이제 더 이상 필요가 없으므로 제거합시다. 그런 다음 11장(273쪽)에서처럼 **src/lib.rs**에 test 모듈과 함께 테스트 함수를 추가하세요. 테스트 함수는 search 함수가 가져야 할 동작을 지정합니다. 즉 질의와 검색할 텍스트를 입력받아서 텍스트로부터 질의를 담고 있는 라인들만 반환하는 것이죠. 예제 12-15는 이러한 테스트를 보여주는데, 아직 컴파일되진 않을 것입니다.

예제 12-15 **구현하고자 하는 search 함수를 위한 실패하는 테스트 만들기** (File) src/lib.rs

```
#[cfg(test)]
mod tests {
    use super::*;

    #[test]
```

```
    fn one_result() {
        let query = "duct";
        let contents = "\
Rust:
safe, fast, productive.
Pick three.";

        assert_eq!(vec!["safe, fast, productive."], search(query, contents));
    }
}
```

이 테스트는 문자열 "duct"를 검색합니다. 검색하는 텍스트는 세 줄인데, 그중 한 줄만이 "duct"를 가지고 있습니다(앞의 큰따옴표 뒤에 붙은 역슬래시는 이 문자열 리터럴 내용의 앞에 개행 문자를 집어넣지 않도록 러스트에게 알려주는 것임을 유의하세요). search 함수가 반환하는 값은 우리가 예상하는 라인만 가지고 있을 것이라고 단언해두었습니다.

이 테스트는 아직 컴파일도 되지 않을 것이므로 테스트를 실행시켜서 실패하는 걸 지켜볼 수는 없습니다. 아직 search 함수가 없으니까요! TDD 원칙에 따라서, 예제 12-16과 같이 항상 빈 벡터를 반환하는 search 함수 정의부를 추가하는 것으로 컴파일과 테스트가 작동하기에 딱 충분한 코드만 집어넣어보겠습니다. 그러면 테스트는 컴파일되고, 반환된 빈 벡터가 "safe, fast, productive." 라인을 가지고 있는 벡터와 일치하지 않으므로 실패해야 합니다.

예제 12-16 테스트가 딱 컴파일만 될 정도의 search 함수 정의하기　　　　　(File) src/lib.rs

```
pub fn search<'a>(query: &str, contents: &'a str) -> Vec<&'a str> {
    vec![]
}
```

search의 시그니처에는 명시적 라이프타임 'a가 정의될 필요가 있고 이 라이프타임이 contents 인수와 반환값에 사용되고 있음에 주목하세요. 10장(231쪽)에서 본 것처럼 라이프타임 매개변수는 어떤 인수의 라이프타임이 반환값의 라이프타임과 연결되는지를 특정한다는 점을 상기해봅시다. 위의 경우에는 반환된 벡터에 (인수 query 쪽이 아니라) 인수 contents의 슬라이스를 참조하는 문자열 슬라이스가 들어 있음을 나타내고 있습니다.

바꿔 말하면, 지금 러스트에게 search 함수에 의해 반환된 데이터가 search 함수의 contents 인수로 전달된 데이터만큼 오래 살 것이라는 것을 말해준 것입니다. 이것이 중요합니다! 슬라이스에 의해 참조된 데이터는 그 참조자가 유효한 동안 유효할 필요가 있습니다. 만일 컴파일러가

contents 대신 query의 문자열 슬라이스를 만들고 있다고 가정하면, 안전성 검사는 정확하지 않게 될 것입니다.

라이프타임 명시를 잊어버리고 이 함수의 컴파일을 시도하면, 다음과 같은 에러를 얻게 됩니다.

```
error[E0106]: missing lifetime specifier
  --> src/lib.rs:28:51
   |
28 | pub fn search(query: &str, contents: &str) -> Vec<&str> {
   |                      ----            ----       ^ expected named lifetime parameter
   |
   = help: this function's return type contains a borrowed value, but the signature does
not say whether it is borrowed from `query` or `contents`
help: consider introducing a named lifetime parameter
   |
28 | pub fn search<'a>(query: &'a str, contents: &'a str) -> Vec<&'a str> {
   |              ++++         ++                 ++              ++
```

러스트는 두 인수 중 어떤 쪽이 필요한지 알 수 없고, 따라서 이를 명시적으로 말해줄 필요가 있습니다. contents가 모든 텍스트를 가지고 있는 인수이고 이 텍스트에서 일치하는 부분을 반환하고 싶은 것이므로, 라이프타임 문법을 사용해 반환값과 연결되어야 할 인수는 contents라는 사실을 알고 있습니다.

다른 프로그래밍 언어들은 시그니처에 인수와 반환값을 연결하도록 요구하지 않습니다만, 이 연습은 시간이 지날수록 더 쉬워질 것입니다. 어쩌면 이 예제를 10장의 '라이프타임으로 참조자의 유효성 검증하기'(256쪽)에 있는 예제와 비교하고 싶을지도 모르겠습니다.

이제 테스트를 실행해봅시다.

```
$ cargo test
   Compiling minigrep v0.1.0 (file:///projects/minigrep)
    Finished test [unoptimized + debuginfo] target(s) in 0.97s
     Running unittests src/lib.rs (target/debug/deps/minigrep-9cd200e5fac0fc94)

running 1 test
test tests::one_result ... FAILED

failures:

---- tests::one_result stdout ----
```

```
thread 'tests::one_result' panicked at 'assertion failed: `(left == right)`
  left: `["safe, fast, productive."]`,
 right: `[]`', src/lib.rs:44:9
note: run with `RUST_BACKTRACE=1` environment variable to display a backtrace


failures:
    tests::one_result

test result: FAILED. 0 passed; 1 failed; 0 ignored; 0 measured; 0 filtered out; finished
in 0.00s

error: test failed, to rerun pass `--lib`
```

좋습니다. 예상대로 테스트는 실패했습니다. 이제 테스트가 통과되도록 해봅시다!

12.4.2 테스트를 통과하도록 코드 작성하기

현재는 언제나 빈 벡터가 반환되고 있으므로 테스트가 실패하고 있습니다. 이를 고치고 search를
구현하려면 프로그램에서 아래의 단계를 따라야 합니다.

- 내용물의 각 라인에 대해 반복합니다.
- 해당 라인이 질의 문자열을 담고 있는지 검사합니다.
- 만일 그렇다면, 반환하고자 하는 값의 리스트에 추가합니다.
- 아니라면 아무것도 안 합니다.
- 매칭된 결과 리스트를 반환합니다.

라인들에 대한 반복을 시작으로 각 단계 별로 작업해봅시다.

lines 메서드로 라인들에 대해 반복하기

러스트는 문자열의 라인별 반복을 처리하기 위한 유용한 메서드를 제공하는데, 편리하게도 lines
라는 이름이고 예제 12-17에서 보는 바와 같이 작동합니다. 아직 컴파일되지 않음을 주의하세요.

예제 12-17 contents의 각 줄에 대한 반복   (File) src/lib.rs

```rust
pub fn search<'a>(query: &str, contents: &'a str) -> Vec<&'a str> {
    for line in contents.lines() {
        // 라인을 처리하기
    }
}
```

lines 메서드는 반복자를 반환합니다. 반복자에 대해서는 13장(345쪽)에서 더 깊이 다루겠습니다만, 예제 3-5(75쪽)에서 이런 방식의 반복자 사용을 봤었음을 상기해봅시다. 그때는 어떤 컬렉션 안의 각 아이템에 대해 어떤 코드를 실행시키기 위해 for와 함께 반복자를 사용했었지요.

각 라인에서 질의값 검색하기

다음으로는 현재의 라인에 질의 문자열이 들어 있는지 검사해보겠습니다. 다행히도 이걸 해주는 contains라는 이름의 유용한 메서드가 문자열에 있습니다! 예제 12-18처럼 search 함수에 contains 메서드 호출을 추가하세요. 아직 컴파일되지는 않음을 주의하세요.

예제 12-18 **라인이 query의 문자열을 포함하는지 알아보기 위한 기능 추가하기** (File) src/lib.rs

```
pub fn search<'a>(query: &str, contents: &'a str) -> Vec<&'a str> {
    for line in contents.lines() {
        if line.contains(query) {
            // 라인을 처리하기
        }
    }
}
```

이 시점에서는 아직 기능을 구축하는 중입니다. 컴파일되기 위해서는 함수 시그니처에 명시한 대로 함수 본문에서 어떤 값을 반환할 필요가 있습니다.

매칭된 라인 저장하기

이 함수를 완성하기 위해서는 반환하고자 하는 매칭된 라인들을 저장할 방법이 필요합니다. 이를 위해서 for 루프 전에 가변 벡터를 만들고 line을 이 벡터에 저장하기 위해 push 메서드를 호출할 수 있겠습니다. for 루프 뒤에서는 예제 12-19와 같이 이 벡터를 반환합니다.

예제 12-19 **매칭된 라인들을 저장하여 반환될 수 있게 하기** (File) src/lib.rs

```
pub fn search<'a>(query: &str, contents: &'a str) -> Vec<&'a str> {
    let mut results = Vec::new();

    for line in contents.lines() {
        if line.contains(query) {
            results.push(line);
        }
    }

    results
}
```

이제 search 함수는 query를 담고 있는 라인들만 반환해야 하고 테스트는 통과되어야 합니다. 테스트를 실행해봅시다.

```
running 1 test
test tests::one_result ... ok

test result: ok. 1 passed; 0 failed; 0 ignored; 0 measured; 0 filtered out; finished in 0.00s
```

테스트가 통과되었으므로, 함수가 작동한다는 사실을 알았습니다!

이 시점에서, 동일한 기능을 유지하여 테스트가 계속 통과되도록 유지하면서 이 검색 함수의 구현을 리팩터링할 기회를 고려해볼 수 있겠습니다. 이 검색 함수의 코드는 그렇게 나쁘진 않습니다만, 반복자의 몇몇 유용한 기능을 활용하고 있지는 않군요. 13장(345쪽)에서 이 예제로 돌아올 건데, 거기서 반복자에 대해 더 자세히 탐구하고 어떻게 개선할 수 있는지 알아볼 것입니다.

run 함수에서 search 함수 사용하기

이제 search 함수가 작동하고 테스트도 되었으니, run 함수에서 search를 호출할 필요가 있겠습니다. search 함수에 config.query값과 run이 읽어 들인 contents를 넘겨줘야 합니다. 그러면 run은 search가 반환한 각 라인을 출력할 것입니다.

File src/lib.rs

```rust
pub fn run(config: Config) -> Result<(), Box<dyn Error>> {
    let contents = fs::read_to_string(config.file_path)?;

    for line in search(&config.query, &contents) {
        println!("{line}");
    }

    Ok(())
}
```

search로부터 반환된 각 라인에 대해 여전히 for를 사용하여 출력하고 있습니다.

이제 전체 프로그램이 작동해야 합니다! 먼저 에밀리 디킨슨의 시에서 딱 한 줄만 반환되도록 'frog'라는 단어를 넣어 시도해봅시다.

```
$ cargo run -- frog poem.txt
```

```
   Compiling minigrep v0.1.0 (file:///projects/minigrep)
    Finished dev [unoptimized + debuginfo] target(s) in 0.38s
     Running `target/debug/minigrep frog poem.txt`
How public, like a frog
```

멋지군요! 이제 여러 줄과 매칭될 'body' 같은 단어를 시도해봅시다.

```
$ cargo run -- body poem.txt
    Finished dev [unoptimized + debuginfo] target(s) in 0.0s
     Running `target/debug/minigrep body poem.txt`
I'm nobody! Who are you?
Are you nobody, too?
How dreary to be somebody!
```

마지막으로, 'monomorphization'같이 이 시의 어디에도 없는 단어를 검색하는 경우 아무 줄도 안 나오는지 확인해봅시다.

```
$ cargo run -- monomorphization poem.txt
    Finished dev [unoptimized + debuginfo] target(s) in 0.0s
     Running `target/debug/minigrep monomorphization poem.txt`
```

훌륭하군요! 고전적인 도구에 대한 여러분만의 미니 버전을 만들었고 애플리케이션을 구조화하는 방법에 대해 많이 배웠습니다. 또한 파일 입출력과 라이프타임, 테스트, 커맨드 라인 파싱에 대해서도 약간씩 배웠습니다.

이 프로젝트를 정리하기 위해서, 환경 변수를 가지고 동작시키는 방법과 표준 에러로 출력하는 방법을 간략하게 보려고 하는데, 둘 모두 커맨드 라인 프로그램을 작성할 때 유용합니다.

12.5 환경 변수 사용하기

minigrep에 추가 기능을 넣어서 개선해보겠습니다. 바로 환경 변수를 통해 사용자가 켤 수 있는 대소문자를 구분하지 않는 검색 옵션입니다. 이 기능을 커맨드 라인 옵션으로 만들어서 필요한 경우 사용자가 매번 입력하도록 요구할 수도 있겠으나, 환경 변수로 만듦으로써 사용자는 이 환경 변수를 한 번만 설정하고 난 다음 그 터미널 세션 동안에는 모든 검색을 대소문자 구분 없이 할 수 있게 됩니다.

먼저 환경 변숫값이 있을 때 호출될 새로운 함수 search_case_insensitive를 추가하겠습니다. 계속하여 TDD 프로세스를 따를 것이므로, 첫 번째 단계는 다시 한번 실패하는 테스트를 작성하는 것입니다. 새로운 함수 search_case_insensitive를 추가하고 이전 테스트 이름은 예제 12-20처럼 두 테스트 간의 차이를 명확하게 하기 위해 one_result에서 case_sensitive로 바꾸겠습니다.

예제 12-20 **추가하려는 대소문자 구분 없는 함수를 위한 새로운 실패 테스트 추가하기**   (File) src/lib.rs

```
#[cfg(test)]
mod tests {
    use super::*;

    #[test]
    fn case_sensitive() {
        let query = "duct";
        let contents = "\
Rust:
safe, fast, productive.
Pick three.
Duct tape.";

        assert_eq!(vec!["safe, fast, productive."], search(query, contents));
    }

    #[test]
    fn case_insensitive() {
        let query = "rUsT";
        let contents = "\
Rust:
safe, fast, productive.
Pick three.
Trust me.";

        assert_eq!(
            vec!["Rust:", "Trust me."],
            search_case_insensitive(query, contents)
        );
    }
}
```

예전 테스트의 contents도 수정되었음을 유의하세요. 대문자 D를 사용한 "Duct tape." 라인을 추가했고 이는 대소문자를 구분하는 방식으로 검색할 때는 질의어 "duct"에 매칭되지 않아야 합니다. 이렇게 예전 테스트를 변경하는 것은 이미 구현된 대소문자를 구분하는 검색을 우발적으로 깨뜨리지 않도록 확인하는 데 도움을 줍니다. 이 테스트는 지금 통과되어야 하며 대소문자를 구분하지 않는 검색에 대해 작업을 하는 중에도 계속해서 통과되어야 합니다.

대소문자를 **구분하지 않는** 검색을 위한 새로운 테스트에서는 질의어로 "rUsT"를 사용합니다. 추가하려는 search_case_insensitive 함수에서 질의어 "rUsT"는 대소문자 구분이 질의어와 다르더라도 대문자 R로 시작하는 "Rust:"를 포함하는 라인 및 "Trust me." 라인과 매칭되어야 합니다. 이것이 실패하는 테스트고, 아직 search_case_insensitive 함수를 정의하지 않았으므로 컴파일에 실패할 것입니다. 예제 12-16에서 테스트가 컴파일되고 실패하는 것을 지켜보기 위해 했었던 것과 마찬가지로, 간편하게 언제나 빈 벡터를 반환하는 뼈대 구현을 추가해봅시다.

12.5.2 search_case_insensitive 함수 구현하기

예제 12-21에서 보이는 search_case_insensitive 함수는 search 함수와 거의 똑같이 생겼을 것입니다. 유일한 차이점은 query와 각 line을 소문자로 만들어서 입력된 인수의 대소문자가 어떻든 간에 질의어가 라인에 포함되어 있는지 확인할 때는 언제나 같은 소문자일 것이란 점입니다.

예제 12-21 질의어와 라인을 비교하기 전에 소문자로 만드는 search_case_insensitive 함수 정의하기 (File) src/lib.rs

```
pub fn search_case_insensitive<'a>(
    query: &str,
    contents: &'a str,
) -> Vec<&'a str> {
❶  let query = query.to_lowercase();
    let mut results = Vec::new();

    for line in contents.lines() {
        if❷ line.to_lowercase().contains(❸&query) {
            results.push(line);
        }
    }

    results
}
```

먼저 query 문자열을 소문자로 만들어서 같은 이름의 변수를 가리는 방식으로 저장합니다(❶). 질의어에 대해 to_lowercase가 호출되므로 사용자의 질의어가 "rust", "RUST", "Rust", 혹은 "rUsT"이든 상관없이 이 질의어를 "rust"로 취급하여 대소문자를 구분하지 않게 될 것입니다.

to_lowercase가 기본적인 유니코드를 처리하겠지만, 100% 정확하지는 않을 것입니다. 실제 애플리케이션을 작성하는 중이었다면 여기에 약간의 작업을 추가할 필요가 있겠지만, 이 절은 유니코드가 아니라 환경 변수에 대한 것이므로, 여기서는 그대로 두겠습니다.

to_lowercase의 호출이 존재하는 데이터를 참조하지 않고 새로운 데이터를 만들기 때문에, query가 이제 문자열 슬라이스가 아니라 String이 되었음을 주의하세요. 예를 들어 질의어가 "rUsT"라고 해봅시다. 이 문자열 슬라이스는 우리가 사용하려는 소문자 u나 t가 들어 있지 않으므로, "rust"를 담고 있는 새로운 String을 할당해야 합니다. 이제 query를 contains의 인수로 넘길 때는 앰퍼샌드를 붙여줄 필요가 있는데(❸) 이는 contains의 시그니처가 문자열 슬라이스를 받도록 정의되어 있기 때문입니다.

다음으로 line의 모든 글자를 소문자로 만들기 위해 to_lowercase 호출을 추가합니다(❷). 이제 line과 query를 소문자로 변환했으니 질의어의 대소문자에 상관없이 매칭된 라인들을 찾아낼 것입니다.

이 구현이 테스트를 통과하는지 살펴봅시다.

```
running 2 tests
test tests::case_insensitive ... ok
test tests::case_sensitive ... ok

test result: ok. 2 passed; 0 failed; 0 ignored; 0 measured; 0 filtered out; finished in 0.00s
```

훌륭하군요! 테스트가 통과되었습니다. 이제 search_case_insensitive 함수를 run 함수에서 호출해봅시다. 먼저 대소분자 구분 여부를 전환하기 위한 옵션을 Config 구조체에 추가하겠습니다. 아직 이 필드를 어디서도 초기화하고 있지 않기 때문에 필드를 추가하는 것만으로는 컴파일 에러가 날 것입니다.

File src/lib.rs

```
pub struct Config {
    pub query: String,
    pub file_path: String,
    pub ignore_case: bool,
}
```

불리언값을 갖는 ignore_case 필드를 추가했습니다. 다음으로, 예제 12-22에서 보이는 것처럼 run 함수가 ignore_case 필드의 값을 검사하여 search 함수 혹은 search_case_insensitive 함수 중 어느 쪽을 호출할 지 결정하는 것이 필요합니다. 아직은 컴파일되지 않을 것입니다.

예제 12-22 config.ignore_case의 값에 기초하여 search나 search_case_insensitive를 호출하기 `File` src/lib.rs

```rust
pub fn run(config: Config) -> Result<(), Box<dyn Error>> {
    let contents = fs::read_to_string(config.file_path)?;

    let results = if config.ignore_case {
        search_case_insensitive(&config.query, &contents)
    } else {
        search(&config.query, &contents)
    };

    for line in results {
        println!("{line}");
    }

    Ok(())
}
```

마지막으로 환경 변수의 검사가 필요합니다. 환경 변수 사용을 위한 함수는 표준 라이브러리의 env 모듈에 있으므로, **src/lib.rs** 상단에서 이 모듈을 스코프로 가져옵니다. 그런 다음 예제 12-23 처럼 env 모듈의 var 함수를 사용하여 IGNORE_CASE라는 이름의 환경 변수에 어떤 값이 설정되었는지 확인해보겠습니다.

예제 12-23 IGNORE_CASE라는 이름의 환경 변수의 값을 검사하기 `File` src/lib.rs

```rust
use std::env;
// --생략--

impl Config {
    pub fn build(args: &[String]) -> Result<Config, &'static str> {
        if args.len() < 3 {
            return Err("not enough arguments");
        }

        let query = args[1].clone();
        let file_path = args[2].clone();

        let ignore_case = env::var("IGNORE_CASE").is_ok();

        Ok(Config {
```

```
            query,
            file_path,
            ignore_case,
        })
    }
}
```

여기서는 `ignore_case`라는 새 변수를 만들었습니다. 이 값을 설정하기 위해서 `env::var` 함수를 호출하고 환경 변수의 이름 `IGNORE_CASE`를 넘겼습니다. `env::var` 함수는 `Result`를 반환하는데 여기에는 해당 환경 변수에 어떤 값이 설정되어 있을 경우 그 값을 담은 `Ok` 배리언트가 될 것입니다. 만일 환경 변수가 설정되어 있지 않다면 `Err` 배리언트가 반환될 것입니다.

환경 변수가 설정되었는지 확인하기 위해서 `Result`의 `is_ok` 메서드를 사용 중인데, 이는 프로그램이 대소문자를 구분하지 않는 검색을 해야 함을 뜻합니다. 만일 `IGNORE_CASE` 환경 변수가 아무 값도 설정되어 있지 않다면, `is_ok`는 `false`를 반환하고 프로그램은 대소문자를 구분하는 검색을 수행할 것입니다. 이 환경 변수의 **값**에 대해서는 고려하지 않고 그저 값이 설정되어 있는지 아닌지만 고려하므로, 여기서는 `unwrap`이나 `expect` 혹은 `Result`에서 사용했던 다른 메서드들 대신 `is_ok`를 사용하고 있습니다.

이 `ignore_case` 변수의 값을 `Config` 인스턴스에게 전달했으므로, `run` 함수는 예제 12-22에 구현된 것처럼 이 값을 읽어서 `search_case_insensitive` 혹은 `search`의 호출 여부를 결정할 수 있습니다.

한번 시도해봅시다! 먼저 환경 변수 설정 없이 질의어 `to`를 넣어 프로그램을 실행시킬 것인데, 이는 모두 소문자인 단어 'to'가 포함된 어떤 라인과 매칭되어야 합니다.

```
$ cargo run -- to poem.txt
   Compiling minigrep v0.1.0 (file:///projects/minigrep)
    Finished dev [unoptimized + debuginfo] target(s) in 0.0s
     Running `target/debug/minigrep to poem.txt`
Are you nobody, too?
How dreary to be somebody!
```

아직 잘 작동하는 것처럼 보이는군요! 이제 `IGNORE_CASE`를 1로 설정하고 동일한 질의어 `to`를 넣어서 프로그램을 실행해봅시다.

```
$ IGNORE_CASE=1 cargo run -- to poem.txt
```

여러분이 파워셸을 사용 중이라면, 별도의 커맨드로 환경 변수 설정과 프로그램 실행을 할 필요가 있을 것입니다.

```
PS> $Env:IGNORE_CASE=1; cargo run -- to poem.txt
```

이는 남은 셸 세션에 대해 IGNORE_CASE가 영구적으로 설정되게 할 것입니다. Remove_Item cmdlet 으로 설정을 해제할 수 있습니다.

```
PS> Remove-Item Env:IGNORE_CASE
```

이제 소문자 'to'뿐만 아니라 대문자일 수도 있는 'to'를 담고 있는 라인들도 가져와야 하겠죠.

```
Are you nobody, too?
How dreary to be somebody!
To tell your name the livelong day
To an admiring bog!
```

'To'를 담고 있는 라인도 잘 가져왔네요. 훌륭합니다! minigrep 프로그램은 지금부터 환경 변수에 의해 제어되는 대소문자 구별 없는 검색 기능을 사용할 수 있게 되었습니다. 이제 여러분은 커맨드 라인 인수 혹은 환경 변수를 통한 옵션 설정을 관리하는 방법을 알게 되었습니다.

어떤 프로그램들은 한 설정값에 대해 인수와 환경 변수 **모두를** 사용할 수 있게 합니다. 그러한 경우에는 보통 한쪽이 다른 쪽에 대해 우선순위를 갖도록 결정합니다. 연습용으로 대소문자 구분 옵션을 커맨드 라인 혹은 환경 변수로 제어하는 시도를 직접 해보세요. 한쪽은 내소문자를 구분 하도록 하고 다른 쪽은 대소문자 구분을 무시하도록 설정되어 실행되었을 경우에는 커맨드 라인 인수 쪽 혹은 환경 변수 쪽이 우선권을 갖도록 하는 결정이 필요합니다.

std::env 모듈에는 환경 변수를 다루기 위한 더 유용한 기능들을 많이 가지고 있습니다. 어떤 것 들이 가능한지는 문서를 확인해보세요.

12.6 표준 출력 대신 표준 에러로 에러 메시지 작성하기

이 시점에서는 터미널로 출력되는 모든 것이 `println!` 매크로를 사용하여 작성되고 있는 상태입니다. 대부분의 터미널에는 두 종류의 출력이 있습니다. 범용적인 정보를 위한 **표준 출력**(standard output, stdout)과 에러 메시지를 위한 **표준 에러**(standard error, stderr) 두 가지죠. 이러한 구분은 사용자로 하여금 성공한 프로그램의 출력값을 파일로 향하게끔 하지만 에러 메시지는 여전히 화면에 나타나도록 해줄 수 있습니다.

`println!` 매크로는 표준 출력으로의 출력 기능만 있으므로, 표준 에러로 출력하기 위해서는 다른 무언가를 사용해야 합니다.

12.6.1 에러가 기록되었는지 검사하기

먼저 `minigrep`이 출력하는 내용들이 현재 표준 에러 쪽에 출력하고 싶은 에러 메시지를 포함하여 어떤 식으로 표준 출력에 기록되는지 관찰해봅시다. 의도적으로 에러를 발생시키면서 표준 출력 스트림을 파일 쪽으로 리디렉션하여 이를 확인할 것입니다. 표준 에러 스트림은 리디렉션하지 않을 것이므로 표준 에러 쪽으로 보내진 내용들은 계속 화면에 나타날 것입니다.

커맨드 라인 프로그램은 표준 에러 스트림 쪽으로 에러 메시지를 보내야 하므로 표준 출력 스트림이 파일로 리디렉션 되더라도 여전히 에러 메시지는 화면에서 볼 수 있습니다. 이 프로그램은 현재 잘 제대로 작동하지 않습니다. 에러 메시지가 대신 파일 쪽에 저장되는 것을 막 보려는 참입니다!

이 동작을 확인해보기 위해서 프로그램을 >과 파일 경로 **output.txt**과 함께 실행해보려 하는데, 이 파일 경로는 표준 출력 스트림이 리디렉션 될 곳입니다. 아무런 인수를 넣지 않을 것인데, 이는 에러를 발생시켜야 합니다.

```
$ cargo run > output.txt
```

> 문법은 셸에게 표준 출력의 내용을 화면 대신 **output.txt**에 작성하라고 알려줍니다. 화면 출력되리라 기대되었던 에러 메시지는 보이지 않으므로, 이는 결국 파일 안으로 들어갔음에 틀림없다는 의미입니다. 아래가 **output.txt**이 담고 있는 내용입니다.

```
Problem parsing arguments: not enough arguments
```

네, 에러 메시지가 표준 출력에 기록되고 있네요. 이런 종류의 에러 메시지는 표준 에러로 출력되게 함으로써 성공적인 실행으로부터 나온 데이터만 파일로 향하게 만드는 것이 훨씬 유용합니다. 그렇게 바꿔보겠습니다.

12.6.2 표준 에러로 에러 출력하기

에러 메시지 출력 방식을 변경하기 위해 예제 12-24의 코드를 사용해보겠습니다. 이 장에서 앞서 수행했던 리팩터링 덕분에 에러 메시지를 출력하는 모든 코드는 단 하나의 함수 main 안에 있습니다. 표준 라이브러리는 표준 에러 스트림으로 출력하는 eprintln! 매크로를 제공하므로, 에러 출력을 위해 println!을 호출하고 있는 두 군데를 eprintln!로 바꿔봅시다.

예제 12-24 eprintln!를 사용하여 표준 출력 대신 표준 에러로 에러 메시지 작성하기　　　(File) src/main.rs

```
fn main() {
    let args: Vec<String> = env::args().collect();

    let config = Config::build(&args).unwrap_or_else(|err| {
        eprintln!("Problem parsing arguments: {err}");
        process::exit(1);
    });

    if let Err(e) = minigrep::run(config) {
        eprintln!("Application error: {e}");
        process::exit(1);
    }
}
```

이제 동일한 방식, 즉 아무런 인수 없이 >로 표준 출력을 리디렉션하여 프로그램을 다시 실행해봅시다.

```
$ cargo run > output.txt
Problem parsing arguments: not enough arguments
```

이제는 에러가 화면에 보여지고 **output.txt**에는 아무것도 없는데, 이것이 커맨드 라인 프로그램에 대해 기대한 동작입니다.

다시 한번 프로그램을 실행하되 이번에는 다음과 같이 에러를 내지 않는 인수를 사용하고 표준 출력을 파일로 리디렉션시켜봅시다.

```
$ cargo run -- to poem.txt > output.txt
```

터미널에는 아무런 출력을 볼 수 없고, **output.txt**에는 결과물이 담겨 있을 것입니다.

```
Are you nobody, too?
How dreary to be somebody!
```

이는 이제 성공적인 출력에 대해서는 표준 출력을, 에러 출력에 대해서는 표준 에러를 적절히 사용하고 있음을 입증합니다.

정리

이번 장에서는 여태껏 배운 몇몇 주요 개념들을 재점검하고 러스트에서의 통상적인 입출력 연산이 수행되는 방식을 다루었습니다. 커맨드 라인 인수, 파일, 환경 변수, 그리고 에러 출력을 위한 eprintln! 매크로를 사용함으로써, 여러분은 이제 커맨드 라인 애플리케이션을 작성할 준비가 되었습니다. 이전 장의 개념과의 조합을 통하여 여러분의 코드는 잘 조직되고, 적절한 데이터 구조에 효율적으로 데이터를 저장하고, 에러를 잘 처리하고, 잘 테스트하게 될 것입니다.

다음으로는 함수형 언어로부터 영향을 받은 러스트의 기능 몇 가지를 탐구해보겠습니다. 바로 클로저와 반복자죠.

13

함수형 언어의 특성: 반복자와 클로저

러스트의 디자인은 기존의 많은 언어와 기술에서 영감을 얻었으며, 영향받은 중요한 것 중 하나에는 **함수형 프로그래밍**(functional programming)이 있습니다. 대개 함수형 스타일의 프로그래밍은, 함수를 값처럼 인수로 넘기는 것, 함수의 결괏 값으로 함수를 반환하는 것, 나중에 실행하기 위해 함수를 변수에 할당하는 것 등을 포함합니다.

이번 장에서는, 무엇이 함수형 프로그래밍이고 그렇지 않은지에 대해 논의하는 대신, 다른 언어에서 자주 함수형으로 언급되는 특성들과 유사한 러스트의 특성들에 대해 논의할 것입니다.

더 구체적으로는 다음을 다룹니다.

- **클로저**(closure): 변수에 저장할 수 있는 함수와 유사한 구조
- **반복자**(iterator): 일련의 요소들을 처리할 수 있는 방법
- 클로저와 반복자를 사용해서 12장의 I/O 프로젝트를 개선할 수 있는 방법
- 클로저와 반복자의 성능(스포일러 있음: 생각보다 빠릅니다!)

이미 다뤄 본 패턴 매칭이나 열거형과 같은 기능들 역시 함수형 스타일의 영향을 받았습니다. 클로저들과 반복자들을 정복하는 것은 자연스러우면서도 빠른 러스트 코드를 작성하는 데 중요한 부분이기 때문에 이번 장을 통으로 할애했습니다.

13.1 클로저: 자신의 환경을 캡처하는 익명 함수

러스트의 클로저는 변수에 저장하거나 다른 함수에 인수로 전달할 수 있는 익명 함수입니다. 한 곳에서 클로저를 만들고 다른 콘텍스트의 다른 곳에서 이를 호출하여 평가할 수 있습니다. 함수와 다르게 클로저는 정의된 스코프에서 값을 캡처할 수 있습니다. 앞으로 클로저의 이러한 기능이 어떻게 코드 재사용과 동작 커스터마이징을 가능하게 하는지 살펴볼 것입니다.

13.1.1 클로저로 환경 캡처하기

먼저 클로저가 정의된 환경으로부터 나중에 사용할 목적으로 값을 캡처하는 방법을 시험해보겠습니다. 여기 시나리오가 있습니다. 종종 우리 티셔츠 회사는 프로모션으로 메일링 리스트에 있는 사람들에게 독점 공급하는 한정판 티셔츠를 증정합니다. 메일링 리스트에 있는 사람들은 추가로 자신의 프로파일에 제일 좋아하는 색상을 추가할 수 있습니다. 만일 무료 티셔츠에 추첨된 사람이 좋아하는 색상을 설정해두었다면, 그 색상의 티셔츠를 받게 됩니다. 만일 그 사람이 좋아하는 색상을 특정하지 않았다면 회사가 현재 제일 많이 가지고 있는 색상을 받게 됩니다.

이를 구현하는 방법은 여러 가지가 있습니다. 이번 예제에서는 Red와 Blue 배리언트가 있는 ShirtColor라는 열거형을 이용해보겠습니다(단순한 예제를 위해 가능한 색상을 제한했습니다). 회사의 재고는 Inventory 구조체로 표현하는데 여기에는 shirts라는 이름의 필드가 있고, 이 필드는 현재 재고에 있는 셔츠 색상을 나타내는 Vec<ShirtColor> 타입입니다. Inventory에 정의된 giveaway 메서드는 무료 티셔츠를 타게 된 사람의 추가 색상 설정값을 얻어와서 그 사람이 받게 될 셔츠 색상을 반환합니다. 이러한 설정이 예제 13-1에 있습니다.

예제 13-1 **셔츠 회사 증정 상황** (File) src/main.rs

```rust
#[derive(Debug, PartialEq, Copy, Clone)]
enum ShirtColor {
    Red,
    Blue,
}
```

```
struct Inventory {
    shirts: Vec<ShirtColor>,
}

impl Inventory {
    fn giveaway(&self, user_preference: Option<ShirtColor>) -> ShirtColor {
      ❶ user_preference.unwrap_or_else(|| self.most_stocked())
    }

    fn most_stocked(&self) -> ShirtColor {
        let mut num_red = 0;
        let mut num_blue = 0;

        for color in &self.shirts {
            match color {
                ShirtColor::Red => num_red += 1,
                ShirtColor::Blue => num_blue += 1,
            }
        }
        if num_red > num_blue {
            ShirtColor::Red
        } else {
            ShirtColor::Blue
        }
    }
}

fn main() {
    let store = Inventory {
      ❷ shirts: vec![ShirtColor::Blue, ShirtColor::Red, ShirtColor::Blue],
    };

    let user_pref1 = Some(ShirtColor::Red);
  ❸ let giveaway1 = store.giveaway(user_pref1);
    println!("The user with preference {:?} gets {:?}", user_pref1, giveaway1);

    let user_pref2 = None;
  ❹ let giveaway2 = store.giveaway(user_pref2);
    println!("The user with preference {:?} gets {:?}", user_pref2, giveaway2);
}
```

main에 정의된 store에는 이 한정판 프로모션 배포를 위해 남은 두 개의 파란색 셔츠와 하나의
빨간색 셔츠가 있습니다(❷). 여기서 빨간색 셔츠로 설정한 고객(❸)과 색상 설정이 없는 고객(❹)에
대하여 giveaway 메서드를 호출하였습니다.

다시 한번 말하지만, 이 코드는 여러 가지 방법으로 구현될 수 있고, 여기서는 클로저에 초점을 맞추기 위해서 클로저가 사용된 giveaway 메서드 본문을 제외하고는 이미 배운 개념만 사용했습니다. giveaway 메서드에서는 고객의 설정을 Option<ShirtColor> 타입의 매개변수 user_preference로 unwrap_or_else 메서드를 호출합니다(❶). Option<T>의 unwrap_or_else 메서드는 표준 라이브러리에 정의되어 있으며(https://doc.rust-lang.org/std/option/enum.Option.html#method.unwrap_or_else) 하나의 인수를 받습니다. 바로 아무런 인수도 없고 T값을 반환하는 클로저입니다(이때 T는 Option<T>의 Some 배리언트에 저장되는 타입과 동일하며, 지금의 경우 ShirtColor입니다). 만일 Option<T>가 Some 배리언트라면, unwrap_or_else는 그 Some 안에 들어 있는 값을 반환합니다. 만일 Option<T>가 None 배리언트라면, unwrap_or_else는 이 클로저를 호출하여 클로저가 반환한 값을 반환해줍니다.

unwrap_or_else의 인수로는 || self.most_stocked()이라는 클로저 표현식을 지정했습니다. 이는 아무런 매개변수를 가지지 않는 클로저입니다(만일 클로저가 매개변수를 갖고 있다면 두 개의 세로 파이프 사이에 매개변수가 나올 것입니다). 클로저의 본문은 self.most_stocked()를 호출합니다. 여기서는 클로저가 정의되어 있고, 결괏값이 필요해진 경우 unwrap_or_else의 구현부가 이 클로저를 나중에 평가할 것입니다.

이 코드를 실행하면 다음이 출력됩니다.

```
The user with preference Some(Red) gets Red
The user with preference None gets Blue
```

여기서 한 가지 흥미로운 점은 현재의 Inventory 인스턴스에서 self.most_stocked()를 호출하는 클로저를 넘겼다는 것입니다. 표준 라이브러리는 우리가 정의한 Inventory나 ShirtColor 타입이나, 혹은 이 시나리오에서 우리가 사용하고자 하는 로직에 대해 전혀 알 필요가 없습니다. 이 클로저는 self Inventory 인스턴스의 불변 참조자를 캡처하여 우리가 지정한 코드와 함께 이 값을 unwrap_or_else 메서드에 넘겨줍니다. 반면에 함수는 이런 방식으로 자신의 환경을 캡처할 수 없습니다.

13.1.2 클로저 타입 추론과 명시

함수와 클로저 간의 차이점은 더 있습니다. 클로저는 보통 fn 함수에서처럼 매개변수 혹은 반환값의 타입을 명시하도록 요구하지 않습니다. 함수의 타입 명시는 그 타입이 사용자들에게 노출되는 명시적인 인터페이스의 일부분이기 때문에 요구됩니다. 이러한 인터페이스를 엄격하게 정의하는 것은 함수가 어떤 타입의 값을 사용하고 반환하는지를 명확하게 알려주는 데에 중요합니다. 반면에 클로저는 함수처럼 노출된 인터페이스로 사용되지 않습니다. 클로저는 이름 없이 라이브러리의 사용자들에게 노출되지 않은 채로 변수에 저장되고 사용됩니다.

클로저는 통상적으로 짧고, 임의의 시나리오가 아니라 짧은 콘텍스트 내에서만 관련됩니다. 이러한 한정된 콘텍스트 내에서, 컴파일러는 대부분의 변수에 대한 타입을 추론하는 방법과 비슷한 식으로 클로저의 매개변수와 반환 타입을 추론합니다(드물지만 컴파일러가 클로저 타입을 명시하도록 요구하는 경우도 있습니다).

변수와 마찬가지로, 꼭 필요한 것보다 더 장황해지더라도 명시성과 명확성을 올리고 싶다면 타입 명시를 추가할 수 있습니다. 클로저에 대한 타입 명시를 추가하면 예제 13-2의 정의와 비슷해집니다. 이 예제에서는 예제 13-1에서처럼 인수로 전달하는 위치에서 클로저를 정의하기보다는, 클로저를 정의하여 변수에 저장하고 있습니다.

예제 13-2 **클로저에 매개변수와 반환값의 타입을 추가적으로 명시하기** (File) src/main.rs

```rust
let expensive_closure = |num: u32| -> u32 {
    println!("calculating slowly...");
    thread::sleep(Duration::from_secs(2));
    num
};
```

타입 명시가 추가되면 클로저 문법은 함수 문법과 더욱 유사해 보입니다. 아래는 매개변수의 값에 1을 더하는 함수와, 그와 동일한 동작을 수행하는 클로저를 비교하기 위해 정의해본 것입니다. 관련된 부분들의 열을 맞추기 위해 공백을 좀 추가했습니다. 아래는 파이프의 사용과 부차적인 문법들을 제외하면 클로저의 문법이 함수 문법과 얼마나 비슷한지를 보여줍니다.

```rust
fn  add_one_v1   (x: u32) -> u32 { x + 1 }
let add_one_v2 = |x: u32| -> u32 { x + 1 };
let add_one_v3 = |x|             { x + 1 };
let add_one_v4 = |x|               x + 1  ;
```

첫 번째 줄은 함수 정의고, 두 번째 줄은 모든 것이 명시된 클로저 정의입니다. 세 번째 줄에서는 타입 명시를 제거했습니다. 네 번째 줄에서는 중괄호를 제거했는데, 이 클로저의 본문이 딱 하나의 표현식이기 때문에 가능합니다. 위의 방식 모두 호출시에 동일한 동작을 수행하는 유효한 정의법입니다. add_one_v3와 add_one_v4 줄을 컴파일하기 위해서는 이 클로저들이 평가되는 곳이 필요한데, 그 이유는 이 클로저들이 사용된 곳에서 타입이 추론될 것이기 때문입니다. 이는 let v = Vec::new();가 러스트에 의해 타입이 추론되기 위해서 타입 명시 혹은 Vec 안에 집어넣을 어떤 타입의 값이 필요한 것과 유사합니다.

클로저 정의에 대하여, 컴파일러는 각각의 매개변수와 반환값마다 하나의 고정 타입을 추론할 것입니다. 예를 들면 예제 13-3은 자신이 매개변수로 받은 값을 그냥 반환하는 짧은 클로저의 정의를 보여주고 있습니다. 이 클로저는 이 예제 용도 말고는 그다지 유용하진 않습니다. 정의에 아무런 타입 명시를 하지 않았음을 주의하세요. 아무런 타입 명시도 없으므로 아무 타입에 대해서나 이 클로저를 호출할 수 있는데, 여기서는 처음에 String에 대해 호출했습니다. 그런 다음 정수에 대해 example_closure의 호출을 시도한다면, 에러를 얻게 됩니다.

예제 13-3 두 개의 다른 타입에 대해 타입이 추론되는 클로저 호출 시도하기 Ⓕ src/main.rs

```
let example_closure = |x| x;

let s = example_closure(String::from("hello"));
let n = example_closure(5);
```

컴파일러는 아래와 같은 에러를 냅니다.

```
error[E0308]: mismatched types
 --> src/main.rs:5:29
  |
5 |     let n = example_closure(5);
  |             --------------- ^- help: try using a conversion method: `.to_string()`
  |             |               |
  |             |               expected struct `String`, found integer
  |             arguments to this function are incorrect
  |
```

처음 String을 가지고 example_closure를 호출하면, 컴파일러는 클로저의 x 타입과 반환 타입이 String이라고 추론합니다. 그러면 이 타입이 example_closure 클로저에 고정되고, 그다음 동일한 클로저를 가지고 다른 타입에 대해 시도했을 때 타입 에러를 얻게 됩니다.

참조자를 캡처하거나 소유권 이동하기

클로저는 세 가지 방식으로 자신의 환경으로부터 값을 캡처할 수 있는데, 이는 함수가 매개변수를 취하는 세 가지 방식과 직접적으로 대응됩니다. 불변으로 빌려오기, 가변으로 빌려오기, 그리고 소유권 이동이죠. 클로저는 캡처된 값이 쓰이는 방식에 기초하여 캡처할 방법을 결정할 것입니다.

예제 13-4에서 정의한 클로저는 list라는 이름의 벡터에 대한 불변 참조자를 캡처하는데, 이는 그저 값을 출력하기 위한 불변 참조자가 필요한 상태이기 때문입니다.

예제 13-4 **불변 참조자를 캡처하는 클로저의 정의와 호출**　　　　　　(File) src/main.rs

```
fn main() {
    let list = vec![1, 2, 3];
    println!("Before defining closure: {:?}", list);

❶   let only_borrows = || println!("From closure: {:?}", list);

    println!("Before calling closure: {:?}", list);
❷   only_borrows();
    println!("After calling closure: {:?}", list);
}
```

또한 이 예제는 어떤 변수가 클로저의 정의에 바인딩될 수 있고(❶), 이 클로저는 나중에 마치 변수 이름이 함수 이름인 것처럼 변수 이름과 괄호를 사용하여 호출될 수 있음을 보여줍니다(❷).

list에 대한 여러 개의 불변 참조자를 동시에 가질 수 있기 때문에, list에는 클로저 정의 전이나 후뿐만 아니라 클로저의 호출 전과 후에도 여전히 접근이 가능합니다. 이 코드는 컴파일 및 실행이 되고, 다음을 출력합니다.

```
Before defining closure: [1, 2, 3]
Before calling closure: [1, 2, 3]
From closure: [1, 2, 3]
After calling closure: [1, 2, 3]
```

다음으로 예제 13-5에서는 클로저의 본문을 바꾸어 list 벡터에 요소를 추가하도록 했습니다. 클로저는 이제 가변 참조자를 캡처합니다.

```rust
fn main() {
    let mut list = vec![1, 2, 3];
    println!("Before defining closure: {:?}", list);

    let mut borrows_mutably = || list.push(7);

    borrows_mutably();
    println!("After calling closure: {:?}", list);
}
```

이 코드는 컴파일되고, 실행되고, 다음을 출력합니다.

```
Before defining closure: [1, 2, 3]
After calling closure: [1, 2, 3, 7]
```

`borrows_mutably` 클로저의 정의와 호출 사이에 더 이상 `println!`이 없음에 주목하세요. `borrows_mutably`가 정의된 시점에, 이 클로저가 `list`에 대한 가변 참조자를 캡처합니다. 클로저가 호출된 이후로 다시 클로저를 사용하고 있지 않으므로, 가변 대여가 그 시점에서 끝납니다. 클로저 정의와 호출 사이에는 출력을 위한 불변 대여가 허용되지 않는데, 이는 가변 대여가 있을 때는 다른 대여가 허용되지 않기 때문입니다. `println!`을 추가해서 어떤 에러가 나오는지 시도해보세요!

엄밀하게는 클로저의 본문에서 사용하고 있는 값의 소유권이 필요하진 않더라도 만약 여러분이 클로저가 소유권을 갖도록 만들고 싶다면, 매개변수 리스트 전에 move 키워드를 사용할 수 있습니다.

이 기법은 대체로 클로저를 새 스레드에 넘길 때 데이터를 이동시켜서 새로운 스레드가 이 데이터를 소유하게 하는 경우 유용합니다. 스레드가 무엇이고 왜 이를 사용하게 되는지에 대한 자세한 내용은 16장에서 동시성에 대해 이야기할 때 다루기로 하고, 지금은 move 키워드가 필요한 클로저를 사용하는 새 스레드의 생성을 살짝 보겠습니다. 예제 13-6은 예제 13-4를 수정하여 메인 스레드가 아닌 새 스레드에서 벡터를 출력하는 코드를 보여줍니다.

예제 13-6 스레드에 대한 클로저가 list의 소유권을 갖도록 move 사용하기   (File) src/main.rs

```rust
use std::thread;

fn main() {
    let list = vec![1, 2, 3];
```

```
    println!("Before defining closure: {:?}", list);

❶ thread::spawn(move || {
    ❷ println!("From thread: {:?}", list)
  }).join().unwrap();
}
```

여기서는 새 스레드를 생성하여 거기에 인수로 실행될 클로저를 제공합니다. 클로저의 본문에서는 리스트를 출력합니다. 예제 13-4에서는 클로저가 불변 참조자만 사용하여 list를 캡처했는데, 이것이 list를 출력하기 위해 필요한 최소한의 접근 수준이기 때문입니다. 이 예제에서는 클로저 본문이 여전히 불변 참조자만 필요할지라도(❷), 클로저 정의의 앞부분에 move 키워드를 집어넣어 list가 이동되어야 함을 명시할 필요가 있습니다(❶). 새로운 스레드가 메인 스레드의 나머지 부분이 끝나기 전에 끝날 수도 있고, 혹은 메인 스레드가 먼저 끝날 수도 있습니다. 만일 메인 스레드가 list의 소유권을 유지하고 있는데 새 스레드가 끝나기 전에 끝나버려서 list를 제거한다면, 새 스레드의 불변 참조자는 유효하지 않게 될 것입니다. 따라서 컴파일러는 list를 새 스레드에 제공될 클로저로 이동시켜 참조자가 유효하도록 요구합니다. move 키워드를 제거하거나 클로저가 정의된 이후 메인 스레드에서 list를 사용하면 어떤 컴파일러 에러를 얻게 되는지 시도해보세요!

13.1.4 캡처된 값을 클로저 밖으로 이동하기와 Fn 트레이트

어떤 클로저가 자신이 정의된 환경으로부터 값의 참조자 혹은 소유권을 캡처하면 (그래서 클로저의 **안으로** 이동되는 것에 영향을 준다면), 클로저 본문의 코드는 이 클로저가 나중에 평가될 때 그 참조자나 값에 어떤 일이 발생하는지 정의합니다(그래서 클로저의 **밖으로** 무언가 이동되는 것에 영향을 줍니다). 클로저 본문으로 할 수 있는 것은, 캡처된 값을 클로저 밖으로 이동시키기, 캡처된 값을 변형하기, 이동시키지도 변형시키지도 않기, 혹은 시작 단계에서부터 환경으로부터 아무 값도 캡처하지 않기 세 가지입니다.

클로저가 환경으로부터 값을 캡처하고 다루는 방식은 이 클로저가 구현하는 트레이트에 영향을 주고, 트레이트는 함수와 구조체가 사용할 수 있는 클로저의 종류를 명시할 수 있는 방법입니다. 클로저는 클로저의 본문이 값을 처리하는 방식에 따라서 이 Fn 트레이트들 중 하나, 둘, 혹은 셋 모두를 추가하는 방식으로 자동으로 구현할 것입니다.

1. FnOnce는 한 번만 호출될 수 있는 클로저에게 적용됩니다. 모든 클로저들은 호출될 수 있으므로, 최소한 이 트레이트는 구현해둡니다. 캡처된 값을 본문 밖으로 이동시키는 클로저에 대해

서는 FnOnce만 구현되며 나머지 Fn 트레이트는 구현되지 않는데, 이는 이 클로저가 딱 한 번만 호출될 수 있기 때문입니다.

2. FnMut은 본문 밖으로 캡처된 값을 이동시키지는 않지만 값을 변경할 수는 있는 클로저에 대해 적용됩니다. 이러한 클로저는 한 번 이상 호출될 수 있습니다.

3. Fn은 캡처된 값을 본문 밖으로 이동시키지 않고 캡처된 값을 변경하지도 않는 클로저는 물론, 환경으로부터 아무런 값도 캡처하지 않는 클로저에 적용됩니다. 이러한 클로저는 자신의 환경을 변경시키지 않으면서 한 번 이상 호출될 수 있는데, 이는 클로저가 동시에 여러 번 호출되는 등의 경우에서 중요합니다.

예제 13-1에서 사용했던 Option<T>의 unwrap_or_else 메서드 정의를 살펴봅시다.

```
impl<T> Option<T> {
    pub fn unwrap_or_else<F>(self, f: F) -> T
    where
        F: FnOnce() -> T
    {
        match self {
            Some(x) => x,
            None => f(),
        }
    }
}
```

T가 Option의 Some 배리언트 내 값의 타입을 나타내는 제네릭 타입임을 상기합시다. 이 타입 T는 또한 unwrap_or_else 함수의 반환 타입이기도 합니다. 예를 들어 Option<String> 상에서 unwrap_or_else를 호출하면 String을 얻을 것입니다.

다음으로, unwrap_or_else 함수가 추가로 제네릭 타입 매개변수 F를 갖고 있음에 주목하세요. F 타입은 f라는 이름의 매개변수의 타입인데, 이것이 unwrap_or_else를 호출할 때 제공하는 클로저입니다.

제네릭 타입 F에 명시된 트레이트 바운드는 FnOnce() -> T인데, 이는 F가 한 번만 호출될 수 있어야 하고, 인수가 없고, T를 반환함을 의미합니다. 트레이트 바운드에 FnOnce를 사용하는 것은 unwrap_or_else가 f를 아무리 많아야 한 번만 호출할 것이라는 제약 사항을 표현해줍니다. unwrap_or_else의 본문을 보면 Option이 Some일 때 f가 호출되지 않을 것임을 알 수 있습니다. 만일 Option이 None라면 f가 한 번만 호출될 것입니다. 모든 클로저가 FnOnce를 구현하므로

unwrap_or_else는 가장 다양한 종류의 클로저를 허용하며 될 수 있는 한 유연하게 작동합니다.

> NOTE 함수도 이 세 종류의 Fn 트레이트를 모두 구현할 수 있습니다. 만일 하고자 하는 것이 환경으로부터 값을 캡처할 필요가 없다면, Fn 트레이트 중 하나를 구현한 무언가가 필요한 곳에 클로저 대신 함수 이름을 사용할 수 있습니다. 예를 들면 Option<Vec<T>>의 값 상에서 unwrap_or_else(Vec::new)를 호출하여 이 값이 None일 경우 비어 있는 새 벡터를 얻을 수 있습니다.

이제 표준 라이브러리에서 슬라이스상에 정의되어 있는 메서드인 sort_by_key를 살펴보면서 unwrap_or_else와는 어떻게 다르고 sort_by_key의 트레이트 바운드는 왜 FnOnce 대신 FnMut인지를 알아봅시다. 이 클로저는 처리하려는 슬라이스에서 현재 아이템에 대한 참조자를 하나의 인수로 받아서, 순서를 매길 수 있는 K 타입의 값을 반환합니다. 이 함수는 각 아이템의 특정 속성을 이용하여 슬라이스를 정렬하고 싶을 때 유용합니다. 예제 13-7에는 Rectangle 인스턴스의 리스트가 있고 sort_by_key를 사용하여 width 속성을 낮은 것부터 높은 순으로 정렬합니다.

예제 13-7 sort_by_key를 사용하여 너비로 사각형 정렬하기   (File) src/main.rs

```rust
#[derive(Debug)]
struct Rectangle {
    width: u32,
    height: u32,
}

fn main() {
    let mut list = [
        Rectangle { width: 10, height: 1 },
        Rectangle { width: 3, height: 5 },
        Rectangle { width: 7, height: 12 },
    ];

    list.sort_by_key(|r| r.width);
    println!("{:#?}", list);
}
```

이 코드는 다음을 출력합니다.

```
[
    Rectangle {
        width: 3,
```

```
        height: 5,
    },
    Rectangle {
        width: 7,
        height: 12,
    },
    Rectangle {
        width: 10,
        height: 1,
    },
]
```

sort_by_key가 FnMut 클로저를 갖도록 정의된 이유는 이 함수가 클로저를 여러 번 호출하기 때문입니다. 슬라이스 내의 각 아이템마다 한 번씩요. 클로저 |r| r.width는 자신의 환경으로부터 어떤 것도 캡처나 변형, 혹은 이동을 시키지 않으므로, 트레이트 바운드 요건을 충족합니다.

반면 예제 13-8은 FnOnce 트레이트만 구현한 클로저의 예를 보여주는데, 이 클로저는 환경으로부터 값을 이동시키고 있습니다. 컴파일러는 이 클로저를 sort_by_key에 사용할 수 없게 할 것입니다.

예제 13-8 FnOnce 클로저를 sort_by_key에 사용 시도하기 ⓕile src/main.rs

```rust
#[derive(Debug)]
struct Rectangle {
    width: u32,
    height: u32,
}

fn main() {
    let mut list = [
        Rectangle { width: 10, height: 1 },
        Rectangle { width: 3, height: 5 },
        Rectangle { width: 7, height: 12 },
    ];

    let mut sort_operations = vec![];
    let value = String::from("by key called");

    list.sort_by_key(|r| {
        sort_operations.push(value);
        r.width
    });
    println!("{:#?}", list);
}
```

이는 list를 정렬할 때 sort_by_key가 클로저를 호출하는 횟수를 세려고 시도하는 부자연스럽고 대단히 난해한(작동하지 않는) 방식입니다. 이 코드는 클로저 환경의 String인 value를 sort_operations 벡터로 밀어 넣는 형태로 횟수 세기를 시도하고 있습니다. 클로저는 value를 캡처한 다음 value의 소유권을 sort_operations 벡터로 보내서 value를 클로저 밖으로 이동시킵니다. 이 클로저는 한 번만 호출될 수 있습니다. 두 번째 호출 시도에서는 value가 더 이상 이 환경에 남아 있지 않은데 sort_operations로 밀어 넣으려고 하므로 작동하지 않을 것입니다! 따라서, 이 클로저는 오직 FnOnce만 구현하고 있습니다. 이 코드를 컴파일하면, 클로저가 FnMut를 구현해야 하기 때문에 value가 클로저 밖으로 이동될 수 없음을 지적하는 에러를 얻게 됩니다.

```
error[E0507]: cannot move out of `value`, a captured variable in an `FnMut` closure
  --> src/main.rs:18:30
   |
15 |     let value = String::from("by key called");
   |         ----- captured outer variable
16 |
17 |     list.sort_by_key(|r| {
   |                      --- captured by this `FnMut` closure
18 |         sort_operations.push(value);
   |                              ^^^^^ move occurs because `value` has type `String`,
which does not implement the `Copy` trait
```

이 에러는 환경에서 value값을 빼내는 클로저 본문의 라인을 지적합니다. 이를 고치기 위해서는 클로저 본문을 수정하여 환경에서 값을 이동시키지 않도록 할 필요가 있습니다. sort_by_key가 호출되는 횟수를 세기 위한 직관적인 방법은, 카운터는 환경 쪽에 유지하면서 클로저 본문에서 그 값을 증가시키는 것입니다. 예제 13-9의 클로저는 sort_by_key에서 작동하는데, 이는 num_sort_operation 카운터에 대한 가변 참조자를 캡처할 뿐이라서 한 번 이상 호출이 가능하기 때문입니다.

예제 13-9 FnMut 클로저를 sort_by_key에 사용하는 것은 허용됩니다   (File) src/main.rs

```rust
#[derive(Debug)]
struct Rectangle {
    width: u32,
    height: u32,
}

fn main() {
    let mut list = [
```

```
        Rectangle { width: 10, height: 1 },
        Rectangle { width: 3, height: 5 },
        Rectangle { width: 7, height: 12 },
    ];

    let mut num_sort_operations = 0;
    list.sort_by_key(|r| {
        num_sort_operations += 1;
        r.width
    });
    println!("{:#?}, sorted in {num_sort_operations} operations", list);
}
```

Fn 트레이트는 클로저를 사용하는 함수 혹은 타입을 정의하고 사용할 때 중요합니다. 다음 절에서는 반복자를 다루려고 합니다. 많은 반복자들이 클로저 인수를 받으니, 계속 진행하면서 이러한 클로저 세부 내용을 새겨둡시다!

13.2 반복자로 일련의 아이템 처리하기

반복자 패턴은 일련의 아이템들에 대해 순서대로 어떤 작업을 수행할 수 있도록 해줍니다. 반복자는 각 아이템을 순회하고 언제 시퀀스가 종료될지 결정하는 로직을 담당합니다. 반복자를 사용하면, 그런 로직을 다시 구현할 필요가 없습니다.

러스트에서의 반복자는 **게으른데(lazy)**, 이는 반복자를 사용하는 메서드를 호출하여 반복자를 소비(consume)하기 전까지는 동작을 하지 않는다는 의미입니다. 예를 들면, 예제 13-10의 코드는 Vec<T>에 정의된 iter 메서드를 호출함으로써 벡터 v1에 있는 아이템들에 대한 반복자를 생성합니다. 이 코드 자체로는 어떤 유용한 동작도 하지 않습니다.

예제 13-10 **반복자 생성하기**

```
    let v1 = vec![1, 2, 3];

    let v1_iter = v1.iter();
```

반복자는 v1_iter 변수에 저장됩니다. 일단 반복자를 만들면, 다양한 방법으로 사용할 수 있습니다. 3장의 예제 3-5에서는 각 아이템에 대해 어떤 코드를 실행하기 위해 for 루프를 사용하여 어떤 배열에 대한 반복을 수행했습니다. 내부적으로는 암묵적으로 반복자를 생성한 다음 소비하는 것이었지만, 지금까지는 이게 정확히 어떻게 작동하는지에 대해서 대충 넘겼습니다.

예제 13-11의 예제에서는 for 루프에서 반복자를 사용하는 부분으로부터 반복자 생성을 분리했습니다. v1_iter에 있는 반복자를 사용하여 for 루프가 호출되면, 반복자의 각 요소가 루프의 한 순번마다 사용되는데, 여기서는 각각의 값을 출력합니다.

예제 13-11 for **루프에서 반복자 사용하기**

```
let v1 = vec![1, 2, 3];

let v1_iter = v1.iter();

for val in v1_iter {
    println!("Got: {}", val);
}
```

표준 라이브러리에서 반복자를 제공하지 않는 언어에서는, 아마도 변수를 인덱스 0으로 시작하고, 그 변수를 인덱스로 사용하여 벡터에서 값을 꺼내오고, 루프 안에서 벡터가 가진 아이템의 전체 개수에 다다를 때까지 그 변숫값을 증가시키는 것으로 동일한 기능을 작성할 것입니다.

반복자는 그러한 모든 로직을 대신 처리하여 잠재적으로 엉망이 될 수 있는 반복적인 코드를 줄여 줍니다. 반복자는 벡터처럼 인덱스를 사용할 수 있는 자료구조 뿐만 아니라, 많은 다른 종류의 시퀀스에 대해 동일한 로직을 사용할 수 있도록 더 많은 유연성을 제공합니다. 반복자가 어떻게 그런 작동을 하는지 살펴봅시다.

13.2.1 Iterator 트레이트와 next 메서드

모든 반복자는 표준 라이브러리에 정의된 Iterator라는 이름의 트레이트를 구현합니다. 트레이트의 정의는 아래처럼 생겼습니다.

```
pub trait Iterator {
    type Item;

    fn next(&mut self) -> Option<Self::Item>;

    // 기본 구현이 있는 메서드는 생략했습니다.
}
```

이 정의에 새로운 문법 몇 가지가 사용된 것에 주목하세요. type Item과 Self::Item은 이 트레이트에 대한 **연관 타입**(associated type)을 정의합니다. 연관 타입에 대해서는 19장에서 더 자세히 이야기하겠습니다. 현재로서는 이 코드에서 Iterator 트레이트를 구현하려면 Item 타입도 함께 정의되어야 하며, 이 Item 타입이 next 메서드의 반환 타입으로 사용된다는 것만 알면 됩니다. 바꿔 말하면, Item 타입은 반복자로부터 반환되는 타입이 되겠습니다.

Iterator 트레이트는 구현하려는 이에게 딱 하나의 메서드 정의를 요구합니다. 바로 next 메서드인데, 이 메서드는 Some으로 감싼 반복자의 아이템을 하나씩 반환하고, 반복자가 종료될 때는 None을 반환합니다.

반복자의 next 메서드를 직접 호출할 수 있습니다. 예제 13-12는 벡터로부터 생성된 반복자에 대하여 next를 반복적으로 호출했을 때 어떤 값들이 반환되는지 보여줍니다.

예제 13-12 반복자의 next 메서드 호출하기 ⟨File⟩ src/lib.rs

```
#[test]
fn iterator_demonstration() {
    let v1 = vec![1, 2, 3];

    let mut v1_iter = v1.iter();

    assert_eq!(v1_iter.next(), Some(&1));
    assert_eq!(v1_iter.next(), Some(&2));
    assert_eq!(v1_iter.next(), Some(&3));
    assert_eq!(v1_iter.next(), None);
}
```

v1_iter를 가변으로 만들 필요가 있음을 주의하세요. 반복자에 대한 next 메서드 호출은 반복자 내부의 상태를 변경하여 반복자가 현재 시퀀스의 어디에 있는지 추적합니다. 바꿔 말하면, 이 코드는 반복자를 **소비**(consume), 즉 다 써 버립니다. next에 대한 각 호출은 반복자로부터 하나의 아이템을 소비합니다. for 루프를 사용할 때는 v1_iter를 가변으로 만들 필요가 없는데, 루프가 v1_iter의 소유권을 갖고 내부적으로 가변으로 만들기 때문입니다.

또한 next 호출로 얻어온 값들은 벡터 내의 값들에 대한 불변 참조자라는 점도 주의하세요. iter 메서드는 불변 참조자에 대한 반복자를 생성합니다. 만약 v1의 소유권을 얻어서 소유한 값을 반환하도록 하고 싶다면, iter 대신 into_iter를 호출할 수 있습니다. 비슷하게, 가변 참조자에 대한 반복자가 필요하면, iter 대신 iter_mut을 호출할 수 있습니다.

13.2.2 반복자를 소비하는 메서드

Iterator 트레이트에는 표준 라이브러리에서 기본 구현을 제공하는 여러 가지 메서드가 있습니다. 이 메서드들은 표준 라이브러리 API 문서의 Iterator 트레이트에 대한 부분을 살펴보면 찾을 수 있습니다. 이 메서드들 중 일부는 정의 부분에서 next 메서드를 호출하는데, 이것이 Iterator 트레이트를 구현할 때 next 메서드를 구현해야만 하는 이유입니다.

next를 호출하는 메서드들을 **소비 어댑터**(consuming adaptor)라고 하는데, 호출하면 반복자를 소비하기 때문에 그렇습니다. 한 가지 예로 sum 메서드가 있는데, 이는 반복자의 소유권을 가져온 다음 반복적으로 next를 호출하는 방식으로 순회하며, 따라서 반복자를 소비합니다. 전체를 순회하면서 현재의 합계에 각 아이템을 더하고 순회가 완료되면 합계를 반환합니다. 예제 13-13은 sum 메서드 사용 방식을 보여주는 테스트입니다.

예제 13-13 sum 메서드를 호출하여 반복자의 모든 아이템에 대한 합계 구하기　　　　File src/lib.rs

```
#[test]
fn iterator_sum() {
    let v1 = vec![1, 2, 3];

    let v1_iter = v1.iter();

    let total: i32 = v1_iter.sum();

    assert_eq!(total, 6);
}
```

sum은 반복자를 소유하여 호출하므로, sum을 호출한 이후에는 v1_iter의 사용이 허용되지 않습니다.

13.2.3 다른 반복자를 생성하는 메서드

반복자 어댑터(iterator adaptor)는 Iterator 트레이트에 정의된 메서드로 반복자를 소비하지 않습니다. 대신 원본 반복자의 어떤 측면을 바꿔서 다른 반복자를 제공합니다.

예제 13-14는 반복자 어댑터 메서드인 map을 호출하는 예를 보여주는데, 클로저를 인수로 받아서 각 아이템에 대해 호출하여 아이템 전체를 순회합니다. map 메서드는 수정된 아이템들을 생성하는 새로운 반복자를 반환합니다. 여기에서의 클로저는 벡터의 각 아이템에서 1이 증가한 새로운 반복자를 만듭니다.

예제 13-14 반복자 어댑터 map을 호출하여 새로운 반복자 생성하기 File src/main.rs

```
let v1: Vec<i32> = vec![1, 2, 3];

v1.iter().map(|x| x + 1);
```

하지만 이 코드는 다음과 같은 경고를 발생시킵니다.

```
warning: unused `Map` that must be used
 --> src/main.rs:4:5
  |
4 |     v1.iter().map(|x| x + 1);
  |     ^^^^^^^^^^^^^^^^^^^^^^^^
  |
  = note: iterators are lazy and do nothing unless consumed
  = note: `#[warn(unused_must_use)]` on by default
```

예제 13-14의 코드는 아무것도 하지 않습니다. 넘겨진 클로저는 결코 호출되지 않습니다. 위 경고는 이유가 무엇인지 상기시켜줍니다. 반복자 어댑터는 게으르고, 반복자를 여기서 소비할 필요가 있다는 것을요.

이 경고를 수정하고 반복자를 소비하기 위해서 collect 메서드를 사용할 것인데, 12장의 예제 12-1에서 env::args와 함께 사용했었지요. 이 메서드는 반복자를 소비하고 결괏값을 모아서 컬렉션 데이터 타입으로 만들어줍니다.

예제 13-15에서는 벡터에 map을 호출하여 얻은 반복자를 순회하면서 결과를 모읍니다. 이 벡터는 원본 벡터로부터 1씩 증가한 아이템들을 담고 있는 상태가 될 것입니다.

예제 13-15 map을 호출하여 새로운 반복자를 생성한 다음 collect 메서드를 호출하여 이 반복자를 소비하고 새로운 벡터 생성하기 File src/main.rs

```
let v1: Vec<i32> = vec![1, 2, 3];

let v2: Vec<_> = v1.iter().map(|x| x + 1).collect();

assert_eq!(v2, vec![2, 3, 4]);
```

map이 클로저를 인수로 받기 때문에, 각 아이템에 대해 수행하고자 하는 어떤 연산이라도 지정할 수 있습니다. 이는 Iterator 트레이트가 제공하는 반복 동작을 재사용하면서 클로저로 동작의 일부를 커스터마이징할 수 있게 해주는 방법을 보여주는 훌륭한 예입니다.

반복자 어댑터의 호출을 연결시키면 복잡한 동작을 읽기 쉬운 방식으로 수행할 수 있습니다. 하지만 모든 반복자는 게으르므로, 반복자 어댑터를 호출한 결과를 얻기 위해서는 소비 어댑터 중 하나를 호출해야만 합니다.

13.2.4 환경을 캡처하는 클로저 사용하기

많은 반복자 어댑터는 클로저를 인수로 사용하고, 보통 반복자 어댑터의 인수에 명시되는 클로저는 자신의 환경을 캡처하는 클로저일 것입니다.

이러한 예를 들기 위해 클로저 인수를 사용하는 `filter` 메서드를 사용해보겠습니다. 이 클로저는 반복자로부터 아이템을 받아서 `bool`을 반환합니다. 만일 클로저가 `true`를 반환하면, 그 값을 `filter`에 의해 생성된 반복자에 포함시키게 됩니다. 클로저가 `false`를 반환하면 해당 값은 포함시키지 않습니다.

예제 13-16에서는 환경으로부터 `shoe_size`를 캡처하는 클로저를 가지고 `filter`를 사용하여 Shoe 구조체 인스턴스의 컬렉션을 순회합니다. 이는 지정된 크기의 신발만 반환해줄 것입니다.

예제 13-16 `shoe_size`를 캡처하는 클로저로 `filter` 메서드 사용하기　　　　　　　　　File `src/lib.rs`

```rust
#[derive(PartialEq, Debug)]
struct Shoe {
    size: u32,
    style: String,
}

fn shoes_in_size(shoes: Vec<Shoe>, shoe_size: u32) -> Vec<Shoe> {
    shoes.into_iter().filter(|s| s.size == shoe_size).collect()
}

#[cfg(test)]
mod tests {
    use super::*;

    #[test]
    fn filters_by_size() {
        let shoes = vec![
            Shoe {
                size: 10,
                style: String::from("sneaker"),
```

```
        },
        Shoe {
            size: 13,
            style: String::from("sandal"),
        },
        Shoe {
            size: 10,
            style: String::from("boot"),
        },
    ];

    let in_my_size = shoes_in_size(shoes, 10);

    assert_eq!(
        in_my_size,
        vec![
            Shoe {
                size: 10,
                style: String::from("sneaker")
            },
            Shoe {
                size: 10,
                style: String::from("boot")
            },
        ]
    );
    }
}
```

shoes_in_size 함수는 매개변수로 신발들의 벡터에 대한 소유권과 신발 크기를 받습니다. 이 함수는 지정된 크기의 신발만을 담고 있는 벡터를 반환합니다.

shoes_in_size의 본문에서는 into_iter를 호출하여 이 벡터의 소유권을 갖는 반복자를 생성합니다. 그다음 filter를 호출하여 앞의 반복자를 새로운 반복자로 바꾸는데, 새로운 반복자에는 클로저가 true를 반환하는 요소들만 담겨 있게 됩니다.

클로저는 환경에서 shoe_size 매개변수를 캡처하고 각 신발의 크기와 값을 비교하여 지정된 크기의 신발만 유지하도록 합니다. 마지막으로, collect를 호출하면 적용된 반복자에 의해 반환된 값을 벡터로 모으고, 이 벡터가 함수에 의해 반환됩니다.

이 테스트는 shoes_in_size를 호출했을 때 지정된 값과 동일한 크기인 신발들만 돌려받는다는 것을 보여줍니다.

13.3 I/O 프로젝트 개선하기

반복자에 대한 새로운 지식을 가지고 12장의 I/O 프로젝트에 반복자를 사용하여 코드들을 더 명확하고 간결하게 개선할 수 있습니다. 반복자가 어떻게 Config::build 함수와 search 함수의 구현을 개선할 수 있는지 살펴봅시다.

13.3.1 반복자를 사용하여 clone 제거하기

예제 12-6에서는 String값의 슬라이스를 받아서 슬라이스에 인덱스로 접근하고 복사하는 방식으로 Config 구조체의 인스턴스를 생성하는 코드를 넣었고, Config 구조체가 이 값들을 소유하도록 했습니다. 예제 13-17은 예제 12-23에 있던 Config::build 함수의 구현체를 재현한 것입니다.

예제 13-17 **예제 12-23의 Config::build 함수 재현**　　　　　　　　　　　*File* src/lib.rs

```
impl Config {
    pub fn build(args: &[String]) -> Result<Config, &'static str> {
        if args.len() < 3 {
            return Err("not enough arguments");
        }

        let query = args[1].clone();
        let file_path = args[2].clone();

        let ignore_case = env::var("IGNORE_CASE").is_ok();

        Ok(Config {
            query,
            file_path,
            ignore_case,
        })
    }
}
```

그때는 비효율적인 clone 호출에 대해서, 나중에 제거할 테니 걱정하지 말라고 이야기했었지요. 자, 그때가 되었습니다!

String 요소들의 슬라이스를 args 매개변수로 받았지만, build 함수는 args를 소유하지 않기 때문에 clone이 필요했습니다. Config 인스턴스의 소유권을 반환하기 위해서는 Config의 query와 file_path 필드로 값을 복제하는 것으로 Config 인스턴스가 그 값들을 소유하게 할 필요가 있었습니다.

반복자에 대한 새로운 지식을 사용하면, 인수로써 슬라이스를 빌리는 대신 반복자의 소유권을 갖도록 build 함수를 변경할 수 있습니다. 슬라이스의 길이를 체크하고 특정 위치로 인덱싱하는 코드 대신 반복자의 기능을 사용할 것입니다. 이렇게 하면 반복자가 값에 접근하기 때문에 Config::build 함수가 수행하는 작업이 명확해집니다.

Config::build가 반복자의 소유권을 가져오고 빌린 값에 대한 인덱싱 연산을 사용하지 않게 되면, clone을 호출하여 새로 할당하는 대신 반복자의 String값을 Config로 이동할 수 있습니다.

반환된 반복자를 직접 사용하기

여러분의 I/O 프로젝트에 있는 **src/main.rs** 파일을 열어보면, 아래와 같이 생겼을 것입니다.

Ⓕ src/main.rs

```
fn main() {
    let args: Vec<String> = env::args().collect();

    let config = Config::build(&args).unwrap_or_else(|err| {
        eprintln!("Problem parsing arguments: {err}");
        process::exit(1);
    });

    // --생략--
}
```

먼저 예제 12-24에 있던 main 함수의 시작점을 수정하여 예제 13-18의 코드로 바꾸려고 하는데, 이번에는 반복자를 사용합니다. Config::build도 마찬가지로 업데이트하기 전에는 컴파일되지 않습니다.

예제 13-18 env::args의 반환값을 Config::build로 넘기기   Ⓕ src/main.rs

```
fn main() {
    let config = Config::build(env::args()).unwrap_or_else(|err| {
        eprintln!("Problem parsing arguments: {err}");
        process::exit(1);
    });

    // --생략--
}
```

env::args 함수는 반복자를 반환합니다! 반복자의 값들을 벡터로 모아서 Config::build에 슬라이스를 넘기는 대신, 이번에는 env::args로부터 반환된 반복자의 소유권을 Config::build로 직접 전달하고 있습니다.

다음으로는 Config::build의 정의를 업데이트할 필요가 있습니다. 여러분의 I/O 프로젝트에 있는 **src/lib.rs** 파일에서, 예제 13-19와 같이 Config::build의 시그니처를 변경합시다. 함수 본문을 업데이트해야 하기 때문이 여전히 컴파일되지 않습니다.

예제 13-19 **반복자를 받도록 Config::build의 시그니처 업데이트하기**　　　　　(File) src/lib.rs

```
impl Config {
    pub fn build(
        mut args: impl Iterator<Item = String>,
    ) -> Result<Config, &'static str> {
        // --생략--
```

env::args 함수에 대한 표준 라이브러리 문서에는 반환되는 반복자의 타입이 std::env::Args이며, 이 타입은 Iterator 트레이트를 구현하고 String값을 반환함을 명시하고 있습니다.

Config::build 함수의 시그니처를 업데이트해서 args 매개변수가 &[String] 대신 트레이트 바운드 impl Iterator<Item = String>를 갖는 제네릭 타입이 되도록 하였습니다. 10장의 '매개변수로서의 트레이트'(250쪽)에서 논의했었던 이러한 impl Trait 문법을 사용하면 args가 Iterator 타입을 구현하면서 String 아이템을 반환하는 모든 종류의 타입을 사용할 수 있습니다.

args의 소유권을 가져와서 이를 순회하면서 args를 변경할 것이기 때문에, args 매개변수의 명세 부분에 mut 키워드를 추가하여 가변이 되도록 합니다.

인덱싱 대신 Iterator 트레이트 메서드 사용하기

다음으로 Config::build의 본문을 수정하겠습니다. args가 Iterator 트레이트를 구현하고 있으므로, 여기에 next 메서드를 호출할 수 있다는 것을 알고 있지요! 예제 13-20은 예제 12-23의 코드를 next 메서드를 사용하여 업데이트한 것입니다.

예제 13-20 **반복자 메서드를 사용하여 Config::build의 본문 변경하기**　　　　　(File) src/lib.rs

```
impl Config {
    pub fn build(
        mut args: impl Iterator<Item = String>,
```

```
    ) -> Result<Config, &'static str> {
        args.next();

        let query = match args.next() {
            Some(arg) => arg,
            None => return Err("Didn't get a query string"),
        };

        let file_path = match args.next() {
            Some(arg) => arg,
            None => return Err("Didn't get a file path"),
        };

        let ignore_case = env::var("IGNORE_CASE").is_ok();

        Ok(Config {
            query,
            file_path,
            ignore_case,
        })
    }
}
```

env::args 반환값의 첫 번째 값이 프로그램의 이름이라는 점을 기억해둡시다. 이 첫 번째 값은 무시하고 그다음 값을 얻고자 하므로, 우선 next를 호출한 뒤 그 반환값으로 아무것도 하지 않았습니다. 두 번째로, next를 호출하여 Config의 query 필드에 원하는 값을 집어넣었습니다. next가 Some을 반환하면, match를 사용하여 값을 추출합니다. 만약 None을 반환한다면, 이는 충분한 인수가 넘어오지 않았음을 의미하고, Err값과 함께 일찍 반환합니다. file_path값도 동일하게 처리합니다.

13.3.2 반복자 어댑터로 더 간결한 코드 만들기

I/O 프로젝트의 search 함수에도 반복자의 장점을 활용할 수 있는데, 예제 12-19의 코드가 예제 13-21에 재현되어 있습니다.

예제 13-21 예제 12-19의 search 함수 구현   File src/lib.rs

```
pub fn search<'a>(query: &str, contents: &'a str) -> Vec<&'a str> {
    let mut results = Vec::new();

    for line in contents.lines() {
        if line.contains(query) {
```

```
            results.push(line);
        }
    }

    results
}
```

반복자 어댑터 메서드를 사용하면 이 코드를 더 간결한 방식으로 작성할 수 있습니다. 이렇게 하면 중간에 가변 results 벡터를 만들지 않아도 됩니다. 함수형 프로그래밍 스타일은 더 명확한 코드를 만들기 위해 변경 가능한 상태의 양을 최소화하는 편을 선호합니다. 가변 상태를 제거하면 results 벡터에 대한 동시 접근을 관리하지 않아도 되기 때문에, 차후에 검색을 병렬로 수행하도록 하는 향상이 가능해집니다. 예제 13-22는 이러한 변경을 보여줍니다.

예제 13-22 search 함수 구현에서 반복자 어댑터 메서드 사용하기　　　　　　　　File src/lib.rs

```
pub fn search<'a>(query: &str, contents: &'a str) -> Vec<&'a str> {
    contents
        .lines()
        .filter(|line| line.contains(query))
        .collect()
}
```

search 함수의 목적은 query를 포함하는 contents의 모든 라인을 반환하는 것임을 상기합시다. 예제 13-16의 filter 예제와 유사하게, 이 코드는 line.contains(query)이 true를 반환하는 라인들만 유지하기 위해서 filter 어댑터를 사용합니다. 그런 다음 collect를 사용하여 매칭된 라인들을 모아 새로운 벡터로 만듭니다. 훨씬 단순하군요! 마찬가지로 search_case_insensitive도 반복자 메서드들을 사용하도록 동일한 변경을 해보셔도 좋습니다.

13.3.3　루프와 반복자 중 선택하기

그렇다면 여러분의 코드에서 어떤 스타일을 선택하는 것이 좋은지와 그 이유에 대한 질문이 논리적으로 뒤따르겠지요. 예제 13-21에 있는 원래 구현과 예제 13-29에 있는 반복자를 사용하는 버전 중 어떤 것이 좋을까요? 대부분의 러스트 프로그래머는 반복자 스타일을 선호합니다. 처음 사용하기는 다소 어렵습니다만, 다양한 반복자 어댑터와 어떤 일을 하는지에 대해 일단 감을 잡으면 반복자들을 이해하기 쉬워질 것입니다. 루프를 만들고 새 벡터를 만드는 등 다양한 것들을 만지작거리는 대신, 이 코드는 루프의 고수준의 목표에 집중합니다. 이는 몇몇 아주 흔한 코드를 추상화해서 제거하므로, 반복자의 각 요소가 반드시 통과해야 하는 필터링 조건과 같이 이 코드에 유일한 개념을 더 알기 쉽게끔 합니다.

그런데 이 두 가지 구현은 정말 동일할까요? 직관적으로는 더 저수준의 루프가 더 빨라 보입니다. 그러면 성능에 대해서 얘기해봅시다.

13.4 성능 비교하기: 루프 vs. 반복자

루프와 반복자 중 무엇을 사용할지 결정하기 위해서는 어떤 쪽이 더 빠른지 알 필요가 있겠습니다. 명시적으로 for 루프를 사용한 search 함수 버전과 반복자 버전 중 말이지요.

여기서는 아서 코난 도일이 쓴 《셜록 홈즈의 모험》의 전체 내용을 로딩하고 내용 중에 **the**를 찾는 벤치마크를 돌렸습니다. 아래에 루프를 사용한 search 버전과 반복자를 사용한 버전에 대한 벤치마크 결과가 있습니다.

```
test bench_search_for  ... bench:  19,620,300 ns/iter (+/- 915,700)
test bench_search_iter ... bench:  19,234,900 ns/iter (+/- 657,200)
```

반복자 버전이 약간 더 빨랐군요! 여기서는 벤치마크 코드에 대해 설명하진 않을 것인데, 왜냐하면 여기에서의 핵심은 두 버전이 동등하다는 것을 증명하는 것이 아니고, 두 구현이 성능 측면에서 얼마나 비교되는지에 대한 일반적인 감을 얻는 것이기 때문입니다.

더 종합적인 벤치마크를 위해서는 다양한 크기의 다양한 텍스트를 contents로 사용하고, 서로 다른 길이의 다양한 단어들을 query로 사용하여 모든 종류의 다른 조합으로 확인해야 합니다. 요점은 이렇습니다. 반복자는 비록 고수준의 추상화지만, 컴파일되면 대략 직접 작성한 저수준의 코드와 같은 코드 수준으로 내려갑니다. 반복자는 러스트의 **비용 없는 추상화**(zero-cost abstraction) 중 하나이며, 이를 사용하는 것은 추가적인 런타임 오버헤드가 없다는 것을 의미합니다. 최초의 C++ 디자이너이자 구현자인 비야네 스트롭스트룹(Bjarne Stroustrup)이 <C++ 기초(Foundations of C++)>(2012)[1]에서 **제로 오버헤드**(zero-overhead)를 정의한 것과 유사합니다.

---

1   울긴이 https://www.stroustrup.com/ETAPS12-corrected.pdf

일반적으로 C++ 구현은 제로 오버헤드 원칙을 준수합니다. 사용하지 않는 것에 대해서는 비용을 지불하지 않습니다. 그리고 더 나아가서, 사용한다면 이보다 더 나은 코드를 수작업으로 만들 수 없습니다.

또 다른 예로, 다음 코드는 오디오 디코더에서 가져왔습니다. 디코딩 알고리즘은 선형 예측이라는 수학적 연산을 사용하여 이전 샘플의 선형 함수에 기반해서 미래의 값을 추정합니다. 이 코드는 반복자 체인을 사용해서 스코프에 있는 세 개의 변수로 수학 연산을 합니다. 데이터의 buffer 슬라이스, 12개의 coefficients 배열, 그리고 데이터를 시프트하기 위한 qlp_shift값으로 말이죠. 이 예제에서는 변수를 선언했지만 값을 주지는 않았습니다. 비록 이 코드는 콘텍스트 밖에서는 큰 의미 없지만, 러스트가 어떻게 고수준의 개념을 저수준의 코드로 변환하는지에 대한 간결하고 실질적인 예제입니다.

```rust
let buffer: &mut [i32];
let coefficients: [i64; 12];
let qlp_shift: i16;

for i in 12..buffer.len() {
    let prediction = coefficients.iter()
                                 .zip(&buffer[i - 12..i])
                                 .map(|(&c, &s)| c * s as i64)
                                 .sum::<i64>() >> qlp_shift;
    let delta = buffer[i];
    buffer[i] = prediction as i32 + delta;
}
```

prediction의 값을 계산하기 위해서, 이 코드는 coefficients에 있는 12개의 값을 순회하면서 zip 메서드를 사용하여 각 계수와 buffer의 이전 12개의 값 간의 쌍을 만듭니다. 그런 다음, 각 쌍의 값을 서로 곱하고, 모든 결과를 더한 다음, 더한 값의 비트를 qlp_shift 비트만큼 우측으로 시프트합니다.

오디오 디코더와 같은 애플리케이션에서의 계산은 종종 성능에 가장 높은 우선순위를 둡니다. 여기서는 반복자를 만들고, 두 개의 어댑터를 사용하고, 값을 소비하고 있습니다. 이 러스트 코드가 컴파일되면 어떤 어셈블리 코드가 될까요? 글쎄요, 이 글을 쓰는 시점에서는 직접 손으로 작성한 것과 같은 어셈블리 코드로 컴파일됩니다. coefficients의 값들을 순회하기 위해 동반되는 어떠한 루프도 없습니다. 러스트는 12번의 반복이 있다는 것을 알고 있으므로, 루프를 '풀어놓습니다

(unroll)'. 여기서 **언롤링**(unrolling)은 루프 제어 코드의 오버헤드를 제거하고 대신 루프의 각 순회에 해당하는 반복되는 코드를 생성하는 최적화 방법입니다.

모든 계수는 레지스터에 저장되어 값에 대한 접근 속도가 매우 빠릅니다. 런타임에 배열 접근에 대한 경계 검사가 없습니다. 러스트가 적용할 수 있는 이러한 모든 최적화들은 결과적으로 코드를 매우 효율적으로 만듭니다. 이제 이 사실을 알게 되었으니, 반복자와 클로저를 무서워하지 않고 사용할 수 있겠습니다! 반복자와 클로저는 코드를 좀 더 고수준으로 보이도록 하지만, 런타임 성능에 불이익을 주지 않습니다.

정리

클로저와 반복자는 함수형 프로그래밍 아이디어에서 영감을 받은 러스트의 기능들입니다. 이들은 고수준의 개념을 저수준의 성능으로 명확하게 표현해주는 러스트의 능력에 기여하고 있습니다. 클로저와 반복자의 구현은 런타임 성능에 영향을 미치지 않도록 설계되었습니다. 이는 비용 없는 추상화를 제공하기 위해 노력하는 러스트의 목표 중 하나입니다.

이제 I/O 프로젝트의 표현력을 개선했으니, 이런 프로젝트를 세상과 공유하는 데 도움을 줄 cargo의 기능들을 몇 가지 살펴봅시다.

14

카고와 crates.io 더 알아보기

지금까지는 빌드, 실행, 코드 테스트 등 카고의 가장 기본적인 기능만 사용하였지만, 카고는 훨씬 더 많은 일을 할 수 있습니다. 이번 장에서는 아래 목록의 기능을 수행하는 몇 가지 고급 기능들을 알아보겠습니다.

- 릴리스 프로필을 통한 빌드 커스터마이징하기
- crates.io에 라이브러리 배포하기
- 대규모 작업을 위한 작업 공간 구성하기
- crates.io로부터 바이너리 설치하기
- 커스텀 명령어로 카고 확장하기

카고는 이번 장에서 다루는 것보다 더 많은 일을 할 수 있으니, 카고의 모든 기능에 대한 설명을 보고 싶다면 공식 문서(https://doc.rust-lang.org/cargo/)를 참고하세요.

14.1 릴리스 프로필을 통한 빌드 커스터마이징하기

러스트에서의 **릴리스 프로필**(release profile)이란 설정값을 가지고 있는 미리 정의된, 커스터마이징 가능한 프로필인데, 이 설정값으로 프로그래머는 코드 컴파일을 위한 다양한 옵션을 제어할 수 있습니다. 각 프로필은 다른 프로필과 독립적으로 설정됩니다.

카고는 두 개의 주요 프로필을 가지고 있습니다. `cargo build`를 실행할 때 쓰는 `dev` 프로필과 `cargo build --release`를 실행할 때 쓰는 `release` 프로필이 바로 이 둘입니다. `dev` 프로필은 개발에 적합한 기본값으로 정의되었고, `release` 프로필은 릴리스 빌드용 설정을 기본값으로 가집니다.

이 프로필 이름이 빌드 출력에 나와서 익숙할 수도 있겠습니다.

```
$ cargo build
    Finished dev [unoptimized + debuginfo] target(s) in 0.0s
$ cargo build --release
    Finished release [optimized] target(s) in 0.0s
```

여기에서의 dev와 release가 바로 컴파일러에 의해 사용된 이 두 개의 프로필입니다.

카고에는 프로젝트의 **Cargo.toml** 파일에 [profile.*] 섹션을 명시적으로 추가하지 않았을 경우 적용되는 각 프로필의 기본 설정이 있습니다. 커스터마이징을 원하는 프로필에 대해 [profile.*] 섹션을 추가하면 이 기본 설정을 덮어씌울 수 있습니다. 여기 예시로 opt-level 설정에 대한 dev 와 release 프로필의 기본 설정값을 살펴보겠습니다.

File Cargo.toml

```
[profile.dev]
opt-level = 0

[profile.release]
opt-level = 3
```

`opt-level` 설정은 러스트가 코드에 적용할 최적화 수치이며, 0에서 3 사이의 값을 가집니다. 높은 최적화 수치를 적용할수록 컴파일 시간이 늘어나므로, 개발 중 코드를 자주 컴파일하는 상황이라면 코드의 실행 속도가 조금 느려지더라도 컴파일이 빨리 되도록 덜 최적화하길 원할 것입니다. 따라서 dev의 `opt-level` 기본값은 0으로 되어 있습니다. 코드를 출시할 준비가 됐을 때라면 더 많은 시간을 컴파일에 쓰는 게 최상책입니다. 릴리스 모드에서의 컴파일은 한 번이지만, 실행 횟수는

여러 번이니까요. 따라서 릴리스 모드에서는 긴 컴파일 시간과 빠른 코드 실행 속도를 맞바꿉니다. release 프로필의 opt-level 기본값이 3으로 되어 있는 이유는 이 때문입니다.

Cargo.toml에 기본 설정과 다른 값을 넣어서 기본 설정을 덮어씌울 수 있습니다. 예를 들어 개발용 프로필에 최적화 단계 1을 사용하고 싶다면, 프로젝트의 **Cargo.toml**에 아래의 두 줄을 추가하면 됩니다.

File Cargo.toml

```
[profile.dev]
opt-level = 1
```

이 코드는 기본 설정인 0을 덮어씌웁니다. 이제부터 cargo build를 실행할 때는 카고가 dev 프로필의 기본값과 커스터마이징된 opt-level을 사용하게 될 것입니다. opt-level을 1로 설정했으므로 카고는 릴리스 빌드만큼은 아니지만 기본값보다 많은 최적화를 적용할 것입니다.

각 프로필의 설정 옵션 및 기본값의 전체 목록을 보시려면 카고 공식 문서(https://doc.rust-lang.org/cargo/reference/profiles.html)를 참고하기 바랍니다.

14.2 crates.io에 크레이트 배포하기

지금까지는 프로젝트의 디펜던시로 crates.io의 패키지를 이용해왔지만, 여러분도 자신의 패키지를 배포(publish)하여 다른 사람들과 코드를 공유할 수 있습니다. crates.io에 있는 크레이트 레지스트리(registry)는 여러분 패키지의 소스 코드를 공개하므로, 이는 주로 오픈소스인 코드를 호스팅합니다.

러스트와 카고는 배포한 패키지를 사람들이 더 쉽게 찾고 사용할 수 있도록 도와주는 기능이 있습니다. 이 기능들 몇 가지에 대해 바로 다음에 이야기한 후 패키지를 배포하는 방법을 설명하겠습니다.

14.2.1 유용한 문서화 주석 만들기

패키지에 대한 상세한 문서화는 다른 사용자들이 패키지를 어떻게, 언제 사용해야 하는지 알게 해주므로, 문서 작성에 시간을 투자하는 것은 가치 있는 일입니다. 3장에서 러스트 코드에 두 개의 슬래시 //를 이용하여 주석을 다는 법을 이야기했습니다. 러스트에는 **문서화 주석**(documentation comment)이라고 불리는 문서화를 위한 특별한 종류의 주석도 있는데, 이 주석이 HTML 문서를 생성할 겁니다. 이 HTML에는 여러분의 크레이트가 어떻게 **구현되었는지**가 아닌 어떻게 **사용하는지**에 관심 있는 프로그래머들을 위하여 공개 API 아이템들에 대한 문서화 주석 내용을 보여줍니다.

문서화 주석은 슬래시 두 개가 아니라 세 개 `///`를 이용하며 텍스트 서식을 위한 마크다운 표기법을 지원합니다. 문서화할 아이템 바로 앞에 문서화 주석을 배치하세요. 예제 14-1은 `my_crate`라는 이름의 크레이트에 있는 `add_one` 함수에 대한 문서화 주석을 보여줍니다.

예제 14-1 함수에 대한 문서화 주석 ⒻＩＬＥ src/lib.rs

```
/// Adds one to the number given.
///
/// # Examples
///
/// ```
/// let arg = 5;
/// let answer = my_crate::add_one(arg);
///
/// assert_eq!(6, answer);
/// ```
pub fn add_one(x: i32) -> i32 {
    x + 1
}
```

여기서 `add_one` 함수가 무슨 일을 하는지에 대한 설명을 적었고, 제목 `Example`로 절을 시작한 다음, `add_one` 함수의 사용법을 보여주는 코드를 제공했습니다. `cargo doc`을 실행하면 이 문서화 주석으로부터 HTML 문서를 생성할 수 있습니다. 이 명령어는 러스트와 함께 배포되는 `rustdoc` 도구를 실행하여 생성된 HTML 문서를 **target/doc** 디렉터리에 넣습니다.

`cargo doc --open`을 실행시키면 여러분의 현재 크레이트의 문서에 대해 (심지어 여러분의 크레이트가 가진 모든 디펜던시의 문서까지) HTML을 생성하고 그 결과를 웹브라우저에 띄워줄 겁니다. 이제 `add_one` 함수를 찾아보면 그림 14-1에 보이는 것처럼 문서화 주석의 텍스트가 어떤 식으로 렌더링되는지 알 수 있을 겁니다.

그림 14-1 add_one 함수에 대한 HTML 문서

자주 사용되는 절

예제 14-1에서는 HTML에 'Examples'이라는 제목을 가진 절을 만들기 위해 # Examples 마크다운 제목을 사용했습니다. 이외에 크레이트 저자가 문서에서 자주 사용하는 절은 다음과 같습니다.

- **Panics**: 문서화된 함수가 패닉을 일으킬 수 있는 시나리오입니다. 함수를 호출하는 쪽에서 자신의 프로그램이 패닉을 일으키는 것을 원치 않는다면 이러한 상황에서 함수를 호출하지 않음을 확실히 해야 합니다.
- **Errors**: 해당 함수가 Result를 반환하는 경우에는 발생할 수 있는 에러의 종류와 해당 에러들이 발생하는 조건을 설명해 준다면 호출하는 사람이 다양한 종류의 에러를 여러 방법으로 처리할 수 있도록 코드를 작성하는 데 도움을 줄 수 있습니다.
- **Safety**: 함수가 호출하기에 unsafe한 경우라면(불안전성에 대해서는 19장에서 다룹니다), 이 함수가 안전하지 않은 이유와 호출자가 이 함수를 호출할 때 지켜야 할 불변성(invariant)에 대해 설명하는 절이 있어야 합니다.

대부분의 문서화 주석에 이 절들이 모두 필요하진 않습니다만, 여러분의 코드를 사용하는 사람들이 알고 싶어 하는 것에 대한 측면을 상기하는 데 좋은 체크리스트입니다.

테스트로서의 문서화 주석

문서화 주석에 예시 코드를 추가하는 건 라이브러리의 사용 방법을 보여주는 데에 도움이 될뿐더러 추가적인 보너스도 가질 수 있습니다. 무려 cargo test를 실행하면 여러분의 문서에 들어 있던 예시 코드들이 테스트로서 실행됩니다! 예시를 포함한 문서보다 좋은 문서는 없습니다. 하지만 문서가 작성된 이후 코드가 변경되어 작동하지 않게 되어버린 예제보다 나쁜 것도 없습니다. 예제 14-1의 add_one 함수에 대한 문서를 가지고 cargo test를 실행하면 다음과 같이 테스트 결과 절을 볼 수 있습니다.

```
   Doc-tests my_crate

running 1 test
test src/lib.rs - add_one (line 5) ... ok

test result: ok. 1 passed; 0 failed; 0 ignored; 0 measured; 0 filtered out; finished in 0.27s
```

이제 함수나 예제를 변경하여 예시 코드의 assert_eq!가 패닉을 발생시키는 상태로 cargo test를 다시 실행하면, 문서 테스트 기능이 해당 예제를 찾아내어 이 코드가 더 이상 기능하지 못함을 알려줄 것입니다!

주석이 포함된 아이템

문서화 주석 스타일 //!은 주석 뒤에 오는 아이템을 문서화하는 것이 아닌 주석을 담고 있는 아이템을 문서화합니다. 이러한 문서화 주석은 일반적으로 크레이트 루트 파일(관례상 **src/lib.rs**) 혹은 모듈에 사용하여 크레이트 혹은 모듈 전체에 대한 문서를 작성하는 데 쓰입니다.

예를 들어 add_one 함수를 담고 있는 my_crate 크레이트의 목적을 설명하는 문서를 추가하려면 예제 14-2와 같이 **src/lib.rs** 파일의 시작 시점에 //!로 시작하는 문서화 주식을 추가합니다.

예제 14-2 my_crate 크레이트 전체에 대한 문서   (File) src/lib.rs

```
//! # My Crate
//!
//! `my_crate` is a collection of utilities to make performing certain
//! calculations more convenient.

/// Adds one to the number given.
// --생략--
```

//!로 시작하는 라인 중 마지막 라인 이후에 아무 코드도 없음에 주목하세요. /// 대신 //!로 주석을 시작하였기 때문에, 이 주석 뒤에 나오는 아이템이 아닌 이 주석을 포함하고 있는 아이템에 대한 문서화를 하는 중입니다. 위의 경우 그 아이템은 크레이트 루트인 **src/lib.rs** 파일이며, 크레이트 전체를 설명합니다

cargo doc --open을 실행하면 그림 14-2와 같이 문서 첫 페이지 내용 중 크레이트의 공개 아이템 목록 상단에 이 주석의 내용이 나타날 것입니다.

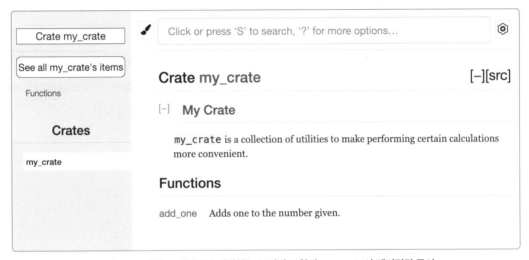

그림 14-2 전체 크레이트를 설명하는 주석이 포함된 `my_crate`의 렌더링된 문서

아이템 내 문서화 주석은 특히 크레이트와 모듈에 대해 기술할 때 유용합니다. 이를 이용해 주석이 담긴 것의 전체 목적을 설명해서 사용자들이 크레이트 구조를 이해할 수 있도록 해보세요.

14.2.2 pub use로 편리하게 공개 API 내보내기

크레이트를 배포할 때는 공개 API의 구조가 주요 고려 사항입니다. 여러분의 크레이트를 사용하는 사람들은 여러분보다 그 구조에 덜 익숙하고, 크레이트가 커다란 모듈 계층 구조를 이루고 있다면 사용하고자 하는 조각들을 찾아내는 데 어려움이 있을 수도 있습니다.

7장에서는 pub 키워드를 사용하여 아이템을 공개하는 법, 그리고 use 키워드를 가지고 스코프 안으로 아이템을 가져오는 법을 다루었습니다. 하지만 크레이트를 개발하는 동안 여러분에게 익숙해진 구조가 사용자들에게는 마냥 편리하지 않을지도 모릅니다. 구조체들을 여러 단계로 구성된 계층 구조로 조직화하고 싶을 수도 있지만, 그러면 계층 구조 깊숙이 정의된 타입을 이용하고 싶

어 하는 사람들은 해당 타입의 존재를 발견하는 데 어려움을 겪을 수도 있습니다. 또한 사용자들은 use my_crate::UsefulType;이 아니라 use my_crate::some_module::another_module::UsefulType;라고 입력해야 하는 데에 짜증을 낼지도 모릅니다.

좋은 소식은 지금의 구조가 다른 사람들이 다른 라이브러리에서 사용하는 데 편리하지 **않더라도** 굳이 내부 구조를 뒤엎을 필요는 없다는 겁니다. 대신에 pub use를 이용하여 내부 아이템을 **다시 내보내서(re-export)** 기존의 비공개 구조와 다른 공개 구조를 만들 수 있습니다. 다시 내보내기는 어떤 위치에서 공개 아이템(public item)을 가져와서 이를 마치 다른 위치에 정의된 것처럼 해당 위치의 공개 아이템으로 만듭니다.

예를 들어, 예술적인 개념을 모델링하기 위해 art라는 라이브러리를 만들었다고 가정해봅시다. 이 라이브러리에는 두 모듈이 들어 있습니다. 예제 14-3과 같이 kinds 모듈에는 PrimaryColor와 SecondaryColor 열거형이 있고, utils 모듈에는 mix라는 이름의 함수가 있습니다.

예제 14-3 kinds와 utils 모듈에 아이템을 구성한 art 라이브러리 　　　　　　　　　(File) src/lib.rs

```
//! # Art
//!
//! A library for modeling artistic concepts.

pub mod kinds {
    /// The primary colors according to the RYB color model.
    pub enum PrimaryColor {
        Red,
        Yellow,
        Blue,
    }

    /// The secondary colors according to the RYB color model.
    pub enum SecondaryColor {
        Orange,
        Green,
        Purple,
    }
}

pub mod utils {
    use crate::kinds::*;

    /// Combines two primary colors in equal amounts to create
    /// a secondary color.
    pub fn mix(c1: PrimaryColor, c2: PrimaryColor) -> SecondaryColor {
```

```
        // --생략--
    }
}
```

그림 14-3은 이 크레이트에 대하여 `cargo doc`으로 생성시킨 문서의 첫 화면입니다.

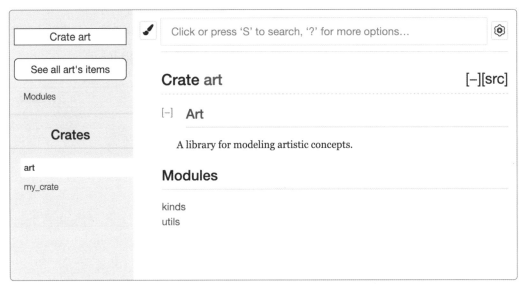

그림 14-3 `kinds`와 `utils` 모듈이 목록에 나타난 `art`의 문서 첫 화면

`PrimaryColor`와 `SecondaryColor` 타입도, `mix` 함수도 목록에 나타나지 않았음에 주목하세요. 이들을 보려면 각각 `kinds`와 `utils`를 클릭해야 합니다.

이 라이브러리에 의존하는 다른 크레이트에서는 `art`의 아이템을 스코프 안으로 가져오는 `use`를 사용해야 하는데, 현재 정의된 모듈의 구조대로 지정해야 합니다. 예제 14-4는 어떤 크레이트에서 `art` 크레이트의 `PrimaryColor`와 `mix`를 이용하는 예시를 보여줍니다.

예제 14-4 `art` 크레이트의 내부 구조에서 내보내진 아이템을 이용하는 크레이트   〈File〉 src/main.rs

```
use art::kinds::PrimaryColor;
use art::utils::mix;

fn main() {
    let red = PrimaryColor::Red;
    let yellow = PrimaryColor::Yellow;
    mix(red, yellow);
}
```

예제 14-4 코드의 저자, 즉 art 크레이트를 사용하는 사람은 PrimaryColor가 kinds 모듈에 들어 있고 mix가 utils 모듈에 들어 있다는 사실을 알아내야 합니다. art 크레이트의 구조는 크레이트를 사용하는 사람보다 크레이트를 개발하는 사람에게 더 적합합니다. 내부 구조는 art 크레이트를 사용하고자 하는 사람에게는 전혀 필요 없는 정보이며, 오히려 이를 사용하는 개발자가 어디를 찾아봐야 하는지 파악하고 use 구문에 모듈 이름들을 지정해야 하기 때문에 혼란만 야기할 뿐입니다.

공개 API로부터 내부 구조를 제거하기 위해서는 예제 14-5와 같이 예제 14-3의 art 크레이트 코드에 pub use 구문을 추가하여 아이템들을 최상위 단계로 다시 내보내야 합니다.

예제 14-5 pub use 구문을 추가하여 아이템을 다시 내보내기   (File) src/lib.rs

```
//! # Art
//!
//! A library for modeling artistic concepts.

pub use self::kinds::PrimaryColor;
pub use self::kinds::SecondaryColor;
pub use self::utils::mix;

pub mod kinds {
    // --생략--
}

pub mod utils {
    // --생략--
}
```

cargo doc이 생성한 이 크레이트의 API 문서는 이제 그림 14-4와 같이 다시 내보내진 아이템을 첫 화면의 목록에 보여주고 링크를 걸어줄 것이며, 이로써 PrimaryColor와 SecondaryColor 타입과 mix 함수를 더 쉽게 찾도록 만들어줍니다.

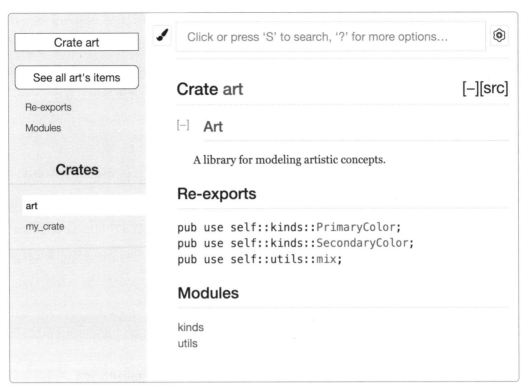

그림 14-4 다시 내보내진 아이템이 목록에 있는 art 문서 첫 화면

art 크레이트 사용자는 예제 14-4에서 봤던 것처럼 예제 14-3의 내부 구조를 여전히 보고 이용할 수 있고, 혹은 예제 14-6과 같이 예제 14-5의 더 편리해진 구조를 사용할 수도 있습니다.

예제 14-6 art 크레이트의 다시 내보내진 아이템을 사용하는 프로그램   (File) src/main.rs

```
use art::mix;
use art::PrimaryColor;

fn main() {
    // --생략--
}
```

중첩된 모듈이 많이 있는 경우, pub use를 사용하여 최상위 단계로 타입들을 다시 내보내는 것은 크레이트를 사용하는 사람들의 경험을 크게 바꿀 수 있습니다. pub use의 또 다른 일반적인 사용 법은 현재 크레이트가 의존하고 있는 크레이트에 정의된 것을 다시 내보내서 그 크레이트의 정의 를 여러분 크레이트의 공개 API의 일부분으로 만드는 것입니다.

유용한 공개 API를 만드는 것은 기술보단 예술에 가깝고, 여러분은 반복적으로 사용자들에게 가장 잘 맞는 API를 찾아갈 수 있습니다. pub use를 사용하는 것은 크레이트를 내부적으로 구조화하는 데 유연성을 제공하면서 이 내부 구조와 사용자에게 제공하는 것을 분리해줍니다. 여러분이 설치한 크레이트 코드 몇 개를 열어서 내부 구조와 공개 API가 얼마나 다른지 살펴보세요.

14.2.3 crates.io 계정 설정하기

어떤 크레이트를 배포하기에 앞서 crates.io에서 계정을 만들고 API 토큰을 얻을 필요가 있습니다. 그러려면 crates.io 홈페이지에 방문해서 깃허브 계정으로 로그인하세요(현재는 깃허브 계정이 필수지만, 나중에는 다른 계정 생성 방법을 지원할 수도 있습니다). 일단 로그인했다면 https://crates.io/me/ 에 있는 계정 설정으로 가서 API 키를 얻으세요. 그런 다음 아래와 같이 여러분의 API 키로 cargo login 명령어를 실행하세요.

```
$ cargo login abcdefghijklmnopqrstuvwxyz012345
```

이 명령어는 카고에게 여러분의 API 토큰을 알려주고 로컬의 **~/.cargo/credentials**에 저장하도록 합니다. 이 토큰은 **비밀키**(secret)임을 주의하세요. 아무와도 공유하지 마세요. 어떤 이유에서든 누군가와 공유했다면, 이 토큰을 무효화시키고 crates.io에서 새 토큰을 생성해야 합니다.

14.2.4 새 크레이트에 메타데이터 추가하기

이제 배포하고자 하는 크레이트가 있다고 칩시다. 배포하기 전, 크레이트의 **Cargo.toml** 파일의 [package] 섹션 안에 메타데이터 몇 가지를 추가할 필요가 있을 것입니다.

여러분의 크레이트는 고유한 이름이 필요할 것입니다. 로컬에서 어떤 크레이트를 작업하는 중이라면 이 크레이트의 이름을 뭐라고 짓든 상관없습니다. 하지만 crates.io에 올라오는 크레이트의 이름은 선착순으로 배정됩니다. 일단 크레이트 이름이 사용되고 나면, 그 이름으로는 다른 누구도 크레이트를 배포할 수 없습니다. 크레이트를 배포하기 전에 사용하려는 이름을 검색해보세요. 해당 크레이트명이 사용되었다면, 다른 이름을 찾아서 **Cargo.toml** 파일 안의 [package] 섹션 아래에 다음과 같이 name 필드를 수정하여 배포를 위한 새로운 이름을 사용해야 합니다.

```
[package]
name = "guessing_game"
```

고유한 이름을 선택했더라도 이 시점에서 cargo publish를 실행시켜 크레이트를 배포해보면 다음
과 같은 경고 후 에러를 보게 될 것입니다.

```
$ cargo publish
    Updating crates.io index
warning: manifest has no description, license, license-file, documentation,
homepage or repository.
See https://doc.rust-lang.org/cargo/reference/manifest.html#package-metadata for more info.
--생략--
error: failed to publish to registry at https://crates.io

Caused by:
  the remote server responded with an error: missing or empty metadata fields: description,
license. Please see https://doc.rust-lang.org/cargo/reference/manifest.html for how
to upload metadata
```

이 에러는 몇 가지 중요한 정보가 없기 때문에 발생된 것입니다. 설명(description)과 라이선스
(license)는 필수로서 이 크레이트가 무엇을 하는지와 어떤 조건으로 사용할 수 있는지 사람들
이 알게끔 할 것입니다. **Cargo.toml** 안에 한두 문장 정도만 설명을 추가해주세요. 이 설명은 여
러분 크레이트의 검색 결과에 함께 나타나게 될 것입니다. license 필드에는 **라이선스 식별자 값**
(license identifier value)이 필요합니다. 리눅스 재단의 SPDX(http://spdx.org/licenses/)에 이 값으로 사
용할 수 있는 식별자 목록이 있습니다. 예를 들어 여러분의 크레이트에 MIT 라이선스를 적용하고
싶다면, MIT 식별자를 추가합니다.

```
[package]
name = "guessing_game"
license = "MIT"
```

SPDX에 없는 라이선스를 사용하고 싶다면, 그 라이선스에 대한 텍스트를 파일에 넣어서 프로젝트
내에 포함시킨 다음, license 키 대신 license-file을 사용하여 해당 파일의 이름을 지정해야 합
니다.

여러분의 프로젝트에 어떤 라이선스가 적합한지에 대한 안내는 이 책의 범위를 벗어납니다. 러스트 커뮤니티의 많은 이들은 자신의 프로젝트에 러스트가 쓰는 라이선스인 MIT OR Apache-2.0 듀얼 라이선스를 사용합니다. 이러한 실제 예는 여러분도 OR로 구분된 여러 라이선스 식별자를 지정하여 프로젝트에 여러 개의 라이선스를 적용할 수 있음을 보여줍니다.

고유한 이름, 버전, 설명, 그리고 라이선스가 추가된 상태에서 배포할 준비가 된 프로젝트의 **Cargo.toml** 파일은 아래처럼 생겼습니다.

File) Cargo.toml

```
[package]
name = "guessing_game"
version = "0.1.0"
edition = "2021"
description = "A fun game where you guess what number the computer has chosen."
license = "MIT OR Apache-2.0"

[dependencies]
```

카고 공식 문서(https://doc.rust-lang.org/cargo/)에는 다른 사람들이 여러분의 크레이트를 더 쉽게 발견하고 사용하도록 해주기 위해 지정할 수 있는 다른 메타데이터에 대해 설명되어 있습니다.

14.2.5 crates.io에 배포하기

이제 계정을 만들었고, API 토큰을 저장했고, 크레이트의 이름도 정했고, 필요한 메타데이터도 지정되었다면, 배포할 준비가 된 것입니다! 크레이트 배포는 다른 사람들이 사용할 특정 버전을 crates.io에 올리는 것입니다.

배포는 **영구적이므로** 주의하세요. 버전은 덮어씌워질 수 없고, 코드는 삭제될 수 없습니다. crates.io의 주요 목표 한 가지는 영구적인 코드 보관소로서 작동하여 crates.io의 크레이트에 의존하는 모든 프로젝트의 빌드가 계속 작동하도록 하는 것입니다. 버전 삭제를 사용하면 이 목표의 이행을 불가능하게 할 것입니다. 하지만 배포할 수 있는 크레이트 버전의 숫자에 제한은 없습니다.

다시 한번 cargo publish 명령어를 수행해보세요. 이제 성공해야 합니다.

```
$ cargo publish
    Updating crates.io index
```

```
  Packaging guessing_game v0.1.0 (file:///projects/guessing_game)
  Verifying guessing_game v0.1.0 (file:///projects/guessing_game)
  Compiling guessing_game v0.1.0
(file:///projects/guessing_game/target/package/guessing_game-0.1.0)
   Finished dev [unoptimized + debuginfo] target(s) in 0.19s
  Uploading guessing_game v0.1.0 (file:///projects/guessing_game)
```

축하합니다! 여러분은 이제 코드를 러스트 커뮤니티에 공유하였고, 다른 사람들이 자신의 프로젝트에 여러분의 크레이트를 디펜던시로 쉽게 추가할 수 있습니다.

14.2.6 이미 존재하는 크레이트의 새 버전 배포하기

크레이트를 변경하여 새 버전을 배포할 준비가 되었다면, **Cargo.toml** 파일에 명시된 version값을 바꿔 다시 배포하면 됩니다. 변경 사항의 종류에 기반하여 적절한 버전 숫자를 결정하려면 유의적 버전을 사용하세요. 그다음 `cargo publish`를 실행하여 새 버전을 올립니다.

14.2.7 cargo yank로 crates.io에서 버전 사용하지 않게 하기

크레이트의 이전 버전을 제거할 수는 없지만, 향후의 프로젝트들이 이를 새로운 디펜던시로 추가하는 것을 방지할 수는 있습니다. 이는 어떤 크레이트 버전이 어떤 이유에서인가 깨졌을 때 유용합니다. 그런 상황에서 카고는 어떤 크레이트 버전의 **끌어내기**(yanking)를 지원합니다.

버전 끌어내기는 이 버전에 의존하는 중인 존재하는 모든 프로젝트들을 계속 지원하면서 새 프로젝트가 이 버전에 의존하는 것을 방지합니다. 근본적으로 끌어내기란 **Cargo.lock**이 있는 모든 프로젝트가 깨지지 않으면서, 이후에 생성되는 **Cargo.lock** 파일에는 끌어내려진 버전을 사용하지 않을 것임을 의미합니다.

크레이트의 버전을 끌어내리려면 이전에 배포했던 크레이트 디렉터리에서 `cargo yank`를 실행하여 끌어내리고자 하는 버전을 지정하세요. 예를 들어 guessing_game이라는 이름의 크레이트 버전 1.0.1을 배포했었고 이를 끌어내리고자 한다면, guessing_game의 프로젝트 디렉터리에서 다음과 같이 실행합니다.

```
$ cargo yank --vers 1.0.1
  Updating crates.io index
      Yank guessing_game@1.0.1
```

명령어에 --undo를 추가하면 끌어내기를 되돌려 다른 프로젝트들이 다시 이 버전에 대한 의존을 허용할 수 있습니다.

```
$ cargo yank --vers 1.0.1 --undo
    Updating crates.io index
      Unyank guessing_game@1.0.1
```

끌어내기는 어떤 코드도 삭제하지 **않습니다**. 예를 들어 실수로 업로드된 비밀키 같은걸 삭제할 수는 없습니다. 그런 일이 벌어졌다면 즉시 해당 비밀키를 리셋해야 합니다.

14.3 카고 작업 공간

12장에서 바이너리 크레이트와 라이브러리 크레이트를 포함하는 패키지를 만들어 봤습니다. 하지만 프로젝트를 개발하다 보면, 라이브러리 크레이트가 점점 거대해져서 패키지를 여러 개의 라이브러리 크레이트로 분리하고 싶을 겁니다. 카고는 **작업 공간**이라는 기능을 제공하여 나란히 개발되는 여러 관련 패키지를 관리하는 데 도움을 줄 수 있습니다.

14.3.1 작업 공간 생성하기

작업 공간(workspace)은 동일한 **Cargo.lock**과 출력 디렉터리를 공유하는 패키지들의 집합입니다. 작업 공간을 이용하여 프로젝트를 만들어봅시다. 여기서는 간단한 코드만 사용하여 작업 공간의 구조에 집중하겠습니다. 작업 공간을 구성하는 방법은 여러 가지가 있으므로, 그중 일반적인 방법 하나를 보겠습니다. 우리의 작업 공간은 하나의 바이너리와 두 개의 라이브러리를 담을 것입니다. 주요 기능을 제공할 바이너리는 두 라이브러리를 디펜던시로 가지게 될 것입니다. 첫 번째 라이브러리는 add_one 함수를 제공하고, 두 번째 라이브러리는 add_two 함수를 제공힐 것입니다. 이 세 크레이트는 같은 작업 공간의 일부가 될 겁니다. 작업 공간을 위한 새 디렉터리를 만드는 것부터 시작하겠습니다.

```
$ mkdir add
$ cd add
```

다음으로 **add** 디렉터리 내에 **Cargo.toml**을 생성하여 전체 작업 공간에 대한 설정을 합니다. 이 파일은 [package] 섹션이 없습니다. 대신 [workspace] 섹션으로 시작하여 바이너리 크레이트 패키지에 대한 경로를 명시하는 방식으로 이 작업 공간에 멤버를 추가할 것입니다. 지금의 경우 해당 경로는 **adder**입니다.

(File) Cargo.toml

```
[workspace]

members = [
    "adder",
]
```

다음엔 **add** 디렉터리 내에서 cargo new를 실행하여 adder 바이너리 크레이트를 생성하겠습니다.

```
$ cargo new adder
    Created binary (application) `adder` package
```

이 시점에서 작업 공간을 cargo build로 빌드할 수 있습니다. **add** 디렉터리 내의 파일들은 아래와 같은 형태여야 합니다.

```
├── Cargo.lock
├── Cargo.toml
├── adder
│   ├── Cargo.toml
│   └── src
│       └── main.rs
└── target
```

작업 공간은 컴파일된 결과가 위치할 하나의 **target** 디렉터리를 최상위 디렉터리에 가집니다. adder 크레이트는 자신의 **target** 디렉터리를 갖지 않습니다. **adder** 디렉터리 내에서 cargo build 명령어를 실행하더라도 컴파일 결과는 **add/adder/target**이 아닌 **add/target**에 위치하게 될 겁니다. 카고가 이처럼 **target** 디렉터리를 작업 공간 내에 구성하는 이유는, 작업 공간 내의 크레이트들이 서로 의존하기로 되어 있기 때문입니다. 만약 각 크레이트가 각자의 **target** 디렉터리를 갖는다면, 각 크레이트는 작업 공간 내의 다른 크레이트들을 다시 컴파일하여 그 결과물을 자신의 **target** 디렉터리에 넣어야 합니다. 하나의 **target** 디렉터리를 공유하면 크레이트들의 불필요한 재빌드를 피할 수 있습니다.

14.3.2 작업 공간에 두 번째 패키지 생성하기

다음으로 다른 멤버 패키지를 작업 공간에 생성하여 add_one이라고 이름을 붙입시다. 최상위 Cargo.toml을 수정하여 members 목록에 **add_one** 경로를 지정하세요.

(File) Cargo.toml

```toml
[workspace]

members = [
    "adder",
    "add_one",
]
```

그런 다음 add_one이라는 이름의 새 라이브러리 크레이트를 생성하세요.

```
$ cargo new add_one --lib
    Created library `add_one` package
```

add 디렉터리는 이제 다음과 같은 디렉터리와 파일을 갖추어야 합니다.

```
├── Cargo.lock
├── Cargo.toml
├── add_one
│   ├── Cargo.toml
│   └── src
│       └── lib.rs
├── adder
│   ├── Cargo.toml
│   └── src
│       └── main.rs
└── target
```

add_one/src/lib.rs 파일에 add_one 함수를 추가합시다.

(File) add_one/src/lib.rs

```rust
pub fn add_one(x: i32) -> i32 {
    x + 1
}
```

이제 바이너리를 가지고 있는 adder 패키지와 이것이 의존하는 라이브러리를 갖고 있는 add_one 패키지를 갖추었습니다. 먼저 **adder/Cargo.toml**에 add_one의 경로 디펜던시를 추가할 필요가 있겠습니다.

(File) adder/Cargo.toml

```
[dependencies]
add_one = { path = "../add_one" }
```

카고는 작업 공간 내의 크레이트들이 서로 의존할 것이라고 가정하지 않으므로, 디펜던시 관계에 대해 명시할 필요가 있습니다.

다음으로 adder 크레이트에서 (add_one 크레이트에 있는) add_one 함수를 사용해봅시다. **adder/src/main.rs** 파일을 열어서 제일 윗줄에 use를 추가하여 스코프로 새로운 add_one 라이브러리를 가져옵시다. 그런 다음 예제 14-7과 같이 main 함수를 수정하여 add_one 함수를 호출하세요.

예제 14-7 adder 크레이트에서 add_one 라이브러리 크레이트 사용하기　　　　(File) adder/src/main.rs

```rust
use add_one;

fn main() {
    let num = 10;
    println!("Hello, world! {num} plus one is {}!", add_one::add_one(num));
}
```

최상위 **add** 디렉터리에서 cargo build를 실행하여 작업 공간을 빌드해봅시다!

```
$ cargo build
   Compiling add_one v0.1.0 (file:///projects/add/add_one)
   Compiling adder v0.1.0 (file:///projects/add/adder)
    Finished dev [unoptimized + debuginfo] target(s) in 0.68s
```

add 디렉터리에서 바이너리 크레이트를 실행하기 위해서는 cargo run에 -p 인수와 패키지명을 써서 작업 공간 내의 어떤 패키지를 실행하고 싶은지 지정해야 합니다.

```
$ cargo run -p adder
    Finished dev [unoptimized + debuginfo] target(s) in 0.0s
     Running `target/debug/adder`
```

```
Hello, world! 10 plus one is 11!
```

이 명령은 **adder/src/main.rs**의 코드를 실행시키고, 이는 add_one 크레이트에 의존하고 있습니다.

작업 공간에서 외부 패키지 의존하기

작업 공간에는 각 크레이트 디렉터리마다 **Cargo.lock**이 생기지 않고, 최상위에 하나의 **Cargo.lock**이 생긴다는 점에 주목하세요. 이는 모든 크레이트가 모든 디펜던시에 대해 같은 버전을 사용함을 보증합니다. **adder/Cargo.toml**과 **add_one/Cargo.toml**에 rand 패키지를 추가하면, 카고는 이 둘을 하나의 rand 버전으로 결정하여 하나의 **Cargo.lock**에 기록합니다. 작업 공간 내 모든 크레이트가 동일한 디펜던시를 사용하도록 만드는 것은 이 크레이트들이 항상 서로 호환될 것임을 뜻합니다. **add_one/Cargo.toml** 파일의 [dependencies] 섹션에 rand 크레이트를 추가하여 add_one 크레이트에서 rand 크레이트를 사용해봅시다.

(File) add_one/Cargo.toml

```
[dependencies]
rand = "0.8.5"
```

이제 **add_one/src/lib.rs** 파일에 use rand;를 추가할 수 있으며, **add** 디렉터리에서 cargo build를 실행하여 전체 작업 공간을 빌드하면 rand 크레이트를 가져와 컴파일할 것입니다. 아직 스코프로 가져온 rand를 참조하지 않았으므로 경고 하나를 받을 겁니다.

```
$ cargo build
    Updating crates.io index
  Downloaded rand v0.8.5
   --생략--
   Compiling rand v0.8.5
   Compiling add_one v0.1.0 (file:///projects/add/add_one)
warning: unused import: `rand`
 --> add_one/src/lib.rs:1:5
  |
1 | use rand;
  |     ^^^^
  |
  = note: `#[warn(unused_imports)]` on by default

warning: `add_one` (lib) generated 1 warning
   Compiling adder v0.1.0 (file:///projects/add/adder)
```

```
Finished dev [unoptimized + debuginfo] target(s) in 10.18s
```

최상위의 **Cargo.lock**에는 이제 add_one의 rand 디펜던시에 대한 정보가 포함됩니다. 하지만 작업 공간의 어딘가에서 rand가 사용되더라도 작업 공간의 다른 크레이트의 **Cargo.toml** 파일에 마찬가지로 rand를 추가하지 않으면 이를 사용할 수 없습니다. 예를 들어 use rand;를 adder 패키지의 **adder/src/main.rs** 파일에 추가하면 다음과 같은 에러가 납니다.

```
$ cargo build
  --생략--
   Compiling adder v0.1.0 (file:///projects/add/adder)
error[E0432]: unresolved import `rand`
 --> adder/src/main.rs:2:5
  |
2 | use rand;
  |     ^^^^ no external crate `rand`
```

이를 수정하려면 adder 패키지의 **Cargo.toml**을 고쳐서 이 패키지도 rand에 의존함을 알려주세요. adder 패키지를 빌드하면 **Cargo.lock**에 있는 adder에 대한 디펜던시 목록에 rand를 추가하지만, rand의 추가 복제본을 내려받지는 않을 것입니다. 카고는 작업 공간 내에서 rand 패키지를 사용하는 모든 패키지의 모든 크레이트가 동일한 버전을 사용할 것임을 보증하여 저장공간을 아끼고 작업 공간 내의 크레이트들이 확실히 서로 호환되도록 합니다.

작업 공간에 테스트 추가하기

또 다른 개선 사항으로, add_one::add_one 함수의 테스트를 add_one 크레이트 내에 추가해봅시다.

File add_one/src/lib.rs

```
pub fn add_one(x: i32) -> i32 {
    x + 1
}

#[cfg(test)]
mod tests {
    use super::*;

    #[test]
    fn it_works() {
```

```
            assert_eq!(3, add_one(2));
    }
}
```

이제 최상위 **add** 디렉터리에서 cargo test를 실행해보세요. 이런 구조의 작업 공간에서 cargo test를 실행하면 작업 공간의 모든 크레이트에 대한 테스트를 실행할 것입니다.

```
$ cargo test
   Compiling add_one v0.1.0 (file:///projects/add/add_one)
   Compiling adder v0.1.0 (file:///projects/add/adder)
    Finished test [unoptimized + debuginfo] target(s) in 0.27s
     Running unittests src/lib.rs (target/debug/deps/add_one-f0253159197f7841)

running 1 test
test tests::it_works ... ok

test result: ok. 1 passed; 0 failed; 0 ignored; 0 measured; 0 filtered out; finished in 0.00s

     Running unittests src/main.rs (target/debug/deps/adder-49979ff40686fa8e)

running 0 tests

test result: ok. 0 passed; 0 failed; 0 ignored; 0 measured; 0 filtered out; finished in 0.00s

   Doc-tests add_one

running 0 tests

test result: ok. 0 passed; 0 failed; 0 ignored; 0 measured; 0 filtered out; finished in 0.00s
```

출력의 첫 번째 절은 add_one 크레이트의 **it_works** 테스트가 통과되었음을 보여줍니다. 다음 절은 adder 크레이트에서 아무 테스드도 발견하지 못했음을 보여주고, 미지막 절에서는 **add_one** 크레이트 내에서 아무런 문서 테스트도 발견하지 못했음을 보여줍니다.

-p 플래그와 테스트하고자 하는 크레이트의 이름을 명시하면 최상위 디렉터리에서 작업 공간에 있는 특정 크레이트에 대한 테스트를 실행할 수도 있습니다.

```
$ cargo test -p add_one
    Finished test [unoptimized + debuginfo] target(s) in 0.00s
     Running unittests src/lib.rs (target/debug/deps/add_one-b3235fea9a156f74)
```

```
running 1 test
test tests::it_works ... ok

test result: ok. 1 passed; 0 failed; 0 ignored; 0 measured; 0 filtered out; finished in 0.00s

    Doc-tests add_one

running 0 tests

test result: ok. 0 passed; 0 failed; 0 ignored; 0 measured; 0 filtered out; finished in 0.00s
```

이 출력은 cargo test가 add_one 크레이트에 대한 테스트만 실행했으며 adder 크레이트의 테스트는 실행하지 않았음을 보여줍니다.

작업 공간의 크레이트를 crates.io에 배포한다면, 작업 공간 내 각 크레이트를 별도로 배포할 필요가 있습니다. cargo test처럼 -p 플래그와 배포하고자 하는 크레이트의 이름을 지정하여 작업 공간 내의 특정 크레이트를 배포할 수 있습니다.

추가 연습을 위해 이 작업 공간에 add_one 크레이트와 비슷한 방식으로 add_two 크레이트를 추가해보세요!

프로젝트가 커지면 작업 공간 사용을 고려해보세요. 하나의 커다란 코드 덩어리보다는 작고 개별적인 구성 요소들을 이해하기가 쉬우니까요. 게다가 작업 공간에 크레이트들을 유지하는 것은 이 크레이트들이 동시에 자주 변경될 경우 크레이트 간의 조정을 더 쉽게 해줄 수 있습니다.

14.4 cargo install로 crates.io에 있는 바이너리 설치하기

cargo install 명령어는 로컬 환경에 바이너리 크레이트를 설치하고 사용할 수 있도록 해줍니다. 이는 시스템 패키지를 대체할 의도는 아닙니다. 러스트 개발자들이 crates.io에서 공유하고 있는 도구를 편리하게 설치할 수 있도록 하기 위함입니다. 바이너리 타깃을 가진 패키지만 설치할 수 있음을 주의하세요. **바이너리 타깃**(binary target)이란 **src/main.rs** 파일 혹은 따로 바이너리로 지정된 파일을 가진 크레이트가 생성해낸 실행 가능한 프로그램을 말하는 것으로, 혼자서 실행될 수 없지만 다른 프로그램에 포함되기에 적합한 라이브러리 타깃과는 반대되는 의미입니다. 보통은 크레이트의 **README** 파일에 해당 크레이트가 라이브러리인지, 바이너리 타깃을 갖는지, 혹은 둘 다인지에 대한 정보가 담겨 있습니다.

cargo install을 이용해 설치된 모든 바이너리는 설치 루트의 **bin** 디렉터리에 저장됩니다. 만약 여러분이 **rustup.rs**를 이용해 러스트를 설치했고 별도의 설정값 수정이 없었다면, 이 디렉터리는 **$HOME/.cargo/bin**일 것입니다. cargo install로 설치한 프로그램을 실행하려면 $PATH 환경 변수에 해당 디렉터리가 등록되어 있는지 확인하세요.

예를 들면, 12장에서 파일 검색용 grep 도구의 러스트 구현체인 ripgrep이라는 게 있다고 언급했었지요. ripgrep을 설치하려면 다음과 같이 하면 됩니다.

```
$ cargo install ripgrep
    Updating crates.io index
 Downloaded ripgrep v13.0.0
 Downloaded 1 crate (243.3 KB) in 0.88s
 Installing ripgrep v13.0.0
--생략--
  Compiling ripgrep v13.0.0
   Finished release [optimized + debuginfo] target(s) in 3m 10s
 Installing ~/.cargo/bin/rg
  Installed package `ripgrep v13.0.0` (executable `rg`)
```

출력의 마지막 두 줄은 설치된 바이너리의 경로와 이름을 보여주는데, ripgrep의 경우에는 rg로군요. 방금 전에 언급했듯 여러분의 $PATH 환경 변수에 설치된 디렉터리가 등록되어 있다면 명령창에서 rg --help를 실행할 수 있고, 파일을 찾을 때 더 빠르고 러스트다운 도구를 사용할 수 있습니다!

14.5 커스텀 명령어로 카고 확장하기

카고는 직접 카고를 수정하지 않고도 새로운 보조 명령어로 확장할 수 있게끔 설계되어 있습니다. 만약 $PATH에 있는 어떤 바이너리의 이름이 cargo-something라면, cargo something이라는 명령어로 마치 카고의 보조 명령어인 것처럼 실행할 수 있습니다. 이와 같은 커스텀 명령어들은 cargo --list를 실행할 때의 목록에도 포함됩니다. cargo install을 이용해 확장 모듈을 설치한 다음 카고의 기본 제공 도구처럼 이용할 수 있다는 점은 카고 설계에서 무척 편리한 장점입니다!

정리

카고와 crates.io를 통해 코드를 공유하는 것은 러스트 생태계가 다양한 일에 유용하도록 만들어 주는 부분입니다. 러스트의 기본 라이브러리는 작고 고정되어 있지만, 크레이트들은 쉽게 공유될 수 있고, 쉽게 사용될 수 있으며 러스트 언어 자체보다 훨씬 빠른 속도로 발전합니다. 여러분에게 유용한 코드가 있다면 주저 말고 crates.io에 공유하세요. 분명 다른 누군가에게도 도움이 될 테니까요!

15

스마트 포인터

포인터(pointer)는 메모리의 주솟값을 담고 있는 변수에 대한 일반적인 개념입니다. 이 주솟값은 어떤 다른 데이터를 참조합니다. 혹은 바꿔 말하면, '가리킵니다(point at).' 러스트에서 가장 흔한 종류의 포인터는 4장에서 배웠던 참조자입니다. 참조자는 & 심벌로 표시하고 이들이 가리키고 있는 값을 빌려옵니다. 이들은 값을 참조하는 것 외에 다른 어떤 특별한 능력은 없으며, 오버헤드도 없습니다.

한편, **스마트 포인터**(smart pointer)는 포인터처럼 작동할 뿐만 아니라 추가적인 메타데이터와 능력들도 가지고 있는 데이터 구조입니다. 스마트 포인터의 개념은 러스트 고유의 것이 아닙니다. 스마트 포인터는 C++로부터 유래되었고 다른 언어들에도 존재합니다. 러스트의 표준 라이브러리에는 다양한 종류의 스마트 포인터들이 정의되어 있는데 이를 통해 참조자가 제공하는 것 이상의 기능을 제공합니다. 일반적인 개념을 탐구하기 위하여 몇 가지 스마트 포인터 예제를 살펴보려고 하는데, 그중에는 **참조 카운팅**(reference counting) 스마트 포인터 타입이 있습니다. 이 포인터는 소유자의 개수를 계속 추적하고, 더 이상 소유자가 없으면 데이터를 정리하는 방식으로, 어떤 데이터에 대한 여러 소유자를 만들 수 있게 해줍니다.

소유권과 대여의 개념을 가지고 있는 러스트에서, 참조자와 스마트 포인터 사이에는 추가적인 차이점이 있습니다. 참조자가 데이터를 빌리기만 하는 반면, 대부분의 경우 스마트 포인터는 가리킨 데이터를 **소유합니다.**

우리는 이미 이 책에서 8장의 String과 Vec<T>와 같은 몇 가지 스마트 포인터들을 마주쳤습니다. 비록 그때는 이것들을 스마트 포인터라고 부르지 않았지만요. 이 두 타입 모두 스마트 포인터로 치는데 그 이유는 이들이 어느 정도의 메모리를 소유하고 이를 다룰 수 있게 해주기 때문입니다. 이들은 또한 메타데이터와 추가 능력 또는 보장성을 갖고 있습니다. 예를 들어 String은 자신의 용량을 메타데이터로 저장하고 자신의 데이터가 언제나 유효한 UTF-8임을 보증하는 추가 능력도 가지고 있습니다.

스마트 포인터는 보통 구조체를 이용하여 구현되어 있습니다. 보통의 구조체와는 달리 스마트 포인터는 Deref와 Drop 트레이트를 구현합니다. Deref 트레이트는 스마트 포인터 구조체의 인스턴스가 참조자처럼 작동하도록 하여 참조자 혹은 스마트 포인터와 함께 작동하는 코드를 작성할 수 있도록 해줍니다. Drop 트레이트는 스마트 포인터의 인스턴스가 스코프 밖으로 벗어났을 때 실행되는 코드를 커스터마이징 가능하도록 해줍니다. 이번 장에서는 이 두 개의 트레이트 모두를 다루고 이들이 왜 스마트 포인터에게 중요한지 보여줄 것입니다.

스마트 포인터 패턴이 러스트에서 자주 사용되는 일반적인 디자인 패턴임을 생각하면, 존재하는 모든 스마트 포인터를 이번 장에서 다루지는 못할 것입니다. 많은 라이브러리가 자신만의 스마트 포인터를 가지고 있고, 심지어 여러분도 자신만의 것을 작성할 수 있습니다. 여기서는 표준 라이브러리에 있는 가장 일반적인 스마트 포인터들을 다루겠습니다.

- 값을 힙에 할당하기 위한 Box<T>
- 복수 소유권을 가능하게 하는 참조 카운팅 타입인 Rc<T>
- 대여 규칙을 컴파일 타임 대신 런타임에 강제하는 타입인, RefCell<T>를 통해 접근 가능한 Ref<T>와 RefMut<T>

추가로 불변 타입이 내부 값을 변경하기 위하여 API를 노출하는 **내부 가변성**(interior mutability) 패턴에 대해서 다루겠습니다. 또한 순환 참조(reference cycle)가 어떤 식으로 메모리가 새어나가게 할 수 있으며, 이를 어떻게 방지하는지에 대해서도 논의해보겠습니다.

함께 뛰어들어볼까요!

15.1 Box<T>를 사용하여 힙에 있는 데이터 가리키기

가장 직관적인 스마트 포인터는 **박스(box)**인데, Box<T>로 쓰이는 타입입니다. 박스는 스택이 아니라 힙에 데이터를 저장할 수 있도록 해줍니다. 스택에 남는 것은 힙 데이터를 가리키는 포인터입니다. 스택과 힙의 차이에 대해 다시 보고 싶다면 4장을 참조하세요.

박스는 스택 대신 힙에 데이터를 저장한다는 점 외에는, 성능 측면에서의 오버헤드가 없습니다. 하지만 여러 추가 기능도 없습니다. 박스는 아래와 같은 상황에서 가장 자주 쓰이게 됩니다.

- 컴파일 타임에는 크기를 알 수 없는 타입이 있는데, 정확한 크기를 요구하는 콘텍스트 내에서 그 타입의 값을 사용하고 싶을 때
- 커다란 데이터를 가지고 있고 소유권을 옮기고 싶지만 그렇게 했을 때 데이터가 복사되지 않을 것을 보장하고 싶을 때
- 어떤 값을 소유하고 이 값의 구체화된 타입보다는 특정 트레이트를 구현한 타입이라는 점만 신경 쓰고 싶을 때

첫 번째 상황은 '박스로 재귀적 타입 가능하게 하기'(402쪽)에서 보여주겠습니다. 두 번째 경우, 방대한 양의 데이터의 소유권 옮기기는 긴 시간이 소요될 수 있는데 이는 그 데이터가 스택 상에서 복사되기 때문입니다. 이러한 상황에서 성능을 향상시킬 목적으로 박스 안의 힙에 그 방대한 양의 데이터를 저장할 수 있습니다. 그러면 작은 양의 포인터 데이터만 스택상에서 복사되고, 이 포인터가 참조하는 데이터는 힙의 한 곳에 머물게 됩니다. 세 번째 경우는 **트레이트 객체**라고 알려진 것이고, 17장의 '트레이트 객체를 사용하여 다른 타입의 값 허용하기'(480쪽) 전체가 이 주제만으로 채워져 있습니다. 그러니 여기서 배운 것을 17장에서 다시 적용하게 될 것입니다!

15.1.1 Box<T>를 사용하여 힙에 데이터 저장하기

Box<T>에 대한 사용 예시를 논의하기 전에, 먼저 문법 및 Box<T> 안에 저장된 값의 사용법을 다루겠습니다.

예제 15-1은 박스를 사용하여 힙에 i32값을 저장하는 방법을 보여줍니다.

```rust
fn main() {
    let b = Box::new(5);
    println!("b = {}", b);
}
```

변수 b를 정의하여 5라는 값을 가리키는 Box값을 갖도록 했는데, 여기서 5는 힙에 할당됩니다. 이 프로그램은 b = 5를 출력할 것입니다. 이 경우, 박스 안에 있는 데이터는 마치 이 데이터가 스택에 있는 것처럼 접근 가능합니다. b가 main의 끝에 도달하는 것처럼 어떤 박스가 스코프를 벗어날 때, 다른 어떤 소유된 값과 마찬가지로 할당은 해제될 것입니다. 할당 해제는 (스택에 저장된) 박스와 이것이 가리키고 있는 (힙에 저장된) 데이터 모두에게 일어납니다.

단일 값을 힙에 집어넣는 것은 그다지 유용하지는 않으므로, 이 같은 방식의 박스 사용은 자주 쓰이지 않을 것입니다. 단일 i32의 저장 공간은 기본적으로 스택이고, 이러한 값은 스택에 저장하는 것이 대부분의 경우에 더 적합합니다. 박스를 쓰지 않으면 허용되지 않을 타입을 박스로 정의하는 경우를 살펴봅시다.

15.1.2 박스로 재귀적 타입 가능하게 하기

재귀적 타입(recursive type)의 값은 자신 안에 동일한 타입의 또 다른 값을 담을 수 있습니다. 러스트는 컴파일 타임에 어떤 타입이 얼마만큼의 공간을 차지하는지 알아야 하기 때문에 재귀적 타입은 문제를 일으킵니다. 재귀적 타입의 값 중첩은 이론적으로 무한히 계속될 수 있으므로, 러스트는 이 값에 얼마만큼의 공간이 필요한지 알 수 없습니다. 박스는 알려진 크기를 갖고 있으므로, 재귀적 타입의 정의에 박스를 집어넣어서 재귀적 타입을 가능하게 할 수 있습니다.

재귀적 타입의 예제로, **콘스 리스트**를 탐구해봅시다. 이것은 함수형 프로그램 언어에서 흔히 발견되는 데이터 타입입니다. 여기서 정의할 콘스 리스트 타입은 재귀를 제외하면 직관적입니다. 따라서 여기서 작업할 예제의 개념은 재귀적 타입을 포함하는 더 복잡한 경우에 직면하더라도 유용할 것입니다.

콘스 리스트에 대한 더 많은 정보

콘스 리스트(cons list)는 Lisp 프로그래밍 언어 및 그의 파생 언어들로부터 유래된 데이터 구조로서 중첩된 쌍으로 구성되며, 연결 리스트(linked list)의 Lisp 버전입니다. 이 이름은 Lisp의 ('생성 함수 (construct function)'의 줄임말인) cons 함수에서 유래되었는데, 이 함수는 두 개의 인수로부터 새로운 쌍을 생성합니다. cons에 어떤 값과 다른 쌍으로 구성된 쌍을 넣어 호출함으로써 재귀적인 쌍으로 이루어진 콘스 리스트를 구성할 수 있습니다.

예를 들어, 다음은 1, 2, 3 리스트를 담고 있는 콘스 리스트를 각각의 쌍을 괄호로 묶어서 표현한 의사 코드입니다.

```
(1, (2, (3, Nil)))
```

콘스 리스트의 각 아이템은 두 개의 요소를 담고 있습니다. 현재 아이템의 값과 다음 아이템이지요. 리스트의 마지막 아이템은 다음 아이템 없이 Nil이라 불리는 값을 담고 있습니다. 콘스 리스트는 cons 함수를 재귀적으로 호출함으로써 만들어집니다. 재귀의 기본 케이스를 의미하는 표준 이름이 바로 Nil입니다. 6장의 '널(null)' 혹은 '닐(nil)' 개념과 동일하지 않다는 점을 주의하세요. 이들은 값이 유효하지 않거나 없음을 말합니다.

콘스 리스트는 러스트에서 흔히 사용되는 데이터 구조는 아닙니다. 러스트에서 아이템 리스트를 쓰는 대부분의 경우에는 Vec<T>가 더 나은 선택입니다. 그와는 다른, 더 복잡한 재귀적 데이터 타입들은 다양한 상황에서 유용하기는 하지만, 이 장에서는 콘스 리스트로 시작하여 박스가 어떤 식으로 별로 주의를 기울이지 않고도 재귀적 데이터 타입을 정의하도록 하는지 탐구하겠습니다.

예제 15-2는 콘스 리스트를 위한 열거형 정의를 담고 있습니다. List 타입이 알려진 크기를 가지고 있지 않기 때문에 이 코드는 아직 컴파일이 안 된다는 점을 유의하세요. 여기서 보여주려는 것이 바로 그 점입니다.

예제 15-2 **i32 값의 콘스 리스트 데이터 구조를 표현하는 열거형 정의에 대한 첫 번째 시도**　　⒡ src/main.rs

```
enum List {
    Cons(i32, List),
    Nil,
}
```

> [NOTE] 이 예제의 목적을 위해 오직 i32값만 담는 콘스 리스트를 구현하는 중입니다. 10장에서 논의했던 것처럼, 제네릭을 이용하면 임의의 타입값을 저장할 수 있는 콘스 리스트 타입을 정의할 수도 있습니다.

List 타입을 이용하여 리스트 1, 2, 3을 저장하면 예제 15-3의 코드처럼 보일 것입니다.

예제 15-3 List **열거형을 이용하여 리스트 1, 2, 3 저장하기** 🅕ile src/main.rs

```
use crate::List::{Cons, Nil};

fn main() {
    let list = Cons(1, Cons(2, Cons(3, Nil)));
}
```

첫 번째 Cons값은 1과 또 다른 List값을 갖습니다. 이 List값은 2와 또 다른 List값을 갖는 Cons 값입니다. 그 안의 List값에는 3과 List값을 갖는 Cons가 하나 더 있는데, 여기서 마지막의 List 는 Nil로써, 리스트의 끝을 알리는 비재귀적인 배리언트입니다.

예제 15-3 코드의 컴파일을 시도하면, 예제 15-4과 같은 에러를 얻습니다.

예제 15-4 **재귀적 열거형을 정의하는 시도를 했을 때 얻게 되는 에러**

```
error[E0072]: recursive type `List` has infinite size
 --> src/main.rs:1:1
  |
1 | enum List {
  | ^^^^^^^^^^
2 |     Cons(i32, List),
  |               ---- recursive without indirection
  |
help: insert some indirection (e.g., a `Box`, `Rc`, or `&`) to break the cycle
  |
2 |     Cons(i32, Box<List>),
  |               ++++    +
```

이 에러는 이 타입이 '무한한 크기다(infinite size)'라고 말해줍니다. 그 원인은 재귀적인 배리언트 를 이용하여 List를 정의했기 때문입니다. 즉 이것은 자신의 또 다른 값을 직접 갖습니다. 결과적 으로, 리스트는 List값을 저장하는 데 필요한 크기가 얼마나 되는지 알아낼 수 없습니다. 왜 이런 에러가 생기는지 쪼개서 봅시다. 먼저, 러스트가 비재귀적인 타입의 값을 저장하는 데 필요한 용량 이 얼마나 되는지 결정하는 방법을 살펴봅시다.

비재귀적 타입의 크기 계산하기

6장에서 열거형 정의에 대해 논의할 때 예제 6-2에서 정의했던 Message 열거형을 상기해봅시다.

```
enum Message {
    Quit,
    Move { x: i32, y: i32 },
    Write(String),
    ChangeColor(i32, i32, i32),
}
```

Message값을 할당하기 위해 필요한 공간의 양을 결정하기 위해서, 러스트는 각 배리언트들의 내부를 보면서 어떤 배리언트가 가장 많은 공간을 필요로 하는지를 알아봅니다. 러스트는 Message::Quit가 어떠한 공간도 필요 없음을, Message::Move는 두 개의 i32값을 저장하기에 충분한 공간이 필요함을 알게 되고, 그런 식으로 진행됩니다. 하나의 배리언트만 사용될 것이기 때문에, Message값이 필요로 하는 가장 큰 공간은 배리언트 중에서 가장 큰 것을 저장하는 데 필요한 공간입니다.

러스트가 예제 15-2의 List 열거형과 같은 재귀적 타입이 필요로 하는 공간을 결정하는 시도를 할 때는 어떤 일이 일어날지 위의 경우와 대조해보세요. 컴파일러는 Cons 배리언트를 살펴보기 시작하는데, 이는 i32 타입의 값과 List 타입의 값을 갖습니다. 그러므로 Cons는 i32의 크기에 List 크기를 더한 만큼의 공간을 필요로 합니다. List 타입이 얼마나 많은 메모리를 차지하는지 알아내기 위해서, 컴파일러는 그것의 배리언트들을 살펴보는데, 이는 Cons 배리언트로 시작됩니다. Cons 배리언트는 i32 타입의 값과 List 타입의 값을 갖고, 이 과정은 그림 15-1에서 보는 바와 같이 무한히 계속됩니다.

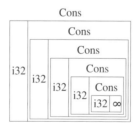

그림 15-1 무한한 Cons 배리언트를 가지고 있는 무한한 List

Box<T>를 이용하여 알려진 크기를 가진 재귀적 타입 만들기

러스트는 재귀적으로 정의된 타입을 위하여 얼마만큼의 공간을 할당하는지 알아낼 수 없으므로, 컴파일러는 에러와 함께 아래와 같은 유용한 제안을 제공합니다.

```
help: insert some indirection (e.g., a `Box`, `Rc`, or `&`) to make `List` representable
  |
2 |      Cons(i32, Box<List>),
  |               ++++    +
```

이 제안에서 '간접(indirection)'이란, 값을 직접 저장하는 대신 데이터 구조를 바꿔 값을 가리키는 포인터를 저장하는 식으로 값을 간접적으로 저장해야 함을 의미합니다.

Box<T>가 포인터이기 때문에, 러스트는 언제나 Box<T>가 필요로 하는 공간이 얼마인지 알고 있습니다. 포인터의 크기는 그것이 가리키고 있는 데이터의 양에 따라 변경되지 않습니다. 이는 Cons 배리언트 내에 또 다른 List값을 직접 넣는 대신 Box<T>를 넣을 수 있음을 의미합니다. Box<T>는 Cons 배리언트 안이 아니라 힙에 있을 다음의 List값을 가리킬 것입니다. 개념적으로는 여전히 다른 리스트들을 담은 리스트로 만들어진 리스트지만, 이 구현은 이제 아이템을 다른 것 안쪽에 넣는 것이 아니라 그다음 위치에 놓는 형태에 더 가깝습니다.

예제 15-2의 List 열거형의 정의와 예제 15-3의 List 사용법을 예제 15-5의 코드로 바꿀 수 있고, 이것은 컴파일될 것입니다.

예제 15-5 알려진 크기를 갖도록 하기 위해 Box<T>를 이용한 List 정의 ⓕ src/main.rs

```
enum List {
    Cons(i32, Box<List>),
    Nil,
}

use crate::List::{Cons, Nil};

fn main() {
    let list = Cons(1, Box::new(Cons(2, Box::new(Cons(3, Box::new(Nil))))));
}
```

Cons 배리언트에는 i32와 박스의 포인터 데이터를 저장할 공간을 더한 크기가 필요합니다. Nil 배리언트는 아무런 값도 저장하지 않으므로, Cons 배리언트에 비해 공간을 덜 필요로 합니다. 이제는 어떠한 List값이라도 i32의 크기와 박스의 포인터 데이터 크기를 더한 값만큼만 차지한다는 것을 알게 되었습니다. 박스를 이용하는 것으로 무한한 재귀적 연결을 깨뜨렸고, 따라서 컴파일러는 List값을 저장하는 데 필요한 크기를 알아낼 수 있습니다. 그림 15-2는 Cons 배리언트가 이제 어떻게 생겼는지를 보여주고 있습니다.

그림 15-2 Cons가 Box를 들고 있기 때문에 무한한 크기가 아니게 된 List

박스는 그저 간접 및 힙 할당만을 제공할 뿐입니다. 이들은 다른 어떤 특별한 능력, 다른 스마트 포인터 타입에서 보게 될 능력 같은 것들은 없습니다. 또한 이들은 이러한 특별한 능력들이 초래하는 성능적인 오버헤드도 가지고 있지 않으므로, 필요한 기능이 간접 하나인 콘스 리스트와 같은 경우에는 유용할 수 있습니다. 17장에서 박스에 대한 더 많은 예시도 살펴볼 예정입니다.

Box<T> 타입은 Deref 트레이트를 구현하고 있기 때문에 스마트 포인터이며, 이는 Box<T>값이 참조자와 같이 취급되도록 허용해줍니다. Box<T>값이 스코프 밖으로 벗어날 때, 박스가 가리키고 있는 힙 데이터도 마찬가지로 정리되는데 이는 Drop 트레이트의 구현 때문에 그렇습니다. 이 두 트레이트가 이 장의 나머지에서 다루고자 하는 다른 스마트 포인터 타입에 의해 제공되는 기능들보다도 더욱더 중요합니다. 이 두 트레이트에 대하여 더 자세히 탐구해봅시다.

15.2 Deref 트레이트로 스마트 포인터를 보통의 참조자처럼 취급하기

Deref 트레이트를 구현하면 **역참조 연산자**(dereference operator) * 동작의 커스터마이징을 가능하게 해줍니다(곱하기 혹은 글롭 연산자와 헷갈리지 마세요). 스마트 포인터가 보통의 참조자처럼 취급될 수 있도록 Deref를 구현함으로써, 참조자에 작동하도록 작성된 코드가 스마트 포인터에도 사용되게 할 수 있습니다.

먼저 역참조 연산자가 보통의 참조자에 대해 작동하는 방식을 살펴보고, 그런 다음 Box<T>처럼 작동하는 커스텀 타입의 정의를 시도해보면서, 역참조 연산자가 새로 정의한 타입에서는 참조자처럼 작동하지 않는 이유를 알아보겠습니다. Deref 트레이트를 구현하는 것이 스마트 포인터가 참조자와 유사한 방식으로 작동하도록 하는 원리를 탐구해볼 것입니다. 그리고 나서 러스트의 **역참조 강제** 기능과 이 기능이 참조자 혹은 스마트 포인터와 함께 작동하도록 하는 방식을 살펴보겠습니다.

이제부터 만들려고 하는 MyBox<T> 타입과 실제 Box<T> 간에는 한 가지 큰 차이점이 있습니다. 우리 버전은 데이터를 힙에 저장하지 않습니다. 이 예제는 Deref에 초점을 맞추고 있으므로, 데이터가 어디에 저장되는가 하는 것은 포인터 같은 동작에 비해 덜 중요합니다.

15.2.1 포인터를 따라가서 값 얻기

보통의 참조자는 포인터의 한 종류이고, 포인터에 대해 생각하는 방법 하나는 어딘가에 저장된 값을 가리키는 화살표처럼 생각하는 것입니다. 예제 15-6에서는 i32값의 참조자를 생성하고는 역참조 연산자를 사용하여 참조자를 따라가서 값을 얻어냅니다.

예제 15-6 **역참조 연산자를 사용하여 i32값에 대한 참조자 따라가기**　　　　　(File) src/main.rs

```
fn main() {
❶ let x = 5;
❷ let y = &x;

❸ assert_eq!(5, x);
❹ assert_eq!(5, *y);
}
```

변수 x는 i32값 5를 가지고 있습니다(❶). y에는 x의 참조자를 설정했습니다(❷). x는 5와 같음을 단언할 수 있습니다(❸). 하지만 만일 y 안의 값에 대하여 단언하고 싶다면, *y를 사용하여 참조자를 따라가서 이 참조자가 가리키고 있는 값을 얻어내어(그래서 **역참조**라고 합니다) 컴파일러가 실젯값을 비교할 수 있도록 해야 합니다(❹). 일단 y를 역참조하면, 5와 비교 가능한 y가 가리키고 있는 정숫값에 접근하게 됩니다.

대신 assert_eq!(5, y);이라고 작성을 시도했다면, 다음과 같은 컴파일 에러를 얻게 됩니다.

```
error[E0277]: can't compare `{integer}` with `&{integer}`
 --> src/main.rs:6:5
  |
6 |     assert_eq!(5, y);
  |     ^^^^^^^^^^^^^^^^^ no implementation for `{integer} == &{integer}`
  |
  = help: the trait `PartialEq<&{integer}>` is not implemented for `{integer}`
```

숫자와 숫자에 대한 참조자를 비교하는 것은 이 둘이 서로 다른 타입이므로 허용되지 않습니다. *를 사용하여 해당 참조자를 따라가서 그것이 가리키고 있는 값을 얻어내야 합니다.

15.2.2 Box\<T\>를 참조자처럼 사용하기

예제 15-6의 코드는 참조자 대신 Box\<T\>를 사용하여 다시 작성할 수 있습니다. 예제 15-7의 Box\<T\>에 사용된 역참조 연산자는 예제 15-6의 참조자에 사용된 역참조 연산자와 동일한 방식으로 기능합니다.

예제 15-7 Box\<i32\>에 역참조 연산자 사용하기   File src/main.rs

```rust
fn main() {
    let x = 5;
❶   let y = Box::new(x);

    assert_eq!(5, x);
❷   assert_eq!(5, *y);
}
```

여기서 예제 15-7과 예제 15-6 간의 주요 차이점은 y에 x의 값을 가리키는 참조자가 아닌 x의 복제된 값을 가리키는 Box\<T\>의 인스턴스를 설정했다는 것입니다(❶). 마지막 단언문에서(❷) y가 참조자일 때 했던 것과 동일한 방식으로 박스 포인터 앞에 역참조 연산자를 사용할 수 있습니다. 다음으로, 자체 박스 타입을 정의함으로써 Box\<T\>가 역참조 연산자의 사용을 가능하게끔 해주는 특별함이 무엇인지 탐구해보겠습니다.

15.2.3 자체 스마트 포인터 정의하기

표준 라이브러리가 제공하는 Box\<T\>와 유사한 스마트 포인터를 만들어보면서 스마트 포인터는 어떻게 기본적으로 참조자와는 다르게 작동하는지 경험해봅시다. 그다음 역참조 연산자의 사용 기능을 추가하는 방법을 살펴보겠습니다.

Box\<T\> 타입은 궁극적으로 하나의 요소를 가진 튜플 구조체로 정의되므로, 예제 15-8에서 MyBox\<T\> 타입을 동일한 방식으로 정의했습니다. 또한 Box\<T\>에 정의된 new 함수와 짝을 이루는 new 함수도 정의하겠습니다.

```
❶ struct MyBox<T>(T);

   impl<T> MyBox<T> {
❷   fn new(x: T) -> MyBox<T> {
❸       MyBox(x)
      }
   }
```

MyBox라는 이름의 구조체를 정의하고 제네릭 매개변수 T를 선언했는데(❶), 이는 모든 타입의 값을 가질 수 있도록 하고 싶기 때문입니다. MyBox 타입은 T 타입의 요소 하나를 가진 튜플 구조체입니다. MyBox::new 함수는 T 타입의 매개변수 하나를 받아서(❷) 그 값을 들고 있는 MyBox 인스턴스를 반환합니다(❸).

예제 15-7의 main 함수를 예제 15-8에 추가하고 Box<T> 대신 우리가 정의한 MyBox<T> 타입을 사용하도록 고쳐봅시다. 러스트는 MyBox를 역참조하는 방법을 모르기 때문에 예제 15-9의 코드는 컴파일되지 않을 것입니다.

예제 15-9 **참조자와 Box<T>에 사용되었던 방식 그대로 MyBox<T> 사용 시도하기**

```
fn main() {
    let x = 5;
    let y = MyBox::new(x);

    assert_eq!(5, x);
    assert_eq!(5, *y);
}
```

아래는 그 결과 발생한 컴파일 에러입니다.

```
error[E0614]: type `MyBox<{integer}>` cannot be dereferenced
  --> src/main.rs:14:19
   |
14 |     assert_eq!(5, *y);
   |                   ^^
```

MyBox<T> 타입은 역참조될 수 없는데, 그 이유는 이 타입에 그런 기능을 구현한 적이 없기 때문입니다. * 연산자로 역참조를 할 수 있게 하려면 Deref 트레이트를 구현해야 합니다.

15.2.4 Deref 트레이트를 구현하여 임의의 타입을 참조자처럼 다루기

10장의 '특정 타입에 트레이트 구현하기'(246쪽)에서 논의한 바와 같이, 어떤 트레이트를 구현하기 위해서는 그 트레이트가 요구하는 메서드에 대한 구현체를 제공해야 합니다. 표준 라이브러리가 제공하는 Deref 트레이트는 deref라는 이름의 메서드 하나를 구현하도록 요구하는데, 이 함수는 self를 빌려와서 내부 데이터의 참조자를 반환합니다. 예제 15-10은 MyBox의 정의에 덧붙여 Deref의 구현체를 담고 있습니다.

예제 15-10 MyBox<T>에 대한 Deref **구현하기**   File src/main.rs

```
use std::ops::Deref;

impl<T> Deref for MyBox<T> {
❶ type Target = T;

    fn deref(&self) -> &Self::Target {
     ❷ &self.0
    }
}
```

type Target = T; 문법은 Deref 트레이트가 사용할 연관 타입(associated type)을 정의합니다(❶). 연관 타입은 제네릭 매개변수를 선언하는 약간 다른 방식이지만, 지금은 여기에 신경 쓰지 않아도 됩니다. 이에 대해서는 19장에서 더 자세히 다룰 예정입니다.

deref 메서드의 본문은 &self.0으로 채워졌으므로 deref는 * 연산자를 이용하여 접근하려는 값의 참조자를 반환합니다(❷). 5장의 '명명된 필드 없는 튜플 구조체를 사용하여 다른 타입 만들기'(116쪽)에서 다룬 것처럼 .0이 튜플 구조체의 첫 번째 값에 접근한다는 것을 상기하세요. 예제 15-9에서 MyBox<T>값에 대해 *을 호출하는 main 함수는 이제 컴파일되고 단언문은 통과됩니다!

Deref 트레이트가 없으면 컴파일러는 오직 & 참조자들만 역참조할 수 있습니다. deref 메서드는 컴파일러가 Deref를 구현한 어떤 타입의 값에 대해 deref 메서드를 호출하여, 자신이 역참조하는 방법을 알고 있는 & 참조자를 가져올 수 있는 기능을 제공합니다.

예제 15-9의 *y에 들어서면 러스트 뒤편에서는 실제로 아래와 같은 코드가 작동합니다.

```
*(y.deref())
```

러스트는 * 연산자에 deref 메서드 호출과 보통의 역참조를 대입하므로 deref 메서드를 호출할 필요가 있는지 혹은 없는지에 대해서는 생각하지 않아도 됩니다. 러스트의 이 기능은 일반적인 참조자의 경우든 혹은 Deref를 구현한 타입의 경우든 간에 동일한 기능을 하는 코드를 작성하도록 해줍니다.

deref 메서드가 값의 참조자를 반환하고, *(y.deref())에서 괄호 바깥의 일반 역참조가 여전히 필요한 이유는 소유권 시스템과 함께 작동시키기 위해서입니다. 만일 deref 메서드가 값의 참조자 대신 값을 직접 반환했다면, 그 값은 self 바깥으로 이동할 것입니다. 위의 경우 혹은 역참조 연산자를 사용하는 대부분의 경우에서는 MyBox<T> 내부의 값에 대한 소유권을 얻으려는 것이 목적이 아닙니다.

코드에 *를 쓸 때마다 이 * 연산자가 deref 함수의 호출 후 *를 한 번만 호출하는 것으로 대치된다는 점을 주의하세요. * 연산자의 대입이 무한히 재귀적으로 실행되지 않기 때문에, 결국 i32 타입의 데이터를 얻게 되는데, 이는 예제 15-9의 assert_eq! 내의 5와 일치합니다.

15.2.5 함수와 메서드를 이용한 암묵적 역참조 강제

역참조 강제(deref coercion)는 Deref를 구현한 어떤 타입의 참조자를 다른 타입의 참조자로 바꿔줍니다. 예를 들어, 역참조 강제는 &String을 &str로 바꿔줄 수 있는데, 이는 String의 Deref 트레이트 구현이 그렇게 &str을 반환하도록 했기 때문입니다. 역참조 강제는 러스트가 함수와 메서드의 인수에 대해 수행해주는 편의성 기능이고, Deref 트레이트를 구현한 타입에 대해서만 작동합니다. 이는 어떤 특정한 타입값에 대한 참조자를 함수 혹은 메서드의 인수로 전달할 때, 이 함수나 메서드의 정의에는 그 매개변수 타입이 맞지 않을 때 자동으로 발생합니다. 일련의 deref 메서드 호출이 인수로 제공한 타입을 매개변수로서 필요한 타입으로 변경해줍니다.

역참조 강제는 함수와 메서드 호출을 작성하는 프로그래머들이 &와 *를 사용하여 수많은 명시적인 참조 및 역참조를 추가할 필요가 없도록 하기 위해 도입되었습니다. 또한 역참조 강제 기능은 참조자나 스마트 포인터 둘 중 어느 경우라도 작동되는 코드를 쉽게 작성할 수 있도록 해줍니다.

역참조 강제가 실제 작동하는 것을 보기 위해서, 예제 15-8에서 정의했던 MyBox<T>와 예제 15-10에서 추가했던 Deref의 구현체를 이용해봅시다. 예제 15-11은 문자열 슬라이스 매개변수를 갖는 함수의 정의를 보여줍니다.

```
fn hello(name: &str) {
    println!("Hello, {name}!");
}
```

hello 함수는 이를테면 hello("Rust");와 같이 문자열 슬라이스를 인수로 호출될 수 있습니다. 예제 15-12에서 보는 바와 같이, 역참조 강제는 MyBox<String> 타입값에 대한 참조자로 hello의 호출을 가능하게 해줍니다.

예제 15-12 역참조 강제에 의해 작동되는, MyBox<String>값에 대한 참조자로 hello 호출하기 `File` src/main.rs

```
fn main() {
    let m = MyBox::new(String::from("Rust"));
    hello(&m);
}
```

여기서는 hello 함수에 &m 인수를 넣어 호출하고 있는데, 이것이 MyBox<String>값에 대한 참조자입니다. 예제 15-10에서 MyBox<T>에 대한 Deref 트레이트를 구현했으므로, 러스트는 deref를 호출하여 &MyBox<String>을 &String으로 바꿀 수 있습니다. Deref에 대한 API 문서에도 나와 있듯이, 표준 라이브러리에 구현되어 있는 String의 Deref가 문자열 슬라이스를 반환합니다. 러스트는 다시 한번 deref를 호출하여 &String을 &str로 바꾸는데, 이것이 hello 함수의 정의와 일치하게 됩니다.

만일 러스트에 역참조 강제가 구현되어 있지 않았다면, &MyBox<String> 타입의 값으로 hello를 호출하기 위해서는 예제 15-12의 코드 대신 예제 15-13의 코드를 작성했어야 할 것입니다.

예제 15-13 러스트에 역참조 강제가 없었을 경우 작성했어야 할 코드 `File` src/main.rs

```
fn main() {
    let m = MyBox::new(String::from("Rust"));
    hello(&(*m)[..]);
}
```

(*m)은 MyBox<String>을 String으로 역참조해줍니다. 그런 다음 &과 [..]가 전체 문자열과 동일한 String의 문자열 슬라이스를 얻어와서 hello 시그니처와 일치되도록 합니다. 역참조 강제가 없는 코드는 이 모든 기호가 수반된 상태가 되어 읽기도, 쓰기도, 이해하기도 더 힘들어집니다. 역참조 강제는 러스트가 프로그래머 대신 이러한 변환을 자동으로 다룰 수 있도록 해줍니다.

인수로 넣어진 타입에 대해 Deref 트레이트가 정의되어 있다면, 러스트는 해당 타입을 분석하고 Deref::deref를 필요한 만큼 사용하여 매개변수 타입과 일치하는 참조자를 얻을 것입니다. Deref::deref가 추가되어야 하는 횟수는 컴파일 타임에 분석되므로, 역참조 강제의 이점을 얻는 데에 관해서 어떠한 런타임 페널티도 없습니다!

15.2.6 역참조 강제가 가변성과 상호작용하는 법

Deref 트레이트를 사용하여 불변 참조자에 대한 *를 오버라이딩하는 방법과 비슷한 방식으로, DerefMut 트레이트를 사용하여 가변 참조자에 대한 * 연산자를 오버라이딩할 수 있습니다.

러스트는 다음의 세 가지 경우에 해당하는 타입과 트레이트 구현을 찾았을 때 역참조 강제를 수행합니다.

- T: Deref<Target=U>일 때 &T에서 &U로
- T: DerefMut<Target=U>일 때 &mut T에서 &mut U로
- T: Deref<Target=U>일 때 &mut T에서 &U로

처음 두 가지 경우는 두 번째가 가변성을 구현했다는 점을 제외하면 동일합니다. 첫 번째 경우는 어떤 &T가 있는데, T가 어떤 타입 U에 대한 Deref를 구현했다면, 명료하게 &U를 얻을 수 있음을 기술하고 있습니다. 두 번째 경우는 동일한 역참조 강제가 가변 참조자에 대해서도 발생함을 기술합니다.

세 번째 경우는 좀 더 까다로운데, 러스트는 가변 참조자를 불변 참조자로 강제할 수도 있습니다. 하지만 그 역은 **불가능하며**, 불변 참조자는 가변 참조자로 결코 강제되지 않을 것입니다. 대여 규칙에 의거하여, 가변 참조자가 있을 경우에는 그 가변 참조자가 해당 데이터에 대한 유일한 참조자여야 합니다(그렇지 않다면, 그 프로그램은 컴파일되지 않을 것입니다). 가변 참조자를 불변 참조자로 변경하는 것은 결코 대여 규칙을 깨뜨리지 않습니다. 불변 참조자를 가변 참조자로 변경하는 것은 초기 불변 참조자가 해당 데이터에 대한 단 하나의 불변 참조자여야 함을 요구할 것인데, 대여 규칙으로는 이를 보장해줄 수 없습니다. 따라서, 러스트는 불변 참조자의 가변 참조자로의 변경 가능성을 가정할 수 없습니다.

15.3 Drop 트레이트로 메모리 정리 코드 실행하기

스마트 포인터 패턴에서 중요한 트레이트 중 두 번째는 Drop인데, 이는 어떤 값이 스코프 밖으로 벗어나려고 할 때 무슨 일을 할지 커스터마이징하게끔 해줍니다. 어떠한 타입이든 Drop 트레이트를 구현할 수 있고, 이 코드가 파일이나 네트워크 연결 같은 자원 해제에 사용되게 할 수 있습니다.

스마트 포인터에 대한 맥락에서 Drop을 소개하는 이유는 Drop 트레이트의 기능이 스마트 포인터를 구현할 때 거의 항상 이용되기 때문입니다. 예를 들어 Box<T>가 버려질 때는 이 박스가 가리키고 있는 힙 공간의 할당을 해제할 것입니다.

몇몇 언어에서는 어떤 타입의 인스턴스 사용을 끝낼 때마다 프로그래머가 직접 메모리 혹은 자원을 해제하는 코드를 호출해줘야 합니다. 그 예에는 파일 핸들, 소켓, 또는 락(lock)이 포함됩니다. 해제를 잊어버리면 시스템은 과부하에 걸리고 멈출 수도 있습니다. 러스트에서는 값이 스코프 밖으로 벗어날 때마다 실행되는 특정 코드를 지정할 수 있고, 컴파일러가 이 코드를 자동으로 삽입해줄 것입니다. 결과적으로, 프로그램 내에서 특정 타입의 인스턴스 사용이 끝나는 지점마다 메모리 정리 코드를 집어넣는 것에 관한 걱정하지 않아도 됩니다. 여전히 자원 누수는 발생하지 않을 테니까요!

Drop 트레이트를 구현하여 어떤 값이 스코프 밖으로 벗어났을 때 실행되는 코드를 지정합니다. Drop 트레이트는 drop이라는 이름의 메서드 하나를 구현해야 하는데 이 메서드는 self에 대한 가변 참조자를 매개변수로 갖습니다. 러스트가 언제 drop을 호출하는지 알아보기 위해서, 지금은 println! 구문을 써서 drop을 구현해봅시다.

예제 15-4는 러스트가 drop 함수를 호출하는 시점을 보여주기 위해서, 인스턴스가 스코프 밖으로 벗어났을 때 Dropping CustomSmartPointer!를 출력하는 커스텀 기능만을 갖춘 CustomSmartPointer 구조체를 보여줍니다.

예제 15-14 **메모리 정리 코드를 집어넣게 될** Drop **트레이트를 구현한** CustomSmartPointer **구조체** (File) src/main.rs

```
  struct CustomSmartPointer {
      data: String,
  }

❶ impl Drop for CustomSmartPointer {
      fn drop(&mut self) {
      ❷ println!("Dropping CustomSmartPointer with data `{}`!", self.data);
```

```
    }
}

fn main() {
❸ let c = CustomSmartPointer {
        data: String::from("my stuff"),
    };
❹ let d = CustomSmartPointer {
        data: String::from("other stuff"),
    };
❺ println!("CustomSmartPointers created.");
❻ }
```

Drop 트레이트는 프렐루드에 포함되어 있으므로, 이를 스코프로 가져올 필요는 없습니다. Custom SmartPointer에는 Drop 트레이트가 구현되어 있어(❶) println!을 호출하는 drop 메서드 구현체를 제공하였습니다(❷). drop 함수의 본문 부분에는 해당 타입의 인스턴스가 스코프 밖으로 벗어났을 때 실행시키고 싶은 어떠한 로직이라도 집어넣을 수 있습니다. 여기서는 러스트가 drop을 호출하게 될 때를 보여주기 위해서 어떤 텍스트를 출력하는 중입니다.

main에서는 두 개의 CustomSmartPointer 인스턴스를 만든 다음(❸❹) CustomSmartPointers created.를 출력합니다(❺). main의 끝부분에서(❻), CustomSmartPointer 인스턴스들은 스코프 밖으로 벗어날 것이고, 러스트는 drop 메서드에 집어넣은 코드를 호출할 것이고(❷), 이는 마지막 메시지를 출력합니다. drop 메서드를 명시적으로 호출할 필요가 없다는 점에 주목하세요.

이 프로그램을 실행시키면 다음과 같은 출력을 보게 될 것입니다.

```
CustomSmartPointers created.
Dropping CustomSmartPointer with data `other stuff`!
Dropping CustomSmartPointer with data `my stuff`!
```

러스트는 인스턴스가 스코프 밖으로 벗어났을 때 drop을 호출했고, 이것이 지정해두었던 코드를 실행시켰습니다. 변수들은 만들어진 순서의 역순으로 버려지므로, d가 c보다 먼저 버려집니다. 이 예제의 목적은 여러분에게 drop 메서드가 어떻게 작동하는지에 대한 시각적인 가이드를 제공하는 것입니다. 보통은 메시지 출력이 아니라 여러분의 타입에 대해 실행해야 하는 메모리 정리 코드를 지정하게 될 것입니다.

불행하게도 자동적인 drop 기능을 비활성화하는 일은 직관적이지 않습니다. drop 비활성화는 보통 필요가 없습니다. Drop 트레이트의 요점은 이것이 자동으로 이루어진다는 것이니까요. 하지만 가끔은 어떤 값을 일찍 정리하고 싶을 때도 있습니다. 한 가지 예는 락을 관리하는 스마트 포인터를 이용할 때입니다. 강제로 drop 메서드를 실행하여 락을 해제해서 같은 스코프의 다른 코드에서 해당 락을 얻도록 하고 싶을 수도 있지요. 러스트는 수동으로 Drop 트레이트의 drop 메서드를 호출하게 해주지는 않는 대신, 표준 라이브러리가 제공하는 std::mem::drop 함수를 호출하여 스코프가 끝나기 전에 강제로 값을 버리도록 할 수 있습니다.

예제 15-14의 main 함수를 예제 15-15처럼 수정하여 Drop 트레이트의 drop 메서드를 수동으로 호출하려고 하면 컴파일 에러가 납니다.

예제 15-15 **메모리를 일찍 정리하기 위한 Drop 트레이트의 drop 메서드의 수동 호출 시도하기** (File) src/main.rs

```
fn main() {
    let c = CustomSmartPointer {
        data: String::from("some data"),
    };
    println!("CustomSmartPointer created.");
    c.drop();
    println!("CustomSmartPointer dropped before the end of main.");
}
```

이 코드의 컴파일을 시도하면 다음과 같은 에러를 얻게 됩니다.

```
error[E0040]: explicit use of destructor method
  --> src/main.rs:16:7
   |
16 |     c.drop();
   |     --^^^^--
   |     | |
   |     | explicit destructor calls not allowed
   |     help: consider using `drop` function: `drop(c)`
```

이 에러 메시지는 drop을 명시적으로 호출하는 것이 허용되지 않음을 알려줍니다. 에러 메시지에서 **소멸자**(destructor)라는 용어가 사용되었는데, 이는 인스턴스를 정리하는 함수에 대한 일반적인 프로그래밍 용어입니다. 소멸자는 인스턴스를 생성하는 **생성자**(constructor)와 유사한 용어입니다.

러스트의 drop 함수는 특정한 형태의 소멸자입니다.

러스트는 drop을 명시적으로 호출하도록 해주지 않는데 이는 러스트가 여전히 main의 끝부분에서 그 값에 대한 drop 호출을 자동으로 할 것이기 때문입니다. 이는 러스트가 동일한 값에 대해 두 번 메모리 정리를 시도할 것이므로 **중복 해제** 에러가 될 수 있습니다.

어떤 값이 스코프 밖으로 벗어났을 때의 자동적인 drop 호출을 비활성화할 수 없고, drop 메서드를 명시적으로 호출할 수도 없습니다. 따라서, 어떤 값에 대한 메모리 정리를 강제로 일찍 하기 원할 때는 std::mem::drop 함수를 이용합니다.

std::mem::drop 함수는 Drop 트레이트에 있는 drop 메서드와는 다릅니다. 이 함수에 일찍 버리려고 하는 값을 인수로 넘겨 호출합니다. 이 함수는 프렐루드에 포함되어 있어서, 예제 15-14의 main을 예제 15-16처럼 수정할 수 있습니다.

예제 15-16 std::mem::drop을 호출하여 값이 스코프를 벗어나기 전에 명시적으로 버리기   (File) src/main.rs

```rust
fn main() {
    let c = CustomSmartPointer {
        data: String::from("some data"),
    };
    println!("CustomSmartPointer created.");
    drop(c);
    println!("CustomSmartPointer dropped before the end of main.");
}
```

이 코드를 실행하면 아래와 같이 출력할 것입니다.

```
CustomSmartPointer created.
Dropping CustomSmartPointer with data `some data`!
CustomSmartPointer dropped before the end of main.
```

Dropping CustomSmartPointer with data `some data`!라는 텍스트가 CustomSmartPointer created.와 CustomSmartPointer dropped before the end of main. 사이에 출력되는데, 이는 c를 버리는 drop 메서드가 그 지점에서 호출되었음을 보여줍니다.

Drop 트레이트 구현체에 지정되는 코드를 다양한 방식으로 사용하여 메모리 정리를 편리하고 안전하게 할 수 있습니다. 예를 들면, 이것을 사용하여 여러분만의 고유한 메모리 할당자를 만들 수 있습니다! Drop 트레이트와 러스트의 소유권 시스템을 이용하면 러스트가 메모리 정리를 자동으로 수행하기 때문에 메모리 정리를 기억해두지 않아도 됩니다.

또한 아직 사용 중인 값이 뜻하지 않게 정리되면서 발생하는 문제도 걱정할 필요 없습니다. 참조자가 항상 유효하도록 보장해주는 소유권 시스템은 그 값이 더 이상 사용되지 않을 때 drop이 한 번만 호출되는 것도 보장합니다.

지금까지 Box<T>와 스마트 포인터의 몇 가지 특성을 시험해보았으니, 표준 라이브러리에 정의되어 있는 몇 가지 다른 스마트 포인터를 살펴봅시다.

15.4 Rc<T>, 참조 카운트 스마트 포인터

대부분의 경우에서 소유권은 명확합니다. 즉 어떤 변수가 주어진 값을 소유하는지 정확히 압니다. 그러나 하나의 값이 여러 개의 소유자를 가질 수 있는 경우도 있습니다. 예를 들어, 그래프 데이터 구조에서 여러 간선(edge)이 동일한 노드(node)를 가리킬 수도 있고, 그 노드는 개념적으로 해당 노드를 가리키는 모든 간선에 의해 소유됩니다. 노드는 어떠한 간선도 이를 가리키지 않아 소유자가 하나도 없는 상태가 아니라면 메모리 정리가 되어서는 안 됩니다.

명시적으로 복수 소유권을 가능하게 하려면 러스트의 Rc<T> 타입을 이용해야 하는데, 이는 **참조 카운팅**(reference counting)의 약자입니다. Rc<T> 타입은 어떤 값의 참조자 개수를 추적하여 해당 값이 계속 사용 중인지를 판단합니다. 만일 어떤 값에 대한 참조자가 0개라면 해당 값은 참조 유효성 문제 없이 메모리가 정리될 수 있습니다.

Rc<T>를 거실의 TV라고 상상해봅시다. 한 사람이 TV를 보러 들어올 때 TV를 켭니다. 다른 사람들은 거실로 들어와서 TV를 볼 수 있습니다. 마지막 사람이 거실을 나선다면, TV는 더 이상 사용되고 있지 않으므로 끕니다. 만일 누군가 계속 TV를 보고 있는 중에 어떤 이가 꺼버리면, 남아 있던 TV 시청자들로부터 엄청난 소란이 있겠죠!

Rc<T> 타입은 프로그램의 여러 부분에서 읽을 데이터를 힙에 할당하고 싶은데 컴파일 타임에는 어떤 부분이 그 데이터를 마지막에 이용하게 될지 알 수 없는 경우 사용됩니다. 만일 어떤 부분이 마지막으로 사용하는지 알았다면, 그냥 그 해당 부분을 데이터의 소유자로 만들면 되고, 보통의 소유권 규칙이 컴파일 타임에 수행되어 효력을 발생시킬 겁니다.

Rc<T>는 오직 싱글스레드 시나리오용이라는 점을 주의하세요. 16장에서 동시성(concurrency)에 대한 논의를 할 때, 멀티스레드 프로그램에서 참조 카운팅을 하는 방법을 다루겠습니다.

15.4.1 Rc<T>를 사용하여 데이터 공유하기

예제 15-5의 콘스 리스트 예제로 돌아가봅시다. Box<T>를 이용해서 이를 정의했던 것을 상기합시다. 이번에는 두 개의 리스트를 만들고 이 둘이 모두 세 번째 리스트의 소유권을 공유하게 하겠습니다. 개념적으로는 그림 15-3처럼 생겼습니다.

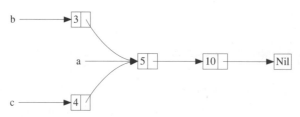

그림 15-3 세 번째 리스트 a의 소유권을 공유하는 두 리스트 b와 c

먼저 5와 10을 담은 리스트 a를 만들겠습니다. 그런 다음 두 개의 리스트를 더 만들 것입니다. 3으로 시작하는 b와 4로 시작하는 c를 말이죠. 그러고서 b와 c 리스트 둘 모두 5와 10을 가지고 있는 첫 번째 a 리스트로 계속되게 하겠습니다. 바꿔 말하면, 두 리스트 모두 5와 10을 담고 있는 첫 리스트를 공유하게 될 것입니다.

예제 15-17과 같이 Box<T>를 가지고 정의한 List를 이용하여 이 시나리오의 구현을 시도하면 작동하지 않을 것입니다.

예제 15-17 Box<T>를 이용한 두 리스트가 세 번째 리스트에 대한 소유권을 공유하는 시도는 허용되지 않음을 보이는 예

File src/main.rs

```
enum List {
    Cons(i32, Box<List>),
    Nil,
}

use crate::List::{Cons, Nil};

fn main() {
    let a = Cons(5, Box::new(Cons(10, Box::new(Nil))));
❶ let b = Cons(3, Box::new(a));
❷ let c = Cons(4, Box::new(a));
}
```

이 코드를 컴파일하면 다음과 같은 에러를 얻습니다.

```
error[E0382]: use of moved value: `a`
  --> src/main.rs:11:30
   |
9  |     let a = Cons(5, Box::new(Cons(10, Box::new(Nil))));
   |         - move occurs because `a` has type `List`, which does not implement the
`Copy` trait
10 |     let b = Cons(3, Box::new(a));
   |                              - value moved here
11 |     let c = Cons(4, Box::new(a));
   |                              ^ value used here after move
```

Cons 배리언트는 자신이 들고 있는 데이터를 소유하므로, b 리스트를 만들 때 a는 b 안으로 이동되어 b의 소유가 됩니다(❶). 그다음 c를 생성할 때 a를 다시 사용하려 할 경우는 허용되지 않는데, 이미 a가 이동되었기 때문입니다(❷).

Cons의 정의를 변경하여 참조자를 대신 들고 있도록 할 수도 있지만, 그러면 라이프타임 매개변수를 명시해야 할 것입니다. 라이프타임 매개변수를 명시함으로써, 리스트 내의 모든 요소가 최소한 전체 리스트만큼 오래 살아 있도록 지정할 것입니다. 이는 예제 15-17의 요소와 리스트에 대한 경우지, 모든 시나리오에 맞는 것은 아닙니다.

그 대신 예제 15-18과 같이 Box<T>의 자리에 Rc<T>를 이용하는 형태로 List의 정의를 바꾸겠습니다. 각각의 Cons 배리언트는 이제 어떤 값과 List를 가리키는 Rc<T>를 갖게 될 것입니다. b를 만들 때는 a의 소유권을 얻는 대신, a를 가지고 있는 Rc<List>를 클론할 것인데, 이는 참조자의 개수를 하나에서 둘로 증가시키고 a와 b가 Rc<List> 안에 있는 데이터의 소유권을 공유하도록 해줍니다. 또한 c를 만들 때도 a를 클론할 것인데, 이로써 참조자의 개수가 둘에서 셋으로 늘어납니다. Rc::clone이 호출될 때마다 그 Rc<List>가 가지고 있는 데이터에 대한 참조 카운트는 증가할 것이고, 그 데이터는 참조자가 0개가 되지 않으면 메모리가 정리되지 않을 것입니다.

예제 15-18 Rc<T>를 이용하는 List 정의   (File) src/main.rs

```
enum List {
    Cons(i32, Rc<List>),
    Nil,
}

use crate::List::{Cons, Nil};
```

```
❶ use std::rc::Rc;

fn main() {
  ❷ let a = Rc::new(Cons(5, Rc::new(Cons(10, Rc::new(Nil)))));
  ❸ let b = Cons(3, Rc::clone(&a));
  ❹ let c = Cons(4, Rc::clone(&a));
}
```

Rc<T>는 프렐루드에 포함되어 있지 않으므로 이를 스코프로 가져오려면 use 구문을 추가해야 합니다(❶). main 안에서 5와 10을 가지고 있는 리스트가 만들어지고 이것이 a의 새로운 Rc<List>에 저장됩니다(❷). 그다음 b(❸)와 c(❹)를 만들 때는 Rc::clone 함수를 호출하고 a의 Rc<List>에 대한 참조자를 인수로서 넘깁니다.

Rc::clone(&a) 대신 a.clone()을 호출할 수도 있지만, 위의 경우 러스트의 관례는 Rc::clone를 이용하는 것입니다. Rc::clone의 구현체는 대부분의 타입들에 대한 clone 구현체들이 그러하듯 모든 데이터에 대한 깊은 복사를 하지 않습니다. Rc::clone의 호출은 오직 참조 카운트만 증가시키는데, 이는 시간이 얼마 걸리지 않습니다. 데이터의 깊은 복사는 많은 시간이 걸릴 수 있습니다. 참조 카운팅을 위해 Rc::clone을 사용함으로써 깊은 복사 종류의 클론과 참조 카운트를 증가시키는 종류의 클론을 시각적으로 구별할 수 있습니다. 코드에서 성능 문제를 찾는 중이라면 깊은 복사 클론만 고려할 필요가 있고 Rc::clone 호출은 무시해도 됩니다.

15.4.2 Rc<T>를 클론하는 것은 참조 카운트를 증가시킵니다

예제 15-18의 작동하는 예제를 변경하여 a 내부의 Rc<List>에 대한 참조자가 생성되고 버려질 때 참조 카운트가 변하는 것을 볼 수 있도록 해봅시다.

예제 15-19에서는 main을 변경하여 안쪽의 스코프가 리스트 c를 감싸게 하겠습니다. 그러면 c가 스코프 밖으로 벗어났을 때 참조 카운트가 어떻게 바뀌는지 볼 수 있습니다.

예제 15-19 참조 카운트 출력하기　　　　　　　　　　　　　　　　　　File src/main.rs

```
fn main() {
    let a = Rc::new(Cons(5, Rc::new(Cons(10, Rc::new(Nil)))));
    println!("count after creating a = {}", Rc::strong_count(&a));
    let b = Cons(3, Rc::clone(&a));
    println!("count after creating b = {}", Rc::strong_count(&a));
    {
        let c = Cons(4, Rc::clone(&a));
```

```
        println!("count after creating c = {}", Rc::strong_count(&a));
    }
    println!("count after c goes out of scope = {}", Rc::strong_count(&a));
}
```

프로그램 내 참조 카운트가 변하는 각 지점에서 Rc::strong_count 함수를 호출하여 얻은 참조 카운트 값을 출력합니다. 이 함수가 count가 아니고 strong_count라는 이름이 된 이유는 Rc<T> 타입이 weak_count도 갖고 있기 때문입니다. weak_count가 뭘 위해서 사용되는지는 '순환 참조 방지하기: Rc<T>를 Weak<T>로 바꾸기'(439쪽)에서 알아보겠습니다.

이 코드는 다음을 출력합니다.

```
count after creating a = 1
count after creating b = 2
count after creating c = 3
count after c goes out of scope = 2
```

a의 Rc<List>는 초기 참조 카운트 1을 갖고 있음을 볼 수 있습니다. 그 후 clone을 호출할 때마다 카운트가 1씩 증가합니다. c가 스코프 밖으로 벗어날 때는 카운트가 1 감소합니다. Rc::clone를 호출하여 참조 카운트를 증가시켜야 했던 것과 달리 참조 카운트를 감소시키기 위해 어떤 함수를 호출할 필요는 없습니다. Rc<T>값이 스코프 밖으로 벗어나면 Drop 트레이트의 구현체가 자동으로 참조 카운트를 감소시킵니다.

main의 끝부분에서 b와 그다음 a가 스코프 밖으로 벗어나서, 카운트가 0이 되고, 그 시점에서 Rc<List>가 완전히 메모리 정리되는 것은 이 예제에서 볼 수 없습니다. Rc<T>를 이용하면 단일값이 복수 소유자를 갖도록 할 수 있고, 그 개수는 소유자 중 누구라도 계속 존재하는 한 해당 값이 계속 유효하도록 보장해줍니다.

Rc<T>는 불변 참조자를 통하여 읽기 전용으로 프로그램의 여러 부분에서 데이터를 공유하도록 해줍니다. 만일 Rc<T>가 여러 개의 가변 참조자도 만들도록 해준다면, 4장에서 논의했던 대여 규칙 중 하나를 위반할지도 모릅니다. 동일한 위치에서 여러 개의 가변 대여는 데이터 경합 및 데이터 불일치를 야기할 수 있습니다. 하지만 데이터의 변형을 가능하게 하는 것은 매우 유용하죠! 다음 절에서는 이러한 불변성 제약과 함께 작동하도록 하기 위한 내부 가변성(interior mutability) 패턴 및 Rc<T>와 같이 결합하여 사용할 수 있는 RefCell<T> 타입에 대해 논의하겠습니다.

15.5 RefCell\<T\>와 내부 가변성 패턴

내부 가변성(interior mutability)은 어떤 데이터에 대한 불변 참조자가 있을 때라도 데이터를 변경할 수 있게 해주는 러스트의 디자인 패턴입니다. 보통 이러한 동작은 대여 규칙에 의해 허용되지 않습니다. 데이터를 변경하기 위해서, 이 패턴은 데이터 구조 내에서 unsafe(안전하지 않은) 코드를 사용하여 변경과 대여를 지배하는 러스트의 일반적인 규칙을 우회합니다. 안전하지 않은 코드는 이 규칙들을 지키고 있는지에 대한 검사를 컴파일러에 맡기는 대신 수동으로 하는 중임을 컴파일러에게 알립니다. 안전하지 않은 코드에 대해서는 19장에서 더 알아보겠습니다.

컴파일러는 대여 규칙을 준수함을 보장할 수 없을지라도, 우리가 이를 런타임에 보장할 수 있는 경우라면 내부 가변성 패턴을 쓰는 타입을 사용할 수 있습니다. 여기에 포함된 unsafe 코드는 안전한 API로 감싸져 있고, 바깥쪽 타입은 여전히 불변입니다.

내부 가변성 패턴을 따르는 RefCell\<T\> 타입을 살펴보면서 이 개념을 탐구해봅시다.

15.5.1 RefCell\<T\>으로 런타임에 대여 규칙 집행하기

Rc\<T\>와는 다르게, RefCell\<T\> 타입은 가지고 있는 데이터에 대한 단일 소유권을 나타냅니다. 그렇다면, Box\<T\>와 같은 타입과 RefCell\<T\>의 다른 부분은 무엇일까요? 4장에서 배웠던 대여 규칙을 상기해봅시다.

- 어떠한 경우이든 간에, 하나의 가변 참조자 혹은 여러 개의 불변 참조자 중 (둘 다가 아니고) 하나만 가질 수 있습니다.
- 참조자는 항상 유효해야 합니다.

참조자와 Box\<T\>를 이용할 때, 대여 규칙의 불변성은 컴파일 타임에 집행됩니다. RefCell\<T\>를 이용할 때, 이 불변성은 **런타임에** 집행됩니다. 참조자를 가지고서 이 규칙을 어기면 컴파일러 에러를 얻게 될 것입니다. RefCell\<T\>를 가지고서 여러분이 이 규칙을 어기면, 프로그램은 panic!을 일으키고 종료될 것입니다.

컴파일 타임의 대여 규칙 검사는 개발 과정에서 에러를 더 일찍 잡을 수 있다는 점, 그리고 이 모든 분석이 사전에 완료되기 때문에 런타임 성능에 영향이 없다는 장점이 있습니다. 이러한 이유로 컴파일 타임의 대여 규칙을 검사하는 것이 대부분의 경우에서 가장 좋은 선택이고, 이것이 러스트의 기본 설정인 이유이기도 합니다.

런타임의 대여 규칙 검사를 하면 컴파일 타임 검사에 의해서는 허용되지 않을 특정 메모리 안정성 시나리오가 허용된다는 장점이 있습니다. 러스트 컴파일러와 같은 정적 분석은 태생적으로 보수적입니다. 어떤 코드 속성은 코드 분석으로는 발견이 불가능합니다. 가장 유명한 예제로 정지 문제(halting problem)가 있는데, 이는 이 책의 범위를 벗어나지만 연구하기에 흥미로운 주제입니다.

몇몇 분석이 불가능하기 때문에, 러스트 컴파일러가 어떤 코드의 소유권 규칙 준수를 확신할 수 없다면, 올바른 프로그램을 거부할지도 모릅니다. 이런 식으로 컴파일러는 보수적입니다. 러스트가 올바르지 않은 프로그램을 수용한다면, 사용자들은 러스트가 보장하는 것을 신뢰할 수 없을 것입니다. 하지만 만일 러스트가 올바른 프로그램을 거부한다면, 프로그래머는 불편하겠지만 어떠한 재앙도 일어나지 않을 수 있습니다. RefCell<T> 타입은 여러분의 코드가 대여 규칙을 준수한다는 것을 컴파일러는 이해하거나 보장할 수 없지만 여러분이 확신하는 경우 유용합니다.

Rc<T>와 유사하게, RefCell<T>는 싱글스레드 시나리오 내에서만 사용 가능하고, 멀티스레드 콘텍스트에서 사용을 시도할 경우에는 컴파일 타임 에러를 낼 것입니다. RefCell<T>의 기능을 멀티스레드 프로그램에서 사용하는 방법에 대해서는 16장에서 이야기하겠습니다.

Box<T>, Rc<T>, RefCell<T>를 선택하는 이유의 요점을 정리하면 다음과 같습니다.

- Rc<T>는 동일한 데이터에 대해 복수 소유자를 가능하게 합니다. Box<T>와 RefCell<T>는 단일 소유자만 갖습니다.
- Box<T>는 컴파일 타임에 검사되는 불변 혹은 가변 대여를 허용합니다. Rc<T>는 오직 컴파일 타임에 검사되는 불변 대여만 허용합니다. RefCell<T>는 런타임에 검사되는 불변 혹은 가변 대여를 허용합니다.
- RefCell<T>가 런타임에 검사되는 가변 대여를 허용하기 때문에, RefCell<T>가 불변일 때라도 RefCell<T> 내부의 값을 변경할 수 있습니다.

불변값 내부의 값을 변경하는 것이 **내부 가변성** 패턴입니다. 내부 가변성이 유용한 경우를 살펴보고 이것이 어떻게 가능한지 알아봅시다.

15.5.2 내부 가변성: 불변값에 대한 가변 대여

대여 규칙의 결과로 불변값을 가지고 있을 때 이걸 가변으로 빌려올 수는 없습니다. 예를 들면, 다음 코드는 컴파일되지 않을 것입니다.

```
fn main() {
    let x = 5;
    let y = &mut x;
}
```

이 코드를 컴파일하면, 다음과 같은 에러를 얻게 됩니다.

```
error[E0596]: cannot borrow `x` as mutable, as it is not declared as mutable
 --> src/main.rs:3:13
  |
2 |     let x = 5;
  |         - help: consider changing this to be mutable: `mut x`
3 |     let y = &mut x;
  |             ^^^^^^ cannot borrow as mutable
```

하지만, 어떤 값이 자신의 메서드 내부에서는 변경되지만 다른 코드에서는 불변으로 보이게 하는 것이 유용한 경우가 있습니다. 그 값의 메서드 바깥쪽 코드에서는 값을 변경할 수 없을 것입니다. RefCell<T>를 이용하는 것이 내부 가변성의 기능을 얻는 한 가지 방법이지만, RefCell<T>가 대여 규칙을 완벽하게 피하는 것은 아닙니다. 컴파일러의 대여 검사기는 이러한 내부 가변성을 허용하고, 대신 대여 규칙은 런타임에 검사됩니다. 만일 이 규칙을 위반하면, 컴파일러 에러 대신 panic! 을 얻을 것입니다.

RefCell<T>를 이용하여 불변값을 변경할 수 있는 실질적인 예제를 실습해보고 이것이 왜 유용한 지를 알아봅시다.

내부 가변성에 대한 용례: 목 객체

테스트 중 종종 프로그래머는 어떤 타입 대신 다른 타입을 사용하게 되는데, 이를 통해 특정 동작을 관측하고 정확하게 구현되었음을 단언하기 위한 것입니다. 이러한 자리 표시형 타입을 **테스트 더블**(test double)이라고 합니다. 영화 제작에서 '스턴트 더블(stunt double)'이라고 부르는, 어떤 사람이 나서서 배우를 대신해 특정한 어려운 장면을 수행하는 것과 같은 의미로 생각하면 됩니다. 테스트 더블은 테스트를 수행할 때 다른 타입 대신 나서는 것이죠. **목 객체**(mock object)는 테스트 더블의 특정한 형태로서 테스트 중 어떤 일이 일어났는지 기록하여 정확한 동작이 일어났음을 단언할 수 있도록 해줍니다.

러스트에는 다른 언어에서의 객체와 동일한 의미의 객체가 없고, 러스트에는 몇몇 다른 언어들처럼 표준 라이브러리에 미리 만들어진 목 객체 기능이 없습니다. 하지만 당연하게도 목 객체로서 동일한 목적을 제공할 구조체를 만들 수 있습니다.

여기서 테스트하려는 시나리오는 다음과 같습니다. 최댓값을 기준으로 어떤 값을 추적하여 현재 값이 최댓값에 얼마나 근접했는지에 대한 메시지를 전송하는 라이브러리를 만들려고 합니다. 예를 들어 API 호출 수 할당량(quota)을 추적하는 데 사용할 수 있을 겁니다.

우리의 라이브러리는 어떤 값이 최댓값에 얼마나 근접했는지를 추적하고 어떤 메시지를 언제 보내야 할지에 대한 기능만 제공할 것입니다. 이 라이브러리를 사용하는 애플리케이션이 메시지를 전송하는 것에 대한 메커니즘을 제공할 예정입니다. 메시지를 애플리케이션 내에 집어넣거나, 이메일을 보내거나, 문자 메시지를 보내거나, 혹은 그 밖의 것들을 처리하겠죠. 우리가 만들 라이브러리에서는 그런 자세한 사항까지는 알 필요가 없습니다. 단지 Messenger라는 이름의 트레이트를 구현해서 제공하기만 하면 됩니다. 예제 15-20은 라이브러리 코드를 보여줍니다.

예제 15-20 어떤 값이 최댓값에 얼마나 근접하는지를 추적하고, 특정 수준마다 경고해주는 라이브러리 ⒻFile src/lib.rs

```rust
pub trait Messenger {
❶ fn send(&self, msg: &str);
}

pub struct LimitTracker<'a, T: Messenger> {
    messenger: &'a T,
    value: usize,
    max: usize,
}

impl<'a, T> LimitTracker<'a, T>
where
    T: Messenger,
{
    pub fn new(messenger: &'a T, max: usize) -> LimitTracker<'a, T> {
        LimitTracker {
            messenger,
            value: 0,
            max,
        }
    }

❷  pub fn set_value(&mut self, value: usize) {
        self.value = value;

        let percentage_of_max = self.value as f64 / self.max as f64;
```

```
        if percentage_of_max >= 1.0 {
            self.messenger
                .send("Error: You are over your quota!");
        } else if percentage_of_max >= 0.9 {
            self.messenger
                .send("Urgent warning: You've used up over 90% of your quota!");
        } else if percentage_of_max >= 0.75 {
            self.messenger
                .send("Warning: You've used up over 75% of your quota!");
        }
    }
}
```

이 코드에서 한 가지 중요한 부분은 Messenger 트레이트가 self에 대한 불변 참조자와 메시지의 텍스트를 인수로 갖는 send라는 메서드 하나를 갖고 있다는 것입니다(❶). 이 트레이트는 목 객체가 실제 오브젝트와 동일한 방식으로 사용될 수 있도록 하기 위해 구현해야 하는 인터페이스입니다. 또 하나 중요한 부분은 LimitTracker상의 set_value 메서드의 동작에 테스트가 필요하다는 점입니다(❷). value 매개변수에 어떤 것을 넘길지 바꿀 수는 있지만, set_value는 단언에 필요한 어떤 것도 반환하지 않습니다. 특정 max값으로 Messenger 트레이트를 구현한 LimitTracker를 만든다고 하면, 우리가 value를 넘겼을 때 메신저는 그 값에 따라 적합한 메시지를 보낼 수 있어야 할 것입니다.

send를 호출했을 때 메일이나 텍스트 메시지를 보내는 대신, 보냈다고 언급하는 메시지만 추적할 목 객체가 필요합니다. 목 객체의 새 인스턴스를 생성하고, 이 목 객체를 사용하는 LimitTracker를 만들고, LimitTracker의 set_value 메서드를 호출한 다음, 목 객체가 예상한 메시지를 가지고 있는지 검사할 수 있겠습니다. 예제 15-21이 바로 이런 일을 하기 위한 목 객체 구현 시도이지만, 대여 검사기가 이를 허용하지 않을 것입니다.

예제 15-21 대여 검사기가 허용하지 않는 MockMessenger 구현 시도　　　　　File src/lib.rs

```
#[cfg(test)]
mod tests {
    use super::*;

 ❶ struct MockMessenger {
     ❷ sent_messages: Vec<String>,
    }
```

```
    impl MockMessenger {
    ❸ fn new() -> MockMessenger {
            MockMessenger {
                sent_messages: vec![],
            }
        }
    }

❹ impl Messenger for MockMessenger {
        fn send(&self, message: &str) {
         ❺ self.sent_messages.push(String::from(message));
        }
    }

    #[test]
❻ fn it_sends_an_over_75_percent_warning_message() {
        let mock_messenger = MockMessenger::new();
        let mut limit_tracker = LimitTracker::new(&mock_messenger, 100);

        limit_tracker.set_value(80);

        assert_eq!(mock_messenger.sent_messages.len(), 1);
    }
}
```

이 테스트 코드는 보냈다고 알려주는 메시지를 추적하기 위한 String값의 Vec인 sent_messages 필드(❷)를 갖는 MockMessenger 구조체(❶)를 정의합니다. 또한 연관 함수 new를 정의하여(❸) 편리하게 빈 메시지 리스트로 시작하는 새로운 MockMessenger값을 생성할 수 있도록 합니다. 그런 다음에는 MockMessenger에 대한 Messenger 트레이트를 구현하여(❹) MockMessenger를 LimitTracker에 넘겨줄 수 있도록 하였습니다. send 메서드의 정의 부분에서는 매개변수로 넘겨진 메시지를 가져와서 MockMessenger 내의 sent_messages 리스트에 저장합니다(❺).

테스트 내에서는 LimitTracker의 value에 max값의 75퍼센트 이상인 어떤 값이 설정되었다 했을 때 무슨 일이 일어나는지 테스트하고 있습니다(❻). 먼저 새로운 MockMessenger를 만드는데, 이는 빈 메시지 리스트로 시작될 것입니다. 그다음 새로운 LimitTracker를 만들고 여기에 새로운 MockMessenger의 참조자와 max값 100을 매개변수로 넘깁니다. LimitTracker의 set_value 메서드를 80값으로 호출하였는데, 이는 75퍼센트 이상입니다. 그다음 MockMessenger가 추적하고 있는 메시지 리스트가 이제 한 개의 메시지를 가지고 있는지를 검사합니다.

하지만, 이 테스트에는 아래와 같이 한 가지 문제점이 있습니다.

```
error[E0596]: cannot borrow `self.sent_messages` as mutable, as it is behind a `&` reference
  --> src/lib.rs:58:13
   |
2  |         fn send(&self, msg: &str);
   |                 ----- help: consider changing that to be a mutable reference: `&mut self`
...
58 |             self.sent_messages.push(String::from(message));
   |             ^^^^^^^^^^^^^^^^^^^^^^^^^^^^^^^^^^^^^^^^^^^^^^^^ `self` is a `&` reference,
so the data it refers to cannot be borrowed as mutable
```

메시지를 추적하기 위해서 MockMessenger를 수정할 수가 없는데, 그 이유는 send 메서드가 self의 불변 참조자를 가져오기 때문입니다. 또한 에러 메시지가 제안하는 &mut self를 대신 사용하라는 것도 받아들일 수 없는데, 그렇게 되면 send의 시그니처가 Messenger 트레이트의 정의에 있는 시그니처와 맞지 않게 될 것이기 때문입니다(편하게 한번 시도해보고 어떤 에러가 나오는지 보세요).

지금이 내부 가변성의 도움을 받을 수 있는 상황입니다! sent_messages가 RefCell<T> 내에 저장되게 하면, send 메서드는 sent_message를 수정하여 우리에게 보이는 메시지를 저장할 수 있게 될 것입니다. 예제 15-22는 이것이 어떤 형태인지를 보여줍니다.

예제 15-22 RefCell<T>를 사용하여 바깥쪽에서는 불변으로 간주되는 한편 내부 값 변경하기 ⊡ src/lib.rs

```
#[cfg(test)]
mod tests {
    use super::*;
    use std::cell::RefCell;

    struct MockMessenger {
    ❶ sent_messages: RefCell<Vec<String>>,
    }

    impl MockMessenger {
        fn new() -> MockMessenger {
            MockMessenger {
            ❷ sent_messages: RefCell::new(vec![]),
            }
        }
    }

    impl Messenger for MockMessenger {
        fn send(&self, message: &str) {
```

```
        self.sent_messages
    ❸ .borrow_mut()
        .push(String::from(message));
    }
}

#[test]
fn it_sends_an_over_75_percent_warning_message() {
    // --생략--

    assert_eq!(
    ❹ mock_messenger.sent_messages.borrow().len(), 1);
    }
}
```

sent_message 필드는 이제 Vec<String> 대신 RefCell<Vec<String>> 타입입니다(❶). new 함수에서는 빈 벡터를 감싼 새로운 RefCell<Vec<String>> 인스턴스를 생성합니다(❷).

send 메서드의 구현부에서 첫 번째 매개변수는 여전히 self의 불변 대여 형태인데, 이는 트레이트의 정의와 일치합니다. self.sent_messages의 RefCell<Vec<String>>에 있는 borrow_mut를 호출하여(❸) RefCell<Vec<String>>의 내부값, 즉 벡터에 대한 가변 참조자를 얻습니다. 그런 다음에는 그 벡터에 대한 가변 참조자의 push를 호출하여 테스트하는 동안 보내진 메시지를 추적할 수 있습니다.

변경할 필요가 있는 마지막 부분은 단언 부분입니다. 내부 벡터 안에 몇 개의 아이템이 있는지 보기 위해서 RefCell<Vec<String>>의 borrow를 호출하여 벡터에 대한 불변 참조자를 얻습니다(❹).

이제 RefCell<T>가 어떻게 작동하는지 보았으니, 어떻게 작동하는지 파봅시다!

RefCell<T>로 런타임에 대여 추적하기

불변 및 가변 참조자를 만들 때는 각각 & 및 &mut 문법을 사용합니다. RefCell<T>로는 borrow와 borrow_mut 메서드를 사용하는데, 이들은 RefCell<T>가 보유한 안전한 API 중 일부입니다. borrow 메서드는 스마트 포인터 타입인 Ref<T>를 반환하고, borrow_mut는 스마트 포인터 타입 RefMut<T>를 반환합니다. 두 타입 모두 Deref를 구현하였기 때문에, 이들을 보통의 참조자처럼 다룰 수 있습니다.

RefCell<T>는 현재 활성화된 Ref<T>와 RefMut<T> 스마트 포인터들이 몇 개나 있는지 추적합니다.

borrow를 호출할 때마다, RefCell<T>는 불변 참조자가 활성화된 개수를 증가시킵니다. Ref<T>값이 스코프 밖으로 벗어날 때는 불변 대여의 개수가 하나 감소합니다. 컴파일 타임에서의 대여 규칙과 똑같이, RefCell<T>는 어떤 시점에서든 여러 개의 불변 대여 혹은 하나의 가변 대여를 가질 수 있도록 만들어줍니다.

만일 이 규칙들을 위반한다면, RefCell<T>의 구현체는 참조자에 대해 그렇게 했을 때처럼 컴파일 에러를 내는 것이 아니라, 런타임에 panic!을 일으킬 것입니다. 예제 15-23은 예제 15-22의 send 구현을 수정한 것입니다. 고의로 같은 스코프에서 두 개의 가변 대여를 만드는 시도를 하여 RefCell<T>가 이렇게 하는 것을 런타임에 방지한다는 것을 보여주고 있습니다.

예제 15-23 두 개의 가변 참조자를 같은 스코프에서 만들어서 RefCell<T>가 패닉을 일으키게 하기   (File) src/lib.rs

```
impl Messenger for MockMessenger {
    fn send(&self, message: &str) {
        let mut one_borrow = self.sent_messages.borrow_mut();
        let mut two_borrow = self.sent_messages.borrow_mut();

        one_borrow.push(String::from(message));
        two_borrow.push(String::from(message));
    }
}
```

borrow_mut로부터 반환되는 RefMut<T> 스마트 포인터를 위한 one_borrow 변수가 만들어졌습니다. 그런 다음 또 다른 가변 대여를 같은 방식으로 two_borrow 변수에 만들어 넣었습니다. 이는 같은 스코프에 두 개의 가변 참조자를 만드는 것이고, 허용되지 않습니다. 라이브러리를 위한 테스트를 실행하면 예제 15-23의 코드는 어떠한 에러 없이 컴파일되겠지만, 테스트는 실패할 것입니다.

```
running 1 test
test tests::it_sends_an_over_75_percent_warning_message ... FAILED

failures:

---- tests::it_sends_an_over_75_percent_warning_message stdout ----
thread 'tests::it_sends_an_over_75_percent_warning_message' panicked at 'already borrowed:
BorrowMutError', src/lib.rs:60:53
note: run with `RUST_BACKTRACE=1` environment variable to display a backtrace
```

이 코드가 already borrowed: BorrowMutError라는 메시지와 함께 패닉을 일으켰음에 주목하세요. 이것이 바로 RefCell<T>가 런타임에 대여 규칙 위반을 다루는 방법입니다.

여기서처럼 대여 에러를 컴파일 타임이 아닌 런타임에 잡기로 선택하는 것은 개발 과정 이후에 여러분의 코드에서 실수를 발견할 가능성이 있음을 의미합니다. 여러분의 코드가 프로덕션으로 배포될 때까지 발견되지 않을 수도 있습니다. 또한, 여러분의 코드는 컴파일 타임이 아닌 런타임에 대여를 추적하는 결과로 약간의 런타임 성능 페널티를 초래할 것입니다. 하지만 RefCell<T>를 이용하는 것은 오직 불변값만 허용된 콘텍스트 안에서 사용하는 중에 본 메시지를 추적하기 위해서 스스로를 변경할 수 있는 목 객체 작성을 가능하게 해줍니다. 트레이드오프가 있더라도 RefCell<T>를 사용하여 일반적인 참조자가 제공하는 것보다 더 많은 기능을 얻을 수 있습니다.

15.5.3 Rc<T>와 RefCell<T>를 조합하여 가변 데이터의 복수 소유자 만들기

RefCell<T>를 사용하는 일반적인 방법은 Rc<T>와 조합하는 것입니다. Rc<T>가 어떤 데이터에 대해 복수의 소유자를 허용하지만, 그 데이터에 대한 불변 접근만 제공하는 것을 상기하세요. 만일 RefCell<T>를 들고 있는 Rc<T>를 가지게 되면, 가변이면서 **동시에** 복수의 소유자를 갖는 값을 얻을 수 있는 것이죠!

예를 들면, 예제 15-18에서 Rc<T>를 사용하여 여러 개의 리스트가 어떤 리스트의 소유권을 공유하도록 해준 콘스 리스트 예제를 상기해보세요. Rc<T>가 오직 불변의 값만 가질 수 있기 때문에, 일단 이것들을 만들면 리스트 안의 값들을 변경하는 것은 불가능했습니다. RefCell<T>를 추가하여 이 리스트 안의 값을 변경하는 능력을 얻어봅시다. 예제 15-24는 Cons 정의 내에 RefCell<T>를 사용하여 모든 리스트 내에 저장된 값이 변경될 수 있음을 보여줍니다.

예제 15-24 Rc<RefCell<i32>>를 사용하여 변경 가능한 List 생성하기   (File) src/main.rs

```rust
#[derive(Debug)]
enum List {
    Cons(Rc<RefCell<i32>>, Rc<List>),
    Nil,
}

use crate::List::{Cons, Nil};
use std::cell::RefCell;
use std::rc::Rc;
```

```
fn main() {
❶ let value = Rc::new(RefCell::new(5));

❷ let a = Rc::new(Cons(Rc::clone(&value), Rc::new(Nil)));

   let b = Cons(Rc::new(RefCell::new(3)), Rc::clone(&a));
   let c = Cons(Rc::new(RefCell::new(4)), Rc::clone(&a));

❸ *value.borrow_mut() += 10;

   println!("a after = {:?}", a);
   println!("b after = {:?}", b);
   println!("c after = {:?}", c);
}
```

먼저 Rc<RefCell<i32>>의 인스턴스인 값을 하나 생성하고 value라는 이름의 변수에 저장하여 나중에 직접 접근할 수 있게 했습니다(❶). 그다음 value를 가지고 있는 Cons 배리언트로 List를 생성하여 a에 넣었습니다(❷). value는 클론되어 value가 가진 내부의 값 5 값에 대한 소유권이 a로 이동되거나 a가 value로부터 빌려오는 것이 아니라 a와 value 모두가 이 값에 대한 소유권을 갖도록 할 필요가 있습니다.

리스트 a는 Rc<T>로 감싸져서, b와 c 리스트를 만들 때는 둘 다 a를 참조할 수 있는데, 이는 예제 15-18에서 해본 것입니다.

a, b, c 리스트가 생성된 이후, value의 값에 10을 더하려고 합니다(❸). 이는 value의 borrow_mut를 호출하는 식으로 수행되었는데, 여기서 5장에서 논의했던 자동 역참조 기능이 사용되어 Rc<T>를 역참조하여 안에 있는 RefCell<T>값을 얻어옵니다('-> 연산자는 없나요?'(128쪽)를 보세요). borrow_mut 메서드는 RefMut<T> 스마트 포인터를 반환하고, 여기에 역참조 연산자를 사용한 다음 내부 값을 변경합니다.

a, b, c를 출력하면 이 리스트들이 모두 5가 아니라 변경된 값 15를 가지고 있는 것을 볼 수 있습니다.

```
a after = Cons(RefCell { value: 15 }, Nil)
b after = Cons(RefCell { value: 3 }, Cons(RefCell { value: 15 }, Nil))
c after = Cons(RefCell { value: 4 }, Cons(RefCell { value: 15 }, Nil))
```

이 기술은 꽤 근사합니다! RefCell<T>를 이용하면 표면상으로는 불변인 List를 갖게 됩니다. 하지만 데이터를 변경할 필요가 생기면 내부 가변성 접근 기능을 제공하는 RefCell<T>의 메서드를 사용하여 그렇게 할 수 있습니다. 대여 규칙의 런타임 검사는 데이터 경합으로부터 우리를 지켜주고, 데이터 구조에 대한 이런 유연성을 위해서 약간의 속도를 맞바꾸는 것이 때로는 가치가 있습니다. RefCell<T>가 멀티스레드 코드에서는 작동하지 않음을 주의하세요! Mutex<T>가 RefCell<T>의 스레드 안전 버전이고, 이는 16장에서 다루겠습니다.

15.6 순환 참조는 메모리 누수를 발생시킬 수 있습니다

러스트의 메모리 안전성 보장 덕분에, 해제되지 않는 메모리(**메모리 누수(memory leak)**)를 실수로 생성하기는 어렵지만, 그렇다고 그런 일이 불가능한 것은 아닙니다. 메모리 누수를 완전히 방지하는 것은 러스트가 보장하는 것 중 하나가 아닌데, 이는 메모리 누수도 러스트에서는 메모리 안정성에 포함됨을 의미합니다. Rc<T> 및 RefCell<T>를 사용하면 러스트에서 메모리 누수가 허용되는 것을 알 수 있습니다. 즉 아이템들이 서로를 순환 참조(reference cycle)하는 참조자를 만드는 것이 가능합니다. 이는 메모리 누수를 발생시키는데, 그 이유는 순환 고리 안의 각 아이템의 참조 카운트는 결코 0이 되지 않을 것이고, 그러므로 값들은 버려지지 않을 것이기 때문입니다.

15.6.1 순환 참조 만들기

예제 15-25의 List 열거형과 tail 메서드 정의를 시작으로 어떻게 순환 참조가 생길 수 있고, 이를 어떻게 방지하는지 알아봅시다.

예제 15-25 RefCell<T>를 가지고 있어서 Cons 배리언트가 참조하는 것을 변경할 수 있는 cons 리스트 정의

File src/main.rs

```
use crate::List::{Cons, Nil};
use std::cell::RefCell;
use std::rc::Rc;

#[derive(Debug)]
enum List {
❶ Cons(i32, RefCell<Rc<List>>),
    Nil,
}

impl List {
❷ fn tail(&self) -> Option<&RefCell<Rc<List>>> {
        match self {
            Cons(_, item) => Some(item),
            Nil => None,
```

```
            }
        }
    }

fn main() {}
```

예제 15-5의 List 정의의 또 다른 변형이 이용되고 있습니다. 이제 Cons 배리언트 내의 두 번째 요소는 RefCell<Rc<List>>인데(❶), 이는 예제 15-24에서 했던 것처럼 i32값을 변경하는 능력을 가진 대신, Cons 배리언트가 가리키고 있는 List값을 변경하길 원한다는 의미입니다. 또한 tail 메서드를 추가하여(❷) Cons 배리언트를 갖고 있다면 두 번째 아이템에 접근하기 편하게 만들었습니다.

예제 15-26에서는 예제 15-25에서 사용한 main 함수를 추가하고 있습니다. 이 코드는 a에 리스트를 만들고 b에는 a의 리스트를 가리키고 있는 리스트를 만들어 넣었습니다. 그다음 a의 리스트가 b를 가리키도록 수정하는데, 이것이 순환 참조를 생성합니다. 이 과정에서 참조 카운트가 얼마인지 여러 곳에서 확인하기 위해 곳곳에 println! 구문들을 넣었습니다.

예제 15-26 두 개의 List값이 서로를 가리키는 순환 참조 생성하기   (File) src/main.rs

```
fn main() {
❶  let a = Rc::new(Cons(5, RefCell::new(Rc::new(Nil))));

    println!("a initial rc count = {}", Rc::strong_count(&a));
    println!("a next item = {:?}", a.tail());

❷  let b = Rc::new(Cons(10, RefCell::new(Rc::clone(&a))));

    println!("a rc count after b creation = {}", Rc::strong_count(&a));
    println!("b initial rc count = {}", Rc::strong_count(&b));
    println!("b next item = {:?}", b.tail());

❸  if let Some(link) = a.tail() {
❹      *link.borrow_mut() = Rc::clone(&b);
    }

    println!("b rc count after changing a = {}", Rc::strong_count(&b));
    println!("a rc count after changing a = {}", Rc::strong_count(&a));

    // 다음 줄을 주석 처리하지 않으면 순환이 만들어져
    // 스택 오버플로가 일어납니다.
    // println!("a next item = {:?}", a.tail());
}
```

초깃값 리스트 5, Nil을 가진 List값을 갖는 Rc<List> 인스턴스를 만들어 a 변수에 넣었습니다 (❶). 그다음 Rc<List> 인스턴스에 만들어서 b에 넣었는데, 여기에는 10과 a의 리스트를 가리키고 있는 또 다른 List값이 있습니다(❷).

a를 수정하여 이것이 Nil 대신 b를 가리키도록 하였는데, 이렇게 순환이 만들어집니다. 이는 tail 메서드를 사용하여 a에 있는 RefCell<Rc<List>>로부터 참조자를 얻어오는 식으로 이루어졌는데, 이것을 link라는 변수에 넣었습니다(❸). 그다음 RefCell<Rc<List>>의 borrow_mut 메서드를 사용하여 Nil값을 가지고 있는 Rc<List> 내부의 값을 b의 Rc<List>로 바꾸었습니다(❹).

잠시 마지막 println! 문이 실행되지 않도록 주석 처리하고서 이 코드를 실행시키면 아래와 같은 출력을 얻게 됩니다.

```
a initial rc count = 1
a next item = Some(RefCell { value: Nil })
a rc count after b creation = 2
b initial rc count = 1
b next item = Some(RefCell { value: Cons(5, RefCell { value: Nil }) })
b rc count after changing a = 2
a rc count after changing a = 2
```

a의 리스트가 b를 가리키도록 변경한 이후 a와 b의 Rc<List> 인스턴스의 참조 카운트는 둘 다 2 입니다. main의 끝에서 러스트는 b를 버리는데, 이는 b의 Rc<List> 참조 카운트를 2에서 1로 줄입니다. Rc<List>가 힙에 보유한 메모리는 이 시점에서 해제되지 않을 것인데, 그 이유는 참조 카운트가 0이 아닌 1이기 때문입니다. 그런 다음 러스트는 a를 버리고, 이는 마찬가지로 a의 Rc<List> 인스턴스가 가진 참조 카운트를 2에서 1로 줄입니다. 이 인스턴스의 메모리 또한 버려질 수 없는데, 왜냐하면 이쪽의 Rc<List> 인스턴스도 여전히 무언가를 참조하기 때문입니다. 리스트에 할당된 메모리는 정리되지 않은 채 영원히 남을 것입니다. 이러한 순환 참조를 시각화하기 위해 그림 15-4의 다이어그램을 만들었습니다.

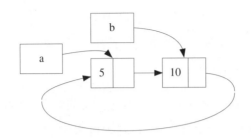

그림 15-4 **리스트 a와 b가 서로를 가리키고 있는 순환 참조**

만일 여러분이 마지막 println!의 주석을 해제하고 프로그램을 실행해보면, 러스트는 a를 가리키고 있는 b를 가리키고 있는 a를 가리키고 있는 등등 스택 오버플로가 날 때까지 이 순환을 출력하려 할 것입니다.

실제 프로그램과 비교했을 때 이 예제에서의 순환 참조 생성 결과는 그렇게까지 심각하진 않습니다. 순환 참조가 생성된 직후 프로그램이 종료되니까요. 하지만 더 복잡한 프로그램이 많은 양의 메모리를 순환 참조하여 할당하고 오랜 시간 동안 이걸 가지고 있게 되면, 프로그램은 필요한 양보다 더 많은 메모리를 사용하게 되고 사용 가능한 메모리를 다 써버리게 되어 시스템을 멈추게 할지도 모릅니다.

순환 참조를 만드는 것은 쉽게 이루어지지는 않지만, 불가능한 것도 아닙니다. 만일 여러분이 Rc<T>값을 가지고 있는 RefCell<T> 혹은 그와 유사하게 내부 가변성 및 참조 카운팅 기능이 있는 타입들의 중첩된 조합을 사용한다면, 여러분이 직접 순환을 만들지 않음을 보장해야 합니다. 이 순환을 찾아내는 것을 러스트에 의지할 수는 없습니다. 순환 참조를 만드는 것은 프로그램의 논리적 버그로서, 자동화된 테스트, 코드 리뷰, 그 외 소프트웨어 개발 연습 등을 통해 최소화해야 할 것입니다.

순환 참조를 피하는 또 다른 해결책은 데이터 구조를 재구성하여 어떤 참조자는 소유권을 갖고 어떤 참조자는 그렇지 않도록 하는 것입니다. 결과적으로 몇 개의 소유권 관계와 몇 개의 소유권 없는 관계로 이루어진 순환을 만들 수 있으며, 소유권 관계만이 값을 버릴지 말지에 관해 영향을 주게 됩니다. 예제 15-25에서는 Cons 배리언트가 언제나 리스트를 소유하기를 원하므로, 데이터 구조를 재구성하는 것은 불가능합니다. 부모 노드와 자식 노드로 구성된 그래프를 이용한 예제를 살펴보면서 소유권 없는 관계가 순환 참조를 방지하는 적절한 방법이 되는 때가 언제인지 알아봅시다.

15.6.2 순환 참조 방지하기: Rc<T>를 Weak<T>로 바꾸기

지금까지 Rc::clone을 호출하는 것은 Rc<T> 인스턴스의 strong_count를 증가시키고, Rc<T> 인스턴스는 자신의 strong_count가 0이 된 경우에만 제거되는 것을 보았습니다. Rc::downgrade에 Rc<T>의 참조자를 넣어서 호출하면 Rc<T> 인스턴스 내의 값을 가리키는 **약한 참조**를 만드는 것도 가능합니다. 강한 참조는 Rc<T> 인스턴스의 소유권을 공유할 수 있는 방법입니다. 약한 참조는 소유권 관계를 표현하지 않고, 약한 참조의 개수는 Rc<T> 인스턴스가 제거되는 경우에 영향을 주지 않습니다. 약한 참조가 포함된 순환 참조는 그 값의 강한 참조 개수를 0으로 만드는 순간 깨지게 되기 때문에, 순환 참조를 일으키지 않게 될 것입니다.

Rc::downgrade를 호출하면 Weak<T> 타입의 스마트 포인터를 얻게 됩니다. Rc::downgrade는 Rc<T> 인스턴스의 strong_count를 1 증가시키는 대신 weak_count를 1 증가시킵니다. Rc<T> 타입은 strong_count와 유사한 방식으로 weak_count를 사용하여 Weak<T> 참조가 몇 개 있는지 추적합니다. 차이점은 Rc<T> 인스턴스가 제거되기 위해 weak_count가 0일 필요는 없다는 것입니다.

Weak<T>가 참조하고 있는 값이 이미 버려졌을지도 모르기 때문에, Weak<T>가 가리키고 있는 값으로 어떤 일을 하기 위해서는 그 값이 여전히 존재하는지를 반드시 확인해야 합니다. 이를 위해 Weak<T>의 upgrade 메서드를 호출하는데, 이 메서드는 Option<Rc<T>>를 반환할 것입니다. 만일 Rc<T>값이 아직 버려지지 않았다면 Some 결과를 얻게 될 것이고 Rc<T>값이 버려졌다면 None 결괏값을 얻게 될 것입니다. upgrade가 Option<T>를 반환하기 때문에, 러스트는 Some의 경우와 None의 경우가 반드시 처리되도록 할 것이고, 따라서 유효하지 않은 포인터는 없을 것입니다.

예제로 리스트처럼 어떤 아이템이 오직 다음 아이템에 대해서만 알고 있는 데이터 구조 말고, 자식 아이템 **그리고** 부모 아이템에 대해 모두 알고 있는 아이템을 갖는 트리를 만들어보겠습니다.

트리 데이터 구조 만들기: 자식 노드를 가진 Node

자기 자식 노드에 대해 알고 있는 노드로 이루어진 트리를 만드는 것으로 시작해보겠습니다. i32 값과 함께 자식 Node값들의 참조자도 가지고 있는 Node라는 이름의 구조체를 만들겠습니다.

File src/main.rs

```
use std::cell::RefCell;
use std::rc::Rc;

#[derive(Debug)]
```

```
struct Node {
    value: i32,
    children: RefCell<Vec<Rc<Node>>>,
}
```

Node가 자기 자식들을 소유하도록 하고, 이 소유권을 공유하여 트리의 각 Node에 직접 접근할 수 있도록 하고 싶습니다. 이렇게 하기 위해 Vec<T> 아이템이 Rc<Node> 타입의 값이 되도록 정의하였습니다. 또한 어떤 노드가 다른 노드의 자식이 되도록 수정하기 위해 Vec<Rc<Node>>를 RefCell<T>로 감싼 children을 갖도록 하였습니다.

그다음 예제 15-27처럼 이 구조체 정의를 이용하여 3과 자식 노드가 없는 leaf라는 이름의 Node 인스턴스, 그리고 5와 leaf를 자식으로 갖는 branch라는 이름의 인스턴스를 만들겠습니다.

예제 15-27 **자식이 없는 leaf 노드와 이 leaf를 자식으로 갖는 branch 노드 만들기**   (File) src/main.rs

```
fn main() {
    let leaf = Rc::new(Node {
        value: 3,
        children: RefCell::new(vec![]),
    });

    let branch = Rc::new(Node {
        value: 5,
        children: RefCell::new(vec![Rc::clone(&leaf)]),
    });
}
```

leaf의 Rc<Node>를 복제하여 이를 branch 내에 저장했는데, 이는 leaf에 있는 Node의 소유자가 이제 둘이 되었다는 뜻입니다. branch로부터 branch.children를 통하여 leaf까지 접근할 수 있게 되었지민, leaf에서부디 branch로 접근할 방법은 없습니다. 그 인인은 leaf가 branch에 대한 참조자를 가지고 있지 않고 이들 간의 연관성을 알지 못하기 때문입니다. leaf에게 branch가 자신의 부모임을 알려주고 싶습니다. 이것을 이어서 해보겠습니다.

자식에서 부모로 가는 참조자 추가하기
자식 노드가 그의 부모를 알도록 하기 위해서는 parent 필드를 Node 구조체 정의에 추가할 필요가 있겠습니다. 문제는 parent의 타입을 결정하는 데에 있습니다. 여기에 Rc<T>를 넣게 되면 branch를 가리키고 있는 leaf.parent와 leaf를 가리키고 있는 branch.children으로 이루어진 순환 참조를 만들게 되며, 이들의 `strong_count`값을 결코 0이 되지 않게 하는 원인을 제공할 것이기 때문에, 여기에 Rc<T>를 사용할 수 없음을 알고 있습니다.

이 관계들을 다른 방식으로 생각해보면, 부모 노드는 그의 자식들을 소유해야 합니다. 즉 만일 부모 노드가 버려지게 되면, 그의 자식 노드들도 또한 버려져야 합니다. 하지만 자식은 그의 부모를 소유해서는 안 됩니다. 즉 자식 노드가 버려지더라도 그 부모는 여전히 존재해야 합니다. 이것이 바로 약한 참조를 위한 경우입니다!

따라서 Rc<T> 대신 Weak<T>를 이용하여, 특별히 RefCell<Weak<Node>>를 이용하여 `parent`의 타입을 만들겠습니다. 이제 Node 구조체 정의는 아래와 같이 생겼습니다.

File ⟩ src/main.rs

```rust
use std::cell::RefCell;
use std::rc::{Rc, Weak};

#[derive(Debug)]
struct Node {
    value: i32,
    parent: RefCell<Weak<Node>>,
    children: RefCell<Vec<Rc<Node>>>,
}
```

노드는 자신의 부모 노드를 참조할 수 있게 되겠지만 그 부모를 소유하지는 않습니다. 예제 15-28에서는 `main`을 업데이트하여 이 새로운 정의를 사용하도록 해서 `leaf` 노드가 자기 부모인 `branch`를 참조할 수 있는 방법을 갖도록 합니다.

예제 15-28 **부모 노드 branch의 약한 참조를 갖는 leaf 노드** File ⟩ src/main.rs

```rust
fn main() {
    let leaf = Rc::new(Node {
        value: 3,
      ❶ parent: RefCell::new(Weak::new()),
        children: RefCell::new(vec![]),
    });

  ❷ println!("leaf parent = {:?}", leaf.parent.borrow().upgrade());

    let branch = Rc::new(Node {
        value: 5,
      ❸ parent: RefCell::new(Weak::new()),
```

```
        children: RefCell::new(vec![Rc::clone(&leaf)]),
    });

❹ *leaf.parent.borrow_mut() = Rc::downgrade(&branch);

❺ println!("leaf parent = {:?}", leaf.parent.borrow().upgrade());
}
```

leaf 노드를 만드는 것이 parent 필드를 제외하고는 예제 15-27과 비슷해 보입니다. leaf는 부모 없이 시작돼서, 새 비어 있는 Weak<Node> 참조자 인스턴스를 생성하였습니다(❶).

이 시점에서 upgrade 메서드를 사용하여 leaf의 부모에 대한 참조자를 얻는 시도를 하면 None값을 얻습니다. 첫 번째 println! 구문에서는 아래와 같은 출력을 보게 됩니다(❷).

```
leaf parent = None
```

branch 노드를 생성할 때도 parent 필드에 새로운 Weak<Node> 참조자를 넣었는데(❸), 이는 branch에게는 부모 노드가 없기 때문입니다. leaf는 여전히 branch의 자식 중 하나입니다. 일단 branch의 Node 인스턴스를 갖게 되면, leaf를 수정하여 자기 부모에 대한 Weak<Node> 참조자를 갖도록 할 수 있습니다(❹). leaf의 parent 필드의 RefCell<Weak<Node>>에 있는 borrow_mut 메서드를 사용하고, 그런 다음 Rc::downgrade 함수를 사용하여 branch의 Rc<Node>로부터 branch에 대한 Weak<Node> 참조자를 생성하였습니다.

leaf의 부모를 다시 한번 출력할 때는(❺) branch를 가지고 있는 Some 배리언트를 얻게 될 것입니다. 이제 leaf는 자기 부모에 접근할 수 있습니다! leaf를 출력할 때 예제 15-26에서와 같이 궁극적으로 스택 오버플로로 끝나버리는 그 순환 문제도 피하게 되었습니다. Weak<Node> 참조자는 (Weak)로 출력됩니다.

```
leaf parent = Some(Node { value: 5, parent: RefCell { value: (Weak) },
children: RefCell { value: [Node { value: 3, parent: RefCell { value: (Weak) },
children: RefCell { value: [] } }] } })
```

무한 출력이 없다는 것은 이 코드가 순환 참조를 생성하지 않았음을 나타냅니다. 또한 Rc::strong_count와 Rc::weak_count를 호출하여 얻은 값을 살펴보는 것으로도 알 수 있습니다.

strong_count와 weak_count의 변화를 시각화하기

새로운 내부 스코프를 만들고 branch의 생성 과정을 이 스코프로 옮겨서 Rc<Node> 인스턴스의 strong_count와 weak_count값이 어떻게 변하는지 살펴봅시다. 그렇게 하면 branch가 만들어질 때와, 그 후 스코프 밖으로 벗어났을 때 어떤 일이 생기는지 알 수 있습니다. 수정본은 예제 15-29 와 같습니다.

예제 15-29 내부 스코프에서 branch를 만들고 강한 참조 카운트와 약한 참조 카운트 시험하기   (File) src/main.rs

```rust
fn main() {
    let leaf = Rc::new(Node {
        value: 3,
        parent: RefCell::new(Weak::new()),
        children: RefCell::new(vec![]),
    });

❶ println!(
        "leaf strong = {}, weak = {}",
        Rc::strong_count(&leaf),
        Rc::weak_count(&leaf),
    );

❷ {
        let branch = Rc::new(Node {
            value: 5,
            parent: RefCell::new(Weak::new()),
            children: RefCell::new(vec![Rc::clone(&leaf)]),
        });

        *leaf.parent.borrow_mut() = Rc::downgrade(&branch);

    ❸ println!(
            "branch strong = {}, weak = {}",
            Rc::strong_count(&branch),
            Rc::weak_count(&branch),
        );

    ❹ println!(
            "leaf strong = {}, weak = {}",
            Rc::strong_count(&leaf),
            Rc::weak_count(&leaf),
        );
❺ }

❻ println!("leaf parent = {:?}", leaf.parent.borrow().upgrade());
❼ println!(
```

```
            "leaf strong = {}, weak = {}",
            Rc::strong_count(&leaf),
            Rc::weak_count(&leaf),
        );
    }
```

leaf가 생성된 다음, 이것의 Rc<Node>는 강한 참조 카운트 1개와 약한 참조 카운트 0개를 갖습니다(①). 내부 스코프에서(②) branch를 만들고 leaf와 연관짓게 되는데, 이때 카운트를 출력하면 (③) branch의 Rc<Node>는 강한 참조 카운트 1개와 (Weak<Node>로 branch를 가리키는 leaf.parent에 대한) 약한 참조 카운트 1개를 갖고 있을 것입니다. leaf 내의 카운트를 출력하면(④) 강한 참조 카운트 2개를 갖고 있음을 보게 될 텐데, 이는 branch가 이제 branch.children에 저장된 leaf의 Rc<Node>에 대한 클론을 가지게 되었지만, 약한 참조는 여전히 0개이기 때문입니다.

내부 스코프가 끝나게 되면(⑤) branch는 스코프 밖으로 벗어나게 되고 Rc<Node>의 강한 참조 카운트는 0으로 줄어들게 되므로, 이것의 Node는 버려집니다. leaf.parent의 약한 참조 카운트 1개는 Node가 버려질지 말지와는 아무런 관계가 없으므로, 아무런 메모리 누수도 발생하지 않습니다!

만일 이 스코프의 끝부분 뒤에 leaf의 부모에 접근 시도를 한다면 다시 None을 얻게 될 것입니다 (⑥). 프로그램의 끝부분에서(⑦), leaf의 Rc<Node>는 강한 참조 카운트 1개와 약한 참조 카운트 0 개를 갖고 있는데, 이제 leaf 변수가 다시 Rc<Node>에 대한 유일한 참조자이기 때문입니다.

참조 카운트와 값 버리기를 관리하는 모든 로직은 Rc<T>와 Weak<T>, 그리고 이들의 Drop 트레이트에 대한 구현부에 만들어져 있습니다. 자식과 부모의 관계가 Weak<T> 참조자로 있어야 함을 Node의 정의에 특정함으로써, 여러분은 순환 참조와 메모리 누수를 만들지 않으면서 자식 노드를 가리키는 부모 노드 혹은 그 반대의 것을 만들 수 있습니다.

정리

이번 장에서는 러스트가 일반적인 참조자를 가지고 기본적으로 보장하는 것들과는 다른 보장과 절충안을 만들어내기 위해 스마트 포인터를 사용하는 방법을 다루었습니다. Box<T> 타입은 알려진 크기를 갖고 있고 힙에 할당된 데이터를 가리킵니다. Rc<T> 타입은 힙에 있는 데이터에 대한 참조자의 개수를 추적하여 그 데이터가 여러 개의 소유자를 가질 수 있도록 합니다. 내부 가변성을 갖춘 RefCell<T> 타입은 불변 타입이 필요하지만 그 타입의 내부의 값을 변경할 필요가 있을 때 사용할 수 있습니다. 이것은 또한 컴파일 타임 대신 런타임에 대여 규칙을 따르도록 강제합니다.

또한 Deref 및 Drop 트레이트를 다루었는데, 이는 스마트 포인터의 수많은 기능을 활성화해줍니다. 메모리 누수를 발생시킬 수 있는 순환 참조와, Weak<T>를 이용하여 이를 방지하는 방법도 탐구하였습니다.

이번 장이 여러분의 흥미를 자극하여 직접 여러분만의 스마트 포인터를 구현하고 싶어졌다면, '러스토노미콘(https://doc.rust-lang.org/nomicon)'에서 더 유용한 정보를 확인하세요.

다음에는 러스트의 동시성에 대해 이야기해보겠습니다. 심지어 몇 가지 새로운 스마트 포인터에 대해서도 배우게 될 것입니다.

16

겁 없는 동시성

안전하고 효율적으로 동시성 프로그래밍을 다루는 것은 러스트의 또 다른 주요 목표 중 하나입니다. **동시성 프로그래밍**(concurrent programming)은 프로그램의 서로 다른 부분이 독립적으로 실행되는 것을 말하고, **병렬 프로그래밍**(parallel programming)은 프로그램의 서로 다른 부분이 동시에 실행되는 것을 말하는데, 이 두 가지는 더 많은 컴퓨터가 여러 개의 프로세서를 활용함에 따라 그 중요성이 커지고 있습니다. 역사적으로, 동시성 및 병렬 콘텍스트에서의 프로그래밍은 어렵고 에러를 내기 쉬웠습니다. 러스트는 이를 바꾸려 합니다.

초기에 러스트 팀은 메모리 안전을 보장하는 것과 동시성 문제를 방지하는 것은 다른 방법으로 해결돼야 하는 별개의 도전 과제라고 생각했습니다. 시간이 흘러 러스트 팀은 소유권과 타입 시스템이 메모리 안전성과 동시성 문제를 관리하는 것을 돕기 위한 강력한 도구들의 집합이라는 사실을 발견했습니다! 소유권과 타입 검사를 지렛대 삼아, 많은 동시성 에러는 런타임 에러가 아닌 컴파일 타임 에러가 됩니다. 따라서 런타임 동시성 버그가 발생하는 정확한 환경을 재현하는 시도에 많은 시간을 쓰게 되는 것이 아니라, 부정확한 코드가 컴파일되지 않고 문제점을 설명하는 에러가 나타납니다. 결과적으로 잠재적으로 프로덕션에 배포된 이후가 아니라 작업을 하는 동안에 여러분의 코드를 고칠 수 있습니다. 우리는 러스트의 이러한 측면에 **겁 없는 동시성** (fearless concurrency)이란 별명을 지어주었습니다. 겁 없는 동시성은 미묘한 버그가 없으면서 새로운 버그 생성 없이 리팩터링하기 쉬운 코드를 작성하도록 해줍니다.

> **NOTE** 간결성을 위해서 **동시성 및/또는 병렬성**이라는 정확한 표현 대신 많은 문제를 **동시성**이라고 지칭하겠습니다. 만일 이 책이 동시성 및/또는 병렬성에 대한 것이었다면 더 정확하게 말했을 것입니다. 이번 장에서는 **동시성**이라는 단어가 사용될 때마다 마음속으로 **동시성 및/또는 병렬성**을 대입해주세요.

많은 언어가 동시성 문제를 다루기 위해 제공하는 해결책에 대해 독단적입니다. 예를 들어, 얼랭 (Erlang)은 메시지 패싱 동시성을 위한 우아한 기능을 가지고 있지만 스레드 간에 상태를 공유하는 방법은 모호합니다. 고수준 언어의 경우 추상화를 위해 일부 제어권을 포기함으로써 얻을 수 있는 이점이 있기 때문에 가능한 해결책 중 일부만을 제공하는 것은 고수준 언어의 합리적인 전략입니다. 하지만 저수준 언어는 주어진 상황 내에서 최고의 성능을 갖는 해결책을 제공하고 하드웨어 대한 추상화가 적을 것으로 기대됩니다. 따라서 러스트는 여러분의 상황과 요구 사항에 적합한 방법으로 문제를 모델링하기 위한 다양한 도구들을 제공합니다.

이번 장에서 다루게 될 주제입니다.

- 스레드를 생성하여 여러 조각의 코드를 동시에 실행시키는 방법
- 채널들이 스레드 간에 메시지를 보내는 **메시지 패싱**(message-passing) 동시성
- 여러 스레드가 어떤 동일한 데이터에 접근할 수 있는 **공유 상태**(shared-state) 동시성
- 러스트의 동시성 보장을 표준 라이브러리가 제공하는 타입은 물론 사용자 정의 타입으로 확장하는 Sync와 Send 트레이트

16.1 스레드를 이용하여 코드를 동시에 실행하기

대부분의 최신 운영체제에서, 실행된 프로그램의 코드는 **프로세스**(process) 내에서 실행되고, 운영 체제는 한 번에 여러 개의 프로세스를 관리하게 됩니다. 프로그램 내에서도 동시에 실행되는 독립적인 부분들을 가질 수 있습니다. 이러한 독립적인 부분들을 실행하는 기능을 **스레드**(thread)라 합니다. 예를 들어 웹서버는 여러 스레드를 가지고 동시에 하나 이상의 요청에 대한 응답을 할 수 있

습니다.

여러분의 프로그램 내의 연산을 여러 스레드로 쪼개서 동시에 여러 일을 수행하게 하면 성능을 향상시킬 수 있지만, 프로그램을 복잡하게 만들기도 합니다. 스레드가 동시에 실행될 수 있기 때문에, 서로 다른 스레드에서 실행될 코드 조각들의 실행 순서에 대한 본질적인 보장이 없습니다. 이는 다음과 같은 문제들을 야기할 수 있습니다.

- 여러 스레드가 일관성 없는 순서로 데이터 혹은 리소스에 접근하게 되는 경합 조건(race condition)
- 두 스레드가 서로를 기다려서 양쪽 스레드 모두 계속 실행되는 것을 막아버리는 교착 상태(deadlock)
- 특정한 상황에서만 발생하여 재현하고 수정하기 어려운 버그들

러스트는 스레드 사용의 부정적인 효과를 완화하는 시도를 하지만, 멀티스레드 콘텍스트에서의 프로그래밍은 여전히 신중하게 생각해야 하고 싱글스레드로 실행되는 프로그램의 것과는 다른 코드 구조가 필요합니다.

프로그래밍 언어들은 몇 가지 다른 방식으로 스레드를 구현하고, 많은 운영체제들이 새로운 스레드를 생성하기 위해 해당 언어가 호출할 수 있는 API를 제공합니다. 러스트 표준 라이브러리는 스레드 구현에 대해 **1:1** 모델을 사용하는데, 이에 따라 프로그램은 하나의 언어 스레드당 하나의 운영체제 스레드를 사용합니다. 1:1 모델과는 다른 절충안이 있는 그 밖의 스레드 모델을 구현한 크레이트도 있습니다.

16.1.1 spawn으로 새로운 스레드 생성하기

새로운 스레드를 생성하기 위해서는 thread::spawn 함수를 호출하고 여기에 새로운 스레드에서 실행하고 싶은 코드가 담긴 클로저를 넘깁니다(클로저에 대해서는 13장에서 다뤘습니다). 예제 16-1의 예제는 메인 스레드에서 어떤 텍스트를 출력하고 새로운 스레드에서는 다른 텍스트를 출력합니다.

예제 16-1 **메인 스레드에서 무언가를 출력하는 동안 다른 것을 출력하는 새로운 스레드 생성하기** 　📄 src/main.rs

```
use std::thread;
use std::time::Duration;

fn main() {
    thread::spawn(|| {
        for i in 1..10 {
            println!("hi number {} from the spawned thread!", i);
            thread::sleep(Duration::from_millis(1));
```

```
        }
    });

    for i in 1..5 {
        println!("hi number {} from the main thread!", i);
        thread::sleep(Duration::from_millis(1));
    }
}
```

러스트 프로그램의 메인 스레드가 완료되면 생성된 모든 스레드는 실행이 종료되었든 혹은 그렇지 않든 멈추게 될 것이라는 점을 주의하세요. 이 프로그램의 출력은 매번 약간씩 다를 수 있으나, 아래와 비슷하게 보일 것입니다.

```
hi number 1 from the main thread!
hi number 1 from the spawned thread!
hi number 2 from the main thread!
hi number 2 from the spawned thread!
hi number 3 from the main thread!
hi number 3 from the spawned thread!
hi number 4 from the main thread!
hi number 4 from the spawned thread!
hi number 5 from the spawned thread!
```

thread::sleep의 호출은 스레드의 실행을 강제로 잠깐 멈추게 하는데, 다른 스레드는 실행될 수 있도록 합니다. 스레드들은 아마도 교대로 실행될 것이지만, 그게 보장되지는 않습니다. 여러분의 운영체제가 스레드를 어떻게 스케줄링하는지에 따라 다른 문제입니다. 위의 실행 예에서는 생성된 스레드로부터의 출력 구문이 먼저 나왔음에도 불구하고 메인 스레드가 먼저 출력하였습니다. 그리고 생성된 스레드에게 i가 9일 때까지 출력하라고 했음에도 불구하고, 메인 스레드가 멈추기 전까지 고작 5에 도달했습니다.

만일 이 코드를 실행하고 메인 스레드의 출력만 보았다면, 혹은 어떠한 겹침도 보지 못했다면, 운영체제에게 스레드 간 전환에 대한 더 많은 기회를 주도록 범위 값을 늘려서 시도해보세요.

16.1.2 join 핸들을 사용하여 모든 스레드가 끝날 때까지 기다리기

예제 16-1의 코드는 메인 스레드의 종료 때문에 대체로 생성된 스레드를 조기에 멈출게 할 뿐만 아니라, 스레드들이 실행되는 순서에 대한 보장이 없기 때문에 생성된 스레드가 모든 코드를 실행할 것임을 보장해줄 수도 없습니다!

생성된 스레드가 실행되지 않거나, 전부 실행되지 않는 문제는 thread::spawn의 반환값을 변수에 저장함으로써 해결할 수 있습니다. thread::spawn의 반환 타입은 JoinHandle입니다. JoinHandle 은 자신의 join 메서드를 호출했을 때 그 스레드가 끝날 때까지 기다리는 소윳값입니다. 예제 16-2 는 예제 16-1에서 만들었던 스레드의 JoinHandle을 이용해서 join을 호출하여 main이 끝나기 전 에 생성된 스레드가 종료됨을 보장하는 방법을 보여줍니다.

예제 16-2 thread::spawn으로부터 JoinHandle을 저장하여 스레드가 완전히 실행되는 것을 보장하기

(File) src/main.rs

```rust
use std::thread;
use std::time::Duration;

fn main() {
    let handle = thread::spawn(|| {
        for i in 1..10 {
            println!("hi number {} from the spawned thread!", i);
            thread::sleep(Duration::from_millis(1));
        }
    });

    for i in 1..5 {
        println!("hi number {} from the main thread!", i);
        thread::sleep(Duration::from_millis(1));
    }

    handle.join().unwrap();
}
```

핸들에 대해 join을 호출하면 핸들에 대한 스레드가 종료될 때까지 현재 실행 중인 스레드를 블록합니다. 스레드를 **블록**(block)한다는 것은 그 스레드의 작업을 수행하거나 종료되는 것이 방지된다는 뜻입니다. 메인 스레드의 for 루프 이후에 join의 호출을 넣었으므로, 예제 16-2의 실행은 아래와 비슷한 출력을 만들어야 합니다.

```
hi number 1 from the main thread!
hi number 2 from the main thread!
hi number 1 from the spawned thread!
hi number 3 from the main thread!
hi number 2 from the spawned thread!
hi number 4 from the main thread!
```

```
hi number 3 from the spawned thread!
hi number 4 from the spawned thread!
hi number 5 from the spawned thread!
hi number 6 from the spawned thread!
hi number 7 from the spawned thread!
hi number 8 from the spawned thread!
hi number 9 from the spawned thread!
```

두 스레드가 계속하여 교차하지만, `handle.join()`의 호출로 인하여 메인 스레드는 기다리고 생성된 스레드가 종료되기 전까지 끝나지 않습니다.

그런데 만일 아래와 같이 `main`의 `for` 루프 이전으로 `handle.join()`을 이동시키면 어떤 일이 생기는지 봅시다.

File src/main.rs

```rust
use std::thread;
use std::time::Duration;

fn main() {
    let handle = thread::spawn(|| {
        for i in 1..10 {
            println!("hi number {} from the spawned thread!", i);
            thread::sleep(Duration::from_millis(1));
        }
    });

    handle.join().unwrap();

    for i in 1..5 {
        println!("hi number {} from the main thread!", i);
        thread::sleep(Duration::from_millis(1));
    }
}
```

메인 스레드는 생성된 스레드가 종료될 때까지 기다릴 것이고 그다음 자신의 `for` 루프를 실행하게 되어, 아래처럼 출력값이 더 이상 교차하지 않을 것입니다.

```
hi number 1 from the spawned thread!
hi number 2 from the spawned thread!
hi number 3 from the spawned thread!
hi number 4 from the spawned thread!
hi number 5 from the spawned thread!
```

```
hi number 6 from the spawned thread!
hi number 7 from the spawned thread!
hi number 8 from the spawned thread!
hi number 9 from the spawned thread!
hi number 1 from the main thread!
hi number 2 from the main thread!
hi number 3 from the main thread!
hi number 4 from the main thread!
```

join이 호출되는 위치처럼 작은 세부 사항도 스레드가 동시에 실행되는지의 여부에 영향을 미칠
수 있습니다.

16.1.3 스레드에 move 클로저 사용하기

move 클로저는 thread::spawn에 넘겨지는 클로저와 함께 자주 사용되는데, 그렇게 하면 클로저가
환경으로부터 사용하는 값의 소유권을 갖게 되어 한 스레드에서 다른 스레드로 소유권이 이동될
것이기 때문입니다. 13장의 '참조자를 캡처하거나 소유권 이동하기'(351쪽)에서 클로저의 콘텍스
트에서의 move에 대해 다루었습니다. 지금은 move와 thread::spawn 사이의 상호작용에 더 집중해
보겠습니다.

예제 16-1에서 thread::spawn에 전달된 클로저에는 어떤 인수도 없음에 주목하세요. 생성된 스레
드의 코드에서는 메인 스레드로부터 온 어떤 데이터도 이용하고 있지 않습니다. 메인 스레드의 데
이터를 생성된 스레드에서 사용하기 위해, 생성된 스레드의 클로저는 자신이 필요로 하는 값을 캡
처해야 합니다. 예제 16-3은 메인 스레드에서 벡터를 생성하여 이를 생성된 스레드 내에서 사용하
는 시도를 보여주고 있습니다. 그러나 잠시 후에 보게 될 것처럼 아직은 작동하지 않습니다.

예제 16-3 **메인 스레드에서 생성된 벡터에 대한 다른 스레드에서의 사용 시도** (File) src/main.rs

```rust
use std::thread;

fn main() {
    let v = vec![1, 2, 3];

    let handle = thread::spawn(|| {
        println!("Here's a vector: {:?}", v);
    });

    handle.join().unwrap();
}
```

클로저가 v를 사용하므로, v는 캡처되어 클로저 환경의 일부가 됩니다. thread::spawn이 이 클로저를 새로운 스레드에서 실행하므로, v는 새로운 스레드 내에서 접근 가능해야 합니다. 하지만 이 예제를 컴파일하면 아래와 같은 에러를 얻게 됩니다.

```
error[E0373]: closure may outlive the current function, but it borrows `v`, which is owned
by the current function
 --> src/main.rs:6:32
  |
6 |     let handle = thread::spawn(|| {
  |                                ^^ may outlive borrowed value `v`
7 |         println!("Here's a vector: {:?}", v);
  |                                           - `v` is borrowed here
note: function requires argument type to outlive `'static`
 --> src/main.rs:6:18
  |
6 |       let handle = thread::spawn(|| {
  |  _____^
7 | |         println!("Here's a vector: {:?}", v);
8 | |     });
  | |_____^
help: to force the closure to take ownership of `v` (and any other referenced variables),
use the `move` keyword
  |
6 |     let handle = thread::spawn(move || {
  |                                ++++
```

러스트는 v를 어떻게 캡처할지 **추론하고**, println!이 v의 참조자만 필요로 하기 때문에, 클로저는 v를 빌리려고 합니다. 하지만 문제가 있습니다. 러스트는 생성된 스레드가 얼마나 오랫동안 실행될지 알 수 없으므로, v에 대한 참조자가 항상 유효할 것인지 알지 못합니다.

예제 16-4는 유효하지 않은 v의 참조자가 있을 가능성이 더 높은 시나리오를 세공합니다.

예제 16-4 v를 버리는 메인 스레드로부터 v에 대한 참조자를 캡처하려 하는 클로저를 갖는 스레드   (File) src/main.rs

```
use std::thread;

fn main() {
    let v = vec![1, 2, 3];

    let handle = thread::spawn(|| {
        println!("Here's a vector: {:?}", v);
    });
```

```
        drop(v); // 오, 이런!

        handle.join().unwrap();
}
```

만약 러스트가 이 코드의 실행을 허용했다면, 생성된 스레드가 전혀 실행되지 않고 즉시 백그라운드에 들어갔을 가능성이 있습니다. 생성된 스레드는 내부에 v의 참조자를 가지고 있지만, 메인 스레드는 15장에서 다루었던 drop 함수를 사용하여 v를 즉시 버립니다. 그러면 생성된 스레드가 실행되기 시작할 때 v가 더 이상 유효하지 않게 되어, 그에 대한 참조자 또한 유효하지 않게 됩니다. 이런!

예제 16-3의 컴파일 에러를 고치기 위해서 에러 메시지의 조언을 이용할 수 있습니다.

```
help: to force the closure to take ownership of `v` (and any other referenced variables),
use the `move` keyword
  |
6 |     let handle = thread::spawn(move || {
  |                                ++++
```

move 키워드를 클로저 앞에 추가함으로써 러스트가 값을 빌려와야 된다고 추론하도록 하는 것이 아니라 사용 중인 값의 소유권을 강제로 가지도록 합니다. 예제 16-3을 예제 16-5처럼 수정하면 컴파일되어 의도한 대로 실행됩니다.

예제 16-5 move 키워드를 이용하여 클로저가 사용하는 값의 소유권을 갖도록 강제하기　　　　(File) src/main.rs

```
use std::thread;

fn main() {
    let v = vec![1, 2, 3];

    let handle = thread::spawn(move || {
        println!("Here's a vector: {:?}", v);
    });

    handle.join().unwrap();
}
```

move 클로저를 사용하여 메인 스레드에서 drop을 호출하는 예제 16-4의 코드를 고치려고 시도해보고 싶을 수도 있습니다. 하지만 이 수정은 작동하지 않는데, 그 이유는 예제 16-4가 시도하고자 하는 것이 다른 이유로 허용되지 않기 때문입니다. 만일 클로저에 **move**를 추가하면, v를 클로저의 환경으로 이동시킬 것이고, 더 이상 메인 스레드에서 이것에 대한 **drop** 호출을 할 수 없게 됩니다. 대신 아래와 같은 컴파일 에러를 얻게 됩니다.

```
error[E0382]: use of moved value: `v`
  --> src/main.rs:10:10
   |
4  |     let v = vec![1, 2, 3];
   |         - move occurs because `v` has type `Vec<i32>`, which does not implement the
`Copy` trait
5  |
6  |     let handle = thread::spawn(move || {
   |                                ------- value moved into closure here
7  |         println!("Here's a vector: {:?}", v);
   |                                           - variable moved due to use in closure
...
10 |     drop(v); // 오, 이런!
   |          ^ value used here after move
```

러스트의 소유권 규칙이 우리를 또다시 구해주었습니다! 예제 16-3의 코드에서 에러가 발생한 이유는 러스트가 보수적으로 스레드에 대해 v만 빌려왔기 때문이었는데, 이는 메인 스레드가 이론적으로 생성된 스레드의 참조자를 무효화할 수 있음을 의미합니다. 러스트에게 v의 소유권을 생성된 스레드로 이동시키라고 함으로써, 메인 스레드가 v를 더 이상 이용하지 않음을 러스트에게 보장하고 있습니다. 만일 예제 16-4를 같은 방식으로 바꾸면, v를 메인 스레드에서 사용하려고 할 때 소유권 규칙을 위반하게 됩니다. **move** 키워드는 러스트의 대여에 대한 보수적인 기본 기준을 재정의합니다. 즉 소유권 규칙을 위반하지 않도록 해줍니다.

스레드와 스레드 API에 대한 기본적인 이해를 바탕으로, 스레드로 할 수 있는 것들을 살펴봅시다.

16.2 메시지 패싱을 사용하여 스레드 간 데이터 전송하기

안전한 동시성을 보장하기 위해 인기가 오르고 있는 접근법 중에는 **메시지 패싱**(message passing)이 있는데, 이는 스레드들 혹은 액터들이 서로 데이터를 담은 메시지를 보내서 통신하는 것입니다. Go 언어 문서(https://golang.org/doc/effective_go.html#concurrency)의 슬로건에 있는 아이디어는 다음과 같습니다. '메모리를 공유하여 통신하지 마세요. 그 대신, 통신하여 메모리를 공유하세요.'

메시지 보내기 동시성을 달성하기 위해서 러스트 표준 라이브러리는 **채널**(channel) 구현체를 제공합니다. 채널은 한 스레드에서 다른 쪽으로 데이터를 보내기 위한 일반적인 프로그래밍 개념입니다.

프로그래밍에서의 채널은 개울이나 강처럼 방향이 정해져 있는 물줄기와 비슷하다고 상상할 수 있겠습니다. 강에 고무 오리 같은 것을 띄우면, 물길의 끝까지 하류로 여행하게 되겠지요.

채널은 둘로 나뉘어 있습니다. 바로 송신자(transmitter)와 수신자(receiver)입니다. 송신자 측은 여러분이 강에 고무 오리를 띄우는 상류 위치이고, 수신자 측은 하류에 고무 오리가 도달하는 곳입니다. 코드의 어떤 곳에서 보내고자 하는 데이터와 함께 송신자의 메서드를 호출하면, 다른 곳에서는 도달한 메시지에 대한 수신 종료를 검사합니다. 송신자 혹은 수신자가 버려지면 채널이 **닫혔다**(closed)라고 말합니다.

여기서는 값을 생성하여 채널로 내려보내는 한 스레드와, 값을 받아서 이를 출력하는 또 다른 스레드로 이루어진 프로그램을 만들어보겠습니다. 기능을 설명하기 위해서 채널을 사용하여 스레드 간에 단순한 값들을 보내려고 합니다. 이 기법에 익숙해지고 나면, 채팅 시스템이나 다수의 스레드가 계산의 일부분을 수행하여 그 결과를 종합하는 스레드에 보내는 시스템과 같이 서로 통신이 필요한 스레드에 채널을 이용할 수 있습니다.

먼저 예제 16-6에서는 채널을 만들지만 이걸로 아무것도 하지 않을 것입니다. 채널을 통해 보내려는 값의 타입이 무엇인지 러스트가 알지 못하므로 이 코드가 아직 컴파일되지 않는다는 점을 주의하세요.

예제 16-6 **채널을 하나 생성하여 각 절반을 tx와 rx에 할당하기** src/main.rs

```
use std::sync::mpsc;

fn main() {
    let (tx, rx) = mpsc::channel();
}
```

`mpsc::channel` 함수를 사용하여 새로운 채널을 생성합니다. `mpsc`는 **복수 생산자, 단일 소비자**(multiple producer, single consumer)를 나타냅니다. 풀어서 말하자면, 러스트의 표준 라이브러리가 채널을 구현한 방법은 한 채널이 값을 생산하는 **송신** 단말을 여러 개 가질 수 있지만 값을 소비하는 **수신** 단말은 단 하나만 가질 수 있음을 의미합니다. 하나의 큰 강으로 함께 흐르는 여러 개울을 상상해보세요. 아무 개울에나 흘려보낸 모든 것은 끝내 하나의 강에서 끝날 것입니다. 지금은 단일 생산자를 가지고 시작하겠지만, 이 예제가 작동하기 시작하면 여러 생산자를 추가할 것입니다.

mpsc::channel 함수는 튜플을 반환하는데, 첫 번째 요소는 송신 단말이고 두 번째 요소는 수신 단말입니다. tx와 rx라는 약어는 많은 분야에서 각각 **송신자**와 **수신자**에 사용되므로, 각각의 단말을 나타내기 위해 그렇게 변수명을 지었습니다. 튜플을 해체하는 패턴과 함께 let 구문이 사용되고 있습니다. let 구문 내에서의 패턴의 사용과 해체에 대해서는 18장에서 다룰 것입니다. 지금은 이런 방식으로 let 구문을 사용하는 것이 mpsc::channel에 의해 반환된 튜플의 조각들을 추출하는 데 편리한 접근법이라고만 알아둡시다.

예제 16-7과 같이 송신 단말을 생성된 스레드로 이동시키고 하나의 문자열을 전송하게 하여 생성된 스레드가 메인 스레드와 통신하도록 해봅시다. 이는 강 상류에 고무 오리를 띄우는 것 혹은 한 스레드에서 다른 스레드로 채팅 메시지를 보내는 것과 비슷합니다.

예제 16-7 tx를 생성된 스레드로 이동시키고 'hi'를 보내기   (File) src/main.rs

```rust
use std::sync::mpsc;
use std::thread;

fn main() {
    let (tx, rx) = mpsc::channel();

    thread::spawn(move || {
        let val = String::from("hi");
        tx.send(val).unwrap();
    });
}
```

다시 한번 thread::spawn을 이용하여 새로운 스레드를 생성한 뒤 move를 사용하여 tx를 클로저로 이동시켜 생성된 스레드가 tx를 소유하도록 합니다. 생성된 스레드는 채널을 통해 메시지를 보낼 수 있도록 하기 위해 채널의 송신 단말을 소유할 필요가 있습니다. 송신 단말에는 보내려는 값을 입력받는 send 메서드가 있습니다. send 메서드는 Result<T, E> 타입을 반환하므로, 수신 단말이 이미 버려져 값을 보낼 곳이 없을 경우 송신 연산은 에러를 반환할 것입니다. 이 예제에서는 unwrap을 호출하여 에러가 나는 경우 패닉을 일으키고 있는 중입니다. 그러나 실제 애플리케이션에서는 이를 적절히 처리해야 할 것입니다. 적절한 에러 처리를 위한 전략을 다시 보려면 9장으로 돌아가세요.

예제 16-8에서는 메인 스레드에 있는 채널의 수신 단말로부터 값을 받을 것입니다. 이는 강의 끝물에서 고무 오리를 건져 올리는 것 혹은 채팅 메시지를 받는 것과 비슷합니다.

```rust
use std::sync::mpsc;
use std::thread;

fn main() {
    let (tx, rx) = mpsc::channel();

    thread::spawn(move || {
        let val = String::from("hi");
        tx.send(val).unwrap();
    });

    let received = rx.recv().unwrap();
    println!("Got: {}", received);
}
```

수신자는 두 개의 유용한 메서드를 가지고 있습니다. recv와 try_recv입니다. 여기서는 **수신** (receive)의 줄임말인 recv를 사용하고 있는데, 이는 메인 스레드의 실행을 블록시키고 채널로부터 값을 받을 때까지 기다릴 것입니다. 일단 값을 받으면, recv는 이것을 Result<T, E>로 반환할 것입니다. 채널의 송신 단말이 닫히면, recv는 더 이상 어떤 값도 오지 않을 것이란 신호를 주기 위해 에러를 반환하게 됩니다.

try_recv 메서드는 블록하지 않는 대신 즉시 Result<T, E>를 반환할 것입니다. 전달받은 메시지가 있다면 이를 담고 있는 0k값을, 지금 시점에서 메시지가 없다면 Err값을 반환합니다. try_recv의 사용은 메시지를 기다리는 동안 다른 작업을 해야 할 때 유용합니다. try_recv를 매번 호출하는 루프를 작성하여 메시지가 있으면 이를 처리하고, 그렇지 않으면 다음번 검사 때까지 잠시 다른 일을 할 수 있습니다.

이 예제에서는 간소화를 위해 recv를 이용했습니다. 이 메인 스레드에서는 메시지를 기다리는 동안 해야 할 다른 일이 없으므로, 메인 스레드를 블록시키는 것이 적절합니다.

예제 16-8의 코드를 실행하면, 메인 스레드로부터 출력된 값을 보게 될 것입니다.

```
Got: hi
```

완벽하군요!

소유권 규칙은 메시지 전송에서 안전하면서 동시적인 코드를 작성하는데 중요한 역할을 합니다. 동시성 프로그래밍 내에서의 에러 방지는 러스트 프로그램 전체에서 소유권을 고려할 경우 얻을 수 있는 이점입니다. 실험을 통해 채널과 소유권이 함께 작동하는 것이 어떤 식으로 문제를 방지하는지 알아봅시다. 채널로 val값을 보낸 **이후에** 생성된 스레드에서 이 값을 사용하는 시도를 해보겠습니다. 예제 16-9의 코드를 컴파일하여 이 코드가 왜 허용되지 않는지를 보세요.

예제 16-9 val을 채널로 보낸 뒤 이에 대한 사용 시도 　　　　　　　　　　　　(File) src/main.rs

```rust
use std::sync::mpsc;
use std::thread;

fn main() {
    let (tx, rx) = mpsc::channel();

    thread::spawn(move || {
        let val = String::from("hi");
        tx.send(val).unwrap();
        println!("val is {}", val);
    });

    let received = rx.recv().unwrap();
    println!("Got: {}", received);
}
```

여기서는 tx.send를 통하여 채널에 val을 보낸 뒤 이를 출력하는 시도를 하였습니다. 이를 허용하는 것은 나쁜 생각입니다. 일단 값이 다른 스레드로 보내지고 나면, 그 값을 다시 사용하려고 하기 전에 값을 받은 스레드에서 수정되거나 버려질 수 있습니다. 잠재적으로, 다른 스레드에서의 수정은 불일치하거나 존재하지 않는 데이터로 인하여 에러 혹은 예상치 못한 결과를 야기할 수 있습니다. 하지만 러스트에서는 예제 16-9 코드의 컴파일을 시도하면 에러가 납니다.

```
error[E0382]: borrow of moved value: `val`
  --> src/main.rs:10:31
   |
8  |         let val = String::from("hi");
   |             --- move occurs because `val` has type `String`, which does not implement
the `Copy` trait
9  |         tx.send(val).unwrap();
   |                 --- value moved here
```

```
10 |          println!("val is {}", val);
   |                              ^^^ value borrowed here after move
```

동시성에 관한 실수가 컴파일 타임 에러를 만들었습니다. send 함수가 그 매개변수의 소유권을 가져가고, 이 값이 이동되면, 수신자가 이에 대한 소유권을 얻습니다. 이는 값을 보낸 이후에 우발적으로 이 값을 다시 사용하는 것을 방지합니다. 소유권 시스템은 모든 것이 정상인지 확인합니다.

16.2.2 여러 값 보내기와 수신자가 기다리는지 알아보기

예제 16-8의 코드는 컴파일되고 실행도 되지만, 두 개의 분리된 스레드가 채널을 통해 서로 대화를 했는지 우리에게 명확히 보여주진 못했습니다. 예제 16-10에서는 예제 16-8의 코드가 동시에 실행됨을 입증해줄 수정본을 만들었습니다. 이제 생성된 스레드가 여러 메시지를 보내면서 각 메시지 사이에 1초씩 잠깐 멈출 것입니다.

예제 16-10 **여러 메시지를 보내고 각각마다 멈추기**   (File) src/main.rs

```rust
use std::sync::mpsc;
use std::thread;
use std::time::Duration;

fn main() {
    let (tx, rx) = mpsc::channel();

    thread::spawn(move || {
        let vals = vec![
            String::from("hi"),
            String::from("from"),
            String::from("the"),
            String::from("thread"),
        ];

        for val in vals {
            tx.send(val).unwrap();
            thread::sleep(Duration::from_secs(1));
        }
    });

    for received in rx {
        println!("Got: {}", received);
    }
}
```

이번에는 생성된 스레드가 메인 스레드로 보내고 싶은 문자열의 벡터를 가지고 있습니다. 문자열마다 반복하여 각각의 값을 개별적으로 보내고, Duration에 1초를 넣어서 `thread::sleep` 함수를 호출하는 것으로 각각의 사이에 멈춥니다.

메인 스레드에서는 더 이상 `recv` 함수를 명시적으로 호출하지 않고 있습니다. 대신 `rx`를 반복자처럼 다루고 있습니다. 각각 수신된 값에 대해서 이를 출력합니다. 채널이 닫힐 때는 반복이 종료될 것입니다.

예제 16-10의 코드를 실행시키면 다음과 같은 출력이 각 줄마다 1초씩 멈추면서 보일 것입니다.

```
Got: hi
Got: from
Got: the
Got: thread
```

메인 스레드의 for 루프 내에는 어떠한 멈춤 혹은 지연 코드를 넣지 않았으므로, 메인 스레드가 생성된 스레드로부터 값을 전달받는 것을 기다리는 중임을 알 수 있습니다.

16.2.3 송신자를 복제하여 여러 생산자 만들기

이전에 mpsc가 **복수 생산자, 단일 소비자**의 약어라는 것을 언급했었지요. mpsc를 예제 16-10의 코드에 적용하여 모두 동일한 수신자로 값들을 보내는 여러 스레드를 만들도록 코드를 확장해봅시다. 예제 16-11처럼 채널의 송신자를 복제하면 그렇게 할 수 있습니다.

예제 16-11 여러 개의 생산자로부터 여러 메시지 보내기 ⒻFile src/main.rs

```
// --생략--

let (tx, rx) = mpsc::channel();

let tx1 = tx.clone();
thread::spawn(move || {
    let vals = vec![
        String::from("hi"),
        String::from("from"),
        String::from("the"),
        String::from("thread"),
    ];
```

```
        for val in vals {
            tx1.send(val).unwrap();
            thread::sleep(Duration::from_secs(1));
        }
    });

    thread::spawn(move || {
        let vals = vec![
            String::from("more"),
            String::from("messages"),
            String::from("for"),
            String::from("you"),
        ];

        for val in vals {
            tx.send(val).unwrap();
            thread::sleep(Duration::from_secs(1));
        }
    });

    for received in rx {
        println!("Got: {}", received);
    }

    // --생략--
```

이번에는 첫 번째로 생성된 스레드를 생성하기 전에, 채널의 송신 단말에 대해 clone을 호출했습니다. 이는 첫 번째로 생성된 스레드로 전달할 수 있는 새로운 송신 핸들을 제공해줄 것입니다. 두번째로 생성된 스레드에게는 원래의 채널 송신 단말을 전달합니다. 이렇게 다른 메시지를 하나의 수신 단말로 보내주는 두 스레드를 만듭니다.

이 코드를 실행시키면, 다음과 같은 출력과 비슷하게 보여야 합니다.

```
Got: hi
Got: more
Got: from
Got: messages
Got: for
Got: the
Got: thread
Got: you
```

값들의 순서는 여러분의 시스템에 따라 다르게 보일 수도 있습니다. 이것이 바로 동시성을 흥미롭게 만들 뿐만 아니라 어렵게 만드는 것입니다. 만일 여러분이 `thread::sleep`을 가지고 실험하면서 서로 다른 스레드마다 다양한 값을 썼다면, 매번의 실행이 더욱 비결정적이고 매번 다른 출력을 생성할 것입니다.

이제 채널이 작동하는 방식을 알아봤으니, 동시성의 다른 방법을 알아봅시다.

16.3 공유 상태 동시성

메시지 패싱은 동시성을 다루는 좋은 방법이지만, 유일한 수단은 아닙니다. 또 다른 방법은 여러 스레드가 동일한 공유 데이터에 접근하는 것입니다. '메모리를 공유하여 통신하지 마세요'라는 Go 언어 문서로부터 나온 슬로건의 일부를 다시 한번 생각해보세요.

메모리를 공유하는 통신은 어떻게 생겼을까요? 더불어 메시지 패싱 애호가들은 왜 메모리 공유를 쓰지 말라고 경고할까요?

어떤 면에서, 모든 프로그래밍 언어의 채널들은 단일 소유권과 유사한데, 이는 값이 채널로 송신되면, 그 값은 더 이상 쓸 수 없게 되기 때문입니다. 공유 메모리 동시성은 복수 소유권과 유사합니다. 여러 스레드가 동시에 동일한 메모리 위치에 접근할 수 있지요. 스마트 포인터가 복수 소유권을 가능하게 하는 내용을 담은 15장에서 보았듯이, 복수 소유권은 서로 다른 소유자들에 대한 관리가 필요하기 때문에 더 복잡할 수 있습니다. 러스트의 타입 시스템과 소유권 규칙은 이러한 관리가 올바르도록 훌륭히 도와줍니다. 예를 들면, 공유 메모리를 위한 더 일반적인 동시성 기초 재료 중 하나인 뮤텍스를 살펴봅시다.

16.3.1 뮤텍스를 사용하여 한 번에 하나의 스레드에서만 데이터 접근을 허용하기

뮤텍스(mutex)는 **상호 배제**(mutual exclusion)의 줄임말로, 뮤텍스에서는 한 번에 하나의 스레드만 데이터 접근을 허용합니다. 뮤텍스 내부의 데이터에 접근하려면 스레드는 먼저 뮤텍스의 **락**(lock)을 얻는 요청을 해서 접근을 희망하는 신호를 보내야 합니다. 락은 누가 현재 배타적으로 데이터에 접근하는지 추적하는 뮤텍스의 일부에 해당하는 데이터 구조입니다. 그러므로, 뮤텍스는 잠금 시스템을 통해 가지고 있는 데이터를 **보호하는**(guard) 것으로 묘사됩니다.

뮤텍스는 사용하기 어렵다는 평판이 있는데 이는 다음 두 가지 규칙을 기억해야 하기 때문입니다.

- 데이터를 사용하기 전에는 반드시 락을 얻는 시도를 해야 합니다.
- 만일 뮤텍스가 보호하는 데이터의 사용이 끝났다면, 반드시 언락을 해야 다른 스레드들이 락을 얻을 수 있습니다.

뮤텍스에 대한 실제 세계에서의 비유를 위해서, 마이크가 딱 하나만 있는 콘퍼런스 패널 토의를 상상해보세요. 패널 참가자들이 말하기 전, 그들은 마이크 사용을 원한다고 요청하거나 신호를 줘야 합니다. 마이크를 얻었을 때는 원하는 만큼 길게 말한 다음, 말하기를 원하는 다음 패널 참가자에게 마이크를 건네줍니다. 만일 패널 참여자가 마이크 사용을 끝냈을 때 이를 건네는 것을 잊어버린다면, 다른 사람은 아무도 말할 수 없게 됩니다. 공유하는 마이크의 관리가 잘못되면, 패널 토의는 계획대로 진행되지 않을 겁니다!

뮤텍스의 관리를 올바르게 하려면 믿을 수 없을 만큼 까다로울 수 있는데, 이것이 바로 많은 사람들이 채널 애호가가 되는 이유입니다. 하지만 러스트의 타입 시스템과 소유권 규칙에 덕분에 락과 언락이 잘못될 수는 없습니다.

Mutex<T>의 API

뮤텍스 사용 방법에 대한 예제로, 예제 16-12처럼 싱글스레드 콘텍스트에서 뮤텍스를 사용하는 것으로 시작해봅시다.

예제 16-12 간소화를 위해 싱글스레드 콘텍스트에서 Mutex<T>의 API 탐색하기   (File) src/main.rs

```
use std::sync::Mutex;

fn main() {
❶ let m = Mutex::new(5);

    {
    ❷ let mut num = m.lock().unwrap();
    ❸ *num = 6;
❹ }

❺ println!("m = {:?}", m);
}
```

많은 타입이 그렇듯 Mutex<T>는 연관 함수 new를 사용하여 만들어집니다(❶). 뮤텍스 내의 데이터에 접근하기 위해서는 lock 메서드를 사용하여 락을 얻습니다(❷). 이 호출은 현재의 스레드를 블록할 것이므로, 락을 얻을 차례가 될 때까지 아무런 작업도 할 수 없습니다.

락을 가진 다른 스레드가 패닉 상태인 경우 lock의 호출은 실패할 것입니다. 그런 경우 아무도 락을 얻을 수 없게 되므로, unwrap을 택하여 그런 상황일 경우 이 스레드에 패닉을 일으킵니다.

락을 얻고 난 후에는 그 반환값, 여기에서는 num을 내부 데이터에 대한 가변 참조자로 취급할 수 있습니다. 타입 시스템은 m 내부의 값을 사용하기 전에 락을 얻도록 보장합니다. Mutex<i32>는 i32가 아니므로 i32값을 사용하기 위해서는 **반드시** 락을 얻어야 합니다. 락을 획득하는 것을 잊어버린다면 타입 시스템이 내부의 i32에 접근할 수 없게 할 것이기 때문에, 잊어버릴 수가 없습니다.

짐작했을지 모르겠지만 Mutex<T>는 스마트 포인터입니다. 더 정확하게는 lock의 호출이 MutexGuard라는 스마트 포인터를 반환하는데, unwrap 호출을 통해 처리되는 LockResult로 감싸져 있습니다. MutexGuard 스마트 포인터는 내부 데이터를 가리키도록 Deref가 구현되어 있습니다. 또한 MutexGuard 스마트 포인터에는 Drop 구현체가 있는데, 이것으로 내부 스코프의 끝에서 스코프 밖으로 벗어났을 때 자동으로 락을 해제하는 일이 벌어집니다(❹). 결과적으로 락이 자동으로 해제되기 때문에, 락을 해제하는 것을 잊어버려 다른 스레드에서 뮤텍스가 사용되지 못하게 차단될 위험이 없습니다.

락이 버려진 후에는 뮤텍스값을 출력하여 내부의 i32를 6으로 바꿀 수 있음을 확인할 수 있습니다 (❺).

여러 스레드 사이에서 Mutex<T> 공유하기

이제 Mutex<T>를 사용하여 여러 스레드 사이에서 값을 공유하는 시도를 해봅시다. 10개의 스레드를 생성하고 각자 카운터값을 1씩 증가시켜서 카운터가 0에서 10으로 가도록 할 것입니다. 다음 예제 16-13는 컴파일 에러가 날 것이고, 이 에러를 이용하여 Mutex<T>를 사용하는 방법과 러스트가 이를 고치는 것을 돕는 방법에 대해 학습하겠습니다.

예제 16-13 Mutex<T>에 의해 보호되는 카운터를 각자 증가시키는 10개의 스레드 　　　　　　　　　 (File) src/main.rs

```
use std::sync::Mutex;
use std::thread;

fn main() {
❶ let counter = Mutex::new(0);
```

```
    let mut handles = vec![];

❷ for _ in 0..10 {
    ❸ let handle = thread::spawn(move || {
        ❹ let mut num = counter.lock().unwrap();

        ❺ *num += 1;
        });
    ❻ handles.push(handle);
    }

    for handle in handles {
    ❼ handle.join().unwrap();
    }

❽ println!("Result: {}", *counter.lock().unwrap());
}
```

예제 16-12에서 했던 것처럼 Mutex<T> 내부에 i32를 담고 있는 counter 변수를 만듭니다(❶). 다음으로 숫자 범위만큼 반복하여 10개의 스레드를 만듭니다(❷). thread::spawn을 사용하고 모든 스레드에게 동일한 클로저를 주었습니다. 이 클로저는 카운터를 스레드로 이동시키고(❸), lock 메서드를 호출하여 Mutex<T>의 락을 얻은 다음(❹), 뮤텍스 내의 값을 1만큼 증가시킵니다(❺). 스레드가 자신의 클로저 실행을 끝냈을 때, num은 스코프 밖으로 벗어내고 락이 해제되어 다른 스레드가 이를 얻을 수 있습니다.

메인 스레드에서는 조인 핸들을 전부 모읍니다(❻). 그리고 나서 예제 16-2에서처럼 각 핸들에 join을 호출하여 모든 스레드가 종료되는 것을 확실히 합니다(❼). 그 시점에서 메인 스레드는 락을 얻고 이 프로그램의 결과를 출력합니다(❽).

이 예제가 컴파일되지 않을 것이라고 암시했었죠. 이제 왜 그런지 알아봅시다!

```
error[E0382]: use of moved value: `counter`
  --> src/main.rs:9:36
   |
5  |      let counter = Mutex::new(0);
   |          ------- move occurs because `counter` has type `Mutex<i32>`, which does not
implement the `Copy` trait
...
9  |          let handle = thread::spawn(move || {
   |                                     ^^^^^^^ value moved into closure here, in previous
iteration of loop
```

```
10 |            let mut num = counter.lock().unwrap();
   |                          ------- use occurs due to use in closure
```

이 에러 메시지는 counter값이 루프의 이전 반복에서 이동되었다고 설명합니다. 러스트는 락 counter의 소유권을 여러 스레드로 옮길 수 없음을 말하고 있습니다. 15장에서 설명했던 복수 소유자 메서드를 가지고 이 컴파일 에러를 고쳐봅시다.

복수 스레드와 함께하는 복수 소유권

15장에서는 스마트 포인터 Rc<T>를 사용하여 참조 카운팅값을 만들어 값에 여러 소유자를 부여했습니다. 여기서도 똑같이 해서 어떻게 되는지 봅시다. 예제 16-14의 Mutex<T>를 Rc<T>로 감싸서 스레드로 소유권을 넘기기 전에 그 Rc<T>를 복제하겠습니다.

예제 16-14 Rc<T>를 사용하여 여러 스레드가 Mutex<T>를 소유할 수 있도록 하는 시도   File src/main.rs

```rust
use std::rc::Rc;
use std::sync::Mutex;
use std::thread;

fn main() {
    let counter = Rc::new(Mutex::new(0));
    let mut handles = vec![];

    for _ in 0..10 {
        let counter = Rc::clone(&counter);
        let handle = thread::spawn(move || {
            let mut num = counter.lock().unwrap();

            *num += 1;
        });
        handles.push(handle);
    }

    for handle in handles {
        handle.join().unwrap();
    }

    println!("Result: {}", *counter.lock().unwrap());
}
```

다시 한번 컴파일하니 그 결과가... 다른 에러들이네요! 컴파일러는 많은 것을 가르쳐주고 있습니다.

```
error[E0277]: ❶ `Rc<Mutex<i32>>` cannot be sent between threads safely
  --> src/main.rs:11:36
   |
11 |             let handle = thread::spawn(move || {
   |                          ------------- ^------
   |                          |             |
   | _____|_____within this `[closure@src/main.rs:11:36: 11:43]`
   | |                    |
   | |                          required by a bound introduced by this call
12 | |                 let mut num = counter.lock().unwrap();
13 | |
14 | |                 *num += 1;
15 | |             });
   | |_____^ `Rc<Mutex<i32>>` cannot be sent between threads safely
   |
   = help: within `[closure@src/main.rs:11:36: 11:43]`, ❷the trait `Send` is not implemented
for `Rc<Mutex<i32>>`
note: required because it's used within this closure
  --> src/main.rs:11:36
   |
11 |             let handle = thread::spawn(move || {
   |                                        ^^^^^^^
note: required by a bound in `spawn`
  --> /rustc/d5a82bbd26e1ad8b7401f6a718a9c57c96905483/library/std/src/thread/mod.rs:704:8
   |
   = note: required by this bound in `spawn`
```

와우, 이 에러는 정말 장황하네요! 집중해야 할 중요한 부분은 이겁니다. `Rc<Mutex<i32>>`
cannot be sent between threads safely(`Rc<Mutex<i32>>`는 스레드 간에 안전하게 보낼 수 없습니
다❶). 또한 컴파일러는 그 이유를 말해주고 있습니다. the trait `Send` is not implemented for
`Rc<Mutex<i32>>`(트레이트 `Send`가 `Rc<Mutex<i32>>`에 대해 구현되지 않았습니다❷). Send에 대
해서는 다음 절에서 이야기하겠습니다. 이것은 스레드와 함께 사용하는 타입들이 동시적 상황에
서 쓰이기 위한 것임을 보장하는 트레이트 중 하나입니다.

안타깝게도, Rc<T>는 스레드를 교차하면서 공유하기에는 안전하지 않습니다. Rc<T>가 참조 카운
트를 관리할 때, 각 clone 호출마다 카운트에 더하고 각 클론이 버려질 때 카운트에서 뺍니다. 하지
만 그것은 다른 스레드에 의해 카운트를 변경하는 것을 방해할 수 없음을 보장하는 어떠한 동시
성 기초 재료도 이용하지 않습니다. 이는 잘못된 카운트를 야기할 수 있습니다. 결과적으로 메모리
누수를 발생시키거나 아직 다 쓰기 전에 값이 버려질 수 있는 미세한 버그를 낳겠죠. 우리가 원하
는 것은 정확히 Rc<T>와 비슷하지만 스레드 안전(thread-safe) 방식으로 참조 카운트를 바꾸는 녀

석입니다.

Arc\<T\>를 이용한 아토믹 참조 카운팅

다행히도, Arc\<T\>가 바로 동시적 상황에서 안전하게 사용할 수 있는 Rc\<T\> 같은 타입입니다. **a**는 **아토믹**(atomic)을 의미하는데, 즉 이것이 **원자적으로 참조자를 세는**(atomically reference counted) 타입임을 뜻합니다. 아토믹은 추가적인 종류의 동시성 기초 재료로서, 여기서는 자세히 다루지 않을 겁니다. 더 자세히 알고 싶으면 std::sync::atomic(https://doc.rust-lang.org/std/sync/atomic/index.html)에 대한 표준 라이브러리 문서를 보세요. 이 시점에서는 아토믹이 기초 타입처럼 작동하지만 스레드를 교차하며 공유해도 안전하다는 것만 알면 됩니다.

그렇다면 여러분은 왜 모든 기초 타입이 아토믹하지 않은지, 그리고 표준 라이브러리 타입은 왜 기본적으로 Arc\<T\>를 구현에 이용하지 않는지를 궁금해할지도 모르겠습니다. 그 이유는 스레드 안전성이란 것이 정말로 필요할 때만 감내하고 싶을 성능 저하를 일으키기 때문입니다. 싱글스레드 내에서만 값을 연산하는 경우, 아토믹이 제공하는 보장을 강제할 필요 없이 코드는 더 빠르게 실행될 수 있습니다.

예제로 다시 돌아갑시다. Arc\<T\>와 Rc\<T\>는 같은 API를 가지고 있으므로, use 라인과 new 호출, 그리고 clone 호출 부분을 바꾸는 것으로 프로그램을 수정합니다. 예제 16-15의 코드는 마침내 컴파일 및 실행이 될 것입니다.

예제 16-15 Arc\<T\>를 사용하여 Mutex\<T\>를 감싸서 여러 스레드 사이에서 소유권을 공유할 수 있도록 하기

(File) src/main.rs

```rust
use std::sync::{Arc, Mutex};
use std::thread;

fn main() {
    let counter = Arc::new(Mutex::new(0));
    let mut handles = vec![];

    for _ in 0..10 {
        let counter = Arc::clone(&counter);
        let handle = thread::spawn(move || {
            let mut num = counter.lock().unwrap();

            *num += 1;
        });
        handles.push(handle);
    }
```

```
    for handle in handles {
        handle.join().unwrap();
    }

    println!("Result: {}", *counter.lock().unwrap());
}
```

이 코드는 다음을 출력할 것입니다.

```
Result: 10
```

해냈군요! 크게 인상적인 것처럼 보이지 않을지도 모르겠지만 0부터 10까지 세었고, `Mutex<T>`와 스레드 안전성에 대하여 많은 것을 알게 주었습니다. 또한 이 프로그램의 구조를 사용하여 카운터 만 증가시키는 것보다 더 복잡한 연산을 할 수도 있겠습니다. 이 전략을 사용하여 계산을 독립적 인 부분들로 나누고, 해당 부분들을 스레드로 쪼갠 다음, `Mutex<T>`를 사용하여 각 스레드가 해당 부분의 최종 결과를 업데이트하도록 할 수 있습니다.

단순한 산술 연산을 하는 중이라면 표준 라이브러리의 `std::sync::atomic` 모듈(https://doc.rust-lang.org/std/sync/atomic/index.html)이 제공하는 `Mutex<T>` 타입보다 단순한 타입이 있습니다. 이 타입은 기 초 타입에 대한 안전하고, 동시적이며, 원자적인 접근을 제공합니다. 이 예제에서는 기초 타입에 대 해 `Mutex<T>`를 사용하여 `Mutex<T>`가 작동하는 방식에 집중하였습니다.

16.3.2 RefCell⟨T⟩/Rc⟨T⟩와 Mutex⟨T⟩/Arc⟨T⟩ 간의 유사성

`counter`가 불변이지만 내부값에 대한 가변 참조자를 가지고 올 수 있었음을 알아챘을 수도 있겠 습니다. 이는 `Cell` 유형이 그러하듯 `Mutex<T>`가 내부 가변성을 제공한다는 의미입니다. 15장에서 `Rc<T>`의 내용물을 변경할 수 있도록 하기 위해 `RefCell<T>`를 사용한 것과 같은 방식으로, `Arc<T>` 내부의 값을 변경하기 위해 `Mutex<T>`를 이용합니다.

주목할 만한 또 다른 세부 사항은 `Mutex<T>`를 사용할 때 러스트가 모든 종류의 논리 에러로부터 보호해줄 수 없다는 것입니다. 15장에서 `Rc<T>`를 사용하는 것은 두 `Rc<T>`값들이 서로를 참조하 여 메모리 누수를 야기하는 순환 참조자를 만들 위험성이 따라오는 것이었음을 상기해봅시다. 이 와 유사하게, `Mutex<T>`에는 **교착 상태**를 생성할 위험성이 따라옵니다. 이것은 어떤 연산이 두 개의 리소스에 대한 락을 얻을 필요가 있고 두 개의 스레드가 락을 하나씩 얻는다면, 서로가 서로를 영원히 기다리는 형태로 발생됩니다. 교착 상태에 흥미가 있다면, 교착 상태에 있는 러스트 프로그램 만들기를 시도해보세요. 그다음 아무 언어에 있는 뮤텍스를 위한 교착 상태 완화 전략을 연구해보고 이를 러스트에서 구현해보세요. `Mutex<T>`와 `MutexGuard`에 대한 표준 라이브러리 API 문서가 유용한 정보를 제공합니다.

이제 Send와 Sync 트레이트와 이를 커스텀 타입과 함께 사용하는 방법을 이야기하는 것으로 이 장을 마무리하겠습니다.

16.4 Sync와 Send 트레이트를 이용한 확장 가능한 동시성

흥미롭게도, 러스트 언어는 매우 적은 숫자의 동시성 기능을 갖고 있습니다. 이 장에서 여태껏 이야기한 거의 모든 동시성 기능이 언어의 부분이 아닌 표준 라이브러리의 영역이었습니다. 동시성 처리를 위한 옵션은 언어 혹은 표준 라이브러리에만 국한되지 않습니다. 여러분만의 동시성 기능을 작성하거나 다른 이들이 작성한 것을 이용할 수 있습니다.

그러나, 두 개의 동시성 개념은 언어에 내재되어 있습니다. 바로 `std::marker` 트레이트인 Sync와 Send입니다.

16.4.1 Send를 사용하여 스레드 사이에 소유권 이동을 허용하기

Send 마커 트레이트는 Send가 구현된 타입의 소유권이 스레드 사이에서 이동될 수 있음을 나타냅니다. 대부분의 러스트 타입이 Send이지만 몇 개의 예외가 있는데, 그중 `Rc<T>`도 있습니다. 이것은 Send가 될 수 없는데 그 이유는 여러분이 `Rc<T>`값을 복제하여 다른 스레드로 복제본의 소유권 전송을 시도한다면, 두 스레드 모두 동시에 참조 카운트값을 업데이트할지도 모르기 때문입니다. 이러한 이유로, `Rc<T>`는 스레드 안전을 위한 성능 페널티를 원치 않는 싱글스레드 상황에서 사용되도록 구현되었습니다.

따라서 러스트의 타입 시스템과 트레이트 바운드는 우발적으로 스레드 간에 `Rc<T>`값을 불안전하게 보내질 수 없도록 보장해줍니다. 예제 16-14를 시도할 때는 '트레이트 `Send`가 `Rc<Mutex<i32>>`에 대해 구현되지 않았습니다'라는 에러를 얻었습니다. Send가 구현된 `Arc<T>`로 바꿨을 때는 코드가 컴파일되었습니다.

또한 전체가 Send 타입으로 구성된 모든 타입은 자동으로 Send로 마킹됩니다. 원시 포인터를 빼고 거의 모든 기초 타입이 Send인데, 이는 19장에서 다루겠습니다.

16.4.2 Sync를 사용하여 여러 스레드로부터의 접근을 허용하기

Sync 마커 트레이트는 Sync가 구현된 타입이 여러 스레드로부터 안전하게 참조 가능함을 나타냅니다. 바꿔 말하면, 만일 &T(T의 불변 참조자)가 Send이면, 즉 참조자가 다른 스레드로 안전하게 보내질 수 있다면, T는 Sync합니다. Send와 유사하게, 기초 타입들은 Sync하고 전체가 Sync한 타입들로 구성된 타입 또한 Sync합니다.

스마트 포인터 Rc<T>는 또한 Send가 아닌 이유와 동일한 이유로 Sync하지 않습니다. (15장에서 이야기한) RefCell<T> 타입과 연관된 Cell<T> 타입의 유형들도 Sync하지 않습니다. RefCell<T>가 런타임에 수행하는 대여 검사 구현은 스레드 안전하지 않습니다. 스마트 포인터 Mutex<T>는 Sync하고 여러분이 '여러 스레드 사이에서 Mutex<T> 공유하기'(466쪽)에서 본 것처럼 여러 스레드에서 접근을 공유하는 데 사용될 수 있습니다.

16.4.3 Send와 Sync를 손수 구현하는 것은 안전하지 않습니다

Send와 Sync 트레이트들로 구성된 타입들이 자동으로 Send될 수 있고 Sync하기 때문에, 이 트레이트들은 손수 구현하지 않아도 됩니다. 이들은 심지어 마커 트레이트로서 구현할 어떠한 메서드도 없습니다. 이들은 그저 동시성과 관련된 불변성을 강제하는 데 유용할 따름입니다.

이 트레이트들을 손수 구현하는 것은 안전하지 않은(unsafe) 러스트 코드 구현을 수반합니다. 19장에서 안전하지 않은 러스트 코드에 대하여 이야기하겠습니다. 지금으로서 중요한 정보는 Send와 Sync하지 않은 구성 요소들로 구성된 새로운 동시적 타입을 만드는 것이 안전성 보장을 유지하기 위해 신중한 고려가 필요하다는 점입니다. '러스토노미콘(https://doc.rust-lang.org/nomicon)'에 이러한 보장과 유지하는 방법에 대한 더 많은 정보가 있습니다.

정리

지금 부분이 이 책에서 동시성에 대해 보게 될 마지막은 아닙니다. 20장의 프로젝트에서는 이번 장에서 다룬 개념들을 조금 전 다루었던 작은 예제보다 더 실질적인 상황에서 이용하게 될 것입니다.

일찍이 언급한 것처럼, 러스트가 동시성을 처리하는 방법이 언어의 매우 작은 부분이기 때문에, 많은 동시성 설루션이 크레이트로 구현됩니다. 이들은 표준 라이브러리보다 더 빠르게 진화하므로, 현재 가장 최신 기술의 크레이트를 온라인으로 검색해서 멀티스레드 상황에 사용해보세요.

러스트 표준 라이브러리는 메시지 패싱을 위한 채널을 제공하고, 동시적 콘텍스트에서 사용하기 안전한 Mutex<T>와 Arc<T> 같은 스마트 포인터 타입들을 제공합니다. 타입 시스템과 대여 검사기는 이 설루션을 이용하는 코드가 데이터 경합 혹은 유효하지 않은 참조자로 끝나지 않을 것을 보장합니다. 일단 코드가 컴파일된다면, 다른 언어에서는 흔하게 발생하는 추적하기 어려운 버그 없이 여러 스레드 상에서 행복하게 작동하므로 안심할 수 있습니다. 동시성 프로그래밍은 더 이상 두려워할 개념이 아닙니다. 앞으로 나아가 겁 없이 여러분의 프로그램을 동시적으로 만드세요!

다음으로는 러스트 프로그램이 점차 커짐에 따라서 문제를 모델링하고 설루션을 구조화하는 자연스러운 방법에 대해 이야기할 것입니다. 더불어 객체 지향 프로그래밍으로부터 친숙할 수 있을 개념들과 러스트의 관용구가 어떻게 연관되어 있는지 다루겠습니다.

17

러스트의 객체 지향 프로그래밍 기능

객체 지향 프로그래밍은 프로그램을 모델링하는 방식입니다. 프로그래밍 개념으로서의 객체는 1960년대에 프로그래밍 언어 시뮬라(Simula)에 도입되었습니다. 이 객체들은 임의의 객체들이 서로 메시지를 전달하는 앨런 케이(Alan Kay)의 프로그래밍 아키텍처에 영향을 끼쳤습니다. 이 아키텍처를 설명하기 위해 그는 1967년 **객체 지향 프로그래밍(object-oriented programming, OOP)**이라는 용어를 만들었습니다. 다수의 정의가 경쟁적으로 OOP이 무엇인지 설명하고 있으며, 그중 일부에 따르면 러스트는 객체 지향이지만 다른 정의에 따르면 그렇지 않습니다. 이 장에서는 일반적으로 객체 지향이라고 간주하는 특성들을 알아보고 이런 특성들이 러스트다운 표현들로 어떻게 변환되는지 알아보겠습니다. 그런 후에 객체 지향적 디자인 패턴을 러스트에서 구현하는 방법을 보여주고, 그렇게 했을 때와 러스트가 가진 강점 중 일부를 사용하여 구현했을 경우의 장단점에 대해 논의해보겠습니다.

17.1 객체 지향 언어의 특성

프로그래밍 커뮤니티에서는 어떤 언어가 객체 지향으로 간주되기 위해 반드시 갖춰야 하는 기능에 대한 합의가 이루어지지 않았습니다. 러스트는 OOP를 포함한 많은 프로그래밍 패러다임의 영향을 받았습니다. 예를 들어, 13장에서는 함수형 프로그래밍에서 나온 기능들을 탐구해봤습니다. OOP 언어라면 거의 틀림없이 몇 가지 공통된 특성을 공유하는데, 여기에는 객체, 캡슐화, 상속 등이 있습니다. 각 특성이 무엇을 의미하는지와 이를 러스트가 지원하는지를 살펴봅시다.

17.1.1 객체는 데이터와 동작을 담습니다

속칭 '4인방'의 책이라고도 불리는 《GoF의 디자인 패턴(개정판)》(프로텍미디어, 2015)은 객체 지향 디자인 패턴에 대한 카탈로그입니다. 이 책에서는 OOP를 다음과 같이 정의합니다.

> 객체 지향 프로그램은 객체로 구성됩니다. **객체**는 데이터 및 이 데이터를 활용하는 프로시저를 묶습니다. 이 프로시저들을 보통 **메서드** 혹은 **연산**이라고 부릅니다.

이 정의에 따르면, 러스트는 객체 지향적입니다. 구조체와 열거형에는 데이터가 있고, impl 블록은 그 구조체와 열거형에 대한 메서드를 제공하죠. 설령 메서드가 있는 구조체와 열거형이 객체라고 **호칭**되지는 않더라도, 4인방의 객체에 대한 정의에 따르면 이들은 동일한 기능을 제공합니다.

17.1.2 상세 구현을 은닉하는 캡슐화

일반적으로 OOP와 연관된 또 다른 측면은 **캡슐화**(encapsulation)라는 개념으로, 그 의미는 객체를 이용하는 코드에서 그 객체의 상세 구현에 접근할 수 없게 한다는 것입니다. 따라서, 객체와 상호작용하는 유일한 방법은 해당 객체의 공개 API를 통하는 것입니다. 객체를 사용하는 코드는 직접 객체의 내부에 접근하여 데이터나 동작을 직접 변경시켜서는 안 됩니다. 이는 프로그래머가 객체를 사용하는 코드의 변경 없이 이 객체 내부를 변경하거나 리팩터링할 수 있도록 해줍니다.

7장에서 어떻게 캡슐화를 제어하는지에 대해 논의했습니다. pub 키워드를 사용하면 어떤 모듈, 타입, 함수, 그리고 메서드가 공개될 것인가를 결정할 수 있으며, 그 외의 다른 모든 것들은 기본적으로 비공개입니다. 예를 들면, i32값의 벡터를 필드로 가지고 있는 AveragedCollection 구조체를 정의할 수 있습니다. 또한 이 구조체는 벡터의 값에 대한 평균값을 담는 필드도 가질 수 있으므로, 평균값이 필요한 순간마다 매번 이를 계산할 필요는 없습니다. 바꿔 말하면, AveragedCollection 은 계산된 평균값을 캐시할 것입니다. 예제 17-1은 이 AveragedCollection 구조체에 대한 정의를 나타냅니다.

예제 17-1 **예제 17-1** **컬렉션 내의 정수 아이템들과 그의 평균값을 관리하는** AveragedCollection **구조체**   (File) src/lib.rs

```rust
pub struct AveragedCollection {
    list: Vec<i32>,
    average: f64,
}
```

구조체는 pub으로 표시되어 다른 코드가 이를 사용할 수 있지만, 구조체 안에 존재하는 필드들은 여전히 비공개입니다. 이는 이번 사례에 매우 중요한데, 그 이유는 하나의 값이 리스트에 추가되거나 제거될 때마다 평균도 업데이트되는 것을 보장하고 싶기 때문입니다. 예제 17-2와 같이 구조체에 add, remove, 그리고 average 메서드를 구현하여 이를 수행합니다.

예제 17-2 AveragedCollection**의 공개 메서드** add, remove, **그리고** average**의 구현**   (File) src/lib.rs

```rust
impl AveragedCollection {
    pub fn add(&mut self, value: i32) {
        self.list.push(value);
        self.update_average();
    }

    pub fn remove(&mut self) -> Option<i32> {
        let result = self.list.pop();
        match result {
            Some(value) => {
                self.update_average();
                Some(value)
            }
            None => None,
        }
    }

    pub fn average(&self) -> f64 {
        self.average
    }

    fn update_average(&mut self) {
        let total: i32 = self.list.iter().sum();
        self.average = total as f64 / self.list.len() as f64;
    }
}
```

공개 메서드 add와 remove, average는 AveragedCollection 인스턴스의 데이터에 접근하거나 수정할 수 있는 유일한 방법입니다. add 메서드를 사용하여 list에 아이템을 추가하거나 remove 메서드를 사용하여 제거하면, 각 구현에서는 average 필드의 업데이트를 처리하는 비공개 메서드 update_average도 호출합니다.

list와 average 필드는 비공개로 하였으므로 외부 코드가 list 필드에 직접 아이템을 추가하거나 제거할 방법은 없습니다. 그렇게 하면 average 필드는 list가 변경될 때 동기화되지 않을 수 있습니다. average 메서드는 average 필드의 값을 반환하므로, 외부 코드가 average를 읽을 수 있도록 하지만 변경할 수는 없습니다.

AveragedCollection의 세부 구현은 캡슐화되었기 때문에, 향후에 데이터 구조와 같은 측면을 쉽게 변경할 수 있습니다. 예를 들면, list 필드에 대해서 Vec<i32>가 아닌 HashSet<i32>를 사용할 수 있습니다. add, remove, average 공개 메서드의 시그니처가 그대로 유지되는 한, AveragedCollection를 사용하는 코드들은 변경될 필요가 없습니다. 대신 list를 공개했다면 반드시 그렇지는 않았을 것입니다. HashSet<i32>와 Vec<i32>는 아이템들을 추가하거나 제거하기 위한 메서드들이 다르므로, 만약 외부 코드가 list에 직접 접근하여 변경했더라면 모두 변경되어야 할 가능성이 높겠지요.

캡슐화가 객체 지향 언어로 간주하기 위해 필요한 측면이라면, 러스트는 해당 요구 사항을 충족합니다. 코드의 서로 다른 부분들에 대해 pub을 사용할지 여부를 선택하는 옵션을 통해 구현 세부 사항을 캡슐화할 수 있습니다.

17.1.3 타입 시스템과 코드 공유로서의 상속

상속(inheritance)은 어떤 객체가 다른 객체의 정의로부터 요소를 상속받을 수 있는 메커니즘으로, 이를 통해 객체를 다시 정의하지 않고도 부모 객체의 데이터와 동작을 가져올 수 있습니다.

만약 객체 지향 언어가 반드시 상속을 제공해야 한다면, 러스트는 그렇지 않은 쪽입니다. 매크로를 사용하지 않고 부모 구조체의 필드와 메서드 구현을 상속받는 구조체를 정의할 방법은 없습니다.

하지만 여러분이 상속에 익숙하다면, 애초에 이를 사용하고자 하는 이유에 따라 러스트의 다른 솔루션들을 이용할 수 있습니다.

상속을 선택하는 이유는 크게 두 가지입니다. 하나는 코드를 재사용하는 것입니다. 어떤 타입의 특정한 동작을 구현할 수 있고, 상속을 통하여 다른 타입에 대해 그 구현을 재사용할 수 있습니다. 러스트 코드에서는 대신 기본 트레이트 메서드의 구현을 이용하여 제한적으로 공유할 수 있는데, 이는 예제 10-14에서 Summary 트레이트에 summarize 메서드의 기본 구현을 추가할 때 봤던 것입니다. Summary 트레이트를 구현하는 모든 타입은 추가 코드 없이 summarize 메서드를 사용할 수 있습니다. 이는 어떤 메서드의 구현체를 갖는 부모 클래스와 그를 상속받는 자식 클래스 또한 그 메서드의 해당 구현체를 갖는 것과 유사합니다. 또한 Summary 트레이트를 구현할 때 summarize의 기본 구현을 오버라이딩할 수 있고, 이는 자식 클래스가 부모 클래스에서 상속받는 메서드를 오버라이딩하는 것과 유사합니다.

상속을 사용하는 또 다른 이유는 타입 시스템과 관련된 것입니다. 자식 타입을 부모 타입과 같은 위치에서 사용할 수 있게 하기 위함입니다. 이를 **다형성**(polymorphism)이라고도 부르는데, 이는 여러 객체가 일정한 특성을 공유한다면 이들을 런타임에 서로 대체하여 사용할 수 있음을 의미합니다.

> **다형성**
>
> 많은 사람이 다형성을 상속과 동일시합니다. 하지만 다형성은 여러 타입의 데이터로 작업할 수 있는 코드를 나타내는 더 범용적인 개념입니다. 상속에서는 이런 타입들이 일반적으로 하위 클래스에 해당합니다.
>
> 러스트는 대신 제네릭을 사용하여 호환 가능한 타입을 추상화하고 트레이트 바운드를 이용하여 해당 타입들이 반드시 제공해야 하는 제약을 부과합니다. 이것을 종종 **범주 내 매개변수형 다형성**(bounded parametric polymophism)이라고 부릅니다.

최근 많은 프로그래밍 언어에서는 상속이 프로그래밍 디자인 설루션으로 선호되지 않고 있는데 그 이유는 필요 이상으로 많은 코드를 공유할 수 있는 위험이 있기 때문입니다. 하위 클래스가 늘 그들의 부모 클래스의 모든 특성을 공유할 필요가 없어도 상속한다면 그렇게 됩니다. 이는 프로그램 설계의 유연성을 저하시킬 수 있습니다. 또한 하위 클래스에서는 타당하지 않거나 적용될 수 없어서 에러를 유발하는 메서드들이 호출될 수 있는 가능성을 만듭니다. 게다가, 어떤 언어들은 단일 상속(하위 클래스가 하나의 클래스로부터만 상속받을 수 있음을 의미)만을 허용하기 때문에 프로그램 디자인의 유연성을 더욱 제한하게 됩니다.

이러한 이유로, 러스트는 상속 대신에 트레이트 객체를 사용하는 다른 접근법을 택합니다. 트레이트 객체가 러스트에서 어떻게 다형성을 가능하게 하는지 살펴봅시다.

17.2 트레이트 객체를 사용하여 다른 타입의 값 허용하기

8장에서 벡터의 제약 중 하나는 딱 하나의 타입에 대한 요소만 보관할 수 있다는 것임을 언급했습니다. 예제 8-10에서 정수, 부동소수점, 그리고 문자를 보관하기 위한 배리언트들을 가지고 있는 SpreadsheetCell 열거형을 정의하는 해결 방안을 만들었습니다. 즉, 각 칸마다 다른 타입의 데이터를 저장할 수 있으면서도 여전히 그 칸들의 한 묶음을 대표하는 벡터를 가질 수 있었습니다. 이는 교환 가능한 아이템들이 코드를 컴파일할 때 알 수 있는 고정된 타입의 집합인 경우 완벽한 해결책입니다.

하지만, 때로는 우리의 라이브러리 사용자가 특정 상황에서 유효한 타입의 집합을 확장할 수 있도록 하길 원할 때가 있습니다. 이를 어떻게 달성할 수 있는지 보이기 위해, 예제로 아이템들의 리스트에 대해 반복하고 각 아이템에 대해 draw 메서드를 호출하여 이를 화면에 그리는 그래픽 사용자 인터페이스(GUI) 도구를 만들어보겠습니다. GUI 도구들에게 있어서는 흔한 방식이죠. 우리가 만들 라이브러리 크레이트는 gui라고 호명되고 GUI 라이브러리 구조를 포괄합니다. 이 크레이트는 사용자들이 사용할 수 있는 몇 가지 타입들, Button이나 TextField를 포함하게 될 수 있습니다. 또한 gui 사용자들은 자신만의 그릴 수 있는 타입을 만들고자 할 것입니다. 일례로, 어떤 프로그래머는 Image를 추가할지도, 또 다른 누군가는 SelectBox를 추가할지도 모릅니다.

이번 예제에서 완전한 GUI 라이브러리를 구현하지는 않겠지만 이 조각들이 어떻게 결합하는지 보여주고자 합니다. 라이브러리를 작성하는 시점에서는 다른 프로그래머들이 만들고자 하는 모든 타입들을 알 수 없죠. 하지만 gui가 다양한 타입들의 많은 값을 추적해야 하고, draw 메서드가 각각의 다양한 타입의 값들에 대해 호출되어야 한다는 것은 알고 있습니다. draw 메서드를 호출했을 때 벌어지는 일에 대해서 정확히 알 필요는 없고, 그저 그 값에 호출할 수 있는 해당 메서드가 있음을 알면 됩니다.

상속이 있는 언어로 이 작업을 하기 위해서는 draw라는 이름의 메서드를 갖고 있는 Component라는 클래스를 정의할 수 있습니다. 다른 클래스들, 이를테면 Button, Image, 그리고 SelectBox 같은 것들은 Component를 상속받고 따라서 draw 메서드를 물려받게 됩니다. 이들은 각각 draw 메서드를 오버라이딩하여 그들의 고유 동작을 정의할 수 있으나, 프레임워크는 모든 타입을 마치 Component인 것처럼 다룰 수 있고 draw를 호출할 수 있습니다. 하지만 러스트에는 상속이 없는 관계로, 사용자들이 새로운 타입을 정의하고 확장할 수 있도록 gui 라이브러리를 구조화하는 다른 방법이 필요합니다.

17.2.1 공통된 동작을 위한 트레이트 정의하기

gui에 필요한 동작을 구현하기 위해, draw라는 이름의 메서드가 하나 있는 Draw라는 이름의 트레이트를 정의하겠습니다. 그러면 **트레이트 객체(trait object)**를 담는 벡터를 정의할 수 있습니다. 트레이트 객체는 특정 트레이트를 구현한 타입의 인스턴스와 런타임에 해당 타입의 트레이트 메서드를 조회하는 데 사용되는 테이블 모두를 가리킵니다. & 참조자나 Box<T> 스마트 포인터 같은 포인터 종류로 지정한 다음 dyn 키워드를 붙이고, 그 뒤에 관련된 트레이트를 특정하면 트레이트 객체를 생성할 수 있습니다(트레이트 객체에 포인터를 사용해야 하는 이유는 19장의 '동적 크기 타입과 Sized 트레이트'(563쪽)에서 설명하겠습니다). 제네릭 타입이나 구체 타입 대신 트레이트 객체를 사용할 수 있습니다. 트레이트 객체를 사용하는 곳이 어디든, 러스트의 타입 시스템은 컴파일 타임에 해당 콘텍스트에서 사용된 모든 값이 트레이트 객체의 트레이트를 구현할 것을 보장합니다. 결론적으로 컴파일 타임에 모든 가능한 타입을 알 필요가 없습니다.

앞서 언급했듯 러스트에서는 다른 언어의 객체와 구분하기 위해 구조체와 열거형을 '객체'라고 부르는 것을 자제합니다. 구조체나 열거형에서는 구조체 필드의 데이터와 impl 블록의 동작이 분리되는 반면, 다른 언어에서는 데이터와 동작이 하나의 개념으로 결합한 것을 객체라고 명명하는 경우가 많으니까요. 트레이트 객체들은 데이터와 동작을 결합한다는 의미에서 다른 언어의 객체와 더 **비슷합니다.** 하지만 트레이트 객체는 트레이트 객체에 데이터를 추가할 수 없다는 점에서 전통적인 객체와 다릅니다. 트레이트 객체는 다른 언어들의 객체만큼 범용적으로 유용하지는 않습니다. 그들의 명확한 목적은 공통된 동작에 대한 추상화를 가능하도록 하는 것이죠.

예제 17-3은 draw라는 이름의 메서드를 갖는 Draw라는 트레이트를 정의하는 방법을 보여줍니다.

예제 17-3 Draw **트레이트의 정의**   (File) src/lib.rs

```
pub trait Draw {
    fn draw(&self);
}
```

이 문법은 10장에 있는 트레이트를 정의하는 방법에서 다뤘으니 익숙할 겁니다. 다음에 새로운 문법이 등장합니다. 예제 17-4는 components라는 벡터를 보유하고 있는 Screen이라는 구조체를 정의합니다. Box<dyn Draw> 타입의 벡터인데, 이것이 트레이트 객체입니다. 이것은 Draw 트레이트를 구현한 Box 안의 모든 타입에 대한 대역입니다.

File src/lib.rs

```
pub struct Screen {
    pub components: Vec<Box<dyn Draw>>,
}
```

Screen 구조체에서는 예제 17-5와 같이 components의 각 요소마다 draw 메서드를 호출하는 run 메서드를 정의합니다.

예제 17-5 **각 컴포넌트에 대해** draw **메서드를 호출하는** Screen**의** run **메서드** File src/lib.rs

```
impl Screen {
    pub fn run(&self) {
        for component in self.components.iter() {
            component.draw();
        }
    }
}
```

이는 트레이트 바운드가 있는 제네릭 타입 매개변수를 사용하는 구조체를 정의하는 것과는 다르게 작동합니다. 제네릭 타입 매개변수는 한 번에 하나의 구체 타입으로만 대입될 수 있는 반면, 트레이트 객체를 사용하면 런타임에 트레이트 객체에 대해 여러 구체 타입을 채워 넣을 수 있습니다. 예를 들면, 예제 17-6처럼 제네릭 타입과 트레이트 바운드를 사용하여 Screen 구조체를 정의할 수도 있을 겁니다.

예제 17-6 **제네릭과 트레이트 바운드를 사용한** Screen **구조체와** run **메서드의 대체 구현** File src/lib.rs

```
pub struct Screen<T: Draw> {
    pub components: Vec<T>,
}

impl<T> Screen<T>
where
    T: Draw,
{
    pub fn run(&self) {
        for component in self.components.iter() {
            component.draw();
        }
    }
}
```

이렇게 하면 전부 Button 타입이거나 전부 TextField 타입인 컴포넌트의 목록을 가진 Screen 인스턴스로 제한됩니다. 동일 타입의 컬렉션만 사용한다면 제네릭과 트레이트 바운드를 사용하는 것이 바람직한데, 왜냐하면 컴파일 타임에 단형성화(monomorphization)되어 구체 타입으로 사용되기 때문입니다.

반면 트레이트 객체를 사용하는 메서드를 이용할 경우, 하나의 Screen 인스턴스가 Box<Button>은 물론 Box<TextField>도 담을 수 있는 Vec<T>를 보유할 수 있습니다. 이것이 어떻게 작동하는지 살펴보고 런타임 성능에 미치는 영향에 대해 설명하겠습니다.

17.2.2 트레이트 구현하기

이제 Draw 트레이트를 구현하는 타입을 몇 가지 추가하겠습니다. Button 타입을 제공해보겠습니다. 다시 한번 말하지만 실제 GUI 라이브러리를 구현하는 것은 이 책의 범위를 벗어나므로, draw 에는 별다른 구현을 하지 않을 겁니다. 구현이 어떻게 생겼을지 상상해보자면, Button 구조체에는 예제 17-7에서 보는 바와 같이 width, height 그리고 label 필드들이 있을 것입니다.

예제 17-7 Draw 트레이트를 구현하는 Button 구조체   (File) src/lib.rs

```
pub struct Button {
    pub width: u32,
    pub height: u32,
    pub label: String,
}

impl Draw for Button {
    fn draw(&self) {
        // 실제로 버튼을 그리는 코드
    }
}
```

Button의 width, height 및 label 필드는 다른 컴포넌트의 필드와는 다를 것입니다. 예를 들어 TextField 타입은 이 필드들에 추가로 placeholder 필드를 가질 수 있습니다. 화면에 그리고자 하는 각각의 타입은 Draw 트레이트를 구현하겠지만 해당 타입을 그리는 방법을 정의하기 위하여 draw 메서드 내에 서로 다른 코드를 사용하게 될 것이고, Button도 여기서 그렇게 하고 있습니다 (앞서 언급한 것처럼 실질적인 GUI 코드는 없지만요). 예를 들어, Button 타입은 추가적인 impl 블록에 사용자가 버튼을 클릭했을 때 어떤 일이 벌어질지와 관련된 메서드들을 포함할 수 있습니다. 이런 종류의 메서드는 TextField와 같은 타입에는 적용할 수 없죠.

우리의 라이브러리를 사용하는 누군가가 width, height 및 options 필드가 있는 SelectBox 구조체를 구현하기로 했다면, 예제 17-8과 같이 SelectBox 타입에도 Draw 트레이트를 구현합니다.

예제 17-8 gui를 사용하고 Draw 트레이트를 SelectBox 구조체에 구현한 또 다른 크레이트   (File) src/main.rs

```
use gui::Draw;

struct SelectBox {
    width: u32,
    height: u32,
    options: Vec<String>,
}

impl Draw for SelectBox {
    fn draw(&self) {
        // 실제로 선택 상자를 그리는 코드
    }
}
```

이제 라이브러리 사용자는 main 함수를 작성하여 Screen 인스턴스를 만들 수 있습니다. Screen 인스턴스에는 SelectBox와 Button을 Box<T> 안에 넣어 트레이트 객체가 되게 하여 이들을 추가할 수 있습니다. 그러면 Screen 인스턴스상의 run 메서드를 호출할 수 있는데, 이는 각 컴포넌트에 대해 draw를 호출할 것입니다. 예제 17-9는 이러한 구현을 보여줍니다.

예제 17-9 트레이트 객체를 사용하여 동일한 트레이트를 구현하는 서로 다른 타입들의 값 저장하기   (File) src/main.rs

```
use gui::{Button, Screen};

fn main() {
    let screen = Screen {
        components: vec![
            Box::new(SelectBox {
                width: 75,
                height: 10,
                options: vec![
                    String::from("Yes"),
                    String::from("Maybe"),
                    String::from("No"),
                ],
            }),
            Box::new(Button {
```

```
                width: 50,
                height: 10,
                label: String::from("OK"),
            }),
        ],
    };

    screen.run();
}
```

이 라이브러리를 작성할 때는 누군가 SelectBox 타입을 추가할 수도 있다는 것을 몰랐지만, 우리의 Screen 구현체는 새로운 타입에 대해서도 작동하고 이를 그려낼 수 있는데, 그 이유는 SelectBox가 Draw 타입을 구현했기 때문이고, 이는 draw 메서드가 구현되어 있음을 의미합니다.

이러한 개념, 즉 값의 구체적인 타입이 아닌 값이 응답하는 메시지만 고려하는 개념은 동적 타입 언어의 **덕 타이핑**(duck typing)이란 개념과 유사합니다. 만약 오리처럼 걷고 오리처럼 꽥꽥거리면, 그것은 오리임에 틀림없습니다! 예제 17-5에 있는 Screen에 구현된 run을 보면, run은 각 컴포넌트가 어떤 구체 타입인지 알 필요가 없습니다. 이 함수는 컴포넌트가 Button의 인스턴스인지 혹은 SelectBox의 인스턴스인지 검사하지 않고 그저 각 컴포넌트의 draw 메서드를 호출할 뿐입니다. components 벡터에 담기는 값의 타입을 Box<dyn Draw>로 지정하는 것으로 draw 메서드의 호출이 가능한 값을 요구하는 Screen을 정의했습니다.

트레이트 객체와 러스트의 타입 시스템을 사용하여 덕 타이핑을 사용하는 코드와 유사한 코드를 작성할 때의 장점은 런타임에 어떤 값이 특정한 메서드를 구현했는지 여부를 검사하거나 값이 메서드를 구현하지 않았는데 어쨌든 호출한 경우 에러가 발생할 것을 걱정할 필요가 없다는 겁니다. 트레이트 객체가 요구하는 트레이트를 해당 값이 구현하지 않았다면 러스트는 컴파일하지 않을 겁니다.

예를 들어, 예제 17-10은 String을 컴포넌트로 사용하여 Screen을 생성하는 시도를 하면 어떤 일이 벌어지는지 보여줍니다.

예제 17-10 **트레이트 객체의 트레이트를 구현하지 않은 타입의 사용 시도** (File) src/main.rs

```
use gui::Screen;

fn main() {
    let screen = Screen {
```

```
        components: vec![Box::new(String::from("Hi"))],
    };

    screen.run();
}
```

String이 Draw 트레이트를 구현하지 않기 때문에 아래와 같은 에러를 얻게 됩니다.

```
error[E0277]: the trait bound `String: Draw` is not satisfied
 --> src/main.rs:5:26
  |
5 |         components: vec![Box::new(String::from("Hi"))],
  |                          ^^^^^^^^^^^^^^^^^^^^^^^^^^^ the trait `Draw` is not
implemented for `String`
  |
  = help: the trait `Draw` is implemented for `Button`
  = note: required for the cast from `String` to the object type `dyn Draw`
```

이 에러는 인수로 넘길 의도가 없었던 무언가를 Screen에게 넘기고 있으므로 이를 다른 타입으로
교체하든가, 아니면 String에 Draw를 구현하여 Screen이 이것의 draw를 호출할 수 있도록 해야
한다는 것을 알려줍니다.

17.2.3 트레이트 객체는 동적 디스패치를 수행합니다

10장의 '제네릭 코드의 성능'(243쪽)에서 제네릭에 트레이트 바운드를 사용했을 때 컴파일러에
의해 수행되는 단형성화 프로세스의 실행에 대한 논의를 상기해보세요. 컴파일러는 제네릭 타
입 매개변수 대신 사용하는 각 구체 타입에 대한 함수와 메서드의 비제네릭 구현체를 생성합니
다. 단형성화로부터 야기된 코드는 **정적 디스패치**(static dispatch)를 수행하는데, 이는 호출하고
자 하는 메서드가 어떤 것인지 컴파일러가 김파일 시점에 알고 있는 것입니다. 이는 **동적 디스패치**
(dynamic dispatch)와 반대되는 개념으로, 동적 디스패치는 컴파일러가 호출하는 메서드를 컴파일
시점에 알 수 없을 경우 수행됩니다. 동적 디스패치의 경우, 컴파일러는 런타임에 어떤 메서드가
호출되는지 알아내는 코드를 생성합니다.

트레이트 객체를 사용할 때 러스트는 동적 디스패치를 이용해야 합니다. 컴파일러는 트레이트 객
체를 사용 중인 코드와 함께 사용될 수 있는 모든 타입을 알지 못하므로, 어떤 타입에 구현된 어
떤 메서드가 호출될지 알지 못합니다. 대신 런타임에서, 러스트는 트레이트 객체 내에 존재하는 포

인터를 사용하여 어떤 메서드가 호출될지 알아냅니다. 이러한 조회는 정적 디스패치 시에는 발생하지 않을 런타임 비용을 만들어냅니다. 동적 디스패치는 또한 컴파일러가 메서드의 코드를 인라인(inline)화하는 선택을 막아버리는데, 이것이 결과적으로 몇 가지 최적화를 수행하지 못하게 합니다. 하지만 예제 17-5와 같은 코드를 작성하고 예제 17-9와 같은 지원을 가능하게 하는 추가적인 유연성을 얻었으므로, 고려할 만한 절충안입니다.

17.3 객체 지향 디자인 패턴 구현하기

상태 패턴(state pattern)은 객체 지향 디자인 패턴입니다. 이 패턴의 핵심은 어떤 값이 내부적으로 가질 수 있는 상태 집합을 정의한다는 것입니다. 상태는 **상태 객체(state object)**의 집합으로 표현되며, 값의 동작은 상태에 기반하여 변경됩니다. 여기서는 상태를 저장하는 필드가 있는 블로그 게시물 구조체의 예를 살펴보려 하는데, 이 상태는 '초안(draft)', '검토(review)', '게시(published)' 집합의 값을 가지는 상태 객체가 될 것입니다.

상태 객체들은 기능을 공유합니다. 당연히 러스트에서는 객체와 상속보다는 구조체와 트레이트를 사용합니다. 각 상태 객체는 자신의 동작 및 다른 상태로 변경되어야 할 때의 시기를 담당합니다. 상태 객체를 보유한 값은 상태의 서로 다른 행동 혹은 상태 간의 전환이 이뤄지는 시점에 대해 아무것도 모릅니다.

상태 패턴을 사용하면 프로그램의 사업적 요구 사항들이 변경될 때, 상태를 보유한 값의 코드 혹은 그 값을 사용하는 코드는 변경될 필요가 없다는 이점이 있습니다. 상태 객체 중 하나의 내부 코드를 업데이트하여 그 규칙을 바꾸거나 혹은 상태 객체를 더 추가하기만 하면 됩니다.

우선 좀 더 전통적인 객체 지향 방식으로 상태 패턴을 구현한 다음, 러스트에 좀 더 자연스러운 접근법을 사용해보겠습니다. 상태 패턴을 사용하여 블로그 게시물 작업 흐름을 점진적으로 구현하는 방법을 자세히 살펴봅시다.

최종적인 기능은 다음과 같을 것입니다.

1. 블로그 게시물은 빈 초안으로 시작합니다.
2. 초안이 완료되면 게시물의 검토가 요청됩니다.
3. 게시물이 승인되면 게시됩니다.

4. 오직 게시된 블로그 게시물만이 출력될 내용물을 반환하므로, 승인되지 않은 게시물이 실수로 게시되는 것을 방지할 수 있습니다.

게시물에 시도된 그 외의 변경 사항은 어떤 영향도 미치지 않습니다. 예를 들어, 만약 검토를 요청하기도 전에 블로그 게시물 초안을 승인하려는 시도를 했다면, 그 게시물은 게시되지 않은 초안으로 남아 있어야 합니다.

예제 17-11은 이 작업 흐름을 코드의 형태로 보여줍니다. 이는 blog라는 이름의 라이브러리 크레이트에 구현하게 될 API를 사용하는 예제입니다. 아직 blog 크레이트를 구현하지 않았으므로 컴파일되지 않습니다.

예제 17-11 blog 크레이트에 원하는 요구 동작을 보여주는 코드   Ⓕⁱˡᵉ src/main.rs

```
use blog::Post;

fn main() {
❶ let mut post = Post::new();

❷ post.add_text("I ate a salad for lunch today");
❸ assert_eq!("", post.content());

❹ post.request_review();
❺ assert_eq!("", post.content());

❻ post.approve();
❼ assert_eq!("I ate a salad for lunch today", post.content());
}
```

사용자가 Post::new를 통해 새로운 블로그 게시물의 초안을 작성할 수 있도록 허용하려고 합니다(❶). 블로그 게시물에는 텍스트의 추가를 허용하고 싶습니다(❷). 만약 승인 전에 게시물의 내용을 즉시 얻어오는 시도를 하면, 해당 게시물이 아직 초안이기 때문에 텍스트를 가지고 올 수 없어야 합니다. 이를 확인할 목적으로 코드에 assert_eq!를 추가했습니다(❸). 이를 위한 훌륭한 유닛 테스트는 블로그 게시물 초안이 content 메서드에서 빈 문자열을 반환하는지 확인하는 것이겠지만, 이 예제에서 테스트를 작성하지는 않겠습니다.

다음으로 게시물의 검토를 요청하는 것을 활성화하고(❹), 검토를 기다리는 동안에는 content가 빈 문자열을 반환하도록 하려고 합니다(❺). 게시물이 승인받은 시점에는(❻) 게시가 되어야 하므로, content의 호출되었을 때 게시물의 글이 반환될 것입니다(❼).

이 크레이트에서 상호작용하고 있는 유일한 타입이 Post 타입임에 주목하세요. 이 타입은 상태 패턴을 사용하며 게시물이 가질 수 있는 초안, 검토 대기, 게시됨을 나타내는 세 가지 상태 객체 중 하나가 될 값을 보유할 것입니다. 어떤 상태에서 다른 상태로 변경되는 것은 Post 타입 내에서 내부적으로 관리됩니다. 이 상태들은 라이브러리 사용자가 Post 인스턴스에서 호출하는 메서드에 대해 응답하여 변경되지만, 사용자가 상태 변화를 직접 관리할 필요는 없습니다. 또한, 사용자는 검토 전에 게시물이 게시되는 것 같은 상태와 관련된 실수를 할 수 없습니다.

17.3.1 Post를 정의하고 초안 상태의 새 인스턴스 생성하기

라이브러리 구현을 시작해봅시다! 어떤 내용물을 담고 있는 공개된 Post 구조체가 필요하다는 것을 알고 있으므로, 예제 17-12와 같이 구조체의 정의와 Post의 인스턴스를 만들기 위한 공개 연관 함수 new의 정의로 시작하겠습니다. Post에 대한 모든 상태 객체가 가져야 하는 동작이 정의된 비공개 State 트레이트도 만들겠습니다.

그러면 Post는 상태 객체를 담기 위해 Option<T>로 감싸진 Box<dyn State> 트레이트 객체를 state라는 비공개 필드로 가지게 될 것입니다. Option<T>가 왜 필요한지는 곧 보게 될 겁니다.

예제 17-12 Post 구조체, 새로운 Post 인스턴스를 만드는 new 함수, State 트레이트, 그리고 Draft 구조체의 정의

(File) src/lib.rs

```rust
pub struct Post {
    state: Option<Box<dyn State>>,
    content: String,
}

impl Post {
    pub fn new() -> Post {
        Post {
            ❶ state: Some(Box::new(Draft {})),
            ❷ content: String::new(),
        }
    }
}

trait State {}

struct Draft {}

impl State for Draft {}
```

State 트레이트는 서로 다른 게시물 상태들이 공유하는 동작을 정의합니다. 상태 객체는 Draft와 PendingReview, Published이며, 모두 State 트레이트를 구현할 것입니다. 지금은 트레이트에 아무 메서드도 없고, Draft 상태가 게시물이 시작되도록 원하는 상태이므로 Draft 상태만 정의하는 것으로 시작하겠습니다.

새로운 Post를 생성할 때는 이것의 state 필드에 Box를 보유한 Some값을 설정합니다(❶). 이 Box는 Draft 구조체의 새 인스턴스를 가리킵니다. 이렇게 하면 Post의 새 인스턴스가 생성될 때마다 초안으로 시작되는 것이 보장됩니다. Post의 state 필드가 비공개이기 때문에, 다른 상태로 Post를 생성할 방법은 없습니다! Post::new 함수에서는 content 필드를 새로운 빈 String으로 설정합니다(❷).

17.3.2 게시물 콘텐츠의 텍스트 저장하기

예제 17-11에서 add_text라는 메서드를 호출하고 여기에 &str을 전달하여 블로그 게시물의 콘텐츠 텍스트로 추가할 수 있길 원한다는 것을 보았습니다. 나중에 content 필드의 데이터를 읽는 방식을 제어할 수 있는 메서드를 구현할 수 있도록 content 필드를 pub으로 노출시키는 대신 메서드로 구현합니다. add_text 메서드는 매우 직관적이므로, 예제 17-13의 구현을 impl Post 블록에 추가해봅시다.

예제 17-13 content에 텍스트를 추가하기 위한 add_text 메서드 구현하기   (File) src/lib.rs

```
impl Post {
    // --생략--
    pub fn add_text(&mut self, text: &str) {
        self.content.push_str(text);
    }
}
```

add_text 메서드는 가변 참조자 self를 취하는데, 이는 add_text를 호출하고 있는 해당 Post 인스턴스가 변경되기 때문입니다. 그다음 content의 String에서 push_str을 호출하고 text를 인수로 전달해 저장된 content에 추가합니다. 이 동작은 게시물의 상태에 의존적이지 않으므로, 상태 패턴의 일부가 아닙니다. add_text 메서드는 state 필드와 전혀 상호작용을 하지 않지만, 지원하고자 하는 동작의 일부입니다.

17.3.3 초안 게시물의 내용이 비어 있음을 보장하기

add_text를 호출하고 게시물에 어떤 콘텐츠를 추가한 이후일지라도, 여전히 content 메서드가 빈 문자열 슬라이스를 반환하길 원하는데, 그 이유는 예제 17-11의 7번째 줄처럼 게시물이 여전히 초안 상태이기 때문입니다(❸). 당장은 이 요건을 만족할 가장 단순한 것으로 content 메서드를 구현해놓으려고 합니다. 언제나 빈 문자열 슬라이스를 반환하는 것으로요. 나중에 게시물이 게시될 수 있도록 게시물의 상태를 변경하는 기능을 구현하게 되면 이 메서드를 변경하겠습니다. 지금까지는 게시물이 오직 초안 상태만 가능하므로, 게시물 콘텐츠는 항상 비어 있어야 합니다. 예제 17-14는 이 껍데기 구현을 보여줍니다.

예제 17-14 **항상 비어 있는 문자열 슬라이스를 반환하는 Post의 content 메서드에 대한 껍데기 구현**   (File) src/lib.rs

```
impl Post {
    // --생략--
    pub fn content(&self) -> &str {
        ""
    }
}
```

content 메서드를 추가함으로써, 예제 17-11의 7번째 줄까지는 의도대로 작동됩니다.

17.3.4 게시물에 대한 검토 요청이 게시물의 상태를 변경합니다

다음에는 게시물의 검토를 요청하는 기능을 추가하고자 하는데, 이는 게시물의 상태를 Draft에서 PendingReview로 변경해야 합니다. 예제 17-15가 이 코드를 보여줍니다.

예제 17-15 Post와 State 트레이트에 request_review 메서드를 구현하기   (File) src/lib.rs

```
impl Post {
    // --생략--
❶  pub fn request_review(&mut self) {
❷      if let Some(s) = self.state.take() {
❸          self.state = Some(s.request_review())
        }
    }
}

trait State {
❹  fn request_review(self: Box<Self>) -> Box<dyn State>;
}
```

```
struct Draft {}

impl State for Draft {
    fn request_review(self: Box<Self>) -> Box<dyn State> {
      ❺ Box::new(PendingReview {})
    }
}

struct PendingReview {}

impl State for PendingReview {
    fn request_review(self: Box<Self>) -> Box<dyn State> {
      ❻ self
    }
}
```

Post에게 self에 대한 가변 참조자를 받는 request_review라는 이름의 공개 메서드가 제공되었습니다(❶). 그런 다음 Post의 현재 상태에 대해 내부 메서드 request_review를 호출하고(❸), 이 두 번째 request_review 메서드는 현재의 상태를 소비하고 새로운 상태를 반환합니다.

State 트레이트에 request_review 메서드가 추가되었습니다(❹). 트레이트를 구현하는 모든 타입은 이제 request_review 메서드를 구현해야 합니다. 메서드의 첫 인수가 self, &self, 나 &mut self가 아니라 self:Box<Self>라는 점에 주목하세요. 이 문법은 메서드가 오직 그 타입을 보유한 Box에 대해서 호출될 경우에만 유효함을 뜻합니다. 이 문법은 Box<Self>의 소유권을 가져와서 Post의 예전 상태를 무효화하여 Post의 상탯값이 새로운 상태로 변환될 수 있도록 합니다.

이전 상태를 소비하려면 request_review 메서드가 상탯값의 소유권을 가져올 필요가 있습니다. 여기서 Post의 state 필드 내 Option이 중요한 역할을 합니다. 러스트는 구조체 내에 값이 없는 필드를 허용하지 않기 때문에, take 메서드를 호출하여 state 필드 밖으로 Some값을 빼내고 그 자리에 None을 남깁니다(❷). 이렇게 하면 state값을 빌리지 않고 Post 밖으로 옮길 수 있습니다. 그런 다음 게시물의 state값을 이 작업의 결과물로 설정합니다.

state값의 소유권을 얻기 위해서는 self.state = self.state.request_review();처럼 직접 설정하지 않고 state를 임시로 None으로 설정할 필요가 있습니다. 이는 Post가 새 상태로 변환된 후 이전 state값을 사용할 수 없음을 보장합니다.

Draft의 request_review 메서드는 새 PendingReview 구조체의 새로운 박스로 감싸진 인스턴스를 반환하는데(❺), 이는 게시물이 검토를 기다리는 상태를 나타냅니다. PendingReview 구조체도 request_review 메서드를 구현하지만 어떤 변환도 수행하지 않습니다. 오히려 자기 자신을 반환하는데(❻), 이미 PendingReview 상태인 게시물에 대한 검토를 요청하면 PendingReview 상태를 유지해야 하기 때문입니다.

이제 상태 패턴의 장점을 확인할 수 있습니다. Post의 request_review 메서드는 state값에 관계 없이 동일합니다. 각 상태는 자신의 규칙을 담당합니다.

Post의 content 메서드는 빈 문자열 슬라이스를 반환하도록 그대로 놔두겠습니다. 이제는 Draft 상태에 있는 Post뿐만 아니라 PendingReview 상태에 있는 Post도 있습니다만, PendingReview 상태에서도 동일한 동작이 필요합니다.

17.3.5 content의 동작을 변경하는 approve 메서드 추가하기

approve 메서드는 request_review 메서드와 유사할 것입니다. 이것은 예제 17-16과 같이 현재 상태가 승인되었을 때 갖게 되는 값으로 state를 설정하게 됩니다.

예제 17-16 Post와 State 트레이트에 approve 메서드 구현하기 　　　　　　(File) src/lib.rs

```rust
impl Post {
    // --생략--
    pub fn approve(&mut self) {
        if let Some(s) = self.state.take() {
            self.state = Some(s.approve())
        }
    }
}

trait State {
    fn request_review(self: Box<Self>) -> Box<dyn State>;
    fn approve(self: Box<Self>) -> Box<dyn State>;
}

struct Draft {}

impl State for Draft {
    // --생략--
    fn approve(self: Box<Self>) -> Box<dyn State> {
      ❶ self
    }
}
```

```
struct PendingReview {}

impl State for PendingReview {
    // --생략--
    fn approve(self: Box<Self>) -> Box<dyn State> {
     ❷ Box::new(Published {})
    }
}

struct Published {}

impl State for Published {
    fn request_review(self: Box<Self>) -> Box<dyn State> {
        self
    }

    fn approve(self: Box<Self>) -> Box<dyn State> {
        self
    }
}
```

State 트레이트에 approve 메서드를 추가하고 State를 구현하는 새 구조체 Published 상태도 추가합니다.

Draft의 approve 메서드를 호출하면 PendingReview의 request_review가 작동하는 것과 유사하게 approve가 self를 반환하므로 아무 효과가 없습니다(❶). PendingReview에서 approve를 호출하면 박스로 포장된 Published 구조체의 새 인스턴스가 반환됩니다(❷). Published 구조체는 State 트레이트를 구현하고, request_review와 approve 메서드 양쪽 모두의 경우 게시물이 Published 상태를 유지해야 하므로 자기 자신을 반환합니다.

이제 Post의 content 메서드를 업데이드해야 합니다. content로부터 반환된 값이 Post의 현재 상태에 의존적이길 원하므로, 예제 17-17과 같이 Post가 자신의 state에 정의된 content 메서드에게 위임(delegate)하도록 할 것입니다.

예제 17-17 Post의 content 메서드가 State의 content 메서드에게 위임하도록 업데이트하기 (File) src/lib.rs

```
impl Post {
    // --생략--
    pub fn content(&self) -> &str {
        self.state.as_ref().unwrap().content(self)
```

```
    }
    // --생략--
}
```

목표는 State를 구현하는 구조체들 안에서 이 모든 규칙을 유지하는 것이기 때문에, state의 값에 content 메서드를 호출하고 게시물 인스턴스(즉 self)를 인수로 넘겨줍니다. 그러면 state값의 content 메서드를 사용하여 얻어낸 값이 반환됩니다.

Option의 as_ref 메서드가 호출되었는데 Option값에 대한 소유권이 아니라 그에 대한 참조자가 필요하기 때문입니다. state는 Option<Box<dyn State>>이므로, as_ref가 호출되면 Option<&Box<dyn State>>가 반환됩니다. as_ref를 호출하지 않는다면, 함수 매개변수의 &self로부터 빌려온 state를 이동시킬 수 없기 때문에 에러가 발생했을 것입니다.

그다음은 unwrap이 호출되는데, Post의 메서드가 완료되면 state에 언제나 Some값이 들어 있음을 보장한다는 것을 알고 있으므로 패닉이 발생하지 않을 것입니다. 이는 9장의 '여러분이 컴파일러보다 더 많은 정보를 가지고 있을 때'(225쪽)에서 다루었던, 컴파일러는 이해할 수 없지만 None값이 절대 불가능함을 알고 있는 경우 중 한 가지입니다.

이 시점에서 &Box<dyn State>의 content가 호출되면, &와 Box에 역참조 강제가 적용되어, content 메서드는 궁극적으로 State 트레이트를 구현하는 타입에서 호출될 것입니다. 이는 곧 State 트레이트 정의에 content를 추가해야 함을 뜻하고, 예제 17-18처럼 가지고 있는 상태에 따라 어떤 내용물을 반환할지에 대한 로직을 여기에 넣을 것입니다.

예제 17-18 State 트레이트에 content 메서드 추가하기　　　　　　　　　　　　Ⓕⁱˡᵉ src/lib.rs

```
trait State {
    // --생략--
    fn content<'a>(&self, post: &'a Post) -> &'a str {
      ❶ ""
    }
}

// --생략--
struct Published {}

impl State for Published {
    // --생략--
    fn content<'a>(&self, post: &'a Post) -> &'a str {
```

```
    ❷ &post.content
    }
}
```

content 메서드에 대하여 빈 문자열 슬라이스를 반환하는 기본 구현이 추가되었습니다(❶). 이는 곧 Draft와 PendingReview 구조체에 대한 content는 구현할 필요가 없음을 뜻합니다. Published 구조체는 content 메서드를 오버라이딩하고 post.content의 값을 반환할 것입니다(❷).

10장에서 설명한 것처럼 이 메서드에 대한 라이프타임 명시가 필요하다는 것에 주의하세요. post에 대한 참조자를 인수로 취하고 있고 해당 post의 일부분에 대한 참조자를 반환하는 중이므로, 반환되는 참조자의 라이프타임은 post 인수의 라이프타임과 관련이 있습니다.

그리고 이제 끝났습니다. 이제 예제 17-11의 모든 코드가 작동합니다! 블로그 게시물의 작업 흐름을 상태 패턴을 통해 구현해냈습니다. 규칙과 관련된 로직들은 Post 전체에 흩어져 있는 것이 아닌 상태 객체 안에서만 존재합니다.

> **열거형 쓰면 안 되나요?**
>
> 서로 다른 가능한 게시물 상태를 배리언트로 하는 enum을 쓰지 않는 이유가 궁금할지도 모르겠습니다. 그것도 확실히 가능한 솔루션이니, 한번 시도해보고 그 결과를 비교해서 어떤 쪽이 더 나은지 확인해보세요! 열거형 사용의 단점 중 하나는 열거형 값을 검사하는 모든 위치에서 가능한 모든 배리언트를 처리하기 위하여 match 표현식 혹은 이와 유사한 표현식이 필요하다는 점입니다. 이는 지금의 트레이트 객체 솔루션에 비해 더 반복적일 수 있습니다.

17.3.6 상태 패턴의 장단점

게시물이 각 상태에서 가져야 하는 다양한 종류의 동작을 캡슐화하기 위해서 러스트로 객체 지향 상태 패턴을 충분히 구현할 수 있음을 보았습니다. Post의 메서드는 이런 다양한 동작에 대해서 전혀 알지 못합니다. 코드를 구조화한 방식에 따라, 게시된 게시물이 작동할 수 있는 서로 다른 방식을 알기 위해서는 단 한 곳만 보면 됩니다. 바로 Published 구조체에서 State 트레이트를 구현한 내용을 말이죠.

만약 상태 패턴을 사용하지 않는 다른 구현체를 만들려면, 대신 Post의 메서드나 심지어 main 코드에서 match 표현식을 사용하여 게시물의 상태를 검사하고 이에 따라 해야 할 행동을 변경할 수도 있겠습니다. 이는 게시된 상태의 게시물의 모든 결과에 대해 이해하기 위해서 여러 곳을 살펴봐야 한다는 것을 뜻합니다! 이는 상태를 더 많이 추가할수록 각 match 표현식에 또 다른 갈래를 추가해야 합니다.

상태 패턴을 이용하면 Post의 메서드와 Post를 사용하는 곳에서는 match 표현식을 사용할 필요가 없고, 새로운 상태를 추가하려면 그저 새로운 구조체와 구조체에 대한 트레이트 메서드들을 구현하면 됩니다.

상태 패턴을 사용하는 구현은 더 많은 기능 추가를 하는 확장이 쉽습니다. 상태 패턴을 사용하는 코드를 유지하는 것이 간단하다는 것을 확인해보려면, 다음 몇 가지 제안 사항을 시도해보세요.

- 게시물의 상태를 PendingReview에서 Draft로 변경하는 reject 메서드 추가하기
- 상태를 Published로 변경하려면 approve의 호출이 두 번 필요해지도록 하기
- 게시물이 Draft 상태일 때는 사용자들에게 텍스트 콘텐츠 추가만 허용하기(힌트: 상태 객체가 콘텐츠에 관한 변경은 담당하지만 Post를 수정할 책임은 없도록 하기)

상태 패턴의 한 가지 단점은, 상태가 상태 간의 전환을 구현하기 때문에, 일부 상태가 서로 결합해 있다는 것입니다. 만약 PendingReview와 Published 사이에 Scheduled와 같은 또 다른 상태를 추가하면, PendingReview의 코드를 변경하여 Scheduled로 대신 전환되도록 해야 합니다. 새로운 상태를 추가할 때 PendingReview가 변경될 필요가 없었다면 작업량이 줄어들겠지만, 이는 다른 디자인 패턴으로의 전환을 의미할 겁니다.

또 다른 단점은 일부 로직이 중복된다는 점입니다. 일부 중복을 제거하기 위해서 State 트레이트의 request_review와 approve 메서드가 self를 반환하도록 기본 구현을 만드는 시도를 할 수도 있습니다. 하지만 이는 트레이트가 구체적인 self가 정확히 무엇인지 모르기 때문에 객체 안전성을 위반할 수 있습니다. State가 트레이트 객체로 사용될 수 있기를 원하므로, 해당 메서드들이 객체 안전성을 지킬 필요가 있습니다.

Post의 request_review와 approve 메서드의 유사한 구현들도 그 밖의 중복에 포함됩니다. 두 메서드 모두 Option의 state 필드값에 대해 동일한 메서드의 구현을 위임하며, state 필드의 새 값을 결과로 설정합니다. 이 패턴을 따르는 Post의 메서드가 많다면, 매크로를 정의하여 반복을 없애는 것도 좋을 수 있겠습니다(19장의 '매크로'(568쪽)를 살펴보세요).

객체 지향 언어에서 정의된 상태 패턴을 그대로 구현하는 것으로는 러스트의 강점을 최대한 활용하지 못합니다. 유효하지 않은 상태와 전환을 컴파일 타임 에러로 만들 수 있도록 blog 크레이트에 적용할 수 있는 변경 사항 몇 가지를 살펴봅시다.

상태와 동작을 타입으로 인코딩하기

상태 패턴을 재고하여 다른 절충안을 얻는 방법을 살펴보겠습니다. 상태와 전환을 완전히 캡슐화하여 외부 코드들이 이를 알 수 없도록 하는 대신, 상태를 다른 타입들로 인코딩하려고 합니다. 결과적으로 러스트의 타입 검사 시스템은 컴파일 에러를 발생시켜 게시된 게시물만 허용되는 곳에서 게시물 초안을 사용하려는 시도를 방지할 것입니다.

예제 17-11의 main 첫 부분을 고려해봅시다.

File src/main.rs

```rust
fn main() {
    let mut post = Post::new();

    post.add_text("I ate a salad for lunch today");
    assert_eq!("", post.content());
}
```

Post::new를 사용하여 초안 상태의 새 게시물을 생성하고 게시물의 내용에 새 글을 추가할 수 있는 기능은 계속 사용할 수 있습니다. 하지만 초안 게시물의 content 메서드가 빈 문자열을 반환하는 대신, 초안 게시물이 content 메서드를 갖지 않도록 만들려고 합니다. 이렇게 하면 초안 게시물의 내용을 얻는 시도를 할 경우, 해당 메서드가 존재하지 않는다는 컴파일 에러가 발생할 것입니다. 결과적으로, 프로덕션 환경에서 실수로 초안 게시물의 내용을 얻게 되는 일은 아예 컴파일조차 되지 않으므로 불가능해집니다. 예제 17-19는 Post 구조체와 DraftPost 구조체의 정의와 각각의 메서드를 보여줍니다.

예제 17-19 content 메서드가 있는 Post와 content 메서드가 없는 DraftPost   File src/lib.rs

```rust
pub struct Post {
    content: String,
}

pub struct DraftPost {
    content: String,
}
```

```
impl Post {
❶ pub fn new() -> DraftPost {
        DraftPost {
            content: String::new(),
        }
    }

❷ pub fn content(&self) -> &str {
        &self.content
    }
}

impl DraftPost {
❸ pub fn add_text(&mut self, text: &str) {
        self.content.push_str(text);
    }
}
```

Post와 DraftPost 구조체 모두 블로그 게시물의 텍스트를 저장하는 비공개 content 필드를 가지고 있습니다. 이 구조체들이 더 이상 state 필드를 갖지 않는 이유는 상태의 인코딩을 구조체의 타입으로 옮겼기 때문입니다. Post 구조체는 공개된 게시물을 나타낼 것이고, content를 반환하는 content 메서드가 있습니다(❷).

Post::new 함수는 여전히 있지만, Post의 인스턴스를 반환하는 대신 DraftPost를 반환합니다(❶). content는 비공개이고 Post를 반환할 어떤 함수도 존재하지 않기 때문에, 곧바로 Post의 인스턴스를 생성하는 것은 불가능합니다.

DraftPost 구조체에 add_text 메서드가 있으므로 전처럼 content에 텍스트를 추가할 수 있지만(❸), DraftPost에는 content 메서드가 정의되어 있지 않다는 것을 주의하세요! 따라서 이제 프로그램은 모든 게시물이 초안 게시물로 시작되고, 초안 게시물은 자신의 콘텐츠를 표시할 수 없도록 합니다. 이러한 제약을 우회하려는 시도는 컴파일 에러를 발생시킬 것입니다.

다른 타입으로 변환하는 것으로 전환 구현하기

그러면 게시물을 게시하려면 어떻게 해야 할까요? 초안 게시물이 게시되기 전에 검토와 승인을 받아야 하는 규칙은 적용되기를 원합니다. 검토를 기다리는 상태인 게시물은 여전히 어떤 내용도 보여줘서는 안 되고요. 예제 17-20처럼 또 다른 구조체 PendingReviewPost를 추가하고, DraftPost에 PendingReviewPost를 반환하는 request_review 메서드를 정의하고, PendingReviewPost에

Post를 반환하는 approve 메서드를 정의하여 위의 제약들을 구현해봅시다.

예제 17-20 DraftPost의 request_review를 호출하여 생성되는 PendingReviewPost 및 PendingReviewPost를 게시된 Post로 전환하는 approve 메서드 (File) src/lib.rs

```rust
impl DraftPost {
    // --생략--
    pub fn request_review(self) -> PendingReviewPost {
        PendingReviewPost {
            content: self.content,
        }
    }
}

pub struct PendingReviewPost {
    content: String,
}

impl PendingReviewPost {
    pub fn approve(self) -> Post {
        Post {
            content: self.content,
        }
    }
}
```

request_review와 approve 메서드는 self의 소유권을 가져와서 DraftPost와 PendingReview Post의 인스턴스를 소비하고 이들을 각각 PendingReviewPost와 게시된 Post로 변환시킵니다. 이렇게 하면 request_review를 호출한 후 등등에는 DraftPost 인스턴스가 남아 있지 않게 될 겁니다. PendingReviewPost 구조체에는 content 메서드의 정의가 없기 때문에, 그 콘텐츠를 읽으려는 시도는 DraftPost에서와 마찬가지로 컴파일 에러를 발생시킵니다. content 메서드가 정의되어 있는 게시된 Post 인스턴스를 얻을 수 있는 유일한 방법은 PendingReviewPost의 approve 메서드를 호출하는 것이고, PendingReviewPost를 얻을 수 있는 유일한 방법은 DraftPost의 request_review 를 호출하는 것이므로, 이제 블로그 게시물의 작업 흐름을 타입 시스템으로 인코딩했습니다.

또한 main에도 약간의 수정이 필요합니다. request_review와 approve 메서드는 호출되고 있는 구조체를 변경하는 것이 아니라 새 인스턴스를 반환하기 때문에, let post = 섀도잉 할당을 몇 번 더 추가하여 반환되는 인스턴스를 보관해야 합니다. 또한 초안과 검토 중인 게시물의 내용이 빈 문자열이라고 단언할 수도 없고, 단언할 필요도 없습니다. 이 상태에서 게시물이 콘텐츠를 사용 시도하는 코드는 더 이상 컴파일되지 않습니다. 예제 17-21에 업데이트된 main 코드가 있습니다.

예제 17-21 새로운 블로그 게시물 작업 흐름 구현을 사용하기 위한 main 수정   (File) src/main.rs

```
use blog::Post;

fn main() {
    let mut post = Post::new();

    post.add_text("I ate a salad for lunch today");

    let post = post.request_review();

    let post = post.approve();

    assert_eq!("I ate a salad for lunch today", post.content());
}
```

main에서 post의 다시 대입하기 위해 필요한 이 변경 사항은 곧 이 구현이 더 이상 객체 지향 상태 패턴을 잘 따르지 않는다는 것을 의미합니다. 즉 상태 간의 변환이 더 이상 Post의 구현체 내에 모두 캡슐화되지 않습니다. 하지만 타입 시스템과 컴파일 타임에 일어나는 타입 검사로 인해 유효하지 않은 상태는 이제 불가능해졌습니다! 이는 게시되지 않은 게시물의 내용이 보인다거나 하는 특정 버그들이 프로덕션에 적용되기 전에 발견될 것을 보장합니다.

이번 절의 시작 지점에서 제안되었던 작업을 예제 17-21의 blog 크레이트에서 그대로 시도해보면서 이 버전의 코드 디자인에 대해 어떻게 생각하는지 확인해보세요. 일부 작업은 이미 완료되었을 수도 있습니다.

러스트에서는 객체 지향 디자인 패턴을 구현하는 것도 가능하지만, 상태를 타입 시스템으로 인코딩하는 다른 패턴도 사용할 수 있음을 확인했습니다. 이 패턴들은 서로 다른 장단점을 가지고 있습니다. 여러분이 객체 지향 패턴에 매우 익숙할 수도 있지만, 문제를 다시 생각하여 러스트의 기능을 활용하면 컴파일 타임에 일부 버그를 방지하는 등의 이점을 얻을 수 있습니다. 소유권 같은 객체 지향 언어에는 없는 특정 기능으로 인해 객체 지향 패턴이 항상 러스트에서 최고의 해결책이 되지는 못합니다.

정리

이 장을 읽은 후 러스트가 객체 지향 언어라고 생각하든 그렇지 않든, 여러분은 이제 트레이트 객체를 사용하여 일부 객체 지향 기능을 러스트에서 사용할 수 있다는 것을 알게 되었습니다. 동적 디스패치는 약간의 실행 성능과 맞바꿔 코드에 유연성을 줄 수 있습니다. 이 유연성을 사용하여 코드의 유지보수에 도움이 되는 객체 지행 패턴을 구현할 수 있습니다. 러스트에는 또한 소유권과 같은 객체 지향 언어들에는 없는 다른 기능도 있습니다. 객체 지향 패턴이 항상 러스트의 강점을 활용하는 최고의 방법은 아니겠지만, 사용할 수 있는 옵션입니다.

다음으로는 패턴을 살펴볼 것인데, 이는 높은 유연성을 제공하는 러스트의 또 다른 기능 중 하나입니다. 이 책 전체에 걸쳐 패턴을 간단히 살펴보긴 했지만, 아직 모든 기능을 살펴본 건 아닙니다. 가볼까요?

18

패턴과 매칭

패턴(pattern)은 복잡하거나 단순한 타입의 구조와 매칭을 위한 러스트의 특수 문법입니다. 패턴을 match 표현 및 기타 구문과 함께 사용하면 프로그램 흐름을 더 잘 제어할 수 있습니다. 패턴은 다음의 조합으로 구성됩니다.

- 리터럴값

- 해체한(destructured) 배열, 열거형, 구조체, 튜플

- 변수

- 와일드카드

- 자리표시자

몇 가지 예제 패턴에는 x, (a, 3), Some(Color::Red) 같은 것들이 있습니다. 패턴이 유효한 콘텍스트 내에서 이러한 구성 요소들은 데이터의 형태를 설명합니다. 그러면 프로그램은 값들을 패턴에 매칭해보고 특정 코드 조각을 계속 실행하기에 데이터가 올바른 형태인지 확인합니다.

패턴을 이용하기 위해서는 그 패턴을 어떤 값에 비교합니다. 패턴이 값에 매칭된다면 코드에서 값 부분을 사용합니다. 6장에서 동전 계수기 예제와 같이 패턴을 사용했던 match 표현식을 떠올려 봅시다. 값이 패턴의 형태에 들어맞는다면 명명된 부분을 사용할 수 있습니다. 그렇지 않다면 해당 패턴과 관련된 코드는 실행되지 않습니다.

이번 장은 패턴과 관련된 모든 것에 대한 참고 자료입니다. 패턴을 사용할 수 있는 유효한 위치, **반박 가능한 패턴**(refutable pattern)과 **반박 불가능한 패턴**(irrefutable pattern)의 차이점, 여러분이 접해볼 수 있는 다양한 종류의 패턴 문법에 대해서 다뤄보겠습니다. 이번 장을 마치고 나면 패턴을 이용해 다양한 개념을 명확하게 표현하는 방법에 대해 알게 될 것입니다.

18.1 패턴이 사용될 수 있는 모든 곳

패턴은 러스트 코드 곳곳에 튀어나오며, 여러분도 모르는 사이에 이미 많이 사용하고 있었을 겁니다! 이번 절에서는 패턴을 사용할 수 있는 모든 코드상의 위치에 대해 설명합니다.

18.1.1 match 갈래

6장에서 설명한 것처럼 패턴은 match 표현식의 갈래에서 사용됩니다. 공식적으로 match 표현식은 다음과 같이 match 키워드, 매칭시킬 값, 그리고 패턴 및 그 패턴과 값이 매칭될 경우 실행될 표현식으로 구성된 하나 이상의 갈래로 정의됩니다.

```
match VALUE {
    PATTERN => EXPRESSION,
    PATTERN => EXPRESSION,
    PATTERN => EXPRESSION,
}
```

예를 들면 아래는 예제 6-5에서 변수 x에 있는 Option<i32>값을 매칭시키는 match 표현식입니다.

```
match x {
    None => None,
    Some(i) => Some(i + 1),
}
```

이 match 표현식에 있는 패턴은 각 화살표 왼쪽에 위치한 None과 Some(i)입니다.

match 표현식에 대한 한 가지 요건은 match 표현식의 값에 대한 모든 경우의 수를 고려해야 한다는 의미에서 **철저해야**(exhaustive) 한다는 것입니다. 모든 가능성을 포괄하는 것을 보장하는 방법 한 가지는 마지막 갈래에 포괄 패턴[1]을 사용하는 것입니다. 예를 들면 어떤 값에 매칭되는 변수명은 절대 실패할 수 없게 되어 나머지 모든 경우를 포괄합니다.

밑줄(_)이라는 특정 패턴은 어떤 값에라도 매칭되지만 변수에 값을 묶지 않으므로 마지막 매치 갈래에 자주 사용됩니다. _ 패턴은 예를 들면 지정되지 않은 값들을 무시하고 싶을 때 유용할 수 있습니다. 이 장의 '패턴에서 값 무시하기'(521쪽)에서 _ 패턴에 대해 더 자세히 다루겠습니다.

18.1.2 if let 조건 표현식

6장에서 주로 하나의 경우에만 매칭하는 match를 더 짧게 작성하는 방법으로 if let 표현식을 사용하는 법을 다루었습니다. 추가로 if let은 if let의 패턴에 값이 매칭되지 않을 때 실행되는 코드가 들어 있는 else를 가질 수 있습니다.

예제 18-1은 if let, else if, else if let 표현식을 섞어서 매칭할 수 있음을 알려주는 코드입니다. 그렇게 하면 패턴과 비교할 값을 하나만 표현할 수 있는 match 표현식보다 더 유연하게 사용할 수 있습니다. 또한 러스트에서는 일련의 if let, else if, else if let 갈래들의 조건식이 서로 관련될 필요도 없습니다.

예제 18-1의 코드는 여러 개의 조건을 연속적으로 검사하여 배경의 색상을 결정합니다. 이 예제에서는 실제 프로그램에서 사용자 입력으로 받을 수 있는 하드코딩된 값이 들어 있는 변수를 만들었습니다.

예제 18-1 if let, else if, else if let, else의 혼합   (File) src/main.rs

```
fn main() {
    let favorite_color: Option<&str> = None;
    let is_tuesday = false;
    let age: Result<u8, _> = "34".parse();

❶ if let Some(color) = favorite_color {
    ❷ println!("Using your favorite color, {color}, as the background");
❸ } else if is_tuesday {
    ❹ println!("Tuesday is green day!");
```

---

1   [옮긴이] 6.2.4절(148쪽)에서 살펴봤습니다.

```
⑤  } else if let Ok(age) = age {
    ⑥  if age > 30 {
        ⑦  println!("Using purple as the background color");
        } else {
        ⑧  println!("Using orange as the background color");
        }
⑨  } else {
    ⑩  println!("Using blue as the background color");
    }
}
```

사용자가 즐겨 찾는 색을 지정한 경우(①) 그 색상이 배경으로 사용됩니다(②). 즐겨 찾는 색상이 지정되지 않았고 오늘이 화요일이면(③), 배경색은 녹색이 됩니다(④). 그렇지 않은 경우, 사용자가 자신의 나이를 문자열로 지정했고 이를 성공적으로 숫자로 파싱할 수 있다면(⑤), 색상은 숫자에 따라(⑥) 보라(⑦) 혹은 주황(⑧)이 됩니다. 이 조건 중 어디에도 해당하지 않으면(⑨) 배경색은 파란색이 됩니다(⑩).

이러한 조건부 구조는 복잡한 요구 사항을 지원할 수 있게 해줍니다. 위의 하드코딩된 값을 사용하면 이 예제는 Using purple as the background color를 출력할 것입니다.

if let 또한 match 갈래와 같은 방식으로 섀도잉 변수를 도입할 수 있다는 것을 알 수 있습니다. 라인 if let Ok(age) = age(⑤)는 Ok 배리언트 내의 값을 추출한 새로운 섀도잉된 age 변수를 도입합니다. 이는 if age > 30(⑥)을 그 블록 안에 위치시켜야 함을 뜻합니다. 이 두 조건을 if let Ok(age) = age && age > 30으로 조합할 수는 없습니다. 30과 비교하려는 섀도잉된 age는 새로운 스코프가 중괄호로 시작되기 전에는 유효하지 않습니다.

if let 표현식의 단점은 match 표현식과는 다르게 컴파일러가 해당 구문이 모든 경우를 빠짐없이 포괄하는지 검사하지 않는다는 점입니다. 예제의 마지막 else 절(⑨)을 생략하여 처리되지 않는 경우가 생기더라도 컴파일러는 이에 따라 발생할 수 있는 논리적 버그를 경고해주지 않습니다.

18.1.3 while let 조건 루프

if let과 구조가 비슷한 while let 조건 루프는 패턴이 계속 매칭되는 동안 while 루프를 실행할 수 있게 해줍니다. 예제 18-2에서는 벡터를 스택처럼 사용하여 벡터의 값을 푸시된 역순으로 출력하는 while let 루프를 코딩했습니다.

예제 18-2 while let을 사용하여 stack.pop()이 Some을 반환하는 한, 계속 값 출력하기

```
let mut stack = Vec::new();

stack.push(1);
stack.push(2);
stack.push(3);

while let Some(top) = stack.pop() {
    println!("{}", top);
}
```

이 예제는 3, 2, 1을 출력합니다. pop 메서드는 벡터에서 마지막 요소를 가져와서 Some(value)를 반환합니다. 벡터가 비어 있다면 pop은 None을 반환합니다. while 루프는 pop이 Some을 반환하는 한 블록의 코드를 계속 실행합니다. pop이 None을 반환하면 루프는 멈춥니다. while let을 사용하여 스택의 모든 요소를 팝할 수 있습니다.

18.1.4 for 루프

for 루프에서 키워드 for 바로 뒤에 오는 값은 패턴입니다. 예를 들어 for x in y에서는 x가 패턴입니다. 예제 18-3은 for 루프에서 패턴을 사용하여 for 루프의 일부로서 튜플을 **해체** 혹은 분해하는 방법을 보여줍니다.

예제 18-3 for 루프에서 패턴을 사용하여 튜플 해체하기

```
let v = vec!['a', 'b', 'c'];

for (index, value) in v.iter().enumerate() {
    println!("{} is at index {}", value, index);
}
```

예제 18-3의 코드는 다음을 출력할 것입니다.

```
a is at index 0
b is at index 1
c is at index 2
```

enumerate 메서드를 사용하여 반복자를 조정하면 값과 해당 값에 대한 인덱스를 생성하여 튜플에 배치합니다. 생성된 첫 번째 값은 튜플 (0, 'a')입니다. 이 값을 패턴 (index, value)에 매칭시키면 index는 0이 되고 value는 'a'가 되어 출력 결과의 첫 번째 줄을 출력합니다.

18.1.5 let 구문

이번 장의 전까지는 match나 if let과 함께 패턴을 사용하는 것에 대해서만 명시적으로 설명했지만, 실은 다른 곳에서도 패턴을 사용해왔는데 let 구문도 여기 해당합니다. 예를 들어, 아래와 같이 let을 사용한 간단한 변수 할당문을 살펴봅시다.

```
let x = 5;
```

눈치챘을지 모르겠지만, 이와 같은 let 구문을 사용할 때마다 여러분은 패턴을 사용했던 것입니다! 좀 더 공식적으로 let 구문은 다음과 같이 생겼습니다.

```
let PATTERN = EXPRESSION;
```

let x = 5;처럼 PATTERN 자리에 변수명이 있는 구문에서, 이 변수명이 패턴의 매우 단순한 형태일 뿐입니다. 러스트는 표현식을 패턴과 비교하여 찾은 이름을 할당합니다. 따라서 let x = 5; 예제에서 x는 '이 패턴에 매칭되는 값을 변수 x에 대입하라'는 의미의 패턴입니다. x라는 이름이 전체 패턴이므로 이 패턴은 사실상 '값이 무엇이든 간에 전부 변수 x에 바인딩하라'는 뜻이 됩니다.

패턴 매칭의 관점에서 let 좀 더 명확하게 보기 위해서, let으로 튜플을 해체하는 패턴을 사용하는 예제 18-4를 살펴봅시다.

예제 18-4 **패턴을 사용해 튜플을 해체하여 세 변수를 한 번에 만들기**
```
let (x, y, z) = (1, 2, 3);
```

여기서는 튜플을 패턴에 매칭합니다. 러스트는 값 (1, 2, 3)을 패턴 (x, y, z)와 비교하고 이 값이 패턴과 매칭되는지 확인하고, 1을 x에, 2를 y에, 그리고 3을 z에 바인딩합니다. 이 튜플 패턴을 이 안에 있는 세 개의 개별적인 변수 패턴이 중첩된 것으로 생각할 수 있습니다.

패턴의 요소 개수가 주어진 튜플의 요소 개수와 다르면, 전체 타입이 일치하지 않아서 컴파일러 에러가 발생합니다. 예를 들어 예제 18-5는 세 개의 요소가 있는 튜플을 두 개의 변수로 해체하는 시도를 보여주는데, 이는 작동하지 않을 것입니다.

```
    let (x, y) = (1, 2, 3);
```

이 코드의 컴파일을 시도하면 아래와 같은 타입 에러가 발생합니다.

```
error[E0308]: mismatched types
 --> src/main.rs:2:9
  |
2 |     let (x, y) = (1, 2, 3);
  |         ^^^^^^   --------- this expression has type `({integer}, {integer}, {integer})`
  |         |
  |         expected a tuple with 3 elements, found one with 2 elements
  |
  = note: expected tuple `({integer}, {integer}, {integer})`
             found tuple `(_, _)`
```

이 에러를 고치기 위해서는 _나 ..을 사용하여 튜플의 값을 하나 혹은 그 이상 무시할 수 있는데, 이에 대해서는 '패턴에서 값 무시하기'(521쪽)에서 살펴볼 것입니다. 패턴에 너무 많은 변수가 있는 것이 문제라면, 해결책은 변수를 제거하여 변수의 수가 튜플의 요소 개수와 같도록 타입을 일치시키는 것입니다.

18.1.6 함수 매개변수

함수 매개변수도 패턴이 될 수 있습니다. 예제 18-6의 코드는 foo라는 이름의 함수를 선언하고 타입 i32인 x라는 매개변수 하나를 받는데, 이제는 친숙하게 보일 것입니다.

예제 18-6 매개변수에서 패턴을 사용하는 함수 시그니처

```
fn foo(x: i32) {
    // 여기에 코드를 작성합니다.
}
```

x 부분이 패턴입니다! let에서 했던 것처럼 함수 인수의 튜플을 패턴과 매치시킬 수 있습니다. 예제 18-7은 함수에 값을 넘길 때 튜플의 값을 분할합니다.

예제 18-7 튜플을 해체하는 매개변수를 가진 함수   (File) src/main.rs

```
fn print_coordinates(&(x, y): &(i32, i32)) {
    println!("Current location: ({}, {})", x, y);
}
```

```
fn main() {
    let point = (3, 5);
    print_coordinates(&point);
}
```

이 코드는 Current location: (3, 5)를 출력합니다. 값 &(3, 5)는 패턴 &(x, y)에 매칭되어 x는 3
이 되고 y는 5가 됩니다.

13장에서 설명한 것처럼 클로저는 함수와 유사하기 때문에, 클로저 매개변수 목록에서도 함수 매
개변수 목록과 동일한 방식으로 패턴을 사용할 수 있습니다.

지금까지 패턴을 사용하는 여러 가지 방법을 살펴보았지만, 패턴을 사용할 수 있는 모든 곳에서
패턴이 동일하게 작동하는 것은 아닙니다. 어떤 곳에서는 패턴이 반박 불가능해야 하지만 다른 곳
에서는 반박 가능할 수 있습니다. 다음 절에서는 이 두 가지 개념에 대해 설명하겠습니다.

18.2 반박 가능성: 패턴이 매칭에 실패할지의 여부

패턴에는 반박 가능한 패턴과 반박 불가능한 패턴의 두 가지 형태가 있습니다. 넘겨진 모든 가능
한 값에 대해 매칭되는 패턴을 **반박 불가능한(irrefutable)** 패턴이라고 합니다. 일례로 let x = 5; 구
문에서 x는 무엇이든 매칭되므로 매칭에 실패할 수 없습니다. 일부 가능한 값에 대해 매칭에 실패
할 수 있는 패턴은 **반박 가능(refutable)**입니다. if let Some(x) = a_value 표현식의 Some(x)를 예
로 들 수 있는데, a_value 변수의 값이 Some이 아니라 None이면 Some(x) 패턴이 매칭되지 않기 때
문입니다.

함수 매개변수, let 구문 및 for 루프에는 반박 불가능한 패턴만 허용될 수 있는데, 이는 값이 매
칭되지 않으면 프로그램이 의미 있는 작업을 수행할 수 없기 때문입니다. if let과 while let 표현
식은 반박 가능한 패턴과 반박 불가능한 패턴을 허용하지만, 컴파일러는 반박 불가능한 패턴에 대
해 경고를 주는데, 그 이유는 정의상 이 표현식들이 잠재적인 실패를 처리할 목적으로 만들어졌기
때문입니다. 조건문의 기능은 성공 또는 실패에 따라 다르게 수행하는 능력에 있으니까요.

일반적으로는 반박 가능한 패턴과 반박 불가능한 패턴을 구분할 필요는 없습니다. 하지만 반박 가
능성의 개념에 익숙해야 에러 메시지에서 이것이 나왔을 때 대응이 가능합니다. 이러한 경우 코드
에서 의도한 동작에 따라 패턴 혹은 패턴을 사용하는 구문을 변경할 필요가 있을 것입니다.

러스트가 반박 불가능한 패턴을 요구하는 곳에서 반박 가능한 패턴의 사용을 시도하는 경우와 그 반대의 경우 어떤 일이 발생하는지 예제를 살펴봅시다. 예제 18-8은 let 구문을 보여주는데, 이 패턴에는 반박 가능한 패턴인 Some(x)를 특정했습니다. 예상할 수 있듯 이 코드는 컴파일되지 않습니다.

예제 18-8 **let에서 반박 가능한 패턴의 사용 시도하기**

```
    let Some(x) = some_option_value;
```

some_option_value이 None값이면 Some(x) 패턴과 매칭되지 않으므로 이 패턴은 반박 가능합니다. 그러나 let 구문은 None값으로 코드가 수행할 수 있는 유효한 작업이 없기 때문에 반박 불가능한 패턴만 허용할 수 있습니다. 컴파일 타임에 러스트는 반박 불가능한 패턴이 필요한 곳에 반박 가능한 패턴을 사용하려고 시도했다고 불평할 것입니다.

```
error[E0005]: refutable pattern in local binding: `None` not covered
 --> src/main.rs:3:9
  |
3 |     let Some(x) = some_option_value;
  |         ^^^^^^^ pattern `None` not covered
  |
  = note: `let` bindings require an "irrefutable pattern", like a `struct` or an `enum`
with only one variant
  = note: for more information, visit https://doc.rust-lang.org/book/ch18-02-refutability.
html
note: `Option<i32>` defined here
 --> /rustc/d5a82bbd26e1ad8b7401f6a718a9c57c96905483/library/core/src/option.rs:518:1
  |
  = note:
/rustc/d5a82bbd26e1ad8b7401f6a718a9c57c96905483/library/core/src/option.rs:522:5:
not covered
  = note: the matched value is of type `Option<i32>`
help: you might want to use `if let` to ignore the variant that isn't matched
  |
3 |     let x = if let Some(x) = some_option_value { x } else { todo!() };
  |     +++++++++                                  +++++++++++++++++++++++
help: alternatively, you might want to use let else to handle the variant that isn't matched
  |
3 |     let Some(x) = some_option_value else { todo!() };
  |                                     +++++++++++++++++
```

패턴 Some(x)으로 모든 유효한 값을 포함하지 않았으므로(정확히는 포함할 수도 없으므로) 러스트는 당연히 컴파일 에러를 냅니다.

반박 불가능한 패턴이 필요한 곳에서 반박 가능한 패턴을 사용한 경우, 패턴을 사용하는 코드를 변경하여 문제를 해결할 수 있습니다. let을 사용하는 대신 if let을 사용하면 됩니다. 그러면 패턴이 매칭되지 않는 경우 코드가 중괄호 안의 코드를 그냥 건너뛰어 유효하게 계속하는 방법을 제공합니다. 예제 18-9는 예제 18-8의 코드를 수정하는 방법을 보여줍니다.

예제 18-9 let 대신 반박 가능한 패턴과 함께 if let과 코드 블록 사용하기

```
if let Some(x) = some_option_value {
    println!("{}", x);
}
```

코드에 탈출구를 만들어주었습니다! 에러 없이 반박 불가능한 패턴을 사용할 수 없다는 뜻이지만, 이 코드는 완벽하게 유효합니다. 예제 18-10에 나오는 x처럼 if let에 항상 매칭되는 패턴을 사용하면, 컴파일러는 경고를 줄 것입니다.

예제 18-10 if let에 반박 불가능한 패턴 사용 시도하기

```
if let x = 5 {
    println!("{}", x);
};
```

러스트는 반박 불가능한 패턴에 if let을 사용하는 것은 이치에 맞지 않는다고 불평합니다.

```
warning: irrefutable `if let` pattern
 --> src/main.rs:2:8
  |
2 |     if let x = 5 {
  |            ^^^^^^^^^
  |
  = note: this pattern will always match, so the `if let` is useless
  = help: consider replacing the `if let` with a `let`
  = note: `#[warn(irrefutable_let_patterns)]` on by default
```

이러한 이유로, 매치 갈래는 마지막 갈래를 제외하고 반박 가능한 패턴을 사용해야 하고, 마지막 갈래는 반박 불가능한 패턴으로 나머지 모든 값과 매칭되어야 합니다. 러스트에서는 하나의 갈래

만 있는 match에 반박 불가능한 패턴 사용이 허용되지만, 이 문법은 특별히 유용하지 않으며 더 간단한 let 구문으로 대체할 수 있습니다.

이제 패턴을 사용하는 위치, 그리고 반박 가능한 패턴과 반박 불가능한 패턴 간의 차이점을 알았으니, 패턴을 만드는 데 사용할 수 있는 모든 문법을 다뤄봅시다.

18.3 패턴 문법

이번 절에서는 패턴이 유효한 모든 문법을 모아보고 각 문법의 사용이 필요한 이유와 시기에 대해 설명합니다.

18.3.1 리터럴 매칭

6장에서 살펴본 것처럼 패턴과 리터럴을 직접 매칭시킬 수 있습니다. 다음 코드는 몇 가지 예를 제공합니다.

```
let x = 1;

match x {
    1 => println!("one"),
    2 => println!("two"),
    3 => println!("three"),
    _ => println!("anything"),
}
```

x의 값이 1이므로 이 코드는 one을 출력합니다. 이 문법은 코드에서 특정한 구체적인 값을 가질 때 어떤 동작을 수행하려는 경우에 유용합니다.

18.3.2 명명된 변수 매칭

명명된 변수는 어떤 값과도 매칭되는 반박 불가능한 패턴으로, 이 책에서 여러 번 사용했습니다. 하지만 match 표현식에서 명명된 변수를 사용할 때는 복잡한 문제가 있습니다. match는 새로운 스코프를 시작하기 때문에, match 표현식 내부에서 패턴의 일부로서 선언된 변수는 모든 변수의 경우와 마찬가지로 match 구조 외부에 있는 같은 이름의 변수를 가리게 될 것입니다. 예제 18-11에서는 값 Some(5)을 가진 변수 x와 값 10을 가진 변수 y를 선언합니다. 그다음 값 x에 match 표현식을 만듭니다. 이 코드를 실행하거나 뒷부분을 더 읽기 전에 매치 갈래의 패턴과 마지막에 있는 println!을 보고 코드가 무엇을 출력할지 알아보세요.

예제 18-11 **섀도잉된 변수 y가 도입된 갈래를 갖는 match 표현식** (File) src/main.rs

```
fn main() {
❶ let x = Some(5);
❷ let y = 10;

    match x {
      ❸ Some(50) => println!("Got 50"),
      ❹ Some(y) => println!("Matched, y = {y}"),
      ❺ _ => println!("Default case, x = {:?}", x),
    }

❻ println!("at the end: x = {:?}, y = {y}", x);
}
```

match 표현식이 실행되면 어떤 일이 일어나는지 살펴봅시다. 첫 번째 매치 갈래의 패턴(❸)이 x에 정의된 값과 매칭되지 않으므로(❶) 코드는 계속 실행됩니다.

두 번째 매치 갈래의 패턴(❹)은 Some값 안에 있는 모든 값과 매칭되는 y라는 새 변수를 도입합니다. match 표현식 내부의 새로운 스코프에 있기 때문에, 이것은 처음에 10이라는 값으로 선언한 y가 아니라 새로운 y 변수입니다(❷). 이 새로운 y 바인딩은 Some 내부의 모든 값에 매칭되고, 이는 x에도 해당됩니다. 따라서 이 새로운 y는 x 안의 Some 내부 값에 바인딩됩니다. 그 값은 5이므로 해당 갈래에 대한 표현식이 실행되어 Matched, y = 5를 출력합니다.

만약 x가 Some(5) 대신 None값이었다면, 처음 두 갈래의 패턴에 매칭되지 않았을 것이므로 밑줄에 값이 매칭되었을 것입니다(❺). 밑줄 갈래의 패턴에 변수 x를 도입하지 않았으므로, 표현식의 x는 여전히 가려지지 않은 바깥쪽 x입니다. 이러한 가정을 한 상황에서는 match가 Default case, x = None을 출력했을 것입니다.

match 표현식이 완료되면 그 스코프가 끝나고, 따라서 내부 y의 스코프도 끝납니다. 마지막 println!은 at the end: x = Some(5), y = 10을 출력합니다(❻).

섀도우 변수를 도입하지 않고 외부 x와 y의 값을 비교하는 match 표현식을 만들려면 대신 매치 가드 조건문(match guard conditional)을 사용해야 합니다. 매치 가드에 대해서는 나중에 '매치 가드를 사용한 추가 조건'(526쪽)에서 설명하겠습니다.

18.3.3 다중 패턴

match 표현식에서는 패턴에 대한 **또는(or)** 연산자인 | 문법을 사용하여 여러 패턴을 매칭시킬 수 있습니다. 예를 들어, 다음 코드에서는 매치 갈래에 대해 x값을 매칭시키는데, 첫 번째 갈래에는 **또는** 옵션이 있으므로 x값이 해당 갈래의 값 중 하나와 일치하면 해당 갈래의 코드가 실행됩니다.

```
let x = 1;

match x {
    1 | 2 => println!("one or two"),
    3 => println!("three"),
    _ => println!("anything"),
}
```

이 코드는 one or two를 출력합니다.

18.3.4 ..=을 이용한 값의 범위 매칭

..= 문법은 경계 값을 포함하는 범위(range)와 매칭시키도록 해줍니다. 다음 코드에서는 패턴이 주어진 범위 내의 값과 매칭되면 해당 갈래를 실행합니다.

```
let x = 5;

match x {
    1..=5 => println!("one through five"),
    _ => println!("something else"),
}
```

x가 1, 2, 3, 4, 5 중 하나라면 첫 번째 갈래에 매칭됩니다. 이 문법은 | 연산자를 사용하여 동일한 개념을 표현하는 것보다 여러 개의 값을 매칭하는 데 더 편리합니다. |를 사용하려면 1 | 2 | 3 | 4 | 5라고 지정해야 하니까요. 특히 1에서 1,000 사이의 숫자 같은 것과 매칭시키려는 경우 범위를 지정하는 것이 훨씬 더 짧습니다!

컴파일러는 컴파일 타임에 범위가 비어 있지 않은지 확인하며, 러스트가 범위가 비어 있는지를 알 수 있는 유일한 타입은 char와 숫자이므로, 범위는 숫자 또는 char값으로만 허용됩니다.

아래는 char값의 범위를 사용하는 예입니다.

```
let x = 'c';

match x {
    'a'..='j' => println!("early ASCII letter"),
    'k'..='z' => println!("late ASCII letter"),
    _ => println!("something else"),
}
```

러스트는 'c'가 첫 번째 패턴의 범위 내에 있음을 인식하고 early ASCII letter를 출력합니다.

18.3.5 값을 해체하여 분리하기

구조체, 열거형, 튜플을 해체하여 이 값의 부분들을 쓰기 위해 패턴을 사용할 수도 있습니다. 각각에 대해 알아봅시다.

구조체 해체하기

예제 18-12는 x와 y 두 개의 필드를 가진 Point 구조체를 보여주며, let 구문에 패턴을 사용해 분해할 수 있습니다.

예제 18-12 **구조체 필드를 별도의 변수로 해체하기** (File) src/main.rs

```
struct Point {
    x: i32,
    y: i32,
}

fn main() {
    let p = Point { x: 0, y: 7 };

    let Point { x: a, y: b } = p;
    assert_eq!(0, a);
    assert_eq!(7, b);
}
```

이 코드는 p 구조체의 x와 y 필드값에 매칭되는 변수 a와 b를 생성합니다. 이 예제는 패턴의 변수 이름이 구조체의 필드 이름과 일치할 필요는 없음을 보여줍니다. 그러나 어떤 변수가 어떤 필드에서 왔는지 쉽게 기억할 수 있도록 변수 이름을 필드 이름과 일치시키는 것이 일반적입니다. 이러한 일반적인 사용법과 let Point { x: x, y: y } = p;라고 작성하는 것이 많은 중복을 발생시키는 이유가 되므로, 러스트에는 구조체 필드와 일치하는 패턴에 대한 축약법이 있습니다. 구조체 필드 이름만 나열하면 패턴에서 생성된 변수는 동일한 이름을 갖습니다. 예제 18-13은 예제 18-12의 코드와 동일한 방식으로 작동하지만, let 패턴에서 생성된 변수는 a와 b 대신 x와 y입니다.

예제 18-13 구조체 필드 축약법을 사용한 구조체 필드 해체하기　　　　　　　　　(File) src/main.rs

```
struct Point {
    x: i32,
    y: i32,
}

fn main() {
    let p = Point { x: 0, y: 7 };

    let Point { x, y } = p;
    assert_eq!(0, x);
    assert_eq!(7, y);
}
```

이 코드는 p 변수의 x 및 y 필드와 매칭되는 변수 x 및 y를 생성합니다. 그 결과 변수 x와 y는 p 구조체로부터 나온 값을 갖습니다.

또한 모든 필드에 대해 변수를 생성하는 대신 구조체 패턴의 일부에 리터럴값을 사용하여 해체할 수도 있습니다. 이렇게 하면 일부 필드에서 특정 값을 테스트하는 동시에 다른 필드를 해체하여 변수를 생성할 수 있습니다.

예제 18-14에는 Point값을 세 가지 경우로 나눈 match 표현식이 있습니다. x축 위의 점(y = 0이 참인 경우), y축 위의 점(x = 0), 그 외의 경우입니다.

예제 18-14 구조체 필드 축약법을 사용한 구조체 필드 해체하기　　　　　　　　　(File) src/main.rs

```
fn main() {
    let p = Point { x: 0, y: 7 };

    match p {
        Point { x, y: 0 } => println!("On the x axis at {x}"),
        Point { x: 0, y } => println!("On the y axis at {y}"),
        Point { x, y } => {
            println!("On neither axis: ({x}, {y})");
        }
    }
}
```

첫 번째 갈래는 y 필드의 값이 리터럴 0과 매칭되는 경우를 지정하여 x축 위의 모든 점과 매칭될 것입니다. 이 패턴은 여전히 이 갈래를 위한 코드에서 사용할 수 있는 변수 x를 생성합니다.

마찬가지로 두 번째 갈래는 x 필드의 값이 0이면 매칭되도록 지정하여 y축 위의 모든 점과 매칭시키고 y 필드값에 대해 변수 y를 생성합니다. 세 번째 갈래는 리터럴을 지정하지 않으므로 다른 모든 Point와 매칭되고 x 및 y 필드 모두에 대한 변수를 생성합니다.

이 예제에서 값 p는 0을 가지고 있는 x에 의해 두 번째 갈래에 매칭되므로, 이 코드는 On the y axis at 7를 출력합니다.

match 표현식은 첫 번째 매칭되는 패턴을 찾으면 갈래 검사를 중지하므로, Point { x: 0, y: 0}가 x축과 y축에 있더라도 이 코드는 On the x axis at 0만 출력한다는 점을 기억하세요.

열거형 해체하기

이 책에서 열거형을 해체해봤지만(예를 들면 6장의 예제 6-5), 열거형을 해체하는 패턴이 열거형 내에 저장되는 데이터가 정의되는 방식과 일치한다는 것을 아직 명시적으로 논의하지는 않았습니다. 예를 들어, 예제 18-15에서는 예제 6-2의 Message 열거형을 사용하여 각 내부값을 해체하는 패턴으로 match를 작성합니다.

예제 18-15 다른 종류의 값을 가진 열거형 배리언트 해체하기   (File) src/main.rs

```
enum Message {
    Quit,
    Move { x: i32, y: i32 },
    Write(String),
    ChangeColor(i32, i32, i32),
}

fn main() {
❶ let msg = Message::ChangeColor(0, 160, 255);

    match msg {
      ❷ Message::Quit => {
            println!("The Quit variant has no data to destructure.");
        }
      ❸ Message::Move { x, y } => {
            println!("Move in the x direction {x} and in the y direction {y}");
        }
      ❹ Message::Write(text) => {
            println!("Text message: {text}");
```

```
        }
❺       Message::ChangeColor(r, g, b) => {
            println!("Change the color to red {r}, green {g}, and blue {b}",)
        }
    }
}
```

이 코드는 Change the color to red 0, green 160, and blue 255를 출력할 것입니다. 다른 갈래가 실행되는 것을 보려면 msg의 값을 변경해보세요(❶).

Message::Quit처럼 데이터가 없는 열거형 배리언트의 경우(❷) 값을 더 이상 해체할 수는 없습니다. 리터럴 Message::Quit값만 매칭시킬 수 있으며 해당 패턴에 변수는 없습니다.

Message::Move처럼 구조체형 열거형 배리언트의 경우(❸), 구조체와 매칭되도록 지정한 패턴과 유사한 패턴을 사용할 수 있습니다. 배리언트 이름 뒤에 중괄호를 넣은 다음 변수가 있는 필드를 나열하여 이 갈래에 대한 코드에서 사용할 부분을 분해합니다. 여기서는 예제 18-13에서 했던 것처럼 축약형을 사용합니다.

하나의 요소로 이루어진 튜플을 갖는 Message::Write(❹)와 세 개의 요소로 되어 있는 튜플을 갖는 Message::ChangeColor(❺) 같은 튜플형 열거형 배리언트의 경우, 패턴은 튜플을 매칭시키기 위해 지정하는 패턴과 비슷합니다. 패턴에 포함된 변수의 개수는 매칭시키려는 배리언트의 요소 개수와 일치해야 합니다.

중첩된 구조체와 열거형 해체하기

지금까지의 예제는 모두 한 단계 깊이의 구조체나 열거형을 매칭시켰지만, 중첩된 아이템에 대해서도 매칭시킬 수 있습니다! 예를 들어, 예제 18-15의 코드를 리팩터링하여 예제 18-16처럼 ChangeColor 메시지에서 RGB 및 HSV 색상을 지원할 수 있습니다.

예제 18-16 **중첩된 열거형에 대한 매칭**

```
enum Color {
    Rgb(i32, i32, i32),
    Hsv(i32, i32, i32),
}

enum Message {
    Quit,
    Move { x: i32, y: i32 },
```

```
        Write(String),
        ChangeColor(Color),
    }

    fn main() {
        let msg = Message::ChangeColor(Color::Hsv(0, 160, 255));

        match msg {
            Message::ChangeColor(Color::Rgb(r, g, b)) => {
                println!("Change color to red {r}, green {g}, and blue {b}");
            }
            Message::ChangeColor(Color::Hsv(h, s, v)) => {
                println!("Change color to hue {h}, saturation {s}, value {v}")
            }
            _ => (),
        }
    }
```

match 표현식에서 첫 번째 갈래의 패턴이 Color::Rgb 배리언트를 포함하는 Message:: ChangeColor 열거형 배리언트와 매칭합니다. 그런 다음 이 패턴은 세 개의 내부 i32값을 바인딩합니다. 두 번째 갈래의 패턴도 Message::ChangeColor 열거형 배리언트와 일치하지만, 내부 열거형은 대신 Color::Hsv와 매칭하고 있습니다. 이렇게 두 열거형을 포함하는 복잡한 조건을 하나의 match 표현식으로 특정할 수 있습니다.

구조체와 튜플 해체하기

해체 패턴은 훨씬 더 복잡한 방식으로 섞이고, 매칭되고, 중첩될 수 있습니다. 다음 예제는 구조체와 튜플을 튜플 안에 중첩하고 모든 기본값을 해체하여 꺼내는 복잡한 해체를 보여줍니다.

```
    let ((feet, inches), Point { x, y }) = ((3, 10), Point { x: 3, y: -10 });
```

이 코드를 사용하면 복잡한 타입을 구성 요소로 분해하여 필요한 값을 개별적으로 사용할 수 있습니다.

패턴으로 구조체를 해체하는 것은 구조체의 각 필드에 있는 값처럼 값들의 조각을 서로 분리하여 사용하는 편리한 방식입니다.

18.3.6 패턴에서 값 무시하기

match의 마지막 갈래와 같이 실제로는 아무 일도 하지 않지만, 나머지 가능한 모든 값을 매칭하는 캐치올을 얻기 위해 패턴의 값을 무시하는 것이 종종 유용할 때가 있다는 것을 보았습니다. 패턴에서 값의 전체 또는 일부를 무시하는 방법은 몇 가지가 있습니다. _ 패턴 사용하기(여러분이 이미 보았던 것이죠), 다른 패턴 내에서 _ 패턴 사용하기, 밑줄로 시작하는 이름 사용하기, 또는 ..을 사용하여 값의 나머지 부분을 무시하는 방법이 있습니다. 이러한 각 패턴을 사용하는 방법과 사용하는 이유를 알아봅시다.

_로 값 전체 무시하기

우리는 밑줄을, 모든 값과 일치하지만 값에 바인딩되지는 않는 와일드카드 패턴으로 사용했습니다. 이는 match 표현식의 마지막 갈래로 특히 유용하지만, 예제 18-17처럼 함수 매개변수를 포함한 모든 패턴에 사용할 수도 있습니다.

예제 18-17 함수 시그니처에 _ 사용하기　　　　　　　　　　　　　　　File src/main.rs

```rust
fn foo(_: i32, y: i32) {
    println!("This code only uses the y parameter: {}", y);
}

fn main() {
    foo(3, 4);
}
```

이 코드는 첫 번째 인수로 전달된 값 3을 완전히 무시하고 This code only uses the y parameter: 4를 출력합니다.

특정 함수 매개변수가 더 이상 필요 없는 경우에는 대부분 함수 시그니처를 변경하여 사용하지 않는 매개변수가 포함되지 않도록 합니다. 함수 매개변수를 무시하는 것은, 예를 들면 특정 타입의 시그니처가 필요한 트레이트를 구현하는 중인데 구현체의 함수 본문에는 매개변수 중 하나가 필요하지 않은 경우 특히 유용할 수 있습니다. 그러면 대신 이름을 사용할 때처럼 사용하지 않는 함수 매개변수에 대한 컴파일러 경고를 받지 않게 됩니다.

중첩된 _로 값의 일부 무시하기

다른 패턴 내에서 _을 사용하여 값의 일부만 무시할 수도 있습니다. 예를 들어, 값의 일부만 테스트하고 싶지만 다른 부분은 실행하고자 하는 해당 코드에서 사용되는 곳이 없는 경우입니다. 예제

18-18은 설정값 관리를 담당하는 코드를 보여줍니다. 비즈니스 요구 사항은 사용자가 기존의 사용자 설정값을 덮어쓸 수는 없지만 설정값을 해제할 수는 있으며 해제된 상태라면 값을 지정할 수 있어야 한다는 것입니다.

예제 18-18 Some 배리언트에 매칭되는 패턴에서 Some 내부 값을 사용할 필요가 없을 경우 패턴 내에 _ 사용하기

```
let mut setting_value = Some(5);
let new_setting_value = Some(10);

match (setting_value, new_setting_value) {
    (Some(_), Some(_)) => {
        println!("Can't overwrite an existing customized value");
    }
    _ => {
        setting_value = new_setting_value;
    }
}

println!("setting is {:?}", setting_value);
```

이 코드는 Can't overwrite an existing customized value를 출력한 다음 setting is Some(5)를 출력합니다. 첫 번째 매치 갈래에서는 Some 배리언트 내부의 값을 매칭시키거나 사용할 필요는 없지만 setting_value와 new_setting_value가 Some 배리언트인 경우를 테스트할 필요는 있습니다. 그런 경우 setting_value를 변경하지 않는 이유를 출력하고 변경하지 않습니다.

두 번째 갈래에서 _ 패턴으로 표현된 다른 모든 경우에는(즉 setting_value 또는 new_setting_value가 None인 경우에는) new_setting_value가 setting_value가 될 수 있도록 허용하고자 합니다.

또한 하나의 패턴 내에서 여러 위치에 밑줄을 사용하여 특정 값을 무시할 수도 있습니다. 예제 18-19는 다섯 개의 아이템으로 구성된 튜플에서 두 번째 및 네 번째 값을 무시하는 예제를 보여줍니다.

예제 18-19 튜플의 여러 부분 무시하기

```
let numbers = (2, 4, 8, 16, 32);

match numbers {
    (first, _, third, _, fifth) => {
        println!("Some numbers: {first}, {third}, {fifth}")
    }
}
```

이 코드는 Some numbers: 2, 8, 32를 출력하고 값 4와 16은 무시될 것입니다.

_로 시작하는 이름으로 사용하지 않는 변수 무시하기

변수가 만들어졌지만 어디에도 사용되지 않은 경우, 또는 사용하지 않는 변수는 버그가 될 수 있으므로 러스트는 보통 경고를 표시합니다. 그러나 프로토타이핑 중이거나 프로젝트를 막 시작할 때와 같이, 아직 사용하지 않을 변수를 생성하는 것이 유용할 때도 있습니다. 이런 상황에서는 변수 이름을 밑줄로 시작하는 것으로 사용하지 않는 변수에 대해 경고하지 않도록 러스트에게 지시할 수 있습니다. 예제 18-20에서는 사용하지 않는 변수를 두 개 생성했지만, 이 코드를 컴파일할 때는 이 중 하나에 대해서만 경고를 받게 됩니다.

예제 18-20 밑줄로 시작하는 변수명으로 사용하지 않는 변수에 대한 경고 피하기   ⓕ File src/main.rs

```rust
fn main() {
    let _x = 5;
    let y = 10;
}
```

여기서는 변수 y가 사용되지 않는 것에 대한 경고를 받지만, _x가 사용되지 않는 것에 대한 경고는 받지 않습니다.

_만 사용하는 것과 밑줄로 시작하는 이름을 사용하는 것 사이에는 미묘한 차이가 있다는 점을 유의하세요. 문법 _x는 여전히 변수에 값을 바인딩하는 반면, _은 전혀 바인딩하지 않습니다. 이 구분이 중요한 경우를 살펴보겠습니다. 예제 18-21은 에러가 발생할 것입니다.

예제 18-21 밑줄로 시작하는 사용하지 않는 변수는 여전히 값을 바인딩하여 값의 소유권을 가져갈 수 있습니다

```rust
    let s = Some(String::from("Hello!"));

    if let Some(_s) = s {
        println!("found a string");
    }

    println!("{:?}", s);
```

s값이 여전히 _s로 이동되는데, 이는 s를 다시 사용할 수 없도록 하기 때문에 에러가 발생합니다. 그러나 밑줄만 단독으로 사용하면 값이 바인딩되지 않습니다. 예제 18-22는 s가 _로 이동되지 않기 때문에 에러 없이 컴파일됩니다.

```
let s = Some(String::from("Hello!"));

if let Some(_) = s {
    println!("found a string");
}

println!("{:?}", s);
```

이 코드는 s를 어디에도 바인딩하지 않았기 때문에, 즉 이동되지 않았으므로 잘 작동합니다.

..으로 값의 나머지 부분 무시하기

여러 부분으로 구성된 값의 경우, .. 문법을 사용하여 특정 부분만 사용하고 나머지는 무시할 수 있으므로 무시된 각 값에 밑줄을 나열할 필요가 없습니다. .. 패턴은 나머지 패턴에서 명시적으로 매칭시키지 않은 값의 모든 부분을 무시합니다. 예제 18-23에는 3차원 공간 좌표를 갖는 Point 구조체가 있습니다. match 표현식에서 x 좌표에 대해서만 연산하고 y 및 z 필드의 값은 무시하려고 합니다.

예제 18-23 ..을 사용하여 x를 제외한 Point의 모든 필드 무시하기

```
struct Point {
    x: i32,
    y: i32,
    z: i32,
}

let origin = Point { x: 0, y: 0, z: 0 };

match origin {
    Point { x, .. } => println!("x is {}", x),
}
```

x값을 나열한 다음 그냥 .. 패턴만 포함시켰습니다. 이는 y: _와 z: _를 나열해야 하는 것보다 빠르며, 특히 많은 필드가 있는 구조체로 작업하는 데 한두 개의 필드만 관련 있는 상황에서 유용합니다.

.. 문법은 필요한 만큼의 값으로 확장됩니다. 예제 18-24는 튜플에 ..을 사용하는 방법을 보여줍니다.

```rust
fn main() {
    let numbers = (2, 4, 8, 16, 32);

    match numbers {
        (first, .., last) => {
            println!("Some numbers: {first}, {last}");
        }
    }
}
```

이 코드에서는 첫 번째와 마지막 값이 `first`와 `last`로 매칭됩니다. `..`은 중간의 모든 것들과 매칭되고 무시될 것입니다.

그러나 `..`을 사용하는 것은 모호하지 않아야 합니다. 어떤 값을 매칭시키고 어떤 값을 무시해야 하는지 불분명하다면, 러스트는 에러를 발생시킵니다. 예제 18-25는 `..`을 모호하게 사용하는 예제를 보여주며, 컴파일되지 않습니다.

예제 18-25 `..`을 모호한 방법으로 사용 시도하기

```rust
fn main() {
    let numbers = (2, 4, 8, 16, 32);

    match numbers {
        (.., second, ..) => {
            println!("Some numbers: {}", second)
        },
    }
}
```

이 예제를 컴파일하면 아래와 같은 에러가 발생합니다.

```
error: `..` can only be used once per tuple pattern
 --> src/main.rs:5:22
  |
5 |         (.., second, ..) => {
  |          --          ^^ can only be used once per tuple pattern
  |          |
  |          previously used here
```

러스트로서는 second에 값을 매칭시키기 전에 튜플에서 몇 개의 값을 무시하고, 그 이후에 몇 개의 값을 더 무시할지 결정하는 것이 불가능합니다. 이 코드는 2를 무시하고 second를 4에 바인딩한 다음 8, 16, 32를 무시하려 함을 의미하는 것일 수 있지만, 2와 4를 무시하고 second를 8에 바인딩한 다음 16과 32를 무시하는 등등을 의미하는 것일 수도 있습니다. 변수 이름 second는 러스트에겐 특별한 의미가 없으므로, 이와 같이 두 곳에 ..을 사용하는 것은 모호하기 때문에 컴파일러 에러가 발생합니다.

18.3.7 매치 가드를 사용한 추가 조건

매치 가드(match guard)는 match 갈래의 패턴 뒤에 지정되는 추가 if 조건으로, 해당 갈래가 선택되려면 이 조건도 매칭되어야 합니다. 매치 가드는 패턴만 가지고는 할 수 없는 더 복잡한 아이디어를 표현할 때 유용합니다.

조건은 패턴에서 생성된 변수를 사용할 수 있습니다. 예제 18-26은 첫 번째 갈래에 Some(x) 패턴이 있고 if x % 2 == 0의 매치 가드(숫자가 짝수면 참)가 있는 match를 보여줍니다.

예제 18-26 패턴에 매치 가드 추가하기

```
let num = Some(4);

match num {
    Some(x) if x % 2 == 0 => println!("The number {} is even", x),
    Some(x) => println!("The number {} is odd", x),
    None => (),
}
```

이 예제는 The number 4 is even을 출력합니다. Some(4)가 Some(x)에 매칭되기 때문에, num이 첫 번째 갈래의 패턴과 비교될 때 매칭됩니다. 그다음 매치 가드가 x를 2로 나눈 나머지가 0과 같은지 검사하고, 같으므로 첫 번째 갈래가 선택됩니다.

대신 num이 Some(5)였다면, 5를 2로 나눈 나머지는 1이고, 0과 같지 않으므로 첫 번째 갈래의 매치 가드는 거짓이 되었을 것입니다. 그러면 러스트는 두 번째 갈래로 이동하는데, 두 번째 갈래에는 매치 가드가 없어 모든 Some 배리언트와 매칭되기 때문에 매칭되었을 것입니다.

패턴 내에서 if x % 2 == 0 조건을 표현할 방법이 없으며, 매치 가드는 이런 로직을 표현하는 기능을 제공합니다. 이 추가적인 표현 능력의 단점은 매치 가드 표현식이 포함되면 컴파일러가 철저성

(exhaustiveness)을 확인하려고 하지 않는다는 것입니다.

예제 18-11에서 패턴 섀도잉 문제를 해결하기 위해 매치 가드를 사용할 수 있다고 언급했습니다. match 외부의 변수를 사용하는 대신 match 표현식의 패턴 내부에 새 변수가 만들어졌던 것을 상기합시다. 이 새로운 변수는 외부 변수의 값에 대해 테스트할 수 없다는 것을 의미했습니다. 예제 18-27은 이 문제를 해결하기 위해 매치 가드를 사용하는 방법을 보여줍니다.

예제 18-27 **매치 가드를 사용하여 외부 변수의 값과 같은지 테스트하기** 　　　　　(File) src/main.rs

```
fn main() {
    let x = Some(5);
    let y = 10;

    match x {
        Some(50) => println!("Got 50"),
        Some(n) if n == y => println!("Matched, n = {n}"),
        _ => println!("Default case, x = {:?}", x),
    }

    println!("at the end: x = {:?}, y = {y}", x);
}
```

이제 이 코드는 Default case, x = Some(5)를 출력합니다. 두 번째 매치 갈래의 패턴은 외부 y를 가리는 새로운 변수 y를 도입하지 않으며, 이는 매치 가드에서 외부 y를 사용할 수 있음을 뜻합니다. 패턴을 Some(y)로 지정하여 외부 y를 가리는 대신 Some(n)을 지정합니다. 이렇게 하면 match 외부에 n 변수가 없으므로 아무것도 가리지 않는 새 변수 n이 생성됩니다.

매치 가드 if n == y는 패턴이 아니므로 새로운 변수를 도입하지 않습니다. 이 y는 새로운 섀도잉 y가 아니라 외부의 y이며, n과 y를 비교하여 외부 y와 같은 값을 가진 값을 찾을 수 있습니다.

매치 가드에 **또는** 연산자 |를 사용하여 여러 패턴을 지정할 수도 있습니다. 매치 가드 조건은 모든 패턴에 적용될 것입니다. 예제 18-28은 |를 사용하는 패턴과 매치 가드를 조합할 때의 우선순위를 보여줍니다. 이 예제의 중요한 부분은 if y 매치 가드가 6에만 적용되는 것처럼 보일지라도 4, 5 **및** 6에도 적용된다는 것입니다.

```
    let x = 4;
    let y = false;

    match x {
        4 | 5 | 6 if y => println!("yes"),
        _ => println!("no"),
    }
```

매치 조건은 x의 값이 4, 5 또는 **6이면서** y가 true면 이 갈래에 매칭된다고 기술합니다. 이 코드가 실행되면 x가 4이므로 첫 번째 갈래의 패턴에 매칭되지만, 매치 가드 `if y`는 거짓이므로 첫 번째 갈래가 선택되지 않습니다. 이 코드는 두 번째 갈래로 이동하고, 여기에 매칭되고, 이 프로그램은 no를 출력합니다. 그 이유는 `if` 조건이 마지막 값 6뿐만 아니라 전체 패턴 4 | 5 | 6에 적용되기 때문입니다. 바꿔 말하면, 패턴과 관련된 매치 가드의 우선순위는 다음과 같이 작동합니다.

```
  (4 | 5 | 6) if y => ...
```

다음과 같은 식으로 작동하는 게 아닙니다.

```
  4 | 5 | (6 if y) => ...
```

코드를 실행하고 나서 보니 우선순위 동작이 명확해지는군요. | 연산자를 사용하여 지정한 값 목록의 마지막 값에만 매치 가드가 적용되었다면, 해당 갈래에 매칭되어 프로그램은 yes를 출력했을 것입니다.

18.3.8 @ 바인딩

at 연산자 @을 사용하면 값에 대한 패턴 매칭 여부를 테스트하는 동시에 해당 값을 갖는 변수를 만들 수 있습니다. 예제 18-29에서는 `Message::Hello id` 필드가 3..=7 범위 내에 있는지 테스트하려고 합니다. 또한 이 값을 `id_variable` 변수에 바인딩하여 갈래와 관련된 코드에서 사용하고 싶습니다. 이 변수의 이름을 필드와 동일한 `id`로 지정할 수 있지만, 이 예제에서는 다른 이름을 사용하겠습니다.

```
enum Message {
    Hello { id: i32 },
}

let msg = Message::Hello { id: 5 };

match msg {
    Message::Hello {
        id: id_variable @ 3..=7,
    } => println!("Found an id in range: {}", id_variable),
    Message::Hello { id: 10..=12 } => {
        println!("Found an id in another range")
    }
    Message::Hello { id } => println!("Found some other id: {}", id),
}
```

이 예제를 실행하면 Found an id in range: 5를 출력합니다. 범위 3..=7 앞에 id_variable @을 지정함으로써, 범위에 매칭되는 어떤 값이든 캡처하는 동시에 해당 값이 범위 패턴에 매칭되는지 테스트합니다.

패턴에 범위만 지정된 두 번째 갈래에서는, 해당 갈래와 관련된 코드에 id 필드의 실젯값을 포함하는 변수가 없습니다. id 필드의 값은 10, 11, 또는 12일 수 있지만, 이 패턴과 함께 사용되는 코드에서는 어떤 값인지 알지 못합니다. 변수에 id값을 저장하지 않았기 때문에 패턴 코드에서 id 필드의 값을 사용할 수 없습니다.

범위 없이 변수를 지정한 마지막 갈래에서는 해당 갈래의 코드에서 사용 가능한 값이 id라는 변수에 있습니다. 그 이유는 구조체 필드 축약 문법을 사용했기 때문입니다. 하지만 이 갈래에는 앞의 두 갈래와 같이 id 필드의 값에 어떤 테스트도 적용하지 않았습니다. 즉, 어떤 값이라도 이 패턴과 매칭될 것입니다.

@를 사용하면 하나의 패턴 내에서 값을 테스트하면서 그 값을 변수에 저장할 수 있습니다.

정리

러스트의 패턴은 다양한 종류의 데이터를 구분하는 데 매우 유용합니다. match 표현식에 패턴을 사용하면, 러스트는 패턴이 가능한 모든 값을 포함하도록 보장하며, 그렇지 않으면 프로그램이 컴파일되지 않습니다. let 구문과 함수 매개변수에서의 패턴은 이러한 구성을 더 유용하게 만들어 값을 더 작은 부분으로 해체하는 동시에 변수에 할당할 수 있게 해줍니다. 필요에 따라 단순하거나 복잡한 패턴을 만들 수 있습니다.

다음으로 이 책의 끝에서 두 번째 장에서는 러스트의 다양한 기능 중 고급 기능 몇 가지를 살펴보겠습니다.

19

고급 기능

지금까지 러스트 프로그래밍 언어에서 가장 일반적으로 사용되는 부분을 배웠습니다. 20장에서 프로젝트를 하나 더 진행하기 전에, 가끔 마주칠 수 있지만 매일 사용하지는 않을 것 같은 언어의 몇 가지 측면을 살펴보겠습니다. 이 장은 모르는 것을 마주쳤을 때 참고 자료로서 활용될 수 있습니다. 여기서 다루는 기능은 매우 특정한 상황에서만 유용합니다. 자주 사용하지는 않더라도 러스트가 제공하는 모든 기능을 파악할 수 있기를 바랍니다.

아래는 이 장에서 다룰 것들입니다.

- **안전하지 않은 러스트**: 러스트가 보증하는 것의 일부를 거부하고 해당 보증을 수동으로 유지하는 것에 대한 책임을 지는 방법
- **고급 트레이트**: 트레이트와 관련된 연관 타입, 기본 타입 매개변수, 완전 정규화 문법, 슈퍼트레이트, 뉴타입 패턴
- **고급 타입**: 뉴타입 패턴, 타입 별칭, 부정 타입, 동적 크기 타입에 대한 더 많은 정보

- **고급 함수 및 클로저**: 함수 포인터와 클로저 반환하기
- **매크로**: 코드를 컴파일 타임에 만들어내는 코드를 정의하는 방법

모두를 위한 다양한 러스트 기능들이 총결집되어 있습니다! 뛰어들어볼까요?

19.1 안전하지 않은 러스트

지금까지 살펴본 모든 코드에는 컴파일 타임에 러스트의 메모리 안전 보장이 적용되었습니다. 그러나 러스트에는 이러한 메모리 안전 보장을 적용하지 않는 두 번째 언어가 숨겨져 있습니다. 이 언어는 **안전하지 않은 러스트**(unsafe Rust)라고 불리며 일반 러스트와 똑같이 작동하지만 추가 슈퍼파워를 제공합니다.

정적 분석은 본질적으로 보수적이기 때문에 안전하지 않은 러스트가 존재합니다. 컴파일러가 코드가 보증을 준수하는지 여부를 판단하려고 할 때, 일부 유효하지 않은 프로그램을 허용하는 것보다 일부 유효한 프로그램을 거부하는 것이 더 낫습니다. 코드가 아마도 괜찮을 수 있겠지만, 러스트 컴파일러는 확신할 수 있는 정보가 충분하지 않다면 코드를 거부할 것입니다. 이러한 경우, 안전하지 않은 코드를 사용하여 컴파일러에게 '날 믿어, 내가 뭘 하고 있는지 알고 있어'라고 말할 수 있습니다. 하지만 안전하지 않은 러스트를 사용하는 것은 사용자의 책임하에 사용해야 한다는 점에 유의하기 바랍니다. 안전하지 않은 코드를 잘못 사용하면, 메모리 불안정성으로 인하여 널 포인터 역참조와 같은 문제가 발생할 수 있습니다.

러스트가 안전하지 않은 분신을 가진 또 다른 이유는 밑바탕이 되는 컴퓨터 하드웨어가 본질적으로 안전하지 않기 때문입니다. 러스트가 안전하지 않은 작업을 허용하지 않으면, 특정 작업을 수행할 수 없습니다. 러스트는 운영체제와 직접 상호작용하거나 자체 운영체제를 작성하는 등의 저수준 시스템 프로그래밍을 할 수 있도록 허용해야 합니다. 저수준 시스템 프로그래밍 작업은 이 언어의 목표 중 하나입니다. 안전하지 않은 러스트로 할 수 있는 작업과 그 방법을 살펴봅시다.

19.1.1 안전하지 않은 슈퍼파워

안전하지 않은 러스트로 전환하려면 unsafe 키워드를 사용한 다음 새 블록을 시작하여 안전하지 않은 코드를 집어넣으세요. 안전하지 않은 러스트에서는 **안전하지 않은 슈퍼파워**라고 부르는 다섯 가지 작업을 수행할 수 있습니다. 이러한 슈퍼파워에는 다음과 같은 기능이 포함됩니다.

- 원시 포인터 역참조하기
- 안전하지 않은 함수 혹은 메서드 호출하기
- 가변 정적 변수에 접근하기 및 수정하기
- 안전하지 않은 트레이트 구현하기
- union의 필드 접근하기

unsafe가 대여 검사기를 끄거나 러스트의 다른 안전성 검사를 비활성화하지 않는다는 점을 이해하는 것이 중요합니다. 안전하지 않은 코드에서 참조를 사용하면, 검사는 여전히 이루어집니다. unsafe 키워드는 컴파일러가 메모리 안전성을 검사하지 않는 위의 다섯 가지 기능 허용만 제공할 뿐입니다. 안전하지 않은 블록 내부에서도 여전히 어느 정도의 안전성을 확보할 수 있습니다.

더불어 unsafe라는 것은 블록 내부의 코드가 반드시 위험하거나 메모리 안전에 문제가 있다는 것을 의미하지 않습니다. 그 의도는 unsafe 블록 내부의 코드가 유효한 방식으로 메모리에 접근하도록 프로그래머가 보장해야 한다는 것입니다.

사람은 누구나 실수를 할 수 있고 실수는 일어나기 마련이지만, 이 다섯 가지 안전하지 않은 연산을 unsafe로 주석 처리된 블록 안에 넣도록 하면 메모리 안전과 관련된 모든 에러는 unsafe 블록 안에 있을 수밖에 없음을 알 수 있습니다. unsafe 블록을 작게 유지하세요. 나중에 메모리 버그를 조사할 때 유용하게 사용할 수 있습니다.

안전하지 않은 코드를 최대한 분리하려면 안전하지 않은 코드를 안전한 추상화 안에 넣고 안전한 API를 제공하는 것이 가장 좋으며, 이는 이 장의 뒷부분에서 안전하지 않은 함수와 메서드를 살펴볼 때 설명할 것입니다. 표준 라이브러리의 일부는 감사를 거친 안전하지 않은 코드 위에 안전한 추상화로 구현되어 있습니다. 안전하지 않은 코드를 안전 추상화로 감싸면 unsafe 코드가 구현된 기능을 사용하려는 모든 곳에서 unsafe라고 쓰는 것을 방지할 수 있는데, 이는 안전 추상화를 사용하면 안전하기 때문입니다.

다섯 개의 안전하지 않은 슈퍼파워를 차례대로 살펴봅시다. 또한 안전하지 않은 코드에 안전한 인터페이스를 제공하는 추상화도 일부 살펴보겠습니다.

19.1.2 원시 포인터 역참조하기

4장의 '댕글링 참조'(98쪽)에서 컴파일러가 참조가 항상 유효하다는 것을 보장한다고 언급했습니다. 안전하지 않은 러스트에는 참조와 유사한 **원시 포인터**(raw pointer)라는 두 가지 새로운 타입이 있습니다. 참조자와 마찬가지로 원시 포인터는 불변 또는 가변이며 각각 *const T와 *mut T로 작성됩니다. *는 역참조 연산자가 아니라 타입 이름의 일부입니다. 원시 포인터의 맥락에서 **불변**이란 포인터가 역참조된 후에 직접 할당할 수 없음을 의미합니다.

참조자와 스마트 포인터와는 다르게 원시 포인터는 다음과 같은 특징이 있습니다.

- 원시 포인터는 대여 규칙을 무시할 수 있으며, 같은 위치에 대해 불변과 가변 포인터를 동시에 가질 수 있거나 여러 개의 가변 포인터를 가질 수 있습니다.
- 원시 포인터는 유효한 메모리를 가리키는 것을 보장받지 못합니다.
- 원시 포인터는 널(null)이 될 수 있습니다.
- 원시 포인터는 자동 메모리 정리를 구현하지 않습니다.

러스트가 이러한 보증을 적용하지 않도록 선택하면, 이러한 보장된 안전성을 포기하는 대신 러스트의 보증이 적용되지 않는 다른 언어 또는 하드웨어와 인터페이싱할 수 있는 기능이나 더 나은 성능을 얻을 수 있습니다.

예제 19-1은 참조자로부터 불변과 가변 원시 포인터를 만드는 방법을 보여줍니다.

예제 19-1 **참조자로부터 원시 포인터 생성하기**

```
let mut num = 5;

let r1 = &num as *const i32;
let r2 = &mut num as *mut i32;
```

이 코드에 unsafe 키워드를 포함시키지 않았음에 주목하세요. 원시 포인터는 안전한 코드에서 생성될 수 있습니다. 잠시 후 보게 될 것처럼, 그저 안전하지 않은 블록 밖에서 원시 포인터를 역참조하는 것이 불가능할 뿐입니다.

as를 사용하여 불변 참조자와 가변 참조자를 해당 원시 포인터 타입으로 캐스팅하여 원시 포인터를 생성했습니다. 유효성이 보장된 참조자로부터 직접 생성됐기 때문에 이러한 특정 원시 포인터가 유효하다는 것을 알지만, 모든 원시 포인터에 대해 이러한 가정을 할 수는 없습니다.

이를 증명하기 위해 다음으로 유효성을 확신할 수 없는 원시 포인터를 생성해보겠습니다. 예제 19-2는 메모리의 임의 위치에 대한 원시 포인터를 생성하는 방법을 보여줍니다. 임의의 메모리를 사용하려고 하면 해당 주소에 데이터가 있을 수도 있고 없을 수도 있으며, 컴파일러가 코드를 최적화하여 메모리 접근이 없도록 할 수도 있고, 세그먼트 에러로 인해 프로그램에서 에러가 발생할 수도 있습니다. 일반적으로 이런 코드를 작성할 좋은 이유는 없지만, 가능은 합니다.

예제 19-2 **임의 메모리 주소를 가리키는 원시 포인터 생성하기**

```
let address = 0x012345usize;
let r = address as *const i32;
```

안전한 코드에서 원시 포인터를 생성할 수는 있지만, 원시 포인터를 **역참조**하여 가리키는 데이터를 읽을 수는 없다는 점을 상기하세요. 예제 19-3에서는 unsafe 블록이 필요한 원시 포인터에 역참조 연산자 *를 사용합니다.

예제 19-3 unsafe **블록 내에서 원시 포인터 역참조하기**

```
let mut num = 5;

let r1 = &num as *const i32;
let r2 = &mut num as *mut i32;

unsafe {
    println!("r1 is: {}", *r1);
    println!("r2 is: {}", *r2);
}
```

포인터를 생성하는 것은 아무런 해를 끼치지 않습니다. 포인터가 가리키는 값에 접근하려고 할 때 유효하지 않은 값을 처리해야 할 수도 있는 경우가 문제를 일으키는 것입니다.

또한 예제 19-1과 19-3에서는 *const i32와 *mut i32 원시 포인터를 생성했는데, 이 두 포인터는 모두 num이 저장된 동일한 메모리 위치를 가리키는 것을 주의하세요. 대신 num에 대한 불변 참조자와 가변 참조자를 생성하려고 시도했다면 코드가 컴파일되지 않았을 것인데, 이는 러스트의 소유권 규칙에 따르면 가변 참조자와 불변 참조자를 동시에 허용하지 않기 때문입니다. 원시 포인터를 사용하면 같은 위치에 대한 가변 포인터와 불변 포인터를 생성하고 가변 포인터를 통해 데이터를 변경하여 잠재적으로 데이터 경합을 일으킬 수 있습니다. 조심하세요!

이런 위험성이 있는데도 왜 원시 포인터를 사용하게 될까요? 한 가지 주요 사용 사례는 다음 절 '안전하지 않은 함수 또는 메서드 호출하기'(536쪽)에서 볼 수 있듯이 C 언어 코드와 상호작용할 때입니다. 또 다른 경우는 대여 검사기가 이해하지 못하는 안전한 추상화를 구축할 때입니다. 안전하지 않은 함수를 소개한 다음 안전하지 않은 코드를 사용하는 안전한 추상화의 예를 살펴보겠습니다.

19.1.3 안전하지 않은 함수 또는 메서드 호출하기

안전하지 않은 블록에서 수행할 수 있는 두 번째 유형의 작업은 안전하지 않은 함수를 호출하는 것입니다. 안전하지 않은 함수와 메서드는 일반 함수나 메서드와 똑같아 보이지만, 정의 앞부분에 unsafe가 추가됩니다. 이 콘텍스트에서 unsafe 키워드는 이 함수를 호출할 때 지켜야 할 요구 사항이 있음을 나타내는데, 이는 러스트가 이러한 요구 사항을 충족했다고 보장할 수 없기 때문입니다. 안전하지 않은 함수를 unsafe 블록 내에서 호출한다는 것은 이 함수의 문서를 읽었으며 함수의 계약서를 준수할 책임이 있음을 의미합니다.

아래는 본문에서 아무 일도 하지 않는 dangerous라는 이름의 안전하지 않은 함수입니다.

```
unsafe fn dangerous() {}

unsafe {
    dangerous();
}
```

dangerous 함수는 반드시 분리된 unsafe 블록 내에서 호출되어야 합니다. unsafe 블록 없이 dangerous를 호출하려고 시도하면 다음과 같은 에러가 발생합니다.

```
error[E0133]: call to unsafe function is unsafe and requires unsafe function or block
 --> src/main.rs:4:5
  |
4 |     dangerous();
  |     ^^^^^^^^^^^ call to unsafe function
  |
  = note: consult the function's documentation for information on how to avoid
undefined behavior
```

unsafe 블록을 사용하는 것은 해당 함수의 설명서를 읽었고, 함수를 올바르게 사용하는 방법을 이해하며, 함수의 계약서를 이행하고 있음을 확인했다고 러스트에게 단언하는 것과 같습니다.

안전하지 않은 함수의 본문은 사실상 unsafe 블록이므로, 안전하지 않은 함수 내에서 안전하지 않은 연산을 수행하기 위해 또 unsafe 블록을 추가할 필요는 없습니다.

안전하지 않은 코드를 감싸는 안전한 추상화 만들기

함수에 안전하지 않은 코드가 포함되어 있다고 해서 전체 함수를 안전하지 않은 것으로 표시할 필요는 없습니다. 사실 안전하지 않은 코드를 안전한 함수로 감싸는 것은 일반적인 추상화입니다. 예를 들어, 안전하지 않은 코드가 약간 필요한 표준 라이브러리의 split_at_mut 함수를 살펴봅시다. 이를 어떻게 구현할 수 있는지 살펴보겠습니다. 이 안전한 메서드는 가변 슬라이스에 대해 정의됩니다. 하나의 슬라이스를 받아 인수로 주어진 인덱스에서 슬라이스를 분할하여 두 개로 만듭니다. 예제 19-4는 split_at_mut을 사용하는 방법을 보여줍니다.

예제 19-4 **안전한** split_at_mut **함수 사용하기**

```
let mut v = vec![1, 2, 3, 4, 5, 6];

let r = &mut v[..];

let (a, b) = r.split_at_mut(3);

assert_eq!(a, &mut [1, 2, 3]);
assert_eq!(b, &mut [4, 5, 6]);
```

안전한 러스트만 사용하여 이 함수를 구현할 수는 없습니다. 예제 19-5처럼 컴파일을 시도하면 컴파일되지 않을 것입니다. 간단하게 하기 위해 split_at_mut를 메서드가 아닌 함수로 구현하고 제네릭 타입 T 대신 i32값의 슬라이스에 대해서만 구현하겠습니다.

예제 19-5 **안전한 러스트만 사용하여** split_at_mut **구현 시도하기**

```
fn split_at_mut(values: &mut [i32], mid: usize) -> (&mut [i32], &mut [i32]) {
    let len = values.len();

    assert!(mid <= len);

    (&mut values[..mid], &mut values[mid..])
}
```

이 함수는 먼저 슬라이스의 전체 길이를 얻습니다. 그런 다음 매개변수로 주어진 인덱스가 슬라이스의 길이보다 작거나 같은지 확인하는 것으로 슬라이스 내에 있음을 단언합니다. 이 단언문은 슬라이스를 분할하기 위해 길이보다 큰 인덱스를 전달하면 해당 인덱스를 사용하기 전에 함수가 패닉을 일으키리라는 것을 의미합니다.

그다음 두 개의 가변 슬라이스를 튜플 안에 넣어 반환합니다. 하나는 원본 슬라이스의 시작부터 mid 인덱스까지의 슬라이스이고, 다른 하나는 mid 인덱스부터 원본 슬라이스의 끝까지의 슬라이스입니다.

예제 19-5의 코드를 컴파일하면 아래와 같은 에러가 발생합니다.

```
error[E0499]: cannot borrow `*values` as mutable more than once at a time
 --> src/main.rs:6:31
  |
1 | fn split_at_mut(values: &mut [i32], mid: usize) -> (&mut [i32], &mut [i32]) {
  |                         - let's call the lifetime of this reference `'1`
...
6 |     (&mut values[..mid], &mut values[mid..])
  |     -------------------------^^^^^^--------
  |     |    |    |               |
  |     |    |    |               second mutable borrow occurs here
  |     |    |    first mutable borrow occurs here
  |     |    returning this value requires that `*values` is borrowed for `'1`
```

러스트의 대여 검사기는 슬라이스의 서로 다른 부분을 빌린다는 것을 이해할 수 없습니다. 러스트는 그저 동일한 슬라이스를 두 번 빌린다는 것만 알고 있습니다. 슬라이스의 서로 다른 부분을 빌리는 것은 두 슬라이스가 겹치지 않기 때문에 기본적으로 괜찮지만, 러스트는 이를 알아차릴 만큼 똑똑하지 못합니다. 우리는 코드가 괜찮다는 것을 알지만 러스트는 그렇지 않다면, 안전하지 않은 코드를 이용할 시간입니다.

예제 19-6은 split_at_mut의 구현체를 작동시키기 위해 unsafe 블록, 원시 포인터, 그리고 안전하지 않은 함수 호출을 사용하는 방법을 보여줍니다.

예제 19-6 split_at_mut 함수의 구현체에서 안전하지 않은 코드 사용하기

```
use std::slice;

fn split_at_mut(values: &mut [i32], mid: usize) -> (&mut [i32], &mut [i32]) {
❶ let len = values.len();
❷ let ptr = values.as_mut_ptr();

❸ assert!(mid <= len);

❹ unsafe {
      (
```

```
    ❺ slice::from_raw_parts_mut(ptr, mid),
    ❻ slice::from_raw_parts_mut(ptr.add(mid), len - mid),
      )
    }
}
```

4장의 '슬라이스 타입'(100쪽)에서 슬라이스란 데이터를 가리키는 포인터와 슬라이스의 길이인 것을 기억하세요. len 메서드를 사용하여 슬라이스의 길이를 얻고(❶) as_mut_ptr 메서드를 사용하여 슬라이스의 원시 포인터를 얻었습니다(❷). 이번 경우에는 i32값에 대한 가변 슬라이스이므로, as_mut_ptr는 *mut i32 타입의 원시 포인터를 반환하며, 이 포인터는 ptr 변수에 저장됩니다.

mid 인덱스가 슬라이스 내에 있다는 단언은 유지합니다(❸). 그다음 안전하지 않은 코드에 도달합니다(❹). slice::from_raw_parts_mut 함수는 원시 포인터와 길이를 받아 슬라이스를 생성합니다. 이 함수를 사용하여 ptr에서 시작하고 mid 길이의 아이템을 가진 슬라이스를 만듭니다(❺). 그런 다음 ptr에서 mid를 인수로 add 메서드를 호출하여 mid에서 시작하는 원시 포인터를 가져오고, 이 포인터와 mid 이후의 나머지 아이템 개수를 길이로 사용하여 슬라이스를 생성합니다(❻).

slice::from_raw_parts_mut 함수는 원시 포인터를 얻어와서 이 포인터의 유효성을 신뢰해야 하기 때문에 안전하지 않습니다. 원시 포인터에 대한 add 메서드도 오프셋 위치가 유효한 포인터임을 신뢰해야 하기 때문에 안전하지 않습니다. 따라서 slice::from_raw_parts_mut와 add를 호출할 수 있도록 주위에 unsafe 블록을 넣어야 했습니다. 코드를 살펴보고 mid가 len보다 작거나 같아야 한다는 단언문을 추가하면 unsafe 블록 내에서 사용되는 모든 원시 포인터가 슬라이스 내의 데이터에 대한 유효한 포인터가 될 것임을 알 수 있습니다. 이는 unsafe에 대한 받아들일 만하고 적절한 사용입니다.

결과인 split_at_mut 함수를 unsafe로 표시할 필요는 없으며, 안전한 러스트에서 이 함수를 호출할 수 있다는 점에 유의하세요. 이 함수는 접근할 수 있는 데이터에서 유효한 포인터만 생성하기 때문에, unsafe 코드를 안전한 방식으로 사용하는 함수의 구현을 통해 안전하지 않은 코드에 대한 안전한 추상화를 만든 것이 되었습니다.

반면 예제 19-7의 slice::from_raw_parts_mut 사용은 슬라이스가 사용될 때 크래시가 발생하기 쉽습니다. 이 코드는 임의의 메모리 위치를 가져와서 10,000개의 아이템을 가진 슬라이스를 생성합니다.

예제 19-7 **임의의 메모리 위치로부터 슬라이스 생성하기**

```rust
use std::slice;

let address = 0x01234usize;
let r = address as *mut i32;

let values: &[i32] = unsafe { slice::from_raw_parts_mut(r, 10000) };
```

이 임의 위치에 있는 메모리를 소유하지 않고, 이 코드가 생성하는 슬라이스가 유효한 i32값들을 포함하고 있는지에 대한 보장이 없습니다. values를 마치 유효한 슬라이스인 것처럼 사용하려고 하면 정의되지 않은 동작이 발생합니다.

extern 함수를 사용하여 외부 코드 호출하기

종종 러스트 코드는 다른 언어로 작성된 코드와 상호작용해야 할 필요가 있습니다. 이를 위해 러스트에는 **FFI**(Foreign function interface)의 생성과 사용을 용이하게 하는 키워드 extern이 있습니다. FFI는 프로그래밍 언어가 함수를 정의하고 다른 (외래) 프로그래밍 언어가 해당 함수를 호출할 수 있도록 하는 방법입니다.

예제 19-8은 C 표준 라이브러리의 abs 함수와의 통합을 설정하는 방법을 보여줍니다. extern 블록 내에 선언된 함수는 러스트 코드에서 호출되므로 안전하지 않습니다. 다른 언어는 러스트의 규칙과 보증을 강제하지 않으니 러스트가 이를 확인할 수도 없고, 따라서 안전을 보장할 책임을 모두 프로그래머가 져야 하기 때문입니다.

예제 19-8 **다른 언어에 정의된 extern 함수의 선언 및 호출**　　　　File src/main.rs

```rust
extern "C" {
    fn abs(input: i32) -> i32;
}

fn main() {
    unsafe {
        println!("Absolute value of -3 according to C: {}", abs(-3));
    }
}
```

extern "C" 블록에는 호출하려는 다른 언어의 외부 함수의 이름과 시그니처를 나열합니다. "C" 부분은 외부 함수가 사용하는 **ABI**(application binary interface)를 정의합니다. ABI는 어셈블리 수준에서 함수를 호출하는 방법을 정의합니다. "C" ABI는 가장 일반적이며 C 프로그래밍 언어의 ABI를 따릅니다.

> **다른 언어에서 러스트 함수 호출하기**
>
> 또한 extern을 사용하여 다른 언어에서 러스트 함수를 호출할 수 있는 인터페이스를 만들 수도 있습니다. 전체 extern 블록을 생성하는 대신, extern 키워드를 추가하고 관련 함수에 대한 fn 키워드 바로 앞에 사용할 ABI를 지정합니다. 또한 #[no_mangle] 애너테이션을 추가하여 러스트 컴파일러가 이 함수의 이름을 맹글링하지 않도록 지시해야 합니다. **맹글링(mangling)**이란 우리가 함수에 부여한 이름을 컴파일러가 컴파일 과정의 다른 부분에서 사용할 수 있도록 더 많은 정보를 포함하지만 사람이 읽기엔 불편한 다른 이름으로 변경하는 것을 말합니다. 모든 프로그래밍 언어 컴파일러는 이름을 조금씩 다르게 변경하므로, 다른 언어에서 러스트 함수의 이름을 불리도록 하려면 러스트 컴파일러의 이름 맹글링 기능을 비활성화해야 합니다.
>
> 다음 예제에서는 call_from_c 함수를 공유 라이브러리로 컴파일하고 C에서 링크한 후, C 코드에서 함수에 접근할 수 있도록 합니다.
>
> ```
> #[no_mangle]
> pub extern "C" fn call_from_c() {
>     println!("Just called a Rust function from C!");
> }
> ```
>
> 이러한 extern의 사용에는 unsafe가 필요 없습니다.

19.1.4 가변 정적 변수의 접근 혹은 수정하기

이 책에서 아직 전역 변수(global variable)에 대해 언급하지 않았는데, 러스트는 이를 지원하지만 러스트의 소유권 규칙과 문제가 발생할 수 있습니다. 두 스레드가 동일한 가변 전역 변수에 접근하고 있다면 데이터 경합이 발생할 수 있습니다.

러스트에서 전역 변수는 **정적 변수(static variable)**라고 부릅니다. 예제 19-9는 문자열 슬라이스를 값으로 사용하는 정적 변수의 선언과 사용 예시를 보여줍니다.

예제 19-9 **불변 정적 변수의 정의 및 사용** File src/main.rs

```
static HELLO_WORLD: &str = "Hello, world!";

fn main() {
    println!("name is: {}", HELLO_WORLD);
}
```

정적 변수는 3장의 '상수'(44쪽)에서 다루었던 상수와 유사합니다. 정적 변수의 이름은 관례적으로 SCREAMING_SNAKE_CASE를 사용합니다. 정적 변수는 'static 라이프타임을 가진 참조자만 저장할 수 있으며, 이는 러스트 컴파일러가 라이프타임을 알아낼 수 있으므로 명시할 필요가 없음을 의미합니다. 불변 정적 변수에 접근하는 것은 안전합니다.

상수와 불변 정적 변수의 미묘한 차이점은 정적 변수의 값이 메모리에 고정된 주소를 갖는다는 점입니다. 값을 사용하면 항상 동일한 데이터에 접근할 수 있습니다. 반면 상수는 사용할 때마다 데이터가 복제될 수 있습니다. 또 다른 차이점은 정적 변수가 가변일 수 있다는 점입니다. 가변 정적 변수에 접근하고 수정하는 것은 **안전하지 않습니다.** 예제 19-10은 COUNTER라는 가변 정적 변수를 선언하고, 접근하고, 수정하는 방법을 보여줍니다.

예제 19-10 **가변 정적 변수를 읽거나 쓰는 것은 안전하지 않습니다**   (File) src/main.rs

```rust
static mut COUNTER: u32 = 0;

fn add_to_count(inc: u32) {
    unsafe {
        COUNTER += inc;
    }
}

fn main() {
    add_to_count(3);

    unsafe {
        println!("COUNTER: {}", COUNTER);
    }
}
```

일반적인 변수와 마찬가지로 mut 키워드를 사용하여 가변성을 지정합니다. COUNTER를 읽거나 쓰는 모든 코드는 unsafe 블록 내에 있어야 합니다. 이 코드는 싱글스레드이기 때문에 예상대로 COUNTER: 3을 컴파일하고 출력합니다. 여러 스레드가 COUNTER에 접근하면 데이터 경합이 발생할 수 있습니다.

전역적으로 접근할 수 있는 가변 데이터의 경우 데이터 경합이 발생하지 않도록 보장하기가 어려우며, 이것이 러스트가 가변 정적 변수를 안전하지 않은 것으로 간주하는 이유입니다. 가능하면 16장에서 설명한 동시성 기술과 스레드 안전한 스마트 포인터를 사용해 컴파일러가 다른 스레드에서 접근한 데이터에 안전하게 접근하는지 검사하도록 하는 편이 좋습니다.

19.1.5 안전하지 않은 트레이트 구현하기

unsafe를 사용하여 안전하지 않은 트레이트를 구현할 수 있습니다. 메서드 중 하나 이상에 컴파일러가 확인할 수 없는 불변성(invariant)이 있는 경우 그 트레이트는 안전하지 않습니다. 예제 19-11에 표시된 것처럼 trait 앞에 unsafe 키워드를 추가하고 그 트레이트의 구현체도 unsafe로 표시함으로써 트레이트가 안전하지 않다고 선언할 수 있습니다.

예제 19-11 **안전하지 않은 트레이트의 정의 및 구현**

```
unsafe trait Foo {
    // 여기에 메서드가 작성됩니다.
}

unsafe impl Foo for i32 {
    // 여기에 메서드 구현이 작성됩니다.
}

fn main() {}
```

unsafe impl을 사용하면 컴파일러가 확인할 수 없는 불변성은 우리가 지키겠다는 약속을 하는 것입니다.

예를 들어, 16장의 'Sync와 Send 트레이트를 이용한 확장 가능한 동시성'(472쪽)에서 설명한 Sync 및 Send 마커 트레이트를 상기해봅시다. 타입이 Send 및 Sync 타입으로만 구성된 경우에는 컴파일러가 이러한 트레이트를 자동으로 구현합니다. 원시 포인터와 같이 Send 혹은 Sync가 아닌 타입을 포함하고 있는 타입을 구현하고, 해당 타입을 Send 또는 Sync로 표시하려면 unsafe를 사용해야 합니다. 러스트는 해당 타입이 스레드 간에 안전하게 전송되거나 여러 스레드에서 접근할 수 있다는 보장을 준수하는지 확인할 수 없습니다. 따라서 이러한 검사를 수동으로 수행하고 unsafe로 표시해야 합니다.

19.1.6 유니언 필드에 접근하기

unsafe 경우에만 작동하는 마지막 작업은 **유니언**(union)의 필드에 접근하는 것입니다. union은 struct와 유사하지만, 특정 인스턴스에서 한 번에 하나의 선언된 필드만 사용됩니다. 유니언은 주로 C 코드의 유니언과 상호작용하는 데 사용됩니다. 러스트는 현재 유니언 인스턴스에 저장된 데이터의 타입을 보장할 수 없기 때문에, 유니언 필드에 접근하는 것은 안전하지 않습니다. 유니언에 대한 자세한 내용은 러스트 참고 자료 문서(https://doc.rust-lang.org/reference/items/unions.html)에서 확인할 수 있습니다.

19.1.7 unsafe 코드를 사용하는 경우

unsafe을 사용하여 방금 설명한 다섯 가지 동작(슈퍼파워) 중 하나를 수행하는 것은 잘못된 것도 아니고, 심지어 눈살을 찌푸릴 일도 아닙니다. 하지만 컴파일러가 메모리 안전성을 유지할 수 없기 때문에, unsafe 코드를 올바르게 만드는 것은 더 까다롭습니다. unsafe 코드를 사용해야 할 이유가 있다면 그렇게 할 수 있으며, 명시적인 unsafe 애너테이션이 있으면 문제가 발생했을 때 문제의 원인을 더 쉽게 추적할 수 있습니다.

19.2 고급 트레이트

10장의 '트레이트로 공통된 동작을 정의하기'(244쪽)에서 트레이트에 대해 처음 다뤘지만, 더 자세한 내용은 다루지 않았습니다. 이제 러스트에 대해 더 많이 알게 되었으니, 핵심을 살펴볼 수 있습니다.

19.2.1 연관 타입으로 트레이트 정의에서 자리표시자 타입 지정하기

연관 타입(associated type)은 타입 자리표시자와 트레이트를 연결하여 트레이트 메서드 정의를 할 때 이러한 자리표시자 타입을 시그니처에서 사용할 수 있도록 합니다. 트레이트의 구현자는 특정 구현을 위해서 자리표시자 타입 대신 사용할 구체적인 타입을 지정합니다. 이렇게 하면 트레이트가 구현될 때까지 해당 타입이 무엇인지 정확히 알 필요 없이 임의의 타입을 사용하는 트레이트를 정의할 수 있습니다.

이 장에서 설명하는 대부분의 고급 기능은 거의 필요하지 않다고 설명했습니다. 연관 타입은 그 중간 정도에 해당합니다. 이 책의 나머지 부분에서 설명하는 기능보다는 드물게 사용되지만 이 장에서 설명하는 다른 많은 기능보다는 더 자주 사용됩니다.

연관 타입이 있는 트레이트의 한 예로 표준 라이브러리에서 제공하는 Iterator 트레이트가 있습니다. 연관 타입의 이름은 Item이며 Iterator 트레이트를 구현하는 타입이 반복하는 값의 타입을 나타냅니다. Iterator 트레이트의 정의는 예제 19-12에 나와 있습니다.

예제 19-12 **연관 타입 Item이 있는 Iterator 트레이트의 정의**

```
pub trait Iterator {
    type Item;

    fn next(&mut self) -> Option<Self::Item>;
}
```

타입 Item은 자리표시자이고, next 메서드의 정의는 Option<Self::Item> 타입의 값을 반환할 것임을 보여줍니다. Iterator 트레이트의 구현자는 Item의 구체적 타입을 지정하고, next 메서드는해당 구체적 타입의 값을 담고 있는 Option을 반환합니다.

연관 타입은 제네릭과 비슷한 개념처럼 보일 수 있는데, 제네릭은 처리할 수 있는 타입을 지정하지않으면서 함수를 정의할 수 있게 해 준다는 점에서 그렇습니다. 두 개념의 차이점을 살펴보기 위해Item 타입이 u32로 지정된 Counter라는 타입에 대한 Iterator 트레이트 구현을 살펴보겠습니다.

(File) src/lib.rs

```
impl Iterator for Counter {
    type Item = u32;

    fn next(&mut self) -> Option<Self::Item> {
        // --생략--
```

이 문법은 제네릭과 비슷해 보입니다. 그렇다면 예제 19-13에 나온 것처럼 제네릭으로 Iterator 트레이트를 정의하면 되지 않을까요?

예제 19-13 **제네릭을 사용한 Iterator 트레이트의 가상 정의**

```
pub trait Iterator<T> {
    fn next(&mut self) -> Option<T>;
}
```

차이점은 예제 19-13에서와 같이 제네릭을 사용할 때는 각 구현에서 타입을 명시해야 한다는 점입니다. Counter에 대해 Iterator<String> 혹은 다른 타입을 구현할 수도 있기 때문에, Counter에대해 Iterator의 구현이 여러 개 있을 수 있습니다. 다시 말해, 한 트레이트에 제네릭 매개변수가있는 경우, 매번 제네릭 타입 매개변수의 구체적 타입을 변경하면서 한 트레이트에 대해 여러 번구현할 수 있습니다. Counter에 next 메서드를 사용할 때, 어떤 Iterator의 구현을 사용할지 나타내기 위한 타입 명시를 제공해야 합니다.

연관 타입을 사용하면 타입에 트레이트를 여러 번 구현할 수 없기 때문에 타입 명시를 할 필요도 사라집니다. 연관 타입을 사용하는 정의가 있는 예제 19-12에서는 `Item`의 타입을 한 번만 선택할 수 있는데, 이는 `impl Iterator for Counter`가 하나만 존재할 수 있기 때문입니다. `Counter`에서 `next`를 호출할 때마다 u32 값의 반복자를 원한다고 지정할 필요가 없습니다.

연관 타입도 트레이트 계약의 일부가 됩니다. 트레이트의 구현자는 연관 타입 자리표시자를 대신할 타입을 제공해야 합니다. 연관 타입은 종종 그 타입이 어떻게 사용되는지 설명하는 이름을 갖게 되며, API 문서에 연관 타입을 문서화하는 것이 좋습니다.

19.2.2 기본 제네릭 타입 매개변수와 연산자 오버로딩

제네릭 타입 매개변수를 사용하면 제네릭 타입에 대한 기본 구체적 타입을 지정할 수 있습니다. 이렇게 하면 기본 타입이 작동하는 경우 트레이트의 구현자가 구체적 타입을 지정할 필요가 없습니다. 제네릭 타입을 선언할 때 <PlaceholderType=ConcreteType> 문법을 사용하여 기본 타입을 지정합니다.

이 기법이 유용한 경우 중 좋은 예가 특정 상황에서 (+ 같은) 연산자의 동작을 커스터마이징하는 **연산자 오버로딩**(operator overloading)과 함께 쓰이는 경우입니다.

러스트에서는 자체 연산자를 만들거나 임의의 연산자를 오버로딩할 수 없습니다. 그러나 `std::ops`에 나열된 연산자와 연관된 트레이트를 구현하여 연산자 및 해당 트레이트를 오버로딩할 수 있습니다. 예를 들면, 예제 19-14에서는 + 연산자를 오버로딩하여 두 `Point` 인스턴스를 더합니다. 이 작업은 `Point` 구조체에 `Add` 트레이트를 구현하여 수행합니다.

예제 19-14 Add **트레이트를 구현하여** Point **인스턴스에 대한** + **연산자 오버로딩하기** (File) src/main.rs

```
use std::ops::Add;

#[derive(Debug, Copy, Clone, PartialEq)]
struct Point {
    x: i32,
    y: i32,
}

impl Add for Point {
    type Output = Point;
```

```
        fn add(self, other: Point) -> Point {
            Point {
                x: self.x + other.x,
                y: self.y + other.y,
            }
        }
    }

    fn main() {
        assert_eq!(
            Point { x: 1, y: 0 } + Point { x: 2, y: 3 },
            Point { x: 3, y: 3 }
        );
    }
```

add 메서드는 두 Point 인스턴스의 x값과 y값을 더하여 새로운 Point를 생성합니다. Add 트레이트에는 Output이라는 연관 타입이 있는데, 이는 add 메서드에서 반환되는 타입을 결정합니다.

이 코드에서 기본 제네릭 타입은 Add 트레이트 안에 있습니다. 아래는 그 정의입니다.

```
trait Add<Rhs=Self> {
    type Output;

    fn add(self, rhs: Rhs) -> Self::Output;
}
```

이 코드는 일반적으로 익숙해 보일 것입니다. 하나의 메서드와 하나의 연관 타입이 있는 트레이트라는 점이 말이지요. 새로운 부분은 Rhs=Self입니다. 이 문법을 **기본 타입 매개변수**(**default type parameter**)라고 합니다. Rhs('오른쪽(right-hand side)'의 줄임말) 기본 타입 매개변수는 add 메서드에서 rhs 매개변수의 타입을 정의합니다. Add 트레이트를 구현할 때 Rhs에 대한 구체적 타입을 지정하지 않으면 Rhs의 타입은 Add를 구현하고 있는 타입인 Self로 기본 지정됩니다.

Point에 대해 Add를 구현할 때 두 Point 인스턴스를 더하고 싶었으므로 Rhs에 대한 기본 타입을 사용했습니다. 기본 타입을 사용하지 않고 Rhs 타입을 커스터마이징하려는 경우에서의 Add 트레이트를 구현하는 예를 살펴봅시다.

Millimeters와 Meters라는 두 개의 구조체에는 서로 다른 단위의 값을 담고 있습니다. 기존 타입을 다른 구조체에서 얇게 감싸는 것을 **뉴타입 패턴**(newtype pattern)이라고 하며, '뉴타입 패턴을 사용하여 외부 타입에 외부 트레이트 구현하기'(556쪽)에서 더 자세히 설명합니다. 밀리미터 단위의 값을 미터 단위의 값에 더하고 Add의 구현이 변환을 올바르게 수행하도록 하고 싶습니다. 예제 19-15에서 보이는 것처럼 Meters를 Rhs로 사용하여 Millimeters에 대한 Add를 구현할 수 있습니다.

예제 19-15 Millimeters와 Meters를 더하기 위하여 Millimeters에 대한 Add 트레이트 구현하기　　(File) src/lib.rs

```rust
use std::ops::Add;

struct Millimeters(u32);
struct Meters(u32);

impl Add<Meters> for Millimeters {
    type Output = Millimeters;

    fn add(self, other: Meters) -> Millimeters {
        Millimeters(self.0 + (other.0 * 1000))
    }
}
```

Millimeters와 Meters를 더하기 위해서, impl Add<Meters>라고 지정하여 기본 타입인 Self 대신 Rhs 타입 매개변수의 값을 설정합니다.

두 가지 주요한 방법으로 기본 타입 매개변수를 사용합니다.

- 기존 코드를 깨는 일 없이 타입을 확장하기 위해
- 대부분의 사용자가 필요로 하지 않는 특정 상황에 대한 커스터마이징을 허용하기 위해

표준 라이브러리의 Add 트레이트는 두 번째 목적의 예입니다. 일반적으로 두 개의 유사한 타입을 더하지만 Add 트레이트는 그 이상으로 커스터마이징할 수 있는 기능을 제공합니다. Add 트레이트 정의에서 기본 타입 매개변수를 사용하면 대부분의 경우 추가 매개변수를 지정할 필요가 없습니다. 바꿔 말하면, 약간의 구현 보일러플레이트가 필요 없으므로 트레이트를 더 쉽게 사용하게 해줍니다.

첫 번째 목적은 두 번째 목적과 비슷하지만 방향이 반대입니다. 기존 트레이트에 타입 매개변수를 추가하려는 경우, 기본값을 지정하여 기존 구현 코드를 손상시키지 않고 트레이트의 기능을 확장할 수 있습니다.

19.2.3 모호성 방지를 위한 완전 정규화 문법: 같은 이름의 메서드 호출하기

러스트에서는 어떤 트레이트에 다른 트레이트의 메서드와 같은 이름의 메서드가 있는 것을 막지 않으며, 한 타입에서 두 트레이트를 모두 구현하는 것도 막지 않습니다. 또한 트레이트의 메서드와 이름이 같은 메서드를 타입에 직접 구현하는 것도 가능합니다.

같은 이름의 메서드를 호출할 때는 어떤 메서드를 사용할지 러스트에 알려줘야 합니다. 예제 19-16 의 코드에서는 Pilot과 Wizard라는 두 개의 트레이트를 정의했는데, 두 트레이트 모두 fly라는 메서드를 가지고 있다고 가정해봅시다. 그런 다음 이미 fly라는 메서드가 구현된 Human 타입에 두 트레이트를 모두 구현합니다. 각각의 fly 메서드는 다른 일을 합니다.

예제 19-16 두 트레이트에는 fly 메서드가 있도록 정의되어 Human 타입에 대해 구현되었고, Human에 직접 fly 메서드가 구현되어 있습니다

⒡ile src/main.rs

```rust
trait Pilot {
    fn fly(&self);
}

trait Wizard {
    fn fly(&self);
}

struct Human;

impl Pilot for Human {
    fn fly(&self) {
        println!("This is your captain speaking.");
    }
}

impl Wizard for Human {
    fn fly(&self) {
        println!("Up!");
    }
}

impl Human {
    fn fly(&self) {
        println!("*waving arms furiously*");
    }
}
```

Human의 인스턴스에 fly를 호출하면, 예제 19-17에서 보이는 것처럼 컴파일러는 기본적으로 타입

에 직접 구현된 메서드를 호출합니다.

예제 19-17 Human **인스턴스에** fly **호출하기** (File) src/main.rs

```rust
fn main() {
    let person = Human;
    person.fly();
}
```

이 코드를 실행하면 *waving arms furiously*가 출력되어 러스트가 Human에 직접 구현된 fly 메서드를 호출했음을 보여줍니다.

Pilot 트레이트나 Wizard 트레이트의 fly 메서드를 호출하려면, 더 명확한 문법을 사용하여 어떤 fly 메서드를 의도한 것인지 지정할 필요가 있습니다. 예제 19-18에서 이 문법을 보여줍니다.

예제 19-18 **호출하고자 하는 트레이트의** fly **메서드 지정하기** (File) src/main.rs

```rust
fn main() {
    let person = Human;
    Pilot::fly(&person);
    Wizard::fly(&person);
    person.fly();
}
```

메서드 이름 앞에 트레이트 이름을 지정하면 어떤 fly 구현을 호출할지 러스트에게 명확히 알릴 수 있습니다. 예제 19-18에서 사용한 person.fly()와 동일한 Human::fly(&person)를 작성할 수도 있지만, 명확히 할 필요가 없는 경우라면 작성 시간이 조금 더 길어집니다.

이 코드를 실행하면 다음이 출력됩니다.

```
This is your captain speaking.
Up!
*waving arms furiously*
```

fly 메서드는 self 매개변수를 취하기 때문에, 하나의 **트레이트**를 구현하는 두 개의 **타입**이 있다면, 러스트는 self의 타입에 따라 어떤 트레이트의 구현체를 사용하려는 것인지 알아낼 수 있습니다.

그러나, 메서드가 아닌 연관 함수에는 self 매개변수가 없습니다. 동일한 함수명을 가진 메서드가 아닌 함수가 정의된 여러 타입 또는 트레이트가 있는 경우, **완전 정규화 문법**(fully qualified syntax)을 사용하지 않는 한 러스트는 어떤 타입을 의미하는지 항상 알 수 없습니다. 예를 들어, 예제 19-19에서는 모든 강아지의 이름을 **스팟**(Spot)으로 지정하려는 동물 보호소에 대한 트레이트를 생성합니다. 메서드가 아닌 연관 함수 baby_name이 있는 Animal 트레이트를 만듭니다. Animal 트레이트는 구조체 Dog에 대해 구현되며, 여기에도 메서드가 아닌 연관 함수 baby_name가 직접 제공됩니다.

예제 19-19 **연관 함수가 있는 트레이트와 이 트레이트를 구현하면서 동시에 같은 이름의 연관 함수가 있는 타입**

File src/main.rs

```rust
trait Animal {
    fn baby_name() -> String;
}

struct Dog;

impl Dog {
    fn baby_name() -> String {
        String::from("Spot")
    }
}

impl Animal for Dog {
    fn baby_name() -> String {
        String::from("puppy")
    }
}

fn main() {
    println!("A baby dog is called a {}", Dog::baby_name());
}
```

모든 강아지 이름을 스팟으로 짓는 코드를 Dog에 정의된 baby_name 연관 함수에 구현합니다. Dog 타입은 모든 동물이 가지고 있는 특성을 기술하는 Animal 트레이트도 구현합니다. 아기 개는 강아지(puppy)라고 불리며, 이는 Animal 트레이트와 연관된 baby_name 함수에서 Dog에 대한 Animal 트레이트의 구현으로 표현됩니다.

main에서는 Dog::baby_name 함수를 호출하는데, 이는 Dog에 직접 정의된 연관 함수를 호출합니다. 이 코드는 다음을 출력합니다.

이 출력은 우리가 원했던 것이 아닙니다. 우리는 Dog에 구현한 Animal 트레이트에 속하는 baby_name 함수를 호출하여 코드가 A baby dog is called a puppy라고 출력하기를 원합니다. 예제 19-18에서 사용했던 트레이트 이름을 지정하는 기법은 여기서 도움이 되지 않습니다. 예제 19-20의 코드로 main을 변경하면 컴파일 에러가 발생합니다.

예제 19-20 Animal 트레이트의 baby_name을 호출하는 시도이지만, 러스트는 어떤 구현체를 사용해야 하는지 알지 못합니다

(File) src/main.rs

```
fn main() {
    println!("A baby dog is called a {}", Animal::baby_name());
}
```

Animal::baby_name은 self 매개변수가 없고, Animal 트레이트를 구현하는 다른 타입이 있을 수 있기 때문에, 러스트는 우리가 원하는 Animal::baby_name의 구현체를 알 수 없습니다. 다음과 같은 컴파일 에러가 발생합니다.

```
error[E0790]: cannot call associated function on trait without specifying the corresponding
`impl` type
  --> src/main.rs:20:43
   |
2  |     fn baby_name() -> String;
   |     ------------------------- `Animal::baby_name` defined here
...
20 |     println!("A baby dog is called a {}", Animal::baby_name());
   |                                           ^^^^^^^^^^^^^^^^^^ cannot call associated
function of trait
   |
help: use the fully-qualified path to the only available implementation
   |
20 |     println!("A baby dog is called a {}", <Dog as Animal>::baby_name());
   |                                           +++++++      +
```

다른 타입에 대한 Animal 구현체가 아니라 Dog에 대한 Animal 구현체를 사용하고 싶다는 것을 명확히 하고 러스트에 알려주려면, 완전 정규화 문법을 사용해야 합니다. 예제 19-21은 완전 정규화 문법을 사용하는 방법을 보여줍니다.

예제 19-21 완전 정규화 문법을 사용하여 Dog에 구현된 Animal 트레이트의 baby_name을 호출하고자 함을 지정하기

File src/main.rs

```rust
fn main() {
    println!("A baby dog is called a {}", <Dog as Animal>::baby_name());
}
```

부등호 기호 안에 타입 명시를 제공하고 있는데, 이는 이 함수 호출에 대해 Dog 타입을 Animal로 취급하고 싶다고 알려줌으로써 Dog에 구현된 Animal 트레이트의 baby_name 메서드를 호출하고 싶음을 나타냅니다. 이제 이 코드는 우리가 원하는 것을 출력합니다.

```
A baby dog is called a puppy
```

일반적으로 완전 정규화 문법은 다음과 같이 정의됩니다.

```rust
<Type as Trait>::function(receiver_if_method, next_arg, ...);
```

메서드가 아닌 연관 함수의 경우 receiver가 없습니다. 다른 인수의 목록만 있을 뿐입니다. 함수나 메서드를 호출하는 곳이라면 어디든 완전 정규화 문법을 사용할 수 있습니다. 그러나 이 문법에서 프로그램의 다른 정보로부터 러스트가 알아낼 수 있는 부분은 생략할 수 있습니다. 동일한 이름을 사용하는 구현이 여러 개 있고 러스트가 호출하려는 구현을 식별하는 데 도움이 필요한 경우에만 이렇게 더 자세한 문법을 사용하면 됩니다.

19.2.4 슈퍼트레이트를 사용하여 한 트레이트에서 다른 트레이트의 기능을 요구하기

때로는 다른 트레이트에 의존하는 트레이트 정의를 작성할 수 있습니다. 어떤 타입이 첫 번째 트레이트를 구현하려면 해당 타입이 두 번째 트레이트도 구현하도록 요구할 수 있습니다. 이렇게 하면 트레이트 정의가 두 번째 트레이트의 연관 아이템을 활용할 수 있습니다. 트레이트 정의가 의존하고 있는 트레이트를 트레이트의 **슈퍼트레이트**(supertrait)라고 합니다.

예를 들어, 주어진 값을 형식화하여 별표(*)로 둘러싸서 출력하는 outline_print 메서드가 있는 OutlinePrint 트레이트를 만들고 싶다고 가정해봅시다. 즉, 표준 라이브러리 트레이트 Display를 구현하여 (x, y)를 출력하는 Point 구조체가 주어졌을 때, x에 1, y에 3이 있는 Point 인스턴스에

서 outline_print를 호출하면 다음과 같이 출력되어야 합니다.

```
**********
*        *
* (1, 3) *
*        *
**********
```

outline_print 메서드의 구현에서 Display 트레이트의 기능을 사용하고자 합니다. 따라서, Display를 구현하고 OutlinePrint가 요구하는 기능을 제공하는 타입에 대해서만 OutlinePrint 트레이트가 작동할 것임을 명시해야 합니다. 트레이트 정의에서 OutlinePrint: Display를 지정하는 것으로 그렇게 할 수 있습니다. 이 기법은 트레이트에 트레이트 바운드를 추가하는 것과 유사합니다. 예제 19-22는 OutlinePrint 트레이트의 구현을 보여줍니다.

예제 19-22 Display의 기능을 요구하는 OutlinePrint 트레이트 구현하기 (File) src/main.rs

```
use std::fmt;

trait OutlinePrint: fmt::Display {
    fn outline_print(&self) {
        let output = self.to_string();
        let len = output.len();
        println!("{}", "*".repeat(len + 4));
        println!("*{}*", " ".repeat(len + 2));
        println!("* {} *", output);
        println!("*{}*", " ".repeat(len + 2));
        println!("{}", "*".repeat(len + 4));
    }
}
```

OutlinePrint에 Display 트레이트가 필요하다고 지정했으므로, Display를 구현하는 모든 타입에 대해 자동으로 구현되는 to_string 함수를 사용할 수 있습니다. 트레이트 이름 뒤에 콜론 및 Display 트레이트를 추가 지정하지 않고 to_string을 사용하려고 하면, 현재 스코프에서 &Self 타입에 대해 to_string이라는 이름의 메서드를 찾을 수 없다는 에러가 발생합니다.

Point 구조체와 같이 Display를 구현하지 않는 타입에 OutlinePrint를 구현하려고 하면 어떻게 되는지 살펴봅시다.

```
struct Point {
    x: i32,
    y: i32,
}


impl OutlinePrint for Point {}
```

Display가 필요하지만 구현되지 않았다는 에러가 발생합니다.

```
error[E0277]: `Point` doesn't implement `std::fmt::Display`
  --> src/main.rs:20:6
   |
20 | impl OutlinePrint for Point {}
   |      ^^^^^^^^^^^^ `Point` cannot be formatted with the default formatter
   |
   = help: the trait `std::fmt::Display` is not implemented for `Point`
   = note: in format strings you may be able to use `{:?}` (or {:#?} for pretty-print)
instead
note: required by a bound in `OutlinePrint`
  --> src/main.rs:3:21
   |
3  | trait OutlinePrint: fmt::Display {
   |                     ^^^^^^^^^^^^ required by this bound in `OutlinePrint`
```

이를 해결하려면, Point에 Display를 구현하고 OutlinePrint가 요구하는 제약 조건을 만족시키면 됩니다.

```
use std::fmt;

impl fmt::Display for Point {
    fn fmt(&self, f: &mut fmt::Formatter) -> fmt::Result {
        write!(f, "({}, {})", self.x, self.y)
    }
}
```

그러면 Point에 OutlinePrint 트레이트를 구현하면 컴파일이 성공적으로 완료되고, Point 인스턴스에 대해 outline_print를 호출하여 별표(*)로 둘러싼 형식으로 출력할 수 있습니다.

19.2.5 뉴타입 패턴을 사용하여 외부 타입에 외부 트레이트 구현하기

10장 '특정 타입에 트레이트 구현하기'(246쪽)에서 트레이트나 타입이 우리 크레이트의 것인 경우에만 타입에 트레이트를 구현할 수 있다는 고아 규칙에 대해 설명한 바 있습니다. 튜플 구조체로 새로운 타입을 생성하는 **뉴타입 패턴**(newtype pattern)을 사용하면 이 제한을 우회할 수 있습니다 (튜플 구조체에 대해서는 5장의 '명명된 필드 없는 튜플 구조체를 사용하여 다른 타입 만들기'(116쪽)에서 다루었습니다). 튜플 구조체는 하나의 필드를 가지며 트레이트를 구현하고자 하는 타입을 얇게 감싸는 래퍼(wrapper)가 됩니다. 그러면 래퍼 타입은 우리 크레이트 내에 있게 되어 래퍼에 대한 트레이트를 구현할 수 있습니다. **뉴타입**은 하스켈 프로그래밍 언어에서 유래한 용어입니다. 이 패턴을 사용해도 런타임 성능에 대한 불이익은 없으며, 래퍼 타입은 컴파일 시 제거됩니다.

예를 들어, Vec<T>에 대해 `Display`를 구현하고 싶다고 가정해보면, `Display` 트레이트와 Vec<T> 타입이 크레이트 외부에 정의되어 있으므로 고아 규칙에 의해 직접 구현할 수는 없습니다. Vec<T> 의 인스턴스를 보유하는 `Wrapper` 구조체를 만들 수 있습니다. 그러면 예제 19-23에 나온 것처럼 `Wrapper`에 `Display`를 구현하고 Vec<T>값을 사용할 수 있습니다.

예제 19-23 `Display` 구현을 위해서 Vec<String>을 감싼 `Wrapper` 타입 만들기　　(File) src/main.rs

```rust
use std::fmt;

struct Wrapper(Vec<String>);

impl fmt::Display for Wrapper {
    fn fmt(&self, f: &mut fmt::Formatter) -> fmt::Result {
        write!(f, "[{}]", self.0.join(", "))
    }
}

fn main() {
    let w = Wrapper(vec![String::from("hello"), String::from("world")]);
    println!("w = {}", w);
}
```

`Wrapper`는 튜플 구조체이고 Vec<T>는 튜플의 인덱스 0에 있는 아이템이기 때문에, `Display`의 구현체는 `self.0`을 사용하여 내부 Vec<T>에 액세스합니다. 그러면 `Wrapper`에서 `Display` 타입의 기능을 사용할 수 있습니다.

이 기법을 사용할 때의 단점은 `Wrapper`가 새로운 타입이기 때문에 보유하고 있는 값의 메서드가 없다는 것입니다. 메서드가 self.0에 위임되도록 Vec<T>의 모든 메서드를 Wrapper에 직접 구현해야 Wrapper를 Vec<T>와 똑같이 취급할 수 있습니다. 이 뉴타입이 내부 타입의 모든 메서드를 갖기를 원한다면, (15장의 'Deref 트레이트로 스마트 포인터를 보통의 참조자처럼 취급하기'(407쪽)에서 설명했던) Deref 트레이트를 Wrapper에 구현해 내부 타입을 반환하는 것이 해결책이 될 수 있습니다. Wrapper 타입이 내부 타입의 모든 메서드를 갖지 않도록 하려면 (이를테면 Wrapper 타입의 동작을 제한하려면) 원하는 메서드만 수동으로 구현해야 합니다.

이 뉴타입 패턴은 또한 트레이트가 포함되지 않은 경우에도 유용합니다. 이제 초점을 바꿔서 러스트의 타입 시스템과 상호작용하는 몇 가지 고급 방법을 살펴봅시다.

19.3 고급 타입

러스트의 타입 시스템에는 지금까지 언급은 했지만 아직 논의하지는 않은 몇 가지 기능이 있습니다. 먼저 뉴타입이 타입으로서 유용한 이유를 살펴보면서 뉴타입에 대해 전반적으로 논의하겠습니다. 그런 다음 뉴타입과 비슷하지만 의미는 약간 다른 기능인 타입 별칭(type alias)에 대해 살펴보겠습니다. 또한 ! 타입과 동적 크기 타입(dynamically sized type)에 대해서도 설명합니다.

19.3.1 타입 안전성과 추상화를 위한 뉴타입 패턴 사용하기

> NOTE 이 절은 여러분이 바로 앞에 나온 '뉴타입 패턴을 사용하여 외부 타입에 외부 트레이트 구현하기'(556쪽)를 읽었다고 가정합니다.

뉴타입 패턴은 지금까지 설명한 것 이외의 작업에도 유용한데, 여기에는 값이 혼동되지 않도록 정적으로 강제하는 것과 값의 단위를 표시하는 것들이 포함됩니다. 예제 19-15에서 뉴타입을 사용하여 단위를 표시하는 예제를 보았습니다. Millimeters 및 Meters 구조체가 u32 값을 뉴타입으로 감싸고 있었음을 상기하세요. Millimeters 타입의 매개변수가 있는 함수를 작성했다면, 실수로 Meters 또는 보통의 u32 타입의 값으로 해당 함수를 호출 시도하는 프로그램은 컴파일될 수 없습니다.

뉴타입 패턴은 어떤 타입의 구현 세부 사항을 추상화하는 데에도 사용 가능합니다. 뉴타입은 비공개 내부 타입의 API와는 다른 공개 API를 노출할 수 있습니다.

뉴타입은 내부 구현을 숨길 수도 있습니다. 예를 들면, 어떤 사람의 ID와 이에 연관된 그 사람의 이름을 저장하는 HashMap<i32, String>을 감싼 People 타입을 만들 수 있습니다. People을 사용하는 코드는 People 컬렉션에 이름 문자열을 추가하는 메서드처럼 우리가 제공하는 공개 API와만 상호작용할 수 있습니다. 해당 코드는 내부적으로 이름에 i32 ID를 할당한다는 사실을 알 필요가 없습니다. 뉴타입 패턴은 구현 세부 사항을 숨기는 캡슐화를 달성하는 가벼운 방법으로, 17장의 '상세 구현을 은닉하는 캡슐화'(476쪽)에서 설명한 바 있습니다.

19.3.2 타입 별칭으로 타입의 동의어 만들기

러스트는 **타입 별칭**을 선언하여 기존 타입에 다른 이름을 부여하는 기능을 제공합니다. 이를 위해서는 type 키워드를 사용합니다. 예를 들어, 다음과 같이 i32에 대한 Kilometers라는 별칭을 만들 수 있습니다.

```
type Kilometers = i32;
```

이제 별칭 Kilometers는 i32의 **동의어**입니다. 예제 19-15에서 만든 Millimeters 및 Meters 타입과는 달리, Kilometers는 별도의 새로운 타입은 아닙니다. Kilometers 타입을 가진 값은 i32 타입의 값과 동일하게 처리됩니다.

```
type Kilometers = i32;

let x: i32 = 5;
let y: Kilometers = 5;

println!("x + y = {}", x + y);
```

Kilometers와 i32는 동일한 타입이므로 두 타입의 값을 모두 더할 수 있고 Kilometers값을 i32 매개변수를 받는 함수에 전달할 수 있습니다. 그러나, 이 방법을 사용하면 이전에 설명한 뉴타입 패턴에서 얻을 수 있는 타입 검사 이점을 얻을 수 없습니다. 다시 말해, 어딘가에서 Kilometers와 i32값을 혼용하면 컴파일러는 에러를 표시하지 않습니다.

타입 동의어의 주요 사용 사례는 반복을 줄이는 것입니다. 예를 들어, 다음과 같은 긴 타입이 있을 수 있습니다.

```
Box<dyn Fn() + Send + 'static>
```

이 긴 타입을 함수 시그니처 및 코드의 모든 곳에 타입 명시로 작성하는 것은 지루하고 에러가 발생하기 쉽습니다. 예제 19-24와 같은 코드로 가득 찬 프로젝트가 있다고 상상해보세요.

예제 19-24 **수많은 곳에 긴 타입 사용하기**

```
let f: Box<dyn Fn() + Send + 'static> = Box::new(|| println!("hi"));

fn takes_long_type(f: Box<dyn Fn() + Send + 'static>) {
    // --생략--
}

fn returns_long_type() -> Box<dyn Fn() + Send + 'static> {
    // --생략--
}
```

타입 별칭은 반복을 줄여 이 코드를 관리하기 쉽게 만듭니다. 예제 19-25에서는 이 장황한 타입에 대해 Thunk라는 별칭을 만들고 이 타입이 사용된 모든 곳을 짧은 별칭 Thunk로 대체했습니다.

예제 19-25 **타입 별칭 Thunk을 도입하여 반복 줄이기**

```
type Thunk = Box<dyn Fn() + Send + 'static>;

let f: Thunk = Box::new(|| println!("hi"));

fn takes_long_type(f: Thunk) {
    // --생략--
}

fn returns_long_type() -> Thunk {
    // --생략--
}
```

이 코드는 읽고 작성하기 훨씬 쉽습니다! 또한 타입 별칭에 의미 있는 이름을 선택하면 의도를 전달하는 데 도움이 됩니다(**thunk**는 나중에 평가될 코드를 나타내는 단어이므로, 저장되는 클로저에 적합한 이름입니다).

타입 별칭은 또한 Result<T, E> 타입의 반복을 줄이기 위해 사용되기도 합니다. 표준 라이브러리의 std::io 모듈을 생각해보세요. I/O 연산은 종종 연산이 작동하지 않을 때의 상황을 처리하기 위해 Result<T, E>를 반환합니다. 이 라이브러리에는 가능한 모든 I/O 에러를 나타내는 std::io::Error 구조체가 있습니다. std::io의 많은 함수는 Write 트레이트의 함수와 같이 E가 std::io::Error인 Result<T, E>를 반환합니다.

```
use std::fmt;
use std::io::Error;

pub trait Write {
    fn write(&mut self, buf: &[u8]) -> Result<usize, Error>;
    fn flush(&mut self) -> Result<(), Error>;

    fn write_all(&mut self, buf: &[u8]) -> Result<(), Error>;
    fn write_fmt(&mut self, fmt: fmt::Arguments) -> Result<(), Error>;
}
```

Result<..., Error>가 많이 반복됩니다. 이러한 이유로 std::io에는 이러한 타입 별칭 선언이 있습니다.

```
type Result<T> = std::result::Result<T, std::io::Error>;
```

이 선언이 std::io 모듈에 있으므로, 완전 정규화된 별칭 std::io::Result<T>를 사용할 수 있습니다. 즉, E가 std::io::Error로 채워진 Result<T, E>입니다. Write 트레이트 함수 시그니처는 결국 다음과 같이 됩니다.

```
pub trait Write {
    fn write(&mut self, buf: &[u8]) -> Result<usize>;
    fn flush(&mut self) -> Result<()>;

    fn write_all(&mut self, buf: &[u8]) -> Result<()>;
    fn write_fmt(&mut self, fmt: fmt::Arguments) -> Result<()>;
}
```

타입 별칭은 두 가지 방법으로 도움을 줍니다. 코드를 쉽게 작성할 수 있게 해주고, **그러면서도** std::io 전체에 일관된 인터페이스를 제공합니다. 이것은 별칭이기 때문에 그저 또 다른 Result<T, E>일 뿐이고, 이는 Result<T, E>에서 작동하는 모든 메서드는 물론, ? 연산자와 같은 특별 문법도 사용할 수 있음을 뜻합니다.

19.3.3 절대 반환하지 않는 부정 타입

러스트에는 !라는 특수한 타입이 있는데, 이 타입은 값이 없기 때문에 타입 이론 용어로는 **빈 타입** (empty type)이라고 알려져 있습니다. 함수가 절대 반환하지 않을 때 반환 타입을 대신하기 때문에 **부정 타입**(never type)이라고 부르는 쪽이 선호됩니다. 다음은 예시입니다.

```
fn bar() -> ! {
    // --생략--
}
```

이 코드는 '함수 bar는 절대로 반환하지 않습니다'라고 읽습니다. 절대로 반환하지 않는 함수는 **발산 함수**(diverging functions)라고 합니다. ! 타입의 값은 만들 수 없으므로, bar는 절대 반환할 수 없습니다.

그런데 값을 절대로 만들 수 없는 타입은 어디에 쓰는 거죠? 숫자 추리 게임의 부분인 예제 2-5의 코드를 기억해보세요. 예제 19-26에서 다시 일부를 재현해두었습니다.

예제 19-26 continue로 끝나는 갈래가 있는 match

```
let guess: u32 = match guess.trim().parse() {
    Ok(num) => num,
    Err(_) => continue,
};
```

이 시점에서는 이 코드에서 몇 가지 세부 사항을 건너뛰었습니다. 6장의 'match 제어 흐름 구조' (142쪽)에서 match 갈래가 모두 같은 타입을 반환해야 한다는 것을 논의했습니다. 예를 들어, 다음 코드는 작동하지 않습니다.

```
let guess = match guess.trim().parse() {
    Ok(_) => 5,
    Err(_) => "hello",
};
```

guess의 타입은 정수 **그리고** 문자열이어야 하며, 러스트는 guess가 하나의 타입만 가져야 한다고 요구합니다. 그럼 continue가 무엇을 반환할까요? 어떻게 예제 19-26에서 한쪽 갈래는 u32를 반환하면서 다른 갈래는 continue로 끝나는 것이 허용되었을까요?

짐작했겠지만, continue는 !값을 가집니다. 즉, 러스트가 guess의 타입을 계산할 때, 두 개의 매치 갈래를 모두 살펴보게 되는데, 전자는 u32 값을 가지고 후자는 !값을 가집니다. !는 절대로 값을 가질 수 없으므로, 러스트는 guess의 타입이 u32라고 결정합니다.

이 동작을 설명하는 공식적인 방법은 ! 타입의 표현식이 다른 모든 타입으로 강제 변환될 수 있다는 것입니다. continue가 값을 반환하지 않기 때문에, 이 match 갈래가 continue로 끝나도 괜찮습니다. continue는 제어를 반복문의 맨 위로 이동시키기 때문에, Err 케이스에서는 guess에 값을 할당하지 않습니다.

부정 타입은 panic! 매크로와 함께 유용하게 쓰입니다. 값을 생성하거나 패닉을 일으키기 위해 Option<T>값에서 호출한 unwrap 함수를 기억해보면, 여기 그 정의가 있습니다.

```
impl<T> Option<T> {
    pub fn unwrap(self) -> T {
        match self {
            Some(val) => val,
            None => panic!("called `Option::unwrap()` on a `None` value"),
        }
    }
}
```

이 코드에서도 예제 19-26의 match에서와 같은 일이 발생합니다. val이 T 타입을 가지고 있고 panic!이 ! 타입을 가지고 있으므로, 러스트는 전체 match 표현식의 결과가 T라는 것을 알 수 있습니다. 이 코드는 panic!이 값을 생성하지 않기 때문에 작동합니다. 패닉은 프로그램을 종료하니까요. None의 경우 unwrap에서 값을 반환하지 않으므로, 이 코드는 유효합니다.

! 타입을 가지는 마지막 표현식은 loop입니다.

```
    print!("forever ");

    loop {
        print!("and ever ");
    }
```

여기서 루프는 절대 끝나지 않으므로, !가 이 표현식의 값이 됩니다. 하지만 break를 포함시키면, 루프는 break에 도달했을 때 종료되므로, 이는 참이 아니게 될 것입니다.

19.3.4 동적 크기 타입과 Sized 트레이트

러스트는 특정 타입의 값에 할당할 공간의 크기 등 타입에 대한 특정 세부 사항을 알아야 합니다. 이로 인해 처음에는 타입 시스템의 한구석이 약간 혼란스러운데, 바로 **동적 크기 타입**(dynamically sized type)의 개념이 그렇습니다. **DST** 또는 **크기가 지정되지 않은 타입**(unsized type)이라고도 하는 이러한 타입을 사용하면 런타임에만 크기를 알 수 있는 값을 사용하여 코드를 작성할 수 있습니다.

이 책 전체에 걸쳐 사용했던 str이라는 동적 크기 타입에 대해 자세히 알아보겠습니다. 그렇습니다. &str이 아니라 str 자체는 DST입니다. 런타임이 될 때까지 문자열의 길이를 알 수 없으므로 str 타입의 변수를 만들 수도 없고, str 타입의 인수를 받을 수도 없습니다. 아래의 작동하지 않는 코드를 고려해보세요.

```
let s1: str = "Hello there!";
let s2: str = "How's it going?";
```

러스트는 특정 타입의 값에 할당할 메모리의 크기를 알아야 하며, 타입의 모든 값은 동일한 크기의 메모리를 사용해야 합니다. 러스트에서 이 코드를 작성할 수 있다면 이 두 str값은 같은 양의 공간을 차지해야 합니다. 그러나 이들은 길이가 다릅니다. s1은 12바이트의 저장 공간이 필요하고 s2는 15바이트가 필요하기 때문입니다. 이것이 바로 동적 크기를 갖는 변수를 생성할 수 없는 이유입니다.

그럼 어떻게 해야 할까요? 이 경우에는 이미 답을 알고 있습니다. s1과 s2의 타입을 str이 아닌 &str로 만들면 됩니다. 4장의 '슬라이스 타입'(100쪽)에서 살펴봤듯, 슬라이스 데이터 구조는 슬라이스의 시작 위치와 길이만 저장한다는 것을 기억하세요. 따라서 &T는 T가 위치한 메모리 주소를 저장하는 단일 값이지만, &str은 **두 개의** 값입니다. str의 주소와 길이 말이지요. 따라서 컴파일 타임에 &str값의 크기를 알 수 있는데, usize 길이의 두 배입니다. 즉, &str이 참조하는 문자열의 길이가 아무리 길어도 항상 &str의 크기를 알 수 있습니다. 일반적으로 이것이 러스트에서 동적 크기 타입이 사용되는 방식입니다. &str 타입은 동적 정보의 크기를 저장하는 추가 메타데이터를 가지고 있습니다. 동적 크기 타입의 황금률은 동적 크기 타입의 값을 항상 어떤 종류의 포인터 뒤에 넣어야 한다는 것입니다.

str은 모든 종류의 포인터와 결합할 수 있습니다. 예를 들면, Box<str>나 Rc<str> 같은 것들이지요. 사실, 여러분은 이전에도 다른 종류의 동적 크기 타입이지만 이런 것을 본 적이 있습니다. 바로 트레이트입니다. 모든 트레이트는 그 트레이트의 이름을 사용하여 참조할 수 있는 동적 크기 타입입니다. 17장의 '트레이트 객체를 사용하여 다른 타입의 값 허용하기'(480쪽)에서, 트레이트를 트레이트 객체로 사용하려면 &dyn Trait 또는 Box<dyn Trait>와 같은 포인터 뒤에 넣어야 한다고 언급했습니다(Rc<dyn Trait>도 가능합니다).

DST로 작업하기 위해 러스트에서는 컴파일 시점에 타입의 크기를 알 수 있는지 여부를 결정하는 Sized 트레이트를 제공합니다. 이 트레이트는 컴파일 시 크기가 알려진 모든 것에 대해 자동으로 구현됩니다. 또한 러스트는 암묵적으로 모든 제네릭 함수에 Sized 바운드를 추가합니다. 즉, 다음과 같은 제네릭 함수 정의는,

```
fn generic<T>(t: T) {
    // --생략--
}
```

실제로는 아래와 같이 작성한 것처럼 취급됩니다.

```
fn generic<T: Sized>(t: T) {
    // --생략--
}
```

기본적으로 제네릭 함수는 컴파일 시점에 크기가 알려진 타입에 대해서만 작동합니다. 그러나 다음과 같은 특별 문법을 사용하여 이 제한을 완화할 수 있습니다.

```
fn generic<T: ?Sized>(t: &T) {
    // --생략--
}
```

?Sized 트레이트 바운드는 'T는 Sized일 수도 있고 아닐 수도 있다'는 의미를 가지며 이 문법은 제네릭 타입이 컴파일 시점에 크기가 알려진 타입이어야 한다는 기본값을 덮어씁니다. 이런 의미의 ?Trait 문법은 Sized에만 사용할 수 있고 다른 어떤 트레이트에도 사용할 수 없습니다.

또한 t 매개변수의 타입을 T에서 &T로 바꾸었음에 주목하세요. 타입이 Sized가 아닐 수 있기 때문에 어떤 종류의 포인터 뒤에 놓고 사용해야 합니다. 이 경우에는 참조를 선택했습니다.

다음으로는 함수와 클로저에 대해 이야기해보겠습니다!

19.4 고급 함수와 클로저

이 절에서는 함수 포인터와 클로저를 반환하는 기능을 포함, 함수와 클로저와 관련된 고급 기능에 대해 살펴봅니다.

19.4.1 함수 포인터

지금까지는 함수에 클로저를 전달하는 방법에 대해 설명했는데, 일반 함수를 함수에 전달할 수도 있습니다! 이 기법은 새로운 클로저를 정의하는 대신 이미 정의한 함수를 전달하고 싶을 때 유용합니다. 함수는 (소문자 f를 쓰는) fn 타입으로 강제되는데, Fn 클로저 트레이트와 혼동하면 안 됩니다. fn 타입을 **함수 포인터**(function pointer)라고 합니다. 함수 포인터로 함수를 전달하면 함수를 다른 함수에 대한 인수로 사용할 수 있습니다.

매개변수가 함수 포인터임을 지정하는 문법은 예제 19-27에 나온 것처럼 클로저의 문법과 유사하며, 여기서는 매개변수에 1을 더하는 함수 add_one을 정의했습니다. do_twice 함수는 두 개의 매개변수를 받습니다. i32 매개변수를 받아 i32를 반환하는 함수를 가리키는 함수 포인터와 하나의 i32값이지요. do_twice 함수는 f 함수를 두 번 호출하여 arg값을 전달한 다음 두 함수 호출 결과를 합산합니다. main 함수는 add_one 및 5를 인수로 사용하여 do_twice를 호출합니다.

예제 19-27 fn 타입을 사용하여 함수 포인터를 인수로 허용하기   (File) src/main.rs

```
fn add_one(x: i32) -> i32 {
    x + 1
}

fn do_twice(f: fn(i32) -> i32, arg: i32) -> i32 {
    f(arg) + f(arg)
}

fn main() {
    let answer = do_twice(add_one, 5);

    println!("The answer is: {}", answer);
}
```

이 코드는 The answer is: 12를 출력합니다. 여기서는 do_twice의 매개변수 f가 i32 타입의 매개변수 하나를 받아 i32를 반환하는 fn임을 지정합니다. 그러면 do_twice의 본문에서 f를 호출할 수 있습니다. main에서는 함수 이름 add_one을 do_twice의 첫 번째 인수로 전달할 수 있습니다.

클로저와 달리 fn은 트레이트가 아닌 타입이므로, Fn 트레이트 중 하나를 트레이트 바운드로 사용한 제네릭 타입 매개변수를 선언하는 대신에 fn을 매개변수 타입으로 직접 지정합니다.

함수 포인터는 세 가지 클로저 트레이트(Fn, FnMut, FnOnce)를 모두 구현하므로, 클로저를 기대하는 함수에 대한 인수로 함수 포인터를 언제나 전달할 수 있습니다. 제네릭 타입과 클로저 트레이트 중 하나를 사용하는 함수를 작성하여 함수나 클로저 중 하나를 받아들일 수 있도록 하는 것이 가장 좋습니다.

즉, 클로저가 아닌 fn만 허용하고 싶은 경우의 한 가지 예로는 클로저가 없는 외부 코드와 상호작용할 때입니다. C 함수는 함수를 인수로 받을 수 있지만, C에는 클로저가 없습니다.

인라인으로 정의된 클로저나 명명된 함수를 사용할 수 있는 예시로, 표준 라이브러리의 Iterator 트레이트가 제공하는 map 메서드의 사용을 살펴봅시다. map 함수를 사용하여 숫자 벡터를 문자열 벡터로 바꾸려면 다음과 같이 클로저를 사용할 수 있습니다.

```
let list_of_numbers = vec![1, 2, 3];
let list_of_strings: Vec<String> =
    list_of_numbers.iter().map(|i| i.to_string()).collect();
```

혹은 아래와 같이 클로저 대신 map의 인수로 함수 이름을 지정할 수도 있습니다.

```
let list_of_numbers = vec![1, 2, 3];
let list_of_strings: Vec<String> =
    list_of_numbers.iter().map(ToString::to_string).collect();
```

to_string이라는 이름의 함수가 여러 개 있을 수 있기 때문에, 앞서 '고급 트레이트'(544쪽)에서 설명했던 완전 정규화 문법을 사용해야 하는 점을 유의하세요. 여기서는 ToString 트레이트에 정의된 to_string 함수를 사용하고 있는데, 이는 표준 라이브러리에서 Display를 구현하는 모든 타입에 대해 구현되어 있습니다.

6장의 '열거형 값'(134쪽)에서 우리가 정의하는 각 열거형 배리언트의 이름도 이니셜라이저 (initializer, 초기화) 함수가 된다는 것을 기억해두세요. 이러한 이니셜라이저 함수는 클로저 트레이트를 구현하는 함수 포인터로써 사용될 수 있는데, 이는 다음과 같이 클로저를 취하는 메서드의 인수로 이니셜라이저 함수를 지정할 수 있음을 뜻합니다.

```
enum Status {
    Value(u32),
    Stop,
}

let list_of_statuses: Vec<Status> = (0u32..20).map(Status::Value).collect();
```

여기서는 Status::Value의 이니셜라이저 함수를 사용하여 map이 호출되는 범위의 각 u32값을 사용한 Status::Value 인스턴스를 생성합니다. 어떤 사람들은 이 스타일을 선호하고, 어떤 사람들은 클로저를 사용하는 것을 선호합니다. 둘 다 동일한 코드로 컴파일되므로 여러분에게 더 명확한 스타일을 사용하세요.

19.4.2 클로저 반환하기

클로저는 트레이트로 표현되므로, 클로저를 직접 반환할 수 없습니다. 트레이트를 반환해야 하는 대부분의 경우, 대신 트레이트를 구현하는 구체적 타입을 함수의 반환값으로 사용할 수 있습니다. 그러나, 클로저에는 반환할 수 있는 구체적 타입이 없기 때문에 그렇게 할 수 없습니다. 예를 들면 함수 포인터 fn은 반환 타입으로 사용될 수 없습니다.

다음 코드는 클로저를 직접 반환하려고 시도하지만, 컴파일되지 않습니다.

```
fn returns_closure() -> dyn Fn(i32) -> i32 {
    |x| x + 1
}
```

컴파일 에러는 다음과 같습니다.

```
error[E0746]: return type cannot have an unboxed trait object
 --> src/lib.rs:1:25
  |
1 | fn returns_closure() -> dyn Fn(i32) -> i32 {
```

```
    |                    ^^^^^^^^^^^^^^^^^^^^^ doesn't have a size known at compile-time
    |
    = note: for information on `impl Trait`, see <https://doc.rust-lang.org/book/ch10-02-
traits.html#returning-types-that-implement-traits>
help: use `impl Fn(i32) -> i32` as the return type, as all return paths are of type
`[closure@src/lib.rs:2:5: 2:8]`, which implements `Fn(i32) -> i32`
1 | fn returns_closure() -> impl Fn(i32) -> i32 {
    |                        ^^^^^^^^^^^^^^^^^^^
```

이 에러는 Sized 트레이트를 다시 언급합니다! 러스트는 클로저를 저장하기 위해 얼마나 많은 공간이 필요한지 알 수 없습니다. 이 문제에 대한 해결책을 이전에 살펴봤었지요. 바로 트레이트 객체가 사용될 수 있습니다.

```
fn returns_closure() -> Box<dyn Fn(i32) -> i32> {
    Box::new(|x| x + 1)
}
```

이 코드는 잘 컴파일됩니다. 트레이트 객체에 대한 자세한 내용은 17장의 '트레이트 객체를 사용하여 다른 타입의 값 허용하기'(480쪽)를 참고하세요.

다음으로, 매크로를 살펴봅시다!

19.5 매크로

이 책 전체에서 println!과 같은 매크로를 사용해왔지만, 매크로가 무엇이고 어떻게 작동하는지는 충분히 설명하지 않았습니다. **매크로**(macro)라는 용어는 러스트의 기능군을 의미합니다. macro_rules!를 쓰는 **선언적** 매크로와 다음 세 가지 종류의 **절차적** 매크로가 있습니다.

- 구조체와 열거형에 사용되는 derive 속성이 추가된 코드를 지정하는 커스텀 #[derive] 매크로
- 모든 아이템에 사용 가능한 커스텀 속성을 정의하는 속성형(attribute-like) 매크로
- 함수 호출처럼 보이지만 지정된 토큰을 인수로써 조작하는 함수형(function-like) 매크로

순차적으로 각각에 대해 이야기할 것이지만, 먼저 함수가 이미 있음에도 매크로가 필요한 이유부터 살펴보겠습니다.

19.5.1 매크로와 함수의 차이

기본적으로 매크로는 다른 코드를 작성하는 코드를 작성하는 방법이며, 이를 **메타프로그래밍** (**metaprogramming**)이라고 합니다. 부록 C에서는 다양한 트레이트의 구현을 생성하는 derive 속성에 대해 설명합니다. 또한 책 전체에서 println!과 vec! 매크로를 사용했습니다. 이 모든 매크로는 수동으로 작성한 코드보다 더 많은 코드를 생성하기 위해 **확장**됩니다.

메타프로그래밍은 작성 및 유지 관리해야 하는 코드의 양을 줄이는 데 유용하며, 이는 함수의 역할 중 하나이기도 합니다. 하지만 매크로에는 함수에는 없는 몇 가지 추가 기능이 있습니다.

함수 시그니처는 함수에 있는 매개변수의 개수와 타입을 선언해야 합니다. 반면 매크로는 가변적인 수의 매개변수를 사용할 수 있습니다. 하나의 인수로 println!("hello")를 호출하거나 두 개의 인수로 println!("hello {}", name)을 호출할 수 있는 것처럼요. 또한 매크로는 컴파일러가 코드의 의미를 해석하기 전에 확장되기 때문에, 매크로는 이를테면 주어진 타입에 대한 트레이트를 구현할 수 있습니다. 이는 함수로는 불가능한데, 함수는 런타임에 호출되고 트레이트는 컴파일 타임에 구현되어야 하기 때문입니다.

함수 대신 매크로를 구현할 때의 단점은 매크로 정의가 러스트 코드를 작성하는 러스트 코드를 작성하는 것이기 때문에 함수 정의보다 더 복잡하다는 점입니다. 이러한 간접성으로 인해 매크로 정의는 일반적으로 함수 정의보다 읽고, 이해하고, 유지 관리하기가 더 어렵습니다.

매크로와 함수의 또 다른 중요한 차이점은, 어디서나 정의하고 어디서나 호출할 수 있는 함수와 달리 매크로의 경우 정의하거나 파일에서 호출하기 전에 매크로를 스코프로 가져와야 한다는 점입니다.

19.5.2 일반적인 메타프로그래밍을 위한 macro_rules!를 사용한 선언적 매크로

러스트에서 가장 널리 사용되는 매크로 형태는 **선언적 매크로**(declarative macro)입니다. 선언적 매크로는 '예제 매크로(macros by example)', 'macro_rules! 매크로', 또는 그냥 '매크로'라고도 불립니다. 선언적 매크로의 핵심은 러스트 match 표현식과 비슷한 무언가를 작성할 수 있다는 것입니다. 6장에서 설명한 것처럼, match 표현식은 표현식을 받아서 표현식의 결괏값을 패턴과 비교한 다음, 일치하는 패턴과 연관된 코드를 실행하는 제어 구조입니다. 매크로도 특정 코드와 연관된 패턴과 값을 비교합니다. 이 경우 값은 매크로에 전달된 리터럴 러스트 소스 코드이고, 패턴은 해당 소스 코드의 구조와 비교되고, 매칭되면 매크로에 전달된 코드는 해당 패턴과 연관된 코드로 대체됩니다. 이 모든 과정은 컴파일 중에 이루어집니다.

매크로를 정의하려면 `macro_rules!` 구문을 사용합니다. `vec!` 매크로가 어떻게 정의되는지 살펴보는 것으로 `macro_rules!`를 사용하는 방법을 알아보도록 합시다. 8장에서는 `vec!` 매크로를 사용해 특정 값들을 가진 새로운 벡터를 생성하는 방법을 다뤘습니다. 예를 들어, 다음 매크로는 세 개의 정수를 포함하는 새로운 벡터를 생성합니다.

```
let v: Vec<u32> = vec![1, 2, 3];
```

또한 `vec!` 매크로를 사용하여 두 개의 정수로 이루어진 벡터나 다섯 개의 문자열 슬라이스로 이루어진 벡터를 만들 수도 있습니다. 값의 개수나 타입을 미리 알 수 없으므로 함수를 사용하는 것으로는 동일한 작업을 수행할 수 없습니다.

예제 19-28은 `vec!` 매크로의 약간 간소화된 정의를 보여줍니다.

예제 19-28 **간소화된 버전의 vec! 매크로 정의** (File) src/lib.rs

```
❶ #[macro_export]
❷ macro_rules! vec {
    ❸ ( $( $x:expr ),* ) => {
        {
            let mut temp_vec = Vec::new();
          ❹ $(
              ❺ temp_vec.push(❻$x);
            )*
          ❼ temp_vec
        }
    };
}
```

> **NOTE** 표준 라이브러리의 vec! 매크로의 실제 정의에는 정확한 양의 메모리를 미리 할당하는 코드가 포함되어 있습니다. 이 코드는 예제를 더 간단하게 만들기 위해 여기에는 포함하지 않은 최적화 코드입니다.

`#[macro_export]` 애너테이션(❶)은 이 매크로가 정의된 크레이트를 스코프로 가져올 때마다 이 매크로를 사용할 수 있어야 함을 나타냅니다. 이 애너테이션이 없으면 매크로를 스코프로 가져올

수 없습니다.

그런 다음 `macro_rules!`와 정의하려는 매크로의 이름을 느낌표 **없이** 사용하는 것으로 매크로 정의를 시작합니다(❷). 이 이름의(지금의 경우 vec) 뒤에는 매크로 정의의 본문을 나타내는 중괄호가 따라옵니다.

`vec!` 본문의 구조는 `match` 표현식의 구조와 유사합니다. 여기서는 `( $( $x:expr ),* )` 패턴에 `=>` 이 붙고, 이 패턴과 연관된 코드 블록으로 되어 있는 갈래 하나가 있습니다(❸). 패턴이 매칭되면 연관된 코드 블록이 튀어나옵니다. 이것이 이 매크로의 유일한 패턴이므로, 일치하는 유효한 방법은 하나뿐입니다. 즉 다른 패턴은 에러가 발생합니다. 더 복잡한 매크로에는 두 개 이상의 갈래가 있겠지요.

매크로 패턴은 값이 아닌 러스트 코드 구조에 대해 매칭하기 때문에 매크로 정의에서 유효한 패턴 문법은 18장에서 다루었던 패턴 구문과 다릅니다. 예제 19-28의 패턴 조각이 무엇을 의미하는지 살펴봅시다. 전체 매크로 패턴 문법은 러스트 참고 자료 문서(https://doc.rust-lang.org/reference/macros-by-example.html)를 참조하세요.

먼저 괄호 한 쌍을 사용하여 전체 패턴을 둘러쌉니다. 달러 기호($)를 사용하여 패턴에 매칭될 러스트 코드를 담는 매크로 시스템 내의 변수를 선언합니다. 달러 기호는 이 변수가 일반적인 러스트 변수가 아닌 매크로 변수임을 명백하게 해줍니다. 다음에는 대체되는 코드에서 사용할 목적으로 괄호 안에 패턴과 매칭되는 값을 캡처하는 괄호 한 쌍이 있습니다. $() 안에는 $x:expr이 있는데, 이는 모든 러스트 표현식과 매칭되며 그 표현식에 $x라는 이름을 부여합니다.

$() 뒤에 오는 쉼표는 $() 안의 코드와 매칭되는 코드 뒤에 선택적으로 쉼표 구분자 문자가 나올 수 있음을 나타냅니다. *는 * 앞에 오는 모든 것과 매칭되는 것이 0개 이상이라는 것을 명시합니다.

이 매크로를 `vec![1, 2, 3];`으로 호출하면, $x 패턴은 세 표현식 1, 2, 3으로 세 번 매칭됩니다.

이제 이 갈래와 연관된 코드 본문의 패턴을 살펴봅시다. 패턴에서 $()와 매칭되는 각 부분에 대하여 패턴이 매칭되는 횟수에 따라 $()*(❹❼) 내의 `temp_vec.push()`(❺)가 0회 이상 생성됩니다. $x(❻)는 각각 매칭된 표현식으로 대체됩니다. 이 매크로를 `vec![1, 2, 3];`으로 호출하면, 이 매크로 호출을 대체하는 코드가 다음과 같이 생성됩니다.

```
{
    let mut temp_vec = Vec::new();
    temp_vec.push(1);
    temp_vec.push(2);
    temp_vec.push(3);
    temp_vec
}
```

이렇게 정의된 매크로는 아무 타입의 인수를 얼마든지 사용할 수 있고 특정한 요소들을 담은 벡터를 생성하는 코드를 생성할 수 있습니다.

매크로를 작성하는 방법에 대해 더 알아보려면 온라인 문서 혹은 다른 자료, 이를테면 대니얼 키프(Daniel Keep)가 시작하고 루카스 위스(Lukas Wirth)가 이어오고 있는 '러스트 매크로의 작은 책(The Little Book of Rust Macros)'(https://veykril.github.io/tlborm/) 같은 것을 참조하세요.

19.5.3 속성에서 코드를 생성하기 위한 절차적 매크로

두 번째 형태의 매크로는 **절차적 매크로**(procedural macro)로, 더 함수처럼 작동합니다(그리고 프로시저의 일종입니다). 절차적 매크로는 선언적 매크로처럼 패턴에 매칭해보고 코드를 다른 코드로 대체하는 것이 아니라, 어떤 코드를 입력으로 받아서 해당 코드에 대해 작업을 수행한 다음, 어떤 코드를 출력으로 생성합니다. 절차적 매크로는 커스텀 derive(custom derive), 속성형(attribute-like), 함수형(function-like) 세 종류가 있으며, 모두 비슷한 방식으로 작동합니다.

절차적 매크로를 만들 때, 그 정의는 특별한 크레이트 타입을 가진 자신만의 크레이트에 있어야 합니다. 이는 복잡한 기술적인 이유 때문이고 앞으로는 이러한 문제를 없애고자 합니다. 예제 19-29에서는 절차적 매크로를 정의하는 방법을 보여주는데, 여기서 `some_attribute`는 특정 매크로 종류를 사용하기 위한 자리표시자입니다.

예제 19-29 **절차적 매크로 정의 예제** (File) src/lib.rs

```
use proc_macro;

#[some_attribute]
pub fn some_name(input: TokenStream) -> TokenStream {
}
```

절차적 매크로를 정의하는 함수는 TokenStream을 입력으로 받아서 TokenStream을 출력으로 생성합니다. TokenStream 타입은 러스트에 포함되어 있는 proc_macro 크레이트에 정의되어 있으며 토큰의 시퀀스를 나타냅니다. 이것이 이 매크로의 핵심입니다. 매크로가 작동하는 소스 코드가 입력 TokenStream을 구성하고, 매크로가 생성하는 코드가 출력 TokenStream입니다. 또한 이 함수에는 어떤 종류의 절차적 매크로를 만들고 있는지를 지정하는 속성이 붙어 있습니다. 같은 크레이트에는 여러 종류의 절차적 매크로를 넣을 수 있습니다.

각각의 절차적 매크로 종류를 살펴보겠습니다. 우선 커스텀 파생 매크로부터 시작하고 그다음에는 다른 형태의 작은 차이점들을 설명하겠습니다.

19.5.4 커스텀 파생 매크로 작성 방법

HelloMacro라는 이름의 트레이트와 hello_macro라는 하나의 연관 함수를 정의하는 hello_macro라는 이름의 크레이트를 만들어봅시다. 사용자가 자신의 타입에 대해 HelloMacro 트레이트를 구현하도록 하는 대신, 절차적 매크로를 제공하여 사용자가 #[derive(HelloMacro)]라고 타입에 명시하여 hello_macro 함수의 기본 구현을 가져올 수 있게 하겠습니다. 기본 구현은 Hello, Macro! My name is TypeName!라고 출력하는데, 여기서 TypeName은 이 트레이트가 정의된 타입의 이름입니다. 바꿔 말하면, 다른 프로그래머가 우리의 크레이트를 사용하여 예제 19-30과 같은 코드를 작성할 수 있도록 하는 크레이트를 작성할 것입니다.

예제 19-30 **우리의 절차적 매크로를 사용할 때 크레이트 사용자가 작성할 수 있게 될 코드** (File) src/main.rs

```rust
use hello_macro::HelloMacro;
use hello_macro_derive::HelloMacro;

#[derive(HelloMacro)]
struct Pancakes;

fn main() {
    Pancakes::hello_macro();
}
```

작업을 마치면 이 코드는 Hello, Macro! My name is Pancakes!를 출력할 것입니다. 첫 번째 단계는 다음과 같이 새로운 라이브러리 크레이트를 만드는 것입니다.

```
$ cargo new hello_macro --lib
```

다음은 HelloMacro 트레이트와 그 연관 함수를 정의하는 것입니다.

File src/lib.rs

```
pub trait HelloMacro {
    fn hello_macro();
}
```

트레이트와 그 함수를 정의했습니다. 이 시점에서 크레이트 사용자는 다음과 같이 트레이트를 구현하여 원하는 기능을 구현할 수 있습니다.

```
use hello_macro::HelloMacro;

struct Pancakes;

impl HelloMacro for Pancakes {
    fn hello_macro() {
        println!("Hello, Macro! My name is Pancakes!");
    }
}

fn main() {
    Pancakes::hello_macro();
}
```

하지만 이렇게 하면 hello_macro와 함께 사용하고자 하는 각 타입에 대해 구현 블록을 작성해야 합니다. 사용자가 이러한 작업을 생략할 수 있도록 하려고 합니다.

또한, 트레이트가 구현된 타입의 이름을 출력하는 hello_macro 함수를 기본 구현으로 제공할 수도 없습니다. 러스트에는 리플렉션(reflection) 기능이 없기 때문에 런타임에 타입의 이름을 조회할 수 없습니다. 컴파일 타임에 코드를 생성하려면 매크로가 필요합니다.

다음 단계는 절차적 매크로를 정의하는 것입니다. 이 글을 쓰는 시점에서, 절차적 매크로는 자체 크레이트에 있어야 합니다. 궁극적으로는 이 제한이 해제될 수도 있습니다. foo라는 이름의 크레이트에 대해 커스텀 파생 절차적 매크로 크레이트는 foo_derive라고 부르는데, 이는 크레이트 및 매크로 크레이트를 구조화하는 관례입니다. hello_macro 프로젝트 안에 hello_macro_derive라는 새 크레이트를 만들어보겠습니다.

```
$ cargo new hello_macro_derive --lib
```

두 크레이트는 서로 밀접하게 연관되어 있으므로, hello_macro 크레이트의 디렉터리 내에 절차적 매크로 크레이트를 생성합니다. hello_macro에서 트레이트 정의를 변경하면, hello_macro_derive 의 절차적 매크로 구현도 변경해야 합니다. 두 크레이트는 별도로 배포되어야 하며, 이 크레이트를 사용하는 프로그래머는 두 크레이트를 디펜던시로 추가하고 두 크레이트를 모두 스코프 안으로 가져와야 합니다. 대신 hello_macro 크레이트가 hello_macro_derive를 디펜던시로 사용하고 절차적 매크로 코드를 다시 내보내도록 할 수도 있습니다. 그렇지만 우리가 프로젝트를 구조화한 방식은 프로그래머가 derive 기능을 원하지 않더라도 hello_macro를 사용할 수 있게 해줍니다.

hello_macro_derive 크레이트는 절차적 매크로 크레이트로 선언될 필요가 있습니다. 잠시 후에 보게 되겠지만, syn 및 quote 크레이트의 기능도 필요하므로, 이들을 디펜던시로 추가해야 합니다. hello_macro_derive의 **Cargo.toml** 파일에 다음을 추가하세요.

(File) hello_macro_derive/Cargo.toml

```
[lib]
proc-macro = true

[dependencies]
syn = "1.0"
quote = "1.0"
```

절차적 매크로 정의를 시작하려면 예제 19-31의 코드를 hello_macro_derive 크레이트의 **src/lib.rs** 파일에 넣으세요. 이 코드는 impl_hello_macro 함수에 대한 정의를 추가할 때까지 컴파일되지 않는다는 점에 유의하세요.

예제 19-31 **대부분의 절차적 매크로 크레이트가 러스트 코드를 처리하기 위해 필요로 하는 코드**

(File) hello_macro_derive/src/lib.rs

```
use proc_macro::TokenStream;
use quote::quote;
use syn;

#[proc_macro_derive(HelloMacro)]
pub fn hello_macro_derive(input: TokenStream) -> TokenStream {
    // 조작 가능한 구문 트리로 러스트 코드의 표현을 구성합니다.
    let ast = syn::parse(input).unwrap();
```

```
    // 트레이트 구현체를 생성합니다.
    impl_hello_macro(&ast)
}
```

TokenStream의 파싱을 담당하는 `hello_macro_derive` 함수와 구문 트리의 변환을 담당하는 `impl_hello_macro` 함수로 코드를 분할한 것에 주목하세요. 이렇게 하면 절차적 매크로를 더 편리하게 작성할 수 있습니다. 외부 함수(위의 경우 `hello_macro_derive`)의 코드는 여러분이 보거나 만드는 거의 모든 절차적 매크로 크레이트에서 동일합니다. 내부 함수 본문에 지정하는 코드(위의 경우 `impl_hello_macro`)는 절차적 매크로의 목적에 따라 달라질 수 있습니다.

세 가지 새로운 크레이트를 도입했습니다. `proc_macro`, syn(https://crates.io/crates/syn), 그리고 quote(https://crates.io/crates/quote)입니다. `proc_macro` 크레이트는 러스트와 함께 제공되므로, **Cargo.toml**의 디펜던시에 추가할 필요는 없습니다. `proc_macro` 크레이트는 우리 코드에서 러스트 코드를 읽고 조작할 수 있게 해주는 컴파일러의 API입니다.

syn 크레이트는 러스트 코드를 문자열에서 연산을 수행할 수 있는 데이터 구조로 파싱합니다. quote 크레이트는 syn 데이터 구조를 다시 러스트 코드로 변환합니다. 이러한 크레이트를 사용하면 처리하려는 모든 종류의 러스트 코드를 훨씬 간단하게 파싱할 수 있습니다. 러스트 코드에 대한 전체 파서를 작성하는 것은 간단한 작업이 아닙니다.

`hello_macro_derive` 함수는 라이브러리 사용자가 타입에 `#[derive(HelloMacro)]`를 지정할 때 호출됩니다. 이는 `hello_macro_derive` 함수에 `proc_macro_derive`를 명시하고 트레이트 이름과 일치하는 HelloMacro라는 이름을 지정했기 때문에 가능합니다. 이는 대부분의 절차적 매크로가 따르는 관례입니다.

`hello_macro_derive` 함수는 먼저 TokenStream의 input을 해석 및 연산 수행이 가능한 데이터 구조로 변환합니다. 여기서 syn이 등장합니다. syn의 parse 함수는 TokenStream을 받아 파싱된 러스트 코드를 나타내는 DeriveInput 구조체를 반환합니다. 예제 19-32는 struct Pancakes; 문자열을 파싱하여 얻은 DeriveInput 구조체의 관련 부분을 보여줍니다.

예제 19-32 **예제 19-30의 매크로 속성이 있는 코드를 파싱했을 때 얻게 되는** DeriveInput **인스턴스**

```
DeriveInput {
    // --생략--
```

```
        ident: Ident {
            ident: "Pancakes",
            span: #0 bytes(95..103)
        },
        data: Struct(
            DataStruct {
                struct_token: Struct,
                fields: Unit,
                semi_token: Some(
                    Semi
                )
            }
        )
    }
```

이 구조체의 필드는 파싱한 러스트 코드가 Pancakes의 ident(식별자(identifier), 이름을 의미)를 가진 유닛 구조체라는 것을 보여줍니다. 이 구조체에는 모든 종류의 러스트 코드를 기술하는 더 많은 필드가 있습니다. 자세한 내용은 DeriveInput에 대한 syn 문서(https://docs.rs/syn/1.0/syn/struct.DeriveInput.html)를 참조하세요.

곧 impl_hello_macro 함수를 정의할 텐데, 이 함수가 포함하고자 하는 새로운 러스트 코드를 만들어 낼 곳입니다. 하지만 그전에, 파생 매크로의 출력도 TokenStream이라는 점에 유의하세요. 반환된 TokenStream은 크레이트 사용자가 작성하는 코드에 추가되므로, 크레이트 사용자가 자신의 크레이트를 컴파일하면, 수정된 TokenStream에서 제공하는 추가 기능을 사용할 수 있습니다.

여기서 syn::parse 함수에 대한 호출이 실패하면 unwrap을 호출하여 hello_macro_derive 함수가 패닉을 일으키도록 하고 있다는 것을 알게 되었을 것입니다. 절차적 매크로가 에러 발생 시 패닉을 일으키는 이유는 절차적 매크로 API를 준수하기 위해 proc_macro_derive 함수가 Result가 아닌 TokenStream을 반환해야 하기 때문입니다. 이 예제에서는 unwrap을 사용하여 단순화했습니다. 프로덕션 코드에서는 panic! 또는 expect를 사용하여 무엇이 잘못되었는지에 대한 보다 구체적인 에러 메시지를 제공해야 합니다.

이제 TokenStream으로부터 애너테이션된 러스트 코드를 DeriveInput 인스턴스로 변환하는 코드가 있으니, 예제 19-33에 나온 것처럼 애너테이션된 타입에 HelloMacro 트레이트를 구현하는 코드를 생성해봅시다.

```
fn impl_hello_macro(ast: &syn::DeriveInput) -> TokenStream {
    let name = &ast.ident;
    let gen = quote! {
        impl HelloMacro for #name {
            fn hello_macro() {
                println!("Hello, Macro! My name is {}!", stringify!(#name));
            }
        }
    };
    gen.into()
}
```

ast.ident를 사용하여 애너테이션된 타입의 이름(식별자)을 담고 있는 Ident 구조체 인스턴스를 얻습니다. 예제 19-32의 구조체는 예제 19-30의 코드에서 impl_hello_macro 함수를 실행할 때, 얻게 되는 ident에 "Pancakes"값을 가진 ident 필드가 있음을 보여줍니다. 따라서, 예제 19-33의 name 변수에는 Ident 구조체 인스턴스가 포함되며, 이 인스턴스를 출력하면 예제 19-30의 구조체 명인 "Pancakes" 문자열이 됩니다.

quote! 매크로는 반환하고자 하는 러스트 코드를 정의하도록 해줍니다. 컴파일러는 quote! 매크로 실행의 직접적인 결과와는 다른 것을 기대하므로, 이를 TokenStream으로 변환할 필요가 있습니다. 이 중간 표현을 소비하고 필요한 TokenStream 타입의 값을 반환하는 into 메서드를 호출하여 이 작업을 수행합니다.

quote! 매크로는 또한 매우 멋진 템플릿 메커니즘도 제공합니다. #name을 입력하면 quote!가 이를 변수 name 안에 들어 있는 값으로 대체합니다. 일반적인 매크로가 작동하는 방식과 유사하게 반복을 실행할 수도 있습니다. 자세한 소개는 quote 크레이트 문서(https://docs.rs/quote)를 참조하세요.

우리의 절차적 매크로는 사용자가 애너테이션한 타입에 대해 HelloMacro 트레이트의 구현을 생성하도록 하고 싶고, 이는 #name을 사용하여 얻을 수 있습니다. 트레이트 구현에는 hello_macro 함수가 하나 있고, 그 본문에는 제공하고자 하는 기능이 담겨 있습니다. 바로 Hello, Macro! My name is를 출력한 다음 애너테이션된 타입의 이름을 출력하는 것이죠.

여기에 사용된 stringify! 매크로는 러스트에 내장되어 있습니다. 이 매크로는 1 + 2와 같은 러스트 표현식을 받아서, 컴파일 타임에 이 표현식을 "1 + 2"와 같은 문자열 리터럴로 변환합니다. 이는 표현식을 평가한 다음 결과를 String으로 변환하는 매크로인 format! 또는 println!과는 다릅니다. #name 입력이 문자 그대로 인쇄할 표현식일 가능성이 있으므로 stringify!를 사용합니다. stringify!를 사용하면 컴파일 타임에 #name을 문자열 리터럴로 변환하여 할당량을 절약할 수도 있습니다.

이 시점에서는 cargo build가 hello_macro와 hello_macro_derive 둘 모두에서 성공적으로 완료되어야 합니다. 이 크레이트를 예제 19-30의 코드에 연결하여 절차적 매크로가 작동하는 것을 확인해봅시다! cargo new pancakes를 사용하여 **projects** 디렉터리에 새 바이너리 프로젝트를 생성하세요. pancake 크레이트의 **Cargo.toml**에 디펜던시로 hello_macro와 hello_macro_derive를 추가해야 합니다. crates.io에 hello_macro와 hello_macro_derive 버전을 배포하는 중이라면, 일반적인 디펜던시가 됩니다. 그렇지 않은 경우 다음과 같이 path 디펜던시로 지정할 수 있습니다.

```
hello_macro = { path = "../hello_macro" }
hello_macro_derive = { path = "../hello_macro/hello_macro_derive" }
```

예제 19-30의 코드를 **src/main.rs**에 넣고 cargo run을 실행하세요. Hello, Macro! My name is Pancakes!"라고 출력되어야 합니다. 절차적 매크로의 HelloMacro 트레이트 구현은 pancakes 크레이트가 구현할 필요 없이 포함되었습니다. #[derive(HelloMacro)]이 트레이트 구현을 추가한 것이지요.

다음으로 다른 종류의 절차적 매크로는 커스텀 파생 매크로와 어떻게 다른지 알아보겠습니다.

19.5.5 속성형 매크로

속성형 매크로는 커스텀 파생 매크로와 비슷하지만, derive 속성에 대한 코드를 생성하는 대신 새 속성을 생성할 수 있습니다. 속성형 매크로는 더 유연합니다. derive는 구조체와 열거형에만 작동합니다. 속성은 함수와 같은 다른 아이템에도 적용이 가능합니다. 다음은 속성형 매크로를 사용하는 예제입니다. 웹 애플리케이션 프레임워크를 사용할 때 함수에 애너테이션하는 route라는 속성이 있다고 가정해보겠습니다.

```
#[route(GET, "/")]
fn index() {
```

이 #[route] 속성은 절차적 매크로로서 프레임워크에 의해 정의된 것입니다. 매크로 정의 함수의 시그니처는 다음과 같습니다.

```
#[proc_macro_attribute]
pub fn route(attr: TokenStream, item: TokenStream) -> TokenStream {
```

여기에는 TokenStream 타입의 매개변수 두 개가 있습니다. 첫 번째는 속성의 내용에 대한 것입니다. 즉, GET, "/" 부분입니다. 두 번째는 속성이 연결된 아이템의 본문입니다. 이 경우에는 fn index() {}와 나머지 함수 본문입니다.

그 외에, 속성형 매크로는 커스텀 파생 매크로와 동일한 방식으로 작동합니다. proc-macro 크레이트 타입으로 크레이트를 생성하고 원하는 코드를 생성하는 함수를 구현하면 됩니다!

19.5.6 함수형 매크로

함수형 매크로는 함수 호출처럼 보이는 매크로를 정의합니다. macro_rules! 매크로와 유사하게, 함수형 매크로는 함수보다 더 유연합니다. 이를테면 임의 개수의 인수를 사용할 수 있습니다. 그러나, macro_rules! 매크로는 앞서 '일반적인 메타프로그래밍을 위한 macro_rules!를 사용한 선언적 매크로'(569쪽)에서 설명한 매칭과 유사한 구문을 사용해야만 정의할 수 있습니다. 함수형 매크로는 TokenStream 매개변수를 취하고 그 정의는 다른 두 가지 종류의 절차적 매크로와 마찬가지로 러스트 코드를 사용하여 해당 TokenStream을 조작합니다. 함수형 매크로의 예로는 다음과 같이 호출할 수도 있는 sql! 매크로가 있습니다.

```
let sql = sql!(SELECT * FROM posts WHERE id=1);
```

이 매크로는 내부에 있는 SQL 문을 파싱하고 문법적으로 올바른지 확인하는데, 이는 macro_rules! 매크로가 할 수 있는 것보다 훨씬 더 복잡한 처리입니다. sql! 매크로는 다음과 같이 정의됩니다.

```
#[proc_macro]
pub fn sql(input: TokenStream) -> TokenStream {
```

이 정의는 커스텀 파생 매크로의 시그니처와 유사합니다. 괄호 안에 있는 토큰을 받아서 생성하고자 하는 코드를 반환합니다.

정리

휴우! 자주 사용하지는 않겠지만, 이제 여러분의 도구 상자에는 매우 특정한 상황에서 사용할 수 있는 러스트 기능이 몇 가지 생겼습니다. 몇몇 복잡한 주제를 소개해서, 에러 메시지의 제안에서나 다른 사람의 코드에서 이 주제를 접했을 때는 이 개념과 문법을 인식할 수 있을 것입니다. 이 장을 참고하여 해결 방법을 찾아보세요.

다음으로는 이 책에서 논의한 모든 내용을 실제로 적용하여 프로젝트를 하나 더 해보겠습니다!

20

최종 프로젝트: 멀티스레드 웹서버 구축하기

기나긴 여정이었습니다만, 이 책의 끝에 도달했습니다. 이 장에서는 함께 프로젝트를 하나 더 작성하여 후반부에서 다룬 내용들을 다시 요약하는 것은 물론, 전반부에서 다룬 개념들도 복습해보겠습니다.

최종 프로젝트로는 'hello'라고 출력하는 웹서버를 만들 것이며 웹브라우저에서는 그림 20-1과 같이 보일 것입니다.

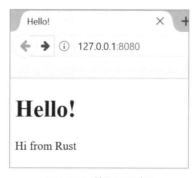

그림 20-1 **최종 프로젝트**

이 웹서버를 만들기 위한 계획은 다음과 같습니다.

1. TCP와 HTTP에 대해 조금 알아봅니다.
2. 소켓에서 TCP 연결을 수신 대기합니다.
3. 소수의 HTTP 요청을 파싱합니다.
4. 적절한 HTTP 응답을 생성합니다.
5. 스레드 풀로 서버의 처리량을 개선합니다.

시작하기 전에 한 가지 세부 사항을 언급해야 합니다. 여기서 사용할 방법이 러스트로 웹서버를 구축하는 최선의 방법은 아닙니다. 커뮤니티 회원들은 여기서 구축하는 것보다 더 완벽한 웹서버와 스레드 풀 구현을 제공하는, 프로덕션에 바로 사용할 수 있는 여러 개의 크레이트를 crates.io에 배포했습니다. 하지만 이 장의 의도는 쉬운 길을 안내하는 것이 아니라 학습을 돕는 것입니다. 러스트는 시스템 프로그래밍 언어이므로, 작업하고자 하는 추상화 수준을 선택할 수 있으며 다른 언어에서 가능한 수준 혹은 실용적인 수준보다 더 낮은 수준까지 갈 수 있습니다. 따라서 향후 사용하게 될 크레이트들 이면의 아이디어와 기술을 배우기 위해, 여기에서는 기본 HTTP 서버와 스레드 풀을 수동으로 작성하겠습니다.

20.1 싱글스레드 웹서버 구축하기

작동하는 싱글스레드 웹서버를 만들어보겠습니다. 시작하기 전에, 웹서버를 만들기 위해 사용되는 프로토콜에 대한 간단한 개요를 살펴봅시다. 이러한 프로토콜의 세부 사항은 이 책의 범위를 벗어나지만, 간단한 개요만으로도 여러분이 필요로 하는 정보를 제공할 것입니다.

웹서버에 포함되는 두 개의 주요 프로토콜은 **HTTP**(Hypertext Transfer Protocol)와 **TCP**(Transmission Control Protocol)입니다. 두 프로토콜 모두 **요청-응답 프로토콜**(request-response protocol)이며, 이는 **클라이언트**(client)가 요청을 시작하고 **서버**(server)가 이 요청을 수신한 다음 클라이언트에게 응답을 제공한다는 의미입니다. 이러한 요청과 응답의 내용은 프로토콜에 의해 정의됩니다.

TCP는 한 서버에서 다른 서버로 정보가 전달되는 방식에 대한 세부 사항을 설명하는 저수준 프로토콜이지만 해당 정보가 무엇인지에 대해서는 명시하지 않습니다. HTTP는 요청과 응답의 내용을 정의함으로써 TCP를 기반으로 구축됩니다. 기술적으로는 다른 프로토콜과 함께 HTTP를 사용할 수 있지만, 대부분의 경우 HTTP는 TCP를 통해 데이터를 전송합니다. 여기서는 TCP와 HTTP 요청 및 응답의 원시 바이트(raw byte)로 작업하겠습니다.

20.1.1 TCP 연결 수신 대기하기

우리의 웹서버는 TCP 연결을 수신 대기해야 하므로, 이것이 작업할 첫 번째 부분입니다. 표준 라이브러리는 이 작업을 해주는 `std::net` 모듈을 제공합니다. 일반적인 방식으로 새 프로젝트를 만들어봅시다.

```
$ cargo new hello
    Created binary (application) `hello` project
$ cd hello
```

이제 예제 20-1의 코드를 **src/main.rs**에 입력하여 시작하세요. 이 코드는 로컬 주소 `127.0.0.1:7878`에서 들어오는 TCP 스트림을 수신 대기할 것입니다. 들어오는 스트림을 받으면 `Connection established!`를 출력합니다.

예제 20-1 **들어오는 스트림 수신 대기하기 및 스트림을 받았을 때 메시지 출력하기**　　　⬤ src/main.rs

```
use std::net::TcpListener;

fn main() {
❶ let listener = TcpListener::bind("127.0.0.1:7878").unwrap();

❷ for stream in listener.incoming() {
    ❸ let stream = stream.unwrap();

    ❹ println!("Connection established!");
    }
}
```

`TcpListener`를 사용하면 `127.0.0.1:7878` 주소에서 TCP 연결을 수신 대기할 수 있습니다(❶). 주소에서 콜론 앞부분은 여러분의 컴퓨터를 나타내는 IP 주소이며(이는 모든 컴퓨터에서 동일하며 딱히 저자의 컴퓨터를 나타내는 것이 아닙니다), 7878은 포트입니다. 이 포트를 선택한 이유는 두 가지입니다. 하나는 이 포트에서는 일반적으로 HTTP가 허용되지 않으므로 우리의 서버가 여러분의 컴퓨터에서 실행되고 있을지도 모를 다른 웹서버와 충돌할 가능성이 낮기 때문이고, 또 하나는 전화기

로 rust를 입력하려면 7878을 눌러야 하기 때문입니다.[1]

이 시나리오에서 bind 함수는 새로운 TcpListener 인스턴스를 반환한다는 점에서 new 함수와 유사하게 작동합니다. 이 함수를 bind라고 부르는 이유는 네트워킹에서 수신할 포트에 연결하는 것을 '포트에 바인딩한다'라고 하기 때문입니다.

bind 함수는 바인딩이 실패할 수 있음을 나타내는 Result<T, E>를 반환합니다. 예를 들어 포트 80에 연결하려면 관리자 권한이 필요하므로(관리자가 아닌 사용자는 1023보다 높은 포트에서만 수신 대기가 가능합니다), 관리자가 아닌 상태에서 포트 80에 연결하려고 하면 바인딩이 작동하지 않습니다. 또한 이를테면 프로그램의 인스턴스를 두 개 실행하여 두 개의 프로그램이 같은 포트를 수신 대기하는 경우에도 바인딩이 작동하지 않습니다. 학습 목적으로 기본 서버를 작성하고 있으므로, 이러한 종류의 에러 처리에 대해서는 신경 쓰지 않겠습니다. 그 대신 unwrap을 사용하여 에러가 발생하면 프로그램을 중지합니다.

TcpListener의 incoming 메서드는 스트림 시퀀스(더 구체적으로는 TcpStream 타입의 스트림)를 제공하는 반복자를 반환합니다(❷). 하나의 **스트림**(stream)이란 클라이언트와 서버 간의 개방형 연결을 나타냅니다. **연결**(connection)이라는 것은 클라이언트가 서버에 연결하고, 서버가 응답을 생성하고, 서버가 연결을 닫는 전체 요청 및 응답 프로세스의 이름입니다. 따라서 TcpStream을 읽어 클라이언트가 보낸 내용을 확인한 다음 스트림에 응답을 작성하여 클라이언트에게 데이터를 다시 보낼 것입니다. 전체적으로 이 for 루프는 각 연결을 차례대로 처리하여 우리가 취급할 일련의 스트림을 생성합니다.

현재의 스트림 처리는 스트림에 에러가 있는 경우 unwrap을 호출하여 프로그램을 종료합니다(❸). 에러가 없으면 프로그램은 메시지를 출력합니다(❹). 다음 예제에서 성공 사례에 대한 더 많은 기능을 추가하겠습니다. 클라이언트가 서버에 연결할 때 incoming 메서드에서 에러가 발생할 수 있는 이유는 실제로는 연결에 대한 반복 작업이 아니기 때문입니다. 대신 **연결 시도**에 대한 반복 작업을 하고 있습니다. 여러 가지 이유로 연결이 성공하지 못할 수 있으며, 그중 대부분은 운영체제에 따라 다릅니다. 예를 들면, 많은 운영체제에는 지원 가능한 동시 연결 개수에 제한이 있습니다. 이 개수를 초과하는 새로운 연결을 시도하면 열려 있는 연결 중 일부가 닫힐 때까지 에러가 발생합니다.

---

1 [옮긴이] https://en.wikipedia.org/wiki/E.161

이 코드를 실행해봅시다! 터미널에서 cargo run을 호출한 다음 웹브라우저에서 **127.0.0.1:7878**을 열어보세요. 서버가 현재 데이터를 전송하고 있지 않으므로 브라우저에 '연결 재설정(connection reset)'과 같은 에러 메시지가 표시되어야 합니다. 하지만 터미널을 보면, 브라우저가 서버에 연결되었을 때 출력된 메시지가 몇 개 보일 것입니다!

```
      Running `target/debug/hello`
Connection established!
Connection established!
Connection established!
```

간혹 하나의 브라우저 요청에 대해 여러 개의 메시지가 출력되는 경우가 있습니다. 그 이유는 브라우저가 페이지를 위한 요청뿐만 아니라 다른 리소스에 대한 요청, 이를테면 브라우저 탭에 표시되는 **favicon.ico** 아이콘과 같은 리소스를 요청하기 때문입니다.

서버가 아무런 응답을 하지 않고 있으므로 브라우저가 서버에 여러 번 연결을 시도하는 것일 수도 있습니다. stream이 스코프를 벗어나 루프의 끝에서 버려지면, drop 구현체의 일부에 의해 연결이 닫힙니다. 브라우저는 닫힌 연결을 재시도 처리하기도 하는데, 이 문제가 일시적인 것일 수도 있기 때문입니다. 중요한 것은 TCP 연결에 대한 핸들을 성공적으로 가져왔다는 것입니다!

이 특정 버전 형태의 코드 실행을 끝내려면 ⌨ctrl-⌨c를 눌러 프로그램을 중지하는 것을 기억하세요. 그런 다음 각각의 코드 세트를 변경한 후 cargo run 명령을 호출하여 프로그램을 다시 시작하고 최신 코드가 실행되고 있는지 확인하세요.

20.1.2 요청 읽기

브라우저로부터의 요청을 읽는 기능을 구현해봅시다! 먼저 연결을 받은 다음 연결에 대해 어떤 조치를 취하는 문제를 분리하기 위해, 연결 처리를 위한 새로운 함수를 시작하겠습니다. 이 새로운 handle_connection 함수에서는 TCP 스트림에서 데이터를 읽고 출력하여 브라우저에서 전송되는 데이터를 볼 수 있도록 하겠습니다. 코드를 예제 20-2와 같이 변경하세요.

예제 20-2 **TcpStream을 읽고 데이터 출력하기**   File src/main.rs

❶
```
use std::{
    io::{prelude::*, BufReader},
    net::{TcpListener, TcpStream},
};
```

```
fn main() {
    let listener = TcpListener::bind("127.0.0.1:7878").unwrap();

    for stream in listener.incoming() {
        let stream = stream.unwrap();

     ❷ handle_connection(stream);
    }
}

fn handle_connection(mut stream: TcpStream) {
 ❸ let buf_reader = BufReader::new(&mut stream);
 ❹ let http_request: Vec<_> = buf_reader
     ❺ .lines()
     ❻ .map(|result| result.unwrap())
     ❼ .take_while(|line| !line.is_empty())
        .collect();

 ❽ println!("Request: {:#?}", http_request);
}
```

스트림에서 읽고 쓸 수 있는 트레이트와 타입에 접근하기 위해서, std::io::prelude와 std::io::BufReader를 스코프에 가져옵니다(❶). main 함수의 for 루프에서 연결되었다는 메시지를 출력하는 대신, 이제 새로운 handle_connection 함수를 호출하고 stream을 전달합니다(❷).

handle_connection 함수에서는 stream에 대한 가변 참조자를 감싼 새로운 BufReader 인스턴스를 생성합니다(❸). BufReader는 std::io::Read 트레이트 메서드에 대한 호출을 관리하는 것으로 버퍼링을 추가합니다.

브라우저가 서버로 보낸 요청의 라인들을 수집하기 위해서 http_request라는 변수를 생성합니다. Vec<_> 타입 명시를 추가함으로써 이 라인들을 벡터로 수집하려 함을 나타냅니다(❹).

BufReader는 std::io::BufRead 트레이트를 구현하는데, 이 트레이트가 lines 메서드를 제공합니다(❺). 이 lines 메서드는 새로운 개행 바이트가 발견될 때마다 데이터 스트림을 분할해서 Result<String, std::io::Error>의 반복자를 반환합니다. 각 String을 얻기 위해서 각 Result를 매핑하고 unwrap합니다(❻). 데이터가 유효한 UTF-8이 아니거나 스트림에서 읽는 데 문제가 있는 경우 Result는 에러가 될 수 있습니다. 다시 한번 말하지만, 프로덕션 프로그램에서는 이러한 에러를 더 우아하게 처리해야 하지만, 여기서는 단순화를 위해 에러 발생 시 프로그램의 중지 쪽을 선택하고 있습니다.

브라우저는 두 개의 개행 문자를 연속으로 전송하여 HTTP 요청의 끝을 알리기 때문에, 스트림으로부터 하나의 요청을 가져오기 위해서는 빈 문자열이 될 때까지 라인을 가져옵니다(❼). 라인들을 벡터에 수집한 다음에는 예쁜 디버그 형식을 사용하여 이들을 출력함으로써(❽) 웹브라우저가 서버로 보내는 명령을 살펴볼 수 있게 합시다.

이 코드를 실행해봅시다! 프로그램을 시작하고 다시 웹브라우저에서 요청을 해보세요. 브라우저에는 여전히 에러 페이지가 나타나지만, 터미널의 프로그램 출력은 이제 아래와 유사하게 표시됩니다.

```
$ cargo run
   Compiling hello v0.1.0 (file:///projects/hello)
    Finished dev [unoptimized + debuginfo] target(s) in 0.42s
     Running `target/debug/hello`
Request: [
    "GET / HTTP/1.1",
    "Host: 127.0.0.1:7878",
    "User-Agent: Mozilla/5.0 (Macintosh; Intel Mac OS X 10.15; rv:99.0) Gecko/20100101
Firefox/99.0",
    "Accept: text/html,application/xhtml+xml,application/xml;q=0.9,image/avif,image/
webp,*/*;q=0.8",
    "Accept-Language: en-US,en;q=0.5",
    "Accept-Encoding: gzip, deflate, br",
    "DNT: 1",
    "Connection: keep-alive",
    "Upgrade-Insecure-Requests: 1",
    "Sec-Fetch-Dest: document",
    "Sec-Fetch-Mode: navigate",
    "Sec-Fetch-Site: none",
    "Sec-Fetch-User: ?1",
    "Cache-Control: max-age=0",
]
```

브라우저에 따라 약간 다른 출력이 표시될 수 있습니다. 이제 요청 데이터를 인쇄하고 있으므로, 요청 첫 줄의 GET 뒤의 경로를 보면 하나의 브라우저 요청으로부터 여러 개의 연결이 발생한 이유를 알 수 있습니다. 반복되는 연결이 모두 /를 요청하면, 브라우저가 우리의 프로그램으로부터 응답을 받지 못해 /를 반복해서 가져오려고 한다는 것을 알 수 있습니다.

이 요청 데이터를 분해하여 브라우저가 우리 프로그램에게 무엇을 요청하는지 이해해봅시다.

20.1.3 HTTP 요청 자세히 살펴보기

HTTP는 텍스트 기반 프로토콜이며, 요청은 다음의 형식을 취합니다.

```
Method Request-URI HTTP-Version CRLF
headers CRLF
message-body
```

첫 번째 라인은 클라이언트가 요청하는 내용에 대한 정보를 담고 있는 **요청 라인**(request line)입니다. 요청 라인의 첫 번째 부분은 GET이나 POST와 같이 사용 중인 **메서드**를 나타내는데, 이는 클라이언트가 이 요청을 하는 방법을 설명합니다. 지금의 클라이언트는 GET 요청을 사용했는데, 이는 정보를 요청한다는 의미입니다.

요청 라인의 다음 부분은 /(슬래시)로, 클라이언트가 요청하는 **통합 자원 식별자**(Uniform Resource Identifier, URI)를 나타냅니다. URI는 **통합 자원 위치**(Uniform Resoruce Locator, URL)와 거의 같지만 완전히 같지는 않습니다. URI와 URL의 차이점은 이 장에서의 우리 목적에 중요한 사항은 아니지만, HTTP 스펙에서는 URI라는 용어를 사용하므로, 여기서는 그냥 마음속으로 URI 대신 URL로 대체하겠습니다.

마지막 부분은 클라이언트가 사용하는 HTTP 버전이며, 요청 라인은 CRLF 시퀀스로 끝납니다 (CRLF는 **캐리지 리턴**(carriage return)과 **라인 피드**(line feed)의 약자로, 무려 타자기 시절의 용어입니다). CRLF 시퀀스는 \r\n이라고도 쓸 수 있는데, 여기서 \r은 캐리지 리턴이고 \n은 개행입니다. CRLF 시퀀스는 요청 라인을 나머지 요청 데이터와 분리합니다. CRLF가 출력될 때 \r\n이 출력되는 게 아니라 새 줄이 시작된다는 점을 유의하세요.

지금까지 프로그램을 실행하여 받은 요청 라인 데이터를 살펴보면, GET은 메서드, /는 요청 URI, HTTP/1.1은 버전임을 알 수 있습니다.

요청 라인 다음에 Host:부터 시작하는 나머지 줄은 헤더입니다. GET 요청에는 본문이 없습니다.

다른 브라우저로 요청하거나 **127.0.0.1:7878/test**와 같은 다른 주소로 요청하면서 요청 데이터가 어떻게 변경되는지 확인해보세요.

이제 브라우저가 무엇을 요청하는지 알았으니, 데이터를 보내봅시다!

20.1.4 응답 작성하기

클라이언트 요청에 대한 응답으로 데이터 전송을 구현해보겠습니다. 응답의 형식은 다음과 같습니다.

```
HTTP-Version Status-Code Reason-Phrase CRLF
headers CRLF
message-body
```

첫 번째 라인은 응답에 사용된 HTTP 버전, 요청 결과를 요약하는 숫자 상태 코드, 상태 코드에 대한 텍스트 설명을 제공하는 이유 문구(reason phrase)가 들어 있는 **상태 라인**(status line)입니다. CRLF 시퀀스 뒤에는 헤더, 또 다른 CRLF 시퀀스, 응답 본문이 있습니다.

다음은 HTTP 버전 1.1을 사용하고, 상태 코드가 200이며, OK라는 이유 문구가 있고, 헤더와 본문이 없는 응답의 예입니다.

```
HTTP/1.1 200 OK\r\n\r\n
```

상태 코드 200은 표준 성공 응답입니다. 텍스트는 작은 HTTP 성공 응답입니다. 이것을 요청 성공에 대한 응답으로 스트림에 작성해봅시다! handle_connection 함수에서 요청 데이터를 출력했던 println!을 제거하고 예제 20-3의 코드로 바꾸세요.

예제 20-3 **작은 HTTP 성공 응답을 스트림에 작성하기** (File) src/main.rs

```
fn handle_connection(mut stream: TcpStream) {
    let buf_reader = BufReader::new(&mut stream);
    let http_request: Vec<_> = buf_reader
        .lines()
        .map(|result| result.unwrap())
        .take_while(|line| !line.is_empty())
        .collect();

  ❶ let response = "HTTP/1.1 200 OK\r\n\r\n";

  ❷ stream.write_all(response.❸as_bytes()).unwrap();
}
```

새롭게 작성한 첫 번째 라인은 성공 메시지의 데이터를 담고 있는 response 변수를 정의합니다(❶). 그런 다음 response에서 as_bytes를 호출하여 문자열 데이터를 바이트로 변환합니다

(❸). stream의 `write_all` 메서드는 `&[u8]`을 받아 해당 바이트를 연결 쪽으로 직접 보냅니다(❷). `write_all` 작업이 실패할 수 있으므로, 전과 같이 에러 결과에 `unwrap`을 사용합니다. 다시 말하지만, 실제 애플리케이션이라면 여기에서 에러 처리를 추가할 것입니다.

이렇게 변경한 코드를 실행하고 요청을 해봅시다. 더 이상 터미널에는 데이터를 출력하지 않으므로, 카고의 출력 이외의 다른 출력은 표시되지 않습니다. 웹브라우저에서 **127.0.0.1:7878**을 로드하면, 에러 대신 빈 페이지가 나와야 합니다. 여러분은 방금 HTTP 요청을 수신하고 응답을 보내는 것을 직접 코딩한 것입니다!

20.1.5 실제 HTML 반환하기

빈 페이지 그 이상의 것을 반환하는 기능을 구현해봅시다. **src** 디렉터리 말고 프로젝트 루트 디렉터리에 **hello.html** 파일을 새로 만듭니다. 여러분이 원하는 HTML을 여기 입력할 수 있습니다. 예제 20-4는 한 가지 예시를 보여줍니다.

예제 20-4 응답에 넣기 위한 샘플 HTML 파일   (File) hello.html

```html
<!DOCTYPE html>
<html lang="en">
  <head>
    <meta charset="utf-8">
    <title>Hello!</title>
  </head>
  <body>
    <h1>Hello!</h1>
    <p>Hi from Rust</p>
  </body>
</html>
```

이것은 제목과 약간의 텍스트가 포함된 최소한의 HTML5 문서입니다. 요청이 수신될 때 서버에서 이걸 반환하기 위해서 예제 20-5에 나온 것처럼 `handle_connection`을 수정하여 HTML 파일을 읽고 응답에 본문으로 추가한 후 전송하겠습니다.

예제 20-5 hello.html의 내용을 응답의 본문으로 보내기   (File) src/main.rs

```rust
use std::{
❶ fs,
   io::{prelude::*, BufReader},
   net::{TcpListener, TcpStream},
```

```
};
// --생략--

fn handle_connection(mut stream: TcpStream) {
    let buf_reader = BufReader::new(&mut stream);
    let http_request: Vec<_> = buf_reader
        .lines()
        .map(|result| result.unwrap())
        .take_while(|line| !line.is_empty())
        .collect();

    let status_line = "HTTP/1.1 200 OK";
    let contents = fs::read_to_string("hello.html").unwrap();
    let length = contents.len();

❷  let response =
        format!("{status_line}\r\nContent-Length: {length}\r\n\r\n{contents}");

    stream.write_all(response.as_bytes()).unwrap();
}
```

use 구문에 fs를 추가하여 표준 라이브러리의 파일시스템 모듈을 스코프 안으로 가져왔습니다
(❶). 파일의 내용을 문자열로 읽는 코드는 익숙할 것입니다. 12장 I/O 프로젝트의 예제 12-4에서
파일 내용을 읽을 때 이 코드를 사용했습니다.

다음으로 format!을 사용하여 파일의 내용을 성공 응답의 본문으로 추가합니다(❷). 유효
한 HTTP 응답을 보장하기 위해 응답 본문의 크기(이 예제의 경우 hello.html의 크기)로 설정된
Content-Length 헤더를 추가합니다.

이 코드를 cargo run으로 실행하고 웹브라우저에서 **127.0.0.1:7878**을 로드하세요. 여러분의
HTML이 렌더링된 것을 볼 수 있을 겁니다!

현재는 http_request의 요청 데이터를 무시하고 무조건 이 HTML 파일의 내용만 전송하고 있
습니다. 이 말은 곧 브라우저에서 **127.0.0.1:7878/something-else**를 요청해도, 여전히 동일한
HTML 응답을 받게 된다는 뜻입니다. 현 시점에서 우리의 서버는 매우 제한적이며 대부분의 웹서
버가 수행하는 작업을 수행하지 않습니다. 요청에 따라 응답을 커스터마이징하고 제대로 된 형식
의 / 요청에 대해서만 HTML 파일을 돌려보내고자 합니다.

20.1.6 요청의 유효성 검사와 선택적 응답

현재 우리의 웹서버는 클라이언트가 무엇을 요청하든 파일에 있는 HTML을 반환합니다. HTML 파일을 반환하기 전에 브라우저가 /를 요청하고 있는지 확인하고 브라우저가 다른 것을 요청하면 에러를 반환하는 기능을 추가해봅시다. 이를 위해 예제 20-6에 나온 것처럼 `handle_connection`을 수정할 필요가 있습니다. 이 새로운 코드는 알고 있는 /에 대한 요청의 생김새와 수신된 요청의 내용을 비교 검사하고 요청을 다르게 처리하기 위해 `if`와 `else` 블록을 추가합니다.

예제 20-6 /에 대한 요청과 다른 요청을 다르게 처리하기 　　　　　　　　　　(File) src/main.rs

```
// --생략--

fn handle_connection(mut stream: TcpStream) {
    let buf_reader = BufReader::new(&mut stream);
❶   let request_line = buf_reader.lines().next().unwrap().unwrap();

❷   if request_line == "GET / HTTP/1.1" {
        let status_line = "HTTP/1.1 200 OK";
        let contents = fs::read_to_string("hello.html").unwrap();
        let length = contents.len();

        let response = format!(
            "{status_line}\r\nContent-Length: {length}\r\n\r\n{contents}"
        );

        stream.write_all(response.as_bytes()).unwrap();
❸   } else {
        // 그 밖의 다른 요청들
    }
}
```

HTTP 요청의 첫 번째 라인만 살펴볼 것이므로, 전체 요청을 벡터로 읽는 대신 `next`를 호출하여 반복자에서 첫 번째 아이템을 가져옵니다(❶). 첫 번째 `unwrap`은 `Option`을 처리하고 반복자에 아이템이 없으면 프로그램을 중지시킵니다. 두 번째 `unwrap`은 `Result`를 처리하며 예제 20-2에 추가된 `map`에 있던 `unwrap`과 동일한 효과를 갖습니다.

다음으로 `request_line`을 검사하여 이것이 / 경로에 대한 GET 요청 라인과 일치하는지 확인합니다(❷). 만일 그렇다면 `if` 블록은 HTML 파일의 내용을 반환합니다.

만약 `request_line`이 / 경로에 대한 GET 요청 라인과 일치하지 않는다면, 이는 다른 요청을 받았다는 것을 의미합니다. 다른 모든 요청에 대한 응답을 하기 위해 else 블록(❸)에 코드를 추가하겠습니다.

이제 이 코드를 실행하고 **127.0.0.1:7878**을 요청해보세요. **hello.html**의 HTML이 나올 것입니다. 만일 **127.0.0.1:7878/something-else**과 같은 다룬 요청을 한다면, 예제 20-1과 예제 20-2에서 실행했을 때 보았던 연결 에러가 나타날 것입니다.

이제 요청에 대한 내용을 찾을 수 없다는 것을 나타내는 신호인 상태 코드 404를 반환하기 위해서, 예제 20-7의 코드를 else 블록에 추가해봅시다. 브라우저에서 렌더링하여 최종 사용자에 대한 응답을 나타내는 HTML 페이지도 반환하겠습니다.

예제 20-7 / 이외의 요청이 들어올 때 상태 코드 404와 에러 페이지로 응답하기　　(File) src/main.rs

```
// --생략--
} else {
❶ let status_line = "HTTP/1.1 404 NOT FOUND";
❷ let contents = fs::read_to_string("404.html").unwrap();
    let length = contents.len();

    let response = format!(
        "{status_line}\r\nContent-Length: {length}\r\n\r\n{contents}"
    );

    stream.write_all(response.as_bytes()).unwrap();
}
```

여기서 응답에는 상태 코드 404와 NOT FOUND라는 이유 문구가 있는 상태 라인이 있습니다(❶). 응답 본문은 **404.html** 파일에 있는 HTML이 될 것입니다(❷). 에러 페이지의 **hello.html**과 같은 위치에 **404.html** 파일을 만들어야 합니다. 다시 한번 말하지만, 원하는 HTML을 사용해도 되고 예제 20-8의 예제 HTML을 사용해도 됩니다.

예제 20-8 모든 404 응답과 함께 보내지는 페이지를 위한 샘플 내용　　(File) 404.html

```
<!DOCTYPE html>
<html lang="en">
  <head>
    <meta charset="utf-8">
    <title>Hello!</title>
  </head>
  <body>
```

```
      <h1>Oops!</h1>
      <p>Sorry, I don't know what you're asking for.</p>
    </body>
</html>
```

이 변경을 적용하여 서버를 다시 실행하세요. **127.0.0.1:7878**을 요청하면 **hello.html** 내용이 반환되어야 하며, **127.0.0.1:7878/foo** 같은 다른 모든 요청에 대해서는 **404.html**으로부터 나온 에러 HTML이 반환되어야 합니다.

20.1.7 리팩터링

현재 `if` 및 `else` 블록에는 많은 반복이 있습니다. 둘 다 파일을 읽고 파일 내용을 스트림에 작성하고 있습니다. 유일한 차이점은 상태 표시줄과 파일 이름뿐입니다. 이러한 차이점을 상태 라인과 파일 이름의 값을 변수에 할당하는 별도의 `if`와 `else` 라인으로 분리하여 코드를 더 간결하게 만들어봅시다. 그렇게 하면 파일을 읽고 응답을 작성하는 코드에서 해당 변수를 조건에 상관없이 사용할 수 있습니다. 예제 20-9는 거대한 `if`와 `else` 블록을 교체한 후의 코드를 보여줍니다.

예제 20-9 두 경우의 차이에 대한 코드만 담은 `if`와 `else` 블록으로 리팩터링하기 (File) src/main.rs

```
// --생략--

fn handle_connection(mut stream: TcpStream) {
    // --생략--

    let (status_line, filename) = if request_line == "GET / HTTP/1.1" {
        ("HTTP/1.1 200 OK", "hello.html")
    } else {
        ("HTTP/1.1 404 NOT FOUND", "404.html")
    };

    let contents = fs::read_to_string(filename).unwrap();
    let length = contents.len();

    let response =
        format!("{status_line}\r\nContent-Length: {length}\r\n\r\n{contents}");

    stream.write_all(response.as_bytes()).unwrap();
}
```

이제 `if`와 `else` 블록은 상태 라인과 파일 이름에 대한 적절한 값만 튜플로 반환합니다. 그런 다음 18장에서 설명한 것처럼 `let` 구문의 패턴을 사용하여 이 두 값을 `status_line`과 `filename`에 할당하기 위해 해체를 사용합니다.

이전의 중복된 코드는 이제 `if`와 `else` 블록 외부에 있으며 `status_line`과 `filename` 변수를 사용합니다. 이렇게 하면 두 경우의 차이를 더 쉽게 확인할 수 있으며, 이는 파일 읽기와 응답 작성하기의 작동 방식을 변경하려는 경우 코드를 업데이트할 위치가 한 곳뿐이라는 의미입니다. 예제 20-9의 코드 동작은 예제 20-8의 코드 동작과 동일합니다.

멋지군요! 이제 하나의 요청에 대해서는 콘텐츠 페이지로 응답하고, 다른 모든 요청에는 404 응답으로 응답하는 약 40라인의 러스트 코드로 구성된 간단한 웹서버가 생겼습니다.

현재 우리의 서버는 스레드 하나로 실행되므로, 한 번에 하나의 요청만 처리할 수 있습니다. 느린 요청을 시뮬레이션하여 이것이 어떻게 문제가 될 수 있는지 살펴봅시다. 그런 다음 서버가 한 번에 여러 요청을 처리할 수 있도록 수정해보겠습니다.

20.2 싱글스레드 서버를 멀티스레드 서버로 바꾸기

현재의 서버는 각각의 요청을 차례대로 처리하므로, 첫 번째 요청 처리가 완료될 때까지 두 번째 연결은 처리되지 않습니다. 서버가 점점 더 많은 요청을 수신하면, 이 순차 실행 방식은 점점 더 최적화되지 않을 것입니다. 서버가 처리하는 데 시간이 오래 걸리는 요청을 받으면, 새로운 요청을 빠르게 처리할 수 있더라도 후속 요청은 긴 요청이 완료될 때까지 기다려야 할 것입니다. 이를 해결할 필요가 있지만, 그전에 먼저 이 문제를 실제로 살펴보겠습니다.

20.2.1 현재의 서버 구현에서 느린 요청 시뮬레이션

현재의 서버 구현에서 느리게 처리되는 요청이 다른 요청들에 어떤 영향을 미칠 수 있는지 살펴보겠습니다. 예제 20-10은 /sleep 요청에 대해 서버가 응답하기 전에 5초 동안 서버를 슬립시키는 시뮬레이션된 느린 응답으로 처리하는 것을 구현한 것입니다.

예제 20-10 **5초 동안 슬립하여 느린 요청 시뮬레이션하기** (File) src/main.rs

```
use std::{
    fs,
    io::{prelude::*, BufReader},
```

```
    net::{TcpListener, TcpStream},
    thread,
    time::Duration,
};
// --생략--

fn handle_connection(mut stream: TcpStream) {
    // --생략--

    let (status_line, filename) = ❶match &request_line[..] {
      ❷ "GET / HTTP/1.1" => ("HTTP/1.1 200 OK", "hello.html"),
      ❸ "GET /sleep HTTP/1.1" => {
            thread::sleep(Duration::from_secs(5));
            ("HTTP/1.1 200 OK", "hello.html")
        }
      ❹ _ => ("HTTP/1.1 404 NOT FOUND", "404.html"),
    };

    // --생략--
}
```

이제 세 가지 경우가 있으므로 if에서 match로 전환했습니다(❶). 문자열 리터럴값에 대해 패턴 매치를 하려면 request_line 슬라이스에 대한 명시적인 매칭을 할 필요가 있습니다. match는 동등 메서드가 작동하는 것과 같은 자동 참조 및 역참조를 수행하지 않습니다.

첫 번째 갈래는 예제 20-9의 if 블록과 동일합니다(❷). 두 번째 갈래는 /sleep에 대한 요청과 매칭됩니다(❸). 해당 요청이 수신되면, 서버는 5초 동안 슬립한 후 성공 HTML 페이지를 렌더링합니다. 세 번째 갈래는 예제 20-9의 else 블록과 동일합니다(❹).

우리 서버가 얼마나 원시적인지 알 수 있습니다. 실제 라이브러리라면 훨씬 덜 장황한 방식으로 여러 가지 요청에 대한 인식을 처리할 것입니다!

cargo run을 사용하여 서버를 시작하세요. 그런 다음 두 개의 브라우저 창을 여세요. 하나는 http://127.0.0.1:7878/용, 다른 하나는 http://127.0.0.1:7878/sleep용입니다. 이전처럼 / URI를 몇 번 입력해보면, 빠르게 응답하는 것을 볼 수 있습니다. 하지만 /sleep을 입력한 다음 /을 로드하면, sleep이 5초 동안 완전히 슬립을 끝낼 때까지 /는 기다렸다가 로드되는 것을 볼 수 있습니다.

느린 요청 뒤의 요청들이 뒤로 밀리는 것을 방지하기 위해 사용할 수 있는 기술은 여러 가지 있습니다. 우리가 구현해볼 것은 스레드 풀입니다.

20.2.2 스레드 풀로 처리량 개선하기

스레드 풀(thread pool)은 작업 처리가 준비된 대기 중인 생성된 스레드의 그룹입니다. 프로그램이 새 작업을 받으면, 해당 작업을 풀에 있는 스레드 중 하나에게 할당하고, 해당 스레드가 작업을 처리합니다. 풀의 나머지 스레드는 첫 번째 스레드가 처리하는 동안 들어오는 다른 작업을 처리하는 데 사용될 수 있습니다. 첫 번째 스레드가 작업 처리를 완료하면, 유휴 스레드 풀로 돌아가서 새 작업을 처리할 준비가 됩니다. 스레드 풀을 사용하면 연결을 동시에 처리할 수 있으므로 서버의 처리량이 증가합니다.

풀의 스레드 개수를 적은 수로 제한하여 서비스 거부(Denial of Services, DoS) 공격으로부터 보호하겠습니다. 만일 요청이 들어올 때마다 프로그램이 새 스레드를 생성하도록 하면, 누군가 서버에 천만 건의 요청을 했을 때 서버의 모든 리소스를 사용하고 요청 처리가 중단되어 혼란을 일으킬 수 있습니다.

그래서 무제한 스레드를 생성하는 대신, 풀에 고정된 수의 스레드가 대기하도록 할 것입니다. 들어오는 요청은 처리를 위해 풀로 전송됩니다. 풀은 들어오는 요청의 대기열을 관리합니다. 풀의 각 스레드는 이 대기열에서 요청을 꺼내서, 요청을 처리한 다음, 대기열에게 다른 요청을 달라고 합니다. 이 설계를 사용하면 최대 N개의 요청을 동시에 처리할 수 있으며, 여기서 N은 스레드 개수입니다. 각 스레드가 길게 실행되는 요청에 응답하는 경우에는 후속 요청이 여전히 대기열 뒤편에 있을 수 있지만, 그 지점에 도달하기 전에 처리 가능한 장기간 실행되는 요청의 개수를 늘렸습니다.

이 기술은 웹서버의 처리량을 개선하는 여러 가지 방법 중 하나일 뿐입니다. 탐구해볼 만한 다른 옵션으로는 포크/조인(fork/join) 모델, 싱글스레드 비동기(single-threaded async) I/O 모델 또는 멀티스레드 비동기(multi-threaded async) I/O 모델이 있습니다. 이 주제에 관심이 있다면, 다른 설루션에 대한 자세한 내용을 읽고 구현을 시도해볼 수 있습니다. 러스트와 같은 저수준 언어를 사용하면 이 모든 옵션이 가능합니다.

스레드 풀 구현을 시작하기 전에, 풀을 사용하는 것이 어떤 모습이어야 하는지에 대해 이야기해봅시다. 코드를 설계할 때 클라이언트 인터페이스를 먼저 작성하면 설계에 도움이 될 수 있습니다. 코드의 API를 호출하고자 하는 방식대로 구조화되도록 작성하세요. 그런 다음 그 구조를 지키면서 기능을 구현하는 것이지요. 기능을 구현한 다음에 공개 API를 설계하는 방식이 아니고요.

12장의 프로젝트에서 테스트 주도 개발을 사용한 것과 유사하게, 여기서는 컴파일러 주도 개발을 사용하겠습니다. 원하는 함수를 호출하는 코드를 작성한 다음, 컴파일러의 에러를 살펴보고 코드가 작동하도록 하기 위해서는 다음에 무엇을 변경해야 하는지 결정하는 것입니다. 하지만 착수 단계에서는 사용하지 않을 기법 먼저 살펴보겠습니다.

각 요청마다 스레드 생성하기

먼저 모든 연결에 대해 새 스레드를 생성하면 코드가 어떻게 생기게 되는지 살펴봅시다. 앞서 언급했듯이, 이 방법은 스레드 수가 무제한으로 생성될 수 있는 문제 때문에 우리의 최종 계획은 아니지만, 먼저 멀티스레드 서버를 작동시키기 위한 출발점은 될 수 있습니다. 그런 다음 스레드 풀을 개선 사항으로 추가하면 두 솔루션을 비교하기가 더 쉬워질 것입니다. 예제 20-11은 for 루프 내에서 새 스레드를 생성하여 각 스트림을 처리하기 위해 main에 변경해야 할 사항을 보여줍니다.

예제 20-11 **각 스트림마다 새 스레드 생성하기**   (File) src/main.rs

```
fn main() {
    let listener = TcpListener::bind("127.0.0.1:7878").unwrap();

    for stream in listener.incoming() {
        let stream = stream.unwrap();

        thread::spawn(|| {
            handle_connection(stream);
        });
    }
}
```

16장에서 배웠던 것처럼, thread::spawn은 새 스레드를 생성한 다음 새 스레드의 클로저에서 코드를 실행합니다. 이 코드를 실행하고 브라우저에서 /sleep을 로드한 다음, 두 개의 브라우저 탭에서 /을 추가로 로드하면, /에 대한 요청이 /sleep이 완료될 때까지 기다릴 필요가 없다는 것을 실제로 확인할 수 있습니다. 하지만 앞서 언급했듯이, 이렇게 하면 아무런 제한 없이 새 스레드를 만들게 되므로 결국 시스템에 과부하가 걸리게 됩니다.

유한한 개수의 스레드 생성하기

여기서는 스레드 풀이 유사하고 익숙한 방식으로 작동하여 스레드에서 스레드 풀로 전환할 때 API를 사용하는 코드가 크게 변경될 필요는 없도록 하려고 합니다. 예제 20-12는 thread::spawn 대신 사용하고자 하는 ThreadPool 구조체에 대한 가상 인터페이스를 보여줍니다.

```rust
fn main() {
    let listener = TcpListener::bind("127.0.0.1:7878").unwrap();
❶  let pool = ThreadPool::new(4);

    for stream in listener.incoming() {
        let stream = stream.unwrap();

    ❷  pool.execute(|| {
            handle_connection(stream);
        });
    }
}
```

ThreadPool::new를 사용하여 설정 가능한 스레드 수(위의 경우 4개)를 넣어 새로운 스레드 풀을 생성합니다(❶). 그런 다음 for 루프 안에서는 pool.execute가 각 스트림에 대해 풀이 실행해야 하는 클로저를 취한다는 점에서 thread::spawn과 유사한 인터페이스를 가집니다(❷). 따라서 이 클로저를 받은 다음 풀의 스레드에 전달하여 실행되도록 pool.execute를 구현할 필요가 있습니다. 이 코드는 아직 컴파일되지 않지만, 컴파일러가 문제를 해결하는 방법을 안내할 수 있도록 시도해보겠습니다.

컴파일러 주도 개발을 사용하여 ThreadPool 구현하기

예제 20-12에서 **src/main.rs**를 변경한 다음, cargo check이 주는 컴파일러 에러를 사용하여 개발을 진행해보겠습니다. 다음은 우리가 얻는 첫 번째 에러입니다.

```
$ cargo check
    Checking hello v0.1.0 (file:///projects/hello)
error[E0433]: failed to resolve: use of undeclared type `ThreadPool`
  --> src/main.rs:11:16
   |
11 |     let pool = ThreadPool::new(4);
   |                ^^^^^^^^^^ use of undeclared type `ThreadPool`
```

훌륭합니다! 이 에러는 ThreadPool 타입 또는 모듈이 필요하다는 것을 알려주므로, 지금 구축해보겠습니다. ThreadPool 구현은 웹서버가 수행하는 작업의 종류와 무관합니다. 따라서, hello 상자를 바이너리 크레이트에서 라이브러리 크레이트로 전환하여 ThreadPool 구현을 담아봅시다. 라이브러리 크레이트로 변경한 후에는 웹 요청을 처리하는 것뿐만 아니라, 스레드 풀을 사용하여 수행하려는 어떤 작업에 대해서라도 분리된 스레드 풀 라이브러리를 사용할 수 있습니다.

현재 우리가 가질 수 있는 가장 간단한 ThreadPool 구조체의 정의에 해당하는 다음의 내용이 포함된 **src/lib.rs**를 생성하세요.

File) src/lib.rs

```
pub struct ThreadPool;
```

그런 다음 **src/main.rs**의 상단에 아래 코드를 추가하도록 **main.rs** 파일을 수정하여 라이브러리 크레이트에서 ThreadPool을 스코프에 가져오도록 합니다.

File) src/main.rs

```
use hello::ThreadPool;
```

이 코드는 여전히 작동하지 않겠지만, 다음으로 해결해야 할 에러를 확인해봅시다.

```
$ cargo check
    Checking hello v0.1.0 (file:///projects/hello)
error[E0599]: no function or associated item named `new` found for struct `ThreadPool`
in the current scope
  --> src/main.rs:12:28
   |
12 |     let pool = ThreadPool::new(4);
   |                            ^^^ function or associated item not found in `ThreadPool`
```

이 에러는 다음으로 ThreadPool에 대해 new라는 이름의 연관 함수를 만들어야 함을 나타냅니다. 또한 new에는 4를 인수로 받을 수 있는 하나의 매개변수가 있어야 하며 ThreadPool 인스턴스를 반환해야 한다는 것을 알고 있습니다. 이러한 특성을 갖는 가장 간단한 new 함수를 구현해봅시다.

File) src/lib.rs

```
pub struct ThreadPool;

impl ThreadPool {
    pub fn new(size: usize) -> ThreadPool {
        ThreadPool
    }
}
```

size 매개변수의 타입으로 usize를 선택한 이유는 음수 개수의 스레드가 의미 없음을 알고 있기 때문입니다. 또한 3장의 '정수형'(48쪽)에서 설명한 것처럼, 이 4를 스레드 컬렉션의 요소 개수로 사용할 것임을 알고 있으며, 이것이 바로 usize 타입의 용도입니다.

다시 한번 코드를 검사해봅시다.

```
$ cargo check
    Checking hello v0.1.0 (file:///projects/hello)
error[E0599]: no method named `execute` found for struct `ThreadPool` in the current scope
  --> src/main.rs:17:14
   |
17 |         pool.execute(|| {
   |              ^^^^^^^ method not found in `ThreadPool`
```

이번에는 ThreadPool에 execute 메서드가 없어서 에러가 발생합니다. '유한한 개수의 스레드 생성하기'(600쪽)에서 스레드 풀이 thread::spawn과 유사한 인터페이스를 가져야 한다고 결정했던 것을 상기하세요. 또한, 주어진 클로저를 받아 풀의 유휴 스레드에 전달하여 실행되도록 execute 함수를 구현하겠습니다.

클로저를 매개변수로 받도록 ThreadPool에 execute 메서드를 정의하겠습니다. 13장의 '캡처된 값을 클로저 밖으로 이동하기와 Fn 트레이트'(353쪽)에서 클로저를 매개변수로 받기 위해 세 가지 트레이트를 사용할 수 있다고 한 것을 상기하세요. 바로 Fn, FnMut, FnOnce였지요. 여기서는 어떤 종류의 클로저를 사용할지 결정할 필요가 있습니다. 표준 라이브러리 thread::spawn 구현과 비슷한 작업을 하게 될 것이므로, thread::spawn의 시그니처가 매개변수에 어떤 트레이트 바운드가 있는지 살펴볼 수 있겠습니다. 문서에는 다음과 같은 내용이 나와 있습니다.

```
pub fn spawn<F, T>(f: F) -> JoinHandle<T>
    where
        F: FnOnce() -> T,
        F: Send + 'static,
        T: Send + 'static,
```

F 타입 매개변수가 여기서 고려하는 그것입니다. T 타입 매개변수는 반환값과 관련이 있으며, 여기서는 고려하지 않고 있습니다. spawn이 F의 트레이트 바운드로 FnOnce를 사용하는 것을 볼 수 있습니다. 이것이 아마도 우리가 원하는 것일 텐데, execute에서 얻은 인수는 결국 spawn에 전달

될 것이기 때문입니다. 요청을 실행하는 스레드는 해당 요청의 클로저를 딱 **한 번**만 실행하기 때문에 FnOnce가 여기서 사용하고자 하는 트레이트라는 것을 더욱 확신할 수 있으며, 이는 FnOnce의 Once와도 일치합니다.

F 타입 매개변수에는 또한 트레이트 바운드 Send와 라이프타임 바운드 'static이 있는데, 이는 지금의 상황에서 유용합니다. 한 스레드에서 다른 스레드로 클로저를 전송하기 위해서는 Send가 필요하고, 스레드가 실행되는 데 얼마나 오래 걸릴지 모르므로 'static이 필요합니다. 이러한 바운드를 사용하여 ThreadPool에 F 타입의 일반 매개변수를 받는 execute 메서드를 만들어보겠습니다.

```
impl ThreadPool {
    // --생략--
    pub fn execute<F>(&self, f: F)
    where
        F: FnOnce()❶ + Send + 'static,
    {
    }
}
```

여기에서 FnOnce는 매개변수가 없고 유닛 타입 ()를 반환하는 클로저를 나타내므로 FnOnce 뒤에는 여전히 ()가 사용됩니다(❶). 함수 정의와 마찬가지로 반환 타입은 시그니처에서 생략이 가능하지만, 매개변수가 없더라도 괄호는 여전히 필요합니다.

다시 말하지만, 이것은 execute 메서드의 가장 간단한 구현입니다. 아무 일도 하지 않지만, 코드가 컴파일되도록 하는 것만 시도하는 중입니다. 다시 한번 검사해봅시다.

```
$ cargo check
    Checking hello v0.1.0 (file:///projects/hello)
    Finished dev [unoptimized + debuginfo] target(s) in 0.24s
```

컴파일되는군요! 하지만 cargo run을 실행한 다음 브라우저에서 요청을 날리면, 이 장의 시작 부분에서 보았던 에러가 브라우저에 표시될 것입니다. 우리 라이브러리는 아직 실제로 execute로 전달된 클로저를 호출하지 않았거든요!

new에서 스레드 개수 검증하기

아직 매개변수 new와 execute로 아무것도 하지 않고 있습니다. 이제 원하는 동작이 되도록 이 함수들의 본문을 구현해봅시다. 먼저 new에 대해 생각해봅시다. 앞서 size 매개변수에 부호 없는 타입을 선택했는데, 그 이유는 스레드 수가 음수인 풀은 의미가 없기 때문입니다. 그러나 스레드 수가 0인 풀도 의미가 없지만, 0은 완벽하게 유효한 usize입니다. 예제 20-13에 나온 것처럼 ThreadPool 인스턴스를 반환하기 전에 size가 0보다 큰지 확인하는 코드를 추가하고, assert! 매크로를 사용하여 0을 수신하면 프로그램이 패닉 상태에 빠지도록 하겠습니다.

예제 20-13 size가 0이면 패닉을 일으키도록 ThreadPool::new 구현하기 　　　　　File src/lib.rs

```
impl ThreadPool {
    /// Create a new ThreadPool.
    ///
    /// The size is the number of threads in the pool.
    ///
❶  /// # Panics
    ///
    /// The `new` function will panic if the size is zero.
    pub fn new(size: usize) -> ThreadPool {
❷      assert!(size > 0);

        ThreadPool
    }

    // --생략--
}
```

문서화 주석을 써서 ThreadPool에 대한 문서도 약간 추가했습니다. 14장에서 설명한 것처럼 함수가 패닉에 빠질 수 있는 상황을 설명하는 구절을 추가하여 좋은 문서화 관행을 따랐음에 주목하세요(❶). cargo doc --open을 실행하고 ThreadPool 구조체를 클릭하여 new에 대해 생성된 문서가 어떻게 보이는지 확인해보세요!

이처럼 assert! 매크로를 추가하는 대신(❷), 예제 12-9의 I/O 프로젝트에서 Config::build를 구현할 때처럼 new를 build로 변경하고 Result를 반환할 수도 있습니다. 하지만 지금의 경우에는 스레드 없이 스레드 풀을 생성하려고 하면 복구할 수 없는 에러가 발생한다고 결정했습니다. 도전할 마음이 있다면 다음과 같은 시그니처를 가진 build라는 이름의 함수를 작성해서 new 함수와 비교해보세요.

```
pub fn build(size: usize) -> Result<ThreadPool, PoolCreationError> {
```

스레드를 저장할 공간 만들기

이제 풀에 저장할 스레드의 유효한 개수가 입력된 것을 알 방법이 생겼으므로, ThreadPool 구조체를 반환하기 전에 해당 스레드를 생성하고 이를 구조체에 저장할 수 있습니다. 그런데 스레드를 어떻게 '저장'할까요? thread::spawn 시그니처를 다시 한번 살펴봅시다.

```
pub fn spawn<F, T>(f: F) -> JoinHandle<T>
    where
        F: FnOnce() -> T,
        F: Send + 'static,
        T: Send + 'static,
```

spawn 함수는 JoinHandle<T>를 반환하는데, 여기서 T는 클로저가 반환하는 타입입니다. JoinHandle도 사용해보고 어떤 일이 일어나는지 살펴봅시다. 지금의 경우 스레드 풀에 전달하는 클로저는 연결을 처리하고 아무것도 반환하지 않으므로, T는 유닛 타입 ()가 됩니다.

예제 20-14의 코드는 컴파일되지만 아직 스레드를 생성하지 않습니다. ThreadPool의 정의를 변경하여 thread::JoinHandle<()> 인스턴스의 벡터를 보관하고, size 용량으로 벡터를 초기화하고, 스레드를 생성하기 위해 어떤 코드를 실행하는 for 루프를 설정한 다음, 이들을 담고 있는 ThreadPool 인스턴스를 반환했습니다.

예제 20-14 ThreadPool가 스레드를 담아둘 벡터 생성하기 ⒡ src/lib.rs

```
❶ use std::thread;

pub struct ThreadPool {
❷     threads: Vec<thread::JoinHandle<()>>,
}
```

```
impl ThreadPool {
    // --생략--
    pub fn new(size: usize) -> ThreadPool {
        assert!(size > 0);

      ❸ let mut threads = Vec::with_capacity(size);

        for _ in 0..size {
            // 스레드를 생성해서 벡터에 보관
        }

        ThreadPool { threads }
    }
    // --생략--
}
```

ThreadPool 내 벡터의 아이템 타입으로 thread::JoinHandle을 사용하기 때문에(❷), 라이브러리 크레이트로부터 std::thread를 스코프로 가져왔습니다(❶).

일단 유효한 크기를 받으면 ThreadPool은 아이템을 size만큼 담을 수 있는 새 벡터를 생성합니다 (❸). with_capacity 함수는 Vec::new와 동일한 작업을 수행하지만 중요한 차이점이 있습니다. 벡터에 공간을 미리 할당한다는 것입니다. 벡터에 size개의 요소들을 저장해야 한다는 것을 알고 있기 때문에, 요소가 삽입될 때 크기가 조정되는 Vec::new를 사용하는 것보다는, 이렇게 할당을 미리 수행하는 것이 약간 더 효율적입니다.

cargo check를 다시 실행해보면 성공할 것입니다.

ThreadPool에서 스레드로 코드의 전송을 담당하는 Worker 구조체

예제 20-14의 for 루프에 스레드 생성에 관한 주석만 남겼습니다. 여기서는 실제로 스레드를 생성하는 방법을 살펴보겠습니다. 표준 라이브러리는 스레드를 생성하는 방법으로 thread::spawn을 제공하며, thread::spawn은 스레드가 생성되는 즉시 스레드가 실행해야 하는 코드를 가져올 것으로 예상합니다. 그러나 지금의 경우는 스레드를 생성한 후 나중에 전송될 코드를 **대기**하도록 하고 싶습니다. 표준 라이브러리의 스레드 구현에는 이를 수행하는 방법이 포함되어 있지 않습니다. 우리가 수동으로 구현해야 합니다.

ThreadPool과 스레드 사이에 이러한 새로운 동작을 관리하게 될 새로운 데이터 구조를 도입하여 이 동작을 구현하겠습니다. 이 데이터 구조를 **워커**(worker)라고 부를 건데, 이는 풀링 구현에서 일반적으로 사용되는 용어입니다. 워커는 실행해야 하는 코드를 집어들어서 이 코드를 워커의 스레드에서 실행합니다. 식당의 주방에서 일하는 사람들을 생각해보세요. 워커는 고객으로부터 주문이 들어올 때까지 기다렸다가, 주문을 받고 주문을 이행하는 일을 담당합니다.

스레드 풀에 JoinHandle<()> 인스턴스의 벡터를 저장하는 대신, Worker 구조체의 인스턴스를 저장하겠습니다. 각 Worker는 하나의 JoinHandle<()> 인스턴스를 저장하게 될 겁니다. 그런 다음 실행할 코드의 클로저를 가져와서 이미 실행 중인 스레드로 전송하여 이를 실행하는 메서드를 Worker에 구현하겠습니다. 또한 각 워커에 id를 부여하여 로깅이나 디버깅을 할 때 풀의 워커들을 서로 구별할 수 있도록 하겠습니다.

다음은 ThreadPool을 생성할 때 일어날 새로운 과정입니다. 이런 식으로 Worker를 설정한 다음 클로저를 스레드로 보내는 코드를 구현하겠습니다.

1. id와 JoinHandle<()>를 가지고 있는 Worker 구조체를 정의합니다.

2. ThreadPool이 Worker 인스턴스의 벡터를 갖도록 변경합니다.

3. id 숫자를 받아서 id와 빈 클로저로 생성된 스레드를 가진 Worker 인스턴스를 반환하는 Worker::new 함수를 정의합니다.

4. ThreadPool::new에서 for 루프 카운터를 사용하여 id를 생성하고, 해당 id로 새 Worker를 생성한 다음 벡터에 워커를 저장합니다.

도전해보고 싶다면 예제 20-15의 코드를 살펴보기 전에 이러한 변경 사항을 직접 구현해보세요.

준비됐나요? 여기 예제 20-15가 앞서 설명한 변경 사항을 구현한 방법 중 하나를 보여줍니다.

예제 20-15 스레드를 직접 가지는 대신 Worker 인스턴스를 가지도록 ThreadPool 수정하기 　(File) src/lib.rs

```
use std::thread;

pub struct ThreadPool {
❶ workers: Vec<Worker>,
}

impl ThreadPool {
    // --생략--
    pub fn new(size: usize) -> ThreadPool {
        assert!(size > 0);

        let mut workers = Vec::with_capacity(size);
```

```
    ❷ for id in 0..size {
        ❸ workers.push(Worker::new(id));
        }

        ThreadPool { workers }
    }
    // --생략--
}

❹ struct Worker {
    id: usize,
    thread: thread::JoinHandle<()>,
}

impl Worker {
  ❺ fn new(id: usize) -> Worker {
      ❻ let thread = thread::spawn(|| {});

        Worker {❼id,❽thread }
    }
}
```

ThreadPool의 필드 이름을 threads에서 workers로 변경했는데, 이제는 JoinHandle<()> 인스턴스 대신 Worker 인스턴스를 가지게 되기 때문입니다(❶). for 루프의 카운터를 Worker::new의 인수로 사용하고(❷), 각각의 새로운 Worker를 workers라는 벡터에 저장합니다(❸).

(src/main.rs 서버 같은) 외부 코드는 ThreadPool 내에서 Worker 구조체를 사용하는 것과 관련된 구현 세부 사항을 알 필요가 없으므로, Worker 구조체(❹)와 그 new 함수(❺)를 비공개로 설정합니다. Worker::new 함수는 우리가 제공한 id를 써서(❼) 빈 클로저를 사용하는 새 스레드를 생성하는 방식으로 만들어진(❻) JoinHandle<()> 인스턴스를 저장합니다(❽).

> NOTE 시스템 리소스가 충분하지 않아 운영체제가 스레드를 생성할 수 없는 경우 thread::spawn은 패닉을 일으키게 됩니다. 그러면 스레드 생성이 일부 성공하더라도 전체 서버가 패닉에 빠지게 됩니다. 단순화를 위해서라면 이렇게 작동해도 괜찮겠지만, 프로덕션에서의 스레드 풀 구현이라면 패닉 대신 Result를 반환하는 std::thread::Builder(https://doc.rust-lang.org/std/thread/struct.Builder.html)와 여기서 제공하는 spawn(https://doc.rust-lang.org/std/thread/struct.Builder.html#method.spawn) 메서드를 사용할 수도 있겠습니다.

이 코드는 컴파일되고 우리가 ThreadPool::new에 인수로 지정한 개수만큼 Worker 인스턴스를 저장합니다. 하지만 execute에서 얻은 클로저는 **여전히** 처리하지 않고 있습니다. 다음에는 이를 처리하는 방법을 살펴보겠습니다.

채널을 통해 스레드에 요청 보내기

다음으로 다룰 문제는 thread::spawn에 주어진 클로저가 아무 일도 하지 않는다는 것입니다. 현재는 execute 메서드에서 실행하고자 하는 클로저를 얻습니다. 그러나 ThreadPool의 생성 중에 각 Worker를 생성할 때 실행할 클로저를 thread::spawn에 제공해야 합니다.

앞에서 만들어 둔 Worker 구조체가 ThreadPool에 보관된 대기열에서 실행할 코드를 가져온 다음 그 코드를 자신의 스레드로 전송하여 실행하기를 원합니다.

16장에서 배운 채널, 즉 두 개의 스레드 간에 통신하는 간단한 방법은 지금의 사례에 완벽히 들어맞을 것입니다. 채널을 사용하여 작업의 대기열로 작동하도록 하고, execute가 ThreadPool에서 Worker 인스턴스로 작업을 보내면, 이 인스턴스는 자신의 스레드로 작업을 보내게 됩니다. 계획은 다음과 같습니다.

1. ThreadPool은 채널을 생성하고 송신자를 대기시킵니다.
2. 각 Worker는 수신자를 보관합니다.
3. 채널을 통해 보내려는 클로저를 가진 새로운 구조체 Job을 만듭니다.
4. execute 메서드는 송신자를 통하여 실행하려는 작업을 보냅니다.
5. Worker는 자신의 스레드에서 수신자에 대한 반복을 수행하고 자신이 받은 작업의 클로저를 실행합니다.

예제 20-16에 나온 것처럼 ThreadPool::new에 채널을 생성하고 ThreadPool 인스턴스가 송신자를 갖도록 하는 것으로 시작하겠습니다. 지금은 Job 구조체에 아무것도 없지만 이것이 채널을 통해 전송될 아이템 타입이 될 것입니다.

예제 20-16 Job 인스턴스를 보내는 채널의 송신자를 저장하도록 ThreadPool 수정하기   (File) src/lib.rs

```
use std::{sync::mpsc, thread};

pub struct ThreadPool {
    workers: Vec<Worker>,
    sender: mpsc::Sender<Job>,
```

```
}

struct Job;

impl ThreadPool {
    // --생략--
    pub fn new(size: usize) -> ThreadPool {
        assert!(size > 0);

    ❶ let (sender, receiver) = mpsc::channel();

        let mut workers = Vec::with_capacity(size);

        for id in 0..size {
            workers.push(Worker::new(id));
        }

        ThreadPool { workers,❷sender }
    }
    // --생략--
}
```

ThreadPool::new에서 새 채널을 생성하고(❶) 풀이 송신자(❷)를 보유하도록 합니다. 이 코드는 성공적으로 컴파일됩니다.

스레드 풀이 채널을 생성할 때 채널의 수신자를 각 워커에 전달해봅시다. 워커가 생성하는 스레드에서 수신자를 사용하고자 함을 알고 있으므로, 클로저에서 `receiver` 매개변수를 참조하겠습니다. 예제 20-17의 코드는 아직 컴파일되지 않습니다.

예제 20-17 워커에게 수신자 넘기기 File src/lib.rs

```
impl ThreadPool {
    // --생략--
    pub fn new(size: usize) -> ThreadPool {
        assert!(size > 0);

        let (sender, receiver) = mpsc::channel();

        let mut workers = Vec::with_capacity(size);

        for id in 0..size {
        ❶ workers.push(Worker::new(id, receiver));
        }
```

```
        ThreadPool { workers, sender }
    }
    // --생략--
}

// --생략--

impl Worker {
    fn new(id: usize, receiver: mpsc::Receiver<Job>) -> Worker {
        let thread = thread::spawn(|| {
        ❷ receiver;
        });

        Worker { id, thread }
    }
}
```

약간의 직관적인 변경 사항을 적용했습니다. 수신자를 `Worker::new`로 전달한 다음(❶), 클로저 내부에서 사용하였습니다(❷).

이 코드를 검사하면 아래와 같은 에러가 발생합니다.

```
$ cargo check
    Checking hello v0.1.0 (file:///projects/hello)
error[E0382]: use of moved value: `receiver`
  --> src/lib.rs:26:42
   |
21 |         let (sender, receiver) = mpsc::channel();
   |                      -------- move occurs because `receiver` has type
`std::sync::mpsc::Receiver<Job>`, which does not implement the `Copy` trait
...
26 |             workers.push(Worker::new(id, receiver));
   |                                          ^^^^^^^^ value moved here, in previous
iteration of loop
```

이 코드는 여러 개의 `Worker` 인스턴스에게 `receiver`를 전달하는 시도를 하고 있습니다. 16장의 내용을 보아 알 수 있듯, 이는 작동하지 않습니다. 러스트가 제공하는 채널 구현체는 여러 개의 **생산자**, 하나의 **소비자**입니다. 즉, 이 코드를 수정하기 위해 채널의 소비자 쪽만 복제할 수는 없습니다. 또한 여러 소비자에게 메시지를 여러 번 보내고 싶지도 않습니다. 각 메시지가 한 번씩 처리되도록 여러 워커가 있는 하나의 메시지 리스트가 되기를 원합니다.

또한, 채널 대기열에서 작업을 빼내려면 receiver를 변경해야 하므로, 스레드가 receiver를 안전하게 공유하고 수정할 수 있는 방법이 필요합니다. 그렇지 않으면 (16장에서 다룬 것처럼) 데이터 경합이 발생할 수 있습니다.

16장에서 설명한 스레드 안전 스마트 포인터를 상기해봅시다. 여러 스레드에서 소유권을 공유하고 스레드가 값을 변경할 수 있도록 하려면, Arc<Mutex<T>>를 사용할 필요가 있습니다. Arc 타입은 여러 워커가 수신자를 소유할 수 있도록 하고, Mutex는 한 번에 한 워커만 수신자로부터 작업을 가져올 수 있도록 합니다. 예제 20-18은 변경해야 할 사항을 보여줍니다.

예제 20-18 Arc와 Mutex를 사용하여 여러 워커 간에 수신자 공유하기　　　　　　　(File) src/lib.rs

```
use std::{
    sync::{mpsc, Arc, Mutex},
    thread,
};
// --생략--

impl ThreadPool {
    // --생략--
    pub fn new(size: usize) -> ThreadPool {
        assert!(size > 0);

        let (sender, receiver) = mpsc::channel();

❶      let receiver = Arc::new(Mutex::new(receiver));

        let mut workers = Vec::with_capacity(size);

        for id in 0..size {
            workers.push(Worker::new(id, Arc::clone(&❷receiver)));
        }

        ThreadPool { workers, sender }
    }

    // --생략--
}

// --생략--

impl Worker {
    fn new(id: usize, receiver: Arc<Mutex<mpsc::Receiver<Job>>>) -> Worker {
        // --생략--
    }
}
```

ThreadPool::new에서 수신자를 Arc와 Mutex에 넣습니다(❶). 각각의 새 워커에 대해 Arc를 복제하여 참조 카운트를 늘려 워커가 수신자의 소유권을 공유할 수 있도록 합니다(❷).

이 변경 사항을 적용하면 코드가 컴파일됩니다! 이제 끝이 보입니다!

execute 메서드 구현하기

마지막으로 ThreadPool에서 execute 메서드를 구현해봅시다. 또한 Job을 구조체가 아니라 execute가 수신하는 클로저 타입을 갖는 트레이트 객체의 타입 별칭으로 변경하겠습니다. 19장의 '타입 별칭으로 타입의 동의어 만들기'(558쪽)에서 설명한 것처럼, 타입 별칭을 사용하면 긴 타입을 사용하기 쉽도록 짧게 만들 수 있습니다. 예제 20-19를 봅시다.

예제 20-19 각 클로저를 담는 Box에 대한 Job 타입 별칭을 만들어서 이 작업을 채널로 보내기   (File) src/lib.rs

```
// --생략--

type Job = Box<dyn FnOnce() + Send + 'static>;

impl ThreadPool {
    // --생략--

    pub fn execute<F>(&self, f: F)
    where
        F: FnOnce() + Send + 'static,
    {
      ❶ let job = Box::new(f);

      ❷ self.sender.send(job).unwrap();
    }
}

// --생략--
```

execute에서 얻은 클로저를 사용하여 새 Job 인스턴스를 생성한 후(❶), 해당 작업을 채널 단말로 보냅니다(❷). 전송이 실패할 경우를 위하여 send에서 unwrap을 호출하고 있습니다. 이를테면 모든 스레드의 실행이 중지되어 수신 측에서 새 메시지의 수신을 중단한 경우에는 전송이 실패할 수 있습니다. 현재로서는 스레드 실행을 중지할 수 없습니다. 풀이 존재하는 한 스레드는 계속 실행됩니다. 여기서 unwrap을 사용하는 이유는 실패 사례가 발생하지 않을 것이라는 것을 우리는 알고 있지만, 컴파일러는 이를 알지 못하기 때문입니다.

하지만 아직 끝나지 않았습니다! 워커에서 thread::spawn으로 전달된 클로저는 여전히 채널의 수신 단말을 **참조만** 하고 있습니다. 그 대신 클로저가 영원히 반복되도록 하여, 채널의 수신 단말에 작업을 요청하고 작업을 받으면 해당 작업을 실행하도록 할 필요가 있습니다. 예제 20-20에 나온 변경 사항을 Worker::new에 적용해봅시다.

예제 20-20 **워커의 스레드에서 작업을 받아서 실행하기**　　　(File) src/lib.rs

```
// --생략--

impl Worker {
    fn new(id: usize, receiver: Arc<Mutex<mpsc::Receiver<Job>>>) -> Worker {
        let thread = thread::spawn(move || loop {
            let job = receiver
              ❶.lock()
              ❷.unwrap()
              ❸.recv()
              ❹.unwrap();

            println!("Worker {id} got a job; executing.");

            job();
        });

        Worker { id, thread }
    }
}
```

여기서는 먼저 receiver에서 lock을 호출하여 뮤텍스를 획득한 다음(❶), unwrap을 호출하여 에러가 발생하면 패닉을 일으키도록 합니다(❷). 뮤텍스가 **독성**(poisoned) 상태인 경우라면 락이 실패할 수 있는데, 이는 다른 스레드가 락을 가지고 있는 상태에서 락을 해제하지 않고 패닉에 빠졌을 때 발생할 수 있는 일입니다. 이 상황에서는 unwrap을 호출하여 이 스레드를 패닉 상태에 빠뜨리는 것이 올바른 조치입니다. 이 unwrap을 의미 있는 에러 메시지와 함께 expect로 편하게 변경해도 좋습니다.

뮤텍스에서 락을 얻으면 recv를 호출하여 채널로부터 Job을 받습니다(❸). 여기서도 마지막 unwrap이 모든 에러를 지나치게 되는데(❹), 이는 수신자가 종료되면 send 메서드가 Err을 반환하는 것과 유사하게 송신자를 가지고 있는 스레드가 종료된 경우 발생할 수 있습니다.

recv 호출은 스레드 실행을 차단하므로, 아직 작업이 없는 경우 현재 스레드는 작업이 들어올 때까지 기다리게 될 것입니다. `Mutex<T>`는 한 번에 하나의 `Worker` 스레드만 작업을 요청하도록 하는 것을 보장합니다.

이제 스레드 풀이 작동할 수 있는 상태가 되었습니다! `cargo run`을 실행하고 요청을 몇 가지 해보세요.

```
$ cargo run
   Compiling hello v0.1.0 (file:///projects/hello)
warning: field is never read: `workers`
 --> src/lib.rs:7:5
  |
7 |     workers: Vec<Worker>,
  |     ^^^^^^^^^^^^^^^^^^^^^
  |
  = note: `#[warn(dead_code)]` on by default

warning: field is never read: `id`
  --> src/lib.rs:48:5
   |
48 |     id: usize,
   |     ^^^^^^^^^

warning: field is never read: `thread`
  --> src/lib.rs:49:5
   |
49 |     thread: thread::JoinHandle<()>,
   |     ^^^^^^^^^^^^^^^^^^^^^^^^^^^^^^^

warning: `hello` (lib) generated 3 warnings
    Finished dev [unoptimized + debuginfo] target(s) in 1.40s
     Running `target/debug/hello`
Worker 0 got a job; executing.
Worker 2 got a job; executing.
Worker 1 got a job; executing.
Worker 3 got a job; executing.
Worker 0 got a job; executing.
Worker 2 got a job; executing.
Worker 1 got a job; executing.
Worker 3 got a job; executing.
Worker 0 got a job; executing.
Worker 2 got a job; executing.
```

성공이군요! 이제 연결을 비동기적으로 실행하는 스레드 풀이 생겼습니다. 스레드가 4개 이상 생성되지 않으므로 서버가 많은 요청을 받더라도 시스템에 과부하가 발생하지 않습니다. **/sleep** 요청을 보내면, 서버는 다른 요청에 대해 다른 스레드에서 이를 처리하는 방식으로 요청을 처리할 수 있습니다.

> **NOTE** 여러 브라우저 창에서 **/sleep**을 동시에 열면, 5초 간격으로 한 번에 하나씩 로드될 수도 있습니다. 몇몇 웹브라우저는 캐싱을 위해 동일한 요청의 여러 인스턴스를 순차적으로 실행합니다. 이 제한 사항은 우리의 웹서버에 의한 것이 아닙니다.

18장에서 while let 루프에 대해 배운 후이니, 예제 20-21에 나온 것처럼 워커 스레드 코드를 작성하지 않은 이유가 궁금할 수도 있겠습니다.

예제 20-21 while let을 사용한 Worker::new의 대체 구현   File src/lib.rs

```
// --생략--

impl Worker {
    fn new(id: usize, receiver: Arc<Mutex<mpsc::Receiver<Job>>>) -> Worker {
        let thread = thread::spawn(move || {
            while let Ok(job) = receiver.lock().unwrap().recv() {
                println!("Worker {id} got a job; executing.");

                job();
            }
        });

        Worker { id, thread }
    }
}
```

이 코드는 컴파일되고 실행되지만 결과적으로는 원하는 대로 스레드가 작동하지 않습니다. 느린 요청은 여전히 다른 요청이 처리될 때까지 대기하게 됩니다. 그 이유는 다소 미묘합니다. Mutex 구조체에는 공개 unlock 메서드가 없는데, 이는 락의 소유권이 lock 메서드가 반환하는 LockResult<MutexGuard<T>> 내의 MutexGuard<T>의 수명에 기반하기 때문입니다. 그러면 컴파일타임에 대여 검사기는 락을 보유하지 않은 경우 Mutex에 의해 보호되는 리소스에 접근할 수 없다는 규칙을 적용할 수 있습니다. 그러나 위 구현은 MutexGuard<T>의 수명을 염두에 두지 않은 경우 락이 의도한 것보다 더 오래 유지될 수 있습니다.

예제 20-20의 let job = receiver.lock().unwrap().recv().unwrap();을 사용하는 코드는 작

동하는데, let을 사용하면 등호 기호 오른쪽의 표현식에 사용된 모든 임시 값이 let 문이 끝날 때 즉시 버려지기 때문입니다. 그러나 while let(그리고 if let과 match)은 연관된 블록이 끝날 때까지 임시 값을 버리지 않습니다. 예제 20-21에서는 job()을 호출하는 동안 락이 유지되므로 다른 워커가 작업을 받을 수 없습니다.

20.3 우아한 종료와 정리

예제 20-20의 코드는 의도한 대로 스레드 풀을 사용하여 비동기적으로 요청에 응답하고 있습니다. 직접적인 방식으로 사용하지 않는 workers, id 및 thread 필드에 대한 경고가 표시되어 아무것도 정리하고 있지 않음을 알려줍니다. 덜 우아한 [ctrl]-[c] 방법을 사용하여 메인 스레드를 중지하면 다른 모든 스레드도 마찬가지로 즉시 중지되는데, 심지어 요청을 처리하는 도중에 있더라도 그렇게 됩니다.

그래서 다음으로는 풀의 각 스레드에 대해 join을 호출하도록 Drop 트레이트를 구현하여 종료 전에 작업 중인 요청을 완료할 수 있도록 하겠습니다. 그런 다음 작업 스레드에게 새 요청 수락을 중단하고 종료해야 한다고 알릴 방법을 구현할 것입니다. 이 코드가 실제로 작동하는지 확인하기 위해 서버를 수정하여 스레드 풀을 정상적으로 종료하기 전에 두 개의 요청만 수락하도록 해보겠습니다.

20.3.1 ThreadPool에 대한 Drop 트레이트 구현하기

스레드 풀에 대해 Drop을 구현하는 것부터 시작해보겠습니다. 풀이 버려지면 모든 스레드가 조인되어서 작업 완료를 보장해야 합니다. 예제 20-22는 Drop 구현의 첫 번째 시도를 보여줍니다. 이 코드는 아직 제대로 작동하지 않습니다.

예제 20-22 스레드 풀이 스코프 밖으로 벗어날 때 각 스레드 조인하기   (File) src/lib.rs

```
impl Drop for ThreadPool {
    fn drop(&mut self) {
    ❶ for worker in &mut self.workers {
        ❷ println!("Shutting down worker {}", worker.id);

        ❸ worker.thread.join().unwrap();
        }
    }
}
```

먼저 스레드 풀 workers의 각각에 대한 반복을 수행합니다(❶). 이를 위해 &mut을 사용하는데, self는 가변 참조자고 worker도 변경할 수 있어야 하기 때문입니다. 각 워커에 대해서 지금의 특정한 워커가 종료된다는 메시지를 출력한 다음(❷), 해당 워커의 스레드에 대해 join을 호출합니다 (❸). join 호출이 실패하면 unwrap을 사용하여 러스트가 패닉 상태에 빠지게 하고 우아하지 않은 종료로 들어갑니다.

아래는 위 코드를 컴파일했을때 나오는 에러입니다.

```
error[E0507]: cannot move out of `worker.thread` which is behind a mutable reference
  --> src/lib.rs:52:13
   |
52 |             worker.thread.join().unwrap();
   |             ^^^^^^^^^^^^^ ------ `worker.thread` moved due to this method call
   |             |
   |             move occurs because `worker.thread` has type `JoinHandle<()>`, which
does not implement the `Copy` trait
   |
note: this function takes ownership of the receiver `self`, which moves `worker.thread`
  --> /rustc/d5a82bbd26e1ad8b7401f6a718a9c57c96905483/library/std/src/thread/mod.rs:1581:17
```

이 에러는 각 worker의 가변 대여만 있고 join이 인수의 소유권을 가져가기 때문에 join을 호출할 수 없음을 알려줍니다. 이 문제를 해결하려면 thread를 소유한 Worker 인스턴스로부터 스레드를 밖으로 옮겨서 join이 스레드를 써버릴 수 있도록 할 필요가 있습니다. 예제 17-15에서 이 작업을 해봤었지요. Worker가 대신 Option<thread::JoinHandle<()>>을 가지고 있다면, Option의 take 메서드를 호출하여 Some 배리언트에서 값을 빼내고 그 자리에는 None 배리언트를 남길 수 있습니다. 바꿔 말하면, 실행 중인 Worker는 thread에 Some 배리언트를 갖도록 하고, Worker를 정리하고 싶을 때는 Some을 None으로 대체하여 Worker에 실행 스레드가 없도록 할 것입니다.

따라서 Worker의 정의를 다음과 같이 업데이트합니다.

File src/lib.rs

```
struct Worker {
    id: usize,
    thread: Option<thread::JoinHandle<()>>,
}
```

이제 컴파일러를 활용하여 변경이 필요한 다른 위치를 찾아봅시다. 이 코드를 검사하면 두 가지

에러를 얻습니다.

```
error[E0599]: no method named `join` found for enum `Option` in the current scope
  --> src/lib.rs:52:27
   |
52 |             worker.thread.join().unwrap();
   |                           ^^^^ method not found in `Option<JoinHandle<()>>`
   |
note: the method `join` exists on the type `JoinHandle<()>`
  --> /rustc/d5a82bbd26e1ad8b7401f6a718a9c57c96905483/library/std/src/thread/mod.rs:1581:5
help: consider using `Option::expect` to unwrap the `JoinHandle<()>` value, panicking
if the value is an `Option::None`
   |
52 |             worker.thread.expect("REASON").join().unwrap();
   |                          +++++++++++++++++

error[E0308]: mismatched types
  --> src/lib.rs:72:22
   |
72 |         Worker { id, thread }
   |                      ^^^^^^ expected enum `Option`, found struct `JoinHandle`
   |
   = note: expected enum `Option<JoinHandle<()>>`
            found struct `JoinHandle<_>`
help: try wrapping the expression in `Some`
   |
72 |         Worker { id, thread: Some(thread) }
   |                      ++++++++++++       +
```

Worker::new 끝에 있는 코드를 지적하는 두 번째 에러를 해결해보겠습니다. 새 Worker를 생성할 때 thread값을 Some으로 감싸야 합니다. 이 에러를 해결하려면 다음과 같이 변경하세요.

File src/lib.rs

```
impl Worker {
    fn new(id: usize, receiver: Arc<Mutex<mpsc::Receiver<Job>>>) -> Worker {
        // --생략--

        Worker {
            id,
            thread: Some(thread),
        }
    }
}
```

첫 번째 에러는 Drop 구현체 안에 있습니다. 앞서 Option값의 take를 호출하여 thread를 worker 밖으로 배내려고 했음을 언급했습니다. 다음과 같이 변경하면 그렇게 됩니다.

File src/lib.rs

```
impl Drop for ThreadPool {
    fn drop(&mut self) {
        for worker in &mut self.workers {
            println!("Shutting down worker {}", worker.id);

        ❶ if let Some(thread) = worker.thread.take() {
            ❷ thread.join().unwrap();
            }
        }
    }
}
```

17장에서 논의한 것처럼 Option의 take 메서드는 Some 배리언트를 제거하고 그 자리에 None을 남깁니다. 여기서는 if let을 사용해 Some을 해체하고 스레드를 가져옵니다(❶). 그런 다음 그 스레드에서 join을 호출합니다(❷). 워커의 스레드가 이미 None이면 해당 워커의 스레드가 이미 정리되었음을 알 수 있으므로, 그런 경우에는 아무 일도 일어나지 않습니다.

20.3.2 작업을 기다리는 스레드에게 정지 신호 보내기

모든 변경 사항을 적용하면 경고 없이 코드가 컴파일됩니다. 하지만 나쁜 소식이 있는데, 그것은 이 코드가 아직 우리가 원하는 방식으로 작동하지 않는다는 것입니다. 핵심은 Worker 인스턴스의 스레드에 의해 실행되는 클로저의 로직입니다. 현재로서는 join이 호출되지만 스레드가 작업을 찾기 위해 계속 loop를 돌기 때문에 스레드는 종료되지 않습니다. 현재 구현된 drop으로 ThreadPool을 버리려고 하면, 메인 스레드는 첫 번째 스레드가 완료될 때까지 영원히 블록됩니다.

이 문제를 해결하기 위해서 ThreadPool drop 구현을 변경한 다음 Worker 루프를 변경할 필요가 있겠습니다.

먼저 스레드가 완료될 때까지 기다리기 전에 명시적으로 sender를 버리도록 ThreadPool drop 구현을 변경하겠습니다. 예제 20-23은 명시적으로 sender를 버리도록 ThreadPool을 변경한 내용을 보여줍니다. 스레드에서 했던 것과 동일한 Option 및 take 기법을 사용하여 ThreadPool로부터 sender를 배낼 수 있습니다.

```rust
pub struct ThreadPool {
    workers: Vec<Worker>,
    sender: Option<mpsc::Sender<Job>>,
}
// --생략--
impl ThreadPool {
    pub fn new(size: usize) -> ThreadPool {
        // --생략--

        ThreadPool {
            workers,
            sender: Some(sender),
        }
    }

    pub fn execute<F>(&self, f: F)
    where
        F: FnOnce() + Send + 'static,
    {
        let job = Box::new(f);

        self.sender.as_ref().unwrap().send(job).unwrap();
    }
}

impl Drop for ThreadPool {
    fn drop(&mut self) {
      ❶ drop(self.sender.take());

        for worker in &mut self.workers {
            println!("Shutting down worker {}", worker.id);

            if let Some(thread) = worker.thread.take() {
                thread.join().unwrap();
            }
        }
    }
}
```

sender를 버리면 채널이 닫히며(❶), 이는 더 이상 아무 메시지도 보내지지 않음을 나타냅니다. 이 경우 무한 루프에서 워커가 수행하는 모든 recv 호출은 에러를 반환할 것입니다. 예제 20-24에서는 그런 경우 Worker 루프가 정상적으로 종료되도록 변경하여 ThreadPool drop 구현이 join을 호출할 때 스레드가 종료되도록 합니다.

```rust
impl Worker {
    fn new(id: usize, receiver: Arc<Mutex<mpsc::Receiver<Job>>>) -> Worker {
        let thread = thread::spawn(move || loop {
            let message = receiver.lock().unwrap().recv();

            match message {
                Ok(job) => {
                    println!("Worker {id} got a job; executing.");

                    job();
                }
                Err(_) => {
                    println!("Worker {id} disconnected; shutting down.");
                    break;
                }
            }
        });

        Worker {
            id,
            thread: Some(thread),
        }
    }
}
```

이 코드가 실제로 작동하는 것을 보기 위해서, 예제 20-25에 나온 것처럼 main을 수정하여 서버를 정상적으로 종료하기 전에 두 개의 요청만 수락하도록 해봅시다.

```rust
fn main() {
    let listener = TcpListener::bind("127.0.0.1:7878").unwrap();
    let pool = ThreadPool::new(4);

    for stream in listener.incoming().take(2) {
        let stream = stream.unwrap();

        pool.execute(|| {
            handle_connection(stream);
        });
    }

    println!("Shutting down.");
}
```

실제 웹서버가 두 개의 요청만 처리한 후 종료되는 것을 원하지는 않을 것입니다. 이 코드는 그저 정상 종료 및 정리가 정상적으로 작동하고 있음을 보여줄 따름입니다.

take 메서드는 Iterator 트레이트에 정의되어 있으며 반복을 최대 첫 두 개의 아이템으로 제한합니다. ThreadPool은 main이 끝날 때 스코프를 벗어나고, drop 구현이 실행될 것입니다.

cargo run으로 서버를 시작하고 요청을 세 번 해보세요. 세 번째 요청은 에러가 발생하고 터미널에 아래와 유사한 출력이 표시되어야 합니다.

```
$ cargo run
   Compiling hello v0.1.0 (file:///projects/hello)
    Finished dev [unoptimized + debuginfo] target(s) in 1.0s
     Running `target/debug/hello`
Worker 0 got a job; executing.
Shutting down.
Shutting down worker 0
Worker 3 got a job; executing.
Worker 1 disconnected; shutting down.
Worker 2 disconnected; shutting down.
Worker 3 disconnected; shutting down.
Worker 0 disconnected; shutting down.
Shutting down worker 1
Shutting down worker 2
Shutting down worker 3
```

인쇄되는 워커와 메시지의 순서가 달라질 수 있습니다. 메시지에서 이 코드가 어떻게 작동되는지 알 수 있습니다. 워커 0과 3이 처음 두 개의 요청을 받았습니다. 서버는 두 번째 연결 이후 연결 수락을 중단했고, 워커 3이 작업을 시작하기도 전에 ThreadPool의 Drop 구현이 실행되기 시작합니다. sender를 버리는 것이 모든 워커의 연결을 끊고 종료되도록 지시합니다. 워커는 연결을 끊을 때 각각 메시지를 출력하고, 스레드 풀은 join을 호출하여 각 워커 스레드가 완료될 때까지 기다립니다.

이 특정한 실행에서 한 가지 흥미로운 측면에 주목하세요. ThreadPool이 sender를 버리고, 어떤 워커도 에러를 받기 전에 워커 0을 조인하려고 시도했습니다. 워커 0은 아직 recv에서 에러를 받지 않았기 때문에 메인 스레드는 워커 0이 완료될 때까지 기다리는 식으로 블록되었습니다. 그동안 워커 3이 작업을 받은 후 모든 스레드가 에러를 수신했습니다. 워커 0이 완료되면 메인 스레드는 나머지 워커가 완료될 때까지 기다렸습니다. 그 시점에서, 모든 워커가 루프를 종료하고 멈췄습니다.

축하합니다! 이제 우리의 프로젝트를 끝냈습니다. 스레드 풀을 사용하여 비동기식으로 응답하는 기본 웹서버가 생겼습니다. 이제 서버를 우아하게 종료하여 풀의 모든 스레드를 정리할 수 있습니다.

여기 참고를 위한 전체 코드가 있습니다.

File src/main.rs

```rust
use hello::ThreadPool;
use std::fs;
use std::io::prelude::*;
use std::net::TcpListener;
use std::net::TcpStream;
use std::thread;
use std::time::Duration;

fn main() {
    let listener = TcpListener::bind("127.0.0.1:7878").unwrap();
    let pool = ThreadPool::new(4);

    for stream in listener.incoming().take(2) {
        let stream = stream.unwrap();

        pool.execute(|| {
            handle_connection(stream);
        });
    }

    println!("Shutting down.");
}

fn handle_connection(mut stream: TcpStream) {
    let mut buffer = [0; 1024];
    stream.read(&mut buffer).unwrap();

    let get = b"GET / HTTP/1.1\r\n";
    let sleep = b"GET /sleep HTTP/1.1\r\n";

    let (status_line, filename) = if buffer.starts_with(get) {
        ("HTTP/1.1 200 OK", "hello.html")
    } else if buffer.starts_with(sleep) {
        thread::sleep(Duration::from_secs(5));
        ("HTTP/1.1 200 OK", "hello.html")
```

```rust
    } else {
        ("HTTP/1.1 404 NOT FOUND", "404.html")
    };

    let contents = fs::read_to_string(filename).unwrap();

    let response = format!(
        "{}\r\nContent-Length: {}\r\n\r\n{}",
        status_line,
        contents.len(),
        contents
    );

    stream.write_all(response.as_bytes()).unwrap();
    stream.flush().unwrap();
}
```

File src/lib.rs

```rust
use std::{
    sync::{mpsc, Arc, Mutex},
    thread,
};

pub struct ThreadPool {
    workers: Vec<Worker>,
    sender: Option<mpsc::Sender<Job>>,
}

type Job = Box<dyn FnOnce() + Send + 'static>;

impl ThreadPool {
    /// Create a new ThreadPool.
    ///
    /// The size is the number of threads in the pool.
    ///
    /// # Panics
    ///
    /// The `new` function will panic if the size is zero.
    pub fn new(size: usize) -> ThreadPool {
        assert!(size > 0);

        let (sender, receiver) = mpsc::channel();

        let receiver = Arc::new(Mutex::new(receiver));

        let mut workers = Vec::with_capacity(size);
```

```
            for id in 0..size {
                workers.push(Worker::new(id, Arc::clone(&receiver)));
            }

            ThreadPool {
                workers,
                sender: Some(sender),
            }
        }

        pub fn execute<F>(&self, f: F)
        where
            F: FnOnce() + Send + 'static,
        {
            let job = Box::new(f);

            self.sender.as_ref().unwrap().send(job).unwrap();
        }
    }

impl Drop for ThreadPool {
    fn drop(&mut self) {
        drop(self.sender.take());

        for worker in &mut self.workers {
            println!("Shutting down worker {}", worker.id);

            if let Some(thread) = worker.thread.take() {
                thread.join().unwrap();
            }
        }
    }
}

struct Worker {
    id: usize,
    thread: Option<thread::JoinHandle<()>>,
}

impl Worker {
    fn new(id: usize, receiver: Arc<Mutex<mpsc::Receiver<Job>>>) -> Worker {
        let thread = thread::spawn(move || loop {
            let message = receiver.lock().unwrap().recv();

            match message {
                Ok(job) => {
                    println!("Worker {id} got a job; executing.");
```

```
                job();
            }
            Err(_) => {
                println!("Worker {id} disconnected; shutting down.");
                break;
            }
        }
    });

    Worker {
        id,
        thread: Some(thread),
    }
}
}
```

여기에 더 많은 작업을 할 수도 있습니다! 이 프로젝트를 계속 개선하고 싶다면, 몇 가지 아이디어를 소개합니다.

- ThreadPool과 그 공개 메서드에 문서를 더 추가해보세요.
- 라이브러리 기능에 대한 테스트를 추가해보세요.
- unwrap 호출을 좀 더 견고한 에러 처리 형태로 바꿔보세요.
- ThreadPool을 사용하여 웹 요청을 처리하는 것 말고 다른 작업을 수행해보세요.
- crates.io에서 스레드 풀 크레이트를 찾아보고 이 크레이트를 사용하여 비슷한 웹서버를 구현해보세요. 그런 다음 이 API와 견고함을 우리가 구현한 스레드 풀과 비교해보세요.

정리

수고했습니다! 이 책의 마지막까지 읽었어요! 러스트 여정에 참여한 여러분께 감사를 표합니다. 여러분은 이제 자신만의 러스트 프로젝트를 구현하고 다른 사람들의 프로젝트를 도울 준비가 되었습니다. 여러분의 러스트 여정에서 마주치는 어떠한 문제라도 기꺼이 도와줄 러스타시안 커뮤니티가 있다는 사실을 기억해주면 좋겠습니다.

APPENDIX

부록

부록 A. 키워드

다음 목록은 러스트 언어에서 현재 또는 미래에 사용하기 위해 예약된 키워드입니다. 따라서 키워드는 식별자로 사용할 수 없습니다('원시 식별자'(632쪽)에서 설명할 원시 식별자는 예외입니다). 식별자는 함수, 변수, 매개변수, 구조체 필드, 모듈, 크레이트, 상수, 매크로, 정적 값, 속성, 타입, 트레이트, 또는 라이프타임의 이름입니다.

A.1 현재 사용 중인 키워드

다음은 현재 사용 중인 키워드의 목록과 각 키워드의 기능을 설명한 것입니다.

* as: 기초 타입 변환하기, 어떤 아이템을 포함하는 특정 트레이트를 구분하기, use 문에서 아이템의 이름을 변경하기
* async: 현재 스레드를 블록하지 않고 Future를 반환하기
* await: Future의 결과가 준비될 때까지 실행을 중단하기
* break: 즉시 루프를 빠져나오기
* const: 상수 아이템이나 상수 원시 포인터 정의하기
* continue: 다음 루프 반복으로 계속하기
* crate: 모듈 경로에서 크레이트 루트를 가리키기
* dyn: 트레이트 객체에 대한 동적 디스패치하기
* else: if와 if let 제어 흐름 구조에서 사용
* enum: 열거형 정의하기

- extern: 외부 함수나 변수를 연결하기

- false: 불리언 거짓값 리터럴

- fn: 함수나 함수 포인터 타입 정의하기

- for: 반복자로부터 아이템을 반복하기, 트레이트 구현하기, 고수준(higher-ranked) 라이프타임 지정하기

- if: 조건식의 결과에 따라 분기하기

- impl: 고유 기능 또는 트레이트 기능 구현하기

- in: for 루프 구문의 일부

- let: 변수를 바인딩하기

- loop: 조건 없이 무한 반복하기

- match: 값과 패턴을 매칭하기

- mod: 모듈 정의하기

- move: 클로저가 캡처된 모든 것을 소유하도록 만들기

- mut: 참조, 원시 포인터, 패턴 바인딩에서 가변성을 나타내기

- pub: 구조체 필드, impl 블록, 또는 모듈에서 공개 가시성을 나타내기

- ref: 참조로 바인딩하기

- return: 함수로부터 반환하기

- Self: 현재 정의하거나 구현하고 있는 타입에 대한 별칭

- self: 메서드의 주체 혹은 현재 모듈

- static: 전역 변수 또는 프로그램 실행 동안 지속되는 라이프타임

- struct: 구조체 정의하기

- super: 현재 모듈의 부모 모듈

- trait: 트레이트 정의하기

- true: 불리언 참값 리터럴

- type: 타입 별칭 또는 연관 타입 정의하기

- union: 유니언(https://doc.rust-lang.org/reference/items/unions.html) 정의하기. 유니언 선언에서만 키워드로 사용됩니다

- unsafe: 안전하지 않은 코드, 함수, 트레이트, 또는 구현을 나타내기

- use: 심벌을 스코프 안으로 가져오기

- where: 어떤 타입을 제한하는 구절 나타내기

- while: 표현식의 결과에 따라 조건 반복하기

A.2 미래에 사용하기 위해 예약된 키워드

다음 키워드들은 아직 어떤 기능도 가지고 있지 않지만, 나중에 러스트에서 사용할 가능성이 있어 예약되어 있습니다.

- abstract

- become

- box

- do

- final

- macro

- override

- priv

- try

- typeof

- unsized

- virtual

- yield

A.3 원시 식별자

원시 식별자(raw identifier)는 일반적으로 키워드가 허용되지 않는 곳에 키워드를 사용하도록 해주는 문법입니다. r# 접두사를 키워드 앞에 붙이는 식으로 원시 식별자를 사용합니다.

예를 들면, match는 키워드죠. match를 함수 이름으로 사용하는 다음 함수의 컴파일을 시도하면,

```
fn match(needle: &str, haystack: &str) -> bool {
    haystack.contains(needle)
}
```

다음과 같은 에러가 발생합니다.

```
error: expected identifier, found keyword `match`
 --> src/main.rs:4:4
  |
4 | fn match(needle: &str, haystack: &str) -> bool {
  |    ^^^^^ expected identifier, found keyword
```

이 에러는 `match` 키워드를 함수 식별자로 사용할 수 없다는 것을 보여줍니다. `match`를 함수 이름으로 사용하려면, 다음과 같이 원시 식별자 문법을 사용해야 합니다.

```
fn r#match(needle: &str, haystack: &str) -> bool {
    haystack.contains(needle)
}

fn main() {
    assert!(r#match("foo", "foobar"));
}
```

이 코드는 에러 없이 컴파일됩니다. 함수 정의에서 함수 이름 앞에 `r#` 접두사를 붙인 것뿐만 아니라 `main`에서 함수를 호출할 때도 `r#` 접두사를 붙인 것에 주목하세요.

원시 식별자를 사용하면 해당 단어가 예약된 키워드일지라도 원하는 단어를 식별자로 사용할 수 있습니다. 이를 통해 식별자 이름을 더 자유롭게 선택할 수 있을 뿐만 아니라, 해당 단어들이 키워드가 아닌 언어로 작성된 프로그램과 통합할 수 있게끔 해줍니다. 또한, 원시 식별자를 사용하면 크레이트에서 사용하는 것과 다른 러스트 버전으로 작성된 라이브러리를 사용할 수 있습니다. 예를 들어 `try`는 2015 에디션에서는 키워드가 아니지만 2018 에디션에서는 키워드입니다. 2015 에디션을 사용하여 작성된 라이브러리에 의존하고 `try` 함수가 있는 경우, 2018 에디션 코드에서 해당 함수를 호출하려면 원시 식별자 구문(이 경우 `r#try`)을 사용해야 합니다. 에디션에 대한 자세한 내용은 부록 E(649쪽)를 참조하세요.

부록 B. 연산자와 기호

이 부록에는 자체적으로 또는 경로, 제네릭, 트레이트 바운드, 매크로, 속성, 주석, 튜플, 괄호 등의 콘텍스트에서 나타나는 연산자 및 기타 기호를 포함하는 러스트 문법에 대한 용어집이 수록되어 있습니다.

B.1 연산자

표 B-1은 러스트의 연산자, 콘텍스트에서 해당 연산자의 등장 예시, 간단한 설명, 그리고 해당 연산자가 오버로드 가능한지 여부를 담고 있습니다. 만약 연산자가 오버로드 가능하다면, 해당 연산자를 오버로딩하기 위해 사용해야 하는 트레이트가 나열되어 있습니다.

표 B-1 **연산자**

연산자	예시	설명	오버로드 가능
!	ident!(...), ident!{...}, ident![...]	매크로 확장	
!	!expr	비트 혹은 논리 부정	Not
!=	expr != expr	불일치 비교	PartialEq
%	expr % expr	나머지 연산	Rem
%=	var %= expr	나머지 연산 후 대입	RemAssign
&	&expr, &mut expr	대여	
&	&type, &mut type, &'a type, &'a mut type	대여 포인터 타입	
&	expr & expr	비트 단위 AND	BitAnd
&=	var &= expr	비트 단위 AND 후 대입	BitAndAssign
&&	expr && expr	논리적 AND	

연산자	예시	설명	오버로드 가능
*	expr * expr	산술 곱셈	Mul
*=	var *= expr	산술 곱셈 후 대입	MulAssign
*	*expr	역참조	Deref
*	*const type, *mut type	원시 포인터	
+	trait + trait, 'a + trait	타입 제약 조건 조합	
+	expr + expr	산술 덧셈	Add
+=	var += expr	산술 덧셈 후 대입	AddAssign
,	expr, expr	인수 및 요소 구분자	
-	- expr	산술 부정 연산	Neg
-	expr - expr	산술 뺄셈	Sub
-=	var -= expr	산술 뺄셈 후 대입	SubAssign
->	fn(...) -> type, |...| -> type	함수 및 클로저 반환 타입	
.	expr.ident	멤버 접근	
..	.., expr.., ..expr, expr..expr	상한 배제 범위 리터럴	PartialOrd
..=	..=expr, expr..=expr	상한 포함 범위 리터럴	PartialOrd
..	..expr	구조체 리터럴 업데이트 문법	
..	variant(x, ..), struct_type { x, .. }	'나머지' 패턴 바인딩	
...	expr...expr	(사용 중단됨, 대신 ..=을 사용) 패턴 내에서: 경계를 포함하는 범위 패턴	
/	expr / expr	산술 나눗셈	Div
/=	var /= expr	산술 나눗셈 후 대입	DivAssign
:	pat: type, ident: type	제약	
:	ident: expr	구조체 필드 초기화	
:	'a: loop {...}	루프 라벨	
;	expr;	구문 및 아이템 종결자	
;	[...; len]	고정 크기 배열 문법의 일부분	
<<	expr << expr	좌측 시프트	Shl
<<=	var <<= expr	좌측 시프트 후 대입	ShlAssign
<	expr < expr	미만 비교	PartialOrd
<=	expr <= expr	이하 비교	PartialOrd
=	var = expr, ident = type	대입/동등성	

연산자	예시	설명	오버로드 가능
==	expr == expr	일치 비교	PartialEq
=>	pat => expr	매치 갈래 문법의 일부분	
>	expr > expr	초과 비교	PartialOrd
>=	expr >= expr	이상 비교	PartialOrd
>>	expr >> expr	우측 시프트	Shr
>>=	var >>= expr	우측 시프트 후 대입	ShrAssign
@	ident @ pat	패턴 바인딩	
^	expr ^ expr	비트 단위 배타적 OR	BitXor
^=	var ^= expr	비트 단위 배타적 OR 후 대입	BitXorAssign
|	pat | pat	다중 패턴	
|	expr | expr	비트 단위 OR	BitOr
|=	var |= expr	비트 단위 OR 후 대입	BitOrAssign
||	expr || expr	논리적 OR	
?	expr?	에러 전파	

B.2 비연산자 기호

다음 목록에는 연산자로 작동하지 않는 모든 기호를 수록했습니다. 즉, 이 기호들은 함수 또는 메서드 호출처럼 작동하지 않습니다.

표 B-2는 자체적으로 나타나는 기호들을 보여주며, 다양한 위치에서 유효합니다.

표 B-2 독립형 문법

기호	설명
'ident	기명 라이프타임 혹은 루프 라벨
...u8, ...i32, ...f64, ...usize, etc.	특정 타입의 수치 값 리터럴
"..."	문자열 리터럴
r"...", r#"..."#, r##"..."##, etc.	이스케이프 문자가 처리되지 않는 원시 문자열 리터럴
b"..."	바이트 문자열 리터럴. 문자열 대신 바이트 배열 구성하기
br"...", br#"..."#, br##"..."##, etc.	원시 바이트 문자열 리터럴, 원시 문자열과 바이트 문자열 리터럴의 조합
'...'	문자 리터럴

기호	설명
b'...'	ASCII 바이트 리터럴
|...| expr	클로저
!	발산 함수를 위한 항상 비어 있는 하단 타입
_	'무시되는' 패턴 바인딩. 정수형 리터럴을 읽기 편하게 만드는 데도 사용됨

표 B-3는 모듈 계층을 통해 아이템에 도달하는 경로의 콘텍스트에서 나타나는 기호들을 보여줍니다.

표 B-3 경로 관련 문법

기호	설명
ident::ident	네임스페이스 경로
::path	크레이트 루트 기준 상대 경로 (즉, 명시적인 절대 경로)
self::path	현재 모듈 기준 상대 경로 (즉, 명시적인 상대 경로)
super::path	현재 모듈의 부모 기준 상대 경로
type::ident, <type as trait>::ident	연관 상수, 함수, 타입
<type>::...	직접 명명될 수 없는 타입에 대한 연관 아이템 (예: <&T>::..., <[T]>::..., 기타 등등)
trait::method(...)	해당 메서드를 정의한 트레이트 이름으로 메서드 호출을 명확하게 하기
type::method(...)	해당 메서드가 정의된 타입의 이름으로 메서드 호출을 명확하게 하기
<type as trait>::method(...)	트레이트와 타입 이름으로 메서드 호출을 명확하게 하기

표 B-4는 제네릭 타입 매개변수를 사용하는 콘텍스트에서 나타나는 기호들을 보여줍니다.

표 B-4 제네릭

기호	설명
path<...>	타입에서 제네릭 타입에 대한 매개변수 지정하기(예: Vec<u8>)
path::<...>, method::<...>	표현식에서 제네릭 타입, 함수, 메서드에 대한 매개변수 지정하기. 종종 터보피쉬(turbofish)라고도 불림(예: "42".parse::<i32>())
fn ident<...> ...	제네릭 함수 정의하기
struct ident<...> ...	제네릭 구조체 정의하기
enum ident<...> ...	제네릭 열거형 정의하기
impl<...> ...	제네릭 구현체 정의하기
for<...> type	고수준 라이프타임 바운드
type<ident=type>	하나 이상의 연관 타입이 특정한 인수를 갖는 제네릭 타입 (예: Iterator<Item=T>)

표 B-5는 트레이트 바운드를 사용하여 제네릭 타입 매개변수를 제한하는 콘텍스트에서 나타나는 기호들을 보여줍니다.

표 B-5 트레이트 바운드 제약 조건

기호	설명
T: U	제네릭 매개변수 T는 U를 구현하는 타입으로 제한됨
T: 'a	제네릭 타입 T는 'a보다 긴 라이프타임을 가져야 함 (즉 해당 타입은 일시적으로 'a보다 짧은 라이프타임을 가진 어떤 참조자도 가질 수 없음)
T: 'static	제네릭 타입 T는 'static 이외의 빌린 참조자를 포함하지 않음
'b: 'a	제네릭 라이프타임 'b는 'a보다 긴 라이프타임을 가져야 함
T: ?Sized	제네릭 타입 매개변수에 동적 크기 타입 사용이 가능하도록 허용함
'a + trait, trait + trait	타입 제약 조건 조합

표 B-6은 매크로를 호출하거나 정의하는 콘텍스트 및 아이템에 속성을 지정하는 콘텍스트에서 나타나는 기호들을 보여줍니다.

표 B-6 매크로와 속성

기호	설명
#[meta]	외부 속성
#![meta]	내부 속성
$ident	매크로 치환
$ident:kind	매크로 캡처
$(…)…	매크로 반복
ident!(...), ident!{...}, ident![...]	매크로 호출

표 B-7은 주석을 생성하는 기호들을 보여줍니다.

표 B-7 주석

기호	설명
//	한 줄 주석
//!	내부 한 줄 문서화 주석
///	외부 한 줄 문서화 주석
/*...*/	블록 주석
/*!...*/	내부 블록 문서화 주석
/**...*/	외부 블록 문서화 주석

표 B-8은 튜플을 사용하는 콘텍스트에서 나타나는 기호들을 보여줍니다.

표 B-8 **튜플**

기호	설명
()	빈 튜플 (일명 유닛), 리터럴이자 타입
(expr)	괄호로 묶인 표현식
(expr,)	단일 요소 튜플 표현식
(type,)	단일 요소 튜플 타입
(expr, ...)	튜플 표현식
(type, ...)	튜플 타입
expr(expr, ...)	함수 호출 표현식. 튜플 struct와 튜플 enum 배리언트의 초기화에도 사용됨
expr.0, expr.1, etc.	튜플 인덱싱

표 B-9는 중괄호를 사용하는 콘텍스트를 보여줍니다.

표 B-9 **중괄호**

콘텍스트	설명
{...}	블록 표현식
Type {...}	struct 리터럴

표 B-10은 대괄호를 사용하는 콘텍스트를 보여줍니다.

표 B-10 **대괄호**

콘텍스트	설명
[...]	배열 리터럴
[expr; len]	expr값을 len개 복사한 배열 리터럴
[type; len]	type의 인스턴스를 len개만큼 담는 배열 타입
expr[expr]	컬렉션 인덱싱. 오버로드 가능(Index, IndexMut)
expr[..], expr[a..], expr[..b], expr[a..b]	컬렉션 슬라이싱 모양의 컬렉션 인덱싱. '인덱스'로 Range, RangeFrom, RangeTo, 혹은 RangeFull 사용

부록 C. 파생 가능한 트레이트 ──────

이 책의 여러 곳에서 구조체나 열거형 정의에 적용할 수 있는 derive 속성에 대해 설명했습니다. derive 속성은 derive 문법으로 명시한 타입에 대해 자체적인 기본 구현이 있는 트레이트를 구현하는 코드를 생성합니다.

이 부록에서는 derive와 함께 사용할 수 있는 표준 라이브러리의 모든 트레이트에 대한 참고 자료를 제공합니다. 각 절이 다룰 내용은 다음과 같습니다.

- 트레이트를 파생했을 때 활성화되는 연산자와 메서드의 종류
- derive가 제공하는 트레이트의 구현체가 하는 일
- 타입에 대해 트레이트를 구현한다는 것의 의미
- 트레이트를 구현할 수 있는 조건 혹은 허용되지 않는 조건
- 트레이트가 필요한 연산들의 예

derive 속성이 제공하는 것과는 다른 동작을 원한다면, 각 트레이트에 대한 표준 라이브러리 문서(https://doc.rust-lang.org/std/index.html)를 참고하여 수동으로 구현하는 방법에 대한 자세한 내용을 확인하세요.

여기에 나열된 트레이트들은 표준 라이브러리에서 derive를 사용하여 타입에 구현할 수 있는 유일한 트레이트들입니다. 표준 라이브러리에 정의된 다른 트레이트에는 적절한 기본 동작이 없으므로, 달성하려는 목적에 적합한 방식으로 구현하는 것은 여러분의 몫입니다.

파생될 수 없는 트레이트의 예로는 Display가 있는데, 이는 최종 사용자를 위한 서식을 처리합니다. 여러분은 최종 사용자에게 타입을 표시할 적절한 방법을 항상 고려해야 합니다. 최종 사용자

에게 어떤 부분을 표시해야 할까요? 어떤 부분이 관련성이 있을까요? 어떤 형식의 데이터가 가장 관련성이 높을까요? 러스트 컴파일러에는 이러한 인사이트가 없으므로 적절한 기본 동작을 제공할 수 없습니다.

이 부록에 나열된 트레이트가 파생 가능한 트레이트를 전부 포괄하지는 않습니다. 라이브러리는 자신의 트레이트에 대해 대한 derive를 구현할 수 있으므로, derive를 사용할 수 있는 트레이트 목록은 정말 개방적입니다. derive를 구현하려면 절차적 매크로를 사용해야 하며, 이는 19장의 '매크로'(568쪽)에서 다룹니다.

C.1 프로그래머 출력을 위한 Debug

Debug 트레이트는 형식 문자열에서 디버그 서식을 활성화하는데, 이는 {} 자리표시자 내에 :?를 추가하여 표시합니다.

Debug 트레이트는 디버깅 목적으로 어떤 타입의 인스턴스를 출력할 수 있게 해주므로, 여러분과 여러분의 타입을 사용하는 다른 프로그래머들은 프로그램의 실행 중 특정 지점에서 인스턴스를 검사할 수 있습니다.

Debug 트레이트는 이를테면 assert_eq! 매크로를 사용할 때 필요합니다. 이 매크로는 동등 단언이 실패했을 경우 인스턴스의 값을 출력하여 프로그래머가 두 인스턴스가 같지 않은 이유를 확인할 수 있도록 해줍니다.

C.2 동등 비교를 위한 PartialEq 및 Eq

PartialEq 트레이트는 타입의 인스턴스를 비교하여 동등 여부를 확인하고 ==와 != 연산자를 사용할 수 있게 해줍니다.

PartialEq를 파생시키면 eq 메서드가 구현됩니다. PartialEq가 구조체에 파생되면, 두 인스턴스는 **모든** 필드가 동일할 때만 동일하고, 필드 중 어느 하나라도 동일하지 않다면 두 인스턴스는 동일하지 않습니다. 열거형에 파생되면, 각 배리언트는 자기 자신과는 동일하고 다른 변형과는 동일하지 않습니다.

예를 들면 PartialEq 트레이트는 assert_eq! 매크로를 사용할 때 필요한데, 이 매크로는 두 인스턴스를 비교하여 동등 여부를 확인할 수 있어야 하기 때문입니다.

Eq 트레이트에는 메서드가 없습니다. 이 트레이트의 목적은 명시된 타입의 모든 값에 대해 해당 값이 자기 자신과 동일하다는 것을 나타내는 것입니다. Eq 트레이트는 PartialEq를 구현한 모든 타입에 적용할 수 있지만, PartialEq를 구현한 모든 타입이 Eq를 구현할 수 있는 것은 아닙니다. 이에 대한 한 가지 예는 부동소수점 숫자 타입입니다. 부동소수점 숫자 구현은 not-a-number(NaN) 값의 두 인스턴스가 서로 동일하지 않다고 명시합니다.

Eq가 필요한 예시로는 HashMap<K, V>의 키로서, HashMap<K, V>가 두 키가 동일한지 여부를 알 수 있도록 하는 것입니다.

C.3 순서 비교를 위한 PartialOrd 및 Ord

PartialOrd 트레이트는 정렬 목적을 위하여 타입의 인스턴스를 비교할 수 있도록 해줍니다. PartialOrd를 구현한 타입은 <, >, <=, >= 연산자를 사용할 수 있습니다. PartialOrd 트레이트는 PartialEq를 구현한 타입에만 적용할 수 있습니다.

PartialOrd 트레이트를 파생시키면 partial_cmp 메서드가 구현되는데, 이는 Option<Ordering>을 반환하며, 반환값은 주어진 값이 순서를 정의하지 않을 때 None이 됩니다. 이 트레이트를 구현한 타입의 대부분의 값은 비교할 수 있지만, 순서를 정의하지 않는 값의 예가 있다면 NaN 부동소수점 값입니다. NaN 부동소수점 숫자와 어떤 부동소수점 숫자를 사용하여 partial_cmp를 호출하면 None이 반환될 것입니다.

구조체에 대해 파생되면, PartialOrd는 구조체 정의에서 필드가 나타나는 순서대로 각 필드의 값을 비교하는 방식으로 두 인스턴스를 비교합니다. 열거형에 대해 파생되면, 열거형 정의에서 먼저 선언된 배리언트는 나중에 선언된 배리언트보다 작다고 간주됩니다.

예를 들면 PartialOrd 트레이트는 범위 표현식에 의해 지정된 범위 내에서 임의의 값을 생성하는 rand 크레이트의 gen_range 메서드를 사용할 때 필요합니다.

Ord 트레이트는 어떤 두 값에 대해 항상 유효한 순서가 존재한다는 것을 알려줍니다. Ord 트레이트는 cmp 메서드를 구현하는데, 이는 Option<Ordering>이 아닌 Ordering을 반환합니다. 이는 항상 유효한 순서가 존재하기 때문입니다. Ord 트레이트는 PartialOrd와 Eq를 구현한 타입에만 적용할 수 있습니다(Eq는 PartialEq를 필요로 합니다). 구조체와 열거형에 대해 파생되면, cmp는 PartialOrd의 partial_cmp에 대한 파생 구현체가 작동하는 방식과 동일하게 작동합니다.

Ord가 필요한 한 가지 예는 BTreeSet<T>에 값을 저장할 때인데, 이는 값의 정렬 순서에 따라 데이터를 저장하는 데이터 구조입니다.

C.4 값을 복제하기 위한 Clone과 Copy

Clone 트레이트는 명시적으로 값의 깊은 복사를 생성할 수 있게 해주며, 복제 과정은 임의의 코드를 실행하고 힙 데이터를 복사할 수도 있습니다. Clone에 대한 더 자세한 내용은 4장의 '변수와 데이터 간 상호작용 방식: 클론'(88쪽)을 참고하세요.

Clone을 파생하면 clone 메서드가 구현되는데, 이는 타입 전체에 대해 구현될 때 타입의 각 부분에 대해 clone을 호출합니다. 이는 Clone을 파생하기 위해서는 타입의 모든 필드나 값 또한 Clone을 구현해야 한다는 것을 의미합니다.

Clone이 필요한 경우의 한 예에는 슬라이스에 to_vec 메서드를 호출할 때가 있습니다. 슬라이스는 자신이 가진 타입 인스턴스를 소유하지 않지만, to_vec에서 반환된 벡터는 자신의 인스턴스를 소유해야 하므로, to_vec은 각 아이템에 대해 clone을 호출합니다. 따라서 슬라이스에 저장된 타입은 Clone을 구현해야 합니다.

Copy 트레이트는 임의의 코드 없이 스택에 저장된 비트만 복사하여 값을 복제할 수 있게 해줍니다. Copy에 대한 더 자세한 내용은 4장의 '스택에만 저장되는 데이터: 복사'(89쪽)를 참고하세요.

Copy 트레이트에는 아무 메서드도 정의되어 있지 않은데, 이는 프로그래머가 메서드를 오버로딩하고 임의의 코드를 실행하지 않는다는 가정을 위반하는 것을 방지하기 위해서입니다. 따라서 모든 프로그래머는 복사가 매우 빠르게 수행될 것이라고 가정할 수 있습니다.

어떤 타입에 대해 Copy를 파생하려면 그 타입의 모든 부분이 Copy를 구현해야 합니다. Copy를 구현하는 타입은 또한 Clone을 구현해야 하는데, 왜냐하면 Copy를 구현하는 타입은 Copy와 동일한 작업을 수행하는 Clone의 단순한 구현체를 가지고 있기 때문입니다.

Copy 트레이트는 드물게만 요구됩니다. Copy를 구현하는 타입은 최적화가 가능하므로 clone을 호출할 필요가 없으며, 이는 코드를 더 간결하게 만듭니다.

Copy를 사용하여 가능한 모든 것은 Clone을 사용하여 수행할 수 있지만, 코드가 느려지거나 clone을 사용해야 하는 경우가 있을 수 있습니다.

C.5 어떤 값을 고정 크기의 값으로 매핑하기 위한 Hash

Hash 트레이트는 해시 함수를 사용하여 임의의 크기를 가진 타입의 인스턴스를 고정 크기의 값으로 매핑할 수 있게 해줍니다. Hash를 파생하면 hash 메서드가 구현됩니다. 파생된 hash 메서드의 구현체는 타입의 각 부분에 대해 hash를 호출한 결과를 조합하는데, 이는 Hash를 파생하기 위해서는 타입의 모든 필드 혹은 값 또한 Hash를 구현해야 한다는 것을 의미합니다.

Hash를 필요로 하는 한 가지 예는 효율적으로 데이터를 저장하기 위하여 HashMap<K, V>에 키를 저장할 때입니다.

C.6 기본값을 위한 Default

Default 트레이트는 타입에 대한 기본값을 생성할 수 있게 해줍니다. Default를 파생하면 default 함수가 구현됩니다. 파생된 default 함수의 구현체는 타입의 각 부분에 대해 default를 호출하는데, 이는 Default를 파생하기 위해서는 타입의 모든 필드 혹은 값 또한 Default를 구현해야 한다는 것을 의미합니다.

Default::default 함수는 일반적으로 5장의 '기존 인스턴스를 이용해 새 인스턴스를 만들 때 구조체 업데이트 문법 사용하기'(114쪽)에서 다룬 구조체 업데이트 구문과 함께 사용됩니다. 구조체의 몇 개의 필드만 커스터마이징한 다음 나머지 필드에 대해 기본값을 설정하고 사용하려면 ..Default::default()를 사용할 수 있습니다.

Default 트레이트는 예를 들면 Option<T> 인스턴스에서 unwrap_or_default 메서드를 사용할 때 필요합니다. Option<T>가 None이면, unwrap_or_default 메서드는 Option<T>에 저장되는 T 타입에 대한 Default::default의 결과를 반환합니다.

부록 D. 유용한 개발 도구

이 부록에서는 러스트 프로젝트가 제공하는 유용한 개발 도구에 대해 알아보겠습니다. 자동 포매팅, 경고 수정을 적용하는 빠른 방법, 린터(linter), IDE와의 통합 등을 살펴보겠습니다.

D.1 rustfmt로 자동 포매팅하기

rustfmt 도구는 커뮤니티 코드 스타일에 따라 여러분의 코드를 다시 포맷합니다. 많은 협업 프로젝트는 rustfmt를 사용하여 러스트를 작성할 때 사용할 스타일에 대한 논쟁을 방지합니다. 모든 사람이 이 도구를 사용하여 코드를 포맷합니다.

rustfmt 도구를 설치하려면 다음을 입력하세요.

```
$ rustup component add rustfmt
```

이 명령은 rustc와 cargo처럼 rustfmt와 cargo-fmt를 제공합니다. 어떤 카고 프로젝트를 포맷하려면, 다음을 입력하세요.

```
$ cargo fmt
```

이 명령을 실행하면 현재 크레이트의 모든 러스트 코드를 다시 포맷합니다. 이 명령은 코드의 의미를 변경하지 않고 코드 스타일만 변경합니다. rustfmt에 대한 자세한 내용은 문서(https://github.com/rust-lang/rustfmt)를 참고하세요.

D.2 rustfix로 코드 수정하기

rustfix 도구는 러스트 설치에 포함되어 있으며 원하는 문제를 해결할 명확한 방법이 있는 컴파일러 경고를 자동으로 수정할 수 있습니다. 컴파일러 경고를 이미 본 적이 있을 것입니다. 예를 들어, 다음 코드를 살펴보겠습니다.

File src/main.rs

```
fn do_something() {}

fn main() {
    for i in 0..100 {
        do_something();
    }
}
```

여기서는 do_something 함수를 100번 호출하지만, for 루프의 본문에서 i 변수를 사용하지 않습니다. 러스트는 이것에 대해 경고합니다.

```
$ cargo build
   Compiling myprogram v0.1.0 (file:///projects/myprogram)
warning: unused variable: `i`
 --> src/main.rs:4:9
  |
4 |     for i in 0..100 {
  |         ^ help: consider using `_i` instead
  |
  = note: #[warn(unused_variables)] on by default

    Finished dev [unoptimized + debuginfo] target(s) in 0.50s
```

이 경고는 대신에 _i라는 이름을 사용하라고 제안합니다. 밑줄은 이 변수를 사용하지 않을 것이라는 의도를 나타냅니다. cargo fix 명령을 실행하면 rustfix 도구를 사용하여 이 제안을 자동으로 적용할 수 있습니다.

```
$ cargo fix
    Checking myprogram v0.1.0 (file:///projects/myprogram)
      Fixing src/main.rs (1 fix)
    Finished dev [unoptimized + debuginfo] target(s) in 0.59s
```

src/main.rs를 다시 살펴보면, cargo fix가 코드를 변경했음을 알 수 있습니다.

(File) src/main.rs

```
fn do_something() {}

fn main() {
    for _i in 0..100 {
        do_something();
    }
}
```

for 루프 변수가 이제 _i라는 이름이 되었고, 경고는 더 이상 나타나지 않습니다.

또한 cargo fix 명령을 사용하여 코드에 대해 서로 다른 러스트 에디션 간 변경을 적용할 수도 있습니다. 에디션은 부록 E에서 다룹니다.

D.3 **Clippy로 더 많은 린트 사용하기**

Clippy 도구는 코드를 분석하여 일반적인 실수를 잡고 러스트 코드를 개선할 수 있도록 하는 린트(lint) 모음입니다.

Clippy를 설치하려면 다음을 입력하세요.

```
$ rustup component add clippy
```

Clippy의 린트를 어떤 카고 프로젝트에 실행하려면 다음을 입력하세요.

```
$ cargo clippy
```

예를 들어 다음과 같이 수학적 상수(예: pi)의 근사치를 사용하는 프로그램을 작성했다고 가정해보겠습니다.

(File) src/main.rs

```
fn main() {
    let x = 3.1415;
    let r = 8.0;
```

```
    println!("the area of the circle is {}", x * r * r);
}
```

cargo clippy를 이 프로젝트에 실행하면 다음과 같은 에러가 발생합니다.

```
error: approximate value of `f{32, 64}::consts::PI` found
 --> src/main.rs:2:13
  |
2 |     let x = 3.1415;
  |             ^^^^^^
  |
  = note: `#[deny(clippy::approx_constant)]` on by default
  = help: consider using the constant directly
  = help: for further information visit https://rust-lang.github.io/rust-clippy/master/
index.html#approx_constant
```

이 에러는 러스트에 이미 더 정확한 PI 상수가 정의되어 있으며, 프로그램이 이 상수를 대신 사용하도록 수정하면 더 정확해진다는 것을 알려줍니다. 그러면 여러분이 PI 상수를 사용하도록 코드를 변경할 수 있습니다. 다음 코드는 Clippy에서 어떠한 에러나 경고도 발생하지 않습니다.

(File) src/main.rs

```
fn main() {
    let x = std::f64::consts::PI;
    let r = 8.0;
    println!("the area of the circle is {}", x * r * r);
}
```

Clippy에 대한 더 많은 정보를 보려면 Clippy 문서(https://github.com/rust-lang/rust-clippy)를 참조하세요.

D.4 rust-analyzer를 사용한 IDE 통합

러스트 커뮤니티는 IDE 통합을 돕기 위해 rust-analyzer(https://rust-analyzer.github.io/)를 추천합니다. 이 도구는 언어 서버 프로토콜(Language Server Protocol)(http://langserver.org/)을 사용하는 컴파일러 중심의 유틸리티 세트인데, 이 프로토콜은 IDE와 프로그래밍 언어가 서로 통신할 수 있도록 하는 사양입니다. Visual Studio Code의 Rust analyzer 플러그인(https://marketplace.visualstudio.com/items?itemName=rust-lang.rust-analyzer)과 같은 다른 클라이언트에서도 rust-analyzer를 사용할 수 있습니다.

부록 E. 에디션

설치 방법을 보려면 rust-analyzer 프로젝트의 홈페이지(https://rust-analyzer.github.io/)를 방문하고, 여러분의 IDE에 특정한 언어 서버 지원을 설치하세요. 여러분의 IDE는 자동 완성, 정의로 이동, 인라인 에러 등과 같은 기능을 얻게 될 것입니다.

1장에서 cargo new 명령이 **Cargo.toml** 파일에 에디션에 대한 메타데이터를 추가하는 것을 보았습니다. 이 부록에서는 그것이 무엇을 의미하는지에 대해 설명합니다!

러스트 언어와 컴파일러의 릴리스 주기는 6주이며, 이는 사용자들에게 지속적으로 새로운 기능을 제공함을 의미합니다. 다른 프로그래밍 언어는 더 낮은 빈도로 큰 변경을 배포합니다. 러스트는 더 자주 작은 업데이트를 배포합니다. 어느 순간부터는 이러한 작은 변경들이 합쳐집니다. 하지만 릴리스마다 돌아보면서 '와, 러스트 1.10과 러스트 1.31 사이에 러스트가 많이 바뀌었구나!'라고 말하기는 어려울 수 있습니다.

매 2년 혹은 3년마다, 러스트 팀은 새로운 러스트 **에디션**을 출시합니다. 각 에디션은 완전히 업데이트된 문서 및 도구가 포함된 깨끗한 패키지로 출시되는 기능을 제공합니다. 새로운 에디션은 일반적인 6주간의 릴리스 프로세스의 일부로 출시됩니다.

에디션은 여러 사람에게 여러 목적을 제공합니다.

- 기존 러스트 사용자의 경우, 새 에디션은 점진적인 변경 사항을 이해하기 쉬운 패키지로 통합하여 제공합니다.
- 비사용자의 경우, 새 에디션은 몇 가지 주요 개선 사항이 적용되었음을 알리는 신호이며, 러스트를 다시 살펴볼 가치가 있게 합니다.

- 러스트를 개발하는 사람들에게는 새 에디션이 프로젝트 전체를 위한 결집점을 제공합니다.

이 글을 쓰는 시점에는 세 개의 러스트 에디션이 사용 가능합니다. 러스트 2015, 러스트 2018, 그리고 러스트 2021이지요. 이 책은 러스트 2021 에디션 관용구를 사용하여 작성되었습니다.

Cargo.toml의 edition 키는 컴파일러가 코드를 컴파일할 때 사용할 에디션을 나타냅니다. 이 키가 존재하지 않으면, 러스트는 역호환성을 위해 **2015**를 에디션값으로 사용합니다.

각 프로젝트는 기본 2015 에디션이 아닌 다른 에디션을 채택할 수 있습니다. 에디션은 코드에서 식별자와 충돌하는 새 키워드를 포함하는 등 호환되지 않는 변경 사항을 포함할 수 있습니다. 하지만 그러한 변경 사항을 채택하지 않는다면, 코드는 러스트 컴파일러 버전을 업그레이드하더라도 계속해서 컴파일될 것입니다.

모든 러스트 컴파일러 버전은 해당 컴파일러 릴리스 이전에 존재했던 모든 에디션을 지원하며, 지원되는 모든 에디션의 크레이트를 서로 링크할 수 있습니다. 에디션 변경은 컴파일러가 초기에 코드를 구문 분석하는 방식에만 영향을 줍니다. 따라서 러스트 2015를 사용 중이고 디펜던시 중 하나가 러스트 2018을 사용하는 경우, 프로젝트는 컴파일되고 해당 디펜던시를 사용할 수 있습니다. 프로젝트가 러스트 2018을 사용하고 디펜던시가 러스트 2015를 사용하는 반대의 상황도 마찬가지입니다.

명확히 말하자면, 대부분의 기능은 모든 버전에서 사용할 수 있습니다. 모든 러스트 에디션을 사용하는 개발자는 새로운 안정 버전이 출시되면 계속해서 개선 사항을 확인할 수 있습니다. 그러나 몇몇 경우, 주로 새로운 키워드가 추가될 경우에 일부 새로운 기능은 이후 버전에서만 사용 가능할 수도 있습니다. 이러한 기능을 활용하려면 에디션을 전환해야 합니다.

더 자세한 내용은 에디션 간의 차이점을 열거하고 cargo fix를 통해 코드를 새 에디션으로 자동 업그레이드하는 방법을 설명하는 에디션에 대한 전체 문서인 에디션 가이드(https://doc.rust-lang.org/stable/edition-guide/)를 참조하세요.

부록 F. 번역본

영어가 아닌 언어의 자료입니다. 대부분 아직 진행 중입니다. 새로운 번역에 대해 도움을 주거나 알려주시려면 번역 라벨(https://github.com/rust-lang/book/issues?q=is:open+is:issue+label:Translations)을 확인하세요!

- **Português(BR):** https://github.com/rust-br/rust-book-pt-br
- **Português(PT):** https://github.com/nunojesus/rust-book-pt-pt
- **简体中文:** https://github.com/KaiserY/trpl-zh-cn
- **正體中文:** https://github.com/rust-tw/book-tw
- **Українська:** https://github.com/pavloslav/rust-book-uk-ua
- **Español:** https://github.com/thecodix/book. **다른 버전:** https://github.com/ManRR/rust-book-es
- **Italiano:** https://github.com/EmanueleGurini/book_it
- **Русский:** https://github.com/rust-lang-ru/book
- **한국어:** https://doc.rust-kr.org
- **日本語:** https://github.com/rust-lang-ja/book-ja
- **Français:** https://github.com/Jimskapt/rust-book-fr
- **Polski:** https://github.com/paytchoo/book-pl
- **Cebuano:** https://github.com/agentzero1/book
- **Tagalog:** https://github.com/josephace135/book
- **Esperanto:** https://github.com/psychoslave/Rust-libro

- **ελληνική:** https://github.com/TChatzigiannakis/rust-book-greek

- **Svenska:** https://github.com/sebras/book

- **Farsi:** https://github.com/pomokhtari/rust-book-fa

- **Deutsch:** https://github.com/rust-lang-de/rustbook-de

- **हिंदी:** https://github.com/venkatarun95/rust-book-hindi

- **ไทย:** https://github.com/rust-lang-th/book-th

- **Danske:** https://github.com/DanKHansen/book-dk

부록 G. 러스트가 만들어지는 과정과 'nightly 러스트'

이 부록은 러스트가 어떻게 만들어지는지와 이것이 러스트 개발자로서의 여러분에게 어떤 영향을 미치는지에 대해 설명합니다.

G.1 정체되지 않는 안정성

언어로서 러스트는 코드의 안정성을 매우 중요하게 생각합니다. 러스트가 여러분이 무언가 구축할 수 있는 견고한 토대가 되기를 바라지만, 무언가 계속 바뀐다면 이는 불가능할 것입니다. 동시에 새로운 기능을 실험할 수 없다면, 더 이상 변경할 수 없는 릴리스 이후에야 중요한 결함을 발견할 수도 있습니다.

이 문제에 대한 우리의 해결책은 '정체되지 않는 안정성(Stability Without Stagnation)'이라 부르는 것으로, 기본 원칙은 다음과 같습니다. 여러분이 안정적인 새 버전의 stable 러스트로 업그레이드하는 것을 두려워할 필요가 없어야 한다는 것입니다. 각 업그레이드는 고통 없이 진행되어야 하지만, 그러면서도 새로운 기능이 추가되고 버그가 줄어들며 컴파일 시간이 단축되어야 합니다.

G.2 칙칙폭폭! 릴리스 채널과 기차 타기

러스트 개발은 '기차 스케줄'에 따라 운영됩니다. 즉, 모든 개발은 러스트 저장소의 `master` 브랜치에서 이루어집니다. 릴리스는 Cisco IOS 및 기타 소프트웨어 프로젝트에서 사용되어온 소프트웨어 릴리스 기차 모델(train model)을 따릅니다. 러스트에는 세 가지 릴리스 채널이 있습니다.

- nightly

- beta

- stable

대부분의 러스트 개발자는 주로 stable 채널을 사용하지만, 실험적인 새 기능을 시도하고 싶은 사람들은 nightly나 beta를 사용할 수 있습니다.

다음은 개발 및 릴리스 프로세스가 어떻게 작동하는지에 대한 예시입니다. 러스트 팀에서 러스트 1.5 릴리스를 작업 중이라고 가정해봅시다. 이 릴리스는 2015년 12월에 이루어졌지만, 실제 버전 번호와 함께 제공될 것입니다. 새로운 기능이 러스트에 추가됩니다. 즉 새 커밋이 master 브랜치에 저장됩니다. 매일 밤, 새로운 nightly 버전의 러스트가 생성됩니다. 날마다 릴리스되며, 이러한 릴리스는 릴리스 인프라에 의해 자동으로 생성됩니다. 따라서 시간이 지남에 따라 릴리스는 밤마다 한 번씩 다음과 같이 보입니다.

```
nightly: * - - * - - *
```

6주마다 새 릴리스를 준비할 시간이 됩니다! 러스트 저장소의 beta 브랜치는 nightly에서 사용하는 master 브랜치에서 분기됩니다. 이제 두 개의 릴리스가 있습니다.

```
nightly: * - - * - - *
                     |
beta:                *
```

대부분의 러스트 사용자는 beta 릴리스를 적극적으로 사용하지는 않지만, 자신들의 CI 시스템에서 beta를 테스트하여 러스트가 가능한 문제점을 발견하는 데 도움을 줍니다. 한편, 매일 밤 여전히 nightly 릴리스가 있습니다.

```
nightly: * - - * - - * - - * - - *
                     |
beta:                *
```

문제점이 하나 발견되었다 칩시다. 문제점이 stable 릴리스에 들어가기 전에 beta 릴리스에서 테스트할 시간이 있어서 다행입니다! master에 수정이 적용되어 nightly가 수정되고, 그런 다음 수정이 beta 브랜치로 역으로 포팅되어 새로운 beta 릴리스가 생성됩니다.

```
nightly: * - - * - - * - - * - - * - - *
                   |
beta:              * - - - - - - - - *
```

첫 번째 beta가 생성된 후 6주가 지나면, stable 릴리스가 출시됩니다! stable 브랜치는 beta 브랜치에서 생성됩니다.

```
nightly: * - - * - - * - - * - - * - - * - - *
                   |
beta:              * - - - - - - - - *
                                     |
stable:                              *
```

만세! 러스트 1.5가 완료되었습니다! 그러나 한 가지를 잊어버렸습니다. 6주가 지났으므로 러스트 1.6의 새로운 beta도 필요합니다. 따라서 stable이 beta에서 분기한 후, beta의 다음 버전은 다시 nightly에서 분기됩니다.

```
nightly: * - - * - - * - - * - - * - - * - - *
                   |                   |
beta:              * - - - - - - - - *  *
                                     |
stable:                              *
```

이것이 '기차 모델'이라고 불리는 이유는 6주마다 릴리스가 '역에서 출발'하지만, stable 릴리스로 도착하기 전에 beta 채널을 통해 여행을 계속해야 하기 때문입니다.

러스트는 시계처럼 6주마다 릴리스됩니다. 한 번의 러스트 릴리스 날짜를 알면 다음 릴리스 날짜도 알 수 있습니다. 6주마다 릴리스가 예정되어 있다는 것은 다음 기차가 곧 온다는 의미입니다. 어떤 기능이 특정 릴리스에 빠지는 일이 생겼어도 걱정할 필요가 없습니다. 곧 다른 릴리스가 출시될 예정이니까요! 이렇게 하면 릴리스 마감일에 임박해서 미완성된 기능을 몰래 넣어야 하는 부담을 줄일 수 있습니다.

이 프로세스 덕분에 여러분은 언제든지 러스트의 다음 빌드를 확인하고 업그레이드가 쉬운지 직접 확인할 수 있습니다. beta 릴리스가 예상대로 작동하지 않는 경우 팀에 보고하여 다음 stable 릴리스가 나오기 전에 수정할 수 있습니다! beta 릴리스에서 버그가 발생하는 경우는 비교적 드물지만, rustc는 여전히 소프트웨어일 뿐이며 버그가 존재할 수 있습니다.

G.3 불안정한 기능

이 릴리스 모델에는 한 가지 더 볼 것이 있습니다. 바로 불안정한 기능입니다. 러스트는 '기능 플래그(feature flag)'라는 기법을 사용하여 특정 릴리스에서 어떤 기능이 활성화되는지 결정합니다. 새로운 기능이 활발하게 개발 중인 경우 master에 들어가고, 따라서 따라서 nightly 릴리스에 적용되지만 기능 플래그에 숨겨져 있습니다. 여러분이 사용자로서 개발 중인 기능을 사용해보고 싶은 경우, 러스트의 nightly 릴리스를 사용 중이어야 하며 해당 기능을 채택하기 위해 적절한 플래그를 소스 코드에 애너테이션해야 합니다.

러스트의 beta 또는 stable 릴리스를 사용하는 경우에는 기능 플래그를 사용할 수 없습니다. 이것이 새로운 기능을 영원히 안정적으로 선언하기 전에 실제로 사용해볼 수 있도록 하는 열쇠입니다. 최신 기능을 사용하고 싶은 사람은 그렇게 할 수 있고, 견고한 경험을 원하는 사람은 stable 버전을 유지하면서 코드가 깨지지 않을 것이라는 확신을 가질 수 있습니다. 정체되지 않는 안정성이지요.

이 책에는 안정적인 기능에 대한 정보만 담고 있으며, 진행 중인 기능들은 계속 바뀌고 있으므로, 이 책이 작성된 시점과 이 기능들이 stable 빌드에서 활성화되는 시점이 확실히 다를 것입니다. nightly 전용 기능에 대한 설명서는 온라인 문서에서 찾을 수 있습니다.

G.4 rustup과 nightly 러스트의 역할

rustup은 러스트의 다른 릴리스 채널 간 변경을 전역 또는 프로젝트별로 쉽게 할 수 있도록 도와줍니다. 기본적으로는 stable 러스트가 설치되어 있습니다. 예를 들어 nightly를 설치하려면 다음과 같이 입력하면 됩니다.

```
$ rustup toolchain install nightly
```

rustup을 사용하면 설치된 모든 **툴체인**(toolchain, 러스트 릴리스 및 연관된 컴포넌트)을 모두 볼 수 있습니다. 아래는 저자 중 한 명의 윈도우 컴퓨터의 예시입니다.

```
> rustup toolchain list
stable-x86_64-pc-windows-msvc (default)
beta-x86_64-pc-windows-msvc
nightly-x86_64-pc-windows-msvc
```

보다시피 stable 툴체인이 기본값입니다. 대부분의 러스트 사용자는 대부분의 경우 stable 버전을 사용합니다. 대부분의 경우 stable 버전을 사용하고 싶지만, 최신 기능을 고려하고 있어서 특정 프로젝트에서는 nightly 버전을 사용할 수도 있습니다. 그렇게 하려면 해당 프로젝트의 디렉터리에서 `rustup override`를 사용하여 해당 디렉터리에 있을 때는 `rustup`이 사용해야 하는 것이 nightly 툴체인임을 설정하면 됩니다.

```
$ cd ~/projects/needs-nightly
$ rustup override set nightly
```

이제 **~/projects/needs-nightly** 내에서 `rustc` 또는 `cargo`를 호출할 때마다 `rustup`은 기본값인 stable 러스트가 아닌 nightly 러스트를 사용하고 있음을 확실히 해줄 것입니다. 이 기능은 러스트 프로젝트가 많을 때 유용합니다!

G.5 RFC 과정과 팀

그렇다면 이러한 새로운 기능에 대해 어떻게 알 수 있을까요? 러스트의 개발 모델은 **RFC**(Request for Comments) 프로세스를 따릅니다. 러스트에 어떤 개선점을 제안하고 싶은 경우, RFC라는 제안서를 작성할 수 있습니다.

누구나 러스트를 개선하기 위해 RFC를 작성할 수 있으며, 제안은 여러 주제별 하위 팀으로 구성된 러스트 팀에 의해 검토 및 논의됩니다. 러스트 웹사이트(https://www.rust-lang.org/governance)에 팀의 전체 목록이 있으며, 프로젝트의 각 영역에 대한 팀들이 포함되어 있습니다. 언어 디자인, 컴파일러 구현, 인프라, 문서화 등이 있지요. 적합한 팀이 제안서와 의견을 읽고, 자신의 의견을 작성하고, 최종적으로 합의를 통해 기능을 수락하거나 거부합니다.

기능이 수락되면, 러스트 저장소에 이슈가 열리고, 누군가가 이를 구현할 수 있습니다. 이 기능을 아주 잘 구현하는 사람은 처음에 기능을 제안한 사람이 아닐 수도 있습니다! 구현이 준비되면 '불안정한 기능'(656쪽)에서 설명한 대로 기능 게이트 뒤편에 숨겨져 `master` 브랜치에 저장됩니다.

시간이 지나 nightly 릴리스를 사용하는 러스트 개발자가 새 기능을 사용해볼 수 있게 되면, 팀원들은 해당 기능에 대해, 그리고 이 기능이 nightly 릴리스에서 어떻게 작동했는지 논의하고, stable 러스트에 포함할지 여부를 결정합니다. 앞으로 나아가기로 결정되면 기능 게이트가 제거되고 해당 기능은 이제 안정적인 것으로 간주됩니다! 새로운 stable 러스트 릴리스로 가는 열차를 타게 됩니다.

찾아보기

진솔한 서평을 올려주세요!

이 책 또는 이미 읽은 제이펍의 책이 있다면, 장단점을 잘 보여주는 솔직한 서평을 올려주세요.
매월 최대 5건의 우수 서평을 선별하여 원하는 제이펍 도서를 1권씩 드립니다!

- **서평 이벤트 참여 방법**
  ❶ 제이펍 책을 읽고 자신의 블로그나 SNS, 각 인터넷 서점 리뷰란에 서평을 올린다.
  ❷ 서평이 작성된 URL과 함께 review@jpub.kr로 메일을 보내 응모한다.

- **서평 당선자 발표**
  매월 첫째 주 제이펍 홈페이지(www.jpub.kr)에 공지하고, 해당 당선자에게는 메일로 연락을 드립니다.
  단, 서평단에 선정되어 작성한 서평은 응모 대상에서 제외합니다.

독자 여러분의 응원과 채찍질을 받아 더 나은 책을 만들 수 있도록 도와주시기 바랍니다.